13가지 기술 트렌드로 배우는

4차산업 혁명과 미래 사회

안병태, 정화영 지음

길벗캠퍼스

13가지 기술 트렌드로 배우는
4차 산업혁명과 미래사회

초판 1쇄 발행 • 2023년 7월 10일 | **지은이** • 안병태, 정화영 | **발행인** • 이종원 | **발행처** • (주)도서출판 길벗 | **브랜드** • 길벗캠퍼스
출판사 등록일 • 1990년 12월 24일 | **주소** • 서울시 마포구 월드컵로 10길 56(서교동) | **대표 전화** • 02)332-0931 | **팩스** • 02)323-0586
홈페이지 • www.gilbut.co.kr | **이메일** • gilbut@gilbut.co.kr | **책임편집** • 신유진(backdoosan@gilbut.co.kr) | **디자인** • 강은경
제작 • 이준호, 손일순 | **영업마케팅 및 교재 문의** • 박성용(psy1010@gilbut.co.kr) | **영업관리** • 김명자 | **독자지원** • 윤정아, 최희창
교정교열 • 김미현 | **전산편집** • 앤미디어 | **CTP 출력 및 인쇄** • 북토리 | **제본** • 신정문화사

길벗캠퍼스는 (주)도서출판 길벗의 IT대학교재 출판 브랜드입니다.

ISBN 979-11-407-0499-6 93000(길벗 도서번호 060093)
정가 26,000원

4차 산업혁명은 인공지능, 빅데이터 등 디지털 기술로 촉발되는 초연결 기반의 지능화 혁명으로 정의되고 있습니다. 3D 프린팅, 로봇, 인공지능 등을 바탕으로 한 사이버-물리공간(CPS) 혁명으로 예측되고 있으나, 아직까지는 여러 논쟁이 있습니다. 4차 산업혁명이 완전히 새로운 미래를 창조할 수 있는 글로벌 혁신인지, 정보통신 혁명의 연장선상인지에 대해서는 논쟁이 있으나, 현재 산업의 지형도와 경제사회 패러다임의 변화를 촉진하고 있는 것은 주지의 사실입니다.

본 교재는 4차 산업혁명의 이해와 기술이 무엇이 있는지, 그 기술은 어떤 기업이 구현하고 있는지 등을 상세하게 소개합니다. 나아가 AI, 빅데이터, 5G, 블록체인, 양자컴퓨터, IoT, 자율주행, 로봇, 3D 프린팅, 메타버스, 스마트 디바이스, 드론 등의 다양한 기술을 살펴보면서 이미 다가온 미래인 ICT와 4차 산업혁명이 우리에게 어떤 영향을 미치는지 학습합니다.

본 교재에서는 4차 산업혁명에 적합한 미래 인재 양성을 위한 입문자가 꼭 알아야 할 기본 개념과 응용 기술은 물론이고 독자 전공과 밀접한 4차 산업혁명 핵심 기술이 구체적으로 서술되어 있습니다. 독자의 이해력 향상을 위해 다양한 그림과 표로 핵심 개념을 쉽게 서술하였고 무엇보다도 4차 산업혁명과 연관된 최신 기업들을 소개하였습니다.
끝으로, 각 장별 객관식, 단답식, 서술식 연습문제를 통해 배운 내용을 꼼꼼히 점검하도록 하였습니다.

본 교재가 출판되기까지 길벗 캠퍼스 관계자 여러분, 특히 신유진, 박성용 부장님께 진심으로 감사의 마음을 전합니다.

안병태, 정화영

12장 | 스마트 시대

13장 | 드론

책에서 제공하는 연습문제의 정답 파일은 길벗 홈페이지를 통해 제공됩니다. 길벗 출판사 홈페이지(www.gilbut.co.kr) 검색란에 '4차 산업혁명'을 검색 → 해당 도서 자료실의 '학습자료' 항목 → 정답 파일을 다운받습니다.

본 교재는 4차 산업혁명을 처음 접하는 독자를 위한 입문서입니다. 따라서 독자가 쉽게 이해할 수 있는 학습 방향을 제시하고, 각 장르별 주제를 분류하여 구성하였습니다. 대학교 교양 서적으로 제작되었으나 중 · 고등 학생 및 일반인들도 쉽게 이해할 수 있도록 많은 이미지와 쉬운 설명으로 집필하였습니다. 1장부터 5장까지는 4차 산업혁명의 핵심 키워드를 우선적으로 서술하였고, 6장부터 13장까지는 4차 산업혁명과 함께 미래 사회에서 성장할 핵심 기술을 다루었습니다. 각 장의 마무리에는 연습문제를 제공하여 학생들의 학습 역량을 강화할 수 있도록 하였습니다.

주차별	챕터	주제
1주	1장	4차 산업혁명 이해
2주	2장	인공지능 소개 및 사례
3주	3장	빅데이터 및 클라우드
4주	4장	미래 네트워크 5G & 6G
5주	5장	블록체인 & 암호화폐
6주	6장	양자컴퓨터 소개 및 사례
7주	7장	사물인터넷 활용 사례
8주	중간고사	
9주	8장	자율주행 기술 이해 및 미래 자동차 산업
10주	9장	로봇 기술 소개 및 활용 사례
11주	10장	3D 프린팅 기술 소개 및 4D 활용 사례
12주	11장	메타버스 소개 및 플랫폼
13주	12장	스마트 디바이스 사례
14주	13장	드론 소개 및 사례 전망
15주	기말고사	

1 장

4차 산업혁명

학 습 목 표

1. 4차 산업혁명을 이해하고 기술과 특징을 학습한다.
2. 4차 산업혁명의 유망 직업과 위기 직업에 대하여 알아본다.
3. 4차 산업혁명의 긍정적 전망과 부정적 전망에 대하여 알아본다.

1.1

4차 산업혁명 소개

4차 산업혁명이란

제4차 산업혁명(Fourth Industrial Revolution, 4IR)은 정보통신기술(ICT)의 융합으로 이루어지는 차세대 산업혁명이다. 18세기 초기 3차 산업혁명 이후 네 번째로 중요한 산업 시대이다. 4차 산업혁명의 핵심은 빅데이터 분석, 인공지능, 로봇공학, 사물인터넷, 드론, 3D 프린터, 나노기술과 같은 7대 분야에서 새로운 기술을 혁신하는 것이다.

제4차 산업혁명은 클라우스 슈밥(Klaus Schwab)*이 의장으로 있는 2016년 세계 경제 포럼(World Economic Forum, WEF)*에서 처음으로 주창된 용어이다.

그림 1-1 세계경제포럼 회장 클라우스 슈밥
(출처: KOTRA)

> **잠깐만요** **클라우스 슈밥(Klaus Schwab)/세계 경제 포럼(World Economic Forum, WEF)**
>
> - **클라우스 슈밥**: 독일 태생(1938년~현)의 스위스 경제학자이다.
> - **세계 경제 포럼**: 1971년 제네바대 경영학 교수였던 클라우스 슈밥(Klaus Schwab)이 창립한 민간 포럼이다. 매년 1월 스위스에 위치한 다보스에서 연차회의를 개최하는데, 개최지 이름을 따서 다보스포럼이라고도 한다.

산업혁명의 전개 단계는 경제 · 사회 구조의 변혁을 촉진한 핵심 발명품의 등장 시기를 기준으로 나뉜다. 4차 산업혁명이 등장하기 전까지 총 3차례의 산업혁명이 발생하였다. 1차 산업혁명은 증기 기관을 기반으로 한 기계화 혁명, 2차 산업혁명은 전기를 기반으로 한 대량 생산

혁명, 3차 산업혁명은 컴퓨터를 기반으로 한 지식정보 혁명이다. 현재 산업혁명은 제1차 산업혁명부터 제4차 산업혁명까지 진행되고 있다.

그림 1-2 4단계 산업혁명 역사

제1차 산업혁명

제1차 산업혁명은 유럽, 특히 영국 중심으로 약 1760년에서 1820년 사이에 걸쳐 일어났다. 대항해 시대를 주도한 덕분에 각 식민지로부터 다양한 자원과 특산품이 들어왔다. 특히 면화를 중심으로 의복에 대한 수요가 급격히 늘어났으며 이에 대응하기 위해 방적기, 방직기 같은 기계가 고안되었다. 또한 증기기관과 결부되며 가내수공업 시대를 저물게 하고 공장 시대를 열어 농경 사회와 농촌 사회에서 산업과 도시로 급격히 전환되었다. 철강 산업은 증기 엔진의 개발과 함께 산업혁명에서 핵심적인 역할을 수행했다. 특히 증기기관은 증기자동차, 증기선, 증기기관차 등 이동의 새로운 혁명을 가져오며 물류, 유통을 통한 산업혁명의 파급력을 배가시켰다.

뉴커먼의 증기기관은 사람 25명과 말 10마리가 일주일 동안 하던 일을 단 하루만에 해냈지만, 열효율은 1%에 불과하였다. 1765년에 제임스 와트는 뉴커먼의 증기기관을 수리하는 과정에서 실린더와 응축기를 분리시키는 아이디어로 효율이 4배나 높은 증기기관을 개발하여 상업화하는 데 성공했다. 와트의 증기기관은 상하운동뿐 아니라 회전운동이 가능해서 1780년대부터는 제분소나 방직 공장, 제철소 등 각종 공업 전반에 걸쳐 사용되었다.

산업혁명이 진행되면서 도시를 중심으로 수많은 공장들이 세워지자 여러 사람들이 일자리를 찾아 도시로 몰려들었다. 도시의 급격한 인구 증가는 비위생적인 도시 환경을 비롯하여 부족한 주택, 열악한 치안 등 여러 문제들을 발생시켰다. 또한 기계화된 대규모 공장으로 인해 가내수공업에 종사하던 숙련공들의 일자리가 사라지자 기계를 파괴하는 러다이트(Luddite) 운동*이 벌어지기도 했다. 비인간적인 대우에 고통을 받던 노동자들을 보호하기 위해 1833년에 영국 정부는 최초의 노동법인 공장법을 제정하였다.

그림 1-3 퍼핑 증기 기관차(영국)
(출처: William M. Connolley)

> **잠깐만요** **러다이트(Luddite) 운동**
>
> 러다이트 운동(Luddite Movement)은 1811~1817년에 일어났다. 자동화된 기계의 도입으로 인해 일자리가 줄어드는 것에 대한 불안감으로 기계 파괴 · 도입 반대 등을 주장하였다.

제2차 산업혁명

제2차 산업혁명은 제1차 세계 대전 직전인 1870년에서 1914년 사이에 일어났다. 2차 산업혁명은 증기기관과 기계화를 기반으로 전개되었던 1차 산업혁명과 달리 전기에너지와 컨베이어 벨트 시스템을 중심으로 펼쳐졌다. 상업용 발전기의 발명으로 전기에너지는 증기기관을 대신해 새로운 동력원으로 자리잡았으며, 컨베이어 벨트 시스템의 등장으로 대량 생산의 시대가 막을 열었다. 19세기 후반부터 20세기 초반에 걸쳐 진행된 2차 산업혁명의 시기에 강철, 염료, 전기, 통신, 자동차 등 새로운 기술과 산업이 등장하여 공업 중심의 경제로 전환되었다.

2차 산업혁명은 주로 영국의 발전상과 후발 주자인 미국과 독일 등의 발전상을 구분 짓기 위해 버전을 나눴다는 의견도 있다. 기존 산업의 성장기였고 철강, 석유 및 전기 분야와 같은 신규 산업의 확장과 대량 생산을 위해 전력을 사용했다. 이 기간 동안 주요 기술 진보는 전기를 중심으로 모터, 전화, 전구, 축음기 및 내연 기관을 포함했다. 또한 미국의 포드 자동차를 중심으로 컨베이어 벨트 시스템이 도입되며 대량 생산의 시초를 열기도 하였다.

그림 1-4 컨베이어 벨트 시스템
(출처: TGW Mechanics GmbH)

2차 산업혁명 시기 전기에너지의 핵심인 교류 발전기가 개발되었다. 기존 에디슨의 직류 시스템은 110V의 낮은 전압을 사용하였는데, 장거리 송전 시 전력 손실이 커서 발전소가 있는 대도시 주변에서만 사용되었다. 반면, 1888년 니콜라 테슬라(Nikola Tesla)가 발명한 교류 시스템은 1,000V 이상의 고전압을 이용하여 전력 손실을 줄이고 먼 거리까지 전력을 송전할 수 있었기 때문에 테슬라의 교류 시스템이 널리 사용되었다. 이후 테슬라의 교류 시스템은 나이아가라에 있는 세계 최초의 수력 발전소에 사용되었다.

그림 1-5 니콜라 테슬라의 교류 발전기
(출처: 국립중앙과학관)

전기에너지와 내연기관의 등장으로 대량 생산의 기반이 마련되자, 도시를 중심으로 많은 공장들이 세워졌다. 전구의 발명으로 공장은 밤낮없이 가동되었고, 헨리 포드(Henry Ford)에 의해 컨베이어 벨트 시스템이 도입되어 생산성은 비약적으로 향상되었다. 분업화와 대량 생산 시스템으로 제품의 생산 비용은 지속적으로 낮아졌다. 그러나 획일화된 단순 작업과 반복 업무로 노동의 가치가 사라져 갔고, 노동자들은 공장의 부속품으로 전락했다. 포드는 노동자들의 이직률을 낮추기 위해 임금을 두 배 이상 올려 일당 5달러를 보장하는 정책을 펴기도 했다. 점차 노동자들의 생활 수준이 향상되면서 마음만 먹으면 자동차를 어렵지 않게 구입할 수 있게 되었다. 대중소비의 기반이 마련된 것이다.

제3차 산업혁명

제3차 산업혁명은 디지털 혁명, 정보화 혁명이라고 한다. 3차 산업혁명은 반도체 기술의 발달과 컴퓨터의 개발로 시작되었다. 아날로그 전자 및 기계 장치에서 현재 이용 가능한 디지털 기술에 이르는 기술의 발전을 가리킨다. 1970년대에 시작된 이 시대는 계속되고 있다. 제3차 산업 혁명의 발전에는 개인용 컴퓨터, 인터넷 및 정보통신기술(ICT)이 포함된다. 1946년 최초의 컴퓨터인 에니악(ENIAC)이 개발되었고 새롭게 등장한 반도체 기술로 인해 효율이 높고 크기는 작은 컴퓨터를 만들 수 있었다. 이후 컴퓨터는 애플과 IBM이 개발한 개인용 컴퓨터를 통해 대중화되었다. 20세기 후반에 들어와 통신기술과 컴퓨터기술이 결합된 정보기술(Information Technology, IT)이 등장하면서 3차 산업혁명이 가시화되었다. 세계는 국가의 경계를 뛰어넘어 하나의 네트워크로 연결되었고, 정보기술을 활용해 정보를 빠르게 공유하고 소통할 수 있게 되었다. 3차 산업혁명은 컴퓨터 장비의 소형화를 이루었다. 벨 연구소의 존 바딘(John Bardeen), 월터 브래튼(Walter Brattain), 윌리엄 쇼클리(William Shockley)는 1947년 12월에 세계 최초의 반도체인 트랜지스터를 발명했다. 트랜지스터로 인해 진공관을 사용하는 것보다 크기는 작고 에너지 효율이 높은 제품을 만들 수 있게 되었다.

1950년대 당시 컴퓨터는 방 하나만큼의 큰 공간을 차지했고, 사용한 전자 부품의 수가 20만 개에 이르렀다. 1959년 잭 킬비(Jack Kilby)와 로버트 노이스(Robert Noyce)는 실리콘 웨이퍼 위에 트랜지스터, 다이오드, 저항, 콘덴서, 코일 등을 하나의 반도체 안에 집어넣은 집적회로를 개발하였고, 집적도가 계속 높아져 LSI, VLSI, ULSI 등으로

그림 1-6 잭 킬비 & 로버트 노이스의 반도체 집적회로(IC)
(출처: 국립중앙과학관)

발전했다. 집적회로는 컴퓨터뿐만 아니라 라디오, 텔레비전, 카메라 등에 사용되어 전자제품의 성능이 향상되고 소형화되었다. 이로 인해 가정에서도 전자제품을 일상적으로 사용할 수 있게 되었다.

3차 산업혁명은 공장 자동화도 구축하였다. 기계기술과 전자기술이 발전하면서 여러 산업 분야에 자동화 기술이 도입되었다. 산업용 로봇이 생산 현장에 투입되어 품질이 균등하고 정밀한 제품을 대량으로 생산할 수 있게 되었고, 제품 생산에 컴퓨터 시스템을 적용하여 편리하고 효율적으로 제어할 수 있게 되었다. 이러한 변화는 생산 과정의 자동화와 업무 처리의 효율화로 이어져 생산성 향상에 크게 기여하였다.

그림 1-7 로봇을 이용한 자동차 공장 자동화
(출처: 국립중앙과학관)

제4차 산업혁명

제4차 산업혁명은 연결, 탈중앙화 및 분권, 공유 및 개방을 통한 맞춤 시대의 지능화 세계를 지향한다. 이 지능화 세계를 구축하기 위해 빅데이터, 인공지능, 블록체인 등의 여러 가지 기술들이 동원된다. 맞춤 시대의 지능화를 위해 현실 세계의 모든 내용을 가상 세계로 연결한 다음, 가상 세계에서 빅데이터 및 인공지능 분석을 통해 예측과 맞춤을 예상하고 이를 현실 세계에 적용하면 된다.

4차 산업혁명은 디지털 혁명을 기반으로 물리적, 디지털적, 생물학적 공간의 경계를 허무는 기술의 융합이다. 초연결과 초지능, 대융합을 특징으로 하는 4차 산업혁명은 사물인터넷과 인공지능, 빅데이터, 바이오, 로봇 등의 혁신 기술들이 선도할 것이다. 정보통신기술을 기반으로 한 혁신 기술들의 융합은 지금까지 볼 수 없었던 새로운 형태의 제품과 서비스를 만들어내어 산업구조 및 사회에 큰 영향을 줄 것이다. 앞으로 다가올 미래에는 인간만이 할 수 있다고 믿었던 일들이 점점 인공지능으로 대체될 것이다.

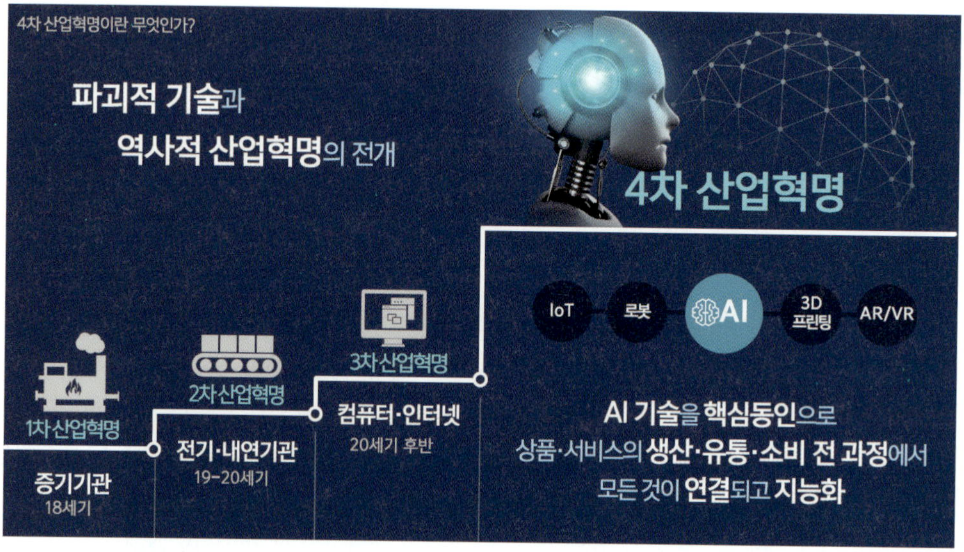

그림 1-8 4차 산업혁명의 혁신 기술

(출처: '코리아 루트를 찾아라', 제5차 신산업 민관협의회, 산업부 장관 발표자료(2017. 4. 12))

4차 산업혁명 기술

4차 산업혁명은 기술 변화로부터 시작된 혁명이다. 따라서 어떤 기술이 4차 산업혁명을 주도하고 있는지, 그 기술들이 어떤 변화를 가능하게 할지를 살펴보는 것은 우리 사회의 미래를 예측하는 데 있어서 매우 중요하다. 오늘날 4차 산업혁명이라는 용어가 대중적으로 많이 사용되기 시작한 것은 '다보스 포럼'에서 산업혁명을 1차부터 4차까지로 세분하면서부터이다.

당시 다보스 포럼이 주목했던 혁신적인 기술은 모바일 인터넷과 클라우딩 기술, 컴퓨터와 빅데이터 기술 등이다. 특히 디지털 기술 중에서도 사물인터넷(IoT), 공유경제 및 클라우드 소싱, 로봇, 자율주행, 인공지능(AI), 3D 프린팅 등을 4차 산업혁명의 주요 기술로 제시했다. 또한 신에너지 공급과 기술, 첨단소재와 생물공학 등 혁신적인 기술에도 주목했다. 이런 기술들이 4차 산업혁명의 핵심기술이라고 할 수 있는데, 다보스 포럼을 비롯해 4차 산업혁명 전문가들이 강조하고 있는 가장 주요한 핵심기술들이다.

인공지능(Artificial Intelligence)

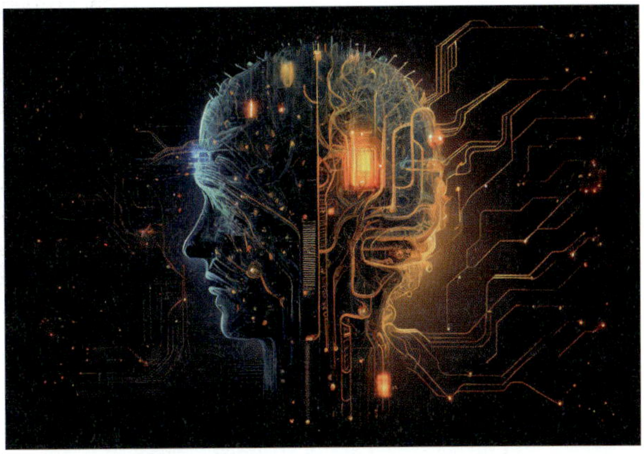

그림 1-9 딥러닝을 이용한 지능형 인공지능

인공지능이란 인간의 언어를 알아듣고 사람처럼 지각하고 판단하는 기능을 갖는 것이며, 인류가 개발한 기술 중 가장 첨단 기술이다.

구글 딥마인드의 알파고처럼 바둑게임에 특화된 인공지능으로 개발되기도 하고, IBM의 왓슨처럼 암 진단 연구 등 의료용 인공지능으로 개발되기도 한다. 현재 의료, 금융, 행정, 법률 서비스 등 다양한 분야에서 인공지능이 개발되거나 사용되고 있는데, 미래에는 우리의 일상생활 거의 모든 곳에 인공지능이 도입될 것이다. 마치 PC를 사용하듯 인공지능 비서나 인공지능 튜터를 사용하는 날이 머지않아 올 것이다.

구글의 미래학자 레이먼드 커즈와일(Raymond Kurzweil)은 '인공지능이 빠른 속도로 발전하면 2045년쯤에는 인간 두뇌를 능가하게 될 것'이라고 예측했다. 인공지능 기계가 인간을 넘어서는 이 시점을 미래학자들은 '특이점(singularity)'이라고 부른다.

사물인터넷(Internet of Things, IoT)

그림 1-10 사물인터넷을 이용한 초연결 사회망

사물인터넷은 사람, 사물, 공간 등 모든 것이 인터넷으로 연결되어 정보가 생성 · 수집 · 공유 · 활용되는 초연결망을 의미한다. 물론 이전에도 인터넷은 존재했지만, 사물인터넷은 기존의 인터넷과 차원이 다른 네트워크이다. 각각의 사물에 센서가 달려 있고 모두 인터넷에 연결되기 때문에, 사람의 개입 없이도 사물과 사물이 서로 연결되고 정보를 주고받을 수 있다는 점이 특징이다. 냉장고, 세탁기, TV, 공기청정기, 보일러 등이 스마트 폰에 연결돼 집 바깥에서도 쉽게 모니터링이 가능하고, 만약 문제가 발생하면 자동제어도 가능하게 해주는 것이 바로 사물인터넷 기술의 혜택이다.

● 빅데이터(Big Data)

빅데이터는 말 그대로 방대한 데이터를 말하는데 정형, 반정형, 비정형 데이터를 수집 및 가공하여 의미 있는 정보를 추출하여 시각화하는 것이다. 오늘날 빅데이터는 다양한 분야에서 이미 활용되고 있다. 예를 들면, 기업은 방대한 양의 고객 소비 패턴을 데이터로 축적하고 이를 분석하여 상품 추천 서비스나 신제품 개발 등에 활용하고 있다. 지방자치단체들은 교통정보를 이용해 시민들에게 지능형 교통안내 서비스를 제공하고 있고, 경찰청은 과거 범죄 데이터를 분석해 범죄 예방 시스템을 구축하기도 한다.

그림 1-11 방대한 데이터 수집 및 정보 추출 활용

● 블록체인(Blockchain)

그림 1-12 보안 강화 및 신뢰성 향상의 블록체인 기술

2018년 초, 암호화폐 비트코인이 큰 사회적 이슈가 되었는데, 바로 이 암호화폐를 가능하게 해주는 원천기술이 블록체인(Blockchain)이다. 블록체인은 블록이라고 불리는 거래 장부를 중앙 서버에 보관하지 않고, 각자 개인 컴퓨터에 분산하고 이를 체인처럼 연결해 공개적으로 보관할 수 있게 해주는 혁신적인 기술이다. 해킹이 불가능하고 중개 기관의 개입 없이도 개인과 개인 간의 거래가 가능한 기술이기에, 「유엔미래보고서 2050」에서는 블록체인 기술이 '미래를 바꿀 10대 기술' 중의 하나라고 평가하였다. 블록체인의 강점인 분산화와

안정성을 활용하면 데이터를 안전하게 관리할 수 있어 개인 간 매매 및 거래, 개인정보 관리, 투표 관리 등 광범위한 분야에 이용될 수 있다.

3D 프린팅(3D Printing)

그림 1-13 3D 프린터 및 가공 제품

적층 가공(additive manufacturing)이라고도 부르는 이 기술은, 3D 디지털 설계도나 모델을 기반으로 원료를 층층이 쌓는 방식의 출력을 통해 입체적인 물체를 만드는 기술이다.

3D 프린터는 디지털 공작기계 중에서 가장 널리 이용되는 기계로 우리 주변에서도 쉽게 찾아볼 수 있다. 기존의 2D 프린팅이 평면 인쇄라면 3D 프린팅은 공간의 축을 더해 입체물을 출력할 수 있다는 차이가 있다. 오픈소스로 많이 공유되는 3D 모델링 설계도 파일만 있으면, 누구나 3D 프린터로 휴대폰 케이스나 간단한 생활용품 모형 등을 직접 출력할 수 있다.

요즘에는 참신한 제품 아이디어만 있으면 3D 프린팅으로 직접 시제품을 만들 수 있고, 그 비용도 저렴하므로 1인 기업 운영과 다품종 소량 생산이 가능해졌다. 최근 4D 프린팅 기술도 등장했는데, 이는 '시간' 축을 더해 3D 프린트된 사물이 시간이 지남에 따라 스스로 변화하는 기술을 말한다.

● 자율주행 자동차(Self-driving Car 또는 Autonomous Vehicle)

그림 1-14 지능형 자율주행 자동차 기술

자율주행이란 자율주행 자동차(Self-driving Car 또는 Autonomous Vehicle)를 비롯한 스마트모빌리티(Smart Mobility) 기술이다. 자율주행 자동차는 사람이 운전하지 않아도 자율적으로 주행하는 자동차를 말하며 초고속 5G 통신, 사물인터넷 등 첨단 기술들이 자동차에 집약적으로 적용된 것이다.

미국 교통안전국 가이드 라인에 의하면, 자율주행의 단계는 사람의 개입과 시스템의 자율성 정도에 따라 5단계로 나뉜다. 자동 긴급 제동, 정속 주행 등 보조 시스템이 운전자를 보조하는 정도가 1단계이고, 운전자가 전혀 개입하지 않고 시스템만으로 완전자율주행할 수 있는 정도가 5단계이다.

머지않은 장래에 우리는 길거리에서 자율주행 자동차들을 만날 수 있을 텐데, 그렇게 된다면 큰 변화가 예상된다. 무엇보다 교통사고로 인한 인명 피해가 획기적으로 줄어들고, 차량 공유가 쉬워지며, 교통 시스템이 효율적으로 운영될 수 있어서 교통체증 등의 문제도 해결할 수 있다. 즉, 교통사고 예방은 물론이고 에너지 절감, 대도시 교통 문제 해결까지 일석삼조의 효과를 기대할 수 있다.

자동차 기술뿐만 아니라 무인 비행체 드론이나 전동 킥보드 등 소형 개인 이동수단도 빠르게 발전하고 있어, 언젠가는 거의 모든 교통수단이 지능화될 것이다. 이런 지능화된 모든 이동수단을 스마트모빌리티라고 부른다.

지금까지 4차 산업혁명을 대표하는 핵심기술 6개를 차례로 살펴보았는데 이 기술들은 하나하나가 파급효과가 큰 혁신 기술이다. 물론 각각의 기술이 개별적으로도 발전하겠지만 서로 융합돼 신기술이 만들어지거나 시너지를 일으키기도 할 것이다. 과학기술이 발전하면 할수록 변화의 속도는 더 빨라지며, 앞으로 첨단 기술의 역할은 점점 더 커질 것이다. 따라서 4차 산업혁명 시대의 미래 변화를 예측하려면, 우선 4차 산업혁명의 핵심기술에 대한 이해가 필요하다. 기술 변화를 모르면 미래에 대한 준비는커녕 변화를 제대로 따라잡기조차 힘들기 때문이다.

4차 산업혁명의 특징

인공지능, 빅데이터 등 4차 산업혁명의 핵심 기술들은 정보를 자동으로 데이터화하고 분석하여 현실과 가상의 세계를 하나로 연결한 O2O(Online-To-Offline) 체계를 구축하였다. 4차 산업혁명은 자동으로 처리된 오프라인과 온라인상의 정보를 바탕으로 개인별 맞춤형 생산을 촉진한다는 점에서 정보를 수동적으로 온라인에 입력해야 했던 3차 산업혁명과 구별된다.

그림 1-15 4차 산업혁명 기술을 접목한 스마트 홈

4차 산업혁명은 '초연결성', '초지능화', '융합화'에 기반하여 '모든 것이 상호 연결되고 보다 지능화된 사회로 변화'한다는 특징이 있다. 따라서 인류가 전혀 경험하지 못할 만큼 빠른 속도로 획기적인 기술의 진보와 전 산업 분야의 혁신적인 개편을 불러일으킬 것이다.

4차 산업혁명의 3대 핵심기술 영역은 디지털, 바이오, 물리학으로 나뉜다. 디지털 기술 영역은 자료의 디지털화를 통한 복합적인 분석으로 사물인터넷, 인공지능, 빅데이터, 공유 플랫폼 등의 연관 기술이 있다. 바이오 기술 영역은 생물학 정보의 분석 및 기술 정밀화를 통한 건강 증진으로 유전공학, 합성 생물학, 바이오 프린팅 등의 연관 기술이 있다. 물리학 기술 영역은 현실 공간과 가상 공간의 연계를 통한 가상 물리 시스템 구축으로 무인 운송 수단, 3D 프린팅, 로봇공학, 나노 신소재, 대체 에너지 등의 연관 기술이 있다.

4차 산업혁명에서 변화를 이끄는 주요 5대 주요 기술로는 사물인터넷(IoT), 로봇공학, 3D 프린팅, 빅데이터, 인공지능(AI) 등이 있다. 사물인터넷은 사물에 센서를 부착, 네트워크 등을 통한 실시간 데이터 통신 기술이다. 로봇공학은 로봇공학에 생물학적 구조를 적용, 적응성 및 유연성을 향상시키는 기술이다. 3D 프린팅은 3D 설계도나 모델링 데이터를 바탕으로, 원료를 쌓아 물체를 만드는 제조 기술이다. 빅데이터는 대량의 데이터로부터 가치를 추출하고 결과를 분석하는 기술이다. 인공지능은 사고 · 학습 등 인간의 지능 활동을 모방한 컴퓨터 기술이다.

1.2

4차 산업혁명 직업

직업 전망

독일의 싱크탱크*인 경제정책연구센터(CEPR)에서 발표한 보고서에 따르면 독일 내 로봇이 1대 늘어날 때마다 제조업 일자리는 평균 2개가 사라지는데, 1994~2014년의 20년 동안 진행된 자동화를 고려하여 추산하면 로봇의 도입으로 사라진 제조업 일자리는 27만 5,000개에 달한다. 하지만 제조업 일자리가 줄어든 대신 다른 업종에서 일자리가 늘어나 고용 구성에만 변화를 주었을 뿐 독일 내 총 일자리에는 영향이 거의 없었다. 4차 산업혁명으로 일자리 감소 혹은 일자리 대체에 대한 담론이 무성한 가운데 기업은 새로운 미래 유망산업에 뛰어들거나, 기존 방식과 다른 비즈니스 모델을 통해 경쟁력 강화에 나서고 있다.

그림 1-16 로봇을 이용한 자동차 생산

> **잠깐만요** **싱크탱크**
>
> 일명 두뇌집단 또는 두뇌회사이다. 모든 학문 분야 전문가의 두뇌를 조직적으로 결집하여 조사 · 분석 및 연구개발을 행하고 그 성과를 제공하는 것을 목적으로 하는 조직이다. 대한민국의 경우 과학기술연구원(KIST)을 비롯하여 대덕연구단지 내에 있는 각종 연구소가 이에 속한다.

클라우스 슈밥은 '4차 산업혁명에서는 고용을 증가시키기 위한 신산업 창출 효과의 속도와 타이밍을 제대로 이끌어내는 것이 중요하다'라고 하였다. 기술의 변화가 전 산업에 걸쳐 광범위한 영향을 미치면서 기업이 얼마나 신속하게 대응하느냐가 향후 그들의 생존과 경쟁력에 결정적 영향을 미칠 수 있다. 기술 발전이 지속되는 가운데 사물인터넷, 인공지능 등 새로운 기술의 출현으로 만들어지는 환경에 적응하지 못하면 시장 상실, 업무량 감소, 품질 저하 등의 결과로 나타난다. 반면 기술을 수용하고 적극 활용하는 경우에는 새로운 시장을 넓히고 업무량이 증가하며 품질을 높이는 결과로 이어졌고, 더불어 고용을 늘릴 수 있었다.

4차 산업혁명에서는 신생 기술과 관련한 새로운 직업과 산업 분야에서 일자리가 등장하고 고숙련 노동자의 수요가 증가할 것으로 예상된다. 자동화, 기계화로 인해 예전보다 생산성이 향상되면 인력 수요는 줄어들 수 있으나, 시장의 확장으로 인한 수요 증가로 고용 창출이 가능하다. 또 지능정보기술에 적응력이 높은 노동(신기술을 개발하는 인력뿐만 아니라 신기술을 활용하여 새로운 비즈니스 기회를 만들어내는 인력)의 수요와 불확실성 속에서 전략적 판단과 활로 개척에 기여하는 노동의 수요가 증가할 것이다. 제조업을 중심으로 4차 산업혁명에 선제적으로 대응하고 있는 독일의 경우에도 디지털의 가속은 생산력을 높이고, 이는 곧 고용 창출을 가져올 것이다. 2017년 세계 시가총액 톱10 기업 중 7개 업체가 IT 관련 기업으로, 2011년 조사와 비교해 보면 최근 디지털 인프라에 기반을 둔 업체의 놀라운 성장을 알 수 있다. 이들 업체는 특정 서비스에 한정되는 것이 아니라 디지털 기술에 기반을 둔 다양한 플랫폼 서비스, 인공지능, IoT, 빅데이터 등의 기술을 지속적으로 '융합'하고 있다.

그림 1-17 4차 산업혁명과 신생 직업

기존의 기계화, 자동화, 로봇화가 단순 반복적인 업무를 주로 수행하는 직종에 부정적 영향을 미쳤다면 4차 산업혁명의 핵심기술 중 하나인 AI의 발전은 전문직에까지 영향을 미칠 것이다.

의사, 법조인, 교사, 공무원에서부터 가장 창의적인 직업군인 예술가에 이르기까지 다양한 파급효과를 가져올 것이다. 첫째, 데이터를 기반으로 한 업무가 AI로 대체된다. 단순 반복적인 업무뿐 아니라 진단, 판례 분석 등에 AI 기술이 활용됨으로써 의사나 법조인으로 대표되는 전문직에도 역할 변화가 일어나고, 지식 전달과 학습에 활용될 경우 교사의 역할도 변화될 것이다. 방대한 데이터를 기반으로 패턴을 찾아내고 정리하는 일에는 AI 기술이 인간의 능력을 뛰어넘기 때문에 업무 영역에서 인간과의 협업이 불가피하게 된다. 둘째, 불규칙적이고 복잡한 일의 가치가 상승할 것이다. 인간관계 조정이나 감정을 다루는 것처럼 변수가 많은 일의 경우 AI가 인간의 역할을 대체하기는 힘들다. 교사 업무의 경우 지식 전달보다는 학생들의 인성교육이나 상담, 개개인에 맞는 교수법이 중요할 것으로 보았고 의사도 진단 외에 서비스 영역으로 역할이 확대될 것이다. 셋째, 문제를 정의하는 능력과 도구의 활용 능력이 요구된다. 미래 변화를 대비하기 위해서는 문제를 잘 정의하는 능력이 필요하며 이를 위한 교육 변화가 필요하다고 보았다. 이 문제의 대안으로 사회 변화를 반영한 재교육, 청소년 교육의 변화, AI와의 협업과 전통적 직업 영역의 확대, 기초과학과 원천기술에 투자, 인재 양성 등이 필요할 것이다.

4차 산업혁명 시대는 이른바 '초연결'의 시대가 될 것이다. 기존의 사람과 기계의 연결을 넘어 기계와 기계, 사람과 제품, 제품과 제품 등 산업, 기업, 개인이 서로 촘촘한 연결망으로 얽히고, 연결망 사이에 수많은 데이터가 왕래하고 축적되면서 부가가치와 서비스를 양산하며 기존에는 존재하지 않았던 새로운 비즈니스가 등장할 것이다.

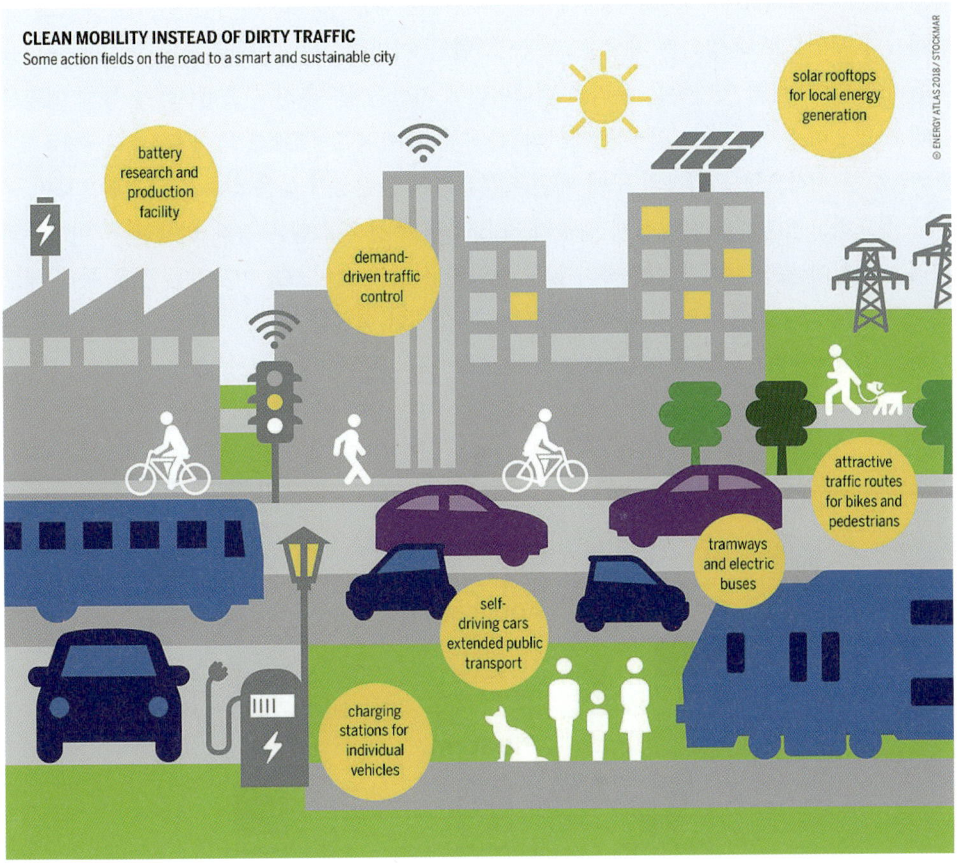

그림 1-18 스마트 시티
(출처: Bartz/Stockmar)

국외 사례(미국)

● 아마존

1994년 온라인 서점으로 출발한 아마존은 첨단 정보통신기술(ICT)과 유통을 융합한 세계 최대의 전자상거래 기업이다. 아마존이 지속적으로 성장할 수 있었던 주요 요인 중 하나는 끊임없이 새롭고 혁신적인 비즈니스 모델을 만들고 있다는 점이다. 컴퓨터 클라우드 서비스나 물류센터 등의 내부 시스템 능력의 개발과 함께 '원클릭(회원이 미리 입력해 둔 신용카드 정보, 주소 등으로 추후 재결제를 할 수 있는 시스템으로 간편 결제의 시초라고 할 수 있다)', '대시버튼(자주 구매하는 로션, 세제, 시리얼 등을 가정 내 부착된 버튼 하나로 주문)'에 이어 최근에는 인공지능(AI) 비서인 '아마존 에코'를 개발하거나 무인으로 운영되는 새로운 쇼핑시스템인 '아마존 고'에 이르기까지 혁신에 혁신을 거듭하고 있다. 특히 아마존은 온라인 빅데이터에 기반을 둔 '추천 시스템(A9)'을 통해 매출을 늘리고 있으며 1996년 온라인 서점에서의 '북매치(고객이 매긴 평점에 근거하여 유사한 책 구매를 연계한 시스템)'를 시작으로 소비자의 구매 패턴을 분석하여 관련성이 높은 상품을 추천함으로써 구매를 유도하고 있다. 아마존 전체 매출의 약 35%가 추천 시스템을 통해 발생한다. 아마존의 사례는 기업이 특정 분야에 한정하지 않고 다양한 산업과 서비스를 아우르는 것을 통해 새로운 가치와 수익을 창출하는 것을 보여주고 있다. 이러한 혁신과 새로운 서비스를 창안하고 실행하는 인력(물류창고 관리자에서부터 프로그래머까지)을 매년 꾸준히 늘리고 있다.

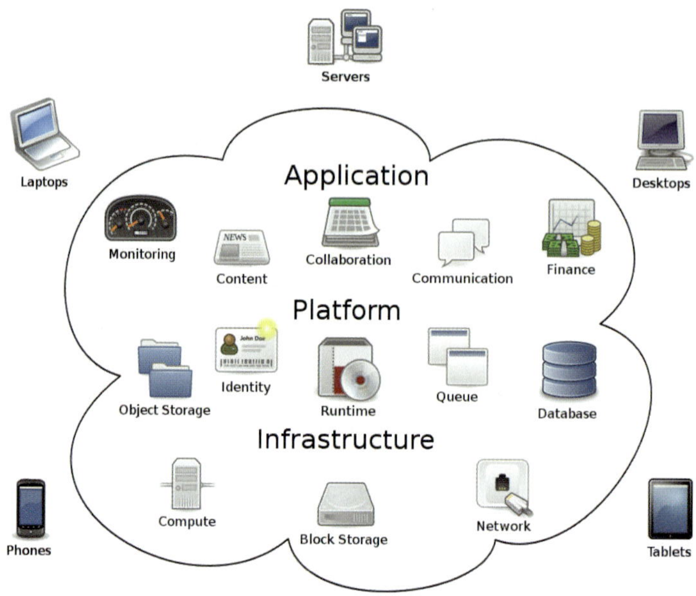

그림 1-19 아마존 클라우드 서비스
(출처: Sam Johnston)

우버

2009년 미국에서 설립된 우버는 플랫폼에 기반을 둔 공유경제의 시초인 기업이다. 우버는 고용되거나 공유된 차량(운전기사)과 승객을 모바일 앱을 통해 연결해 준다. 차량 예약은 텍스트 메시지나 모바일 앱을 통해 진행되며 모바일 앱에서는 예약된 차량의 위치가 승객에게 실시간으로 제공된다. 100개 이상의 도시에서 우버 서비스가 운영 중이다. 현재 우버의 기업 가치는 세계 스타트업 가운데 가장 높은 680억 달러(약 75조3,000억 원)로 추산된다. 최근 우버는 기존의 운수업뿐만 아니라 자체 보유한 빅데이터 기술을 활용하여 물류 플랫폼을 구축하고 있다. 고급 레스토랑의 음식을 집으로 배달해 주는 '우버 이츠(UberEATS)', 의사가 직접 방문하여 진찰과 치료를 하는 '우버 헬스(UberHEALTH)', 저렴한 항공 서비스인 '우버 엘리베이트(UberElEVATE)' 등 다양한 서비스를 시행하고 있다.

최근의 기술 발전은 새로운 부가가치를 낳고 생산 시스템의 효율성과 데이터 처리를 개선하는 차세대 산업혁명으로 연결되고 있다. 이는 사물인터넷을 이용해 상호 연결됨으로써 가능하다. 특히 제조업의 경우 '서비스로서의 제조(Manufacturing as a Service, MaaS)'를 통해 제품 생산을 넘어 다양한 뉴비즈니스를 낳고 있다. 제조업에서의 스마트 공장 도입 가속, 서비스화로 인해 행정지원 · 관리 등의 인력, 그리고 생산 관련 기능직에서의 인력은 감소할 것이다. 그러나 '산업용 센서 전문가', '산업용 로봇 전문가', '인공지능 전문가', '빅데이터 전문가', '기술영업원', '생산 공정 컨설컨트', '데이터 사이언티스트', '데이터 엔지니어' 등의 직업에서 일자리가 증가할 것이다.

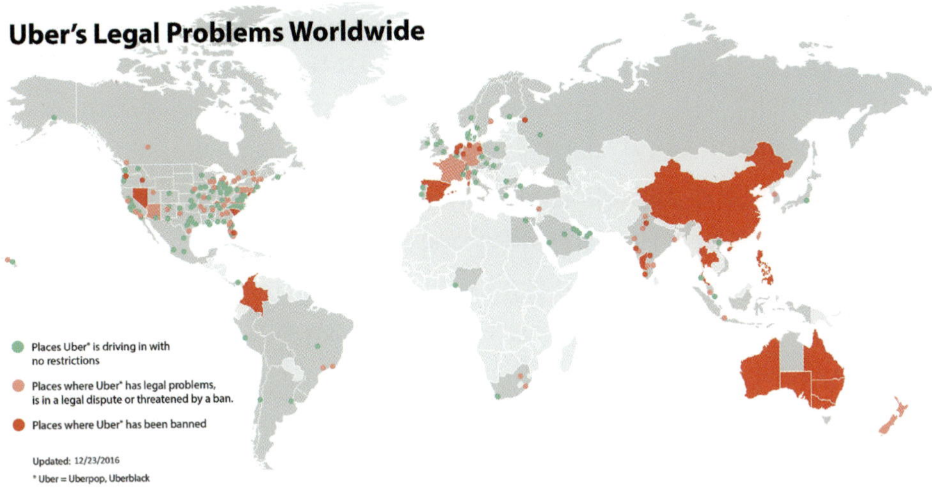

그림 1-20 우버 서비스 지역
(출처 : taxi-deutschland.net)

국내 사례

IT 기반업

국내 주요 기업은 4차 산업혁명에 대응하기 위한 다양한 변화와 선택을 시도하고 있으며, 이러한 변화는 곧 주력상품과 서비스의 변화로 이어질 것이다. 아직은 많은 기업이 새로운 비즈니스와 연관하여 일자리 창출로까지 이어지지는 않지만 신규 사업의 진출, 확장을 통해 중장기적으로는 관련 분야의 고용에도 긍정적 영향을 미칠 것으로 전망된다. 삼성 SDS, SK C&C, LG CNS 등 IT 기반 회사의 디지털화 전환도 박차를 가하고 있다. 삼성 SDS는 AI 기반의 플랫폼을 개발하고 관련 사업을 확충하기 위해 전문 인력을 확보하고 있다. LG CNS도 기술을 보유한 전문 인력을 채용하는 등 '기술' 중심의 조직 문화를 만들고 제도를 확충하고 있다. 자체 개발한 테스트(LCP)를 통해 직원들이 가지고 있는 기술적 역량을 점검하고 목표치를 달성하고 있다. 또한 기술 관련 인력 이외에 경영지원, 영업 등 비기술 인력에게도 기술과 관련한 교육을 제공하여 전사 차원에서 기술이 전파되도록 하고 있다. SK C&C는 인공지능과 클라우드 등 분야별 전문조직을 운영하여 사업의 디지털화를 가속시키고 있다.

조선 업체

조선 업체는 스마트십(Smart Ship)을 통한 부가가치 창출에 노력을 기울이고 있다. 최근 조선업계가 장기불황에 빠지면서 ICT에 기반을 둔 전략을 통해 불황을 극복하고, 4차 산업혁명 시대에 대비하고 있다. 정부 차원에서도 2016년에 스마트십을 비롯한 친환경 선박 등을 7대 주력산업으로 선정하였다. 현대중공업은 선박의 주요 제어 장치, 기록 장치 등을 하나의 네트워크로 통합하고 디지털 분석 기능을 적용한 통신망 '오션링크'를 구축하여 각종 데이터를 수집, 분석, 가공하고 있다. 이를 통해 선박의 경제적 운영은 물론이고 선박 건조에서부터 폐선에 이르는 일련의 과정에서 필요한 서비스를 제공할 것이다. 기존 스마트십이 엔진, 발전기 등 선박의 기관 상태를 원격 모니터링하고 제어하는 기능이었다면, 커넥티드 스마트십은 적용되는 소프트웨어에 따라 다양한 스마트십 기능을 구현하는 등 무한한 확장성을 갖고 있다. 특히 해상의 위험물을 자동으로 탐지하여 충돌을 예방하거나 기자재의 이상 여부를 모니터링 · 분석하여 선박의 유지 · 보수 비용을 줄여준다. 현대중공업은 2017년 3월 조선업계 최초로 'ICT 기획팀'을 신설하여 4차 산업혁명의 본격적인 대응에 박차를 가하고 있다. 또한 울산대학교와 인력 양성을 위한 산 · 학 협약을 체결하여 대학생을 대상으로 인력 양성 프로그램과 장기 인턴십 등을 제공하고 있다. 이를 통해 4차 산업혁명에 맞는 인재를 선제적으로 양성하는 데 지원하고, 기업 현장의 실무경험을 갖춘 인력을 취업과 연계하고자 한다.

그림 1-21 자동 탐지 스마트십

롯데

그림 1-22 지능형 쇼핑 어드바이저(IBM)
(출처: James)

롯데는 인공지능(AI), 가상현실(VR) 등 ICT에 기반을 둔 4차 산업혁명에 대비해 미래가치를 창출할 수 있는 새로운 사업 기회를 발굴하고 있다. 빅데이터와 AI 기술을 활용해 고객별 맞춤형 서비스와 신뢰도 높은 상품 정보, 전문성 있는 조언을 지원할 예정이다. 이를 위해 2016년부터 AI 추진 전담팀을 구성해 본격적인 4차 산업혁명 시대를 준비하고 있다. 또한 한국 IBM과 업무협약을 체결하여 '지능형 쇼핑 어드바이저'와 '지능형 의사결정 지원 플랫폼'을 개발, 구축하여 유통 분야의 혁신을 추진하고 있다. '지능형 쇼핑 어드바이저'는 챗봇 기반의 앱(APP)으로, 백화점 등 유통 관련 계열사에 도입할 예정이다. 고객들이 챗봇과 대화하는 방식을 통해 상품 추천 및 매장 설명, 온라인 픽업 서비스 안내까지 받아볼 수 있도록 구축하고자 한다. '지능형 의사결정 지원 플랫폼'은 제과 및 푸드 계열사의 신제품 개발을 위한 전략 수립에 활용하고자 하며 왓슨을 통해 다양한 외부 시장의 데이터와 내부 시스템의 매출 및 제품 정보 등을 분석한 결과를 토대로 신사업 개발 및 출시를 위한 의사결정을 제공할 것이다. 롯데홈쇼핑 역시 2017년 3월 '빅데이터팀', '모바일 전략팀' 등 빅데이터, 인공지능과 관련한 별도의 전문조직을 신설하여 빅데이터에 기반을 둔 새로운 사업을 강화하고 있다.

4차 산업혁명 유망 직업

4차 산업혁명 시대에는 사물인터넷, 클라우드, 드론, 모바일, 자율주행 자동차, 가상현실, 로봇, 생명공학, 인공지능 등 첨단기술의 발전이 가속될 것이다. 따라서 이와 관련된 기술을 적용하고 활용하는 첨단 분야에서 일자리 기회가 많이 생길 것으로 기대된다. 4차 산업혁명은 제조, 생산, 유통 그리고 서비스 등에 ICT가 결합되어 지금과는 다른 방식으로 변화가 나타나는 것을 의미한다. 방대한 양의 데이터를 이용하여 비즈니스의 운영 방식을 바꾸려면 정보를 수집하고 저장하기 위한 센싱 기술, 데이터베이스 구축 그리고 무선통신 관련 인력이 더 많이 필요하다. 새로운 사업모델을 만들기 위한 플랫폼과 시스템을 구축하기 위한 소프트웨어 관련 인력 그리고 점차 증가하는 정보의 보안을 담당하는 사람이 더 필요할 것이다. 또한 4차 산업혁명 시대에는 어려운 사람을 돌보고 삶의 질을 개선하는 데 기여하는 직업이 유망할 것이다. 첨단과학이 발달하면서 양극화가 심해지고 상대적으로 소외되고 어려운 사람이 많아질 수 있으므로, 이들을 돌보고 삶의 질을 개선하는 분야에서 일자리 기회가 더 많아질 것이다. 즉 복지, 공공의 안전, 삶의 질 향상, 날로 다양해지는 개인의 욕구 충족과 관련된 분야에서 새로운 일자리 기회가 더 많아지리라 예상된다.

사물인터넷(Internet of Things, IoT) 전문가

그림 1-23 스마트 홈 기반 사물인터넷 전문가

사물인터넷이란 인터넷을 기반으로 모든 사물을 연결하여 사람과 사물, 사물과 사물 간의 정보를 상호 소통하는 지능형 기술 및 서비스를 말한다. 사물인터넷 전문가는 사물이 서로 교신할 수 있도록 센서를 부착해 실시간 데이터를 인터넷으로 주고받는 기술이나 환경을 구축한다. 여기에서 'Things(사물)'란 차, 스마트 폰, 가전제품, 로봇, 웨어러블 기기, 약병, 기저귀, 목걸이, 교통 안내판 등 물질세계에 있는 대부분 유형의 물건은 물론이고 공간, 데이터 등 무형의 것까지 포함한다. 사물인터넷을 통하여 네트워크상에서 정보를 자동으로 전송할 수 있게 지원함으로써 현명한 결정을 내리고 지속적인 개선과 상호작용을 위한 기반을 제공할 수 있다.

사물인터넷은 4차 산업혁명의 핵심 기반 기술이다. 4차 산업혁명은 데이터의 혁명으로 불리기도 하는데 이러한 데이터를 모으려면 자료를 수집하기 위한 사물인터넷 기술이 필요하다. 또한 4차 산업혁명의 특징을 초연결성이라고 하는데 모든 것이 연결되어 서로 교신하고 정보를 교환하기 위해 사물인터넷이 필요하다. 사물인터넷은 제조업이 4차 산업혁명화하는 데에도 필수적이다. 기존의 자동화 공정 시스템을 넘어 공장이 스스로 생각하고 움직이는 것이 스마트 공장이다. 이 스마트 공장이 가능하려면 공장의 자동화 모듈이나 로봇 등에서 생산이나 제조를 하는 과정의 정보가 수집되어 한곳에 보내져서 분석되어야 품질 향상과 에너지 절약을 할 수 있다.

사물인터넷에 대한 본격적 논의가 시작된 지는 10년이 넘었다. 그러나 사물인터넷은 아직도 시작 단계이며 발달의 초기 단계로 향후 더 큰 발전이 예상된다. 지금도 소프트웨어 개발 회사나 통신회사 등에서는 사물인터넷과 관련된 전문지식과 실무능력을 갖춘 전문 인력을 높은 몸값을 주고 서로 모셔가려 하고 있다.

● 인공지능(Artificial Intelligence, AI) 전문가

그림 1-24 인공지능 알고리즘을 개발하거나 프로그램으로 구현하는 전문가

인공지능이란 인간의 학습 능력과 추론 능력, 지각 능력, 자연언어의 이해 능력 등을 컴퓨터 프로그램으로 실현한 기술이다. 인공지능 전문가는 인간의 뇌 구조에 대한 지식을 바탕으로 컴퓨터나 로봇 등이 인간과 같이 사고하고 의사결정을 내릴 수 있도록 인공지능 알고리즘을 개발하거나 프로그램으로 구현하는 기술을 개발한다. 여기에서 인공지능 알고리즘의 핵심은 딥러닝이다. 수많은 데이터 속에서 패턴이나 규칙을 발견한 뒤 컴퓨터가 사물을 분별하고 정보를 처리하도록 기계를 학습시킨다. 이들이 하는 일을 구체적으로 살펴보면 다음과 같다. 인공지능을 개발하기 위해 먼저 인간 뇌에서 발생하는 일련의 정보처리 과정, 학습 과정을 분석한다. 인공지능과 관련된 지식과 기술(자연어 처리, 패턴 인식, 신경망, 지식베이스 시스템, 퍼지 이론, 딥러닝 등)에 관한 연구를 수행한다. 뇌의 정보처리, 학습과정과 유사한 알고리즘과 컴퓨터 프로그램을 개발한다.

인공지능 전문가가 유망한 이유는 인공지능이 위력을 발휘할 수 있는 제반 여건이 충족되었고 향후에 더욱 발전할 것이기 때문이다. 사실 인공지능은 최근에 갑자기 나타난 것이 아니라 1956년에 미국의 존 매카시라는 사람이 탄생시켰다. 수차례의 시행착오를 겪으며 현재에 이르게 되었다. 우리가 흔히 즐겨 왔던 바둑의 컴퓨터 대국 프로그램 혹은 과거의 번역 프로그램도 모두 인공지능과 유사한 것이라고 할 수 있다. 여태까지는 그 성능이 사람에게 훨씬 못 미쳐서 인공지능은 사람을 능가하지 못할 것이라는 인식이 팽배했었다. 그러나 컴퓨터의 처리 속도가 과거와 달리 획기적으로 개선되고, 이를 분석할 수 있는 데이터의 양이 많아지면서 과거에는 상상도 할 수 없는 일을 인공지능이 실현시키고 있다. 향후에도 데이터의 양은 기하급수적으로 늘어날 것이며 컴퓨터의 저장 용량과 처리 속도는 계속 향상될 것이다. 그리고 인간이 주입한 경험지식이 아닌 기계 스스로 데이터를 통해 지식을 찾아내는 방식으로 컴퓨터가 스스로 학습하는 딥러닝이 더욱 정교해지면서 인공지능을 연구하고 개발하는 전문가의 일자리가 많이 증가할 것이다.

● 빅데이터 전문가

빅데이터는 수집과 유통이 빠른 아주 방대한 양의 데이터를 말한다. 데이터의 형태도 특정한 형식을 갖춘 것은 물론이고 형식을 갖추지 않은 다양한 성격의 정보를 모두 포함한다. 이러한 빅데이터는 크기(Volume)와 다양성(Variety) 그리고 속도(Velocity) 등 세 가지 요소로 구성된다. 매우 빠른 속도로 생산되고 있는 거대한 데이터를 실시간으로 수집 및 저장할 수 있게 하고 이들 데이터를 분석하여 가치 있는 정보를 추출하는 일을 하는 사람을 빅데이터 전문가라고 한다.

그림 1-25 빅데이터를 분석하여 가치 있는 정보를 추출하는 전문가

우리는 데이터의 홍수 속에서 살고 있으며 인터넷과 스마트 폰의 확산으로 데이터의 양은 기하급수적으로 증가하고 있다. 그리고 이 모든 것이 다 연결되고 정보화 기기의 사용 빈도가 증가하면서 사람들이 도처에 남긴 발자국이 SNS, 쇼핑, 의료, 은행과 증권 거래, 교육과 학습, 여가활동, 자료 검색과 이메일 등의 분야에서 데이터로 저장되고 있다. 시장조사 업체 IDC와 빅데이터 서비스 제공 회사 EMC의 'Digital Universe Study(2011)'에 따르면 전 세계 디지털 정보량은 2011년 1.8ZB에서 2020년에는 이보다 50배로 증가하였다. 따라서 데이터로부터 의미 있는 예측과 결론을 도출하여 회사를 효율적으로 운영하거나 사회 현상을 이해하는 데 도움을 주는 빅데이터 분석이 더 많이 필요할 것이다. 그러나 지금까지는 이런 일을 하

는 것이 용이하지 않았다. 데이터를 한곳에 모으는 것도 어려웠지만, 데이터를 한곳에 모아도 이것을 분석하여 의미를 찾고 시각적으로 표현하는 기술이 부족하였기 때문이다. 하지만 앞으로는 이런 일을 아주 손쉽게 처리할 수 있을 것으로 전망된다. 데이터를 모으는 방법과 이를 분석하는 기술이 ICT의 발전과 함께 획기적으로 발전하고 있기 때문이다.

그 외에도 유망직업으로는 가상현실 전문가, 3D 프린팅 전문가, 드론 전문가, 생명공학자, 정보보호 전문가, 응용소프트웨어 개발자, 로봇공학자 등을 비롯한 많은 분야의 직업군이 있다.

4차 산업혁명 위기 직업

데이터의 기하급수적 증가, 컴퓨팅 능력과 통신 네트워크의 발달 그리고 기계학습으로 인해 과거에는 상상도 못했던 일들이 현실이 되고 있고, 이에 따라 직업 세계에도 큰 변화가 예상된다. 4차 산업혁명으로 기회가 더 증가할 직업도 있지만 일자리 감소가 우려되거나 입지가 감소되는 직업들도 존재할 수 있다.

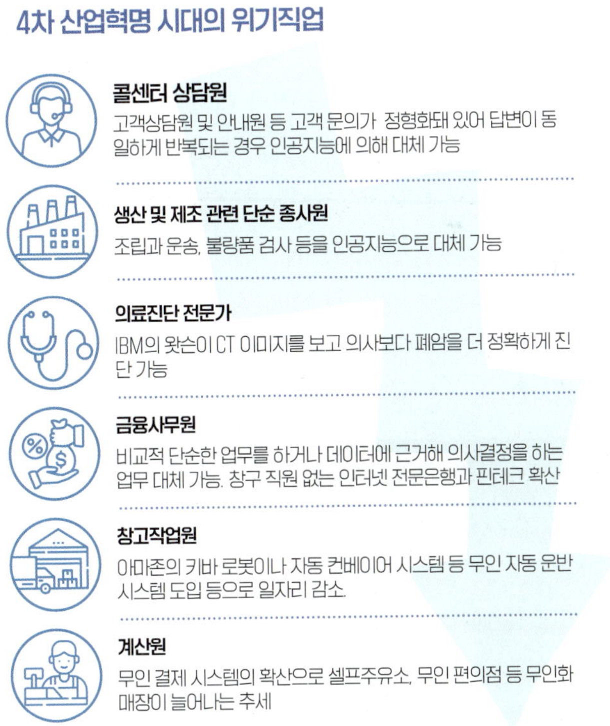

그림 1-26 4차 산업혁명 발전으로 사라질 직업

● 콜센터 요원

콜센터(Call Center)에서 근무하는 사람은 고객으로부터 걸려온 전화를 받고 각종 민원사항에 응대하거나 불특정 다수의 고객에게 전화를 걸어 각종 상품이나 서비스를 판매하는 일을 한다. 콜센터에는 고객 상담원과 텔레마케터의 두 가지 직업이 존재한다. 고객이 전화로 제기한 민원사항에 응대하는 일을 하는 사람을 고객 상담원이라고 하고, 전화를 걸어 각종 상품이나 서비스를 판매하는 일을 하는 사람을 텔레마케터라고 한다.

그림 1-27 콜센터에 종사하는 고객 상담원과 텔레마케터

콜센터에 근무하는 사람의 일 중에 어느 일이 4차 산업혁명의 시대에 영향을 많이 받을 것인가? 반복되는 질문에 답변을 하는 일이다. 고객 상담원과 텔레마케터가 하는 일 중에는 고객의 문의에 답변하는 일의 비중이 높다. 구매한 컴퓨터의 인터넷 연결이 안 되거나 화면의 설정이 변경되는 경우처럼 해결책이 정형화되어 있고, 고객이 궁금해하는 내용에 대한 답변이 단순한 경우가 많다. 상품의 주문이나 배송처리 예약도 정형화된 일이라고 할 수 있다. 과거의 데이터나 답변 이력을 분석하면 고객의 민원이나 문의사항에 답변이 가능하다. 고객이 궁금해하는 질문의 상당수는 지금까지 제기되지 않은 새로운 질문일 수 있지만 콜센터를 수년간 운영하면서 고객이 궁금해하는 내용과 정해진 답변이 데이터베이스화되어 있다면 사람이 굳이 하지 않아도 첨단 ICT나 인공지능을 통해 답변이 가능하다.

● 생산 및 제조 관련 종사원

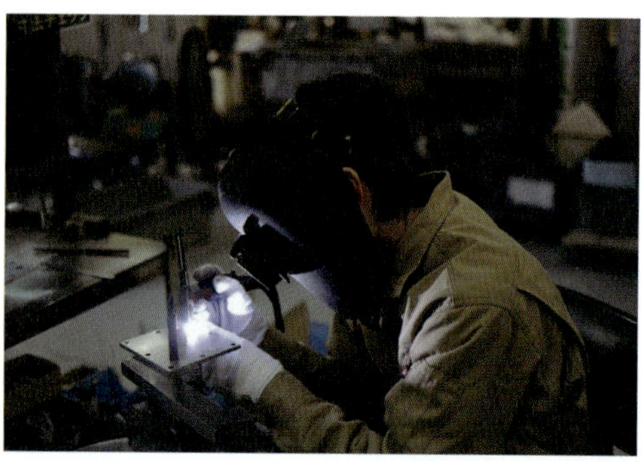

그림 1-28 단순 제품 조립 종사원

생산 및 제조 관련 종사원은 제조업체와 같은 곳에서 물건을 만들어 내기 위하여 제품을 운반하여 작업장에 위치시키고, 제품을 만들기 위하여 조립하거나, 만든 제품의 불량 여부를 검사하는 일을 수행한다.

공장이 자동화 및 지능화되는 스마트 공장 때문에 생산 및 제조 관련 단순 종사원의 일자리가 위험하다. 물건을 만드는 제조업이 똑똑해지고 있다. 아디다스는 외국에 있던 신발 제조 공장을 독일로 이전하면서 로봇 생산 기반의 자동화 시스템을 갖춘 '스피드팩토리'를 설립했다. 아디다스는 소비자가 매장을 방문해서 발 모양을 측정하고 디자인을 정하면 5시간 만에 딱 맞는 신발을 만들어 낸다. 할리데이비슨도 오토바이 한 대를 만드는 데 걸리는 시간을 21일에서 6시간으로 파격적으로 단축했다. 그런데 스마트 공장은 소비자의 개별적 요구를 맞춤형으로 충족할 뿐 아니라 공장에서 눈에 보이는 종업원 수를 줄였다. 중국과 베트남에 있을 때 아디다스 공장은 이 공장을 운영하는 데 과거 600명이 필요하였지만 공장이 독일 본사로 들어오면서 외국에 있을 때 생산하던 동일한 개수(50만 켤레)의 신발을 만드는 데 10명이면 충분해졌다. 스피드팩토리에 있는 자동화 로봇이 물건을 나르고 조립하는 사람들을, '비전'이라는 이미지 판독 시스템을 통해 불량품을 눈으로 검사하던 작업자 수를 대폭 줄였다.

의료진단 전문가

의료인들은 전문적인 의료지식 및 기술을 활용하여 환자의 질병 원인을 밝히기 위하여 진단하고 질병 및 장애가 있는 사람과 상해를 입은 사람이 건강을 회복할 수 있도록 치료하는 업무를 수행한다. 의사의 구체적 업무는 전문 분야에 따라 세분되는데 이 중 영상의학과 의사는 환자의 병으로 일어난 육체적, 생리적 변화를 찾아내기 위하여 MRI, CT, X선 같은 촬영 영상을 판독하는 진료 영역을 담당한다.

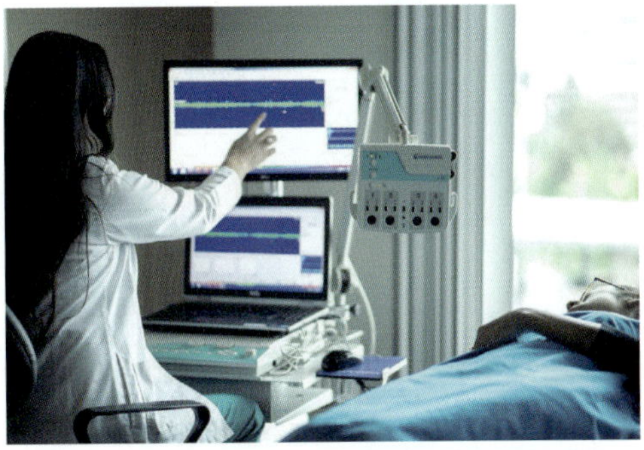

그림 1-29 영상을 보고 병의 유무와 종류를 판단하는 의료진단 전문가

병의 원인을 밝히거나 진단하는 데 도움을 주는 다른 직업인으로 임상병리사가 있다. 임상병리사와 같은 의료진단 전문가는 병원의 진료 지원 부서에서 근무하면서 혈액, 소변, 체액 그리고 조직 등의 검체를 살펴 질병의 원인 규명과 예방 그리고 치료 경과를 확인한다. 보건의료 기관에서 의생명과학 분야의 기초 및 임상 연구를 진행하기도 한다.

영상을 보고 병의 유무와 종류를 판단하는 일은 인공지능이 사람보다 더 정확하고 빠르게 할 수 있다. 인공지능이 인간이 하는 일을 대신하기에는 아직 미흡하다는 이야기가 이제 의료계에서는 통하지 않는 것 같다. 영상의학과 의사는 병원에서 환자의 특정 질병 유무와 의심되는 질병을 진단하기 위하여 X선, CT 혹은 MRI 등의 촬영을 한 것을 판독하는 일이 업무의 대부분을 차지한다. 이상이 생긴 부위가 너무 작거나 명확하지 않으면 오진이 생기기도 한다. 오진율은 영상의학과 의사에 따라 차이가 많다. IBM의 인공지능 왓슨은 암 환자를 진료할 때 환자의 의심되는 부위의 영상 이미지(X선, CT, MRI)와 환자의 부위에서 떼어낸 조직을 검사해서 암 여부와 종류를 결정하는 의사의 역할을 수행하고 있다. 병의 유무에 대한 종합적인 판단과 책임은 여전히 의사의 몫이지만 인공지능의 판단을 의사가 절대로 무시할 수 없는 상황이다. 인공지능은 의사보다 더 빠르고 정확하게 영상 검사를 판독할 수 있다. 그뿐만 아니라 환자의 성별, 나이, 암의 진행 정도에 따라 적정한 치료법을 추천해 준다. 왓슨은 클라우드에 저장된 방대한 논문과 의학 정보를 분석하고 끊임없이 추가적인 의료 내용을 학습하고 있다. 의료진이 왓슨에게 환자의 성별과 나이, 몸무게, 피검사 수치, 현재 암 진행 정도 등의 정보를 입력하면 왓슨은 색깔별로 치료법이 적힌 문구를 제시한다. '추천하는 치료법'과 '권하지 않는 치료법', 그 이유, 관련 근거 논문도 확인이 가능하다. 또한 치료법에 따른 생존율과 약물 부작용도 함께 제시해 준다. 암을 진단하고 적정한 치료법을 추천하는 것은 인공지능도 잘할 수 있는 분야이다.

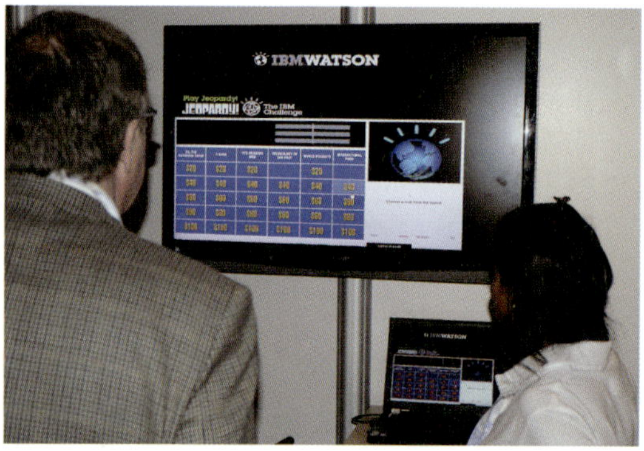

그림 1-30 인공지능 IBM 왓슨

국내에서도 인공지능 IBM 왓슨의 도입이 확산되고 있다. 2016년 12월에 길병원이 우리나라 최초로 이를 도입한 이후 부산대학교병원, 건양대학교병원 등에서 이 시스템을 도입하고 있고 다른 대학병원에서도 인공지능의 도입이 확산될 것으로 예상된다. 의사와 인공지능이 동시에 진료하고 처방을 했는데, 같은 결정을 내리게 되면 환자와 의사는 진단과 처방의 결과를 더욱 신뢰할 수 있다. 그러나 인공지능과 인간이 서로 다른 진단 결과와 처방을 내리는 경우에는 최종 판단을 하는 환자와 의사는 한 번 더 생각해 볼 것이다. 인간 의사가 진단하면서 놓친 부분이 있을 가능성을 고민할 것이다. 인공지능 왓슨은 수많은 환자의 데이터를 기억하고 있고 다양한 환자의 영상 결과를 학습하여 오진율을 최소화할 수 있다. 한 명의 의사가 아무리 많은 환자를 진료한다고 하더라도 평생에 수천 혹은 수만 명의 환자를 진료한다. 그러나 인공지능은 데이터만 입력해 주면 무한정의 환자 정보를 접할 수 있기에 더 정확한 진료를 할 수 있다. AI는 암 환자의 조직검사도 한다. 영상 정보에서 암이 의심되면 조직을 떼어내 검사를 진행하게 되는데 의사가 수백 건의 조직 슬라이드를 검사하는 과정에서 생길 수 있는 오진을 보완해 줄 수 있다. 의사가 하던 진단의 영역을 인공지능이 대신하고 있는 것이다.

그 외에도 위기 직업에는 금융사무원(은행텔러 · 증권중개인 · 투자분석가 · 보험인수심사원 등), 창고 작업원, 계산원(백화점, 대형마트, 할인점, 슈퍼마켓 외 기타) 외 많은 단순 직업들이 해당된다.

1.3

4차 산업혁명 전망

4차 산업혁명 산업 전망

어느 누구도 미래를 객관적으로 예측할 수는 없지만, 우리는 기술 발전과 트렌드 변화를 관찰하면서 4차 산업혁명 미래 사회 변화의 큰 방향을 어느 정도 가늠해볼 수 있다.

미래에는 인간 노동의 상당 부분을 인공지능 기계가 대체할 가능성이 있으며, 사물인터넷의 발달로 모든 것이 연결되는 세상이 될 것이다. 블록체인 기술이 상용화된다면 은행이 필요 없어지면서 개인 간의 자율적인 거래가 가능해지고, SF소설이나 영화에서나 볼 수 있던 거리의 무인 자동차, 하늘의 드론 택시가 현실이 될 것이다. 첨단과학기술은 분명 우리의 삶을 더 편리하게 만들겠지만, 그로 인해 발생할 수 있는 부작용, 위험, 사회적 모순 또한 적지 않을 것이다. 그럼 미래 사회의 모습을 네 가지로 나누어 살펴보겠다.

일자리, 산업, 경제 영역의 변화

미래 사회의 가장 큰 변화는 일자리, 산업, 경제 등의 영역에서 이루어질 것이다. 4차 산업혁명의 핵심기술들로 인해 자동화, 지능화가 가속화되고, 인공지능, 빅데이터 등 4차 산업혁명과 관련된 일자리는 점점 늘어날 것이다.

그림 1-31 기술 간의 융합으로 새로운 산업 등장

지금은 존재하지 않는 새로운 직업도 많이 생겨나고, 서로 다른 분야 및 기술 간의 융합으로 새로운 산업도 많이 생겨날 것이다. 예를 들어 금융 분야에서는 핀테크(FinTech), 교육 분야에서는 에듀테크(EduTech), 법률 분야에서는 리걸테크(LegalTech), 부동산 영역에서는 프롭테크(PropTech) 등의 신산업들이 등장하고, 관련된 새로운 일자리들이 만들어질 것이다.

반면 기계화, 자동화, 지능화로 인해 지금의 일자리 중 상당 부분이 사라지고 산업구조도 근본적으로 재편될 가능성이 있다. 그렇게 되면 고용 불안, 대량 실업 등의 고질적인 사회 문제가 발생할 수 있기 때문에 물질적으로는 풍요로워도 많은 직장인들이 실업의 불안감 속에서 살아갈 것이다.

초지능화

미래 사회는 인공지능과 빅데이터, ICT 기술의 발달로 '초지능화'가 이루어질 것이다. 제품을 생산하는 공장들이 '스마트 팩토리(생산 전 과정에 4차 산업혁명 기술이 적용되는 공장)'가 되면서 생산력이 급격히 증가하게 되고, 행정이나 교육 등 모든 분야들이 빅데이터, 인공지능 기술로 인해 지능화될 것이다.

특히 의료, 복지, 행정 등 공공서비스에 인공지능 기술 도입이 확대되어, AI와 함께 살아야 하는 시대를 맞게 될 것이다. 데이터, 정보, 지식의 축적과 발달 속도는 빨라질 것이고, 인류는 지식과 정보의 홍수 속에서 살게 될 것이다. 하지만 인스턴트 지식이나 실용적 기술은 빠르게 만들어졌다가 사라지면서 발전하는 반면, 깊은 성찰을 필요로 하는 인문학적 지식은 급격히 감소할 것이다. 인간보다 훨씬 뛰어난 인지 능력, 연산 능력, 데이터 처리 능력을 가진 인공지능에 의존하다 보면 인간의 기억력, 인지 능력, 사유 능력은 오히려 떨어질 것이다. 요즘 디지털화로 인한 디지털 치매가 늘어나듯이 스마트 사회가 되면 스마트 치매가 확산될 수 있으며, 인공지능 기계에게 일자리를 빼앗긴 인간은 상대적 박탈감, 소외감, 자존감 저하 등에 시달리면서 인류의 정체성이 위기를 맞을 수도 있다.

초연결 사회

미래 사회는 모든 것이 서로 연결되는 초연결 사회가 되고, 최첨단 스마트 디바이스 덕분에 업무 및 커뮤니케이션은 더욱 편리해질 것이다. VR, AR 기술의 발달로 직접 가보지 않아도 간접 체험이 가능하고, 오히려 현실보다 생생한 가상 체험을 통해 인간의 감각은 새로운 차원을 경험할 것이다.

재택업무, 원격교육, 원격진료 등이 일상화되면서 집에서도 편리하게 쇼핑이나 거래를 하거나 진료를 받을 수도 있으며, 굳이 학교에 가지 않고도 온라인으로 원격학습을 할 수 있는 등 공간의 제약이 사라질 것이다.

하지만 이런 편리함이 좋은 것만은 아니다. 초연결 사회에서는 해킹과 사생활 침해의 위험이 훨씬 더 커질 수 있다. 개인의 사생활이 무방비로 노출되고 언제 어디서든 누군가에게 감시당하는 암울한 사회가 될 수도 있다. 내가 가진 생각마저 해킹당하는 '인간해킹'이 일어날 수도 있다. 또한 VR(가상현실), AR(증강현실)이나 이 둘을 조합한 MR(혼합현실) 등을 활용하여 시공간을 뛰어넘는 간접 · 가상 경험은 많아지겠지만 자신의 몸을 움직이고 이동하는 직접 경험은 점점 줄어들 것이다.

● 공유경제 · 공유사회

미래 사회는 접속과 공유를 기반으로 하는 공유경제, 공유사회가 될 것이다. '소유'라는 개념을 중심으로 하는 기존 사회경제의 기본질서는 점차 '접속'과 '공유'라는 개념으로 대체되고 있다. 굳이 물건을 소유하지 않아도 필요할 때 언제나 편리하게 빌려서 사용할 수 있기 때문이다. 물건을 사지 않아도 온라인으로 접속해 빌려 쓸 수 있는 렌탈, 리스, 멤버십, 카셰어링 등이 있다.

그림 1-32 접속과 공유를 기반으로 하는 공유 자전거

또한, 네트워크 기반의 초연결 사회에서는 연결, 접속을 통해 가치가 창출될 수 있다. 물품을 배타적으로 소유하는 방식은 점점 사라지고 서로 대여 · 차용하며 공유하고 협력 소비할 수 있는 이른바 공유경제(sharing economy)가 보편화될 것이다. 하지만 그 변화의 과정에서 예기치 못한 사회적 갈등이 발생하거나, 가치관의 혼란이 야기될 수 있다. 최근 공유경제를 상징하는 새로운 유형의 승합차 호출 서비스 '타다'와 택시기사 간의 사회적 갈등 발생이 바로 이러한 이해관계의 충돌을 보여주는 사례이다.

모든 기술에는 명암이 있다. 아무리 훌륭한 기술이라도 절대선일 수는 없으며 밝은 면과 어두운 면이 공존할 수밖에 없다. 과학기술은 사회 변화의 가장 핵심적인 동인이며, 앞으로는 더더욱 그러할 것이다. 첨단 과학기술 사회에서는 무엇보다 과학기술에 대한 올바른 관점과 이해가 필요하다. 첨단기술의 좋은 점만 강조되어서는 안 되며, 가치관의 혼란, 이해관계의 상충, 신기술의 위험과 부작용 등 예견되는 위험에 대해서도 충분히 이해하고 미리미리 준비해야만 할 것이다.

4차 산업혁명의 긍정적 전망

미래 사회 변화는 크게 기술 · 산업구조, 고용구조 그리고 직무역량 등 세 가지 측면에서 나타날 것으로 예측된다.

● 기술 · 산업구조의 변화

그림 1-33 초지능 초연결 사회관계망

기술 · 산업적 측면에서 제4차 산업혁명은 기술 및 산업 간 융합을 통해 산업구조를 변화시키고 새로운 스마트 비즈니스 모델을 창출할 것이다. 제4차 산업혁명의 특성인 초연결성과 초지능화는 사이버물리시스템(CSP) 기반의 스마트 팩토리(Smart Factory) 등과 같은 새로운 구조의 산업 생태계를 만들고, 사이버물리시스템은 생산 과정의 주체를 바꿀 것이다. 기존에는 부품 · 제품을 만드는 기계설비가 생산 과정의 주체였다면 이제는 부품 · 제품이 주체가 되어 기계설비의 서비스를 받아가며 스스로 생산 과정을 거치는 형태의 산업구조로 변화하는 것이다. 이로 인해 제조업 분야에서는 인간의 노동력 필요성이 점차 낮아지고 있어 '리쇼어링(Reshoring)'* 현상이 나타나는 등 산업 생태계가 변화할 것으로 예상된다.

☑ 잠깐만요 리쇼어링(Reshoring)

해외에 진출한 국내 제조 기업을 다시 국내로 돌아오도록 하는 정책이다. 저렴한 인건비를 이유로 해외로 공장을 옮기는 오프쇼어링과는 반대되는 말이다.

제너럴일렉트릭(General Electric Corp, GE)은 세탁기, 냉장고, 난방기 제조 공장을 중국에서 켄터키주(州)로 이전하였고, 구글(Google)도 미디어플레이어인 넥서스Q를 캘리포니아주(州) 세너제이에 만들고 있다. 그리고 독일은 2011년 제조업의 혁신과 부흥을 위해 정보통신기술(ICT)과 제조업을 융합하여 사이버물리시스템 기반의 '인더스트리 4.0(Industry4.0)' 전략을 선제적으로 추진하고 있다.

또한 사물인터넷(IoT) 및 클라우드 등 '초연결성'에 기반을 둔 플랫폼 기술의 발전으로 O2O(Online to Offline) 등 새로운 '스마트 비즈니스 모델'이 등장할 것이다. 공유경제(Sharing Economy) 및 온디맨드경제(On Demand Economy)의 부상은 소비자 경험 및 데이터 중심의 서비스 및 새로운 형태의 산업 간 협업 등으로 이어진다. 그리고 정보통신기술(ICT)과 '초연결성'에 기반한 새로운 스마트 비즈니스 모델이 등장할 것이다.

4차 산업혁명의 주요 변화 동인이자 기술 분야인 빅데이터, 사물인터넷, 인공지능 및 자율주행 자동차 등의 기술개발 수준 및 주기를 고려할 때 향후 본격적 상용화로 인해 새로운 시장이 나타날 것으로 예상된다.

고용구조의 변화

4차 산업혁명으로 인해 '고용구조의 변화'가 나타날 것이다. 4차 산업혁명을 야기하는 과학기술적 주요 변화 동인이 미래 사회의 고용구조인 일자리 지형을 변화시킬 것으로 보인다. 특히 자동화 기술 및 컴퓨터 연산 기술의 향상 등은 단순·반복적인 사무 행정직이나 저숙련(Low-skills) 업무와 관련된 일자리에 직접적으로 영향을 미쳐 고용률을 감소시킬 것이다. 옥스퍼드 대학(Oxford Univ.)의 마틴 스쿨(Martin School)에서는 컴퓨터화 및 자동화로 인해 현재 직업의 47%가 20년 이내에 사라질 것으로 예측하였다. 특히 텔레마케터, 도서관 사서, 회계사 및 택시기사 등의 단순·반복적인 업무와 관련된 직업들이 자동화 기술로 인해 사라질 것으로 전망하였다.

호주는 노동시장의 39.6%가 수십 년 내 컴퓨터에 의해 대체될 것으로 예상하고 있고, 그중 18.4%는 업무에서의 역할이 완전히 사라질 가능성이 높을 것으로 보고 있다. 독일 제조업 분야에서는 기계가 인간의 업무를 대체함에 따라 생산 부문 120,000개(부문 내 4%), 품질관리 부문 20,000개(부문 내 8%) 및 유지 부문 10,000개(부문 내 7%)의 일자리가 감소하고 생산계획 부문의 반복형 인지 업무(Routine cognitive work)도 20,000개 이상의 일자리가 사라질 것으로 예측되고 있다. 이러한 현상은 2025년 이후 더욱 가속화될 것으로 전망된다.

그림 1-34 인공지능을 적용한 휴먼 로봇

미국의 경우에도 인공지능, 첨단로봇 등 물리적 · 지적 업무의 자동화로 인해 대부분 업무의 특정 부분이 자동화될 것으로 보고 있다. 구체적으로는 저숙련 및 저임금 노동인력이 수행하는 단순 업무와 더불어 재무관리자, 의사, 고위간부 등 고숙련 · 고임금 직업의 상당수까지, 인간이 하는 업무의 45%가 자동화될 것으로 전망된다. 그러나 일자리 지형 변화와 관련하여 부정적인 전망만 있는 것은 아니다. 제4차 산업혁명과 관련된 기술직군 및 산업 분야에서 새로운 일자리가 등장하고, 고숙련(High-skilled) 노동자에 대한 수요가 증가할 것이라는 예측도 존재한다. 특히 산업계에서는 인공지능, 3D 프린팅, 빅데이터 및 산업로봇 등 4차 산업혁명의 주요 변화 동인과 관련성이 높은 기술 분야에서 200만 개의 새로운 일자리가 창출되고, 그중 65%는 신생직업이 될 것이라는 전망도 있다. 또한 독일 제조업 분야 내 노동력의 수요는 대부분 IT와 S/W 개발 분야에서 경쟁력을 가진 노동자를 대상으로 나타날 것이고, 특히 IT 및 데이터 통합 분야의 일자리 수는 110,000개(약 96%)가 증가하고, 인공지능과 로봇 배치의 일반화로 인해 로봇 코디네이터 등 관련 분야 일자리가 40,000개 증가할 것으로 전망되고 있다.

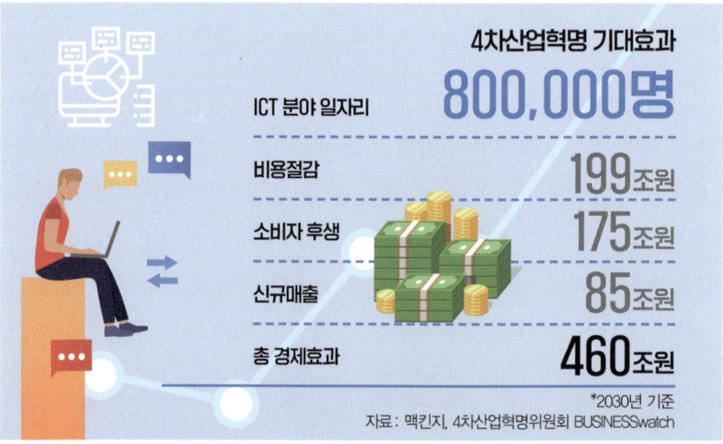

그림 1-35 직무역량 변화에 따른 4차 산업혁명 기대효과

직무역량의 변화

마지막으로 4차 산업혁명에 따른 기술 · 산업 측면의 변화와 일자리 지형의 변화는 여기에서 멈추지 않고 고용 인력의 '직무역량(Skills & Abilities) 변화'에 영향을 미치고 있다. 4차 산업혁명은 고용 인력이 직무역량 안정성(Skills Stability)에도 영향을 미치고, 산업 분야가 요구하는 주요 능력 및 역량에도 변화가 생겨 '복합문제 해결 능력' 및 '인지 능력' 등에 대한 요구가 높아질 것으로 전망되고 있다. 특히, 미국 제조업계에서는 전체 일자리의 63%가 STEM 분야의 교육 이수를 요구하고, 첨단 제조분야의 15% 이상이 STEM 관련 고급학위(석사 이상)를 필요로 한다. 또한 미래 사회의 고용 인력은 새로운 역할과 환경에 적응할 수 있는 유연성과 더불어 지속적인 학제간 학습(Interdisciplinary Learning)이 필요하고, 다양한 하드스킬(Hard Skills)을 활용할 수 있어야 한다. 로봇이나 기계를 다루는 전문적인 직업 노하우를 정보통신기술(ICT)과 접목할 수 있는 역량과 더불어 다양한 지식의 활용을 기반으로 소프트스킬(Soft Skills)이 미래 사회에서 더욱 중요한 역량이 될 것이다. 직무역량과 더불어 자동화 또는 인공지능 등 기술 및 기계의 발전으로 노동력이 대체되더라도 창의성 및 혁신성 등과 같은 인간만의 주요 능력 및 영역은 자동화되지 않을 것으로 전망된다. 맥킨지(Mckinsey)는 미국내 800개 직업을 대상으로 업무활동의 자동화 가능성을 분석한 결과, 800개 중 5%만이 자동화 기술로 대체되고 2,000개 업무 활동 중 45%만이 자동화될 것이라고 예상하였다. 그리고 인간이 수행하는 업무 중 창의력을 요구하는 업무(전체 업무의 4%)와 감정을 인지하는 업무(전체 업무의 29%)는 자동화되기 어려울 것이다. 4차 산업혁명은 '기술 · 산업구조' 및 '고용구조'와 같이 사회 외적인 측면뿐만 아니라 '역량'이라는 사회 내적인 측면이자 인간 개개인의 특성에도 영향을 미친다. 이는 미래사회 변화에 대비하기 위해서 사회 외적인 측면에서의 대응과 사회 내적인 측면에서의 대응이 병행되어야 함을 의미한다.

4차 산업혁명의 부정적 전망

최근 직업과 고용에 관한 연구 자료를 보면 일자리의 증가보다 감소가 커서 고용률이 지속적으로 감소될 것이라는 비관적 전망을 하고 있다. 밀레니엄 프로젝트(The Millennium Project)에서는 2020년부터 2050년까지의 세계 차원의 실업률을 10년 단위로 예측한 전망을 제시하였다. 이 예측 자료를 보면 2017년 약 10%로 추정되는 실업률이 2020년 11%, 2030년 16%, 2040년 20%, 2050년 24%로 10년에 4~5%씩 지속적으로 증가하고 있다. 이렇게 실업률의 지속적 감소를 예상한 이유는 현재 진행되고 있는 4차 산업혁명의 주류를 이루고 있는 기술들이 2050년까지 현재의 일자리들을 큰 폭으로 대체할 것이기 때문이다. 밀레니엄 프로젝트에서는 2050년까지 현재의 일자리를 대체하는 10가지 기술들과 그 영향력을 제시하였다. 영향력이 높을수록 현 일자리를 대체하는 숫자가 크고 고용률의 감소가 크다. 일자리 대체기술은 이미

4차 산업혁명을 견인하는 주요기술로서 우리가 익히 알고 있는 로봇, 인공지능, 3D 프린팅, 드론, 나노기술, 합성생물학 등이다. 로봇이 영향력 7.51로 가장 크고, 인공지능이 6.81로 세 번째이며, 3D 및 4D 프린팅 6.14, 드론 5.35, 나노기술 5.19, 합성생물학 4.66의 순이다. 미래 일자리에 큰 영향력을 지닌 로봇과 인공지능이 합체되어 시너지를 발휘한다면 앞으로 많은 일자리가 사라질 가능성이 높다.

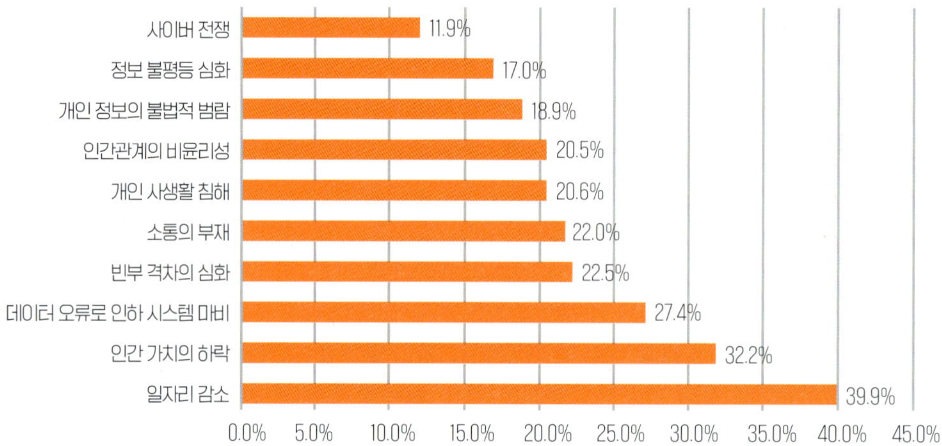

그림 1-36 4차 산업혁명의 부정적 전망

지금 우리가 알고 있는 기술들 이외에 오늘날 알려지지 않은 기술들이 서로 만들어낼 집약과 시너지를 가진 파괴적 새 기술이 나타난다면 일자리의 감소를 가속화시킬 것이다. 한편 재교육을 해도 따라갈 수 없는 기술 변화의 가속화 측면도 향후 일자리의 감소를 가속화할 가능성이 높다. 2016년 1월 다보스 46차 세계경제포럼(WEF)에서 발표된 '일자리의 미래(The Future of Jobs)' 보고서는 전세계적 차원의 미래 일자리에 대해 매우 비관적 전망을 제시하고 있다. 2020년까지 총 710만 개의 일자리가 줄고, 200만 개의 일자리만 창출되어 총 510만개의 일자리가 감소될 것으로 추정하였다. 사무/행정직이 약 476만 개로 일자리의 감소가 가장 많고, 제조/생산 약 161만 개, 건설/채굴 약 50만 개, 디자인/스포츠/미디어가 약 15만 개, 법률 약 11만 개 등의 순서로 감소가 심할 것으로 예상하였다. 일자리가 증가할 분야는 비즈니스/금융 분야가 약 49만 개로 가장 많고, 경영 약 42만 개, 컴퓨터/수학 약 41만 개, 건축 엔지니어링 약 34만 개, 영업 관리직이 약 30만 개 등으로 예상하였다. 이 보고서에서는 2016년 초등학교 입학생의 약 65%는 현재 존재하지 않는 새로운 직업에서 일하게 될 것으로 전망하였다. 일자리 감소의 가속화는 지속적으로 증가할 것으로 예상된다. 따라서 맥킨지 연구는 2039년에 신기술로 인해 20억 개의 일자리가 없어질 가능성이 있다는 예상을 내놓았으며, 영국 옥스퍼드 대학의 오스본 등은 '고용의 미래'라는 2013년의 보고서에서 인공지능 등의 기술 발달에 의해 현재 존재하는 직업의 47%가 사라질 위험에 처해 있다고 보았다. 미래학자 토머스 프레이는 최근 급신장하는 파괴적 기술들이 2030년까지 소멸시킬 백 가지 직업들을 분석하였다. 자율 주행 자동차와 드론에 의해 여러 운전 관련 직업들이 소멸될 것이며, 3D 프린터에 의해 건축 토목, 건설, 주택, 도시계획, 부동산, 보험 등에 관련된 직업들이 위험해질 것이라고 예상하였다. 그 외에도 빅데이터, 인공지능, 로봇이 직업 소멸에 미칠 영향은 굉장히 높다.

프레이는 2030년까지 전세계 일자리 40억 개 중 절반인 20억 개가 사라질 것이라는 비관적 전망을 제시하였다. 미국 노동부에서는 10년 후에 뜨는 직업과 소멸되는 직업을 알려주어 인력 불균형을 해결하고, 구직자들이 자신이 원하는 미래 일자리를 쉽게 찾아볼 수 있도록 '커리어원스톱'이라는 웹 사이트(www.careeronestop.org)를 운용하고 있다. 여기에서는 산업별로 가장 빠르게 성장하는 직업 100개, 고용자 수가 줄어드는 직업 100개를 제시하고 있다. 고용자의 감소 직업은 의류 제조(−58 %), 보석 및 은제품 제조(−42 %)로부터 신문 발행(−31 %), 컴퓨터 및 주변장치 제조(−25 %), 자기 및 광학매체 제조(−18 %) 등의 순으로 제시되어 있다.

이전 산업혁명과 구별되는 4차 산업혁명 시대의 특유의 불안 요소는 모든 영역에서 인간을 기계가 대체할 수 있기 때문이다. 그러나 인공지능 기술의 발달 전망과 생산 방식 변화를 고려하면 인간만이 창출할 수 있는 경제적 가치가 상존함을 알 수 있어서 희망을 찾을 수 있다.

인공지능이 복합적 특성과 기능을 가진 인간으로서 현실 세계를 경험하며 인간의 필요를 인식하는 기능 측면에서 인간을 대체하는 것은 현재까지는 어려운 상황이다. 그리고 소품종 대량 생산 위주인 현재까지의 생산 방식과 달리 4차 산업혁명 시대에는 다품종 소량 생산을 지향하므로 생로병사의 한계 속에서 의미와 가치를 찾고 삶을 즐기는 다채로운 존재로서 인간이 생산하는 데이터들은 경제적 가치를 인정받을 수 있기 때문이다.

1.4 연습문제

| 객관식 |

01 4차 산업혁명을 처음으로 제안한 사람은?

① 앨빈 토플러　② 앨론 머스크　③ 클라우스 슈밥　④ 팀 버너스 리

02 2016년 4차 산업혁명이 처음으로 제안된 포럼은?

① 세계 경제 포럼　② 세계 리서치 포럼　③ 세계 지식 포럼　④ 세계 퓨처 포럼

03 컴퓨터를 기반으로 한 지식정보 혁명은 제 몇 차 산업혁명인가?

① 1차 산업혁명　② 2차 산업혁명　③ 3차 산업혁명　④ 4차 산업혁명

04 대량 생산 혁명으로 공장에 전력이 보급되고 컨베이어 벨트를 사용한 혁명은 제 몇 차 산업혁명인가?

① 1차 산업혁명　② 2차 산업혁명　③ 3차 산업혁명　④ 4차 산업혁명

05 2차 산업혁명 시대에 대한 설명으로 옳지 않은 것은?

① 전기 에너지의 핵심인 교류 발전기가 개발되었다.

② 제1차 세계 대전 직전인 1870년에서 1914년 사이에 일어났다.

③ 미국의 포드 자동차를 중심으로 컨베이어 벨트 시스템이 도입되며 대량 생산의 시초가 되었다.

④ 비인간적인 대우에 고통을 받던 노동자들을 보호하기 위해 1833년에 영국 정부는 최초의 노동법인 공장법을 제정하였다.

06 3차 산업혁명 시대에 대한 설명으로 옳지 않은 것은?

① 1946년 최초의 컴퓨터인 에니악(ENIAC)이 개발되었다.

② 세계는 국가의 경계를 뛰어넘어 하나의 네트워크로 연결되었다.

③ 복잡한 전자 부품들을 하나의 반도체로 구성한 집적회로(IC)를 발명하였고, LSI, VLSI, ULSI 등으로 발전했다.

④ 연결, 탈중앙화 및 분권, 공유 및 개방을 통한 맞춤 시대가 등장하였다.

07 다보스 포럼이 주목했던 혁신적인 기술이 아닌 것은?

① 모바일 인터넷 ② 사물인터넷(IoT) ③ 3D 프린팅 ④ ULSI

08 알파고처럼 바둑 게임에 특화된 인공지능을 개발한 곳은?

① 구글 ② 마이크로 소프트 ③ 아마존 ④ IBM

09 암 진단 연구 등 의료용 인공지능을 개발한 곳은?

① 구글 ② 마이크로 소프트 ③ 아마존 ④ IBM

10 인공지능이 빠른 속도로 발전하면 2045년쯤에는 인간 두뇌를 능가하게 될 것이라고 예측한 미래학자는?

① 앨빈 토플러 ② 레이먼드 커즈와일 ③ 제이슨 셍커 ④ 토마스 프레이

11 사람, 사물, 공간 등 모든 것이 인터넷으로 연결되어 정보가 생성 · 수집 · 공유 · 활용되는 초연결망을 의미하는 4차 산업혁명 기술은 무엇인가?

① 메타버스 ② 5G ③ 사물인터넷 ④ 가상현실

12 거래 장부를 중앙 서버에 보관하지 않고, 각자 개인 컴퓨터에 분산하고 이를 체인으로 연결해 공개적으로 보관할 수 있게 해주는 혁신적인 기술은 무엇인가?

① 블록체인 ② 분산시스템 ③ 병렬시스템 ④ 데이터베이스

13 적층 가공(additive manufacturing) 기술을 이용하여 원료를 층층이 쌓는 방식의 출력을 통해 입체적인 물체를 만드는 기술은 무엇인가?

① 2D 프린터 ② 3D 프린터 ③ 4D 프린터 ④ 5D 프린터

14 4차 산업혁명의 3대 핵심 기술 영역이 아닌 것은?

① 디지털 ② 바이오 ③ 물리학 ④ 생화학

15 4차 산업혁명에서 변화를 이끄는 주요 5대 주요 기술이 아닌 것은?

① 사물인터넷 ② 로봇공학 ③ 빅데이터 ④ 블록체인

16 4차 산업혁명의 핵심 기술 중 하나인 AI의 발전은 직업군에 이르기까지 다양한 파급효과를 가져올 것이다. 이에 대한 설명으로 옳지 않은 것은?

① 업무 영역에서 인간과의 분업이 불가피할 것이다.

② 문제를 정의하는 능력과 도구의 활용 능력이 상승할 것이다.

③ 불규칙적이고 복잡한 일의 가치가 상승할 것이다.

④ 데이터를 기반으로 한 업무가 AI로 대체될 것이다.

17 1994년 온라인 서점으로 출발한 아마존이 최근 개발한 무인으로 운영되는 새로운 쇼핑시스템은 무엇인가?

① 아마존 에코 ② 원클릭 ③ 아마존고 ④ 북매치

18 2009년 미국에서 설립된 우버가 자체 보유한 빅데이터 기술을 활용하여 물류 플랫폼을 구축하여 제공하는 서비스가 아닌 것은?

① 우버 이츠 ② 우버 헬스 ③ 우버 엘리베이트 ④ 우버 택배

19 국내 조선업계에서 선박의 주요 제어장치, 기록장치 등을 하나의 네트워크로 통합하고 디지털 분석 기능을 적용한 통신망 '오션링크'를 구축하여 각종 데이터를 수집, 분석, 가공하고 있는 기업은?

① 대우조선 ② 현대중공업 ③ 두산중공업 ④ 삼성중공업

20 인간의 뇌 구조에 대한 지식을 바탕으로 컴퓨터나 로봇 등이 인간과 같이 사고하고 의사결정을 내릴 수 있도록 인공지능 알고리즘을 개발하거나 프로그램으로 구현하는 기술을 개발하는 직업은?

① 인공지능 전문가 ② 뇌과학 전문가

③ 휴먼로이드 전문가 ④ HCI(Human Computer Interface) 전문가

21 미래 유망 직업군이 아닌 것은?

① 인공지능 전문가 ② 사물인터넷 전문가 ③ 빅데이터 전문가 ④ 네트워크 전문가

22 4차 산업혁명 시대의 위기 직업이 아닌 것은?

① 콜센터 상담원 ② 생명공학자 ③ 의료진단 전문가 ④ 창고 작업원

23 4차 산업혁명의 주요 변화 동인으로 옳지 않은 것은?

① 200만 개의 새로운 일자리가 창출되고, 그중 65%는 신생 직업이 될 것이다.

② IT 및 데이터 통합 분야의 일자리 수는 110,000개(약 96%)가 증가할 것이다.

③ 로봇 코디네이터 등 관련 분야 일자리가 40,000개 증가할 것이다.

④ 재무관리자, 의사, 고위 간부 등 고숙련 · 고임금 직업의 상당수는 잔존할 것이다.

24 2030년까지 전세계 일자리 40억 개 중 절반인 20억 개가 사라질 것이라는 비관적 전망을 제시한 미래학자는?

① 앨빈 토플러 ② 레이먼드 커즈와일 ③ 제이슨 셍커 ④ 토마스 프레이

| 단답식 |

01 기계화된 대규모 공장으로 인해 가내수공업에 종사하던 숙련공들의 일자리가 사라지자 기계를 파괴하고자 했던 운동은? ( )

02 ( )는 말 그대로 방대한 데이터를 말하는데, 정형, 반정형, 비정형 데이터를 수집 및 가공하여 의미 있는 정보를 추출하여 시각화하는 것이다.

03 자동차 기술뿐만 아니라 무인비행체 드론이나 전동 킥보드 등 소형 개인 이동수단도 빠르게 발전하고 있어, 언젠가는 거의 모든 교통수단이 지능화될 것이다. 이런 지능화된 모든 이동 수단을 무엇이라고 하는가? ( )

04 네트워크 기반의 초연결 사회에서는 연결, 접속을 통해 가치가 창출될 수 있다. 물품을 배타적으로 소유하는 방식은 점점 사라지고 서로 대여해주고 차용해주면서 공유하고 협력소비할 수 있는 이른바 ( )가 보편화될 것이다.

05 기존에는 부품 · 제품을 만드는 기계설비가 생산과정의 주체였다면 이제는 부품 · 제품이 주체가 되어 기계설비의 서비스를 받아가며 스스로 생산과정을 거치는 형태의 산업구조로 변화할 것이다. 이로 인해 제조업 분야에서는 인간의 노동력 필요성이 점차 낮아지고 있어 ( ) 현상이 나타나는 등 산업 생태계가 변화할 것이다.

| 서술식 |

01 초연결 사회란 무엇인가?

2 장

인공지능

학습목표

1. 인공지능을 이해하고 머신러닝을 학습한다.
2. 딥러닝 소개와 딥러닝을 이용한 사례를 알아본다.
3. 인공지능 전망에 대하여 학습한다.

2.1 인공지능 소개

인공지능의 정의

일반적으로 인공지능은 지능을 가지고 있는 컴퓨터 시스템을 의미한다. 초기의 인공지능이라는 용어는 1956년 미국 다트머스 대학에서 열린 컨퍼런스에서 존 매카시에 의해 처음 공식적으로 제시되었으며, '지능화된 기계를 만드는 과학과 공학(The science and engineering of making intelligent machines)'으로 정의하였다.

그림 2-1 존 매카시
(출처: https://bit.ly/41fSzr4)

그러나 그 당시에는 '지능화된 기계'가 무엇이 어디까지 지능화되어야 하는 것인지, 또는 지능화된 기계가 어느 정도를 말하는 것인지 모호했다. 인공지능 기술은 하드웨어의 발전과 알고리즘의 고도화에 의해 엄청난 발전을 이루었고, 현대에 이르러 인공지능은 학계, 산업계로부터 많은 관심을 받는 주요한 분야가 되었다. 일반적으로 인공지능의 정의는 표 2-1과 같이 나타낸다.

표 2-1 인공지능의 정의

출처	인공지능의 정의
위키백과	인간의 학습능력, 추론능력, 지각능력을 인공적으로 구현하려는 컴퓨터 과학의 세부분야 중 하나이다. 정보공학 분야에 있어 하나의 인프라 기술이기도 하다. 인간을 포함한 동물이 갖고 있는 지능 즉, natural intelligence와는 다른 개념이다.
표준국어대사전(국립국어원)	『정보 · 통신』 인간의 지능이 가지는 학습, 추리, 적응, 논증 따위의 기능을 갖춘 컴퓨터 시스템. 전문가 시스템, 자연 언어의 이해, 음성 번역, 로봇 공학, 인공 시각, 문제 해결, 학습과 지식 획득, 인지 과학 따위에 응용한다.
정보통신용어사전 (TTA 한국정보통신기술협회)	사람 또는 동물의 지능이 컴퓨터로 모사될 정도로 세밀하고 정확하게 표현될 수 있다는 생각에 기반을 둔다. 지능에 대한 정의와 마찬가지로 인공 지능에 대해서도 다양한 정의가 존재한다. 인공 지능의 방법과 관련한 탐색, 논리 및 추론, 지식 표현, 계획, 학습 등 세부 분야에 대한 연구가 진행 중이고, 자연어 처리, 컴퓨터 비전 및 패턴 인식, 로보틱스 등의 분야에서 응용된다.

인공지능은 바라보는 시각에 따라 다양하게 정의할 수 있으나 기본적으로 그림 2-2와 같이 인간의 사고방식을 모방하거나 학습, 지각, 추론하는 방식을 컴퓨터 시스템으로 구현해내는 기술이라고 말할 수 있다.

인간의 사고방식을 컴퓨터 시스템에 의해 표현하는 방법의 예를 들어보자. 자동차로 도로를 달리는데 전방에 사고로 인하여 교통체증이 발생했다. 그렇다면 운전자는 자동차가 많이 정체되더라도 원래 설정된 경로대로 묵묵히 갈 것인지, 아니면 얼른 우회도로를 찾아 정체된 도로를 빨리 벗어날 것인지를 고민할 것이다. 그리고 어떤 판단이 좋은 결정이 될지도 고민할 것이다. 이러한 고민의 배경에는 놓여진 상황과 데이터가 있고 운전자가 일상에서 경험하고 축적된 지식이 있다. 이것을 통해 운전자는 정체된 도로에서 자신이 내린 결정에 따라 주행한다. 이와 같이 인공지능도 놓여진 상황과 데이터를 기반으로 학습을 하면서 지식(정보)을 축적하고, 이를 기반으로 인간이 생각하는 방식과 논리를 컴퓨터 시스템으로 처리하면서 해당 상황에 맞는 결정을 내린다.

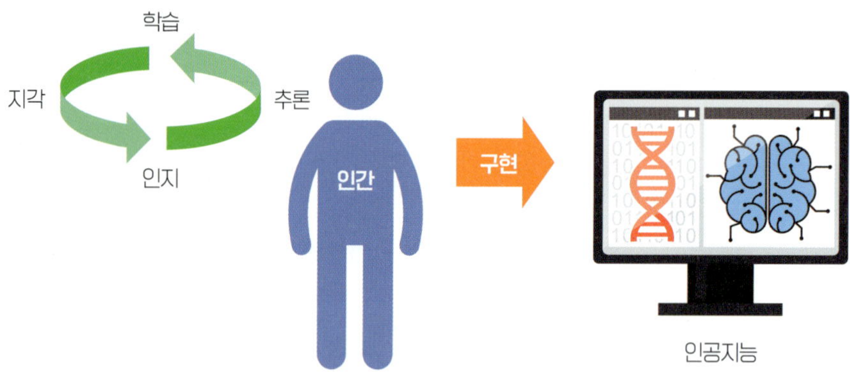

그림 2-2 인공지능의 개요

인공지능의 역사

인공지능 기술이 널리 알려진 현대와 달리 초기 인공지능은 그 개념이나 정의에서부터 여러 가지 시각이 있었으며, 그에 대한 연구는 인간 심리학에 대한 실험적인 시도가 일반적이었다. 이러한 초기 인공지능을 시작으로 인공지능의 연구, 기술 개발, 적용은 많은 굴곡을 가지고 발전해 왔다. 이러한 단계를 본서에서는 1차 인공지능 시대, 2차 인공지능 시대 등으로 구분하였다.

1차 인공지능 시대(1943~1956)

1943~1956년 사이를 일컬으며 수학, 공학, 철학 등 다양한 분야에서 인공지능 연구에 대한 접근이 있었다. 그러나 대부분 실험적인 시도들이었으며, 1956년에서야 인공지능이 학문 분야로 들어섰다. 이때 시도된 내용들은 아래와 같다.

인공두뇌학과 초기의 신경망

인공지능에 대한 초기 연구는 1930년대 후반에서 1950년대 초기에 유행했던 아이디어에서 착안한 것으로 알려진다.

당시 신경학 분야의 연구에서는 인간의 뇌가 뉴런이라는 조직으로 이루어진 전기적인 네트워크로 구성되었고, 정보의 전달이나 학습, 추론과 같은 처리는 이러한 네트워크상의 자극으로 기인한다고 보았다.

그림 2-3 인간의 뇌
(출처: https://bit.ly/3NlXAFu, Nicolas Rougier)

튜링 테스트

앨런 튜링이 1950년 '계산 기계와 지능(Computing Machinery and Intelligence)'에서 제시한 실험 방법으로 이미테이션 게임이라고도 부른다.

기계가 인간과 얼마나 비슷하게 대화할 수 있는지를 기준으로 기계에 지능이 있는지를 판별하고자 하는 실험이다. 텔레프린터를 통해 기계와 인간이 뒤섞여 대화하는 속에서 기계가 사람과 기계를 구분할 수 없을 정도로 대화를 이끌어 간다면 이는 기계가 '생각'하고 있다는 것을 증명하는 것이라는 내용이다. 즉 그림 2-4에서와 같이 컴퓨터 A와 인간 B가 있고 격리된 공간에 C가 있다. 이때 C는 A와 B를 대상으로 대화를 이어가는데 만일 A가 인간과 똑같은 방식으로 대화를 이어간다면 C는 A, B 중에서 컴퓨터와 인간을 구별해낼 수 있을까? 라는 실험이다. 초기의 인공지능 연구 단계에서는 지능에 대한 정의조차 분명한 해답을 제시하지 못하였으니 이러한 시도가 매우 의미 있었으며, 튜링 테스트는 인공지능에 대한 최초의 심도 깊은 철학적 시도로 알려졌다.

그림 2-4 튜링 테스트
(출처: https://bit.ly/3peC41g, Hferee)

게임 프로그램

인공지능 처리를 연구 및 개발하는 방법 중 하나로 게임 프로그램에 적용하는 시도들이 있었다. 1951년 크리스토퍼 스트레이(Christopher Strachey)는 페란티 마크 1(Ferranti Mark 1)을 사용하여 체커 프로그램을 구현하였고, 디트리히 프린츠(Dietrich Prinz)는 체스 프로그램을 구현하였다. 이러한 게임 프로그램들은 지속적으로 개발 및 시연되었으며, 인공지능 발전의 척도로서도 사용되었다.

AI의 탄생

마빈 민스키, 존 매카시, IBM의 수석 과학자인 클로드 섀넌과 네이선 로체스터는 1956년 다트머스 대학에서 컨퍼런스를 개최했다. 이곳에서 존 매카시는 "학습의 모든 면 또는 지능의 다른 모든 특성으로 기계를 정밀하게 기술할 수 있고 이를 시뮬레이션할 수 있다."라는 주장을 제기하였으며, 뉴얼과 사이먼은 '논리 이론'을 소개했다. 이때 컨퍼런스의 주요 참가자들은 수십 년동안 인공지능 연구에서 중요한 프로그램을 만들어온 대표적인 연구가들이었으며, 레이 솔로모노프, 올리버 셀프리지, 트렌처드 모어, 아서 새뮤얼, 앨런 뉴얼과 허버트 사이먼 등이 그들이다. 1956년의 다트머스 컨퍼런스는 인공지능이라는 용어를 공식적으로 처음 사용한 순간이었다.

2차 인공지능 시대(1956~1974)

다트머스 컨퍼런스 이후 인공지능은 더욱 많은 사람들로부터 관심을 받게 되었다. 몇몇 인공지능 프로그램은 대수학 문제를 풀었고 기하학의 정리를 증명했으며 영어를 학습하기도 했다. 이러한 행보는 몇몇 사람들에게 기계를 통한 인공지능의 실현이 가능할 것이라 믿게 하였다. 이 시기를 인공지능의 황금기라고도 하며, 주요한 사건들은 아래와 같다.

탐색 추리

초기의 인공지능 프로그램은 스텝 바이 스텝(step-by-step) 방식을 사용하여 게임의 승리나 정리 증명과 같은 목표 달성을 수행하였다. 이 방식은 미로 찾기의 경우 가다가 막히면 왔던 길을 되돌아가서 다시 다른 길을 찾는 식이었으며, 이를 '탐색 추리'라 불렀다. 그러나 이 방법은 해를 찾기까지 너무나 많은 수가 있다는 것이 문제였다. 연구가들은 추론이나 경험적으로 얻어서 축적된 지식이나 해를 활용하여 정답이 아닌 해를 지우는 방식으로 이러한 문제를 해결하려 하였다. 이 방법은 향후 인공지능 알고리즘에 다양하게 응용되었다.

자연어 처리

인공지능의 활용에 있어 주요한 목표 중 하나는 인간의 언어를 인식하는 것이었다. 이를 자연어라고 하고 인간이 컴퓨터와 자연어로 의사소통이 가능할 수 있도록 하는 것에 많은 연구자들이 관심을 가졌다. 조셉 웨이젠바움(Joseph Weizenbaum)의 ELIZA는 인간과 컴퓨터가 대화를 나눌 수 있었는데 대화의 진행이 전혀 이질적이지 않고 자연스러웠다. 그러나 실제로는 ELIZA가 인간과의 대화를 자연스럽게 한 것이 아니라 프로그램에 의해 설정된 말을 답하거나, 답을 해야 하는 내용이 프로그램되어 있지 않을 때는 인간에게 질문을 다시 요청하거나 인간의 질문 내용에서 몇 개의 문법 법칙에 의해 조합된 대답을 하였던 것이다. 그렇게 ELIZA는 첫 번째 채팅 프로그램이 되었다.

낙관론

1958년, 사이먼(H. A. Simon)과 뉴얼(Allen Newell)은 "향후 10년 내에 인공지능을 장착한 컴퓨터가 체스 세계 챔피언을 이길 것이며, 중요하면서 새로운 수학적 정리를 발견 및 증명할 것이다."라고 말했다. 또한, 1965년 사이먼(H. A. Simon)은 "향후 20년 내에 기계가 사람이 할 수 있는 모든 일을 대신 할 것이다."라고 낙관했다. 1967년, 마빈 민스키는 "이번 세기에 인공지능 개발이 대부분 완료되어 현실화할 것이다."라고 하였으며, 1970년에는 Life 잡지를 통해서 "향후 3~8년 내에 우리는 인간의 평균 정도 되는 지능을 가지는 기계를 가지게 될 것이다."라고 말했다.

3차 인공지능 시대(1974~1980)

이 시기는 인공지능의 첫 번째 암흑기로도 불리는데, 인공지능에 대한 비판이 시작되었고 이어서 재정적 위기도 찾아왔다. 이러한 원인으로는 인공지능 연구가들이 실제로는 인공지능을 통해 복잡한 문제를 해결하는 데 실패했고, 인공지능에 대한 엄청난 기대와 낙관론에 비해 그에 맞는 결과를 나타내지 못하자 인공지능에 대한 자금 투자가 사라지게 된 것이다. 또한 인공지능 프로그램을 활용하는 것도 매우 제한적이어서 복잡한 문제를 푸는 프로그램들도 시험용 버전이었고 대부분은 이에 미치지 못하였다. 이 시기의 환경과 사건들은 아래와 같다.

컴퓨터 시스템 환경

이 시기의 컴퓨터 시스템 장치는 인공지능 프로그램을 충분히 완성시키기에 부족한 부분이 많았다. 특히 메모리와 컴퓨터 처리 속도가 충분하지 않았는데, 예를 들어 로스 퀼리언(Ross Quillian)의 자연어 처리를 수행시키기 위해서는 20개 이상의 단어를 활용할 수 있어야 했는데 컴퓨터 시스템에서는 그 전에 메모리가 꽉 찼다. 또한 2011년의 컴퓨터 영상 프로그램은 10,000~1,000,000MIPS를 필요로 하는데 1976년의 가장 빠른 슈퍼컴퓨터인 Cray-1은 80~130MIPS였고, 그 당시의 일반적인 데스크탑 컴퓨터는 겨우 1MIPS 남짓이었다. 이러한 배경에서 한스 모라벡은 다음과 같은 주장을 하였다.

"컴퓨터가 이론을 제작하고 기하학적 문제를 해결하는 것은 비교적 쉽게 수행할 수 있다. 그러나 인간과 같이 영상이나 사진을 인식하는 것은 엄청나게 어렵다."

이것이 유명한 모라벡의 역설이다. 즉 인간은 비교적 쉽게 영상이나 사진 인식 및 판독이 가능하지만 컴퓨터는 매우 어려우며, 반대로 컴퓨터는 복잡한 문제를 해결하거나 푸는 것은 쉽지만 인간은 어렵다는 것이다.

4차 인공지능 시대(1980~1987)

이 시기는 인공지능의 붐이라고 일컫는 때이며, '전문가 시스템'이 많은 연구자들과 개발자들에 의해 실현되고 관심받는 시기였다. 또한 존 홉필드와 데이비드 루멜하트의 신경망 이론의 복원이라는 사건도 있었다.

전문가 시스템

1965년 에드워드 파이겐바움(Edward Feigenbaum)과 레더버그(Joshua Lederberg)에 의한 Dendral 프로젝트는 분광계로부터 화합물을 식별하는 실험이었는데 이를 전문가 시스템의 시작으로 본다. 전문가 시스템은 전문가가 가지고 있는 특정 지식이나 정보를 컴퓨터에 저장하고 관리함으로써 비전문가도 전문가의 지식을 이용할 수 있도록 지원하는 자문형 정보시스템을 말한다. 1980년에 디지털 장비 회사인 CMU는 XCON이라는 전문가 시스템을 개발하였는데, 이 시스템은 매년 4천만 달러를 절약시켜주는 효과를 보았다. 또한 1985년에는 많은 회사들이 1억 달러 이상을 투자하여 전문가 시스템을 개발하고 배포하였다.

신경망 이론의 부활

1982년 물리학자 존 호필드(John Hopfield)는 새로운 길에서 정보를 프로세스하고 학습할 수 있는 신경망의 형태를 증명하였는데 이는 후에 'Hopfield net'이라고 불렸다. 1986년 제프리 힌튼(Geoffrey Everest Hinton)과 데이빗 루멜하트(David E. Rumelhart)가 오차역전파법(Back-propagation)을 통해 다층 퍼셉트론을 학습시키는 데 성공하면서 XOR 문제(비선형문제)를 해결할 수 있었다. 이러한 두 사건으로 인해 1970년 이후에 사람들로부터 관심이 멀어진 신경망 이론을 부활시켰다. 이후 신경망은 1990년대에 광학 문자 인식 및 음성 인식과 같은 프로그램의 구동 엔진으로 사용되며 상업적으로도 성공을 이루었다.

5차 인공지능 시대(1987~1993)

이 시기는 인공지능의 두 번째 암흑기로 불린다. 이 시기의 배경과 사건은 다음과 같다.

인공지능의 재침체기

이전 시기에 전문가 시스템이 널리 확산되면서 그 이면에 많은 연구자들은 전문가 시스템 도입으로 인한 기대만큼이나 실패로 인한 사람들의 실망이나 충분한 효과가 나타나지 않은 부족함 등으로 인해, 인공지능에 대한 투자 감소나 사람들의 관심에서 멀어지는 걱정을 하게 되었다. 이 시기를 인공지능 겨울(AI winter)이라고 불렀다. 퍼스널 컴퓨터, 즉 개인용 컴퓨터의 성능이 좋아졌으며 일반인에게 보급도 확산되었다. 개인용 컴퓨터의 보급을 주도한 곳은 애플이나 IBM이었다. 이러한 상황에서 개인용 컴퓨터보다 비싼 Lisp 기기들을 구입하여 인공지능을 프로그래밍할 이유가 없어졌으며, 전문가 시스템에서도 XCON을 유지하는 데 비용이 너무 많이 들었고 업데이트나 학습도 어려워졌다. 즉 이 시기의 전문가 시스템은 특정한 환경이나 목적에만 유용했을 뿐이었다.

생각의 전환

1980년대 후반에는 인공지능 연구자들이 실제 지능을 보여주려면 단순히 프로그램의 실행만이 아니라 기계 즉, 몸체가 있어야 한다고 생각하였다. 데이비드 마아(David Marr)는 인공지능 분야에서 일반적으로 이용하였던 메카시의 로직이나 민스키의 프레임(McCarthy's logic and Minsky's frames)에서 벗어나 인공지능은 몸체를 가지는 기계 장치를 심볼릭 프로세싱*하기 전에 맨 아래에서부터 위로(Bottom-up) 이해하여야 한다고 주장하였다.

> **잠깐만요** **심볼릭 프로세싱**
>
> 심볼릭 프로그래밍은 프로그램이 자체 공식과 구성 요소를 마치 플레인 데이터인 것처럼 조작할 수 있는 프로그래밍 패러다임이다. 이것을 사용하면 더 작은 단위의 논리나 기능을 병합하여 복잡한 프로세스들을 개발할 수 있다. 따라서 효과적으로 자가 수정이 가능하고 학습하는 것처럼 보이게 만들기 때문에 인공지능, 전문가 시스템, 자연어 처리, 컴퓨터 게임 등 여러 응용에 더 적절하다.

6차 인공지능 시대(1993~현재)

인공지능에 대한 사람들의 기대와 실패가 반복되었고, 다시 하드웨어 기술 등의 발전으로 인해 인공지능 알고리즘과 프로그램이 구현되면서 다시 사람들에게 관심을 받게 되다가 침체기에 들기도 하면서, 인공지능은 많은 굴곡 속에 성장하게 되었다. 이 시기의 기술, 사건과 사례는 다음과 같다.

성공 사례

1997년 5월 11일, IBM이 제작한 인공지능 컴퓨터 딥 블루는 당시 체스 세계 챔피언이던 가리 카스파로프(Га́рри Ки́мович Каспа́ров)를 상대로 체스 대국에서 이겼다. 2005년에는 스탠포드의 로봇이 국방고등기획국(Defense Advanced Research Projects Agency, DARPA)이 후원하는 그랜드 챌린지에서 한 번도 연습해 보지 않은 사막 도로 131마일을 자동으로 운전하여 우승하였다.

2011년 2월에는 IBM의 응답 시스템 왓슨이 Jeopardy 퀴즈 쇼에 출전하여 모든 참가자들을 대상으로 우승하였다.

이러한 발전의 배경은 기술의 급속한 발달에 있었다. 예를 들어 딥 블루는 1951년 마크 1보다 1천만 배나 빨랐다. 이러한 발전은 무어의 법칙으로도 대변된다. 이는 반도체 집적회로의 성능이 24개월마다 2배로 증가한다는 것으로 인텔의 공동 창업자 고든 무어가 주장한 내용이다.

그림 2-5 딥 블루
(출처 : https://bit.ly/3p9ylSp, James)

지능형 에이전트

1990년대에는 '지능형 에이전트'라는 새로운 패러다임이 등장하고 연구 및 적용되었다. 지능형 에이전트 시스템은 인간의 개입 없이 주기적으로 정보를 모으거나 또는 일부 다른 서비스를 수행하는 프로그램을 말한다. 이러한 패러다임은 당시 연구자들이 해결하기 어려웠던 문제들에 대해 다양하고 유용한 해결 방법을 찾도록 해주었다.

인공지능 적용의 확산

컴퓨터를 이용한 인공지능은 매우 어려운 문제들을 해결하였고, 데이터 마이닝, 산업 로봇공학, 논리학, 음성인식, 은행 업무 처리 소프트웨어, 컴퓨터에 의한 의학적 진단, 구글 검색 엔진 등 여러 기술들은 기술 산업에 매우 유용하다는 것이 증명되었다.

1968년 아서 C. 클라크 원작을 스탠리 큐브릭 감독과 함께 만든 '2001 : 스페이스 오디세이'에는 할 9000이라는 인공지능이 등장한다. 이 때는 기계가 인간과 유사하거나 인간의 지능을 넘는 존재가 있을 것이라는 기대가 있었으며 많은 소설, 영화에서 인공지능에 대한 인간의 기대가 표현되었다.

대부분의 인공지능 연구자들은 신경망이나 유전자 알고리즘에 대해 수익을 위한 상업적 용도로써 관심을 가졌다. 그러나 마빈 민스키는 "영화에서 제시된 할 9000 인공지능을 왜 인간이 개발해내지 못했나?"라는 의문을 가졌다.

이에 대해 레이 커즈와일은 인공지능 기술 발전의 지연은 컴퓨터 성능 때문이며, 현재의 컴퓨터 발전 속도를 미루어 2029년이 되어서야 인간 수준의 인공지능 구현이 가능하다고 보았다.

2.2 머신러닝

학습의 정의

학습이란 아래와 같이 정의하고 있다.

> 학습은 본능적인 변화인 성숙과는 달리, 직간접적 경험이나 학습에 의해 지속적으로 자각하고, 인지하며, 변화시키는 행동 변화를 말한다. 그러나 이것은 환경의 변화에 대한 생체의 일반적 적응과 신체적인 피로, 손상 등 일시적인 동기 부여 등에서 초래된 행동의 변화와는 구별된다. 학습과 공부가 대비되는 점은 학습이 외부적인 교육이나 현상에 대해 영향을 받는 데 비해 공부는 자발적인 면이 강하다.
> (출처 : https://bit.ly/3HN7Atz)

학습은 생존을 위해 생물들이 살아가면서 반복적으로 터득하는 모든 활동을 말하기도 한다. 그러나 일반적으로 인간이나 고등생물들이 생을 이어가면서 경험과 데이터를 쌓아가며 지식을 만들고, 다시 다음의 지식을 쌓는 과정을 반복하는 것을 학습이라 할 수 있다. 특히 동물들에게 있어 학습이란 생존을 이어가는 중요한 과정이라 할 수 있다.

머신러닝(기계학습)의 개요

인간과 같이 지능을 가진 객체는 자신이 축적하는 지식을 바탕으로 새로운 환경에 적응할 수 있고, 경험해보지 못한 새로운 문제도 기존의 지식을 기반으로 풀 수 있는 능력을 가진다. 축적되어 있는 지식은 경험에 경험이 쌓이면서 만들어지게 된다. 이와 같은 방법으로 기계, 즉 컴퓨터가 학습을 통해 지식을 쌓을 수 있다면 지능을 가진다고 할 수 있을 것이다.

머신러닝이라는 용어는 1959년 아서 사무엘(Arthur Lee Samuel)이 「IBM Journal of Research and Development」에 게재된 논문에서 처음 사용하면서 대중에게 알려졌다. 그는 '명시적으로 프로그램되지 않은 환경에서도 컴퓨터가 학습할 수 있는 기능을 가지도록 연구하는 분야'라고 그 정의를 명시하였다. 즉 일반적으로 머신러닝은 가용의 데이터를 기반으로 지식을 축적함으로써 컴퓨터가 지능을 가지도록 하는 방법을 말하며, 인공지능의 한 분야로 간주된다.

즉 컴퓨터가 지능을 가질 수 있으려면 경험을 통해 학습이 이루어져야 하고, 이러한 경험은 데이터의 축적으로 가능해진다. 경험을 통해 학습을 진행하고 지식이 축적되면 새로운 문제를 풀거나 처리하는 데 자동으로 개입할 수 있으며, 기계 학습은 이러한 과정을 푸는 컴퓨터 알고리즘과 기술을 개발하는 분야이다.

머신러닝과 인공지능의 관계는 그림 2-6과 같이 나타낸다. 즉 인공지능은 컴퓨터가 인간처럼 학습하고 지식을 쌓으며 다양한 환경에서도 경험을 통해 학습한 지식을 바탕으로 판단할 수 있도록 하는 기술이라면, 머신러닝은 인공지능의 한 분야로서 인간이 학습하는 능력과 같은 기능을 컴퓨터에도 부여하여 실행할 수 있도록 하는 기술이다.

그림 2-6 인공지능과 머신러닝의 관계

머신러닝의 핵심은 표현(representation)과 일반화(generalization)에 있다. 표현이란 데이터의 평가이며, 일반화란 아직 알 수 없는 데이터에 대한 처리이다. 이는 전산 학습 이론 분야이기도 하다. 다양한 기계 학습의 응용이 존재한다. 문자 인식은 이를 이용한 가장 잘 알려진 사례이다.

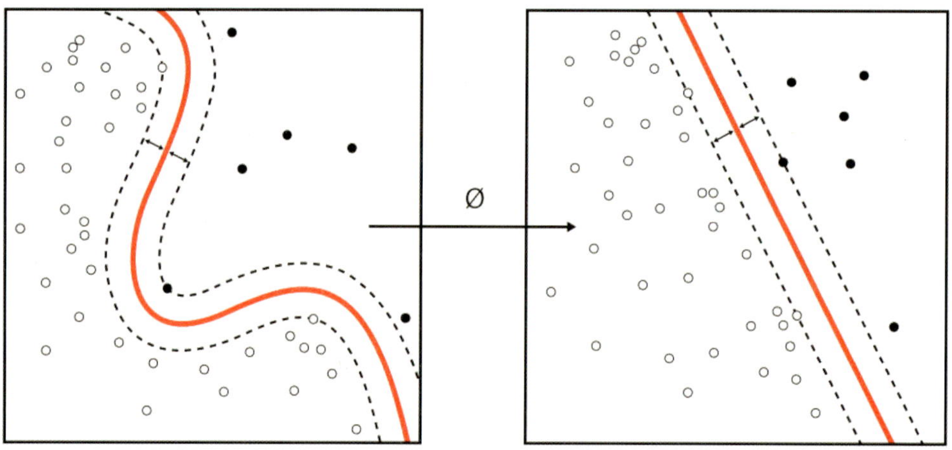

그림 2-7 선형 지지 벡터 머신의 결정 경계를 나타내는 산점도
(출처: https://bit.ly/3VKtoMk)

머신러닝을 조금 더 정확히 파악하기 위해 카네기멜론 대학교의 톰 미첼 교수가 그의 저서 「머신러닝」에서 소개한 내용을 살펴볼 필요가 있다. 그는 머신러닝을 아래와 같이 제시하였다.

"만약 컴퓨터 프로그램이 어떤 태스크 T를 수행할 때 성능 P만큼 개선되는 경험 E가 있다면, 그 컴퓨터 프로그램은 태스크 T와 성능 P에 대해 경험 E를 학습했다라고 말할 수 있다."

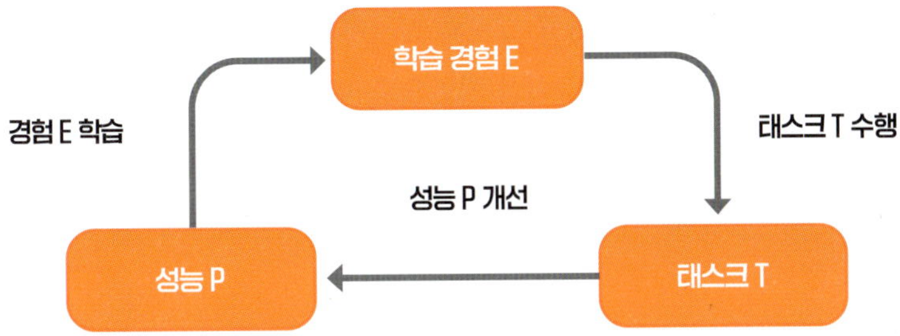

그림 2-8 톰 미첼의 머신러닝 개요

이러한 작업은 예를 들어 컴퓨터에 인간의 홍체를 인식하는 학습을 시킨다고 했을 때, 태스크 T, 성능 P, 학습 경험 E를 아래와 같이 구분할 수 있다.

- **태스크** T : 홍체를 인식하고 분류하는 것
- **성능** P : 홍체를 정확히 구분한 확률
- **학습 경험** E : 다양한 홍체들의 특성 정보를 가지는 데이터 셋

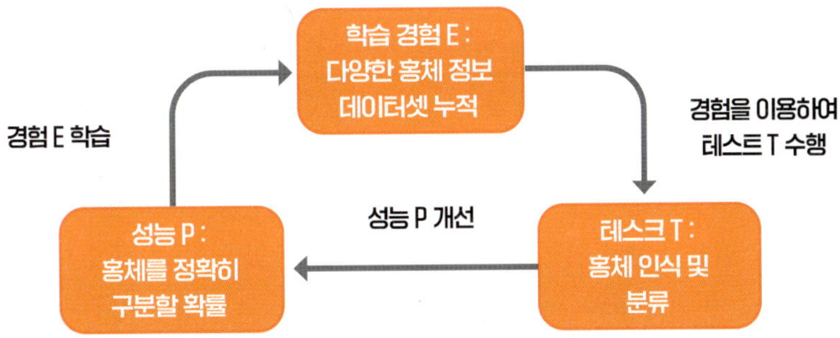

그림 2-9 홍체 인식 머신러닝

머신러닝의 방법

머신러닝의 방법은 크게 지도학습(supervised learning), 비지도 학습(unsupervised learning), 강화 학습(reinforcement learning)의 세 가지로 나눌 수 있다.

지도학습(supervised learning)

지도학습은 알고리즘이 인간이 제공한 데이터와 레이블링된 예제를 기반으로 학습을 하는 머신러닝의 한 유형이다. 이때 레이블링된 예제는 컴퓨터가 학습하여야 할 정답(solution)이다. 즉 지도학습은 입력을 출력에 매핑하는 규칙을 학습하는 것이며, 정답으로 제시된 레이블링된 예제에 도달하는 과정을 학습한다. 이를 기반으로 새로운 데이터가 주어졌을 때 이전의 학습 내용을 통해 예측할 수 있게 된다.

지도학습에는 그림 2-10과 같이 분류와 회귀라는 두 가지 주요 유형이 있다.

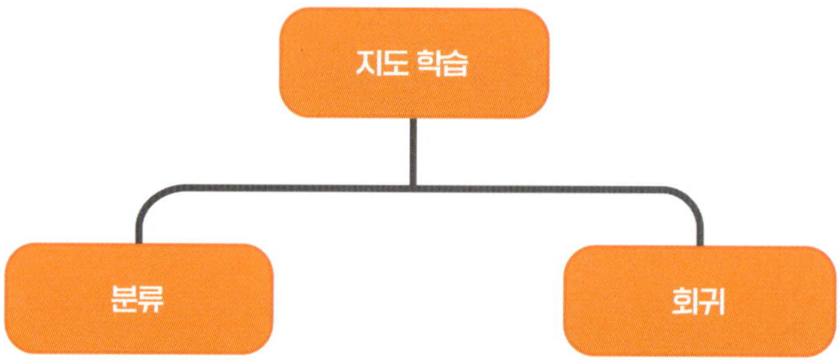

그림 2-10 지도학습

분류

분류의 목표는 레이블이 지정된 예제 집합을 기반으로 지정된 입력에 레이블 또는 클래스를 할당하는 것이다. 예를 들어 E-메일에서 지도학습을 사용하여 스팸과 정상 메일을 분류할 수 있다. 이 알고리즘은 각 E-메일에 스팸 또는 스팸이 아닌 레이블이 지정된 E-메일 데이터 세트에 대해 학습된다. 일단 알고리즘이 데이터의 패턴을 인식하는 것을 학습하면, 새로운 E-메일이 스팸인지 아닌지를 예측하는 데 사용될 수 있다. 이와 같이 분류해야 할 목표값이 2개인 경우는 이진 분류(binary classification)라고 하고, 그 이상인 경우는 다중 분류(multi classification)라고 한다. 이진 분류와 다중 분류는 기계 학습에서 감독 학습 문제의 두 가지 일반적인 유형이다.

- **이진 분류**: 이진 분류에서 알고리즘은 두 가지 가능한 결과(예: 예 또는 아니오, 참 또는 거짓, 긍정 또는 부정) 중 하나를 예측하도록 학습한다. 이진 분류의 일반적인 예는 다음과 같다.

표 2-2 이진 분류의 예

스팸 필터링	이 알고리즘은 전자 메일을 스팸 또는 스팸이 아닌 것으로 분류하도록 학습된다.
신용 위험 평가	이 알고리즘은 대출 신청자가 대출을 불이행할 가능성이 있는지 여부를 예측하도록 학습한다.
질병 진단	이 알고리즘은 특정 질병에 대한 의료 이미지 또는 테스트 결과를 긍정적 또는 부정적으로 분류하도록 학습한다.
감정 분석	이 알고리즘은 표현된 감정을 기반으로 텍스트 데이터를 긍정 또는 부정으로 분류하도록 학습한다.
기록물 관리	• 정부에서 작성, 발행한 문서 등 기록물 관리를 위해 블록체인을 활용 • 관련 국가 : 영국(맨섬), 미국(버몬트주)

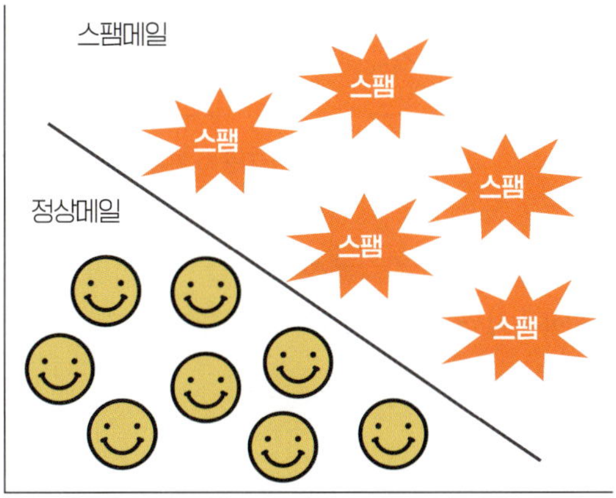

그림 2-11 이진 분류(메일 분류)

- **다중 분류**: 다중 분류에서 알고리즘은 두 가지 이상의 가능한 결과 중 하나(예: 다른 꽃 유형, 차량 유형 등)를 예측하도록 학습된다. 다중 분류의 일반적인 예는 다음과 같다.

표 2-3 다중 분류의 예

손으로 쓴 숫자 인식	이 알고리즘은 손으로 쓴 숫자(0–9)의 이미지를 인식하고 분류하도록 학습한다.
종 분류	이 알고리즘은 특징에 따라 다양한 종류의 동물, 식물 또는 곤충을 분류하도록 학습한다.
언어 식별	이 알고리즘은 텍스트 데이터를 다른 언어로 분류하도록 학습한다.
개체 탐지	이 알고리즘은 자동차, 건물, 사람, 동물과 같은 이미지의 다른 물체를 인식하고 분류하도록 학습한다.

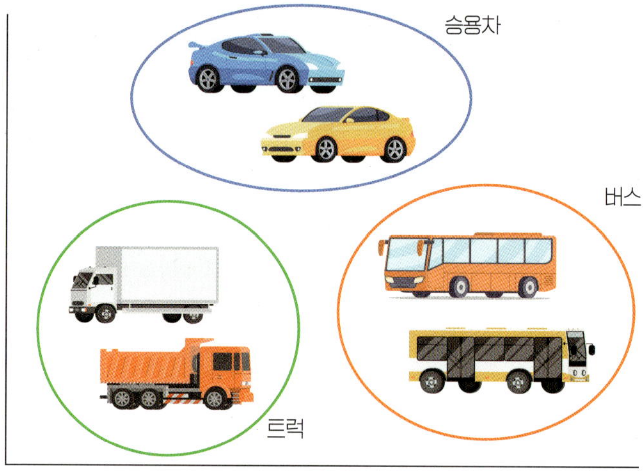

그림 2-12 다중 분류(자동차 분류)

전반적으로 이진 및 다중 분류는 기계 학습에서 중요한 작업이며, 금융, 의료, 마케팅, 엔지니어링 등 다양한 분야에서 실용적인 응용 분야가 많다.

지도학습 방법

일반적으로 널리 알려진 지도학습 방법으로는 K-최근접 이웃 알고리즘(KNN: K-Nearest Neighbor Algorithm), 서포트 벡터 머신(SVM: Sepport Vector Machine), 의사결정 트리(Decision Tree)가 있다.

- KNN(K-Nearest Neighbor): 분류 및 회귀 작업을 위한 기계 학습에 사용되는 간단하고 직관적인 알고리즘이다. KNN의 목표는 학습 데이터 세트에서 k-가장 가까운 이웃의 클래스 레이블을 기반으로 새로운 데이터 포인트를 분류하는 것이다.

  KNN의 기본 개념은 유사한 데이터 포인트가 동일한 클래스에 속하는 경향이 있다는 것이다. 새로운 데이터 포인트를 분류하기 위해 알고리즘은 먼저 유클리드 거리 또는 맨해튼 거리와 같은 일부 거리 메트릭을 기반으로 학습 데이터 세트에서 k-가장 가까운 이웃을 찾는다. 그런 다음, 알고리즘은 k-가장 가까운 이웃들 사이에서 다수 클래스 레이블을 기반으로 새로운 데이터 포인트의 클래스 레이블을 할당한다.

  KNN 알고리즘과 관련된 기본 단계는 다음과 같다.

  1. 고려할 가장 가까운 이웃의 수를 나타내는 k 값을 선택한다.
  2. 새 데이터 포인트와 교육 세트의 모든 데이터 포인트 사이의 거리를 계산한다. 이때 거

리를 계산하는 방법으로 유클리드 거리 계산법을 많이 사용한다. 유클리드 거리 계산은 다음과 같이 구한다.

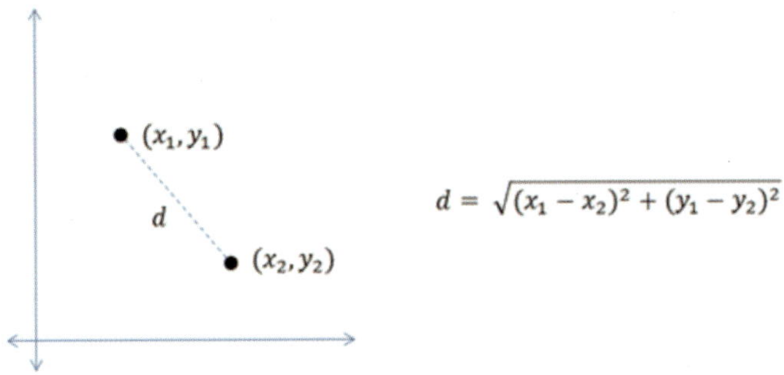

그림 2-13 유클리드 거리

3. 가장 작은 거리를 기준으로 가장 가까운 k-근접 이웃을 선택한다.
4. k-가장 가까운 이웃 간에 다수 클래스 레이블을 기준으로 새 데이터 점의 클래스 레이블을 할당한다.
5. KNN은 출력 변수 유형에 따라 분류 및 회귀 작업에 모두 사용할 수 있다. 분류에서는 출력 변수가 범주형인 반면 회귀 분석에서는 출력 변수가 연속형이다.

예를 들어, 키와 몸무게의 데이터를 통해 정상과 비만을 분류하고자 한다. 일반적으로 정상인 남, 여 키와 몸무게는 표 2-4와 같다.

표 2-4 표준 키와 몸무게(참조: https://inalssin.info.go.kr/)

남		여	
키	몸무게	키	몸무게
170 - 170.9	61.5	155 - 155.9	49.9
171 - 171.9	62.1	156 - 156.9	50.9
172 - 172.9	63.9	157 - 157.9	51.6
173 - 173.9	64.1	158 - 158.9	52.3
:	:	:	:
:	:	:	:

이때 키와 몸무게는 속성(feature)이 되고, 정상과 비만은 레이블(label)이 된다. 정상과 비만을 알고자 하는 참가자들을 조사하였더니 그림 2-14와 같이 나타났다.

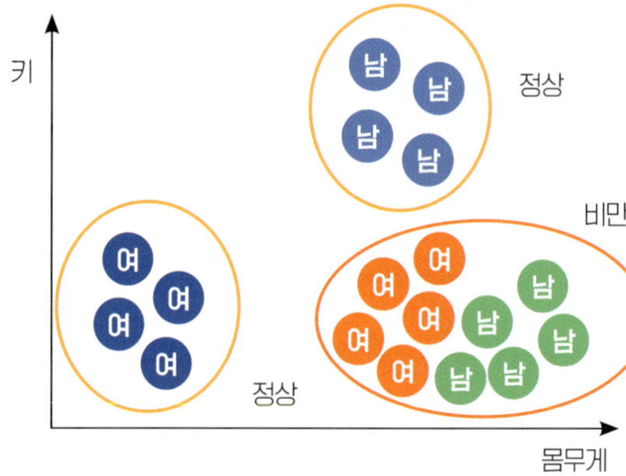

그림 2-14 키와 몸무게

정상이나 비만에 대한 레이블이 없는 나(여성인 경우)의 데이터를 추가하였을 때 그림 2-15과 같이 나타났다.

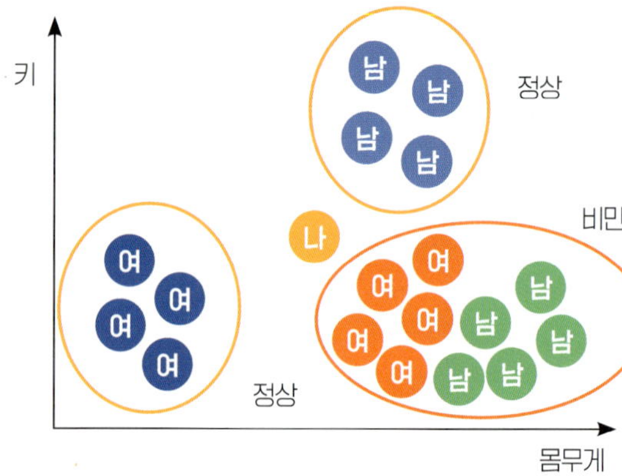

그림 2-15 키와 몸무게에서 나의 데이터 추가

그렇다면 나는 비만인가, 정상인가? 이 문제를 KNN은 그림 2-16과 같이 나의 위치와 가장 가까운 이웃을 살펴보고 이웃의 개수에 의한 다수결에 따라 나의 비만인지 정상인지에 대한 레이블을 결정한다. 즉 나와 가까운 이웃 중에서 비만 4개, 정상 2개이므로 다수결에 의해 나의 레이블은 비만이 된다. 남성의 경우에도 같은 방식을 적용하면 된다.

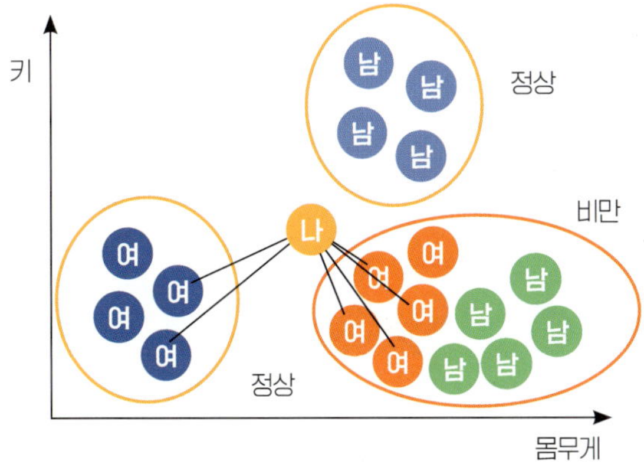

그림 2-16 나(여성의 경우)와 가까운 이웃

KNN 알고리즘의 몇 가지 장점은 단순성, 유연성 및 비모수적 특성을 가지며, 학습 데이터 수가 많을 경우 효과적인 분류 성능을 나타낸다. 단점으로는 대규모 데이터 세트의 경우 계산 비용이 많이 들 수 있으며 고차원 공간에서는 수행이 어려울 수 있다.

전반적으로 KNN은 기계 학습에서 특히 중소 데이터 세트와 간단한 분류 또는 회귀 작업에 유용하고 인기 있는 알고리즘이라고 할 수 있다.

- SVM(Support Vector Machine) : 분류 및 회귀 작업에 사용되는 기계 학습 알고리즘으로 딥러닝이 일반적으로 사용되기 전까지는 가장 많이 사용되었던 방법이다. SVM은 데이터를 서로 다른 클래스로 가장 잘 구분하는 하이퍼플레인을 찾는 방식으로 작동하는데, 이는 서로 다른 클래스 간의 마진을 극대화하는 최적의 의사결정 경계를 찾는 것이다.

SVM의 기본 아이디어는 클래스를 더 쉽게 분리할 수 있는 커널 기능을 사용하여 데이터를 고차원 공간으로 변환하는 것이다. 그런 다음 알고리즘은 가장 큰 마진으로 데이터를 분리하는 초평면을 찾는다. 여백은 초평면과 각 클래스에서 가장 가까운 데이터 점 사이의 거리로 정의된다. 마진이 클수록 새 데이터 점에 대한 분류기의 강도가 높아진다.

예를 들어, 비만과 정상을 구분하는 경계를 만든다고 하면 그림 2-17과 같다. 이 경계를 어떻게 설정하느냐에 따라 정상과 비만의 분류를 보다 정확하게 수행할 것이다. 즉 그림의 예시에서 경계 A와 B 중에서 어떤 경계를 설정하는 것이 두 그룹을 분류할 때 효과적일까? SVM은 두 개의 그룹을 구분하는 최적의 경계를 찾는 것이고, 이를 위해 각 그룹을 나누는 데 있어서 각 그룹의 가장 폭이 넓은 평면을 찾아 경계면을 설정하는 방법이다. 이렇게 설정된 경계를 결정경계라고 하는데 그림 2-18처럼 2차원의 경우는 직선일 수 있으나, 그 이상의 차원에서는 가시화할 수 없는 평면으로 나타나며 이를 초평면(Hyperplane)이라 한다.

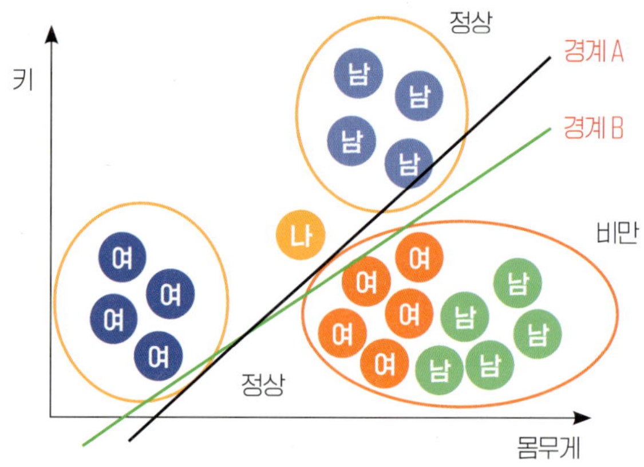

그림 2-17 경계

결정경계와 레이블 사이를 자세히 나타내면 그림 2-18과 같다. 이때 레이블 사이를 구분하는 최대한의 영역을 나누는 서포트 벡터와 결정경계 사이의 거리를 마진(margin)이라고 하며, 그림에서 m1, m2가 이에 해당한다.

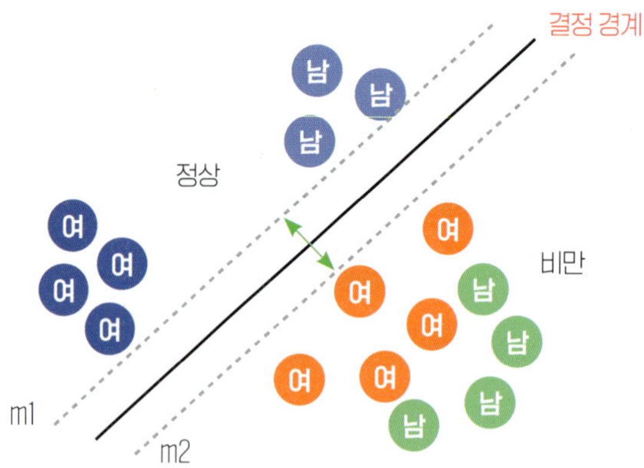

그림 2-18 결정 경계와 마진

SVM 알고리즘과 관련된 기본 단계는 다음과 같다.

1. 커널 함수를 사용하여 데이터를 고차원 공간으로 변환한다.
2. 가장 큰 여백으로 데이터를 구분하는 초평면을 찾는다.
3. 초평면의 어느 쪽에 속하는지를 기준으로 새 데이터 점을 분류한다.
4. SVM은 사용되는 커널 함수의 유형에 따라 선형 및 비선형 분류 및 회귀 작업에 모두 사용할 수 있다. SVM에 사용되는 몇 가지 일반적인 커널 함수에는 선형, 다항식, 방사 기저 함수(RBF), S상형이 포함된다.

SVM은 고차원 데이터를 처리할 수 있는 기능, 다양한 커널 기능을 선택할 수 있는 유연성, 중소 데이터 세트를 처리하는 효과 등 여러 가지 이점을 가지고 있다. 그러나 SVM은 대규모 데이터 세트의 경우 계산 비용이 많이 들 수 있으며 커널 기능과 하이퍼 파라미터의 선택에 민감할 수 있다.

전반적으로 SVM은 기계 학습, 특히 이미지 인식, 텍스트 분류 및 생물 정보학과 같은 분야의 분류 작업에 널리 사용되고 강력한 알고리즘이다.

- **의사 결정 트리**(Decision Tree): 분류 및 회귀 작업을 위한 기계 학습에 사용되는 대중적이고 직관적인 알고리즘이다. 의사 결정 트리는 각 단계에서 정보 이득을 최대화하거나 불순물을 최소화하는 것을 목표로 가장 중요한 기능을 기반으로 데이터를 하위 집합으로 재귀적으로 분할함으로써 작동한다. 결과적으로 새 데이터 점의 클래스 레이블 또는 연속 값을 예측하는 데 사용할 수 있는 트리와 같은 모델이다.

  의사 결정 트리 알고리즘은 다음과 같은 단계로 실행한다.

  1. 엔트로피 또는 지니 불순물과 같은 일부 메트릭을 기준으로 데이터를 서로 다른 클래스로 가장 잘 구분하는 가장 중요한 기능을 선택한다.
  2. 선택한 피쳐를 기준으로 데이터를 하위 집합으로 분할한다.
  3. 각 리프 노드에서 최대 깊이 또는 최소 데이터 포인트 수에 도달하는 것과 같은 중지 기준이 충족될 때까지 각 하위 집합에 대해 1단계와 2단계를 반복한다.
  4. 클래스 레이블 또는 연속 값을 해당 노드의 교육 데이터 포인트의 주요 클래스 레이블 또는 평균 값에 따라 각 리프 노드에 할당한다.
  5. 의사결정 트리 알고리즘에는 CART(분류 및 회귀 트리), ID3(반복적 이분법자 3), C4.5와 같은 여러 변형이 있다. 알고리즘과 하이퍼 파라미터의 선택은 특정 문제와 데이터 세트에 따라 달라진다.

  예를 들어 자동차를 구분하는 알고리즘을 나타내 본다. 이 때 4명 이상의 사람들이 이동할 목적인지에 대한 질문으로 산업용 자동차와 일반 자동차를 구분할 수 있다. 또한 많은 사람들이 이동할 목적인지에 대한 질문으로 버스와 승용차를 구분할 수 있다. 산업용 자동차에서도 적재함이 있는지의 여부로 트럭과 트랙터를 구분할 수 있다. 즉 구분할 수 있는 질문에 따라 '예', '아니오'로 구분하면서 마지막 리프 노드까지 도달되면 의사결정 트리를 완성하게 된다. 리프 노드는 버스, 승용차, 트럭, 트랙터가 된다.

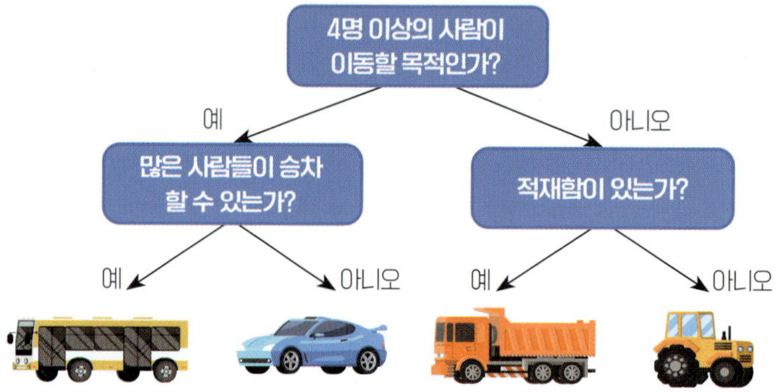

그림 2-19 의사 결정 트리

SVM의 예제를 의사결정 트리에 적용하면 그림 2-20, 2-21과 같다. 즉 의사 결정 트리에서는 각 그룹의 특성을 구분할 수 있는 기준을 설정하여 나누어야 한다. 그림 2-21은 정상과 비만의 구분을 키로 구분하였다.

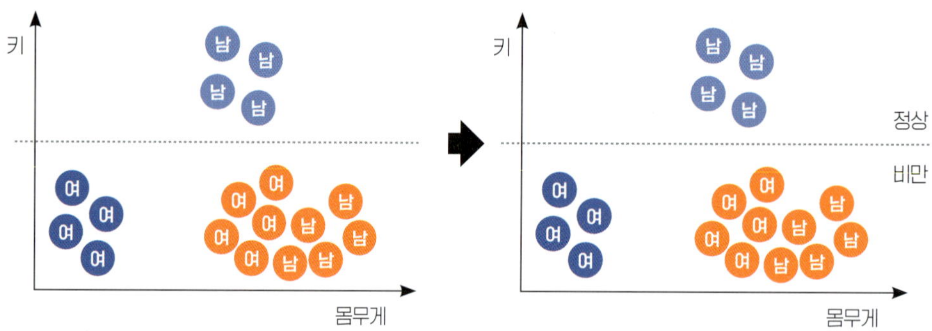

그림 2-20 키에 의한 분류

그 후 몸무게를 기준으로 구분하면 2-21과 같다.

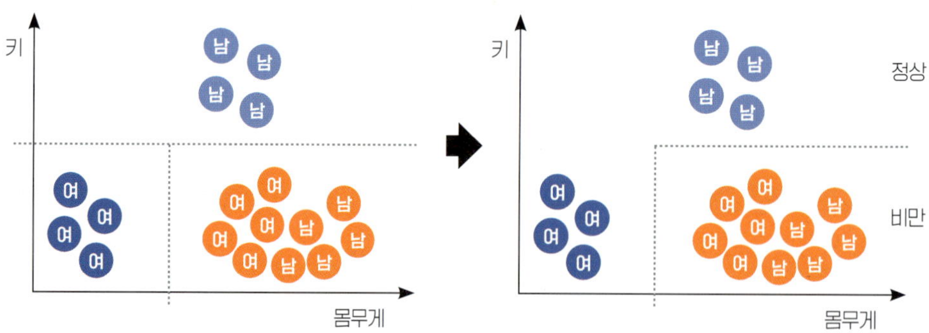

그림 2-21 몸무게에 의한 분류

의사 결정 트리에는 단순성, 해석 가능성, 범주형 및 연속형 데이터를 모두 처리할 수 있는 기능 등 여러 가지 이점이 있다. 그러나 의사 결정 트리는 특히 많은 기능 또는 노이즈가 많은 데이터의 복잡한 문제에 대해 학습 데이터에 과적합되는 문제로 어려움을 겪을 수 있다.

전반적으로 의사 결정 트리는 기계 학습, 특히 의료, 금융, 마케팅과 같은 분야의 분류 작업에 유용하고 인기 있는 알고리즘이다.

회귀 분석

회귀 분석에서 목표는 레이블이 지정된 예제 집합을 기반으로 연속 값을 예측하는 것이다. 예를 들어, 지도학습을 사용하여 크기, 위치 및 기타 특성을 기반으로 주택 가격을 예측할 수 있다. 이 알고리즘은 각 주택에 해당 가격으로 레이블이 지정된 주택 데이터 세트에 대해 학습될 것이다. 일단 알고리즘이 데이터의 패턴을 학습하면, 그것은 보이지 않는 새로운 주택의 가격을 예측하는 데 사용될 수 있다. 즉 표 2-5와 같이 나타낼 때 5번 주택(접근성 O, 평수 24, 2019 준공)의 주택 가격은 전의 데이터를 근거로 어느 정도 예측이 가능하다.

표 2-5 주택 가격

번호	접근성(지하철)	평수	준공년도	가격(단위: 백만원)
1	O	24	2018	200
2	X	28	2020	180
3	O	24	2017	180
4	O	28	2018	220
5	O	24	2019	?

회귀 분석(regression analysis)은 종속 변수와 하나 이상의 독립 변수 사이의 관계를 모델링하기 위해 기계 학습에 사용되는 통계적 방법이다. 회귀 분석의 목적은 변수 간의 관계를 설명하는 가장 적합한 선 또는 곡선을 찾는 것이다.

기계 학습에서 회귀 분석(regression analysis)은 일반적으로 주택 가격, 온도 또는 주가와 같은 연속적인 수치를 예측하는 데 사용된다. 회귀 분석에는 선형 회귀 분석과 비선형 회귀 분석의 두 가지 주요 유형이 있다.

- **선형 회귀 분석**: 선형 회귀는 기계 학습에서 간단하고 널리 사용되는 방법으로, 종속 변수와 독립 변수 사이의 관계가 선형이라고 가정한다. 기본 아이디어는 데이터에 가장 적합한 직선 방정식을 찾는 것이다. 선의 방정식은 다음과 같이 주어진다.

```
y = b0 + b1 * x
```

여기서 y는 종속 변수, x는 독립 변수, b0은 절편, b1은 선의 기울기이다.

- **비선형 회귀 분석**: 비선형 회귀 분석은 종속 변수와 독립 변수 간의 관계가 선형이 아닌 경우에 사용된다. 비선형 회귀 분석 모형은 다항식 회귀 분석, 로지스틱 회귀 분석 및 지수 회귀 분석과 같은 다양한 형태를 취할 수 있다.

이러한 두 가지 주요 회귀 분석 유형 외에도 능선 회귀 분석, LASSO 회귀 분석 및 탄성 순 회귀 분석과 같은 많은 변형 및 확장이 있다. 이러한 방법은 과적합 및 다중 공선성과 같은 기존 회귀 분석의 일부 한계를 극복하는 데 사용된다.

전반적으로 회귀 분석은 변수 간의 관계를 모델링하고 예측할 수 있는 기계 학습에서 중요한 방법이며, 금융, 경제, 공학, 사회과학과 같은 실용적인 분야에서 응용되고 있다.

지도학습의 적용 분야

지도학습은 다양한 분야에서 광범위하게 적용되며, 다음과 같은 응용 프로그램들이 사용된다.

- **이미지 인식**: 지도학습은 이미지를 다른 범주로 분류하기 위해 이미지 인식 응용 프로그램에서 사용된다. 예를 들어, 이미지에 고양이가 포함되어 있는지 여부를 인식할 수 있는 알고리즘을 구축하고 싶다고 가정해 보자. 먼저 각 이미지에 고양이가 포함되어 있는지 여부를 나타내는 레이블이 지정된 이미지의 데이터 세트를 수집한다. 그런 다음 이 데이터 세트에서 알고리즘을 학습하여 고양이 이미지와 비고양이 이미지를 구별하는 패턴을 인식하는 방법을 학습한다. 알고리즘이 학습되면 이 알고리즘을 사용하여 보이지 않는 새로운 이미지에 고양이가 포함되어 있는지 여부를 예측할 수 있다.
- **자연어 처리**: 지도 학습은 자연어 처리 응용 프로그램에서 텍스트를 감정 분석 또는 주제 모델링과 같은 다른 범주로 분류하는 데 사용된다. 예를 들어, 알고리즘은 뉴스 기사를 정치, 스포츠 또는 엔터테인먼트와 같은 다른 범주로 분류하도록 학습될 수 있다.
- **부정행위 탐지**: 지도 학습은 레이블이 지정된 거래 데이터 세트에서 학습하여 금융 거래에서 부정행위를 탐지하는 데 사용될 수 있다. 이 알고리즘은 부정행위 패턴을 식별하도록 학습될 수 있으며 이러한 패턴을 나타내는 플래그 트랜잭션을 식별할 수 있다.
- **추천 시스템**: 지도 학습은 사용자에게 개인화된 추천을 제공하는 추천 시스템을 구축하는 데 사용될 수 있다. 이 알고리즘은 사용자가 구매했거나 클릭한 항목과 같은 사용자 행동 데이터 세트에 대해 학습되고 사용자가 가장 관심을 가질 가능성이 높은 항목을 예측하는 방법을 배울 수 있다.

- **의료 진단**: 지도 학습은 의료 진단에서 의료 이미지 또는 데이터를 건강 또는 질병과 같은 다른 범주로 분류하는 데 사용될 수 있다. 예를 들어, 유방암의 징후를 보이는지 여부를 나타내는 유방조영술의 의료 영상을 분류하는 알고리즘을 학습시킬 수 있다.

전반적으로, 지도학습은 입력 데이터와 출력 데이터 사이에 명확한 매핑이 있는 광범위한 응용 분야에서 사용될 수 있는 기계 학습의 강력한 기술이다.

비지도 학습(unsupervised learning)

비지도 학습은 알고리즘이 레이블이 지정된 예제에 대해 명시적으로 학습받지 않고 입력 데이터에서 패턴과 구조를 식별하는 것을 학습하는 머신러닝의 한 유형이다. 비지도 학습에서 알고리즘은 레이블이 지정되지 않은 일련의 예제를 입력으로 수신하고 클러스터링 또는 차원 축소와 같은 기술을 통해 데이터에서 패턴과 구조를 식별하는 방법을 학습한다.

클러스터링(Clustering)

클러스터링의 목표는 유사성과 차이점을 기반으로 유사한 특징을 가지는 데이터을 그룹화하는 것이다. 예를 들어, 비지도 학습을 사용하여 고객의 구매 행동에 따라 고객을 그룹화할 수 있다. 이 알고리즘은 각 구매가 데이터 포인트로 표현되는 고객 구매 데이터 세트에 대해 학습한 후, 구매 간의 유사성을 기반으로 고객을 클러스터로 그룹화한다. 클러스터링은 아래 두 가지가 일반적이다.

- **K-평균 클러스터링**(K-means clustering): K-평균 클러스터링은 유사한 데이터 포인트를 클러스터로 그룹화하는 데 사용되는 인기 있는 비지도 머신러닝 알고리즘이다. 이는 각 클러스터의 중심을 반복적으로 업데이트하고 유클리드 거리와 같은 일부 거리 메트릭을 기반으로 각 데이터 지점을 가장 가까운 중심에 할당함으로써 작동한다.

  k-평균 군집화 알고리즘은 다음과 같다.

  1. k개의 중심체를 임의로 초기화한다.
  2. 거리 메트릭을 기준으로 각 데이터 점을 가장 가까운 중심에 할당한다.
  3. 각 클러스터의 중심을 해당 클러스터에 할당된 데이터 점의 평균으로 업데이트한다.
  4. 클러스터에 데이터 점을 할당할 때 더 이상 변경되지 않는 것으로 정의되는 수렴까지 2-3단계를 반복한다.
  5. 군집 수 k의 선택은 특정 문제와 데이터 세트에 따라 달라지며, 팔꿈치 방법 또는 실루엣 점수와 같은 기법을 사용하여 결정할 수 있다.

K-평균 클러스터링은 단순성, 확장성, 대규모 데이터 세트를 처리할 수 있는 기능 등 여러 가지 이점이 있다. 그러나 k-평균 군집화는 초기 무작위 중심에 대한 민감도로 인해 어려움을 겪을 수 있으며 항상 전역 최적을 찾지는 못할 수 있다.

전반적으로, k-평균 클러스터링은 특히 이미지 분할, 고객 분할 및 이상 탐지와 같은 분야의 클러스터링 작업에 대해 감독되지 않은 학습에서 유용하고 인기 있는 알고리즘이다.

- **밀도 기반 공간 클러스터링**(Density-based spatial clustering of applications with noise, DBSCAN) : 노이즈가 있는 응용 프로그램의 밀도 기반 공간 클러스터링(DBSCAN)은 유사한 데이터 포인트를 근접성과 밀도를 기반으로 클러스터로 그룹화하는 데 널리 사용되는 비지도 머신러닝 알고리즘이다. 알고리즘은 지정된 반경 내에 최소수의 인접 데이터 포인트를 갖는 데이터 포인트인 코어 포인트의 개념을 정의함으로써 작동한다. 그런 다음 알고리즘은 모든 비 코어 포인트를 노이즈로 분류하면서 동일한 반경과 최소 인접 포인트 수를 기준으로 서로 도달 가능한 모든 코어 포인트를 그룹화한다.

  DBSCAN 알고리즘은 다음과 같은 단계로 수행한다.

1. 인접한 최소 점 수(minPts)와 최대 반지름(eps)을 선택한다.
2. 방문하지 않은 데이터 점을 랜덤하게 선택하고 eps 반경 내에 최소 minPts 인접 점이 있는지 확인하여 해당 점이 코어 점인지 여부를 확인한다.
3. 데이터 포인트가 코어 포인트인 경우 새 클러스터를 생성하고 동일한 eps 및 minPts 기준에 따라 클러스터에서 연결할 수 있는 모든 코어 포인트를 추가한다.
4. 데이터 포인트가 코어 포인트가 아니지만 코어 포인트에서 연결할 수 있는 경우 코어 포인트와 동일한 클러스터에 추가한다.
5. 모든 데이터 점을 방문하여 군집에 할당하거나 노이즈로 레이블을 지정할 때까지 2-4 단계를 반복한다.
6. DBSCAN은 다양한 모양과 크기의 클러스터를 처리할 수 있는 기능, 노이즈 및 특이치에 대한 견고성, 클러스터 수를 자동으로 결정할 수 있는 기능 등 여러 가지 장점이 있다. 그러나 DBSCAN은 매개 변수 eps와 minPts의 선택에 민감할 수 있으며, 고차원 데이터 또는 매우 다양한 밀도의 데이터에서 잘 수행되지 않을 수 있다.

DBSCAN은 특히 이미지 분할, 이상 탐지 및 고객 분할과 같은 분야의 클러스터링 작업에 주로 사용된다.

차원 축소

차원 축소의 목표는 중요한 정보를 보존하면서 데이터 세트의 특징이나 변수의 수를 줄이는 것이다. 예를 들어, 감독되지 않은 학습을 사용하여 중요한 시각적 정보를 보존하면서 이미지 데이터 세트의 기능 수를 줄일 수 있다. 알고리즘은 각 이미지가 픽셀값의 고차원 벡터로 표현되는 이미지 데이터 세트에 대해 학습한 후, 중요한 시각적 정보를 보존하면서 데이터 세트의 차원성을 감소시킨다.

감독되지 않은 학습의 예는 다음과 같다.

- **이상 탐지** : 신용 카드 거래에서 사기를 나타낼 수 있는 비정상적인 패턴을 탐지하려고 한다고 가정해 보자. 우리는 각 거래가 데이터 포인트로 표현되는 신용카드 거래의 데이터 세트를 수집하는 것으로 시작할 것이다. 그런 다음 비지도 학습을 사용하여 이 데이터 세트에서 알고리즘을 학습하여 신용 카드 거래의 정상적인 패턴을 인식하는 방법을 학습한다. 알고리즘이 학습되면 이 알고리즘을 사용하여 일반 패턴과 일치하지 않는 비정상적인 트랜잭션을 탐지할 수 있으며, 이는 사기를 나타낸다.
- **시장 세분화** : 비지도 학습은 고객 데이터를 기반으로 다른 시장 세그먼트를 식별하기 위해 시장 세분화 애플리케이션에 사용될 수 있다. 예를 들어, 알고리즘을 사용하여 인구 통계, 구매 행동 및 기타 데이터를 기반으로 다른 고객 세그먼트를 식별할 수 있다.
- **주제 모델링** : 비지도 학습은 주제 모델링 응용 프로그램에 사용되어 텍스트 데이터에서 다른 주제를 식별할 수 있다. 예를 들어, 알고리즘은 일련의 뉴스 기사나 소셜 미디어 게시물에서 다른 주제를 식별하는 데 사용될 수 있다.

강화 학습(Reinforcement Learning)

강화 학습의 정의

강화 학습은 환경의 피드백을 기반으로 결정을 내리도록 알고리즘을 학습하는 것을 포함하는 기계 학습의 한 유형이다. 강화 학습에서 에이전트는 특정 목표를 달성하거나 보상 신호를 최대화하는 방법을 배우기 위해 환경과 상호 작용한다. 에이전트는 시행착오를 통해 학습하며, 환경으로부터 자신의 행동에 대한 보상 또는 벌칙의 형태로 피드백을 받는다.

강화 학습의 목표는 지도 학습과 같이 특정한 산출물이나 예측을 달성하는 것이 아니라 시간이 지남에 따라 누적된 보상을 극대화하는 것이다. 강화 학습은 최적의 결정이 명확하지 않거나 정의하기 어려운 응용 프로그램에 사용된다.

강화 학습의 적용 예

- **게임 플레이** : 강화 학습은 체스, 바둑, 비디오 게임과 같은 게임을 할 수 있도록 에이전

트를 학습시키는 데 사용되어왔다. 에이전트는 시행착오를 통해 학습하며, 게임에서의 성과에 따라 보상이나 페널티를 받는다. 시간이 지남에 따라 에이전트는 전략을 개선하고 더 나은 결정을 내리는 법을 학습한다.

- **로봇공학**: 강화 학습은 또한 물체를 잡거나 걷는 것과 같은 복잡한 작업을 수행하도록 로봇을 학습시키는 데 사용되었다. 로봇은 시행착오를 통해 학습하며, 과제 수행에 따른 보상이나 벌칙을 받는다. 시간이 지남에 따라 로봇은 전략을 개선하고 작업을 더 효율적으로 수행하는 방법을 학습한다.
- **자율주행**: 강화 학습은 복잡한 환경에서 운전 결정을 내리기 위해 자율주행 차량을 학습시키는 데 사용되었다. 차량은 시행착오를 통해 학습하며, 주행 성능에 따라 보상 또는 페널티를 받는다. 시간이 지남에 따라 차량은 전략을 개선하고 더 나은 주행 결정을 내리는 법을 학습한다.
- **추천 시스템**: 강화 학습은 또한 사용자 피드백에서 학습하는 추천 시스템을 구축하는 데 사용되었다. 시스템은 시행착오를 통해 학습하며, 권장 항목에 대한 사용자의 참여에 따라 보상 또는 위약금을 받는다. 시간이 지남에 따라 시스템은 권장 사항을 개선하고 사용자의 이익에 더 잘 부합하는 방법을 학습한다.
- **의료**: 강화 학습은 의료 애플리케이션에서 환자를 위한 최적의 치료 정책을 학습하는 데 사용될 수 있다. 예를 들어, 알고리즘을 사용하여 입원 위험을 최소화하는 만성 질환 환자의 치료 정책을 학습할 수 있다.

2.3 딥러닝

딥러닝의 정의

딥러닝은 방대한 양의 데이터에서 학습하도록 인공 신경망을 학습시키는 기계 학습의 하위 분야이다. 이미지 인식, 음성 인식, 자연어 처리 등의 작업에서 전례 없는 수준의 성능을 달성해 인공지능(AI) 분야에 혁명을 일으켰다. 그 핵심은 인간 두뇌의 구조와 기능에서 영감을 받은 딥러닝이다. 딥러닝 모델은 입력 데이터의 계층적 표현을 학습할 수 있는 상호 연결된 인공 뉴런의 여러 레이어로 구성된다. 이러한 뉴런의 층은 네트워크의 깊이가 증가함에 따라 점점 더 추상적인 특징과 패턴을 학습할 수 있으며, 이에 따라 '딥러닝'이라는 용어가 사용되었다.

딥러닝의 주요 장점 중 하나는 명시적인 기능 엔지니어링 없이 원시 데이터에서 기능을 자동으로 학습할 수 있는 기능이다. 이로 인해 딥러닝은 원시 입력 데이터가 복잡하고 전처리가 어려울 수 있는 이미지 및 음성 인식 작업에서 특히 효과적이었다.

일반적인 딥러닝 아키텍처에는 CNN(Convolutional Neural Networks), RNN(Recurrent Neural Networks), GAN(Generative Adversarial Networks) 등이 있다. 이러한 아키텍처는 자율주행 자동차, 의료 진단 및 추천 시스템과 같은 광범위한 애플리케이션에 사용되었다. 그러나 딥러닝에도 어려움이 없는 것은 아니다. 최적의 성능을 달성하려면 레이블이 지정된 많은 양의 교육 데이터, 상당한 계산 리소스 및 하이퍼 매개 변수의 세심한 조정이 필요하다. 그럼에도 불구하고 많은 산업과 연구 분야를 변화시킬 수 있는 딥러닝의 잠재력은 매우 뛰어나며, 머신러닝과 AI 분야에서 빠르게 성장하고 흥미로운 연구 분야가 되고 있다. 그림 2-22는 딥러닝이 속한 관계를 나타낸다.

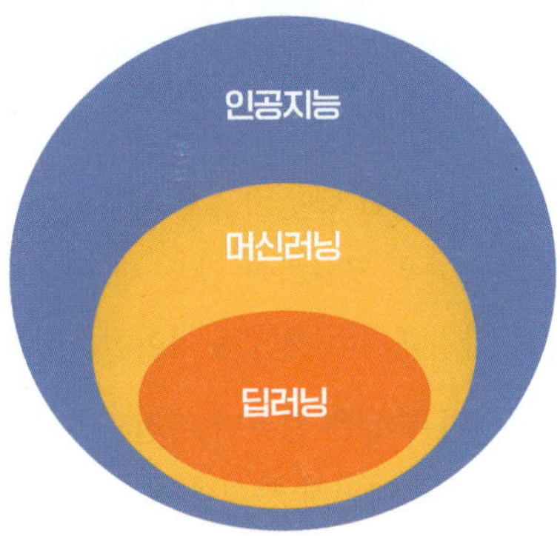

그림 2-22 인공지능, 머신러닝, 딥러닝의 관계

딥러닝의 역사

시작은 1940년대로 거슬러 올라갈 수 있는데, 이때 최초의 인공신경망이 뇌의 모델로 제안되었다. 그러나 1980년대가 되어서야 딥러닝은 그 자체로 학문의 한 분야로서 주목받기 시작했다.

1986년, 제프리 힌튼은 데이비드 루멜하트, 로널드 윌리엄스와 함께 여러 개의 숨겨진 계층으로 신경망을 학습시키는 알고리즘인 역전파의 가능성을 입증한 논문을 발표했다. 이는 신경망이 데이터의 더 복잡한 표현을 학습할 수 있게 해준 중요한 돌파구였으며, 현대 딥러닝 기술의 길을 열었다.

1990년대부터 2000년대 초반 동안 딥러닝은 지원 벡터 머신과 의사 결정 트리와 같은 다른 기계 학습 기술에 의해 가려졌다. 그러나 2000년대 중반 Yoshua Bengio와 Yan Lecun과 같은 연구원들이 심층 신경망을 학습하기 위한 새로운 아키텍처와 알고리즘을 탐구하기 시작하면서 딥러닝에 대한 관심이 다시 일어났다.

2012년, 토론토 대학교의 제프리 힌튼이 이끄는 팀은 ImageNet 데이터 세트에서 심층 신경망을 학습시켜 이전의 모든 방법을 상당한 차이로 능가함으로써 이미지 인식에서 큰 발전을 이루었다. 이것은 딥러닝에 대한 새로운 관심을 불러일으켰고, 그 이후로 기계 학습과 인공지능에 대한 가장 활발한 연구 분야 중 하나가 되었다.

ILSVRC(ImageNet Large Scale Visual Recognition Challenge)는 컴퓨터 비전과 이미지 분류의 발전을 벤치마킹하는 것을 목표로 2010년에 시작된 연례 대회이다. 이 과제는 이미지를 '자동차', '개' 또는 '빌딩'과 같은 1,000개의 범주 중 하나로 분류하는 알고리즘을 학습시키는 것을 포함한다. 경쟁에 사용된 ImageNet으로 알려진 데이터 세트는 100만 개 이상의 이미지로 구성되어 있으며, 이는 가장 크고 가장 까다로운 이미지 분류 벤치마크 중 하나이다.

2012년, 제프리 힌튼 팀은 컨볼루션 신경망(CNN)으로 알려진 심층 신경망 아키텍처를 사용하여 ILSVRC에 참여했다. 이 팀은 상위 5개의 오류율 15.3%를 달성했으며, 일반적으로 약 25%의 오류율을 달성한 이전의 모든 방법을 크게 능가했다. 이 돌파구는 딥러닝의 현대 시대의 시작을 알렸고, 그것은 그 분야의 연구에서 급속한 가속화로 이어졌다.

이와 같이, 2012년 ILSVRC에서 CNN 아키텍처의 성공은 연구원들이 새롭고 더 강력한 딥러닝 아키텍처와 알고리즘을 탐구하도록 영감을 주었다. 이는 과적합을 방지하는 데 도움이 되는 드롭아웃 정규화와 같은 새로운 기술의 개발과 ResNet 및 Inception 네트워크와 같은 새로운 아키텍처의 개발로 이어졌으며, 훨씬 더 깊고 강력한 신경망을 가능하게 했다.

딥러닝의 부상은 컴퓨터 비전과 이미지 분류 분야에 깊은 영향을 미쳐 자율주행 자동차, 얼굴 인식, 의료 이미지 분석과 같은 새로운 애플리케이션을 가능하게 했다. 또한 자연어 처리, 음성 인식 및 로봇공학을 포함한 광범위한 분야에 걸쳐 딥러닝의 사용이 빠르게 확장되었다.

전반적으로 ImageNet 경쟁은 딥러닝의 발전을 견인하는 데 중요한 역할을 했으며, 컴퓨터 비전과 이미지 분류에서 최첨단을 평가하는 데 중요한 벤치마크가 되고 있다.

딥러닝 학습

딥러닝 학습에는 아래와 같은 방법들이 사용된다.

● 컨볼루션 신경망(CNN)

컨볼루션 신경망(CNN)은 이미지 인식 작업을 위해 특별히 설계된 딥러닝 아키텍처의 한 유형이다. 높은 수준에서 CNN은 컨볼루션 레이어, 풀링 레이어 및 완전히 연결된 레이어를 포함한 여러 레이어로 구성되며, 이들은 이미지의 기능을 학습하기 위해 함께 작동한다.

CNN의 첫 번째 레이어는 일반적으로 학습 가능한 필터 세트를 입력 이미지에 적용하여 가장자리, 모서리 및 질감과 같은 기능을 추출하는 컨볼루션 레이어이다. 각 필터는 필터를 활성화하는 입력 이미지의 영역을 나타내는 기능 맵을 생성한다. CNN은 여러 컨볼루션 레이어를 쌓음으로써 이미지의 점점 더 복잡하고 추상적인 특징을 학습할 수 있다.

각 컨볼루션 레이어 후에, 풀링 레이어는 일반적으로 피처 맵의 공간 해상도를 줄이고 번역 불변성을 돕기 위해 추가된다. 가장 일반적인 풀링 작업은 기능 맵의 각 패치에서 최대값을 선택하는 최대 풀링이다.

기능 맵이 추출되고 풀링되면 CNN은 일반적으로 기능을 출력 클래스에 매핑하는 하나 이상의 완전히 연결된 레이어를 통해 기능 맵을 전달한다. CNN의 마지막 계층은 일반적으로 가능한 클래스에 대한 확률 분포를 출력하는 소프트맥스 계층이다.

학습 중에 CNN은 레이블이 지정된 이미지 데이터 세트를 제공받으며, 예측된 출력과 실제 레이블 사이의 오류를 최소화하기 위해 필터와 가중치를 조정한다. 이 역전파 및 경사 하강 프로세스는 확률적 경사 하강(SGD)과 같은 최적화 알고리즘을 사용하여 수행된다.

CNN의 아키텍처는 에지 및 텍스처와 같은 낮은 수준의 기능에서 객체 및 장면과 같은 높은 수준의 기능에 이르기까지 입력 이미지의 계층적 표현을 학습하도록 설계되었다. 이를 통해 CNN은 이미지 분류, 객체 감지 및 의미 분할을 포함한 광범위한 이미지 인식 작업에서 최첨단 성능을 달성할 수 있다.

● 객체 탐지

객체 탐지는 이미지 또는 비디오 내의 객체를 식별하고 지역화하는 컴퓨터 비전 및 기계 학습 작업이다. 머신러닝에는 몇 가지 객체 감지 알고리즘이 있지만, 가장 인기 있는 것 중 하나는 지역 기반 컨볼루션 신경망(RCNN) 알고리즘이다.

RCNN은 이미지 내의 잠재적인 객체 위치인 일련의 영역 제안을 먼저 생성하는 다단계 객체 감지 알고리즘이다. 이러한 지역 제안은 이미지를 입력으로 받아들이고 경계 상자 세트와 해당 신뢰 점수를 출력하는 신경망의 한 유형인 지역 제안 네트워크(RPN)를 사용하여 생성된다. 지역 제안이 생성되면 RCNN 알고리즘은 VGG, ResNet 또는 Inception과 같은 사전 학습된 컨볼루션 신경망을 사용하여 각 지역 제안에서 특징 벡터를 추출한다. 이 특징 벡터는 영역 제안 내에서 객체의 두드러진 시각적 특징을 포착하며, 특정 객체 범주를 포함하는 영역 제안의 확률을 예측하는 SVM(Support Vector Machine) 분류기의 입력으로 사용된다. 마지막으로, RCNN 알고리즘은 예측된 영역 제안에 경계 상자 회귀 알고리즘을 적용하여 객체의 경계 상자를 세분화한다. 여기에는 영역 제안 내의 객체에 더 잘 맞도록 경계 상자의 좌표를 조정하는 작업이 포함된다.

일반적으로 RCNN 알고리즘은 이미지 내의 객체를 높은 정밀도로 식별하고 국소화할 수 있는 매우 정확하고 효과적인 객체 감지 알고리즘이다. 그러나 여러 단계와 다수의 지역 제안을 처리해야 하기 때문에 계산 비용이 많이 들 수 있다. 이를 해결하기 위해 더 빠른 RCNN, 마스크 RCNN, 객체 감지의 속도와 정확도를 향상시키는 것을 목표로 하는 YOLO(You Only Look Once)를 포함하여 RCNN 알고리즘의 여러 변형이 제시되었다.

경계 상자(Bounding Box)

머신러닝의 객체 감지 작업에서 경계 상자는 이미지에서 객체의 위치와 크기를 나타내기 위해 객체 주위에 그려지는 직사각형 상자이다. 경계 상자는 일반적으로 상자의 왼쪽 상단 모서리와 오른쪽 하단 모서리를 정의하는 네 개의 좌표 집합으로 표시된다.

경계 상자는 일반적으로 이미지 또는 비디오 내의 개체를 찾고 식별하는 개체 탐지 작업에 사용된다. 경계 상자를 사용하여 이미지에서 객체를 감지하기 위해 머신러닝 모델은 관심 있는 각 객체에 대한 경계 상자 주석을 포함하는 레이블이 지정된 이미지 데이터 세트에 대해 학습된다.

학습 중에 기계 학습 모델은 객체의 특징을 인식하고 객체를 둘러싼 경계 상자의 좌표를 예측하는 방법을 학습한다. 이 모델은 일반적으로 입력 이미지에서 특징을 추출하고 각 객체 범주에 대한 클래스 확률 및 경계 상자 예측 세트를 생성할 수 있는 컨볼루션 신경망(CNN) 아키텍처를 기반으로 한다.

모델이 학습되면 모델을 통해 객체를 처리하고 일련의 경계 상자 예측을 생성하여 새로운 이미지에서 객체를 탐지하는 데 사용할 수 있다. 그런 다음 이러한 예측을 사후 처리하여 잘못된 긍정을 필터링하고 예측의 신뢰 점수를 기반으로 경계 상자의 위치와 크기를 세분화할 수 있다.

일반적으로, 경계 상자는 머신러닝에서 객체 감지의 핵심 구성 요소이며 높은 정확도와 효율성으로 이미지와 비디오 내의 객체를 찾고 식별하는 데 사용된다.

객체 분할

기계 학습에서 객체 분할은 이미지를 다른 영역 또는 세그먼트로 분할하여 이미지 또는 비디오 내의 개별 객체를 식별하고 추출하는 데 사용되는 기술이다. 객체 분할의 목표는 각 객체의 경계를 정확하게 식별하여 서로 다른 클래스 또는 범주에 할당하는 것이다. 객체 분할에는 의미론적 분할, 인스턴스 분할 및 파놉틱 분할을 포함한 여러 가지 접근 방식이 있다.

의미론적 분할은 이미지의 각 픽셀에 클래스 레이블을 할당하는 것을 포함하며, 각 픽셀이 속한 개체의 클래스로 레이블이 지정되는 분할된 이미지를 생성한다. 이 접근 방식은 도로의 다른 물체를 식별하는 것이 목표인 자율주행과 같은 애플리케이션에 유용하다.

반면, 인스턴스 분할은 이미지에서 각 개별 객체 인스턴스를 식별하고 분할하는 것을 목표로 한다. 이 기술은 동일한 객체의 다른 인스턴스를 구별하는 것이 목표인 객체 추적 및 카운팅과 같은 응용 프로그램에서 유용하다.

파놉틱 분할은 의미론적 분할과 인스턴스 분할을 결합하여 객체 범주와 인스턴스를 모두 포함한 이미지의 포괄적인 분할을 제공한다.

객체 분할을 수행하기 위해 머신러닝 모델은 이미지와 해당 분할 마스크를 포함하는 레이블이 지정된 데이터 세트에 대해 학습된다. 모델은 일반적으로 이미지에서 특징을 추출하고 분할 마스크를 예측하기 위해 컨볼루션 신경망(CNN) 아키텍처를 사용한다.

모델이 학습되면 모델을 통해 이미지를 처리하고 이미지에서 다른 개체를 식별하는 분할 마스크를 생성하여 새 이미지를 분할하는 데 사용할 수 있다.

일반적으로, 객체 분할은 이미지와 비디오에서 개별 객체를 정확하게 식별하고 추출할 수 있는 기계 학습에서 중요한 기술로 알려져 있고, 컴퓨터 비전, 로봇공학 및 의료 영상을 포함한 광범위한 분야에 응용된다.

결론적으로 오늘날 딥러닝은 음성 인식, 자연어 처리, 컴퓨터 비전 및 자율 주행 차량을 포함한 광범위한 응용 분야에서 사용되고 있으며, 이 분야는 새로운 아키텍처, 알고리즘 및 기술이 지속적으로 개발되면서 빠르게 발전하고 있다.

2.4

인공지능 사례(알파고, 챗봇, 음성인식)

알파고(AlphaGo)

알파고는 2015년 구글이 인수한 영국 인공지능(AI) 기업 딥마인드 테크놀로지스가 개발한 컴퓨터 프로그램이다. 알파고는 인공지능(AI) 발전의 중대한 이정표로 꼽혔던 보드게임 바둑에서 5개의 게임 중 4개의 게임을 이겼는데, 인공지능 시스템이 컴퓨터가 전문적인 수준에서 하기에는 너무 복잡하다고 여겨졌던 게임을 마스터할 수 있다는 것을 보여주었다. 알파고의 성공은 AI와 딥러닝 분야의 추가 연구에 박차를 가했고, AI가 이미지 인식이나 자연어 처리를 넘어 복잡한 문제를 해결하는 데 활용될 수 있음을 보여줬다. 또한, 금융이나 헬스케어 등 전략적 의사결정이 필요한 다른 분야뿐만 아니라 게임 개발과 최적화에도 AI를 활용할 수 있는 새로운 가능성을 열어줬다.

알파고 알고리즘은 심층 신경망과 몬테카를로 트리 검색이라는 두 가지 다른 기계 학습 기술의 조합을 기반으로 한다.

● 심층 신경망

이미지의 시각적 패턴을 인식하도록 설계된 컨볼루션 신경망(CNN)이라는 기술을 기반으로 한다. 알파고에서 CNN은 바둑판의 패턴을 인식하는 데 사용된다. 신경망은 전문가 인간 게임의 대규모 데이터 세트에 대해 학습되며, 바둑 게임 중에 발생하는 공통 패턴과 모양을 인식하는 법을 배운다. 이를 통해 알파고는 보드의 현재 상태를 평가하고 가장 가능성이 높은 다음 움직임을 예측할 수 있다.

● 몬테카를로 트리 검색

알고리즘은 바둑판에서 서로 다른 움직임의 잠재적인 결과를 평가하는 데 사용된다. 몬테카를로 트리 검색 알고리즘은 가능한 많은 수의 이동을 시뮬레이션하고 잠재적 결과를 평가한다. 각각의 시뮬레이션 동작은 승리로 이어질 가능성이 얼마나 되는지를 기준으로 평가되며, 승리 확률이 가장 높은 동작을 선택한다.

신경망과 몬테카를로 트리 검색의 결합

알파고에서는 신경망과 몬테카를로 트리 검색 알고리즘이 함께 작동한다. 신경망은 보드의 현재 상태를 평가하고 몇 가지 유망한 움직임을 제안하며, 몬테카를로 트리 검색 알고리즘은 이러한 움직임을 추가로 평가하여 최선의 움직임을 결정한다. 이러한 딥러닝과 의사결정의 결합은 알파고가 세계적인 수준의 바둑을 둘 수 있게 해준다.

알파고의 학습 프로세스

알파고의 학습 과정은 여러 단계를 거쳤다. 첫 번째 단계에서, 신경망은 바둑 게임 중에 발생하는 패턴과 모양을 배우기 위해 인간 게임의 데이터 세트에 대해 학습되었다. 두 번째 단계에서 신경망은 강화 학습이라고 불리는 과정에서 자신과 경쟁하도록 학습되었다. 이를 통해 신경망은 실수로부터 학습하고 플레이 전략을 개선할 수 있었다. 마지막으로, 알파고 시스템은 신경망과 몬테카를로 트리 검색 알고리즘의 조합을 사용하여 게임 전략을 최적화하도록 학습되었다.

요약하면, 알파고 알고리즘은 심층 신경망과 몬테카를로 트리 검색을 결합하여 게임 보드를 평가하고 최적의 움직임을 선택한다. 신경망은 전문가 인간 게임의 대규모 데이터 세트에 대해 학습되며 몬테카를로 트리 검색 알고리즘은 다양한 움직임의 잠재적 결과를 평가한다. 이 알고리즘은 게임 전략을 최적화하기 위해 지도 학습, 강화 학습 및 자기 놀이의 조합을 사용하여 학습되었다. 알파고의 성공은 이미지 인식이나 자연어 처리를 넘어 복잡한 문제를 해결하는 데 머신러닝과 AI의 힘을 입증했다.

챗봇(Chatbot)

챗봇은 음성 명령이나 문자 채팅 또는 둘 다를 통해 인간의 대화를 시뮬레이션하도록 설계된 인공지능(AI) 프로그램이다. 그들은 고객의 질문에 답하고, 티켓을 예약하고, 추천을 제공하거나, 일상적인 대화에 참여하는 것과 같은 다양한 작업을 수행하도록 만들어질 수 있다.

챗봇 구축 과정

챗봇을 구축하는 과정은 다음과 같다.

1. **챗봇의 목적 정의**: 첫 번째 단계는 챗봇의 목적, 즉 수행할 작업을 정의하는 것이다.
2. **플랫폼 선택**: 챗봇을 구축하기 위해 사용할 수 있는 플랫폼은 Dialogflow, 마이크로소프

트 봇 프레임워크, 아마존 렉스 등이 있다.

3. **언어 선택**: 챗봇은 파이썬, 자바, 자바스크립트 등 다양한 프로그래밍 언어를 사용해 구축할 수 있다.
4. **대화 흐름 설계**: 다음 단계는 사용자와 챗봇 간의 다양한 상호 작용을 매핑하는 것을 포함하는 대화 흐름을 설계하는 것이다.
5. **챗봇 학습**: 챗봇은 사용자 입력을 인식하고 적절한 응답을 제공하도록 학습될 필요가 있다. 여기에는 챗봇에 많은 양의 데이터를 공급하고 기계 학습 알고리즘을 사용하여 정확도를 향상시키는 것이 포함된다.
6. **챗봇 테스트**: 챗봇을 학습한 후, 의도한 대로 업무를 수행하는지 확인하기 위해 테스트가 필요하다.

챗봇의 유형

챗봇에는 크게 두 가지 유형이 있다.

- **규칙 기반 챗봇**: 챗봇은 미리 정의된 규칙 집합으로 프로그래밍되며 특정 명령에만 응답할 수 있다. 일반적으로 자주 묻는 질문에 대답하는 것과 같은 간단한 작업에 사용된다.
- **AI 기반 챗봇**: 이러한 챗봇은 자연어 처리(NLP)와 머신러닝 알고리즘을 사용해 사용자 입력을 이해하고 해석한다. 그들은 규칙 기반 챗봇보다 더 발전되어 있고 복잡한 작업을 처리할 수 있다.

챗봇의 장점

챗봇은 전통적인 고객 서비스 방법에 비해 다음과 같은 몇 가지 장점이 있다.

- **연중무휴 24시간 이용 가능**: 챗봇은 낮이든 밤이든 언제든 고객의 질문에 즉각적인 응답을 제공할 수 있다.
- **효율적인 비용**: 챗봇은 인간 고객 서비스 담당자보다 유지 보수 비용이 저렴하다.
- **확장 가능**: 챗봇은 다수의 요청을 동시에 처리할 수 있어 고객 질의량이 많은 기업에 이상적이다.
- **일관성**: 챗봇은 고객의 질문에 일관된 응답을 제공해 인간의 실수 위험을 줄여준다.
- **개인화**: AI 기반 챗봇을 교육해 사용자의 선호도와 행동에 따라 맞춤형 추천과 응답을 제공할 수 있다.

GPT(Generative Pre-trained Transformer)

● GPT의 정의

GPT는 'Generative Pre-trained Transformer'의 약자로 OpenAI가 개발한 최첨단 자연어 처리 모델이다. GPT는 트랜스포머 아키텍처를 사용하여 인간과 같은 텍스트를 생성하는 딥러닝 모델의 일종이다.

GPT 모델은 책, 기사, 웹사이트와 같은 많은 양의 텍스트 데이터에 대해 '비지도 학습'이라는 프로세스를 사용하여 사전 학습된다. 이 사전 학습 과정에서 모델은 입력 텍스트의 단어와 문장 사이의 통계 패턴과 관계를 학습하여 학습 데이터와 스타일과 내용이 유사한 새로운 텍스트를 생성할 수 있다.

GPT 모델은 입력 데이터의 큰 시퀀스를 처리할 수 있는 신경망 단위인 변압기의 여러 레이어로 구성된다. 각 변압기 계층은 다중 헤드 자기주의 메커니즘과 피드포워드 신경망이라는 두 개의 하위 계층으로 구성된다. 자기주의 메커니즘은 모델이 출력 텍스트를 생성할 때 입력 시퀀스에서 각 단어의 중요성을 측정할 수 있도록 하는 반면 피드포워드 네트워크는 주의 메커니즘의 정보를 처리하고 실제 출력을 생성한다.

GPT의 주요 특징 중 하나는 인간이 작성한 텍스트와 구별할 수 없는 고품질 텍스트를 생성할 수 있는 기능이다. 이는 자연스럽고 직관적인 방식으로 사용자와 상호 작용할 수 있는 챗봇을 만들거나 웹사이트, 소셜 미디어 및 기타 응용 프로그램을 위한 고품질 콘텐츠를 생성하는 등 많은 잠재적 응용 프로그램을 가지고 있다.

GPT는 텍스트 생성 외에도 언어 번역, 질문 답변 또는 감정 분석과 같은 특정 작업에 대해 미세 조정될 수 있다. 여기에는 당면한 작업에 특정한 더 작은 데이터 세트에서 모델을 학습시켜 데이터에서 더 전문화된 패턴과 관계를 학습할 수 있도록 하는 것이 포함된다.

일반적으로 GPT는 자연어 처리의 상당한 발전을 나타내며 고객 서비스 및 마케팅에서 교육 및 엔터테인먼트에 이르기까지 광범위한 분야에서 많은 잠재적인 응용 분야를 가지고 있다.

● GPT의 단계

GPT 알고리즘은 사전 학습과 미세 조정이라는 두 가지 주요 단계를 포함한다.

사전 학습

사전 학습 단계에서 GPT 모델은 비지도 학습 접근법을 사용하여 대규모 텍스트 말뭉치에 대해 학습된다. 사전 학습은 자체 지도 학습 방법을 사용하여 수행되며, 여기서 모델은 이전 단어가 주어진 문장에서 다음 단어를 예측한다. 사전 교육 프로세스에는 다음 단계가 포함된다.

1. **토큰화**: 입력 텍스트는 먼저 토큰화기를 사용하여 개별 단어 또는 하위 단어로 토큰화된다. 토큰화 도구는 모델이 입력을 처리하는 데 사용하는 각 토큰에 고유 ID를 할당한다.
2. **인코딩**: 각 토큰은 임베딩 계층을 사용하여 인코딩되며, 이 계층은 각 토큰을 고차원 공간의 벡터 표현에 매핑한다. 임베딩 계층은 입력 텍스트에서 단어 간의 의미적 관계를 캡처하는 방법을 학습한다.
3. **변압기 레이어**: 인코딩된 토큰은 입력 시퀀스를 병렬로 처리하는 일련의 변압기 계층으로 공급된다. 각 변압기 계층은 다중 헤드 자기주의 메커니즘과 피드포워드 신경망으로 구성된다.
4. **학습**: 모델은 이전 단어가 주어진 입력 시퀀스에서 다음 단어를 예측하도록 학습된다. 학습 과정은 마스킹된 언어 모델링 작업의 변형을 사용하는데, 여기서 입력 시퀀스의 토큰 중 특정 비율이 무작위로 마스킹되고 모델은 누락된 토큰을 예측하는 작업을 수행한다.

미세 조정

GPT 모델이 대규모 텍스트 말뭉치에서 사전 학습되면 특정 다운스트림 작업에 맞게 미세 조정될 수 있다. 미세 조정은 당면한 작업에 특정한 더 작은 데이터 세트에서 모델을 학습시키는 것을 포함한다. 미세 조정 프로세스에는 다음 단계가 포함된다.

1. **입력 인코딩**: 다운스트림 작업에 대한 입력 시퀀스는 사전 학습 단계에서 사용된 것과 동일한 토큰화기 및 임베딩 계층을 사용하여 인코딩된다.
2. **도면층 고정**: 사전 학습된 변압기 계층은 동결되고 출력 계층만 다운스트림 작업을 위해 학습된다. 이를 통해 모델은 사전 학습 중에 학습된 지식을 유지하면서 새로운 작업에 적응할 수 있다.
3. **출력 계층**: 모델의 출력 계층은 분류 또는 시퀀스 생성과 같은 다운스트림 작업의 요구 사항에 맞게 수정된다.
4. **학습**: 수정된 모델은 교차 엔트로피 손실 또는 평균 제곱 오차와 같은 지도 학습 방법을 사용하여 다운스트림 작업 데이터에 대해 학습된다.

미세 조정 프로세스를 통해 GPT 모델을 언어 번역, 질문 답변 또는 챗봇 개발과 같은 특정 애플리케이션에 적용할 수 있다. 사전 학습 단계에서 학습한 지식을 활용하여 미세 조정된 모델은 광범위한 자연어 처리 작업에서 최첨단 성능을 달성할 수 있다.

GPT의 역사

GPT의 개발 역사는 OpenAI가 GPT-1이라는 최초의 대규모 언어 모델을 출시한 2017년으로 거슬러 올라갈 수 있다. 이 모델은 특정 작업이나 목표를 염두에 두지 않고 대량의 텍스트 코퍼스에 대한 모델 학습을 포함하는 비지도 사전 학습이라는 기술을 사용하여 방대한 양의 텍스트 데이터에 대해 학습되었다.

GPT-1의 아이디어는 인간의 글쓰기와 유사하게 일관성 있고 문법적으로 정확한 자연어 텍스트를 생성할 수 있는 모델을 만드는 것이었다. 이 모델은 완벽하지는 않았지만 자연어 처리(NLP) 분야에서 큰 발전을 이루었고 고품질 언어 모델을 구축하기 위한 비감독 사전 학습의 잠재력을 보여주었다.

GPT-1의 성공에 이어, OpenAI는 계속해서 모델을 개선하여 향후 몇 년 동안 여러 가지 새로운 버전을 출시했다. 2018년 6월 OpenAI는 전작보다 훨씬 크고 강력한 언어 모델인 GPT-2를 출시했다. GPT-2는 800만 개 이상의 웹페이지 데이터 세트에 대해 학습되었으며 매우 일관성 있고 자연스럽게 들리는 텍스트를 생성할 수 있었다. 그러나 기술의 오용 가능성에 대한 우려로 인해 OpenAI는 처음에 GPT-2의 정식 버전을 대중에게 공개하지 않기로 결정했다. 대신, 그들은 설득력 있는 텍스트를 생성하는 능력이 떨어지는 더 작은 버전의 모델을 출시했다.

2019년 OpenAI는 그 기술과 관련된 잠재적 위험에 대한 경고와 함께 GPT-2를 전부 공개했다. 이후 이 모델은 언어 번역, 질의응답, 챗봇 등 다양한 NLP 애플리케이션에 널리 사용되고 있다.

2020년 OpenAI는 현재까지 만들어진 언어 모델 중 가장 진보된 언어 모델인 GPT-3를 출시했다. 1,750억 개의 매개 변수를 가진 GPT-3는 매우 일관성 있고 자연스럽게 들리는 텍스트를 생성할 수 있으며 언어 번역, 챗봇, 심지어 창의적인 글쓰기를 포함한 광범위한 응용 프로그램에 사용되었다.

전반적으로 GPT의 발전은 NLP 분야에서 중요한 이정표를 나타내며 자연어 생성과 이해를 위한 새로운 가능성을 열었다.

OpenAI

OpenAI의 정의

OpenAI는 컴퓨터 과학, 신경과학, 수학 등 다양한 분야의 연구자, 엔지니어, 전문가들로 구성된 인공지능 연구실이다. 그 단체의 임무는 인간에게 안전하고 유익한 방식으로 인공지능을 개발하고 발전시키는 것이다.

OpenAI는 자연어 처리, 컴퓨터 비전, 로봇 공학 및 강화 학습을 포함한 다양한 첨단 AI 기술을 연구한다. Open AI가 개발한 특정 기술 및 도구 중 일부 AI에는 다음의 내용이 포함된다.

- **GPT**: 일관성 있고 사실적인 텍스트를 생성할 수 있는 언어 처리 모델로, 질문에 대한 답변 및 문서 요약과 같은 작업이 가능하다.
- **DALL-E**: 텍스트 설명에서 원본 이미지를 만들 수 있는 기계 학습 모델이다.
- **코덱스**: 다양한 프로그래밍 언어의 코드를 이해하고 생성할 수 있는 자연어 처리 모델이다.
- **Gym**: 강화 학습 알고리즘을 개발하고 비교하기 위한 툴킷이다.
- **RoboSumo**: 로봇 제어 알고리즘을 학습하고 테스트하기 위한 시뮬레이션 플랫폼이다.

openAI의 역사

OpenAI는 2015년에 일론 머스크, 샘 앨트먼, 그렉 브로크먼, 일리야 서츠케버, 존 슐먼 등의 기술 리더 그룹에 의해 설립되었다. 그 단체는 세계에서 가장 시급한 문제들 중 일부를 해결하는 것을 도울 수 있는 기술을 개발하는 데 초점을 두고, 인류에게 안전하고 유익한 방식으로 인공지능을 발전시키는 것을 목표로 만들어졌다.

처음에, OpenAI는 AI 연구를 추구하고 그 결과를 더 넓은 과학계와 공유하는 것을 목표로 하는 비영리 단체로 설립되었다. 그 조직은 빠르게 기술 업계와 학계의 관심과 지원을 받았고, 빠르게 성장하여 세계에서 가장 저명한 AI 연구 조직 중 하나가 되었다.

수 년에 걸쳐, OpenAI는 인공지능 분야의 최고 인재들 중 일부를 끌어들였고 그 분야에서 가능한 것의 경계를 계속해서 밀고 있다. 수많은 획기적인 연구 논문을 발표했고 GPT 시리즈의 언어 모델, DAL-E, 코덱스를 포함한 세계에서 가장 진보된 AI 모델과 알고리즘 중 일부를 개발했다. 한편 연구 업무 외에도, 오픈의 설립을 포함하여 AI의 안전과 윤리를 증진하기 위한 많은 계획에 참여해왔다.

또한 OpenAI는 새로운 제품과 서비스를 개발하기 위해 여러 회사와 협력하면서 인공지능 기술을 위한 실용적인 응용 프로그램을 개발하는 쪽으로 관심이 옮겨졌다. OpenAI는 첨단 인공지능 기술이 제기하는 잠재적 위험과 주요 기술 기업과의 관계 등의 문제에 대한 비판과 논란이 여전히 지속되고 있으나, AI 연구개발 세계에서 선도적인 세력으로 지속적으로 자리잡고 있으며, 그 작업은 기술과 사회 전반의 미래에 큰 영향을 미칠 것으로 전망된다.

ChatGPT(Chat Generative Pre-trained Transformer)

ChatGPT의 정의

ChatGPT는 대화형 애플리케이션을 위해 특별히 설계된 GPT 모델의 변형으로 개발되었다. 이 모델은 소셜 미디어, 채팅 로그 및 기타 대화 텍스트 소스를 포함하여 인터넷의 방대한 텍스트 데이터 세트를 학습하였다. 목표는 정확하고 매력적인 방식으로 자연어를 이해하고 반응할 수 있는 모델을 개발하는 것이었다.

ChatGPT는 대화 에이전트, 챗봇, 질문 전달 시스템을 포함한 자연어 처리(NLP) 애플리케이션에 사용하기 위해 OpenAI가 개발한 대규모 언어 모델이다. 이 모델은 지도 학습 기술과 비지도 학습 기술의 조합을 사용하여 개발되었으며, 인터넷의 방대한 텍스트 데이터 세트에 대해 학습되었다. 이 학습 데이터는 모델이 정확하고 매력적인 방식으로 자연어 입력을 이해하고 반응하도록 가르치는 데 사용된다.

이 모델은 심층 신경망과 자연어 처리 알고리즘을 포함한 기계 학습 기술을 결합하여 인간 언어 뒤에 숨겨진 의미를 분석하고 이해하는 방식으로 작동한다. 그런 다음 다양한 기술을 사용하여 수신하는 입력에 적합한 응답을 생성하여 응답이 일관되고 문법적으로 올바르며 문맥적으로 적절하도록 제공한다.

ChatGPT의 발전 배경은 개방형 솔루션의 핵심 영역 중 하나인 인공지능을 통한 NLP였고, 이를 연구 및 개발하는 조직은 더 진보되고 효과적인 언어 모델을 개발하는 것을 목표로 여러 프로젝트를 수행해왔다.

ChatGPT의 개발

2017년 OpenAI는 일관성 있고 자연스럽게 들리는 텍스트를 생성할 수 있는 최초의 대규모 언어 모델인 GPT-1을 제시했다. 이 모델은 NLP 분야에서 큰 발전을 이루었고 고품질 언어 모델을 개발하기 위한 비지도 학습의 잠재력을 보여주었다.

그 후, GPT-1이라고 불리는 GPT의 첫 번째 버전은 2018년 6월에 출시되었다. 이는 마스킹 언어 모델링이라고 불리는 감독되지 않은 학습 알고리즘을 사용하여 웹페이지, 책, 기사를 포함한 인터넷의 대규모 텍스트 코퍼스에서 사전에 학습하였다. 그 후 이 모델은 언어 모델링, 감정 분석 및 질문 답변을 포함한 다양한 자연어 처리 작업에서 미세 조정되었으며 여러 벤치마크 데이터 세트에서 최첨단 성능을 달성했다.

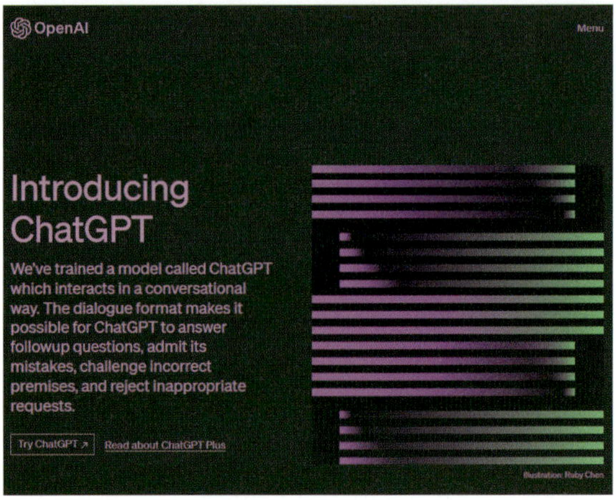

그림 2-23 챗GPT
(https://bit.ly/3LD4WYs)

2019년 OpenAI는 GPT-2라고 불리는 새로운 버전의 GPT를 출시했다. 이 모델은 15억 개의 매개 변수를 가진 GPT-1보다 훨씬 컸으며 훨씬 더 큰 텍스트 코퍼스에서 학습하였다. GPT-2는 인간이 작성한 텍스트와 구별하기 어려운 일관성 있고 문법적으로 올바른 텍스트를 생성할 수 있었다. 기술의 오용 가능성에 대한 우려로 인해, OpenAI는 처음에 GPT-2의 완전한 출시를 보류하고 대중에게 더 작은 버전만 제공했다.

2020년 OpenAI는 GPT-2보다 더 큰 GPT-3이라는 세 번째 버전을 출시했는데, 이는 최대 1,750억 개의 매개 변수를 가지고 있다. GPT-3는 방대한 텍스트 말뭉치에 대해 사전 교육을 받았으며 언어 모델링, 질의응답 및 텍스트 완성을 포함한 다양한 자연어 처리 작업에서 최첨단 성능을 달성했다.

ChatGPT의 Process and Algorithm

ChatGPT의 프로세스와 알고리즘은 복잡할뿐 아니라 데이터 전처리, 모델 아키텍처 설계, 학습 및 추론을 포함한 여러 단계를 포함한다. ChatGPT 프로세스는 다음과 같다.

1. **데이터 사전 처리**: ChatGPT 모델을 구축하는 첫 번째 단계는 대화형 텍스트의 대규모 데이터 세트를 수집하고 전처리하는 것이다. 여기에는 데이터 정리, 관련 없는 정보 제거 및 모델 교육에 적합한 데이터 형식 지정이 포함된다. 그런 다음 데이터 세트는 교육, 검증 및 테스트 세트로 나뉜다.
2. **모델 아키텍처 설계**: 다음 단계는 ChatGPT 모델의 아키텍처를 설계하는 것이다. ChatGPT의 아키텍처는 시퀀스 대 시퀀스 학습을 위해 설계된 심층 신경망의 일종인 트랜

스포머 아키텍처를 기반으로 한다. 트랜스포머 아키텍처는 가변 길이의 입력 시퀀스를 처리하고 장거리 종속성을 캡처할 수 있기 때문에 자연어 처리 작업에 특히 적합하다.

3. **학습**: 모델 아키텍처가 설계되면 ChatGPT 모델은 사전 처리된 데이터 세트에 대해 학습된다. 학습 과정은 모델의 출력과 각 입력에 대한 올바른 출력 사이의 차이를 최소화하기 위해 모델의 매개 변수를 최적화하고자 많은 양의 컴퓨팅 리소스를 사용하는 것을 포함한다. 이는 확률적 경사 하강이라고 하는 역전파 알고리즘의 변형을 사용하여 수행된다.

4. **추론**: 모델이 학습된 다음, 사용자 입력에 대한 응답을 생성하는 데 사용될 수 있다. 사용자가 메시지를 입력하면 ChatGPT 모델은 입력을 처리하고 학습 데이터에서 학습한 패턴을 기반으로 응답을 생성한다. 반응은 일반적으로 반응이 입력과 얼마나 잘 일치하는지 평가하는 점수 함수를 기반으로 후보 반응 집합에서 선택된다.

ChatGPT 알고리즘은 심층 신경망과 자연어 처리 알고리즘을 포함한 기계 학습 기법이 결합된 것으로, 인간 언어 뒤에 숨겨진 의미를 이해하고 적절한 반응을 생성한다. 학습 과정은 모델의 출력과 각 입력에 대한 올바른 출력 사이의 차이를 최소화하기 위해 모델 매개 변수를 미세 조정하는 것을 포함하는 반면, 추론 과정은 학습된 모델을 사용하여 사용자 입력에 대한 응답을 생성한다.

ChatGPT의 전망

ChatGPT의 개발은 모델 아키텍처의 개선, 교육 데이터의 선택과 전처리, 교육 프로세스의 최적화를 포함하는 복잡하고 반복적인 프로세스였다. 이 모델은 시퀀스 대 시퀀스 학습 및 강화 학습을 포함하여 감독 및 비감독 학습 기술의 조합을 사용하여 학습하였다.

오늘날 ChatGPT는 챗봇, 가상 비서, 고객 서비스 시스템을 포함한 다양한 NLP 애플리케이션에 널리 사용된다. 이 모델은 대화형 AI 분야의 주요 돌파구를 나타내며, 향후 몇 년 동안 우리가 기계와 상호 작용하는 방식에 상당한 영향을 미칠 것이다.

ChatGPT는 보다 매력적이고 자연주의적인 대화 인터페이스를 만드는 것을 가능하게 함으로써 우리가 기계와 상호 작용하는 방식에 혁명을 일으킬 수 있는 잠재력을 가지고 있다. 이미 고객 서비스 시스템, 챗봇, 가상 비서를 포함한 다양한 애플리케이션에서 사용되고 있으며, 앞으로 점점 더 인기를 끌 것으로 전망된다.

오늘날 사용되는 AI 애플리케이션은 가상 비서 및 추천 시스템과 같은 소비자 지향 애플리케이션에서 의료 진단 및 자율주행 차량과 같은 더 전문화된 애플리케이션에 이르기까지 다양하다. AI 응용 프로그램의 예는 다음과 같다.

- **가상 비서**: 시리, 알렉사, 구글 어시스턴트와 같은 가상 비서는 음성 명령을 해석하고 응답하기 위해 자연어 처리를 사용하는 AI 기반 애플리케이션이다.
- **권장 시스템**: 추천 시스템은 많은 전자 상거래 웹사이트와 스트리밍 플랫폼에서 사용자의 시청 이력과 선호도에 따라 제품, 영화 또는 TV 프로그램을 제안하기 위해 사용된다.
- **사기 탐지**: AI로 구동되는 사기 탐지 시스템은 금융기관이 의심스러운 거래를 파악하고 부정행위를 방지하기 위해 사용한다.
- **자율주행 차량**: 자율주행 차량은 컴퓨터 비전 및 기계 학습을 포함한 다양한 AI 기술을 사용하여 도로를 탐색하고 결정한다.
- **의료 진단**: 인공지능으로 구동되는 의료 진단 시스템은 의료 영상 및 기타 환자 데이터를 분석하여 의사가 질병을 진단하고 치료 옵션을 식별하는 데 도움을 줄 수 있다.
- **자연어 처리**: 자연어 처리(NLP)는 인간의 언어를 이해하고 해석하는 데 초점을 맞춘 인공지능 분야다. NLP 애플리케이션은 고객 서비스, 챗봇, 언어 번역을 포함한 다양한 산업에서 사용된다.
- **예측 분석**: 예측 분석은 기계 학습 알고리즘을 사용하여 데이터를 분석하고 미래의 사건에 대해 예측하는 AI의 일종이다. 이 기술은 금융, 의료, 마케팅을 포함한 많은 산업에서 사용된다.

2.5 연습문제

| 객관식 |

01 인공지능이라는 용어를 처음 공식적으로 제시한 사람은?

① 데니스 하사비스 ② 스티븐 테일런 ③ 존 메카시 ④ 크리스티나 카슈타노바

02 1차 인공지능 시대에 다양한 실험적인 시도들이 있었다. 이에 해당하지 않는 것은?

① 탐색 추리 ② 초기의 신경망 ③ 튜링 테스트 ④ 게임 프로그래밍

03 앨런 튜링이 1950년 '계산 기계와 지능(Computing Machinery and Intelligence)'에서 제시한 실험 방법으로 이미테이션 게임이라고도 부르는 것은?

① 탐색 추리 ② 게임 프로그래밍 ③ 튜링 테스트 ④ 초기의 신경망

04 인공지능의 황금기라고도 하는 2차 인공지능 시대의 주요 사건이 아닌 것은?

① 탐색 추리 ② 전문가 시스템 ③ 자연어 처리 ④ 낙관로

05 인공지능의 첫 번째 암흑기로도 불리며 인공지능에 대한 비판이 시작되고 이어서 재정적 위기도 찾아온 시기는?

① 1차 인공지능 시대 ② 2차 인공지능 시대
③ 3차 인공지능 시대 ④ 4차 인공지능 시대

06 인공지능의 붐이라고 일컫는 때로서 '전문가 시스템'이 많은 연구자들과 개발자들에 의해 실현되고 관심받았던 시기는?

① 3차 인공지능 시대 ② 4차 인공지능 시대
③ 5차 인공지능 시대 ④ 6차 인공지능 시대

07 인간의 개입 없이 주기적으로 정보를 모으거나 또는 일부 다른 서비스를 수행하는 프로그램을 무엇이라고 하는가?

① 전문가 시스템 ② 튜링 시스템
③ 자연어 처리 에이전트 ④ 지능형 에이전트

08 머신러닝의 방법으로 옳지 <u>않은</u> 것은?

① 비강화 학습 ② 지도 학습 ③ 비지도 학습 ④ 강화 학습

09 일반적으로 널리 알려진 지도 학습 방법이 <u>아닌</u> 것은?

① K-최근접 이웃 알고리즘 ② 서포트 벡터 머신
③ 의사결정 트리 ④ 탐색 트리

10 KNN 알고리즘의 장점이 <u>아닌</u> 것은?

① 학습 데이터 수가 많을 경우 효과적인 분류가 가능하다.
② 고차원 공간에서도 수행이 쉽다.
③ 단순성, 유연성이 좋다.
④ 기계 학습에서 특히 중소 데이터 세트와 간단한 분류 또는 회귀 작업에 유용하다.

11 강화 학습의 적용 예로 적합하지 <u>않은</u> 것은?

① 게임 플레이 ② 로봇 공학 ③ 이상 탐지 ④ 자율주행

12 딥러닝 아키텍처 요소가 <u>아닌</u> 것은?

① CNN(Current Neural Networks) ② CNN(Convolutional Neural Networks)
③ RNN(Recurrent Neural Networks) ④ GAN(Generative Adversarial Networks)

13 이미지 인식 작업을 위해 특별히 설계된 딥러닝 아키텍처의 한 유형으로 높은 수준에서 컨볼루션 레이어, 풀링 레이어 및 완전히 연결된 레이어를 포함한 여러 레이어로 구성되는 딥러닝 학습 방법은?

① CNN(Current Neural Networks) ② CNN(Convolutional Neural Networks)
③ RNN(Recurrent Neural Networks) ④ GAN(Generative Adversarial Networks)

14 ChatGPT의 프로세스와 알고리즘은 복잡하고 데이터 전처리, 모델 아키텍처 설계, 학습 및 추론을 포함한 여러 단계를 포함한다. ChatGPT 프로세스 구성 요소가 아닌 것은?

① 데이터 사전 처리 ② 모델 아키텍처 설계 ③ 추론 ④ 예측

| 단답식 |

01 아서 사무엘은 이것을 '명시적으로 프로그램되지 않는 환경에서도 컴퓨터가 학습할 수 있는 기능을 가지도록 연구하는 분야'라고 그 정의를 명시하였다. 즉 일반적으로 ( )은 가용의 데이터를 기반으로 지식을 축적함으로써 컴퓨터가 지능을 가지도록 하는 방법을 말하며, 인공지능의 한 분야로 간주된다.

02 ( )은 알고리즘이 인간이 제공한 데이터와 레이블링된 예제를 기반으로 학습을 하는 머신러닝의 한 유형이다. 이때 레이블링된 예제는 컴퓨터가 학습하여야 할 정답(solution)이다. 즉 이는 입력을 출력에 매핑하는 규칙을 학습하는 것이며, 정답으로 제시된 레이블링된 예제에 도달하는 과정을 학습한다.

03 ( )은 분류 및 회귀 작업에 사용되는 기계 학습 알고리즘으로, 딥러닝이 일반적으로 사용되기 전까지는 가장 많이 사용되었던 방법이다. 이 방법은 데이터를 서로 다른 클래스로 가장 잘 구분하는 하이퍼플레인을 찾는 방식으로 작동하는데, 이는 서로 다른 클래스 간의 마진을 극대화하는 최적의 의사결정 경계를 찾는 것이다.

04 ( )는 분류 및 회귀 작업을 위한 기계 학습에 사용되는 대중적이고 직관적인 알고리즘이다. 이는 각 단계에서 정보 이득을 최대화하거나 불순물을 최소화하는 것을 목표로, 가장 중요한 기능을 기반으로 데이터를 하위 집합으로 재귀적으로 분할함으로써 작동한다.

05 ( )은 알고리즘이 레이블이 지정된 예제에 대해 명시적으로 학습받지 않고 입력 데이터에서 패턴과 구조를 식별하는 것을 학습하는 머신러닝의 한 유형이다. 여기에서 알고리즘은 레이블이 지정되지 않은 일련의 예제를 입력으로 수신하고 클러스터링 또는 차원 축소와 같은 기술을 통해 데이터에서 패턴과 구조를 식별하는 방법을 학습한다.

06 ( )은 유사한 데이터 포인트를 클러스터로 그룹화하는 데 사용되는 인기 있는 비지도 머신러닝 알고리즘이다. 이는 각 클러스터의 중심을 반복적으로 업데이트하고 유클리드 거리와 같은 일부 거리 메트릭을 기반으로 각 데이터 지점을 가장 가까운 중심에 할당함으로써 작동한다.

07 (   )은 환경의 피드백을 기반으로 결정을 내리도록 알고리즘을 학습하는 것을 포함하는 기계 학습의 한 유형이다. 여기에서 에이전트는 특정 목표를 달성하거나 보상 신호를 최대화하는 방법을 배우기 위해 환경과 상호 작용한다.

08 (   )은 방대한 양의 데이터에서 학습하도록 인공 신경망을 학습시키는 기계 학습의 하위 분야이다. 이미지 인식, 음성 인식, 자연어 처리 등 작업에서 전례 없는 수준의 성능을 달성해 인공지능(AI) 분야에 혁명을 일으켰다.

09 바둑판에서 서로 다른 움직임의 잠재적인 결과를 평가하는 데 사용되는 (   ) 알고리즘은 가능한 많은 수의 이동을 시뮬레이션하고 잠재적 결과를 평가한다. 각각의 시뮬레이션 동작은 승리로 이어질 가능성이 얼마나 되는지를 기준으로 평가되며, 승리 확률이 가장 높은 동작을 선택한다.

| 서술식 |

01 GPT(Generative Pre-Trained Transformer) 알고리즘은 사전 학습과 미세 조정이라는 두 가지 주요 단계를 포함한다. 각각에 대하여 간략히 설명하시오.

3 장

빅데이터

학 습 목 표

1. 빅데이터를 이해하고 구체적인 기술을 알아본다.
2. 빅데이터 활용 사례에 대해서 학습한다.
3. 클라우드를 이해하고 실제 사용된 서비스 사례를 알아본다.

3.1 빅데이터 소개

빅데이터의 정의

빅데이터는 전통적인 데이터 처리 기법을 사용하여 효과적으로 처리, 관리, 분석하기에는 너무 크고 다양한 방대하고 복잡한 데이터 세트를 의미한다. 소셜 미디어, 센서, 머신 로그 등 다양한 소스에서 데이터가 생성되는 등 볼륨과 속도, 다양성이 특징이다. 빅데이터는 기업, 정부 및 조직이 통찰력을 얻고 정보에 입각한 결정을 내리려고 노력함에 따라 오늘날의 세계에서 점점 더 중요해지고 있다.

디지털 기술과 인터넷의 사용 증가로 인해 매일 엄청난 양의 데이터가 생성되고 있다. 이 데이터는 구조화, 반구조화 또는 비정형화될 수 있으며 이를 저장, 처리 및 분석하기 위해 전문화된 도구와 기술이 필요하다. 데이터 마이닝 및 머신러닝 기술을 통해 빅데이터를 분석하여 비즈니스 운영을 개선하고 혁신을 주도하며 의사결정에 정보를 제공하는 데 사용할 수 있는 패턴, 동향 및 통찰력을 식별할 수 있다.

빅데이터의 '3V'

'빅'이라는 용어는 다양한 형태와 다양한 소스로부터 생성되고 수집되는 데이터의 3V(볼륨, 속도, 다양성)를 의미한다.

- **볼륨**(Volume): 테라바이트에서 페타바이트 또는 그 이상의 데이터 크기를 의미한다. 이 데이터는 소셜 미디어, 센서, 기계 로그 등 다양한 소스에서 생성된다.
- **다양성**(Variety): 텍스트, 이미지, 비디오 및 센서 데이터와 같은 정형, 비정형 및 반정형 데이터를 포함한 다양한 유형의 데이터를 나타낸다.
- **속도**(Velocity): 데이터가 생성되고 실시간 또는 거의 실시간으로 처리 및 분석되어야 하는 속도를 의미한다.

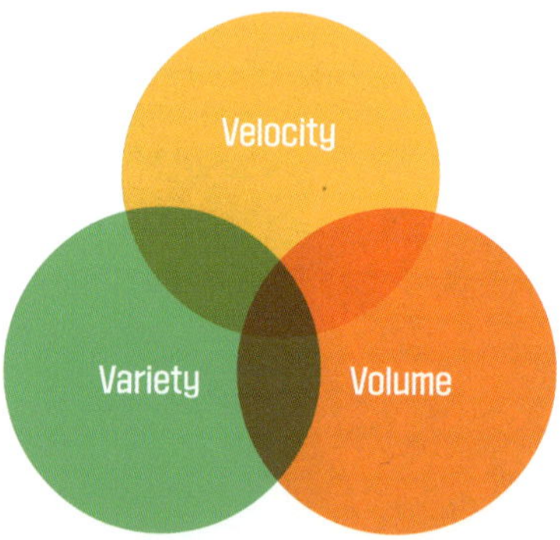

그림 3-1 빅데이터의 3V

빅데이터의 '5V'

빅데이터를 설명하고 정의하는 데 자주 사용되는 다섯 가지 주요 특성인 5V는 3V에 정확도와 가치를 추가하여 나타낸다.

- **정확도**(Veracity) : 이는 데이터 입력 오류, 불일치 및 편향과 같은 요인에 의해 영향을 받을 수 있는 데이터의 품질과 정확성을 나타낸다.
- **가치**(Value) : 빅데이터에서 통찰력을 분석하고 추출함으로써 얻을 수 있는 잠재적 가치를 말한다. 빅데이터의 궁극적인 목표는 조직이 더 나은 의사결정을 내리고 운영을 개선하며 비즈니스 목표를 달성하는 데 도움이 되는 실행 가능한 통찰력을 제공하는 것이다.

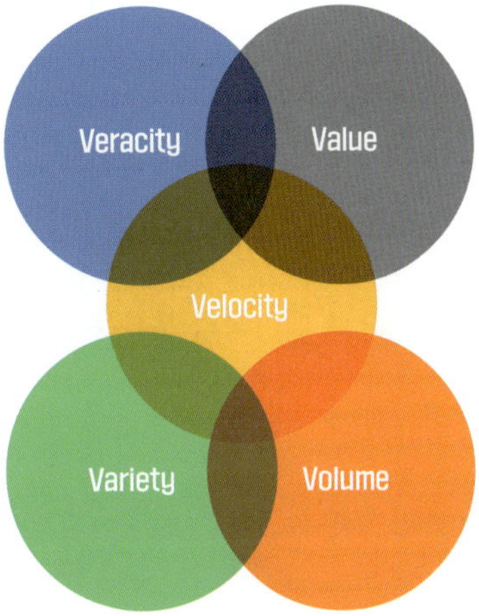

그림 3-2 빅데이터의 5V

Gartner는 빅데이터를 다음과 같이 정의하였다.

"빅데이터는 향상된 통찰력, 의사결정 및 프로세스 자동화를 지원하는 비용 효율적이고 혁신적인 형태의 정보 처리를 요구하는 대용량, 고속 및 다양성이 높은 정보 자산이다."

빅데이터의 출현 배경

빅데이터의 출현은 지난 수십 년간 수많은 기술적 · 사회적 발전에 의해 주도되어 왔다. 빅데이터 발전의 원인이 되는 주요 배경 요소는 다음과 같다.

- **디지털 기술** : 컴퓨터, 스마트 폰, 인터넷과 같은 디지털 기술의 광범위한 사용으로 인해 생성되고 수집되는 데이터의 양이 폭발적으로 증가했다.
- **연결된 장치 및 센서** : 사물인터넷(IoT)의 등장으로 스마트 홈 기기, 웨어러블, 산업용 센서 등 데이터를 생성하는 연결 기기와 센서의 수가 증가했다.
- **소셜 미디어** : 페이스북, 트위터, 인스타그램과 같은 소셜 미디어 플랫폼의 성장은 텍스트, 이미지, 비디오를 포함한 방대한 양의 사용자 생성 데이터를 만들어냈다.
- **클라우드 컴퓨팅** : 클라우드 컴퓨팅 기술의 발전으로 대량의 데이터를 더 쉽고 비용 효율적으로 저장하고 처리할 수 있게 되었다.
- **기계 학습 및 인공지능** : 머신러닝과 인공지능 알고리즘의 발전으로 조직은 많은 양의 데

이터를 분석하고 귀중한 통찰력을 추출할 수 있게 되었다.

- **개방형 데이터 이니셔티브**: 전 세계의 정부 및 조직이 개방형 데이터 이니셔티브를 시작하여 분석 및 혁신을 위해 대중에게 대량의 데이터를 제공하고 있다.

빅데이터에서 다루는 데이터 분류

일반적으로 데이터의 분류는 정형, 반정형, 비정형 데이터로 나뉠 수 있다.

그림 3-3 정형, 반정형, 비정형 데이터

● 정형 데이터

정형 데이터는 명확하고 일관된 형식으로 특정하고 미리 정의된 방식으로 구성된 데이터를 말한다. 이러한 유형의 데이터는 일반적으로 관계형 데이터베이스, 스프레드시트 및 기타 데이터 저장 시스템에서 볼 수 있으며 행과 열이 있는 표 형식을 사용하여 표시되는 경우가 많다. 정형 데이터는 매우 체계적이고 잘 정의되어 있으며, 검색, 필터링 및 분석이 용이한 명확하고 일관된 구조를 가지고 있다. 각 데이터는 특정 필드 또는 열에 할당되며, 사람과 기계 모두가 쉽게 이해할 수 있는 형식으로 포맷된다.

정형 데이터의 예로는 재무 기록, 고객 정보, 제품 재고 데이터 및 트랜잭션 데이터를 들 수 있다. 이러한 유형의 데이터는 회계, 재고 관리 및 CRM(고객 관계 관리) 시스템과 같은 비즈니스 애플리케이션에서 자주 사용된다.

정형 데이터는 광범위한 도구와 기술을 사용하여 쉽게 분석하고 처리할 수 있기 때문에 데이터 분석 및 비즈니스 인텔리전스에도 광범위하게 사용된다. 예를 들어 데이터 분석가는 SQL 쿼리를 사용하여 데이터베이스에서 특정 정보를 추출하거나 데이터 시각화 도구를 사용하여 데이터의 추세와 패턴을 나타내는 차트와 그래프를 만들 수 있다.

반정형 데이터

반정형 데이터는 구조화된 데이터의 전통적인 관계형 데이터베이스 모델에 딱 들어맞지는 않지만 완전히 구조화되지 않은 데이터 유형이다. 조직이나 구조를 어느 정도 포함하는 형식으로 표현되는 경우가 많지만 유연하기도 하며, 데이터를 표현하는 방식에 약간의 가변성을 주기도 한다. 반정형 데이터는 일반적으로 XML이나 JSON과 같은 마크업 언어를 사용하여 표현되며, 이는 데이터 내에서 일정 수준의 계층과 조직을 나타낸다. 예를 들어, XML 데이터에는 데이터에 컨텍스트와 구조를 제공하는 태그와 속성이 포함될 수 있지만 데이터를 표현하는 방식에 다양성을 허용할 수도 있다.

일반적으로 반정형 데이터는 데이터 표현 방식에 일정 수준의 가변성을 허용하기 때문에 유연성과 민첩성이 필요한 애플리케이션에 자주 사용된다. 그러나 데이터를 효과적으로 사용하기 전에 데이터를 정규화하거나 변환하여야 하기 때문에 데이터 처리 및 분석에는 효과가 떨어진다.

반정형 데이터의 예

- **로그 파일**: 시스템 내에서 발생하는 이벤트 또는 트랜잭션의 기록이 포함되며 타임스탬프, 오류 코드 및 특정 방식으로 구조화된 기타 데이터가 포함될 수 있지만 구조화되지 않은 텍스트도 포함될 수 있다.
- **소셜 미디어 데이터**: 소셜 미디어 플랫폼은 종종 개발자가 사용자 프로필, 게시물 및 상호작용과 관련된 데이터에 액세스할 수 있는 API를 제공한다. 이 데이터는 종종 데이터에 컨텍스트와 구조를 제공하는 메타데이터 및 기타 정보와 함께 반정형 형식으로 표현된다.
- **전자 메일**: 전자 메일 메시지에는 종종 보낸 사람 및 받는 사람 정보, 제목 줄 및 타임스탬프와 같은 구조화된 데이터가 포함되지만 메시지 본문에 구조화되지 않은 텍스트가 포함될 수도 있다.

비정형 데이터

비정형 데이터는 특정한 사전 정의된 형식이나 조직이 없는 데이터를 말한다. 이러한 유형의 데이터는 종종 자연 언어 또는 기타 비표준화된 형식으로 생성되므로 전통적인 데이터 처리 도구와 기술을 사용하여 처리하고 분석하는 것이 어렵다. 즉, 비정형 데이터는 기존의 데이터베이스 모델이나 기타 정형 데이터 형식에 맞춰져 있지 않기 때문에 사용하기가 어려울 수 있다. 그러나 자연어 처리(NLP), 기계 학습 및 인공지능(AI)의 발전으로 텍스트 분류와 같은 기술을 사용하여 비정형 데이터에서 통찰력을 추출할 수 있게 되었다. 이로 인해 비정형 데이터는 고객의 행동, 제품 동향 및 기타 중요한 메트릭에 대한 통찰력을 얻고자 하는 기업과 조직에 점점 더 중요한 정보 소스가 되어가고 있다.

비정형 데이터의 예

- **텍스트 문서**: 여기에는 이메일, PDF, 워드 프로세싱 문서 및 기타 유형의 텍스트 기반 파일이 포함된다. 비정형 텍스트 데이터에는 고객 피드백, 지원 티켓 및 소셜 미디어 게시물을 포함한 광범위한 정보가 포함될 수 있다.
- **이미지 및 비디오**: 비정형 데이터에는 이미지 및 비디오와 같은 시각적 미디어도 포함될 수 있다. 이러한 파일은 파일 크기 및 형식과 같은 메타데이터를 포함할 수 있지만 콘텐츠 자체가 구조화되지 않아 쉽게 검색할 수 없다.
- **오디오 녹음**: 음성 메일이나 전화 통화와 같은 오디오 파일은 유용한 정보를 포함할 수 있지만 내용을 기록하고 분석하기 위해 특수한 도구가 필요할 수 있다.

빅데이터와 데이터베이스의 처리 방식에 대한 차이

빅데이터는 기존에 사용해왔던 데이터베이스와는 처리 방식에서도 차이가 있다. 처리 중인 데이터의 규모와 복잡성, 그리고 데이터를 관리하고 분석하는 데 사용되는 처리 기술이 그것이다. 기존의 데이터베이스 처리는 더 작고 구조화된 데이터 세트를 관리하는 데 적합할 수 있지만, 크고 복잡한 다양한 데이터 세트를 관리하고 분석하는 데는 빅데이터 처리가 필요하다.

- **데이터 볼륨**: 빅데이터는 일반적으로 기존 데이터베이스 처리보다 훨씬 큰 데이터 볼륨을 포함한다. 기존의 데이터베이스 처리는 일반적으로 더 작은 데이터 볼륨을 처리하는 반면, 빅데이터는 테라바이트 또는 페타바이트의 데이터를 포함할 수 있다.
- **데이터 다양성**: 빅데이터는 종종 기존의 데이터베이스 처리보다 더 다양한 데이터 유형과 형식을 포함한다. 전통적인 데이터베이스 처리는 일반적으로 구조화된 데이터를 주로 다루는 반면, 빅데이터는 구조화된 데이터, 반정형 데이터 및 비정형 데이터를 포함할 수 있다.
- **데이터 속도**: 빅데이터는 종종 실시간 또는 거의 실시간으로 데이터를 처리하는 것을 수반하는 반면, 전통적인 데이터베이스 처리는 일반적으로 데이터의 일괄 처리를 수반한다.
- **데이터 복잡성**: 빅데이터는 더 복잡한 데이터 구조, 관계 및 분석 기술을 포함하여 기존 데이터베이스 처리보다 더 복잡할 수 있다.
- **처리 기술**: 빅데이터 처리는 종종 여러 서버 또는 클러스터에 분산된 처리를 하는 반면, 전통적인 데이터베이스 처리는 일반적으로 단일 서버에서 중앙 집중식 처리를 수행한다.

혁신과 창조를 위한 도구로서의 빅데이터

빅데이터는 혁신을 주도하고 새로운 제품, 서비스 및 비즈니스 모델을 만드는 데 사용할 수 있는 기반 자료와 정보를 제공할 수 있다. 빅데이터를 이용하여 효과적으로 분석하고 활용함으로써 기업과 조직은 경쟁 우위를 확보하고 성장과 성공을 견인할 수 있다.

- **통찰력 및 이해**: 빅데이터는 고객의 행동, 선호도 및 동향뿐만 아니라 데이터 내의 다른 패턴 및 상관관계에 대한 기반 자료 및 정보들을 분석을 통해 제공할 수 있다. 이를 통해 기업과 조직은 대상 고객을 더 잘 이해하여 마케팅 전략, 고객 맞춤형 서비스 등을 실행할 수 있다.
- **제품 개발**: 빅데이터는 고객의 요구와 선호도를 파악하고, 새로운 아이디어를 테스트하며, 제품 성능과 기능을 향상시키는 제품 개발에 사용될 수 있는데, 이는 제품 개발에 영향을 미칠 수 있는 분석 정보를 제공할 수 있다.
- **프로세스 개선**: 빅데이터를 활용하여 공급망 관리, 물류, 품질 관리 등 내부 프로세스 및 운영을 최적화하고 개선할 수 있다. 이를 통해 비용을 절감하고 효율성을 높일 수 있다.
- **개인 설정**: 빅데이터는 고객의 선호도와 행동에 따라 제품과 서비스를 개인화하는 데 사용될 수 있다. 이는 고객 만족도와 충성도 향상으로 이어질 수 있다.
- **예측 분석**: 빅데이터는 미래의 추세를 예측하고, 잠재적인 문제를 식별하고, 의사 결정을 안내할 수 있는 예측 분석 모델을 개발하는 데 사용될 수 있다. 또한 금융, 의료, 제조와 같은 분야에서 특히 가치가 있을 수 있다.

사회, 경제적 가치 측면에서의 빅데이터

빅데이터는 상당한 사회적, 경제적 가치를 가지고 있으며, 잠재적인 응용 분야는 광범위하고 다양하다. 빅데이터를 효과적으로 활용함으로써 성장, 혁신, 사회적 선을 위한 새로운 기회를 창출할 수 있다.

- **의사결정 개선**: 빅데이터는 개인, 기업 및 조직이 더 나은 의사결정을 내리는 데 도움이 되는 기반 정보를 제공할 수 있다. 많은 양의 데이터를 분석함으로써 다른 방법을 통해 보이지 않을 수 있는 패턴, 추세 및 상관관계를 나타낼 수 있다.
- **경제 성장**: 빅데이터는 새로운 비즈니스 모델을 창출하고 혁신을 주도하며 새로운 제품과 서비스를 창출함으로써 경제 성장을 촉진하는 데 도움이 될 수 있다. 예를 들어 고객의 행동, 선호도 및 동향에 대한 통찰력을 제공함으로써 기업이 성장과 발전을 위한 새로운 기회를 식별하는 데 도움이 될 수 있다.

- **개인 설정**: 빅데이터는 제품과 서비스를 개인화하고 개인의 선호도와 요구에 맞게 조정하는 데 사용될 수 있다. 이를 통해 고객 만족도와 충성도를 높일 수 있을 뿐만 아니라 기업의 수익도 높일 수 있다.
- **의료**: 빅데이터는 환자의 의료 데이터를 분석하고, 위험 요소를 식별하며, 개인화된 치료 계획을 개발하여 의료 결과를 개선하는 데 사용될 수 있다. 이를 통해 환자의 치료가 개선되고 의료 비용이 절감되며 의료 제공의 효율성이 향상될 수 있다.
- **사회적 문제 해결**: 빅데이터는 기후 변화, 빈곤, 질병과 같은 사회적 및 환경적 과제를 해결하는 데 사용될 수 있다. 대량의 데이터를 분석함으로써 정책 결정을 알리고 개입을 안내할 수 있는 패턴과 추세를 식별할 수 있다.

빅데이터의 활용 전략

빅데이터의 활용 전략 단계

빅데이터 활용 전략은 대량의 데이터를 사용하여 비즈니스 운영과 의사결정을 개선하는 데 사용할 수 있는데, 다음과 같은 단계를 진행할 수 있다.

1. **비즈니스 목표 정의**: 빅데이터 분석을 통해 달성하고자 하는 구체적인 비즈니스 목표를 결정한다. 이는 운영 효율성 향상, 수익 증대, 비용 절감 또는 고객 경험 개선이 포함된다.
2. **데이터 소스 식별**: 데이터의 출처와 수집 방법을 결정한다. 판매 데이터, 고객 데이터와 같은 내부 데이터 소스, 소셜 미디어 또는 타사 데이터 공급자와 같은 외부 데이터 소스가 포함될 수 있다.
3. **기술 선택**: 데이터를 수집, 저장 및 분석하는 데 사용할 도구와 기술을 결정한다. Hadoop, Spark, SQL 데이터베이스, 데이터 시각화 도구 또는 기계 학습 알고리즘이 여기에 속한다.
4. **팀 구성**: 빅데이터 전략을 구현하는 데 도움이 되는 데이터 과학자, 엔지니어 및 분석가 팀을 구성한다.
5. **데이터 정리**: 데이터를 정리하여 정확하고 신뢰할 수 있도록 한다. 중복 제거, 데이터 형식 표준화 및 오류 수정이 여기에 해당된다.
6. **데이터 분석**: 분석 도구를 사용하여 데이터를 분석하고 비즈니스 의사 결정에 영향을 줄 수 있는 패턴과 통찰력을 식별한다.
7. **데이터 시각화**: 데이터 시각화 도구를 사용하여 이해하기 쉽고 다른 사용자와 공유하기 쉬운 데이터의 시각적 표현을 만들 수 있다.

8. **변경사항 구현**: 분석을 통해 얻은 통찰력을 활용하여 데이터 중심의 의사 결정을 내리고 비즈니스 운영을 개선하기 위한 변경사항을 구현한다.

9. **모니터링 및 조정**: 데이터를 지속적으로 모니터링하고 필요에 따라 전략을 조정하여 비즈니스 목표를 달성한다.

빅데이터 처리 방법

빅데이터를 처리하는 일반적인 방법은 다음과 같다.

- **문제 정의**: 빅데이터 분석을 시작하기 전에 답하려는 문제나 질문을 정의하는 것이 필수적이다. 이렇게 하면 가장 관련성이 높은 데이터 소스 및 변수에 초점을 맞출 수 있다.
- **도구 선택**: 빅데이터를 저장 및 처리하려면 전문화된 도구와 기술이 필요하다. Hadoop, Apache Spark 및 NoSQL 데이터베이스와 같은 필요에 맞는 도구를 선택한다.
- **데이터 수집 및 처리**: 빅데이터는 소셜 미디어, 센서, 머신 로그 등 다양한 소스에서 수집된다. 일단 수집된 데이터는 오류나 불일치를 제거하기 위해 처리되고 치료되어야 한다.
- **데이터 분석**: 데이터 마이닝 및 기계 학습 기술을 사용하여 데이터를 분석하고 패턴과 추세를 식별한다. 이를 통해 통찰력을 얻고 정보에 입각한 결정을 내리는 데 도움이 될 것이다.
- **데이터 시각화**: 데이터 시각화 도구를 사용하여 데이터를 명확하고 의미 있는 방식으로 표현한다. 이는 당신이 발견한 것과 통찰력을 다른 사람들에게 전달하는 데 도움이 된다.
- **스케일 업**: 빅데이터는 지속적으로 증가하므로 툴과 기술이 이러한 성장을 처리할 수 있어야 한다. 시스템이 확장 가능하고 증가하는 데이터를 처리할 수 있는지 확인한다.
- **데이터 보안 및 개인 정보 보호**: 빅데이터에는 중요한 정보가 포함되어 있는 경우가 많기 때문에 무단 액세스로부터 안전하고 보호되는 것이 중요하다. 암호화, 액세스 제어 및 기타 보안 조치를 사용하여 데이터를 보호한다.

빅데이터 분석 결과로서 일반적인 형태는 비정형 데이터 분석을 통한 단어 빈도수를 그림 3-4와 같이 나타낸 형태이다. 가장 많이 노출된 단어들은 크게 나타내고, 상대적으로 많이 노출되지 않은 단어들은 작게 나타낸다.

그림 3-4 빅데이터의 워드클라우드

(출처: https://bit.ly/41kl9l3, Markus Angermeier)

빅데이터 개발 역사

빅데이터의 발전사는 인터넷과 디지털 기술이 인기를 얻기 시작한 1990년대로 거슬러 올라간다. 당시에는 대량의 데이터가 생성되어 데이터베이스에 저장되고 있었으며, 이러한 데이터를 관리하고 처리하기 위한 도구와 기술에 대한 필요성이 증가하고 있었다.

2000년대 초반, '빅데이터'라는 개념이 등장하기 시작했고, 이 용어는 전통적인 데이터 관리 도구와 기술을 사용하여 관리하기에는 너무 크고 복잡한 데이터 세트를 설명하는 데 사용되었다. 이로 인해 여러 서버에 걸쳐 대규모 데이터 세트를 처리할 수 있는 분산 컴퓨팅 플랫폼인 하둡(Hadoop)과 같은 새로운 기술이 개발되었다.

2008년, '빅데이터'라는 용어는 하둡의 창시자인 더그 커팅과 마이크 카파렐라의 연구 논문이 발표되면서 널리 인정을 받았다. 이 백서에서는 대규모 데이터 세트를 관리하고 분석하는 데 있어 당면 과제에 대해 간략히 설명하고 Hadoop을 솔루션으로 제안했다.

2000년대 후반 페이스북과 트위터와 같은 소셜 미디어 플랫폼의 부상도 빅데이터의 성장에 기여했는데, 이 플랫폼들이 사용자의 행동과 상호 작용에 대한 방대한 양의 데이터를 생성했기 때문이다.

2010년대에 클라우드 컴퓨팅의 채택과 모바일 기기의 성장은 더 많은 데이터가 클라우드와 모바일 기기에서 생성되고 저장됨에 따라 빅데이터의 성장을 더욱 가속화했다.

3.2 빅데이터 관련 기술

데이터 웨어하우스

데이터 웨어하우스는 데이터 분석, 보고 및 데이터 마이닝과 같은 BI(비즈니스 인텔리전스) 활동을 지원하도록 특별히 설계된 중앙 집중식 대규모 데이터 저장소이다. 일반적으로 현재 데이터뿐만 아니라 과거 데이터도 저장하며 빠른 쿼리 및 분석에 최적화되어 있다. 데이터 웨어하우스는 정보에 입각한 비즈니스 의사 결정을 내리는 데 사용할 수 있는 조직의 데이터에 대한 포괄적인 단일 뷰를 제공하는 데 사용된다. 또한 트랜잭션 데이터베이스, 외부 데이터 소스 및 기타 운영 체제와 같은 다양한 소스의 데이터를 통합한다.

데이터 마이닝

데이터 마이닝은 대규모 데이터 세트에서 패턴, 추세 및 통찰력을 발견하는 프로세스로 알려져 있으며, 통계, 머신러닝, 인공지능, 데이터베이스 관리 등을 결합해 데이터에서 의미 있는 정보를 추출하는 학제간 분야다. 데이터 마이닝 기술은 금융, 의료, 소매 및 제조를 포함한 다양한 산업에 걸쳐 많은 응용 분야를 가지고 있다. 데이터 마이닝을 이용하면 의사 결정 개선, 효율성 향상, 비용 절감 등의 이점이 있다.

데이터 마이닝 기술은 다음과 같은 단계를 진행한다.

1. **데이터 수집**: 데이터 마이닝은 데이터베이스, 웹사이트, 소셜 미디어 플랫폼 및 센서와 같은 다양한 소스에서 대량의 정형 또는 비정형 데이터를 수집한다.
2. **데이터 전처리**: 데이터가 수집되면 데이터를 정리하고 사전 처리하여 불일치, 오류 또는 결측값을 제거해야 한다. 이 단계에는 데이터 변환, 통합, 축소 및 정규화가 포함된다.
3. **데이터 마이닝 기술**: 데이터 마이닝 기술에는 클러스터링, 분류, 연관 규칙 마이닝 및 이상 탐지가 포함된다. 이러한 기술은 통계 및 기계 학습 알고리즘을 사용하여 데이터 내의 패턴과 관계를 발견하게 된다.

4. **패턴 평가**: 패턴이 발견되면 정확성과 신뢰성을 보장하기 위해 평가 및 검증이 필요하다. 이 단계에는 통계 분석 및 가설 검정이 포함된다.
5. **시각화**: 데이터 마이닝 결과는 종종 차트, 그래프 또는 대화형 대시보드의 형태로 표시되어 사용자가 결과를 해석하고 데이터 중심 의사 결정을 내리는 데 도움이 된다.
6. **배포**: 마지막으로, 데이터 마이닝에서 얻은 통찰력은 사기 탐지, 마케팅 캠페인, 추천 시스템 및 예측 유지보수와 같은 실제 애플리케이션에 배포된다.

맵리듀스(MapReduce)

맵리듀스는 대규모 분산 데이터 세트를 병렬 및 확장 가능한 방식으로 처리하는 데 사용되는 프로그래밍 모델 및 소프트웨어 프레임워크이다. 본래는 구글이 분산 컴퓨팅 인프라에서 대량의 데이터를 분석하기 위해 개발한 것이다. MapReduce 프레임워크는 큰 데이터 세트를 여러 컴퓨팅 노드에 걸쳐 병렬로 처리할 수 있는 더 작은 하위 집합으로 나눈다.

일반적인 MapReduce 프로세스는 다음과 같은 단계로 처리한다.

1. **입력 데이터**(Input Data): 입력 데이터는 데이터의 크기와 처리에 사용할 수 있는 노드 수에 따라 입력 분할이라고 하는 더 작은 청크로 분할된다. 각 입력 분할은 처리를 위해 별도의 버퍼에 할당된다.
2. **지도 단계**(Map phase): 이 단계에서 데이터는 더 작은 청크로 분할되고 키-값 쌍 집합으로 매핑된다. 각 컴퓨팅 노드는 데이터의 하위 집합을 처리하고 중간 키-값 쌍을 생성하게 된다.
3. **순서 섞기 및 정렬 단계**(Shuffle and Sort Phase): 그런 다음 매퍼에 의해 생성된 중간 키-값 쌍은 모든 노드에서 키별로 셔플되고 정렬된다. 이 단계에서는 동일한 키를 사용하여 중간 값을 그룹화하고 오름차순 또는 내림차순으로 정렬한다.
4. **축소 단계**(Reduce phase): 이 단계에서는 중간 키-값 쌍이 결합, 정렬 및 축소되어 최종 출력이 생성된다. 축소 단계는 키를 기준으로 데이터를 집계하고 특정 함수를 적용하여 최종 결과를 생성한다.
5. **출력 데이터**(Output Data): 감속기에 의해 생성된 출력 키-값 쌍은 출력 파일 또는 데이터베이스에 기록된다.

이때 청크는 함께 그룹화되어 단일 단위로 취급되는 특정 양의 데이터를 뜻한다. 청크의 크기는 애플리케이션 및 처리 중인 데이터 유형에 따라 달라질 수 있다. 프로그래밍에서 코드 덩어리는 함께 실행되는 명령어나 문의 블록을 가리키며, 이것은 외부 자원이나 기능에 대한 호출의 수를 줄임으로써 프로그램의 효율성을 향상시킬 수 있다.

빅데이터 기술의 맥락에서 청크는 더 작고 관리하기 쉬운 조각으로 분할된 대규모 데이터 세트의 일부를 의미한다. 이를 통해 여러 컴퓨팅 노드에 걸쳐 데이터를 병렬로 처리할 수 있어 처리 속도와 확장성을 크게 향상시킬 수 있는 것이다. 예를 들어 대용량 파일을 처리할 때 파일이 메모리에 로드되어 한 번에 하나씩 처리되는 청크 또는 세그먼트로 분할되는 경우가 많다. 이를 통해 프로그램은 과도한 양의 메모리나 처리 능력을 요구하지 않고 데이터를 처리할 수 있다.

그림 3-5는 '봉골레 피자 파스타'와 '수퍼스프림 피자 파스타'를 입력으로 할때의 맵리듀스 과정을 나타낸다.

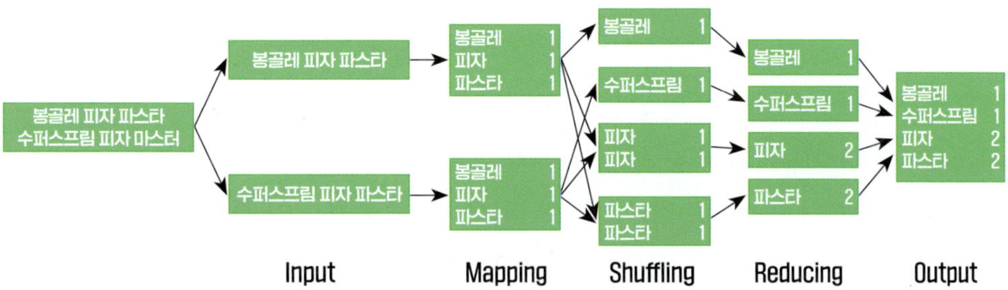

그림 3-5 맵리듀스 처리 과정

MapReduce 프레임워크는 확장성이 뛰어나고 내결함성이 뛰어나며 대규모 분산 데이터 세트를 처리하는 데 효율적이어서, 오늘날 빅데이터 처리에 필수적인 도구가 되었고 데이터 웨어하우징, 데이터 마이닝, 머신 러닝을 포함한 광범위한 응용 분야에서 사용된다. 또한 아파치 하둡, 아파치 스파크, 아파치 플링크와 같은 빅데이터 기술에 널리 사용된다.

하둡(Hadoop)

하둡은 상용 하드웨어 클러스터에 걸쳐 대규모 데이터 세트를 처리하고 저장하는 데 사용되는 오픈 소스 분산 컴퓨팅 플랫폼이다. 2005년 더그 커팅과 마이크 카파렐라에 의해 개발되었고 장난감 코끼리의 이름을 따서 명명되었다.

하둡은 Hadoop Distributed File System(HDFS) 및 MapReduce, 두 가지 주요 구성 요소로 구성된다. HDFS는 여러 서버에 걸쳐 데이터를 저장하는 분산 파일 시스템으로, 내결함성과 고가용성을 제공하며, 맵리듀스는 HDFS에 저장된 데이터를 분석하기 위해 병렬 처리 알고리즘을 작성할 수 있는 프로그래밍 모델이다.

HDFS에서 특정 사이즈의 블록으로 나뉘어진 파일은 분산된 서버에 저장된다. 이때 하나의 블록은 3개 나뉘어 복제되며, 각각 다른 노드에 분산하여 저장된다. HDFS에서는 네임노드(NameNode) 한 대가 마스터 역할을 하며, 여러 대의 데이터 노드(DataNode)들이 슬레이브 역할을 한다. 네임 노드는 HDFS의 모든 메타데이터를 관리하고, 클라이언트가 이를 이용하여 HDFS에 저장된 파일에 접근할 수 있다. 하둡 어플리케이션은 HDFS에 파일을 저장하거나, 파일을 읽기 위하여 HDFS 클라이언트를 사용하게 되며, 클라이언트는 API 형태로 사용자에게 기능을 제공한다. 데이터 노드는 네임노드에서 노드에 저장되어 있는 블록의 정보를 가지는 블록 리포트를 전송하고 이를 통해 네임노드는 데이터 노드가 정상 동작하는지 확인할 수 있게 된다. 클라이언트는 네임노드에 접속해서 파일이 저장된 블록의 위치를 확인하고, 해당 블록이 저장된 데이터 노드에서 직접 데이터를 조회하게 된다.

Hadoop은 텍스트, 이미지 및 비디오를 비롯한 대량의 정형 및 비정형 데이터를 처리하도록 설계되었다. 데이터를 일괄 처리하는 방식으로 일정 간격으로 대량으로 분석하거나 실시간으로 분석하는 방식으로 데이터를 처리할 수 있다.

Hadoop의 주요 기능의 이점 중 하나는 확장성이다. 수백 또는 수천 대의 서버에 걸쳐 페타바이트 단위의 데이터를 저장 및 처리할 수 있으므로 빅데이터 워크로드를 관리하는 데 비용 효율적인 솔루션이다. 또한 내결함성을 제공하므로, 서버에 장애가 발생할 경우 데이터 및 처리 작업이 클러스터의 다른 서버로 자동 전송된다.

Hadoop의 처리는 다음과 같은 단계를 거친다.

1. **데이터 수집**: 이 단계에서 분석할 데이터는 다양한 소스로부터 수집되어 HDFS(Hadoop Distributed File System) 또는 다른 데이터 스토리지 시스템에 저장된다.
2. **데이터 처리**: 데이터가 HDFS에 저장되면 데이터 처리 단계가 시작된다. 이 단계에서는 데이터에 대해 일련의 MapReduce 작업을 실행하여 데이터를 변환, 집계 및 분석한다.
3. **데이터 저장소**: 데이터가 처리되면 HDFS 또는 다른 데이터 저장 시스템에 다시 저장된다. 처리된 데이터는 분석 요구사항에 따라 정형 또는 비정형 형식으로 저장될 수 있다.
4. **데이터 쿼리**: 이 단계에서는 HQL(Hadoop Query Language) 또는 Apache Hive와 같은 다양한 도구를 사용하여 데이터를 쿼리하여 데이터에서 통찰력과 패턴을 추출한다.
5. **데이터 시각화**: 데이터 쿼리 단계에서 얻은 통찰력은 Apache Zeppelin, Tableau 또는 Microsoft Power BI와 같은 도구를 사용하여 시각화되어 데이터 기반 의사 결정을 내리는 데 사용할 수 있는 보고서와 대시보드를 생성한다.
6. **머신러닝**: 머신러닝 알고리즘을 데이터에 적용하여 결과를 예측하거나 데이터의 패턴을 기반으로 데이터를 분류할 수 있다.

7. **데이터 관리**: 이 단계에서는 데이터가 정확하고 최신 상태를 유지하도록 관리 및 유지된다. 이 단계에는 데이터 거버넌스, 보안 및 규정 준수가 포함된다.

인메모리 컴퓨팅(In-Memory Computing, IMC)

인메모리 컴퓨팅은 디스크 기반 스토리지가 아닌 메모리에 저장된 데이터에 대한 빠른 액세스에 의존하는 컴퓨팅 아키텍처의 한 유형을 말한다. IMC를 사용하면 CPU가 고속으로 데이터에 액세스하고 조작할 수 있는 메모리에 데이터를 로드하게 되는데, 이는 메모리에 데이터를 보관함으로써 더 느린 디스크 기반 저장장치에 액세스하는 데 따른 지연을 방지하고 더 빠른 처리와 실시간 응답성을 제공할 수 있다. 이러한 장점으로 인해 IMC는 실시간 데이터 분석, 금융 거래, 과학 시뮬레이션 및 기타 계산 집약적인 작업과 같이 신속한 데이터 처리 및 분석이 필요한 고성능 애플리케이션에 일반적으로 사용된다. 자주 액세스하는 데이터를 캐싱하거나 기존 디스크 기반 데이터베이스의 성능을 향상시키는 방법으로도 사용할 수 있다. 즉, IMC는 데이터에 대한 빠른 액세스를 제공할 뿐만 아니라 기존 스토리지 시스템과 관련된 비용도 절감할 수 있다. 예를 들어 Disk 기반 저장장치가 필요하지 않으므로 저장장치 관련 하드웨어, 전력 소비 및 유지보수 비용을 절감할 수 있게 된다. 인메모리 컴퓨팅은 데이터베이스 관리 시스템, 캐싱 시스템, 고성능 컴퓨팅을 포함한 다양한 응용 분야에서도 사용된다. 예를 들어, 인메모리 데이터베이스는 더 빠른 데이터 액세스와 처리 시간을 제공하기 위해 디스크가 아닌 메모리에 데이터를 저장한다. 마찬가지로 캐싱 시스템은 인메모리 저장장치를 사용하여 웹페이지나 데이터베이스 쿼리와 같은 자주 액세스되는 데이터를 저장하여 성능을 향상시키고 기본 저장장치 시스템의 부하를 줄일 수 있다.

빅데이터와 연관된 인메모리 기술에는 인메모리 데이터베이스, 인메모리 데이터 그리드, 인메모리 컴퓨팅 플랫폼 등 다양한 인메모리 컴퓨팅 기술이 있다. 일반적으로 많이 사용되는 IMC 솔루션에는 Apache Ignite, SAP HANA, Oracle TimesTen 등이 있으며, 이러한 솔루션은 일반적으로 엔터프라이즈급 애플리케이션의 요구사항을 지원하기 위해 고가용성, 데이터 압축 및 데이터 복제와 같은 다양한 기능을 제공한다.

인메모리 데이터베이스(In-Memory Database, IMDB)는 데이터를 디스크나 다른 저장 장치가 아닌 메인 메모리(RAM)에 저장하고 관리하는 데이터베이스 시스템을 말한다. 즉, IMDB를 사용하면 기존 Disk 기반 데이터베이스보다 훨씬 빠르게 데이터에 액세스하고 처리할 수 있으므로 데이터 집약적인 작업에 의존하는 애플리케이션의 성능을 크게 향상시킬 수 있게 된다. 또한 실시간 데이터 처리, 분석 및 고성능 트랜잭션 처리와 같이 빠르고 예측 가능한 응답 시간이 필요한 애플리케이션에서 특히 유용하다. 인메모리 데이터베이스는 디스크에 데이터를 읽고 쓸 필요가 없으므로 데이터 액세스 및 처리 시간 단축, 처리량 향상, 대기 시간 단축 등과 같은 상당한 성능 이점을 제공할 수 있다. IMDB의 응용은 전자 상거래, 금융 거래, 통신 및 과학 연구를 포함한 광범위한 분야에서 사용될 수 있다. 또한 Disk 기반 데이터베이스와 같은 다른 데이터베이스 기술과 함께 사용하여 성능, 확장성 및 비용 효율성의 균형을 유지하는 하이브리드 스토리지 솔루션을 제공할 수도 있다.

아파치 스파크(Apache Spark)

아파치 스파크는 빅데이터 분석, 머신러닝, 스트림 처리 등 광범위한 데이터 처리 작업에 활용할 수 있는 강력한 분산 컴퓨팅 시스템으로 알려져 있으며, 분산 환경에서 대규모 데이터 세트를 처리하도록 설계된 오픈 소스 분산 컴퓨팅 시스템이다. 속도, 사용 편의성 및 유연성을 위해 구축되었으며 배치 처리, 스트림 처리 및 머신 러닝을 포함한 광범위한 데이터 처리 작업을 지원한다.

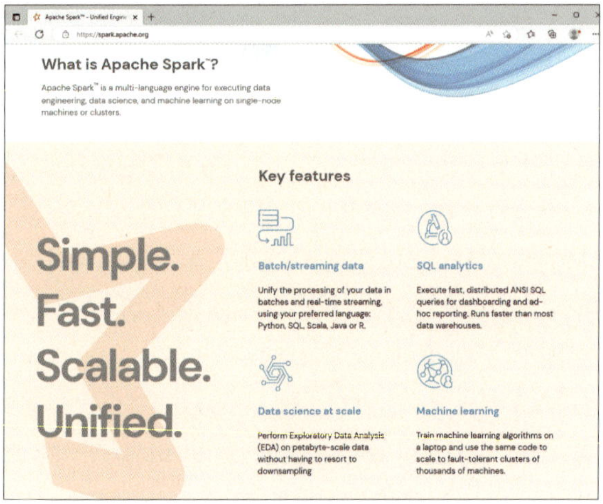

그림 3-6 아파치 스파크
(출처: https://spark.apache.org/)

스파크는 데이터 세트가 너무 커서 단일 시스템의 메모리에 들어갈 수 없는 상황을 위해 분산 데이터 세트와 함께 작동하도록 설계되었다. 큰 데이터 세트를 작은 파티션으로 분할함으로써 클러스터 안의 여러 컴퓨터들이 병렬로 처리할 수 있도록 한 것이다. 이러한 분산 처리 방식을 통해 스파크는 대량의 데이터 세트를 처리하고 복잡한 데이터 처리 작업을 효율적으로 수행할 수 있다.

스파크의 주요 특징 중 하나는 메모리에 데이터를 저장하는 기능으로 기존 디스크 기반 시스템보다 훨씬 빠른 속도로 데이터를 처리할 수 있다는 것이다. 이 메모리 내 처리 기능은 스파크의 RDD(Relastic Distributed Dataset) 추상화를 통해 지원되며, 클러스터의 여러 노드에 걸쳐 메모리에 데이터를 캐시할 수 있다.

스파크는 자바, 스칼라, 파이썬, R 등 다양한 프로그래밍 언어를 지원해 개발자들이 선호하는 언어를 쉽게 사용하고 데이터 처리 애플리케이션을 빠르게 구축할 수 있도록 했다. 뿐만 아니라 변환 및 작업을 포함하여 데이터 처리를 위한 풍부한 API(Application Programming Interface)

세트를 포함하고 있으며, 이는 데이터 필터링, 그룹화 및 집계와 같은 광범위한 데이터 처리 작업을 수행하는 데 사용될 수 있다. 또한 메모리에 데이터를 저장하고 여러 컴퓨터에 걸쳐 병렬로 데이터를 처리하는 기능이 있어 많은 산업에서 대규모 데이터 처리에 널리 사용된다.

NoSQL 데이터베이스

NoSQL 데이터베이스는 대량의 비정형 및 반정형 데이터를 처리하고 관리하도록 설계된 데이터베이스 관리 시스템의 한 유형이다. 미리 정의된 스키마로 구조화된 테이블에 데이터를 저장하는 기존의 관계형 데이터베이스와 달리 NoSQL 데이터베이스는 키-값 쌍, 문서 지향, 열-패밀리, 그래프 기반 모델 등 다양한 방식으로 데이터를 저장할 수 있다.

그림 3-7 NoSQL
(출처: https://bit.ly/41mXuGG, Msjavan)

NoSQL 데이터베이스는 종종 웹 애플리케이션, 모바일 애플리케이션, 소셜 미디어 플랫폼과 같이 높은 수준의 확장성, 가용성 및 유연성을 요구하는 애플리케이션에 사용된다. 일반적으로 많이 사용되는 NoSQL 데이터베이스로는 몽고DB, 카산드라, 레디스, 카우치베이스, 아마존 다이너모DB 등이 있다.

NoSQL 데이터베이스의 주요 특징은 다음과 같다.

- **스키마 없음**: NoSQL 데이터베이스는 미리 정의된 스키마를 필요로 하지 않으므로 다양한 유형의 데이터를 보다 유연하게 처리할 수 있다.
- **분산**: NoSQL 데이터베이스는 분산 시스템에서 실행되도록 설계되어 높은 확장성과 가용성을 제공한다.
- **고성능**: NoSQL 데이터베이스는 종종 메모리 내 스토리지 및 병렬 처리와 같은 기능을 통해 성능에 최적화된다.
- **특정 데이터 유형에 맞게 설계됨**: NoSQL 데이터베이스는 종종 키 값 쌍, 문서 지향 데이터, 열 패밀리 데이터 또는 그래프 기반 데이터와 같은 특정 데이터 유형을 처리하도록 설계된다.

자연어 처리(Natural Language Processing, NLP)

자연어 처리(NLP)는 컴퓨터와 인간 언어 사이의 상호작용에 초점을 맞춘 인공지능의 하위 분야이다. NLP는 기계가 인간이 서로 의사소통하기 위해 사용하는 언어인 자연어를 이해하고 해석하며 생성할 수 있도록 하는 분야이다. 일반적으로 NLP는 자연어 텍스트와 음성 데이터를 분석, 조작 및 생성하기 위한 알고리즘과 기술의 사용을 포함한다. NLP는 전자 상거래, 의료, 금융, 고객 서비스 및 소셜 미디어를 포함한 다양한 분야에서 많은 실용적인 응용 프로그램을 가지고 있다. 예를 들어, NLP는 자연어 쿼리를 이해하고 응답할 수 있는 챗봇과 가상 비서를 개발하거나 소셜 미디어 데이터에서 통찰력을 추출하여 비즈니스 의사결정에 정보를 제공하는 데 사용될 수 있다.

NLP에서 중점을 두는 주요 영역

- **텍스트 처리**: 텍스트 분류, 감정 분석, 명명된 엔티티 인식 및 요약과 같은 작업을 포함하여 자연어 텍스트 데이터를 분석하고 처리하는 기술이다.
- **음성 처리**: 음성 인식, 화자 식별 및 음성 합성과 같은 작업을 포함하여 자연어 음성 데이터를 처리하는 기술이다.
- **기계 번역**: 기계 학습 및 통계 모델을 사용하여 텍스트 및 음성 데이터를 한 언어에서 다른 언어로 번역하는 기술이다.
- **정보 검색**: 검색 엔진 및 정보 추출 시스템과 같은 대규모 텍스트 데이터 모음에서 정보를 검색하고 구성하는 기술이다.

자연어 처리 단계

1. **데이터 수집**(Data collection): NLP의 첫 번째 단계는 분석에 사용될 데이터를 수집하는 것이다. 이 작업은 웹 스크래핑, 데이터 마이닝 또는 텍스트 또는 음성 데이터와 같은 기존 데이터 소스에 대한 액세스 등이 있다.
2. **텍스트 사전 처리**(Text Pre-processing): 데이터를 수집한 후에는 먼저 데이터를 정리하고 사전 처리해야 분석할 수 있다. 이는 토큰화(텍스트를 개별 단어로 분할), 스팅(단어를 루트 형태로 축소), 스톱 워드 제거("the" 또는 "and"와 같은 일반적인 단어를 제거)와 같은 작업이 있다.
3. **품사 태깅**(Part-Of-Speech(POS) tagging): 품사 태깅은 명사, 동사 또는 형용사와 같은 품사로 문장의 각 단어에 라벨을 붙이는 것을 포함한다. 이 정보는 텍스트 분류 및 감정 분석과 같은 많은 NLP 작업에 매우 중요하다.

4. **구문 분석**(Parsing): 구문 분석은 주어, 동사, 목적어와 같은 문법적 구성 요소를 식별하기 위해 문장의 구조를 분석하는 것이다. 이 정보는 텍스트에서 의미를 추출하고 텍스트의 다른 부분 간의 관계를 식별하는 데 사용된다.
5. **명명된 엔티티 인식**(Named Entity Recognition): 명명된 엔티티 인식은 텍스트에서 사람, 조직 및 위치와 같은 명명된 엔티티를 식별하고 분류한다. 이 정보는 뉴스 기사의 주요 담당자를 식별하거나 문서의 중요한 위치를 탐지하는 것과 같은 유용한 정보를 텍스트에서 추출하는 데 사용할 수 있다.
6. **감정 분석**(Sentiment Analysis): 감정 분석은 글을 분석하여 긍정적, 부정적, 중립적인 작가의 태도나 감정 상태를 결정하는 것을 포함한다. 이 정보는 특정 주제에 대한 여론을 측정하거나 제품 또는 서비스에 대한 고객의 감정을 평가하는 데 사용할 수 있다.
7. **텍스트 분류**(Text Classification): 텍스트 분류는 뉴스 기사, 스팸 전자 메일 또는 소셜 미디어 게시물과 같은 미리 정의된 범주 또는 레이블로 텍스트를 분류하는 작업이다. 이것은 내용 필터링 또는 주제 모델링과 같은 작업에 유용할 수 있다.
8. **기계 학습**(Machine Learning): 기계 학습 기술을 사용하여 사전 처리된 데이터에 대한 모델을 교육할 수 있으므로 보다 정교한 분석과 예측이 가능하며, 의사 결정 트리, 신경망 또는 지원 벡터 머신과 같은 기술들이 있다.
9. **평가**(Evaluation): 일단 모델을 훈련시킨 후에는 정확성과 효과를 결정하기 위해 평가해야 한다. 여기에는 모델의 출력을 사람이 레이블을 지정한 데이터 또는 기타 벤치마크와 비교하는 작업이 있다.
10. **배포**(Deployment): NLP 모델은 챗봇, 가상 비서 또는 추천 시스템과 같은 실제 응용 프로그램에 배치될 수 있다. 모델이 지속적으로 효과적으로 작동하도록 보장하기 위해 지속적인 모니터링 및 유지 보수가 필요할 수 있다.

데이터 레이크

데이터 레이크는 중앙 위치에 저장되는 원시, 비정형, 반정형 또는 정형 데이터의 대규모 저장소를 말한다. 사전 처리나 조직 없이 방대한 양의 데이터를 기본 형식으로 저장하여 유연하고 효율적인 분석이 가능하도록 설계되었다.

데이터를 추출, 변환 및 구조화된 스키마에 로드하는 기존의 데이터 웨어하우징 접근 방식과 달리, 데이터 레이크는 원시 형태로 대량의 데이터를 저장할 수 있다. 이는 데이터가 미리 정의된 스키마에 따라 구성되는 것이 아니라 다양한 도구와 기술을 사용하여 다양한 방식으로 액세스하고 분석할 수 있음을 의미한다.

데이터 레이크는 생성되는 데이터의 양이 기존 데이터 웨어하우스에 저장하기에는 너무 클 수 있는 빅데이터 환경에서 자주 사용된다. 이는 데이터베이스의 구조화된 데이터, 로그 파일 또는 XML 문서의 반구조화된 데이터, 소셜 미디어 또는 센서 데이터와 같은 소스의 구조화되지 않은 데이터 등 다양한 데이터 유형과 형식을 처리하도록 설계되었기 때문이다.

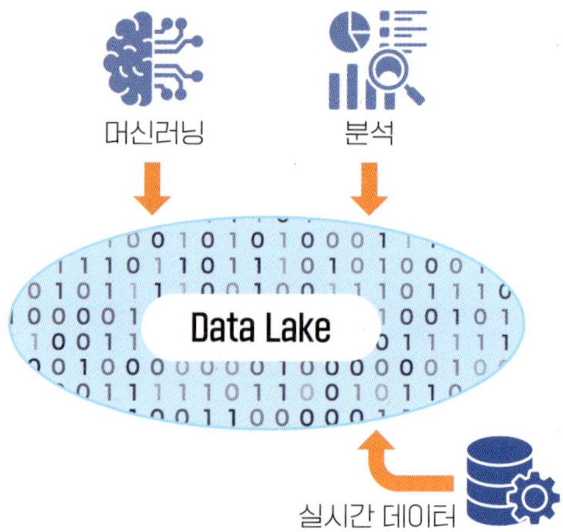

그림 3-8 데이터 레이크

데이터 레이크는 일반적으로 하둡 분산 파일 시스템(Hadoop Distributed File System, HDFS)과 같은 분산 파일 시스템을 사용하여 클러스터의 여러 노드에 걸쳐 데이터를 저장하고 관리한다. 또한 분산 데이터 처리 및 분석을 가능하게 하기 위해 아파치 스파크나 아파치 플링크와 같은 데이터 처리 프레임워크를 통합할 수도 있다.

데이터 레이크의 주요 이점 중 하나는 데이터 분석을 위한 높은 수준의 유연성과 확장성을 제공한다는 것이다. 사전 처리나 조직 없이 원시 형태로 데이터에 액세스하고 분석할 수 있으므로 보다 신속하고 민첩한 데이터 탐색이 가능하다. 단점으로는 데이터에 대해 미리 정의된 스키마나 구조가 없기 때문에 관리가 어려울 수 있다. 이로 인해 데이터 품질과 일관성을 보장하기가 더 어려워질 수 있으며, 데이터 거버넌스 및 관리를 위한 추가 도구와 프로세스가 필요할 수 있다.

스트림 처리

스트림 처리는 데이터를 수집한 후 일괄 처리하는 것이 아니라 생성되는 대로 실시간으로 분석하는 데이터 처리 패러다임을 말한다. 일반적으로 센서 데이터, 주가 또는 소셜 미디어 피드와 같은 지속적인 대용량 데이터 스트림의 데이터를 분석하는 데 사용된다. 스트림 처리에서 데이터는 이산 데이터 세트가 아닌 연속적인 이벤트 스트림으로 처리된다. 데이터가 거의 실시간으로 처리되므로 의사 결정 속도가 빨라지고 데이터의 이벤트 또는 변경 사항에 보다 즉각적으로 대응할 수 있다. 아파치 카프카, 아파치 플링크, 아파치 스톰, 아파치 스파크 스트리밍을 포함한 다양한 기술을 사용하여 구현할 수 있으며, 데이터 스트림을 실시간으로 처리하고 의미 있는 통찰력과 경고를 생성하는 데 필요한 인프라와 도구들을 제공한다.

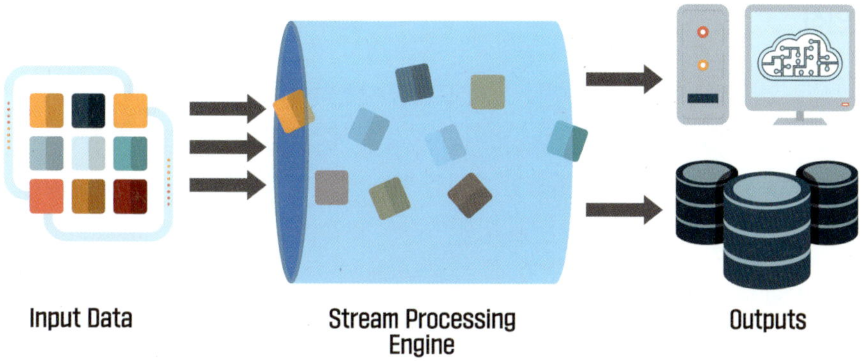

그림 3-9 스트림 처리

스트림 처리 시스템의 주요 구성 요소

- **데이터 소스**: 데이터 소스에는 센서, 장치, 애플리케이션 또는 데이터 스트림을 생성하는 다른 소스가 포함될 수 있다.
- **스트림 프로세서**: 데이터 스트림을 실시간으로 분석하고 처리하는 역할을 한다.
- **데이터 싱크**: 스트림 처리 시스템의 출력은 대시보드, 데이터베이스 또는 경보 시스템과 같은 다양한 데이터 싱크로 전송될 수 있다.

스트림 처리 시스템의 사용 분야

- **부정행위 탐지**: 신용카드 거래, 온라인 구매 또는 기타 금융 데이터 스트림을 분석하여 실시간으로 사기를 탐지하는 데 사용될 수 있다.
- **예측 유지보수**: 산업 장비의 센서 데이터를 분석하여 유지보수 요구를 예측하고 다운타임을 방지할 수 있다.
- **실시간 분석**: 소셜 미디어 피드, 주가 또는 웹 트래픽을 분석하여 실시간 통찰력과 경고를 제공하는 데 사용될 수 있다.
- **사물인터넷**(IoT): IoT 장치의 데이터를 분석하여 장치를 모니터링 및 제어하고, 에너지 사용을 최적화하거나, 재고 수준을 추적하는 데 사용될 수 있다.

패턴 인식

패턴 인식은 일반적으로 알고리즘이나 통계 모델을 사용하여 데이터에서 패턴이나 구조를 식별하고 분류하는 처리를 말한다. 패턴 인식의 목표는 예측, 의사결정 또는 복잡한 시스템의 이해에 사용할 수 있는 의미 있고 유용한 패턴을 찾는 것이다.

패턴 인식의 단계

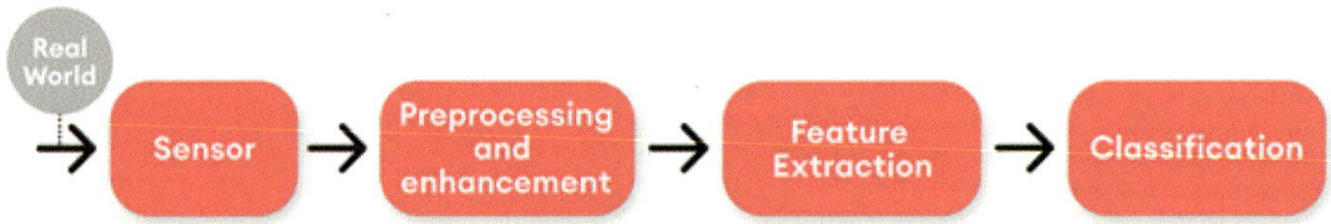

그림 3-10 패턴 인식

1. **데이터 수집**: 실세계(real world)로부터 센서 등의 장치를 통해 데이터를 수집한다.
2. **전처리**: 수집된 데이터를 기반으로 조명 방향과 강도 등의 변화로부터 영상을 보정하기 위해 정규화 단계를 거친다. 이렇게 하면 모델에 대하여 해석할 수 있는 데이터를 만들 수 있다.
3. **피쳐 추출**: 이미지의 피쳐, 즉 특징을 추출하는 단계로서, 기존의 특징 집합으로부터 수집된 데이터를 근거로 새로운 특징을 생성하는 방법이다.
4. **분류**: 생성된 피처를 기반으로 이미지 속의 특정 대상이나 물체가 무엇인지 분류해내는 작업이다.

패턴 인식의 응용

패턴 인식은 이미지, 오디오 신호, 시계열 데이터 및 텍스트를 포함한 광범위한 데이터 유형에 적용될 수 있으며, 일반적인 응용은 다음과 같다.

- **이미지 인식**: 얼굴, 교통 표지판 또는 동물과 같은 이미지 또는 비디오에서 물체를 식별하는 데 사용될 수 있다.
- **음성 인식**: 음성을 텍스트로 전사하거나 그룹에서 개별 화자를 식별하는 데 사용될 수 있다.
- **시계열 분석**: 주가, 날씨 데이터 또는 센서 판독값과 같은 시계열 데이터의 추세, 이상 징후 또는 패턴을 식별하는 데 사용할 수 있다.

- **자연어 처리**: 감정 분석, 주제 모델링 또는 스팸 탐지와 같은 텍스트 데이터를 식별하고 분류할 수 있다.

패턴 인식은 지도 학습, 비지도 학습 및 딥 러닝을 포함한 다양한 기술을 사용하여 수행될 수 있다. 지도 학습은 올바른 출력이 알려진 레이블이 지정된 데이터를 사용하여 모델을 훈련한 다음 모델을 사용하여 새로운 데이터를 분류하는 것을 포함한다. 감독되지 않은 학습은 올바른 출력에 대한 사전 지식 없이 레이블이 지정되지 않은 데이터에서 패턴을 찾는 것이다. 복잡한 패턴 인식 작업을 위해 딥 러닝은 여러 계층으로 신경망을 훈련하게 되고, 이를 통한 패턴 인식은 컴퓨터 비전, 음성 인식, 자연어 처리, 데이터 마이닝과 같은 분야에 광범위하게 사용될 수 있다. 즉, 패턴 인식은 데이터에서 패턴을 식별함으로써 복잡한 시스템에 대한 의사 결정과 이해를 개선하는 데 사용할 수 있는 통찰력과 예측을 제공한다.

데이터 시각화

데이터 시각화는 정보, 패턴 및 추세를 효과적으로 전달하기 위해 데이터를 그래픽 또는 그림 형식으로 표시하는 프로세스이다. 빅데이터 기술의 맥락에서 데이터 시각화는 크고 복잡한 데이터 세트를 탐색하고 분석하는 데 중요한 역할을 한다.

빅데이터는 전통적인 데이터 처리 방식으로는 처리할 수 없는 크고 다양한 정형 및 비정형 데이터 세트를 의미한다. 빅데이터 기술의 데이터 시각화는 일반적으로 쉽게 식별하기 어려운 패턴, 추세 및 통찰력을 판별하는 데 도움이 될 수 있도록 다양한 형태로 나타내는 기술을 통칭한다. 즉 빅데이터 기술에 활용할 수 있는 데이터 시각화 기법은 차트, 그래프, 열 지도, 산점도, 지리 지도 등 다양하다. 이러한 시각화는 고객 행동, 시장 동향 또는 운영 비효율성과 같은 대규모 데이터 세트의 패턴을 식별하는 데 도움이 될 수 있다. 또한 빅데이터 시각화 도구는 분석가가 실시간으로 데이터를 조작하고 탐색할 수 있는 대화형 기능을 제공하는 경우가 많다. 이를 통해 여러 이해 관계자가 협력하여 데이터를 탐색하고 통찰력을 얻을 수 있다.

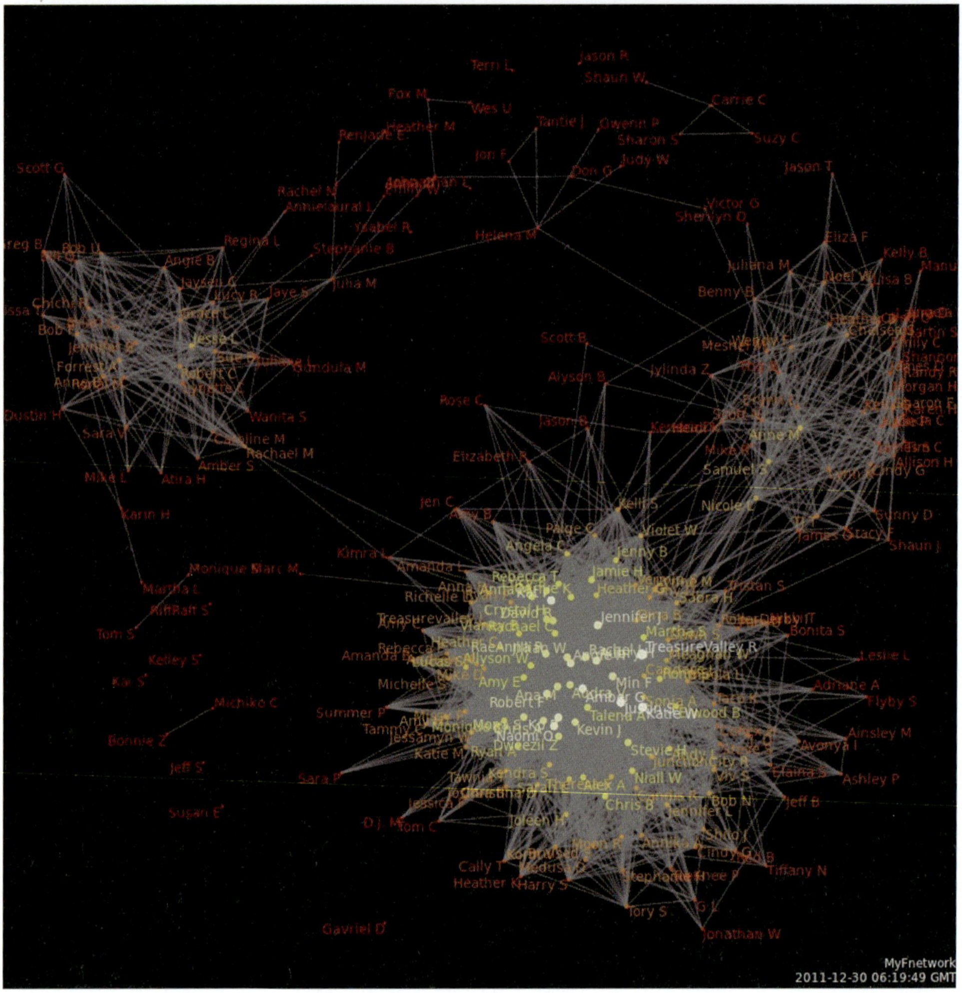

그림 3-11 데이터 시각화

(출처: https://bit.ly/3nDkL9N, Kencf0618)

3.3

빅데이터 활용, 분석, 처리를 위한 인프라

분산 시스템

분산 시스템의 정의

분산 시스템은 공통의 목표를 달성하기 위해 함께 작동하는 여러 컴퓨터 또는 노드의 네트워크이다. 분산 시스템에서 각 노드는 고유한 처리 능력, 메모리 및 스토리지를 가지며 네트워크를 통해 다른 노드와 통신한다. 그림 3-12는 분산 시스템의 처리 예시를 나타낸다.

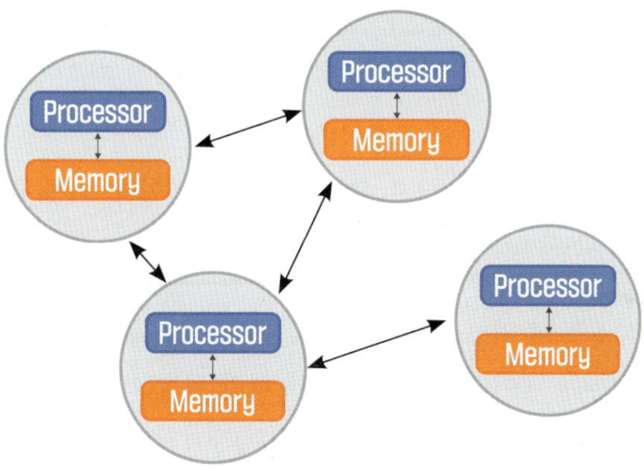

그림 3-12 분산 시스템
(https://upload.wikimedia.org/wikipedia/commons/c/c6/Distributed-parallel.svg)

분산 시스템의 주요 아이디어는 복잡한 작업이나 워크로드를 더 작고 관리하기 쉬운 조각으로 나누고 이러한 조각을 여러 노드에 분산시키는 것이다. 그런 다음 각 노드는 할당된 작업 부분을 처리하고 다른 노드와 통신하여 정보를 교환하고 전체 처리를 조정한다. 즉 분산 시스템에서 각 노드는 고유한 처리 능력과 메모리를 가지고 있어 시스템이 많은 양의 데이터를 부담 없이 처리할 수 있다. 노드들은 네트워크를 통해 서로 통신하고 데이터를 처리하고 분석하기 위해 함께 작업한다.

또한 분산 시스템을 사용하면 내결함성 및 고가용성이 가능하다. 시스템의 한 노드에 장애가 발생하면 워크로드가 자동으로 다른 노드로 이동되어 시스템이 중단 없이 계속 작동할 수 있다. 이를 통해 신뢰성이 향상되고 하드웨어 또는 소프트웨어 장애가 발생한 경우에도 시스템이 데이터를 계속 처리할 수 있다.

분산 시스템의 이점

분산 시스템은 대규모 데이터 처리, 과학 컴퓨팅 및 고성능 컴퓨팅을 포함한 다양한 애플리케이션에 사용된다. 중앙 집중식 시스템에 비해 확장성, 내결함성 및 성능 향상을 비롯한 몇 가지 이점을 제공한다.

- **확장성**: 네트워크에 노드를 추가하여 워크로드 또는 데이터 볼륨 증가를 쉽게 수용할 수 있기 때문에 확장성이 뛰어나다. 이를 통해 시스템은 많은 양의 데이터와 트래픽을 부담 없이 처리할 수 있다. 즉, 처리 중인 데이터 양이 증가함에 따라 시스템이 확장될 수 있으므로 대량의 데이터를 계속 효율적으로 처리할 수 있다.
- **내결함성**: 한 노드가 고장나거나 오작동하는 경우 시스템의 나머지 부분이 중단 없이 계속 작동할 수 있기 때문에 내결함성도 있다. 이는 워크로드가 네트워크의 다른 노드로 자동으로 이동되어 시스템이 계속 작동하도록 보장할 수 있기 때문이다.
- **성능**: 여러 노드의 기능을 활용하여 데이터를 처리하고 작업을 병렬로 실행할 수 있기 때문에 중앙 집중식 시스템보다 더 나은 성능을 제공할 수 있다. 이를 통해 시스템은 중앙 집중식 단일 시스템보다 더 빠르고 효율적으로 작업을 완료할 수 있다.

분산형 시스템은 여러 노드의 기능을 활용하여 데이터를 병렬로 처리하고, 내결함성 및 고가용성을 개선하며, 처리되는 데이터 양이 증가함에 따라 확장성을 지원함으로써 보다 빠른 데이터 처리를 가능하게 한다. 따라서 빅데이터 및 기타 대규모 데이터 처리 애플리케이션을 처리하는 데 이상적인 솔루션이라 할 수 있다.

분산 시스템과 데이터 웨어하우스

데이터 웨어하우스의 목적은 정보에 입각한 비즈니스 의사결정을 내리는 데 사용할 수 있는 조직의 데이터에 대한 포괄적인 단일 뷰를 제공하는 것이다. 데이터 웨어하우스는 일반적으로 현재 데이터뿐만 아니라 과거 데이터도 저장하며 빠른 쿼리 및 분석을 위해 최적화되어 있다.

데이터 웨어하우스를 구축하는 프로세스에는 다양한 소스의 ETL(데이터 추출, 변환 및 로드) 데이터를 중앙 저장소에 저장하는 작업이 포함된다. 그런 다음 쿼리 및 분석을 용이하게 하기 위해 데이터가 구성되고 구조화된다. 데이터 웨어하우스는 종종 데이터를 사실(숫자 데이터)과 차원(설명 데이터)으로 구성하는 차원 데이터 모델을 사용한다. 따라서, 데이터 웨어하우스는 비즈니스 사용자가 쉽게 액세스하고 분석할 수 있는 데이터의 통합 보기를 제공하여 조직의 의사결정 프로세스를 지원하는 데 중요한 역할을 한다.

한편, 분산 시스템은 공통의 목표를 달성하기 위해 함께 작동하는 독립적인 컴퓨터 그룹을 의미한다. 분산 시스템에서 컴퓨터는 네트워크를 통해 메시지를 전달함으로써 통신하고 작업을 조정한다.

분산 시스템은 기존의 중앙 집중식 데이터 웨어하우스의 한계를 극복하기 위해 데이터 웨어하우징의 맥락에서 자주 사용된다. 분산 데이터 웨어하우스는 단일 위치에 중앙 집중화되지 않고 여러 컴퓨터 또는 노드에 분산된 데이터 웨어하우징 시스템이다. 분산 데이터 웨어하우스의 노드는 지리적으로 분산될 수 있으며, 각 노드는 데이터의 하위 집합을 보유할 수 있다.

분산 데이터 웨어하우스는 중앙 집중식 데이터 웨어하우스에 비해 몇 가지 이점을 제공한다. 워크로드가 여러 노드에 분산되기 때문에 더 큰 데이터 볼륨을 처리하고 더 높은 성능과 확장성을 제공할 수 있다. 또한 분산 데이터 웨어하우스는 여러 노드에 걸쳐 데이터가 복제되므로 내결함성과 가용성을 향상시켜 하나 이상의 노드에 장애가 발생하더라도 시스템이 계속 작동할 수 있도록 보장할 수 있다.

데이터 웨어하우징과 분산 시스템은 모두 컴퓨터 과학 분야에서 중요한 개념이며 확장 가능하고 고성능 데이터 웨어하우징 시스템을 만드는 데 함께 사용되는 경우가 많다.

빅데이터 활용은 크고 복잡한 데이터셋을 사용하여 통찰력을 얻고 정보에 입각한 비즈니스 의사 결정을 내리는 프로세스를 의미한다. 데이터의 볼륨, 다양성 및 생성 속도가 증가함에 따라 조직은 빅데이터 이니셔티브를 가속화하기 위해 클라우드 서비스 및 데이터 검색 툴로 전환하고 있다.

클라우드 컴퓨팅

클라우드 컴퓨팅은 사용자가 인터넷을 통해 서버, 스토리지, 데이터베이스, 소프트웨어 및 네트워킹과 같은 컴퓨팅 리소스에 액세스하고 사용할 수 있도록 하는 기술이다. 즉, 클라우드 컴퓨팅은 사용자가 자신의 컴퓨팅 인프라를 구축하고 유지 관리할 필요 없이 클라우드 서비스 제공업체로부터 컴퓨팅 리소스를 대여할 수 있게 해준다. 클라우드 컴퓨팅이 제공하는 컴퓨팅 리소스는 인터넷을 통해 서비스로 제공되어 사용자가 언제 어디서나 액세스할 수 있다. 클라우드 컴퓨팅은 데이터 저장 및 백업, 애플리케이션 개발 및 테스트, 웹사이트 호스팅, 데이터 분석 등 다양한 애플리케이션에 사용할 수 있다.

클라우드 컴퓨팅의 주요 모델

- **서비스형 인프라**(IaaS) : 사용자가 자신의 소프트웨어를 배포하고 실행할 수 있는 서버, 스토리지 및 네트워킹과 같은 가상화된 컴퓨팅 리소스를 제공한다.
- **서비스형 플랫폼**(PaaS) : 기본 인프라를 관리할 필요 없이 사용자가 직접 애플리케이션을 구축하고 배포할 수 있는 플랫폼을 제공한다.
- **서비스형 소프트웨어**(SaaS) : 사용자에게 클라우드 서비스 공급자가 호스팅하고 유지 관리하며 인터넷을 통해 액세스하는 소프트웨어 애플리케이션에 대한 액세스를 제공한다.

클라우드 컴퓨팅의 장점

- **비용 절감** : 사용자가 자신의 컴퓨팅 인프라에 투자할 필요성을 없애 자본 비용을 절감한다.
- **확장성** : 사용자는 필요에 따라 컴퓨팅 리소스를 쉽게 확장하거나 축소할 수 있다.
- **유연성** : 사용자는 언제 어디서나 컴퓨팅 리소스에 액세스할 수 있다.
- **신뢰성** : 클라우드 컴퓨팅 제공업체는 일반적으로 강력하고 중복된 인프라를 제공하여 높은 가용성과 신뢰성을 보장한다.

클라우드 서비스

클라우드 서비스는 컴퓨팅 리소스, 소프트웨어 애플리케이션 및 기타 IT 리소스에 대한 액세스를 유저가 사용하는 만큼 지불하는 방식으로 인터넷을 통해 제공하는 서비스의 한 유형이다. 즉 대규모 데이터 센터를 운영하는 클라우드 서비스 제공업체는 사용자에게 클라우드 서비스를 제공하고, 사용자는 해당 서비스를 이용하는 만큼 요금을 지불하게 된다. 클라우드 서비스는 인터넷을 통해 제공되므로 사용자는 언제 어디서나 액세스할 수 있다.

클라우드 서비스의 예로는 아마존 웹 서비스(AWS), 마이크로소프트 애저, 구글 클라우드 플랫폼(GCP), 드롭박스, 세일즈포스, 줌 등이 있다. 이러한 클라우드 서비스 공급자는 클라우드 스토리지, 컴퓨팅, 데이터베이스, 분석, 기계 학습 등을 포함한 다양한 서비스를 제공하고 있다.

3.4 빅데이터 활용 사례

전자상거래

전자상거래는 빅데이터 활용으로 혁신을 이룬 산업 중 하나다. 전자상거래 회사는 검색 기록, 구매 기록, 인구 통계 정보 및 소셜 미디어 활동을 포함하여 고객 행동 및 선호도에 대한 방대한 양의 데이터를 생성한다. 전자상거래 업체는 빅데이터 분석을 활용해 고객 행동과 선호도에 대한 통찰력을 얻을 수 있어 마케팅과 판매 전략을 개인화하고 고객 경험을 개선하며 수익을 높일 수 있다.

● 전자상거래 회사가 빅데이터를 사용할 수 있는 방법

개인 설정

빅데이터는 고객별로 쇼핑 경험을 개인화하는 데 사용될 수 있다. 전자상거래 업체들은 고객 행동과 선호도를 분석해 각 고객이 관심을 가질 만한 상품을 추천할 수 있다. 예를 들어, 아마존의 추천 엔진은 빅데이터를 사용하여 고객의 검색 및 구매 내역을 기반으로 고객 맞춤형 제품을 제시한다.

재고 관리

빅데이터를 사용하여 재고 관리를 최적화하고 낭비를 줄일 수 있다. 판매 데이터와 고객 행동을 분석함으로써, 전자상거래 회사들은 수요를 예측하고 그에 따라 재고 수준을 조정할 수 있다. 이를 통해 고객이 구매를 원할 때 제품을 재고로 확보하는 동시에 과잉 재고를 최소화할 수 있다.

가격 최적화

빅데이터는 가격 전략을 최적화하는 데 사용될 수 있다. 전자상거래 업체들은 매출 데이터와 시장 동향을 분석해 경쟁력 있고 수익성이 높은 가격을 책정할 수 있다. 이를 통해 매출과 수익을 높이는 동시에 손실을 최소화할 수 있다.

부정행위 탐지

빅데이터는 부정행위를 탐지하는 데 사용될 수 있다. 전자상거래 업체는 거래 데이터와 고객 행동을 분석해 부정행위를 나타내는 패턴을 파악할 수 있다. 이를 통해 부정 거래로 인한 손실을 줄이고 고객 데이터를 보호할 수 있다.

마케팅 최적화

빅데이터는 마케팅 전략을 최적화하는 데 사용될 수 있다. 고객의 행동과 선호도를 분석함으로써, 전자상거래 회사들은 가장 효과적인 마케팅 채널과 메시지를 식별할 수 있다. 이를 통해 마케팅 캠페인의 투자 수익률을 높이고 고객 참여도를 개선할 수 있다.

의료 분야

의료 분야는 빅데이터 활용으로 혁신을 거듭하고 있는 산업 중 하나이다. 전자 건강 기록(EHR)의 성장과 의료 데이터의 양이 증가함에 따라, 환자 결과를 개선하고 의료 연구를 발전시키기 위해 분석할 수 있는 풍부한 정보가 의료 분야에 있다. 즉 빅데이터를 사용하여 환자 기록, 임상 시험 및 연구를 포함한 대량의 의료 데이터를 분석하여 환자 결과를 개선할 수 있는 패턴과 통찰력을 식별할 수 있다. 예를 들어 IBM Watson Health는 빅데이터를 사용하여 의료 이미지를 분석하고 의료 제공업체가 보다 정확한 진단을 내릴 수 있도록 지원한다.

● 의료 분야에서 빅데이터가 사용되는 방법

정밀 의학

빅데이터는 유전자 및 기타 건강 관련 데이터를 기반으로 개별 환자의 치료를 개인화하는 데 사용될 수 있다. 의료 전문가는 게놈 정보, 환자 건강 기록 및 기타 관련 데이터의 대규모 데이터 세트를 분석하여 보다 정확한 진단을 내리고 환자별 맞춤형 치료 계획을 개발할 수 있다.

약물 발견

빅데이터는 약물 발견과 개발을 가속화하는 데 사용될 수 있다. 분자 및 게놈 정보의 대규모 데이터 세트를 분석함으로써 연구자들은 잠재적인 약물 표적을 식별하고 새로운 치료법을 더 빠르고 효율적으로 개발할 수 있다.

임상시험

빅데이터를 활용하여 임상시험의 설계 및 수행을 개선할 수 있다. 대규모 환자 데이터 및 의료 연구 데이터 세트를 분석함으로써 연구자는 특정 치료의 혜택을 받을 가능성이 높은 환자 모집단을 식별하고 임상 시험 설계를 최적화하여 비용을 절감하고 결과를 개선할 수 있다.

질병 감시

빅데이터는 전염병의 확산을 감시하고 발병을 추적하는 데 사용될 수 있다. 의료 전문가는 환자 건강 기록과 인구 통계 정보의 대규모 데이터 세트를 분석하여 질병의 확산을 나타낼 수 있는 추세와 패턴을 식별하고 추가 확산을 방지하기 위한 조치를 취할 수 있다.

공중 보건

빅데이터는 공중 보건 결과를 개선하는 데 사용될 수 있다. 보건 공무원은 대규모 인구 통계 및 보건 관련 데이터 세트를 분석하여 공중 보건 위험을 나타낼 수 있는 추세와 패턴을 식별하고 질병의 확산을 예방하거나 줄이기 위한 표적 개입을 개발할 수 있다.

재무

금융 산업은 빅데이터 활용으로 혁신을 이룬 산업 중 하나이다. 디지털 뱅킹 및 금융 기술(FinTech) 플랫폼이 성장함에 따라 고객 경험을 개선하고 사기를 줄이며 금융 운영을 최적화하기 위해 분석할 수 있는 데이터가 풍부하다. 즉 빅데이터는 사기를 감지하고 시장 동향을 분석하는 데 사용될 수 있어 금융기관이 더 나은 투자 결정을 내리고 위험을 줄일 수 있다. 예를 들어 JP모건체이스는 빅데이터를 활용해 신용카드 거래를 분석하고 부정행위를 실시간으로 탐지한다.

금융 산업에서 빅데이터가 사용되는 방법

리스크 관리

빅데이터를 활용해 리스크를 실시간으로 분석할 수 있어 금융기관이 신속하게 리스크를 파악하고 완화할 수 있다. 금융기관은 대량의 거래 및 기타 금융 데이터를 분석하여 부정행위 및 기타 위험한 행동을 탐지하고 방지할 수 있다.

고객 분석

빅데이터는 고객의 행동과 선호도를 분석하는 데 사용될 수 있어 금융기관이 상품을 개인화하고 고객 경험을 개선할 수 있다. 금융 기관은 대규모의 거래 및 인구 통계 데이터 세트를 분석하여 고객의 특정 요구와 선호도를 충족하는 맞춤형 상품 및 서비스를 제공할 수 있다.

투자 분석

빅데이터는 투자 전략을 최적화하는 데 사용될 수 있다. 금융기관은 대규모 금융 데이터 세트와 시장 동향을 분석하여 더 높은 수익을 창출하고 위험을 줄일 수 있는 투자 기회를 파악할 수 있다.

규정 준수

빅데이터를 활용해 규제 준수 여부를 모니터링하고 자금세탁 등 금융범죄를 예방할 수 있다. 금융기관은 대규모 거래 데이터 셋을 분석해 의심스러운 행위를 파악하고 금융범죄 예방을 위한 조치를 취할 수 있다.

신용 점수

빅데이터는 신용 점수 모델을 개선하는 데 사용될 수 있으며, 금융기관이 더 정확한 대출 결정을 내릴 수 있도록 한다. 금융기관은 금융 및 인구통계 데이터의 대규모 데이터 세트를 분석함으로써 신용도를 나타낼 가능성이 높은 패턴과 추세를 파악할 수 있어 채무불이행 위험을 줄일 수 있다.

제조업

제조업 분야에서는 사물인터넷(IoT)과 산업 자동화의 성장으로 제조 운영 최적화, 비용 절감 및 제품 품질 향상을 위해 분석할 수 있는 데이터가 풍부하다. 또한 빅데이터를 사용하여 생산 프로세스를 최적화하고 제품 품질을 개선할 수 있다. 예를 들어, 제너럴 일렉트릭은 빅데이터를 사용하여 제트 엔진의 센서 데이터를 분석하여 유지보수 요구를 예측하고 다운타임을 줄일 수 있다. 따라서 제조업에서 빅데이터를 사용하면 제조업체가 운영을 최적화하고 비용을 절감하며 제품 품질을 개선하는 데 도움이 될 수 있으며, 제조 데이터의 양이 계속 증가함에 따라 제조업에서 빅데이터 분석의 중요성은 더욱 커질 것이다.

● 제조 산업에서 빅데이터가 사용되는 방법

예측 유지보수

빅데이터를 사용하여 장비 고장이 발생하기 전에 예측할 수 있으므로 제조업체는 사전 예방적으로 유지보수를 수행하고 다운타임을 줄일 수 있다. 제조업체는 장비 성능 데이터의 대규모 데이터 세트를 분석하여 임박한 장비 고장을 나타내는 패턴과 추세를 식별할 수 있다.

품질관리

빅데이터를 활용하여 제조공정 초기 불량을 파악하여 제품 품질을 향상시킬 수 있다. 제조업체는 센서 데이터와 생산 라인 데이터의 대규모 데이터 세트를 분석하여 잠재적인 품질 문제를 파악하고 결함을 방지하기 위한 조치를 취할 수 있다.

공급망 최적화

빅데이터를 사용하여 공급망 운영을 최적화하여 제조업체가 비용을 절감하고 효율성을 개선할 수 있다. 제조업체는 물류 및 재고 데이터의 대규모 데이터 세트를 분석하여 운송 경로와 재고 수준을 최적화하여 재고 소진 및 지연 위험을 줄일 수 있다.

프로세스 최적화

빅데이터를 사용하여 제조 프로세스를 최적화하고 효율성을 개선하며 비용을 절감할 수 있다. 제조업체는 센서 데이터와 생산 라인 데이터의 대규모 데이터 세트를 분석하여 프로세스 병목 현상과 비효율성을 파악하고 성능을 개선하기 위한 조치를 취할 수 있다.

고객 수요 예측

빅데이터를 사용하여 고객 수요를 예측할 수 있으므로 제조업체는 생산 일정을 최적화하고 재고 비용을 절감할 수 있다. 제조업체는 고객 주문 데이터의 대규모 데이터 세트와 시장 동향을 분석하여 수요를 정확하게 예측하고 그에 따라 생산 일정을 조정할 수 있다.

운송 산업

스마트 교통 시스템의 성장에 따라, 교통 운영을 최적화하고, 혼잡을 줄이고, 승객 경험을 개선하기 위해 분석할 수 있는 데이터가 운송 분야에는 풍부하다. 운송 산업에서 빅데이터를 사용하면 운송 기관이 운영을 최적화하고 혼잡을 줄이며 승객 경험을 개선하는 데 도움이 될 수 있다. 또한 빅데이터는 물류 최적화와 운송 효율성 향상에 활용될 수 있다. 예를 들어, 우버는 빅데이터를 사용하여 운전자 경로를 최적화하고 승객을 이용 가능한 가장 가까운 운전자와 일치시킨다.

● 운송 산업에서 빅데이터가 사용되는 예시

실시간 교통관리

빅데이터를 활용해 교통을 실시간으로 관리할 수 있어 교통기관이 혼잡에 신속하게 대응하고 지연을 줄일 수 있다. 교통 데이터와 날씨 데이터의 대규모 데이터 세트를 분석하여 교통기관은 교통 신호 타이밍을 조정하고 버스와 기차의 경로를 변경하여 혼잡을 피할 수 있다.

예측 유지보수

빅데이터를 사용하여 장비 고장이 발생하기 전에 예측할 수 있으므로 운송 기관은 사전 예방적으로 유지보수를 수행하고 다운타임을 줄일 수 있다. 운송 기관은 장비 성능 데이터의 대규모 데이터 세트를 분석하여 임박한 장비 고장을 나타내는 패턴과 추세를 식별할 수 있다.

승객 분석

빅데이터는 승객의 행동과 선호도를 분석하는 데 사용될 수 있으며, 이를 통해 운송 기관은 서비스를 개인화하고 승객 경험을 개선할 수 있다. 대규모 승객 데이터 세트와 소셜 미디어 데이터를 분석함으로써, 교통기관은 승객의 특정 요구와 선호도를 충족하는 맞춤형 서비스를 제공할 수 있다.

경로 최적화

빅데이터를 사용하여 운송 경로를 최적화하여 운송 기관이 이동 시간을 단축하고 효율성을 개선할 수 있다. 승객 수요 데이터와 교통 데이터의 대규모 데이터 세트를 분석함으로써, 교통기관은 버스와 기차 시간표와 노선을 최적화하여 대기 시간을 줄이고 신뢰성을 향상시킬 수 있다.

안전 및 보안

빅데이터는 교통 시스템의 안전과 보안을 모니터링하는 데 사용될 수 있어 교통기관이 사건에 신속하게 대응하고 범죄를 예방할 수 있다. 교통기관은 보안 카메라 데이터와 소셜 미디어 데이터의 대규모 데이터 세트를 분석하여 잠재적인 보안 위협을 탐지하고 이를 방지하기 위한 조치를 취할 수 있다.

3.5 연습문제

| 객관식 |

01 빅데이터의 3V가 <u>아닌</u> 것은?

① Volume ② Variety ③ Veracity ④ Velocity

02 반정형 데이터의 요소로 옳지 <u>않은</u> 것은?

① 이미지 ② 로그 파일 ③ 소셜 미디어 데이터 ④ 전자 메일

03 데이터 마이닝 기술을 처리하기 위한 단계 요소로 옳지 <u>않은</u> 것은?

① 데이터 수집 ② 데이터 전처리 ③ 데이터 후처리 ④ 시각화

04 대규모 분산 데이터 세트를 병렬 및 확장 가능한 방식으로 처리하는 데 사용되는 프로그래밍 모델 및 소프트웨어 프레임워크로서, 본래는 구글이 분산 컴퓨팅 인프라에서 대량의 데이터를 분석하기 위해 개발한 것은?

① 데이터 마이닝 ② 맵리듀스 ③ 하둡 ④ 인메모리

05 상용 하드웨어 클러스터에 걸쳐 대규모 데이터 세트를 처리하고 저장하는 데 사용되는 오픈 소스 분산 컴퓨팅 플랫폼으로서, 2005년 더그 커팅과 마이크 카파렐라에 의해 개발된 것은?

① 데이터 마이닝 ② 맵리듀스 ③ 하둡 ④ 인메모리

06 디스크 기반 스토리지가 아닌 메모리에 저장된 데이터에 대한 빠른 액세스에 의존하는 컴퓨팅 아키텍처의 한 유형으로서, 이곳에 데이터를 보관함으로써 더 느린 디스크 기반 저장 장치에 액세스하는 데 따른 지연을 방지하고 더 빠른 처리와 실시간 응답성을 제공하는 것은?

① 데이터 마이닝 ② 맵리듀스 ③ 하둡 ④ 인메모리

07 하둡 기술을 처리하기 위한 단계 요소로 옳지 <u>않은</u> 것은?

① 데이터 수집 ② 데이터 쿼리 ③ 머신 러닝 ④ 데이터 후처리

08 일반적으로 많이 사용되는 NoSQL 데이터베이스 종류로 옳지 <u>않은</u> 것은?

① 마리아 DB ② 몽고 DB ③ 카산드라 ④ 다이나모 DB

09 데이터 레이크의 장점으로 옳지 않은 것은?

① 데이터 분석을 위한 높은 수준의 유연성과 확장성을 제공한다.

② 사전 처리나 조직 없이 원시 형태로 데이터에 액세스하고 분석할 수 있다.

③ 신속하고 민첩한 데이터 탐색이 가능하다.

④ 데이터 품질과 일관성을 보장하기 쉽다.

10 스트림 처리 시스템의 주요 구성 요소가 아닌 것은?

① 데이터 소스 ② 데이터 전처리 ③ 스트림 프로세서 ④ 데이터 싱크

11 빅데이터 기술에 활용할 수 있는 데이터 시각화 기법으로 옳지 않은 것은?

① 차트 ② 지리 지도 ③ 행지도 ④ 산점도

12 클라우드 컴퓨팅의 주요 모델 요소가 아닌 것은?

① 서비스형 어플리케이션(AaaS) ② 서비스형 인프라(IaaS)

③ 서비스형 플랫폼(PaaS) ④ 서비스형 소프트웨어(SaaS)

13 클라우드 컴퓨팅의 장점으로 옳지 않은 것은?

① 비용 절감: 클라우드 컴퓨팅은 사용자가 자신의 컴퓨팅 인프라에 투자할 필요성을 없애 자본 비용을 절감한다.

② 신뢰성: 클라우드 컴퓨팅 제공업체는 일반적으로 강력하고 중복을 허용하지 않는 인프라를 제공하므로 높은 가용성과 신뢰성을 보장한다.

③ 확장성: 클라우드 컴퓨팅을 통해 사용자는 필요에 따라 컴퓨팅 리소스를 쉽게 확장하거나 축소할 수 있다.

④ 유연성: 클라우드 컴퓨팅을 통해 사용자는 언제 어디서나 컴퓨팅 리소스에 액세스할 수 있다.

| 단답식 |

01 (   )는 데이터 분석, 보고 및 데이터 마이닝과 같은 BI(비즈니스 인텔리전스) 활동을 지원하도록 특별히 설계된 중앙 집중식 대규모 데이터 저장소이다. 일반적으로 현재 데이터뿐만 아니라 과거 데이터도 저장하며 빠른 쿼리 및 분석에 최적화되어 있다.

02 (　　　　　　)은 대규모 데이터 세트에서 패턴, 추세 및 통찰력을 발견하는 프로세스로 알려져 있으며 통계, 머신러닝, 인공지능, 데이터베이스 관리 등을 결합해 데이터에서 의미 있는 정보를 추출하는 학제 간 분야다. 이러한 기술은 금융, 의료, 소매 및 제조를 포함한 다양한 산업에 걸쳐 많은 응용 분야를 가지고 있다.

03 (　　　　　　　　)는 빅데이터 분석, 머신러닝, 스트림 처리 등 광범위한 데이터 처리 작업에 활용할 수 있는 강력한 분산 컴퓨팅 시스템으로 알려져 있으며, 분산 환경에서 대규모 데이터 세트를 처리하도록 설계된 오픈 소스 분산 컴퓨팅 시스템이다. 속도, 사용 편의성 및 유연성을 위해 구축되었으며 배치 처리, 스트림 처리 및 머신러닝을 포함한 광범위한 데이터 처리 작업을 지원한다.

04 (　　　　) 데이터베이스는 대량의 비정형 및 반정형 데이터를 처리하고 관리하도록 설계된 데이터베이스 관리 시스템의 한 유형이다. 미리 정의된 스키마로 구조화된 테이블에 데이터를 저장하는 기존의 관계형 데이터베이스와 달리 키-값 쌍, 문서 지향, 열-패밀리, 그래프 기반 모델 등 다양한 방식으로 데이터를 저장할 수 있다.

05 (　　　　　　)는 중앙 위치에 저장되는 원시, 비정형, 반정형 또는 정형 데이터의 대규모 저장소를 말한다. 사전 처리나 조직 없이 방대한 양의 데이터를 기본 형식으로 저장하여 유연하고 효율적인 분석이 가능하도록 설계되었다.

06 (　　　　　　)는 정보, 패턴 및 추세를 효과적으로 전달하기 위해 데이터를 그래픽 또는 그림 형식으로 표시하는 프로세스이다. 빅데이터 기술의 맥락에서 크고 복잡한 데이터 세트를 탐색하고 분석하는 데 중요한 역할을 한다.

07 (　　　　　)은 데이터를 처리하기 위해 단일 시스템에 의존하지 않고 여러 시스템 또는 노드에 워크로드를 분산하여 더 빠른 데이터 처리를 가능하게 한다. 이를 통해 시스템은 대량의 데이터를 더 작은 조각으로 나누고 병렬로 처리하여 빠르고 효율적으로 처리할 수 있다.

| 서술식 |

01 빅데이터의 5V를 간략히 서술하시오.

4 장

차세대 네트워크

학습목표

1. 네트워크 개념을 이해하고 세부 종류를 학습한다.
2. 5G 무선 전송 및 접속 기술을 이해한다.
3. 5G 활용 사례 및 6G를 이해한다.

4.1 네트워크 소개

네트워크 개념

네트워크는 Net+Work의 합성어로서 컴퓨터들이 통신 기술을 이용하여 그물망처럼 연결된 통신 형태를 의미한다. 즉, 두 대 이상의 컴퓨터들을 연결하고 서로 통신이 가능하도록 한 것이다. 다른 의미로는 다양한 연결을 통해 컴퓨터 자원을 공유하는 것이다.

국제 전기전자 공학회(Institute of Electrical and Electronics Engineers, IEEE)에서는 몇 개의 독립적인 장치를 적절한 영역 내에서 빠른 속도의 물리적 통신 채널을 이용하여 직접 통신할 수 있도록 지원해 주는 통신 체계로 정의한다.

그림 4-1 전세계 인터넷 연결망

네트워크의 장점은 다른 네트워크에 있는 컴퓨터의 파일에 접근할 수 있고 미디어 스트리밍으로 사진, 음악 또는 비디오 등의 디지털 미디어를 네트워크를 통해 재생할 수 있다는 것이다. 그리고 광대역 인터넷 연결을 공유할 수 있게 되어 각 PC마다 별도의 인터넷 계정을 구입할 필요가 없다. 또한 프린터 공유를 통해 각 PC마다 프린터를 공유하는 대신 한 대의 프린터를 구입하여 네트워크에 있는 모든 사람이 사용할 수 있게 된다. 무엇보다 인터넷에서 다른 사람과 만나 PC, 게임 콘솔 등을 통해 네트워크 게임을 즐길 수도 있다. 끝으로, 유선으로 책상에서만 PC 작업을 해야 한다는 제약 조건이 있다면 무선 전파를 이용한 무선 네트워크로 책상에서 벗어나 웹 작업을 할 수도 있다.

반면 단점으로는 바이러스나 악성코드와 같은 원치 않는 정보를 받게 되며 해킹으로 인한 개인 정보 유출 등 보안상의 문제점이 발생한다. 특히, 데이터가 변조되는 경우가 다수 발생한다.

네트워크 구성

네트워크의 회선 구성 방식은 컴퓨터와 여러 대의 단말기들을 연결하는 방식이다. 기본적으로 포인트 투 포인트, 멀티 드롭, 회선 다중 방식이 있다.

포인트 투 포인트 방식은 중앙 컴퓨터와 단말기를 일대일로 연결하여 언제든지 데이터 전송이 가능하다.

멀티 드롭 방식은 멀티 포인트 방식이라고도 하며 다수의 단말기들을 한 개의 통신 회선에 연결하여 사용한다.

회선 다중 방식은 다중화 방식이라고도 하며 여러 대의 단말기들을 다중화 장치를 활용하여 중앙 컴퓨터와 연결하여 사용하는 방식이다.

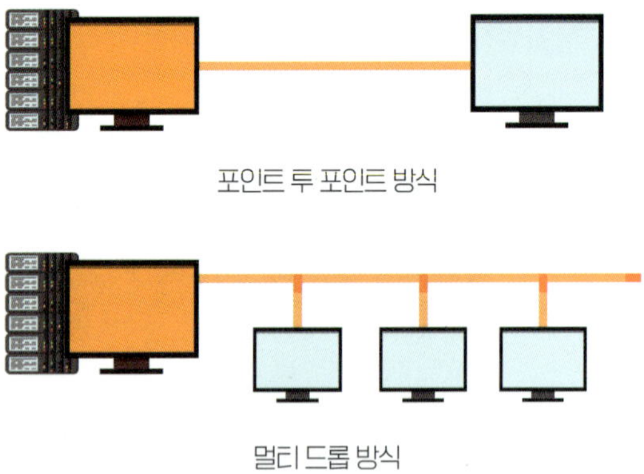

그림 4-2 네트워크 구성 방식: 포인트 투 포인트 방식 및 멀티 드롭 방식

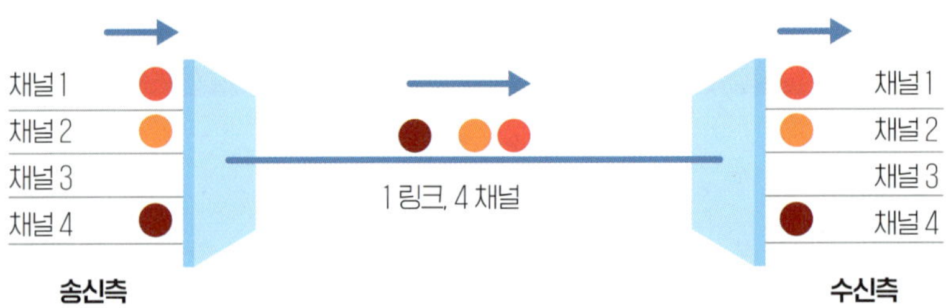

그림 4-3 회선 다중 방식

네트워크 구조

네트워크 구조(Topology)란 네트워크에 있는 컴퓨터, 네트워크 장비 및 케이블 등 구성요소의 배치 형태를 말한다.

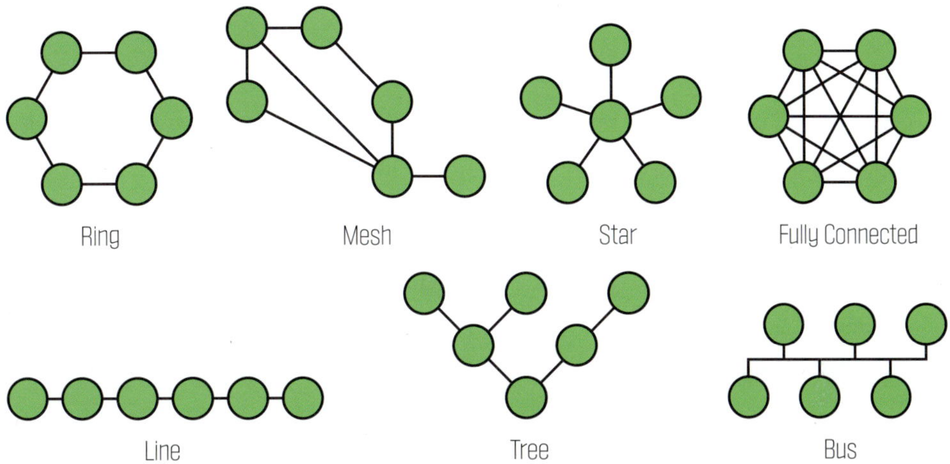

그림 4-4 네트워크 구조 방식

네트워크 구조에는 선(Line)형, 버스(BUS)형, 스타(STAR)형, 링(RING)형, 트리(TREE)형, 그물망(MESH)형이 있다.

표 4-1 네트워크 구조

종류	특징
선형	• 점대점 구조는 가장 단순한 형태의 망 구성 방식 • 두 장치 사이의 전용 링크를 갖고 있는 1:1 연결 구조 • 장치 간의 실제 길이만큼의 전선이나 케이블을 사용해서 유선으로 연결하거나, 전파나 위성 링크를 통해 무선으로 연결
버스형	• 한 개의 케이블에 여러 개의 컴퓨터가 접속된 형태 • 비용이 저렴하고 구성이 간단 • 케이블 문제 발생할 경우, 전체 네트워크 장애 발생 • 데이터 충돌을 방지하기 위해 경쟁형 통신 방식(CSMA/CD) 사용
스타형	• 모든 컴퓨터가 중앙의 허브(HUB)와 연결된 형태 • 컴퓨터 추가 및 변경이 쉬움. • 네트워크 모니터링 및 관리 용이 • 임의의 컴퓨터 문제로 인한 전체 네트워크 장애 없음.
링형	• 컴퓨터들이 하나의 케이블에 원형으로 연결된 형태 • 토큰(Token)을 이용해 데이터를 전달(Token-Ring) • 데이터 충돌이 없이 기술적으로 가장 안정됨. • 설치 비용이 고가이므로 일반적이지 못함.

트리형	• 하나의 노드에 여러 개의 노드가 가지처럼 확장되어 연결된 형태로 '계층형(hierarchy)' 이라고도 불림. • 확장이 쉽고 네트워크 구조 파악이 쉬움. • 상위 노드에 문제 발생시 하위 노드 전체에 영향을 끼침.
그물망형	• 네트워크 장비 사이에 별도의 케이블을 통해 상호 연결 • 우회경로를 제공하며 네트워크 신뢰성이 보장됨. • 설치 비용이 고가이므로, 주로 라우터 연결하는 WAN에 적용

네트워크 데이터 교환 방식에는 회선 교환, 공간 분할 교환, 시분할 교환 방식이 있다.

회선 교환 방식은 통신을 원하는 두 지점을 교환기를 이용하여 물리적으로 접속시키는 방법으로 대표적으로 음성 전화망이 있다.

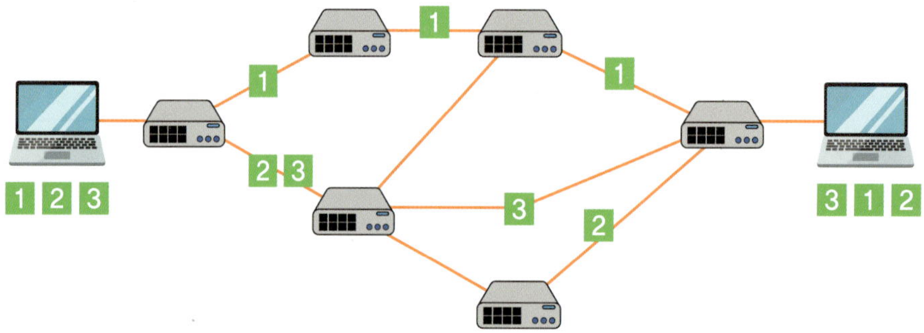

그림 4-5 회선 교환 방식

공간 분할 교환 방식은 기계식 접점과 전자교환기의 전자식 접점 등을 이용하여 교환을 수행하는 방식으로 음성 전화용 교환기가 있다.

시분할 교환 방식은 전자부품이 갖는 고속성과 디지털 교환 기술을 이용하여 다수의 디지털 신호를 시분할적으로 동작시켜 다중화하는 방식이다.

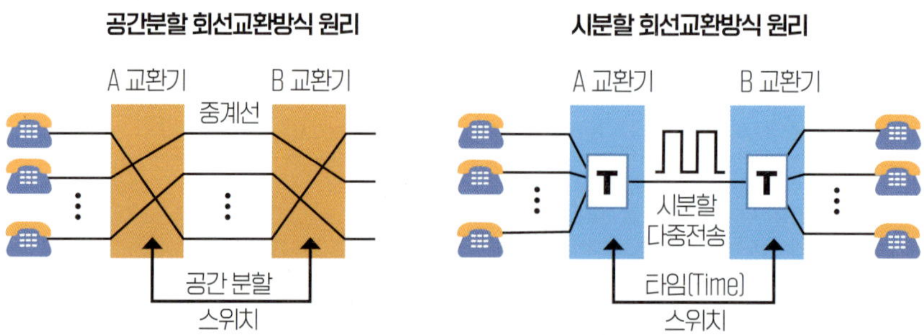

그림 4-6 공간 분할 및 시분할 회선 교환 방식

네트워크 종류

네트워크(Network)란 컴퓨터들이 통신망을 통해 서로 그물처럼 연결된 체계를 말한다. 간략히 통신망 또는 망이라고 한다.

표 4-2 네트워크 종류

종류	설명
PAN(Personal Area Network)	가장 작은 규모의 네트워크
LAN(Local Area Network)	근거리 영역 네트워크
MAN(Metropolitan Area Network)	대도시 영역 네트워크
WAN(Wide Ares Network)	광대역 네트워크
VAN(Value Added Network)	부가가치 통신망 정보의 축적과 제공, 통신 속도와 형식의 변화, 통신경로의 선택 등 여러 종류의 정보서비스가 부가된 통신망
ISDN(Integrated Services Digital Network)	종합정보 통신망(=BISDN). 전화, 팩스, 데이터 통신, 비디오텍스 등 통신관련 서비스를 종합하여 다루는 통합서비스. 디지털 통신망. 디지털 전송 방식과 광섬유 케이블 사용. 꿈의 통신망이라 불린다.
WLAN(Wireless LAN)	근거리 통신망(LAN)의 한 유형으로서, 무선 통신을 사용해 모든 유형의 네트워크 클라이언트 또는 디바이스를 연결한다.
SAN(Storage Area Network)	여러 서버 또는 컴퓨터에서 액세스할 수 있는 스토리지 디바이스 네트워크로, 스토리지 공간의 공유 풀을 제공한다. 네트워크의 각 컴퓨터는 컴퓨터에 직접 연결된 로컬 디스크처럼 SAN 스토리지에 액세스할 수 있다.
CAN(Controller Area Network)	차량 내에서 호스트 컴퓨터 없이 마이크로 컨트롤러나 장치들이 서로 통신하기 위해 설계된 표준 통신 규격이다. 차량 내 전자제어장치(Electronic control unit, ECU)들은 CAN 프로토콜을 사용하여 통신한다.
VPN(Virtual Private Network)	가상 사설망의 약자이다. VPN은 두 개 이상의 물리적 네트워크 사이의 인터넷/공용 네트워크를 통해 생성된 가상 네트워크로, 사용자/장치가 직접 연결된 하나의 개인 네트워크에 있는 것처럼 데이터를 보내고 받을 수 있도록 확장된 개인 네트워크이다.

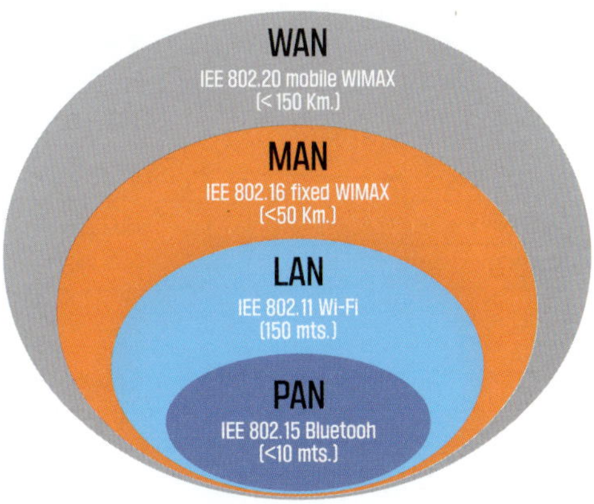

그림 4-7 네트워크 종류

TCP/IP 프로토콜

TCP/IP 프로토콜은 1969년 미 국방성 연구에서 출발하여 연구 산물을 공유할 목적으로 사용되었다. 아르파넷(ARPAnet)이 자료 분산 목적으로 처음 시도되었다. 아르파넷에서 데이터 통신을 위한 프로토콜로 NCP에서 TCP/IP로 전환되어 사용되었다. 1992년 WWW(World Wide Wbe)가 개발된 이후에는 아르파넷이 인터넷의 중심적인 역할을 하였다. 이를 바탕으로 TCP/IP가 인터넷 산업표준으로 인정받게 되었다.

그림 4-8은 네트워크 표준 계층인 OSI 7계층 참조모델과 TCP/IP 프로토콜의 역할 구분을 나타낸 것이다.

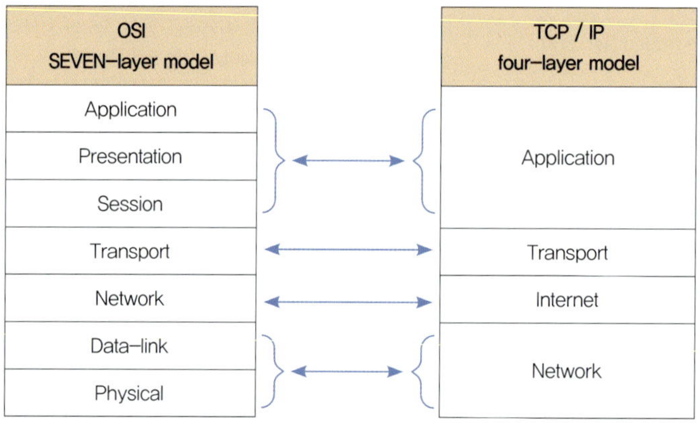

그림 4-8 OSI & TCP/IP 구성

표 4-3 TCP/IP 계층 기능

OSI 7 Layer	
응용 계층	사용자 접근 수단 제공
표현 계층	코드 변환, 압축, 보안
세션 계층	대화 방식, 동기 신호
전송 계층	논리적 연결
네트워크 계층	주소 지정, 경로 설정
데이터링크 계층	오류/흐름 제어
물리 계층	물리적 연결

TCP/IP	
응용 계층	HTTP, FTP, Telnet 등
전송 계층	TCP, UDP
인터넷 계층	IP, ARP, RARP, ICMP, IGMP
네트워크 접속 계층	Ethernet, Token-Ring

응용 계층

- 응용프로그램을 이용해 데이터 통신을 제공
- 인터넷에서 통일된 형식의 데이터로 표현, 암복호화 제공
- 효율적인 전송을 위해 정보를 압축하는 기능
- **종류**: HTTP, FTP, Telnet, SMTP/POP3 등

전송 계층

- 데이터를 분할 및 재조립
- 응용프로그램의 식별을 위해 포트 번호(Port Nunber) 지정

  * **포트 번호**: 응용계층에서 실행되는 프로그램을 구별하기 위한 식별자로 0~65535번까지 사용 가능(0~1023은 특정 프로그램을 구분하기 위해 사용)
  * HTTP(80), FTP(20,21), Telnet(23), DNS(53)

- **종류**: TCP, UDP

  – TCP(Transmission Control Protocol): 신뢰성 있는 데이터 전송을 위해 연결형 통신 방식으로 흐름제어 및 오류제어를 제공하며, TCP를 이용하는 응용계층 서비스로는 HTTP, FTP, Telnet, SMTP/POP3 등이 있다.

  – UDP(User Datagram Protocol): 신뢰성보다는 실시간성이 목적으로 비연결형 통신 방식이며, 흐름제어 및 오류제어를 적용하지 않는다. 대표적으로 인터넷전화, 화상회의 및 실시간 음악서비스 등이 있다.

인터넷 계층

- 패킷을 목적지까지 전달하는 역할
- IP 주소 지정(Addressing), 경로 설정(Routing) 기능
- **종류**: IP, ARP, RARP, ICMP, IGMP

  – IP(Internet Protocol): 전송계층에서 전달받은 데이터에 IP 헤더를 추가해 패킷을 형성한다. IP 헤더에서는 버전 정보, 헤더 길이, 전체 길이, TTL, 헤더 체크섬 송신지 IP 주소, 목적지IP 주소 등이 제공된다.

  – ARP(Address Resolution Protocol): IP 주소를 MAC 주소(하드웨어 주소)로 변환해 주는 프로토콜이다.(예: 192.168.1.200--> 00-12-7A-3d-77-1f)

- RARP(Reverse Address Resolution Protocol) : MAC 주소에 연결되는 IP 주소로 변환해주는 프로토콜이다.
- ICMP(Internet Control Message Protocol) : IP 프로토콜에서 발생하는 문제(전송시간 초과, 혼잡 발생, IP 주소 인식 불가 등)를 송신 컴퓨터에게 오류메시지로 알려준다.
- IGMP(Internet Group Management Protocol) : 화상회의, 원격회의와 같은 멀티캐스트 통신을 지원한다.

네트워크 접속 계층

- 인터넷 계층에서 만들어진 패킷에 MAC 주소와 에러검출코드(Frame Check Sequence, FCS)를 추가하여 프레임 형태로 만들고 물리적인 매체를 통해 데이터를 전송하는 기능이다.
- **종류** : Ethernet, Token-Ring 등이 있다.

4.2 5G 무선 전송 및 접속 기술

5G 개요

4G 이후의 차세대 글로벌 무선 표준인 5G는 더 높은 데이터 속도, 더 짧은 지연 시간 및 더 많은 사용자, 디바이스, 서비스를 지원하는 동시에 네트워크 효율성을 향상시킨 5세대 무선 네트워크 기술이다.

5G는 세 가지 카테고리의 광범위한 사용 사례를 지원한다.

- eMBB(enhanced Mobile Broadband): 무선 연결을 위한 고대역폭 서비스를 지원한다.
- URLLC(Ultra-Reliable Low Latency Communication): 높은 신뢰성을 추구하는 1밀리초(ms)의 초저지연 통신이다.
- mMTC(massive Machine Type Communication): 수십억 개의 센서 및 모니터링 디바이스를 위한 안정적인 통신을 지원한다. 5G의 다운링크 피크 데이터 속도는 최대 20Gbps에 달하며, 4G LTE의 피크 속도인 1Gbps보다 약 20배 더 빠르다. 그리고 사용자 경험 데이터 전송 속도를 10배에서 100배로 높이고, 4G가 지원하는 연결 디바이스 수의 10배에서 100배까지 지원한다.

5G 시대는 향상된 네트워크 성능과 속도를 넘어 사용자에게 혁신적인 새롭고 향상된 연결 환경을 제공할 것이다. 5G는 증강현실, 가상현실, 혼합현실 애플리케이션(AR, VR, MR), 화상회의, 산업 자동화, 자율 주행차, 커넥티드 의료기기 등의 분야에서 새로운 사용자 경험과 서비스를 가능하게 하는 동시에 비즈니스 애플리케이션 성능을 향상시킨다.

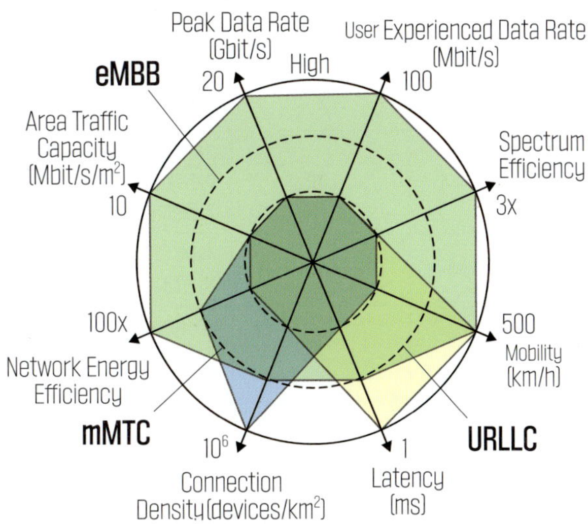

그림 4-9 5G 3가지 성능

이동통신 업계에서도 과거에는 국가별, 제조사별, 표준화 단체별로 서로 다른 규격을 만들어 각각의 제품을 개발함으로써 표준화가 되어 있지 않았다. 그러나 최근에는 이러한 규격들을 표준화하여 국제적으로 합의된 국제 표준을 사용하고 있다. 특히 이동통신 산업은 다른 분야와 달리 국제 기술 표준이 매우 중요한 부분을 차지한다. 과거에는 해외 출장이나 여행 시 해당 국가나 지역 사업자의 통신규격을 따르는 전화기를 대여해 가거나 현지에서 선불폰을 따로 구해 사용해야 했으나 현재는 국제 표준화의 결과로 본인의 전화기를 그대로 들고 나가도 대부분의 지역에서 사용할 수 있는 글로벌 로밍이 가능해졌다.

국제 표준화는 제품 간의 상호 호환성, 상호 운용성 등을 확보하여 단말기, 기지국, 네트워크 등 각 통신기능 주체 간에 정보교환 및 신호 처리가 가능하도록 하였다. 이에 따라 제조사는 대량 생산이 가능해져 규모의 경제가 실현되고, 중복 투자 방지, 기술 이전 가능 등 비용 절감 효과가 발생한다.

이동통신에서는 1G, 2G, 3G 등과 같이 몇 세대(Generation)라고 이름을 붙인다. 과거 우리는 4G, 4세대라고 불리는 LTE 기술을 사용해서 스마트 폰으로 통화를 하거나 화상 전화를 하고, 비디오를 보기도 하였다.

표 4-4 이동통신 세대별 발전

	방식	내용
1세대	AMPS	벨 연구소에서 개발된 아날로그 이동 전화 시스템 표준으로, 1983년 미국, 1986년 이스라엘, 1987년 호주에서 공식적으로 발표되었다.
2세대	CDMA	이동 통신에서 코드를 이용한 다중접속 기술의 하나이다. 1996년 한국이동통신(현 SK텔레콤)에서 최초로 상용화되었다.
3세대	CDMA2000	2.5G와 3G의 혼합형 기술로 CDMA을 사용한다. CDMA2000은 1xRTT에서는 2.5G 기술로 고려되며, EVDO에서는 3G 기술로 고려된다.
3.5세대	HSDPA	WCDMA를 확장한 고속 패킷 통신규격이다. 다운로드 속도는 최대 14.4 Mbps이다.
3.75세대	HSUPA	WCDMA를 확장한 이동통신모듈의 규격이다. 다운로드 속도는 HSDPA의 최대 속도인 13.976Mbps이고, 업로드 속도는 최대 5.8Mbps이다.
3.9세대	LTE	3세대(3G) 이동통신기술을 장기적으로 진화(Evolution)시킨다는 의미이다. 3.9세대 이동통신 기술로 LTE 표준은 이론적으로 하향 100Mbps, 상향 50Mbps의 속도를 지원한다.
4세대	LTE-Advanced	4세대 이동통신 기술로 이론적으로 정지시 하향 1Gbps, 상향 500Mbps의 속도를 지원한다.
5세대	5G	2018년부터 채용되는 무선 네트워크 기술이다. 26, 28, 38, 60GHz 등에서 작동하는 밀리미터파 주파수를 이용하는 통신이다.
6세대	6G	2028년쯤 실현될 것으로 예측되는 6G는 초당 100기가비트(100Gbps) 이상의 전송 속도를 구현할 것으로 예상된다. 5G 이동통신 최대 속도 20Gbps보다 5배 빠르다.

통신 산업은 1980년부터 1세대 아날로그 이동통신 서비스가 시작된 이래 10년을 주기로 진화를 거듭해 오고 있으며, 2019년 4월 국내 최초 상용화를 기점으로 5세대 이동통신 시대가 개막되었다.

과거 1G는 아날로그 통신 방식으로 음성 통화 서비스를 제공하였고, 2G는 디지털 방식으로 음성 통화와 문자 서비스가 가능해졌다. 3G는 화상 통화와 무선 인터넷이 가능해졌고, 카메라와 MP3 같은 멀티미디어 기능이 통합된 스마트 폰이 출현하였다. 4G는 본격적인 스마트 폰 기반 인터넷 데이터 서비스가 가능해졌다. 그러나 실제 각 세대를 구분 짓는 것은 새로운 서비스가 아니라, 그런 서비스를 가능하게 한 기술적 혁신이다. 이동통신 기술이 다음 세대로 발전할 때마다 새로운 주파수와 무선접속(Radio Access) 기술과 신규 네트워크 기술이 도입되었다. 그 결과 더 빠른 통신 속도와 새로운 서비스가 등장하였고, 그 세대를 대표하는 서비스가 되어 왔다. 이러한 새로운 이동통신 기술 혁신들은 바로 각 세대의 표준에 의해 정의되어 왔다.

스마트 폰은 사용자의 모바일 인터넷, 모바일 TV, 화상 통화와 같이 데이터 사용 폭증을 가져왔으며, 사업자는 이를 감당하고 나은 품질의 서비스를 제공하기 위해 그 다음 세대의 기술인 4G를 서둘러 도입하였다. 즉, 3G 기술에 투자를 한다고 해도 스마트 폰이 촉발한 데이터 폭증을 해결할 수 없었고, 결국 더 넓은 주파수 대역과 차세대의 새로운 기술을 도입해야 근본적인 대책이 될 수 있었다. 그리고 이러한 새로운 기술을 지원하는 기술 표준은 국제 표준 기술 단체인 3GPP(3rd Generation Partnership Project)가 만든 LTE(Long Term Evolution)가 표준이 되었다.

이제 막 4G LTE가 설치되기 시작할 무렵인 2010년대 초반에 이미, 2020년대의 데이터 폭증이 현재 기술로는 감당이 안 될 것이라는 예측이 대두되며 전 세계적으로 4G 다음 세대를 미리부터 준비해야 한다는 분위기가 조성되었다. 학계, 각종 단체와 선도 기업에서 차세대 기술에 대한 연구를 시작하였고, 삼성전자 역시 2011년 차세대 기술 연구를 시작하였다. 이에 맞추어 UN 산하의 국제기구인 국제 전기 통신 연합(International Telecommunication Union, ITU)에서 집중적 논의를 거쳐 2015년 9월에 IMT-2020에 대한 기술적인 비전을 공표하였다. ITU에서는 5G를 IMT-2020으로 부르며, 5G가 지향하는 서비스의 방향과 IMT-Advanced(4G) 대비 5G가 갖춰야 할 기술적 우위 등을 제시하였다. 과거에는 이동통신 표준을 만드는 단체가 여러 곳이 있었지만, 오늘날에는 이동통신 표준 담당 세계 최대 기술 표준단체인 3GPP에 주요 회사나 단체가 모두 모여 국제 5G 표준을 개발하고 있다.

에릭슨(Ericsson)에 따르면 향후 관련 시장이 폭발적으로 성장하여 5G 산업의 활성화가 예상되는 2026년쯤 5G 기반의 ICT 산업 글로벌 매출이 1조 3천 억 달러에 달할 것으로 전망하고 있다.

KT 경제경영연구소에서 발표한 5G와 관련된 주요 10개 산업 분야의 국내 경제 파급효과는 2025년쯤 25.2조 원, 2030년쯤 42.3조 원의 사회 · 경제적 가치를 제공할 것으로 전망하고 있다.

표 4-5 5G로 인한 사회 · 경제적 가치(10개 산업 분야)

구분	사회적 · 경제적 가치(단위 : 억 원)	
	2025년	2030년
1. 자동차	33,015	72,861
2. 제조	85,515	156,035
3. 헬스케어	18,260	28,582
4. 운송	20,761	28,315
5. 농업	1,734	2,607
6. 보안/안전	5,610	7,168
7. 미디어	24,550	36,136
8. 에너지	7,191	11,028
9. 유통	19,623	25,158
10. 금융	36,654	55,549
합계	252,913	423,439

(출처 : KT경제경영연구소, "5G의 사회경제적 파급효과 분석")

5G로 인한 사회 · 경제적 가치가 높은 분야는 자동차 분야로 커넥티드 카를 비롯한 자율주행에 필요한 통신 서비스가 높을 것으로 예상된다. 그 외에도 각 분야에서 5G의 서비스 지원은 지속적으로 높을 것으로 예상된다.

초기 5G 네트워크는 NSA(Non Stand Alone) 구조를 채택하여 LTE의 연장선에서 구축되어 있어 4G 코어망(EPC, Evolved Packet Core)에 연결하고 있으나, 향후에는 5G 코어망을 설치하여 SA(Stand Alone) 구조로 진화될 계획이다.

5G 특징

5G 이동통신 기술은 크게 세 가지 진화 방향으로 특징을 가진다.

● 초광대역 서비스(enhanced Mobile Broadband, eMBB)

UHD 기반 AR/VR 및 홀로그램 등 대용량 전송이 필요한 서비스를 감당하기 위해 더 큰 주파수 대역폭을 사용하고 더 많은 안테나를 사용하여 사용자당 100Mbps에서 최대 20Gbps까지 훨씬 빠른 데이터 전송 속도를 제공한다. 15GB(Giga-Byte) 사이즈의 고화질 영화 1편을 다운로드할 때 500Mbps 속도의 최신 4G는 240초 소요되는 반면 20Gbps 속도의 5G에서는 6초가 소요된다. 특히, 기지국 근처에 신호가 센 지역뿐만 아니라 신호가 약한 지역(Cell Edge)에서도 100Mbps급의 속도를 제공한다. 따라서, 한 장소에 수만 명이 오가는 번화가나 주요 경기가 열리는 밀집된 경기장에서도 끊김없는 고화질 스트리밍 서비스가 가능하다.

고신뢰/초저지연 통신(Ultra Reliable & Low Latency Communications, URLLC)

통신에서 실시간 반응 속도를 최소화한 것으로 로봇의 원격제어나, 자율주행 자동차에 많은 영향을 준다. 자율주행 같은 경우 다른 차들의 상황과 앞의 횡단보도 상황, 신호등의 상황 등을 통신과 수신으로 판단하는데 이때 지연은 사고를 유발할 수 있지만 이를 최소화하는 기틀이 된다. 또한 해외에서 로봇 원격제어를 이용한 수술 같은 경우 해저 케이블을 이용해 통신하기 때문에 2~3초 정도의 지연이 생긴다고 하는데 이것을 지연이 거의 없이 실시간으로 움직이고 보면서 할 수 있게 된다.

대량 연결(massive Machine Type Communications, mMTC)

mMTC는 수많은 각종 가정용, 산업용 IoT 기기들이 상호 연결되어 동작할 미래 환경을 대비하기 위한 것으로 1㎢ 면적당 1백만 개의 연결(connection)을 지원하는 것을 목표로 기술 개발 및 표준화가 진행 중이다. 참고로 4G LTE도 초기 상용화 시점에는 최대 속도가 75Mbps에 불과하여 4G의 최종 목표인 1Gbps 대비 1/10도 안 되는 수준이었고 2018년에 1Gbps 상용이 가능했다. 즉각 세대별 최고 속도를 달성하기 위해서 수년 이상의 시간이 필요했으며, 5G도 이와 유사하게 상용화 초기에는 목표 속도인 20Gbps보다 낮은 속도의 서비스가 시작된다.

5G 표준은 빠른 속도와 새로운 서비스가 가능하도록 4G보다 더 넓은 주파수 대역을 정의하고 있다. 3.5GHz 등 6GHz 이하 주파수(Below 6GHz) 대역은 물론 28GHz와 39GHz 등 밀리미터파(㎜Wave)로 불리는 초고주파 대역(Above 6GHz)까지 함께 사용하는 것과 비면허 대역과의 연동까지도 고려하고 있다. 향후 5G 시대에 28GHz와 같은 초고주파 주파수 대역은 대부분의 나라에서 사용 빈도가 낮은 대역으로 새롭게 경작할 텅 빈 영토와 같다. 국가별 주파수 정책에 따라 다르겠으나, 향후 수백 MHz ~ 약 1GHz 정도의 초광대역폭이 할당될 수 있다. 이는 오밀조밀 복잡한 기존 저주파 대역과 달리, 향후 대용량 데이터를 가능하게 하고 새로운 5G 서비스가 출현할 수 있는 환경을 조성한다.

초고주파는 이전에 국제적으로 사용 빈도가 크지 않았기 때문에 각 국가별로 광대역 확보가 상대적으로 용이하지만 물리적 특성상 낮은 주파수에 비해서 멀리까지 전파되지 못하고 장애물 등을 통과하는 투과력이 상대적으로 약한 특성이 있다. 이러한 초고주파의 물리적 특성을 극복하기 위해 수십 개 이상의 많은 안테나를 활용하는 빔포밍(beamforming) 기술을 5G 표준 기술로 도입하였다. 빔포밍 기술은 많은 수의 안테나에 실리는 신호를 각각 정밀하게 제어하여 특정 방향으로 에너지를 집중시키거나, 또는 반대로 특정 방향으로 에너지가 나가지 않도록 조절이 가능한 기술로서 전파의 에너지를 집중시켜 거리를 늘리고 빔(Beam) 간에는 간섭을 최소화시킬 수가 있다.

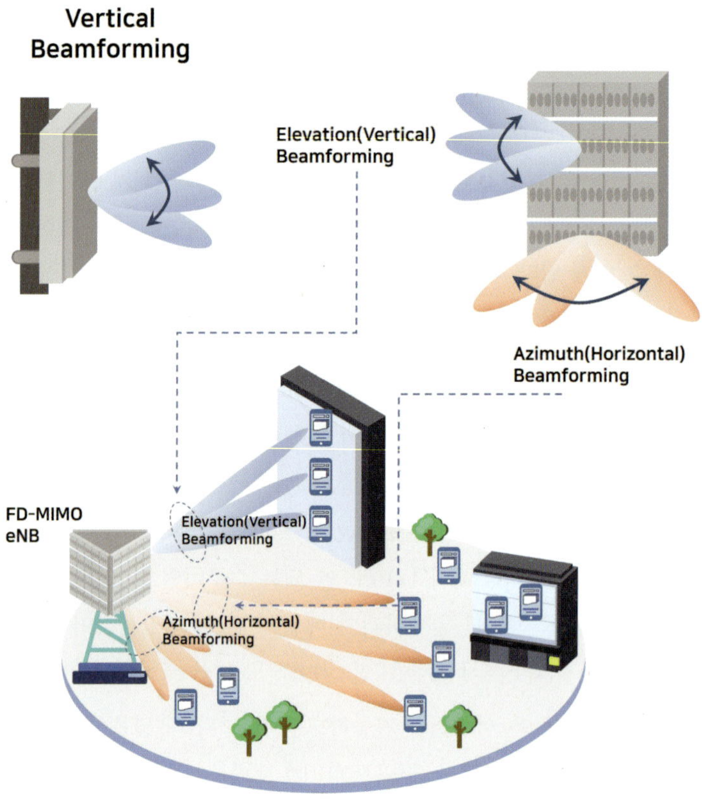

그림 4-10 빔포밍 기술을 접목한 5G

또한 수많은 안테나 배열(Massive Antenna Array)을 활용하여 같은 무선 자원을 여러 명이 동시에 사용하는 Massive MIMO(Multi-Input Multi-Output)도 5G 표준에 도입되었다. 4G에서도 MIMO 기술이 사용되었으나 적은 수의 안테나를 사용하여 빔이 예리하지 못해 사용자 구분에 한계가 있었고, 1차원(1D) 안테나 배열을 사용하였기 때문에 자유도(degree of freedom)가 낮아 수평 방향(horizontal) 사용자만 구분하는 데 그쳤다. 그러나 5G에서는 수십 개 이상의 안테나를 2차원(2D)으로 배치해 수직-수평(horizontal & vertical) 방향 모두 사용자를 구분할 수 있어 더 많은 다중 사용자를 동시에 지원할 수 있는 규격을 제공하였다.

5G 표준에서는 네트워크 슬라이싱(Network Slicing) 기능과 품질(Quality-of-Service, QoS) 보장 기능을 통해서 서비스별 차별화를 제공한다. 4G에서는 목소리(Voice)와 데이터(Data) 서비스로 구분해서 목소리에 대해서만 별도의 QoS를 제공했고, 데이터 서비스 내에서는 모든 서비스들이 하나의 자원을 공유하므로 개별 서비스 간의 품질(QoS) 차별화가 불가능했다. 그러나 5G에서는 네트워크 슬라이싱을 통해, 각각의 데이터 서비스들도 독립적인 네트워크 자원 할당이 가능하여 품질이 보장된다. 특히, 이러한 독립적인 네트워크 자원 할당을 통해 시간 지연에 민감한 서비스(Mission Critical Service)들의 품질을 보장할 수 있게 되어 이동통신 사업자는 특화 서비스에 대한 별도의 과금 체계도 도입할 수 있다.

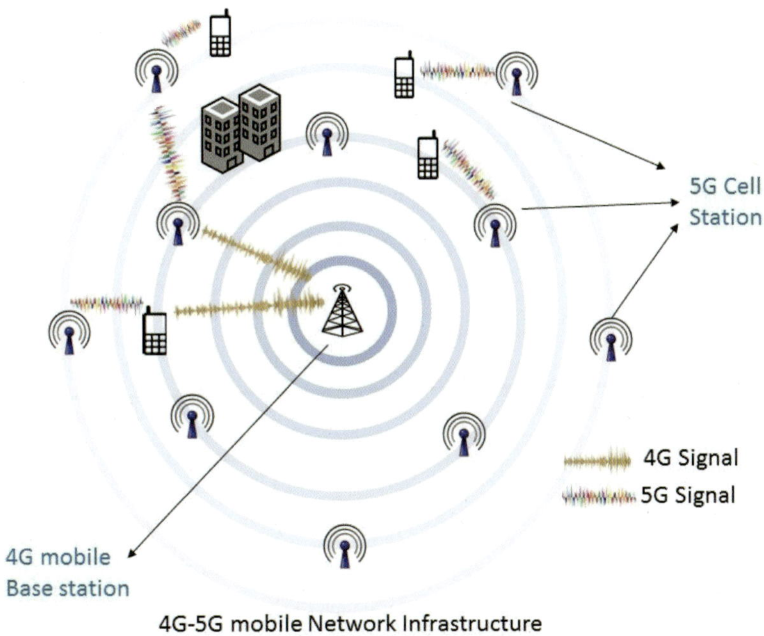

그림 4-11 4G-5G 서비스 차별화 기능
(출처: Goodtiming8871)

5G 표준에서는 4G에서 5G로의 진화를 위한 코어 네트워크를 NSA(Non-Standalone) 구조와 SA(Standalone) 구조를 모두 고려한다. NSA는 단말의 이동성(mobility) 관리 등을 담당하는 제어 플레인(controlplane)의 동작은 4G LTE 망을 활용하면서 사용자 플레인(User plane/Data plane)에 해당하는 데이터 트래픽은 5G 망으로 주고받는다. 반면 SA 구조는 제어채널이나 데이터 채널 모두 5G의 자체 구조를 사용하는 구조이다.

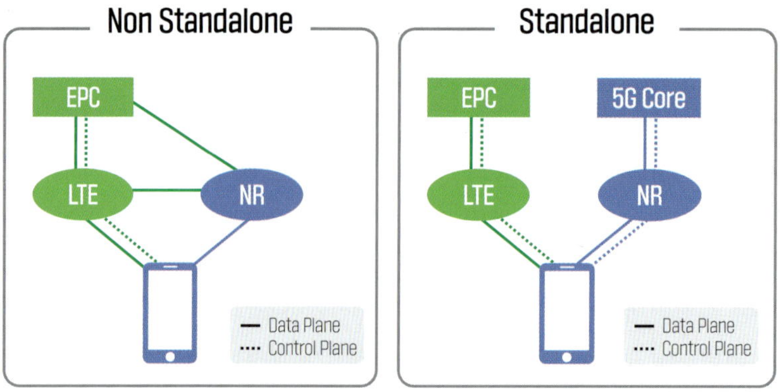

그림 4-12 NSA 및 SA 기술 개념도

이동통신 국제 표준은 단기간에 1회성으로 정해지는 것이 아니며 장기간에 걸쳐 수 차례 업그레이드된다. 각 시기별로 발표하는 것을 Release라고 하며 순서대로 번호를 매긴다. Relase-14까지는 4G LTE를 업그레이드해왔으며 최초의 국제 5G 표준은 2018년 6월 Release-15 시기에 발표되었다. 물론 Release-15에는 Release-14에서 계속 발전시킨 LTE 진화 기술도 포함되었다. 즉, Release는 3GPP의 시간 스케줄이며, 각 Release 안에 4G LTE의 진화 표준과 신규 5G 표준 등 여러 가지가 포함된다. Releae-15에서 나온 5G 표준을 '5G phase 1' 표준으로 부르며 이후 Release-16에서 나올 5G 표준은 '5G phase 2'라고 부른다.

5G 특화망

'초고속', '초저지연', '초연결' 특성을 가진 5G는 기존 LTE 대비 20배에 달하는 최대 속도(20Gbps)를 토대로 가상 · 증강현실(VR · AR), 자율주행, IoT 기술 등 4차 산업혁명의 핵심 인프라를 제공할 기술로 평가되고 있다. 세계적인 5G 시장 규모는 가파르게 도달할 것(2021~2026 CAGR 122.3%)으로 전망되고, 국내의 경우 정부의 선도적인 ICT 정책, 기업의 기술개발 · 비즈니스 모델 확산 등의 노력을 통해 글로벌 5G 시장에서 국내 인프라 장비 기업들은 2022년 10%에서 2026년 15%로 시장 점유율이 확대될 것으로 예측된다. 또한 5G를 선도하는 주요 국가에서 2035년까지 5G 관련 산업(5G value chain)을 통해 약 3조 8,000억 달러(4,500조 원)의 총생산, 2,280만 명의 일자리 창출을 할 것으로 전망하고 있고, 한국은 약 1,320억 달러(약 156조 원) 시장 창출, 74.1만 명의 일자리 창출을 통해 경제적인 기여를 할 것으로 예상된다. 5G 네트워크의 잠재적인 기술 및 시장의 장점을 활용, 기업의 생산 및 서비스 디지털화가 가능한 5G 특화망 구축을 통해 기업의 체질 개선, 전후방 생태계를 발전시키고, 나아가 수요기업 · 기관의 고객에게 차원 높은 혁신적인 서비스를 제공한다.

세계 주요국은 2019년부터 5G 특화망 전용 주파수 공급 및 다양한 분야의 서비스 환경을 조성하여 5G 특화망 이용을 활발하게 진행하고 있다.

표 4-6 주요국 5G 특화망 추진 현황

주요국	추진 현황
독일	• 제조업체 중심으로 5G 특화망 수요가 증가 • 2019년 11월부터 3.7~3.8GHz 대역을 지역 특화망 면허로 공급 • 2021년 4월부터 보쉬, 폭스바겐 등에 120개 기업 및 기관 면허 발급 • 데이터 주권 및 통신요금 문제 등으로 자가망 구축 예정
일본	• 2020년 12월부터 28.3~29.1GHz 대역을 특화망 면허로 공급 • 2021년 4월부터 NTT동일본, NEC, 도쿄대학 등 45개 기관이 면허 취득
영국	• 2019년 12월부터 3.8~4.2GHz 대역을 산업체 특화망 구축 • 2020년 12월부터 BT, Quckline 등 13개 면허권자에 794개 면허 발급

국내에서도 세계 최고의 5G 생태계 구축 및 기반 신산업 육성을 위한 다양한 5G 전략을 마련하고 있다. 정부에서도 「5G+전략 실행계획」, 「5G 특화망 정책방안」, 「5G 특화망 주파수 공급방안」 등과 같이 디지털 뉴딜의 핵심 인프라인 5G의 타산업과의 융합을 통해 산업전반의 디지털 혁신을 본격화하고 있다.

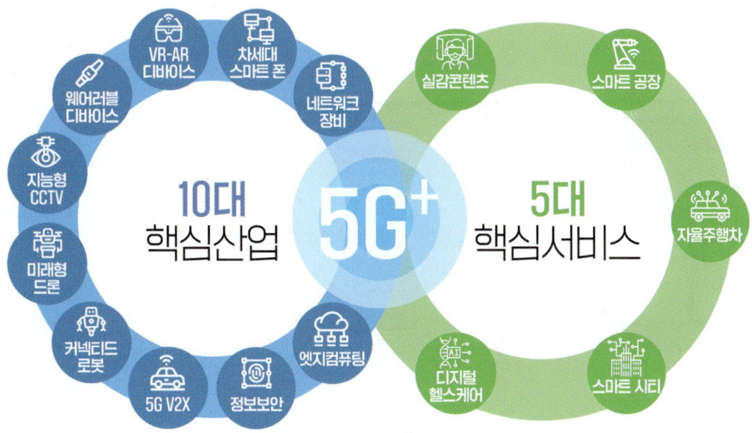

그림 4-13 5G 10대 핵심산업 및 5대 핵심 서비스
(출처: 5G포럼)

5G는 '초고속', '초저지연', '초연결' 특성을 통해 개인을 위한 통신뿐만 아니라 산업환경 전체를 혁신하고 공공서비스의 차원을 높일 수 있는 핵심적인 경제 인프라이다. 5G 특화망은 기존 이동통신 상용망이 아닌 전용 주파수를 통해 특정 공간(건물, 시설, 장소 등)에서 수요기업이 도입하고자 하는 최첨단 서비스를 구현할 수 있는 맞춤형 네트워크이다.

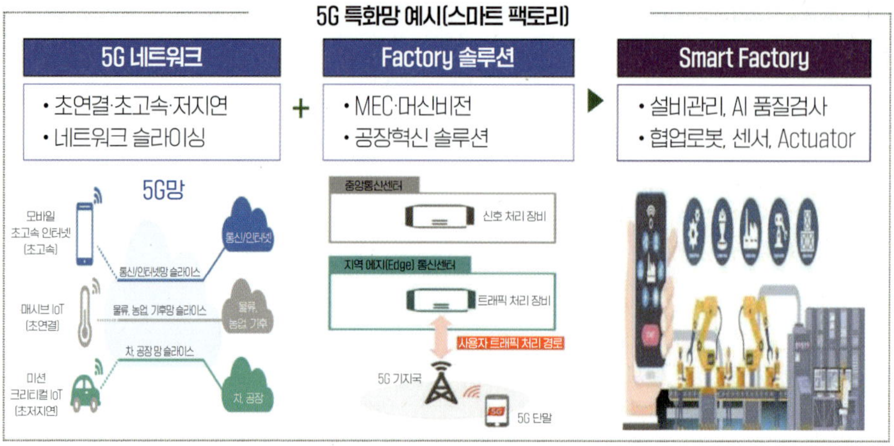

그림 4-14 5G 특화망 기업
(출처: 과학기술정보통신부 한국방송통신진흥원 보고서)

기존의 5G 이동통신망은 소수(3개)의 사업자가 할당받은 주파수를 통해 전국 단위 대규모 네트워크를 구축하여 대국민 서비스를 제공한다. 반면 5G 특화망은 수요기업 또는 사업자가 건물 · 시설 · 토지 등 제한된 범위 내에서 5G 서비스를 적용하기 위해 기업 맞춤형으로 무선 네트워크 구축이 가능하다는 점에서 5G 이동통신망과 차이가 있다.

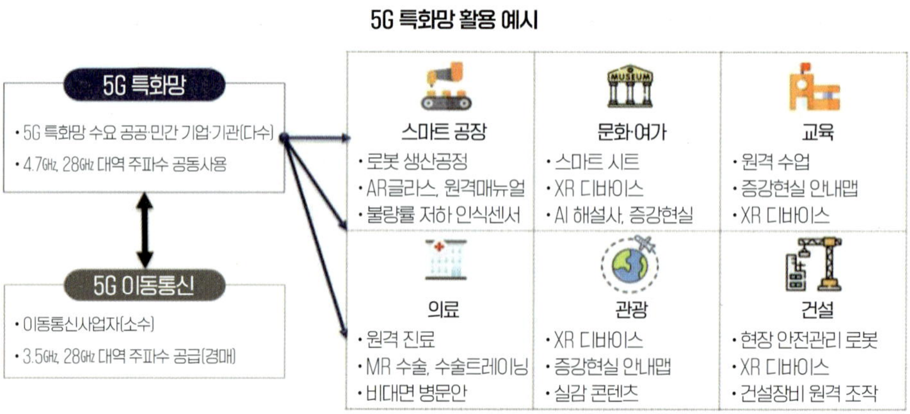

그림 4-15 5G 특화망 서비스 사례
(출처: 과학기술정보통신부 한국방송통신진흥원 보고서

수요기업은 행정적 신청 절차를 통해 4.7㎓, 28㎓ 대역의 특화망 주파수를 지정 또는 할당받아 디지털 대전환이 필요한 다양한 분야에서 특화망 통신 네트워크를 구축 및 활용할 수 있다.

4.3 5G 활용 전망 및 사례

5G 활용 전망

ICT 핵심 인프라로 자리매김한 5G는 B2C를 넘어 B2B 시장으로 확산 중이며, 5G 특화망은 기존 이동통신 사업자가 제공하는 범용 서비스의 형태와는 다소 차이가 있다. 특화망은 기업·기관의 규모 및 전문성 여부와 관계없이 5G 무선통신 기술과 특화 서비스 활용을 희망하는 공공·민간의 모든 기관·지자체·기업에 열려 있다. 특화망 수요 기업 및 제3자(SW·SI 기업, 중소 통신사, 장비 벤더사)에게 특화망의 이용 및 구축 기회가 제공되며, 전문성이 부족한 비통신 수요 기업에게는 정부로부터 특화망의 신청부터 설계, 구축, 운영·유지보수 등과 관련된 유효한 정보를 지원받을 수 있다. 제조업 외 문화·예술, 에너지, 교육, 공공 분야 등 5G 특화 서비스가 다양한 형태로 제공·발굴됨으로써 국내 5G 산업 생태계가 활성화되고 국민의 삶의 질 향상 및 국가 경쟁력 강화 등의 다양한 파급 효과가 있다.

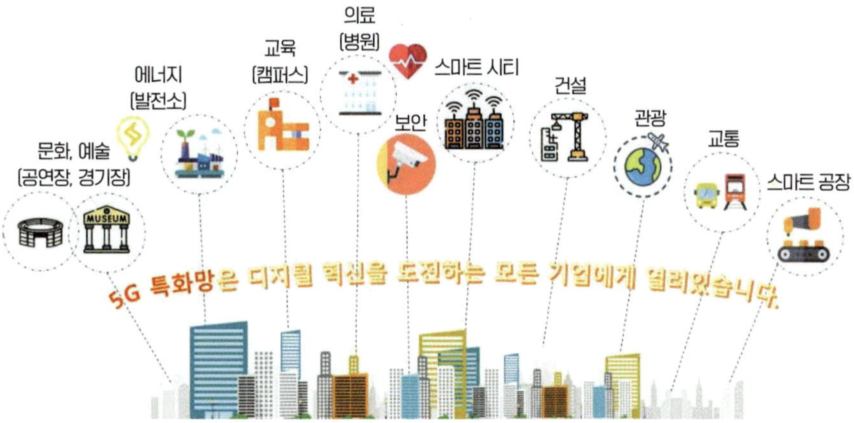

그림 4-16 5G 특화 서비스 분야
(출처: 과학기술정보통신부 한국방송통신진흥원 보고서)

• 기업적 측면

5G 특화망의 빠르고 지연 없는 데이터 전송을 통한 고용량·고품질 전송 서비스 이용 확산,

작업공정 고도화 및 업무환경의 디지털 전환으로 휴먼 에러(Human error) 최소화, 기업의 생산성 증대, 신산업(B2B) 기회 촉진 등의 이점이 있다. 최근 기업의 ESG* 경영이 화두로 떠오른 만큼 5G 특화망을 통해 원격 작업공정 도입, 스마트 헬멧 등 고도화된 웨어러블 디바이스를 활용하여 산업현장의 환경개선 및 근로자 안전 확보에 크게 기여할 수 있다.

잠깐만요 ESG

'ESG'란 기업의 비재무적 요소인 환경(Environment), 사회(Social), 지배구조(Governance)를 뜻하는 것으로, 'ESG 경영'이란 장기적인 관점에서 친환경 및 사회적 책임경영과 투명경영을 통해 지속가능한 발전을 추구하는 것이다.

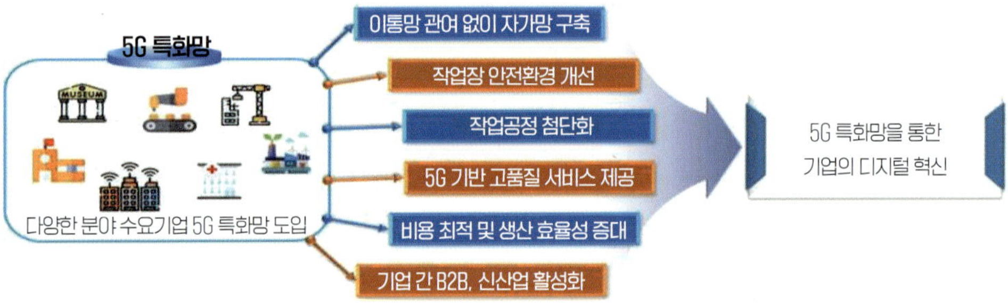

그림 4-17 5G 특화망 기업적 측면
(출처: 과학기술정보통신부 한국방송통신진흥원 보고서)

공익을 중요시하는 지자체 및 공공기관의 경우 국민의 삶과 밀접하게 연관되어 있는 다중 이용 시설에 5G 특화망을 구축하고 정보 취약계층을 위한 서비스를 제공한다면 대국민 디지털 복지를 실현시킬 수 있다. 기존의 지자체 자가망 등 공공분야 서비스를 개선하고 새로운 형태의 일자리 창출, 국내 5G 산업 활성화 · 생태계 조성 등 사회적 가치를 증대시킬 수 있으며, 향후 정부의 적극적인 투자로 다양한 분야의 산업 활성화 또한 기대할 수 있다.

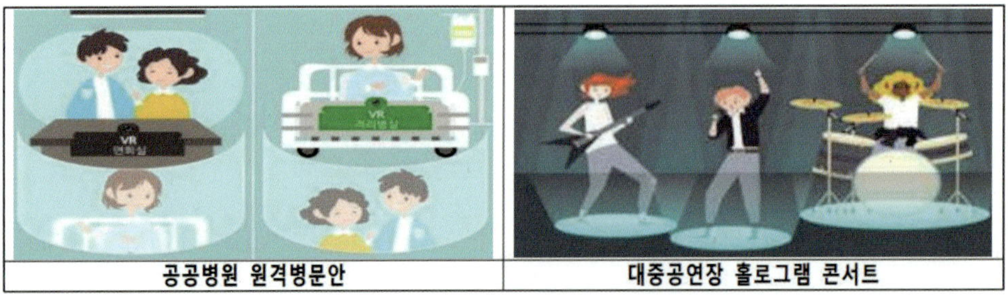

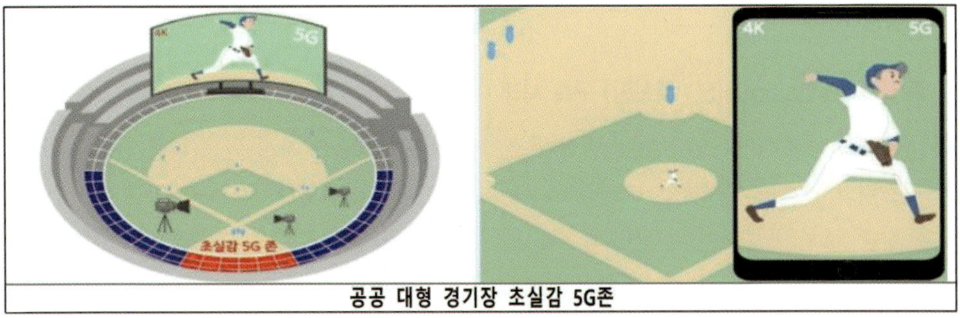

그림 4-18 5G 특화망 공공분야 서비스
(출처: 과학기술정보통신부 한국방송통신진흥원 보고서)

국가적 측면

5G 특화망 서비스의 초기 시장을 창출하기 위한 정부 주도의 시책이 반드시 필요하다. 4차 산업혁명 대응과 디지털 뉴딜에 부합하는 정책 지원으로 5G 서비스의 다양화를 통한 전파관련 산업의 경쟁력을 확보하는 등 목표 달성을 촉진시킬 수 있다. 특화망의 활성화는 5G 융합 서비스가 산업 · 생활 전반으로 확산되어 전통산업의 혁신을 촉진하는 기폭제의 역할로 국제시장에 경쟁력 있는 ICT 융 · 복합 환경을 구축하는 데 기여할 수 있다.

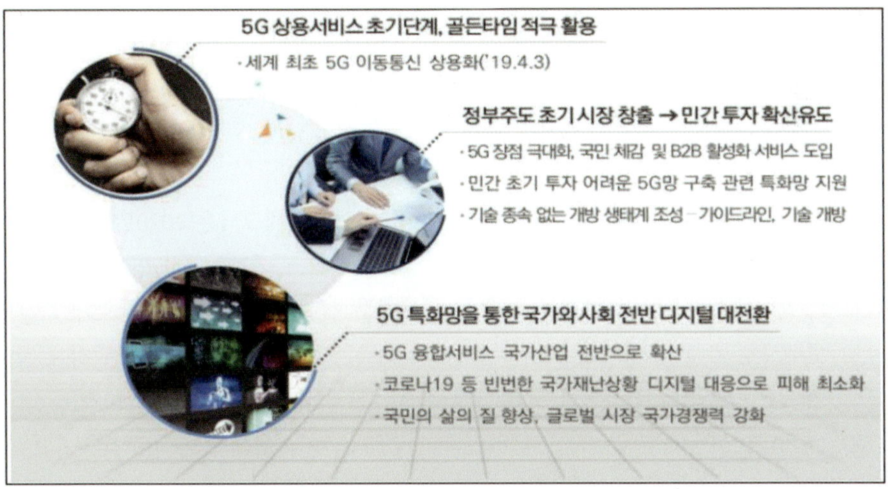

그림 4-19 5G 특화망 국가적 측면
(출처: 과학기술정보통신부 한국방송통신진흥원 보고서)

5G 활용 사례

● 독일의 5G Campus(5G 특화망) 구축 사례

독일의 제조사 보쉬(Bosch)는 2020년 8월 로이틀링겐에 위치한 자사 반도체 공장에 5G 캠퍼스 네트워크 구축을 시작하고 11월부터 운영하고 있음을 발표했다. 3.7~3.8㎓대역 5G 코어망을 갖춘 SA로 구성되어 있으며, 공장내 무인 이동로봇(AGV)과 고정형 제조설비 연결 및 자동화를 통한 스마트 팩토리를 구현했다.

표 4-7 독일 5G 특화망 구축 사례

분야	활용 사례
AI 셔틀 	자율운송 시스템 '액티브 셔틀' 운영: 액티브 셔틀은 작업 현장에서 수월하고 자율적으로 이동하며, 스캐너를 활용하여 사람과 차를 피하고, 보관함을 우회하거나 중지하고 화물을 내린 후 다시 출발한다.
공장의 지능화 	AI, 최첨단 카메라를 활용한 자동화 검사 시스템: Bosch는 ViPAS(Visual Inspection Assistant)라고 하는 자동화 시각적 검사 시스템을 개발하였으며 암, AI, 최첨단 카메라가 장착된 시스템은 파일럿 프로젝트에서 99.9%의 성공률로 12,000개의 테스트 절차를 완료하였다.
무인화/무선화 	5G 특성을 활용한 공장의 무인화 및 무선화: 클라우드 기반 이동형 로봇을 통한 공장 무인화를 준비하고 있으며, 유선 제조 라인들을 무선화시키며 생산 라인의 빠른 셋업과 구조 변경을 가능하게 하고 있다.

(출처: 과학기술정보통신부 한국방송통신진흥원 보고서)

독일 항공사 루프트한자의 항공기 정비 계열사인 루프트한자 테크닉은 2020년 2월 함부르크에 있는 항공기 격납고에서 3.7㎓대역 SA로 구성된 5G 캠퍼스 네트워크 운영을 시작했다. 구축된 사설망을 통해 기술자는 대용량의 CAD 데이터를 현장에서 모바일로 빠르게 다운받을 수 있고, 고해상도 가상 및 증강현실 기술을 사용하여 항공기 동체에서 더욱 정밀하게 작업할 수 있다. 격납고뿐만 아니라 항공기 동체 내부에서도 끊김없는 네트워크 사용이 가능하여 루프트한자의 전반적인 MRO(Maintenance, Repair and Overhaul) 운영에 통합되어 사용되고 있다.

그림 4-20 독일 항공사 루프트한자의 5G 캠퍼스
(출처: 과학기술정보통신부 한국방송통신진흥원 보고서)

표 4-8 5G 특화망을 활용한 루프트한자의 기술

분야	활용 사례
원격 부품 검사 	초고화질 비디오 스트림을 이용한 원격 엔진 부품 검사: 부품 설계자가 격납고로 이동하여 부품 검사를 할 필요 없이 초고화질 비디오 스트림을 통해 현장의 엔지니어와 실시간 협업하여 정확한 부품 검사를 할 수 있다.
증강현실 활용 	AR 기술을 활용한 데이터 시각화: AR 기술을 사용하여 빈 항공기 동체에서 3D 설계 데이터를 가상으로 시각화하여 구성요소들의 배치에 이상이 있는지 사전에 확인하고 변경할 수 있다.

(출처: 과학기술정보통신부 한국방송통신진흥원 보고서)

● 일본의 로컬(Local) 5G 구축 사례

일본의 종합 IT 기업인 후지쯔는 2021년 3월 일본 오야마 공장에서 로컬 5G 네트워크 운영을 개시하였다. 4.7㎓ 대역 SA 및 28㎓대역 NSA로 네트워크를 구성했으며, 4.7㎓ 대역은 광범위한 제어가 필요한 'AGV 자율주행 시스템'에 도입했고, 28㎓ 대역은 대용량 이미지 및 영상의 고속 전송이 필요한 'AI 작업 이미지 검수 시스템'에 적용하였다.

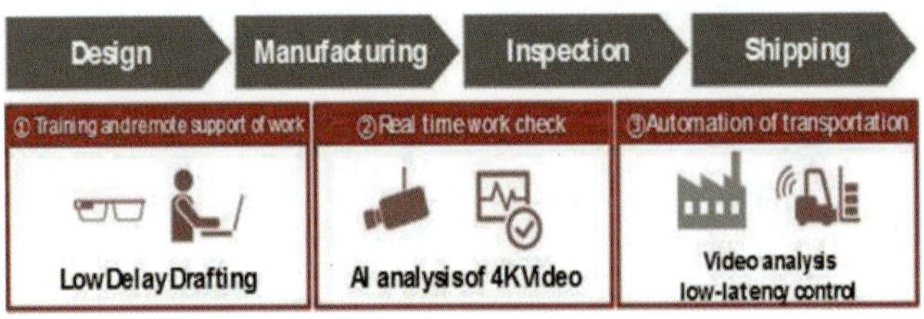

그림 4-21 로컬 5G를 활용한 오야마 공장의 기술
(출처: 과학기술정보통신부 한국방송통신진흥원 보고서)

표 4-9 일본 5G 특화망 서비스

분야	활용 사례
원격 부품 검사  투영된 3D 모델 	3D 기술 활용 근로자 교육 및 원격 지원: MR 장비를 활용, 가상의 3D 제품 모델을 생성하여 개발자가 현장 작업자를 원격으로 안내하고 지원할 수 있다. 5G망을 통해 실시간으로 MR 장비에 대용량 데이터를 끌어올 수 있어서 원격 근무 지원의 효율성을 높일 수 있다.
조립 작업 이미지 분석 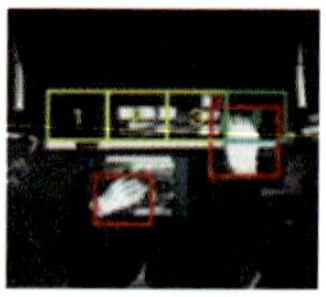	AI 이미지 분석을 통한 실시간 작업 관리: 여러 대의 4K 카메라로 촬영한 조립 작업의 이미지를 AI가 작업자의 손, 부품, 본체 등을 구별하여 정확한 감수 절차를 진행한다. 조립 중 올바른 움직임이 수행되고 있는지 또한 분석하여 작업자에게 즉각적인 피드백을 제공한다.
AGV 자율주행 	자율주행을 통한 운송 및 적제의 자동화: 공장 내외부 및 무인 차량에 장착된 고화질 카메라와 AI 분석을 통해 부품 운송, 제품의 적재 등을 자동화하여 운송 비용 시간을 효과적으로 절감한다.

(출처: 과학기술정보통신부 한국방송통신진흥원 보고서)

2021년 3월 도쿄 도립대학은 도쿄 미나미 오사와 캠퍼스와 히노 캠퍼스(총 49만㎡)에 걸쳐 로컬 5G 네트워크 운영을 발표했다. 28㎓ 대역 NSA 방식을 통한 실내 부분 서비스(2021년 1월)를 시작으로 4.7㎓ 대역을 통한 광역 커버리지를 구축(2021년 3월)하였다. 로컬 5G를 활용한 연구 및 실증 실험의 성과를 사회에 환원함과 동시에 행정기관 및 민간기업 등과의 산학 공동 연계를 통해 도쿄도가 내거는「스마트 도쿄」구현을 추진하고 있다.

- 실내(28㎓) : VR과 온라인 강의, 로봇 연구 등에 활용할 계획
- 실외(4.7㎓) : 자율주행차량 및 드론 연구 등에 활용할 계획

그림 4-22 5G 특화망을 이용한 스마트 도쿄
(출처: 과학기술정보통신부 한국방송통신진흥원 보고서)

● 영국의 Private 5G(5G 특화망) 구축 사례

2021년 2월 케임브리지 와이어리스와 화웨이는 케임브리지 사이언스 파크에 5G 사설망 운영을 발표하였다. 사이언스 파크 내 5G 사설망은 테스트베드 용도로 사용되며, 혁신 기업들이 5G 관련 융합 서비스를 테스트하는 데 도움이 될 것이다. 테스트베드에 지원 성공한 기업들은 사이언스 파크의 5G망 이용을 기본으로 최신 5G 기기, 전용 프로젝트 룸, 5G 혁신 연구실 등을 지원받아 첨단 R&D를 수행하였다.

표 4-10 영국 5G 사설망 서비스 사례

프라이빗 5G 테스트베드 활용 가능 연구	
• 커넥티드 · 자율주행 이동체를 활용한 모빌리티 서비스 • 폐기물 관리, 대기 오염, 지속 가능한 청정에너지 • 병원의 원격 수술, 초음파 및 응급진료, 디지털 헬스케어	• 방역, 안내, 적재 등 다양한 기능을 탑재한 AGV 개발 • 초저지연 화상 통신을 통한 학습 및 협업
프라이빗 5G 테스트베드 활용 R&D 내용	
기업	**활용 사례**
Extend Robotics	클라우드 VR을 통해 로봇팔을 제어하는 'VR 헤드셋' 개발: 5G의 우수한 업링크 속도와 지연 시간으로 인하여 대용량 데이터 전송이 가능했고, 작업을 위해 필요한 카메라를 두 배로 늘릴 수 있었다. 또한, 20ms 미만의 대기 시간으로 모든 지역에서 로봇팔의 실시간 동작이 가능하여 3개월 동안 R&D 노력의 효과를 극대화할 수 있었다고 밝혔다.
Ubisense	우선화를 통한 비용 절감 및 손쉬운 공장의 재구성: 지능형 자산 위치 추적 솔루션 기업인 유비센스는 5G 활용 완전 무선화를 통한 케이블 손상 및 오류 감소, 센서 배치 용이성 증가로 인하여 자사 공장에서의 자산 추적 비용해 비해 최대 60% 낮은 비용을 달성했으며, 케이블이 아닌 무선으로 장비를 연결하면서 공장의 재구성이 훨씬 더 쉬웠다고 밝혔다.
Camnexus	5G mMTC 특성을 활용한 저전력 Massive IoT 솔루션 개발: 농업을 위한 저전력 IoT 솔루션 기업인 Camnexus는 200개의 노드와 2개의 HD 비디오 스트림을 포함하는 대규모 IoT의 시나리오를 진행하여 3G/4G에 비해 높은 신뢰성을 갖는 것을 확인했다. 그 결과, 기존 인프라 대비 실시간 · 대규모 IoT 연결을 원하는 고객을 위한 Camnexus IoT LPWAN-5G 인프라 및 솔루션이 개발되었다.

(출처: 과학기술정보통신부 한국방송통신진흥원 보고서)

2018년 3월 리버풀 켄싱턴 지역에서 'Liverpool 5G Create' 프로젝트의 일환으로 지역 사회를 위한 헬스케어, 사회 복지 등 시민들을 위한 5G 서비스 실험을 위해 Private 5G 네트워크의 테스트 운영을 시작했으며 2020년 1월 마감하였다. 앞선 테스트의 성공적인 사례들로 인하여 430만 파운드(한화 약 68억)를 추가 지원받게 되었고 2022년 3월까지 추가로 테스트 운영에 진입하여 공공 서비스 제공에 Private 5G 네트워크 활용 청사진을 제시하였다.

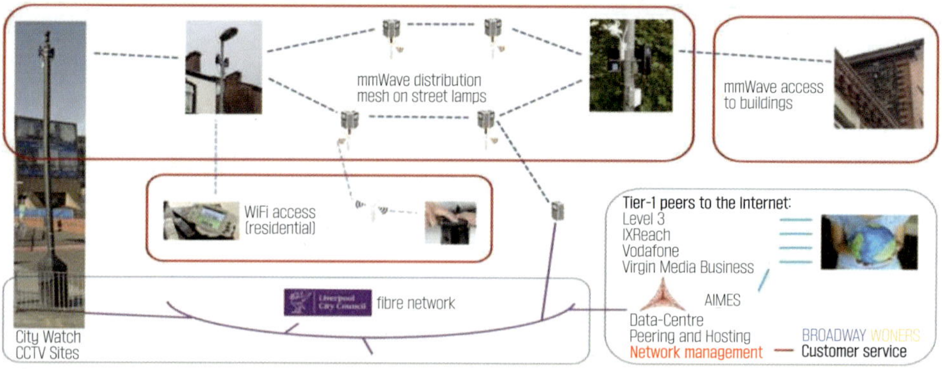

그림 4-23 리버풀의 프라이빗 5G 네트워크 구조
(출처: 과학기술정보통신부 한국방송통신진흥원 보고서)

표 4-11 리버풀 프라이빗 5G 테스트 운영 사례

기업	활용 사례
Safehouse Sensor	비정상적인 행동 패턴을 감지하는 가정용 센서: 낙상, 온도 변화 등 비정상적인 행동 패턴을 실시간 감지 · 모니터링하여 독거노인들을 지원한다. 센서 도입 결과 의료비용 감소, 서비스 사용자(요양보호사 · 노인)의 삶의 질 향상 등이 도출되었다.
Push to Talk	고립된 간병인들의 외로움을 끝내기 위한 장치: 버튼을 눌러 대화를 나눌 수 있는 푸쉬토톡 장치는 혼자 일하는 간병인의 외로움을 해소하기 위해 개발되었다. 장거리 광역 네트워크(LoRaWAN)를 사용하여 작동하며, 누르기만 하면 최대 2km 내에 설치된 커뮤니티 내 다른 사용자와 대화가 가능하다.
Paman	최초의 원격 약물 투여 모니터링 시스템: MAR(대화형 약물 투여 기록): 차트를 사용하여 환자가 복용한 모든 약물을 기록하고 조제된 약물이 올바르게 복용되었는지 모니터링한다. 필요한 경우, 음성 메시지와 동영상 기능을 사용하여 센터와 통신할 수 있으며 환자가 올바르게 약물을 복용하는지 원격으로 확인할 수 있다.

(출처: 과학기술정보통신부 한국방송통신진흥원 보고서)

4.4 미래 네트워크

차세대 네트워크는 보안 통합 외에도 많은 이점을 제공한다. 현재의 요구사항에 맞게 전략적으로 개발되고 미래의 획기적인 기술을 수용하면서 투자를 보호하도록 설계된다. 또한 이동성과 클라우드 컴퓨팅을 지원하고 변화하는 위협 환경에 대응할 수 있는 역동적인 네트워크이다.

미래 네트워크 기술 6G

현실과 가상세계에서 현장에 있는 것처럼 오감 정보를 전달하기 위해서는 현재의 5G 요구사항(영상 해상도, 지연시간 등)보다 더 높은 성능을 가지는 6G 기술이 요구된다.

그림 4-24 6G와 미래사회

6G 기술은 AI 기술과 통신네트워크가 완전하게 융합하면서 네트워크의 성능이 크게 혁신될 전망으로, 당면한 지구의 지속 가능한 사회를 지원하는 사회 인프라 기술로서의 역할이 요구된다. 현재 5G 상용화가 한창 진행되는 시점이지만 테라헤르츠(THz) 대역의 주파수 활용성과 기술적 파급효과의 기대감으로 6G에 대한 논의가 빠르게 본격화되고 있다.

미국은 2017년부터 DARPA*가 주도하고 퀄컴이 참여하는 6G 장기 선행 연구를 진행했으며, 2020년 10월부터는 미국 통신사업자연합인 ATIS 주도하에 통신사업자와 제조사 연합체인 NextG 얼라이언스를 결성하여 6G 기술 표준화와 생태계 확산 협력을 진행하고 있다.

> **잠깐만요 DARPA(Defense Advanced Research Projects Agency)**
>
> 방위 고등 연구 계획국은 미국 국방성의 연구, 개발 부문을 담당하고 있으며 인터넷의 원형인 ARPANET을 개발한 것으로 잘 알려져 있다.

중국은 2019년 11월 범정부 차원의 조직을 발족, 6G 기술 연구에 착수했다. 2020년 3월 중국전자정보산업개발연구소(CCID)가 중국어판 6G 개념 및 비전 백서를 발간하였으며, 2020년 11월에는 세계 최초 6G 테스트를 위한 인공위성을 쏘아 올렸다.

일본은 2018년 NTT*가 세계 최초로 100Gbps 무선 전송 시연에 성공하였으며 다음 세대를 위한 무선 기술 개발을 일찍부터 시작하였다. 2020년 1월에는 총무성 주관으로 '6G 연구회'를 발족하였다.

> **잠깐만요 NTT**
>
> 일본 최대 통신사업 기업인 NTT 그룹의 지주회사이다. 그룹 회사를 총괄하는 한편, 연구 개발 부문을 가지고 있으며, 규모적으로도 기술적으로도 세계 굴지의 연구소를 가지고 있다.

미래 네트워크 기술 6G 동향 및 전망

6G 기술 동향

6G 기술은 인간이 느끼는 오감 정보를 실시간으로 상상할 수 있는 물리적 세계 및 사이버 세계와 제약받지 않고 통신할 수 있는 차세대 이동통신 서비스이다. 실시간 실감 정보통신을 위해서는 몰입형 영상, 홀로그램 등 실감 영상이 가능한 초고속 데이터 통신, 공간적으로 지상 · 항공 · 해저 등 지구 어느 공간에서도 제약받지 않는 통신, 이를 구현하기 위해 가시광선 대역의 모바일 통신 활용이 요구된다.

실시간 오감 통신을 위한 6G 기술의 성능은 사용자 개인의 데이터 전송 속도를 5G의 100Mbps 수준에서 1Gbps 수준으로 높이고, 5G의 1ms 지연 시간에서 1/40 수준으로 낮추며, 에너지 효율을 5G와 비교하여 100배 또는 1,000배 수준으로 높이는 것이다.

그림 4-25 5G & 6G 성능 분석
(출처: 과학기술정보통신부 한국방송통신진흥원 보고서)

6G 전망

5G 서비스에서는 언어, 행동을 실시간 전송에 초점을 맞췄다면, 6G 서비스에서는 사이버 세계(메타버스)에서 오감 정보의 생생한 실감 경험 제공에 초점을 맞춰 서비스하는 것이다.

사이버 세계에서 실시간 오감 통신을 제공하기 위해 물리적 세계에 살고 있는 '나'의 시각, 청각, 촉각, 미각, 후각 데이터를 실시간으로 주고받을 수 있는 인프라가 지원되어야 한다.

궁극적으로 6G 기술은 물리적 세계(실제 세계)와 사이버 세계(가상세계)의 실시간 동기화를 구현하는 디지털 트윈 플랫폼을 지원할 전망이다. 지금까지 인간의 삶은 주로 물리적 세계에서 오감 정보를 주고받는 것이 대부분이었지만, 미래에는 인간의 삶이 가상세계 또는 가상세계와 현실세계가 결합된 세계에서 많은 시간 동안 머무르고 활동할 것으로 전망된다. 가상세계의 확장성은 무한하여 가상세계의 트래픽은 기존의 물리적 세계에서 이루어지는 트래픽보다 훨씬 많은 트래픽을 요구할 것이며, 6G 기술은 물리적 세계와 가상세계에서 이루어지는 모든 서비스를 제공하는 핵심 인프라로서 역할을 수행할 것이다.

6G 서비스에 필요한 기술 요구사항과 평가 방법을 연구, 표준 규격을 2030년경 완성하면 2030년 초반 6G 서비스가 상용화될 것으로 전망된다. 6G 기술은 현재 상용 중인 5G 기술보다 수십 배 이상의 성능을 개선하는 방향으로 연구 중인데, 현재 부분적으로 상용 서비스 중인 고화질 UHD, AR/VR 서비스를 일반 사용자에게 보편적으로 서비스가 가능해지고 초보적인 실감 서비스가 가능해질 것이다. 오감 서비스(실감 영상, 촉각 인터넷 등)의 기술적 완성도가 높아짐에 따라 게임, 스포츠 중계, 공연, 관광 등의 원격 비대면 문화산업의 비중은 확대될 것으로 전망된다.

6G 국내 · 외 동향

미래 6G 시대는 50배 더 빠른 속도, 지상에서 10km 상공까지 확장된 커버리지 등이 실현될 것으로 예상되며 더욱 고도화된 AI와 보안기술이 네트워크와 결합해 성공적인 디지털 대전환이 이루어질 것이라 제시하였다. 우리나라는 2020년 8월 과학기술정보통신부를 중심으로 6G 시대를 위한 미래 이동통신 R&D 추진 전략을 발표하며 2021년에서 2025년까지 5년간 2,000억 원을 투입하여 6G 핵심 기술을 개발한다는 계획을 수립하였다. 이미 미국, 중국, 유럽, 일본 등 주요 국가들은 통상 10년 주기로 전환되는 차세대 이동통신 시장 선점을 위한 기술 패권 경쟁에 돌입하였다. 2028년에서 2030년 사이 상용화가 예상되는 6G를 위해 세계 각국은 6G 기술 주도권 확보 기반을 마련하고자 국가 주도 R&D를 경쟁적으로 착수하고 있다. 특히, 미국은 우방국과의 협력을 기반으로 6G를 미래 신산업 성장 및 경제 안보의 핵심 기반 기술로 인식하여 대규모 투자와 선제적 지원을 강화하며 치열한 경쟁을 본격화하고 있다. 코로나 19 이후 비대면, 디지털화 대응을 위해 미래 네트워크 주도권을 선점하려면 5G 한계를 뛰어넘는 6G 기술은 반드시 필요하기에 각 국가의 추진 현황에 대한 면밀한 분석을 통하여 6G를 전략적으로 준비해야 한다.

최근 미국은 우방국과의 6G 동맹을 강화하며 차세대 통신 기술뿐만 아니라 국제 표준화 경쟁에서 주도권을 확보하겠다는 전략을 수립하고 있다. 이를 위한 첫 행보로 2021년 4월 미 · 일 정상회담을 통해 6G를 포함한 첨단 ICT 연구 개발에 미국 25억 달러, 일본 20억 달러 투자를 합의하였다. 이후 한 · 미 정상회담 공동 성명문 발표를 통해 6G 등 신흥 기술 혁신 주도와 6G 네트워크망 구축을 위한 협력을 선언하였다. 구체적으로 통신 보안과 공급자 다양성의 중요성을 인식하고, 오픈랜 기술을 사용하여 투명하고 효율적이며 개방적인 5G · 6G 네트워크망 구축에 대한 사항이 포함되었다. 통신 시장 주도권 확보를 위한 미국의 움직임은 트럼프 정부 이후부터 이어진 무역 전쟁과 함께 전방위적으로 반도체, 통신 장비 분야에서 중국을 압박하고 있다. 이는 특히 미국과 중국이라는 양분화된 국제 노선 사이에서 우방국들로부터 어느 편에 설 지를 묵시적으로 압박한다는 측면에서 전략적인 접근이 필요하다. 최근 중국을 통한 수출 호황은 끝이라는 강경한 표현과 함께 거침없이 탈중국을 외치고 있는 현 정부의 기조는 치열한 국제패권 사이에서 우리의 전략적 포지션에 대해서 더욱 고민하게 만들고 있다. 미국은 스마트 폰과 통신 장비에 들어가는 모뎀과 RF 부품에서는 퀄컴, 쿼보 등 세계적 기술력을 가진 기업들을 보유하고 있으며, 구글과 애플을 포함한 세계 최강의 플랫폼 소프트웨어 업체 역시 자국 기업으로 두고 있다. 하지만 통신 액세스 장비에서는 통신 세대가 거듭될수록 미국 장비의 정체성이 사라져갔다. 과거 2–3세대 시절 미국의 3대 통신사들에게 장비를 납품하는 곳은 루슨트나 모토로라 같은 자국 기업들이었는데 시장의 흥망성쇠에 따라 모두 기업 합병의 제물로 사라져 버렸다. 미국 입장에서는 장비 시장만 점유할 수 있으면 통신 네트워크 시장에서 세계 최고의 국가로 자리매김할 수 있는 상황에서 오픈랜, 6G와 같은 차세대 통신 표준은 미 · 중 갈등 속에서 중국을 철저히 배격할 수 있는 좋은 수단을 제공해주었다. 향후 5G에서 6G로 통신 세대가 넘어감에 따라 통신 기술은 개방화 · SW화로 인해 더욱 다양한 플레이들이 시장에 진입할 것이고 경쟁은 치열해질 것이다. 특히 국내 장비 · 부품 업체는 HW 중심 장비 위주로 성장해왔고 아직 핵심 부품에 대한 외산도가 높기 때문에 그 어느 때보다 전략적인 모색이 필요하다.

● 국내 동향

우리나라는 2020년 4월 6G R&D 기술개발 사업의 예비타당성 조사가 통과되고, 6G 시대를 선도하기 위한 R&D 추진전략이 수립되면서 6G 기술력 확보를 위한 기반 마련을 본격적으로 추진하였다. 이를 위해 6G R&D 전략위원회를 개최하고 6G R&D 추진전략의 일환으로 2021년 실행계획을 발표하였다.

2021년은 6G 추진의 원년인 만큼 6G 핵심 분야별 요소기술을 설계하고, 6G 표준 · 특허 선점을 위한 글로벌 협력 기반 마련을 주요 목표로 삼았다. R&D 측면에서는 선제적 6G 핵심기술 확보와 글로벌 협력 체계를 마련, 표준화 측면에서는 6G 표준화 논의 주도권 확보를 위한 기반 마련, 기반 조성 측면에서는 고급 · 실무 인력 양성과 생태계 조성을 주요 추진 전략으로 수립하였다.

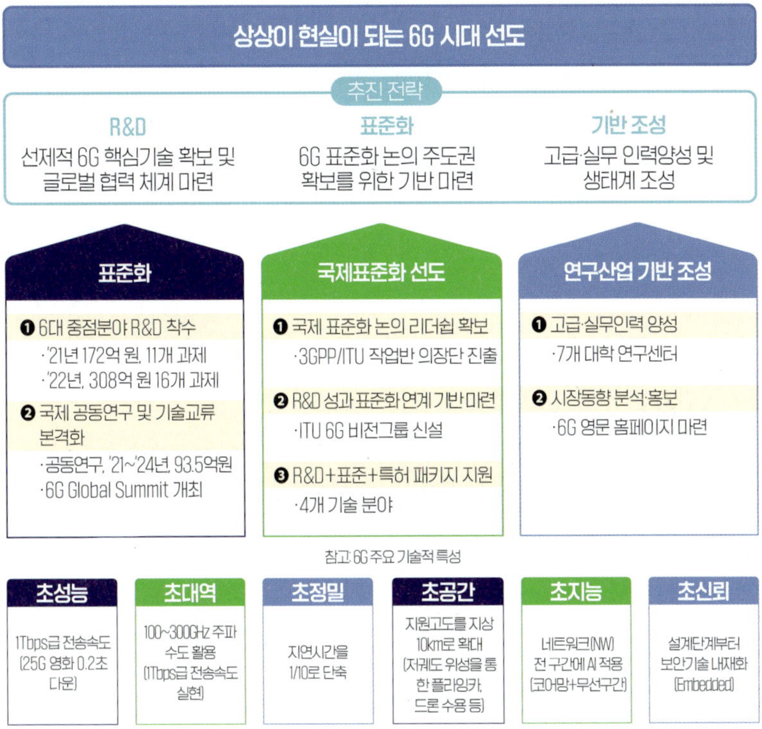

그림 4-26 6G R&D 추진전략
(출처 : ICT Standard Weekly 제1100호)

주요 추진 전략을 구체적으로 살펴보면 첫째, 차세대 기술 선점 측면에서 6G의 6대 중점분야별 목표 달성을 위하여 연차별 추진 계획을 수립하고, 1차년도에는 6G 기술의 요구사항을 정립하고 개념 설계 계획을 수립하였다. 그리고 국제 공동연구 및 기술 교류 본격화를 위해 표준화 시작 전 해외 주요국과 공조체계를 마련하기로 하고 미국, 중국, 핀란드 등과 6G 원천기술 및 주파수 관련 국제 공동연구 등을 착수하였다. 또한, 'Mobile Korea 2021' 행사를 개최하고 글로벌 6G 민간단체인 미국의 Next G 얼라이언스와 공동협력을 위한 MoU를 체결하는 등 6G 프로모션 활동을 추진하였다.

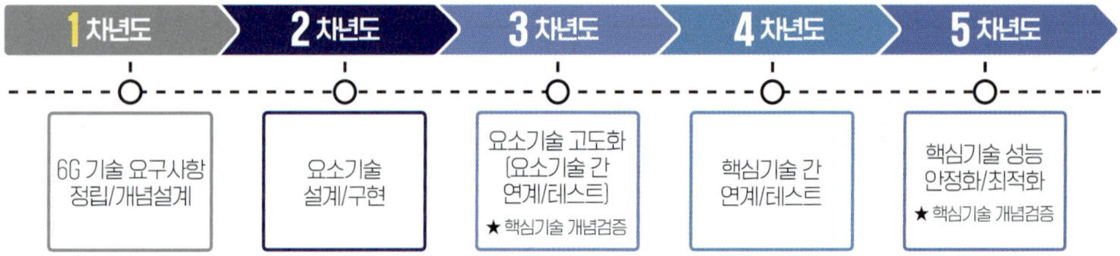

그림 4-27 6G 연차별 추진 계획

둘째, 국제 표준화 선도 및 고부가 가치 표준특허 확보 측면에서 6G 글로벌 리더십 강화를 위하여 ITU/3GPP 등 국제 협의체 내 6G 관련 작업그룹의 의장직에 진출하였다. 그리고 ITU 6G 국제 표준 개발 전주기 일정안 제안 등 6G 표준화 초기부터 일관성 있고 체계적인 국제표준개발을 진행하였다. 뿐만 아니라 표준 특허 확보가 가능한 기술 분야를 매년 발굴하여 표준 특허 전략 맵을 구축하고 R&D 예산과 특허 확보 전략을 패키지로 지원하였다.

셋째, 연구 · 산업기반 조성 병행 측면에서는 국내 대학원 내 총 7개의 6G 연구센터를 지정, 석 · 박사 과정부터 6G 기술개발에 참여토록 하여 기초연구 강화와 인력 양성을 지원하였다. 더 나아가 시장 동향 분석과 홍보를 추진하기 위해서 국내 6G 정책, R&D 현황, 산업동향 등을 기반으로 글로벌 홍보를 위한 '6G Global 홈페이지'를 구축하고 운영하였다.

국외 동향

미국

미국은 2017년 국방부 산하 연구기관인 방위고등연구계획국(DARPA, Defense Advanced Research Projects Agency)을 중심으로 6G 연구 프로젝트를 본격적으로 착수하였다.

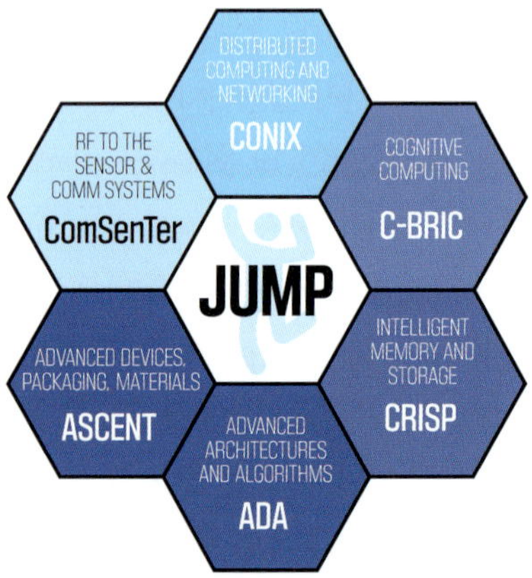

그림 4-28 미국 6G 연구 프로젝트

5년간 2억 달러를 투자하는 JUMP(Joint University Microelectronics Program) 프로젝트를 운영 중이며 그 일환으로 6G 연구를 담당하는 ComSenTer(Converged TeraHertz Communications andSensing Center)를 개소하였다. 5년간 2,750만 달러(약 329억 원)의 예산을 투입하여 테라헤르츠대역에 대해 버클리 대학을 포함한 10개 대학이 공동 연구를 추진 중이다. 특히, 100~1,000GHz 대역 스펙트럼을 활용하여 높은 데이터 용량을 처리하는 무선통신 시스템과 높은 해상도를 가지는 소형 무선 영상 시스템 개발을 공동연구의 주요 목적으로 삼고 있다. 주요 리서치 항목은 베이스밴드 처리 알고리즘 및 아키텍처, 초고속 네트워크 프로토콜, 압축 이미지 시스템용 하드웨어, mmWave Mesh 네트워크 설계, Massive MIMO 및 THz센싱을 위한 신호처리, THz 채널 모델링으로 구성되어 있다.

이와 더불어 2020년 10월 6G 시장 선점을 목표로 미국통신산업협회(Anliance for Telecommunications Industry Solutions, ATIS)는 향후 10년 동안 6G 기술개발과 인프라 조성에 선제적으로 나서 시장 주도권을 확보한다는 목표하에 '넥스트 G 얼라이언스'를 발족하였다. 5G의 진전과 6G 기술 개발과 정책 등 모든 관련 분야에서 미국 기업이 글로벌 기업과 협력해 영향력을 확대한다는 목표를 기반으로 6G 비전 수립 단계부터 6G 국가 로드맵 수립, 6G 정책 · 예산에 대한 정부 우선순위 부여, 글로벌 리더십의 3대 전략 과제를 제시하였다. 창립 회원으로는 미국 3대 이동통신사를 비롯해 통신장비(에릭슨 · 노키아 등), 반도체(인텔 · 퀄컴 등), SW · 플랫폼(MS · 페이스북 등) 등 다수 기업이 참여했다. 2021년 발족한 워킹그룹은 Application, Green G, National 6G Roadmap, Social and Economic Needs,Spectrum, Technology의 총 6개 그룹으로 구성되어 있다.

중국

중국은 2018년 2월부터 과학기술부를 중심으로 차세대 통신 기술 · 표준 개발을 위해 브로드밴드통신 및 신규 네트워크 중점 프로젝트(2018~2022)에 착수하였다. 2019년 11월에는 6G 전담기구를 출범했고 과학기술부는 관련 부처 관계자들로 구성된 '국가 6G 이동통신 연구 · 개발 추진 공작조'와 대학과 연구기관 기업 소속 전문가 37명으로 구성된 '총괄 전문가조'를 각각 구성하였다.

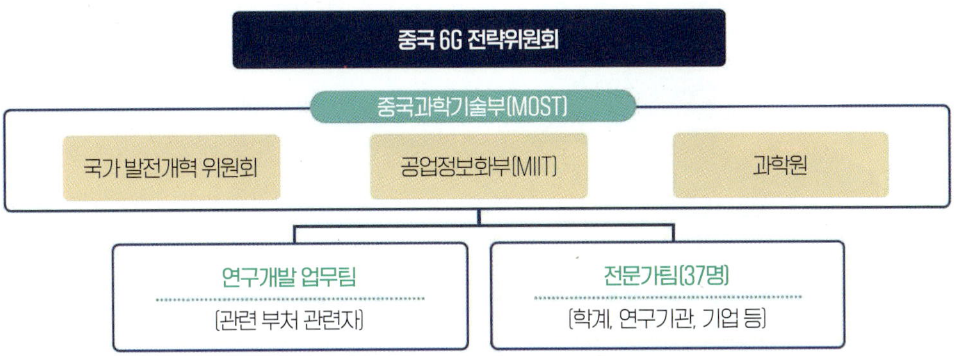

그림 4-29 중국 6G 전담기구
(출처: 정보통신기획평가원 ICT Standard Weekly 제1100호)

이와 더불어 중국 공업정보화부는 2019년 6월 기존 5G의 IMT-2020 추진단을 기반으로 중국정보통신원(China Academy of Information and Communications Technology, CAICT) 산하에 IMT-2030(6G)을 설립하였다. 주요 회원사로 중국의 주요 통신 사업자, 제조기업, 대학, 연구기관 등을 포함하고 있으며, 중국의 6G 분야 산학연 협력, R&D 활성화 및 국제 교류 · 협력 증진의 주요 플랫폼 역할을 수행한다. IMT-2030(6G)은 2020년 3월 공업정보화부 소속 연구기관인 중국전자정보산업개발연구소(China Electronic Information Industry DevelopmentInstitute, CCID)에 의해 발간된 6G 개념 및 비전 백서에 이어 6G의 전반적인 비전과 핵심 기술에 대한 백서를 2021년 6월에 발표하였다. 백서는 6G가 몰입화(immersive), 지능화(intelligent), 보편화(universal)라는 3대 트렌드하에 몰입형 클라우드 XR(eXtended Reality), 홀로그래픽 통신, 오감 연결 인터넷, 지능형 상호작용, 센싱 통신, 지능의 확산, 디지털 트윈, 지구 전역의 심리스(seamless) 연결(천지일체화) 등 8대 서비스 환경을 조성할 것으로 전망하였다. 또한, 백서를 통해 6G 실현을 위해 필요한 네이티브 AI 기반 신규 무선 인터페이스 및 네트워크 아키텍처, 증강형 무선 인터페이스 기술, 신규 주파수 기술, 분산형 네트워크 구성, 시간 확정형 네트워크 등의 핵심 기술을 발표하였다.

유럽

유럽은 주로 대학을 중심으로 다양한 연구 주체가 참여하는 형태로 6G 프로젝트가 진행되었다. 대표적으로 핀란드 오울루대학은 2018년 3월부터 6G 플래그십 프로젝트인 '6G Genesis(6G Enabled Wireless Smart Society & Ecosystem)' 사업을 8년동안 약 3천억 원 규모로 추진 중이다. 오울루대학 이외에 통신 사업자, 에릭슨 등의 장비 · 부품 기업, 연구소 등이 협업하여 다양한 기술과 시스템 파일럿을 통한 산업계 지원, 6G 기초 기술 구성 요소 기술 개발, 신뢰할 수 있고 안전한 디지털 사회 전환 촉진의 3대 연구 활동 목표를 수립하였다.

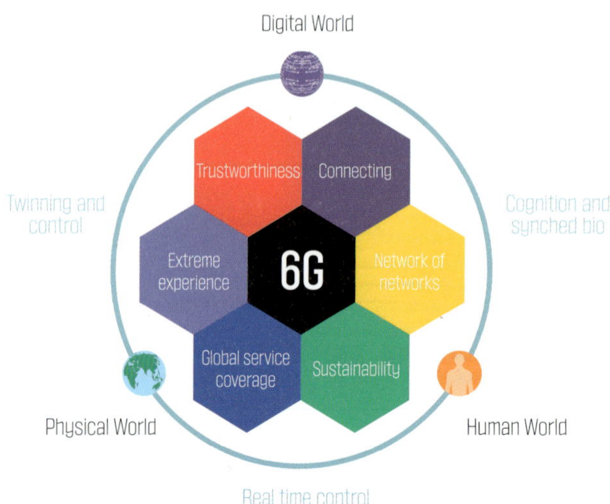

그림 4-30 6G Genesis(6G Enabled Wireless Smart Society & Ecosystem)

이후 2020년 12월 6G 시스템 비전과 핵심 기술 개발을 위해 민간 중심의 6G 이동통신 연구개발 그룹인 Hexa-X 프로젝트를 출범하고 2030년 상용화를 목표로 6G 표준기술 선점 전략을 본격적으로 가동하고 있다. Hexa-X는 기존 연구 중심의 6G 플래그십 프로젝트를 확장하여 민간 기업까지 참여해 진행하는 대규모 프로젝트로 노키아, 에릭슨, 오렌지, 텔레포니카 등 다양한 멤버로 구성되어 있다. 세부적으로 6대 주요 개발 과제로 인텔리전스 연결, 디지털 생태계를 위한 단일 네트워크, 지속 가능성, 글로벌 서비스 커버리지, 최고의 서비스 경험, 신뢰성 제공 등을 제시하였다.

표 4-12 Hexa-X 프로젝트 6대 과제

구분	주요 내용
인텔리전스 연결	AI/ML 기술을 통한 서비스 제공
디지털 생태계를 위한 네트워크	• 여러 유형의 네트워크 리소스를 통합 • 단일 네트워크를 하나의 네트워크로 구성
지속 가능성	• 사회 · 산업 · 경제의 자원 사용의 효율성 증대 • 에너지 최적화 디지털 인프라 지향
글로벌 서비스 커버리지	• 원격 연결을 위한 글로벌 서비스 커버리지 제공 • 저렴하고 효율적인 솔루션 제공
최고의 서비스 경험	초고속, 저지연, 대용량, 정밀한 위치 파악 및 감지 등의 기술을 적용하여 최고의 서비스를 제공
신뢰성 제공	• 통신의 보안(기밀성+무결성)을 보장 • 개인 데이터의 보안성 제공

일본

일본은 총무성을 중심으로 2020년 1월 'Beyond 5G 추진 전략 간담회'를 발족하고 도쿄대, NTT도코모, 도시바 등 민간 기업이 참가한 관민 합동 연구회를 통해 5G 이후의 통신시장 변화 전망과 종합 전략 수립을 위한 논의를 진행하였다. 이후 2020년 4월 한국, 미국, 중국 등 주요국에 비해 5G에서 뒤쳐진 이동통신 분야 경쟁력을 회복하고 6G에서 경쟁 우위 선점을 위해 2030년 6G 도입을 목표로 'Beyond 5G 추진 전략'을 마련하였다. Beyond 5G 추진 전략의 기본방침은 그림 4-31과 같이 글로벌 퍼스트, 혁신을 창출하는 에코 시스템 구축, 자원의 집중 투자 등 3대 기본방침으로 설정되어 있다. 이를 위해 연구개발 전략, 지적재산 · 표준화 전략을 마련하고, Beyond 5G의 원활한 조기 도입과 시장 점유율 30% 수준 달성 등 국제 경쟁력 강화를 주요 목표로 수립하였다. 기술개발 측면에서는 초고속 대용량, 초저지연율, 초다수 동시 접속, 초저 소비전력, 초안전 및 신뢰성, 자율성 및 확장성의 7개 기능별 기술을 도출하고 각 기술별 핵심 성능지표를 도출하였다.

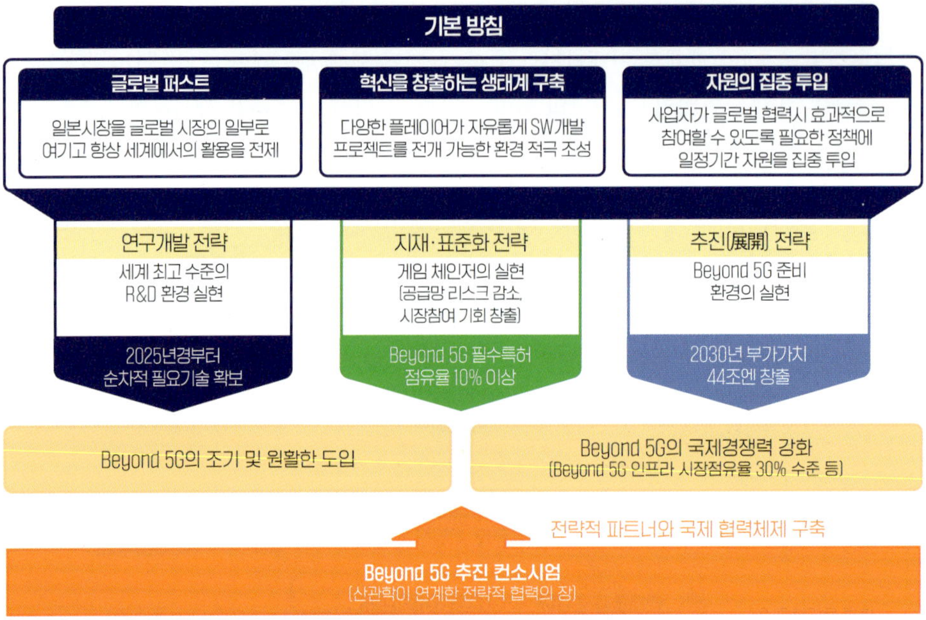

그림 4-31 2030년 일본 Beyond 5G 추진 전략

표 4-13 주요 기술별 핵심 성능 지표

기능	주요 내용	주요 개발 기술
초고속 대용량	• 액세스망 통신 속도는 5G의 10배 • 코어망 통신 속도는 현재의 100배	테라헤르츠파
초저 지연율	• 5G의 1/10 수준 저지연율 • 사이버-물리 시스템 완전 동기화 • 보안 네트워크와 고도 동기화	시공간 동기화 (사이버공간 포함)
초다수 동시 접속	다수 동시 접속 수는 5G의 10배	센싱
초저 소비전력	현재의 1/100 수준 저소비전력	All-Fiber 네트워크 저소비전력 반도체
초안전 및 신뢰성	• 보안 상시 확보 • 재해 및 장애 발생 시 순간 복구	양자암호
HAPS 포용적 인터페이스	• 자율적으로 동작하는 기기들 간의 자동 연계 • 유무선을 넘어 최적 네트워크 구축	완전가상화
확장성	• 위성 및 성층권통신시스템(HAPS)과의 접속(우주 및 해양 포함) • 기기 간 상호 연동으로 모든 장소에서 통신	HAPS 포용적 인터페이스

이와 더불어 2020년 12월 강력하고 적극적인 6G 상용화 이행을 위해 'Beyond 5G 추진 컨소시엄'을 발족하고 지재권과 표준화를 전담하는 'Beyond 5G 신경영 전략센터'를 설립하였다. Beyond 5G 추진 컨소시엄은 도쿄대, NTT 도코모, KDDI, 소프트뱅크, 라쿠텐 모바일 등 이

동통신 관련 주요 업체가 모두 참여 중이며 5G 모바일 추진 포럼(5GMF), 테스트베드 구성과 관련된 Beyond 5G R&D 추진 플랫폼 등과 연계하여 활동을 추진하고 있다.

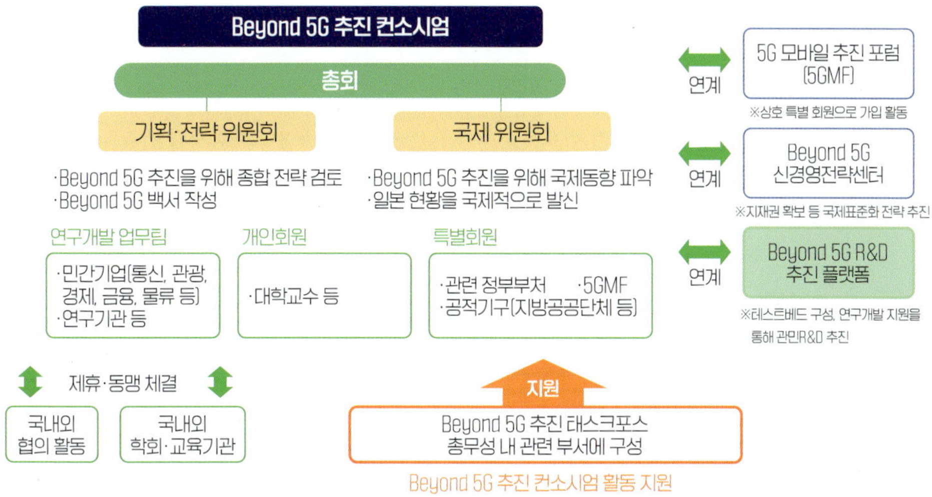

그림 4-32 Beyond 5G 추진 컨소시엄 구성

더 나아가 총무성은 2021년 9월 Beyond 5G의 원활한 조기 도입과 국제 경쟁력 강화를 위해 기존의 국내 우선 도입 후 해외로 확산하는 방식에서 국내 시장을 글로벌 시장의 일부로 접근하는 방식으로 변경하는 등 관련 세부 연구개발 방침을 개정하였다. 이러한 기본 방침을 근거로 Beyond 5G 기능 실현형 프로그램, Beyond 5G 국제 공동 연구형 프로그램 및 Beyond 5G 니즈 창출형 프로그램의 총 3대 연구 개발 프로그램을 실시하였다. 첫째, Beyond 5G 기능 실현형 프로그램에서는 초고속 대용량, 초저 지연, 초다수 동시 접속, 초저 소비전략, 초안전 및 신뢰성, 자율성, 확장성 등 Beyond 5G 추진 전략의 7대 기능을 실현하는 데 있어서 핵심이 되는 기술을 대상으로 공모형 연구개발을 실시하였다. 둘째, Beyond 5G 국제 공동 연구형 프로그램에서는 외국 정부 및 기업 등 전략적 파트너와의 국제 협력 체계를 수립하고 Beyond 5G 실현에 필요한 첨단 요소 기술의 공동연구 개발과 국제 표준화를 추진하였다. 셋째, Beyond 5G 니즈 창출형 프로그램에서는 기술 혁신 속도가 매우 빠른 분야에서 신속한 시작과 리스크를 허용하면서 혁신을 일으키기 위해 대학의 젊은 연구자나 벤처 · 스타트업 등의 중소기업을 대상으로 혁신적인 기술 니즈나 아이디어 발굴을 주요 연구개발 대상으로 삼았다.

4.5 연습문제

| 객관식 |

01 네트워크에 대한 설명으로 옳지 않은 것은?

① Net+Work의 합성어로서 컴퓨터들이 통신 기술을 이용하여 그물망처럼 연결된 통신 형태이다.

② 두 대 이상의 컴퓨터들을 연결하고 서로 통신이 가능하도록 한 것이다.

③ 다양한 연결을 통해 컴퓨터 자원을 공유하는 것이다.

④ 독립적인 장치를 적절한 영역 내에서 빠른 속도의 논리적 통신 채널을 이용하여 직접 통신하는 것이다.

02 네트워크의 장점으로 옳지 않은 것은?

① 다른 네트워크에 있는 컴퓨터의 파일에 접근할 수 있다.

② 미디어 스트리밍으로 사진, 음악 또는 비디오 등의 디지털 미디어를 네트워크를 통해 재생할 수 있다.

③ 각 PC마다 별도의 인터넷 계정을 구입하여 광대역 인터넷 연결을 공유할 수 있다.

④ 프린터 공유를 통해 각 PC마다 프린터를 공유하는 대신 한 대의 프린터를 구입하여 네트워크에 있는 모든 사람이 사용할 수 있다.

03 네트워크의 회선 구성 방식으로 옳지 않은 것은?

① 멀티 드롭 ② 회선 다중 방식 ③ 멀티 다중 방식 ④ 포인트 투 포인트

04 네트워크 구조 방식이 아닌 것은?

① 선형 ② 버스형 ③ 스타형 ④ 그래프형

05 모든 컴퓨터가 중앙의 허브(HUB)와 연결된 형태로 컴퓨터 추가 및 변경이 쉬운 네트워크 구조는?

① 스타형 ② 트리형 ③ 버스형 ④ 그래프형

06 하나의 노드에 여러 개의 노드가 가지처럼 확장되어 연결된 형태로 '계층형(hierarchy)'이라고도 불리며 확장이 쉽고 네트워크 구조 파악이 쉬운 네트워크 구조는?

① 그물망형 ② 트리형 ③ 버스형 ④ 선형

07 우회경로를 제공하며 네트워크 신뢰성이 보장되고 설치 비용이 고가이므로, 주로 라우터 연결하는 WAN에 적용되는 네트워크 구조는?

① 그물망형 ② 트리형 ③ 버스형 ④ 선형

08 네트워크 데이터 교환 방식이 아닌 것은?

① 공간 분할 교환 ② 시분할 교환 ③ 위상 교환 ④ 회선 교환

09 근거리 통신망(LAN)의 한 유형으로서, 무선 통신을 사용해 모든 유형의 네트워크 클라이언트 또는 디바이스를 연결하는 통신망은?

① PAN ② LAN ③ WLAN ④ MAN

10 사용자/장치가 직접 연결된 하나의 개인 네트워크에 있는 것처럼 데이터를 보내고 받을 수 있도록 확장된 개인 통신망은?

① CAN ② VPN ③ WLAN ④ ISDN

11 대도시 영역 네트워크 통신망은?

① PAN ② LAN ③ MAN ④ WAN

12 전화, 팩스, 데이터 통신, 비디오텍스 등 통신 관련 서비스를 종합하여 다루는 통합서비스 디지털 통신망은?

① MAN ② SAN ③ ISDN ④ CAN

13 OSI 7계층이 아닌 것은?

① Application ② Session ③ Transport ④ Internet

14 OSI 7계층 중에서 오류 및 흐름제어를 관리하는 계층은?

① 데이터링크 ② 물리 ③ 네트워크 ④ 전송

15 HTTP 포트 번호는?

① 20 ② 23 ③ 53 ④ 80

16 FTP 포트 번호는?

① 20 ② 23 ③ 53 ④ 80

17 신뢰성 있는 데이터 전송을 위해 연결형 통신 방식으로 흐름제어 및 오류제어를 제공하며, TCP를 이용하는 응용 계층 서비스가 아닌 것은?

① DNS ② HTTP ③ SMTP/POP3 ④ Telnet

18 IP 주소를 MAC 주소(하드웨어 주소)로 변환해 주는 프로토콜은?

① ARP ② ICMP ③ RARP ④ IGMP

19 IP 프로토콜에서 발생하는 문제(전송 시간 초과, 혼잡 발생, IP 주소 인식 불가 등)를 송신컴퓨터에게 오류메시지로 알려주는 프로토콜은?

① ARP ② ICMP ③ RARP ④ IGMP

20 화상회의, 원격회의와 같은 멀티캐스트 통신을 지원하는 프로토콜은?

① ARP ② ICMP ③ RARP ④ IGMP

21 5G가 지원하는 세 가지 카테고리가 아닌 것은?

① mMBB ② eMBB ③ URLLC ④ mMTC

22 mMTC에 대한 설명으로 옳은 것은?

① 무선 연결을 위한 고대역폭 서비스를 지원한다.
② 높은 신뢰성을 추구하는 1밀리초(ms)의 초저지연 통신이다.
③ 수십억 개의 센서 및 모니터링 디바이스를 위한 안정적인 통신을 지원한다.
④ 높은 신뢰성을 추구하는 1나노초(ns)의 초저지연 통신이다.

23 다음 설명 중 옳지 않은 것은?

① 1G는 디지털 통신 방식으로 음성 통화 서비스가 가능해졌다.
② 2G는 디지털 방식으로 음성 통화와 문자 서비스가 가능해졌다.
③ 3G는 화상 통화와 무선 인터넷이 가능해졌다.
④ 4G는 본격적인 스마트 폰 기반 인터넷 데이터 서비스가 가능해졌다.

24 5G의 최대 전송 속도는 얼마인가?

① 1Gbps ② 5Gbps ③ 10Gbps ④ 20Gbps

25 많은 수의 안테나에 실리는 신호를 각각 정밀하게 제어하여 특정 방향으로 에너지를 집중시키거나, 또는 반대로 특정 방향으로 에너지가 나가지 않도록 조절이 가능한 기술은?

① 빔포밍 ② 스몰셀 ③ MHN ④ 빔 스위칭

26 3.7~3.8㎓ 대역의 5G 코어망을 갖춘 SA로 공장내 무인 이동로봇(AGV)과 고정형 제조설비 연결 및 자동화를 통한 스마트 팩토리를 구현한 나라는?

① 미국 ② 일본 ③ 핀란드 ④ 독일

27 2019년 11월 범정부 차원의 조직을 발족, 6G 기술 연구에 착수했으며 2020년 3월 6G 개념 및 비전 백서를 발간하였으며, 2020년 11월에는 세계 최초 6G 테스트를 위한 인공위성을 쏘아 올린 나라는?

① 미국 ② 일본 ③ 중국 ④ 러시아

28 2018년 세계 최초로 100Gbps 무선 전송 시연에 성공하였으며 2020년 1월에는 총무성 주관으로 '6G 연구회'를 발족한 나라는?

① 미국 ② 일본 ③ 중국 ④ 러시아

29 6G 기술 성능에 대한 설명으로 옳지 않은 것은?

① 사용자 개인의 데이터 전송 속도를 5G의 100Mbps 수준에서 1Gbps 수준으로 높인다.
② 5G의 1ms 지연 시간에서 1/40 수준으로 낮춘다.
③ 에너지 효율을 5G와 비교하여 100배 또는 1,000배 수준으로 높인다.
④ 데이터 전송 속도를 페타급으로 향상시킨다.

30 5년간 2억 달러를 투자하는 JUMP(Joint University Microelectronics Program) 프로젝트를 운영 중이며 그 일환으로 6G 연구를 담당하는 ComSenTer(Converged TeraHertz Communications andSensing Center)를 개소한 나라는?

① 미국 ② 일본 ③ 중국 ④ 러시아

| 단답식 |

01 다중화 방식이라고도 하며 여러 대의 단말기들을 다중화 장치를 활용하여 중앙 컴퓨터와 연결하여 사용하는 방식은? ( )

02 컴퓨터들이 하나의 케이블에 원형으로 연결된 형태로 토큰(Token)을 이용해 데이터를 전달(Token-Ring)하는 네트워크 구조는? ( )

03 기계식 접점과 전자교환기의 전자식 접점 등을 이용하여 교환을 수행하는 방식은?

( )

04 1969년 미 국방성 연구에서 출발하여 연구 산물을 공유할 목적으로 사용되었으며 아르파넷(ARPAnet)이 자료 분산 목적으로 처음 시도된 프로토콜은? (　　　　)

05 TCP/IP 프로토콜에서 데이터를 분할 및 재조립하는 계층은? (　　　)

| 서술식 |

01 OSI 7계층을 나열하고 간략히 설명하시오.

OSI 7 Layer	

5 장

블록체인

학 습 목 표

1. 블록체인 개요 및 원리에 대해서 학습한다.
2. 암호화폐 종류와 사례를 알아본다.
3. 블록체인 활용 사례 및 전망에 대해서 알아본다.

5.1

블록체인 소개

블록체인 개요

블록체인이란 P2P(Peer to Peer) 네트워크를 통해서 관리되는 분산 데이터베이스의 한 형태로, 거래 정보를 담은 장부를 중앙 서버 한 곳에 저장하는 것이 아니라 블록체인 네트워크에 연결된 여러 컴퓨터에 저장 및 보관하는 기술이다. 분산 원장 기술(Distributed Ledger Technology, DLT)이라고도 한다. 거래 정보를 기록한 원장 데이터를 중앙 서버가 아닌 참가자들이 공동으로 기록 및 관리한다. 블록체인은 분산처리와 암호화 기술을 동시에 적용하여 높은 보안성을 확보하는 한편 거래 과정의 신속성과 투명성을 특징으로 한다. 보안성의 강화로 해커의 공격과 데이터의 왜곡 그리고 기존 중앙 집중 서버 방식(Central Server)에서 가장 큰 문제인 디도스 공격을 원천적으로 방어할 수 있다. 또한 블록체인 플랫폼을 이용하면 제3자의 거래에 의존하던 여러 과정을 생략할 수 있어 비용을 획기적으로 절약할 수 있을 뿐 아니라 제3자가 거래 중심의 보장 및 증명 서비스의 항목들을 블록체인 시스템에 수렴할 수 있다.

그림 5-1 블록체인 활용 전망

블록체인은 보안성이 높고 위·변조가 어렵다는 특성 때문에 데이터 원본의 무결성 증명이 요구되는 다양한 공공·민간 영역에 적용되고 있으며, 새로운 신뢰 기반 기술로 주목받고 있다. 블록체인 기술은 거래 장부인 데이터뿐만 아니라 거래 계약도 중간 신뢰 담당자 없이 할 수 있는데 이것이 바로 스마트 계약(Smart Contract)이다. 현재, 블록체인은 해외 송금 서비스, 장외주식, 채권, 마일리지 등 거래, 디지털 통화 발행 및 이체 서비스 등 다방면에 걸쳐 다양한 형태로 적용되고 있으며, 금융뿐만 아니라 지역화폐(Local Currency) 및 물류·유통, 에너지 산업 등 다양한 분야에서 활용된다.

표 5-1 금융업의 블록체인 적용 분야

분야	기능 및 효과
인증	별도의 공인인증기관 없이 간편하고 안전한 대체 인증 수단 제공
결제 및 송금	소액 결제 및 해외 송금 서비스의 보안성 제고 및 수수료 비용 절감
증권 거래	통화, 장외주식, 파생상품 등의 거래에 소요되는 시간 단축
스마트 계약	조건에 의해 거래가 자동적으로 성립되므로, 중간관리자에 의한 사기/위조 방지
대출 · 투자 · 무역거래	• 중개자를 배제한 비대면 P2P 대출 서비스 • 클라우드 펀딩을 통해 소액자금 조달 및 투자 • 송장 정보 공유를 통한 송장 사기 방지

블록체인 원리

블록체인 기술은 거래 정보를 기록한 원장 데이터를 중앙 서버가 아닌 네트워크에 참가하는 모든 공동체가 거래를 기록하고 관리하는 P2P(Peer to Peer, 개인 대 개인) 방식의 탈중앙화 기술이다. 기존 금융 시스템에서는 금융 회사들이 중앙 서버에 거래 기록을 보관해온 반면, P2P 방식을 기반으로 하는 블록체인은 거래 정보를 블록에 담아 순서대로 연결하고 모든 참여자가 공유한다.

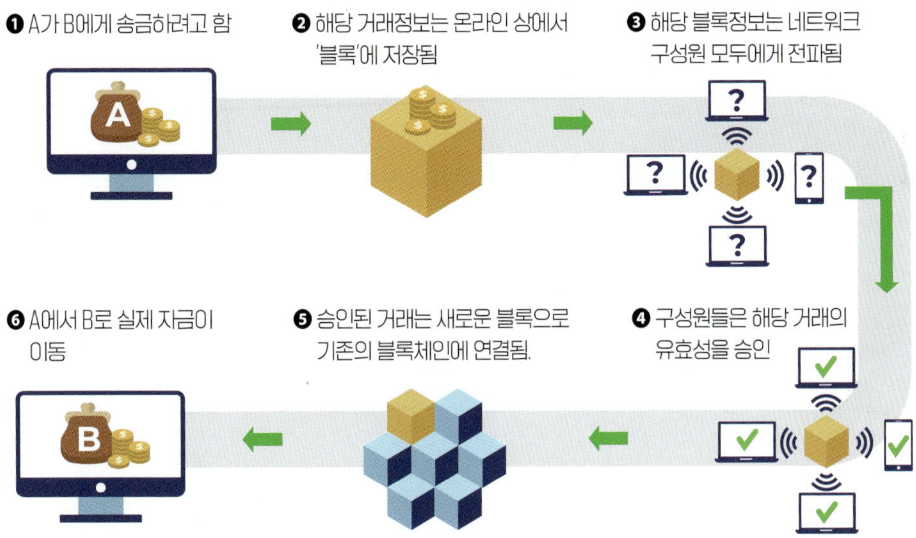

그림 5-2 블록체인 거래 정보

블록체인 거래 과정은 다음과 같이 이루어진다.

1. A가 B에게 송금 희망 등의 거래 요청을 한다.
2. 해당 거래 정보가 담긴 블록이 생성된다.
3. 블록이 네트워크상의 모든 참여자에게 전송된다.
4. 참여자들은 거래 정보의 유효성을 상호 검증한다.
5. 참여자 과반수의 데이터와 일치하는 거래 내역은 정상 장부로 확인하는 방식으로, 검증이 완료된 블록은 이전 블록에 연결되고 그 사본이 만들어져 각 사용자의 컴퓨터에 분산 저장된다.
6. A가 B에게 송금하여 거래가 완료된다.

이렇게 거래할 때마다 거래 정보가 담긴 블록이 생성되어 계속 연결되면서 모든 참여자의 컴퓨터에 분산 저장되는데, 이를 해킹하여 임의로 수정하거나 위조 또는 변조하려면 전체 참여자의 과반수 이상의 거래 정보를 동시에 수정해야 하기 때문에 사실상 불가능하다. 따라서 접근을 차단함으로써 거래 정보를 보호 · 관리하는 기존의 금융 시스템과는 전혀 달리, 블록체인에서는 모든 거래 정보를 누구나 열람할 수 있도록 공개한 상태에서 은행과 같은 공신력 있는 제3자의 보증 없이 당사자 간에 안전하게 거래가 이루어진다.

블록체인 유형

블록체인은 활용되는 목적에 따라 3가지 종류로 나뉘며 각 블록체인마다 특징이 있다.

표 5-2 블록체인 종류

구분	퍼블릭 블록체인	프라이빗 블록체인	컨소시엄 블록체인
관리자	모든 거래 참여자	컨소시엄에 소속된 참여자	중앙기관이 모든 권한 보유
거버넌스	한 번 정해진 법칙을 바꾸기 매우 어려움.	컨소시엄 참여자들의 합의에 따라 법칙을 바꿀 수 있음.	중앙기관의 의사결정에 따라 법칙을 바꿀 수 있음.
거래 속도	네트워크 확장이 어렵고 거래 속도가 느림.	네트워크 확장이 쉽고 거래 속도가 빠름.	네트워크 확장이 매우 쉽고 거래 속도가 빠름.
데이터 접근	누구나 접근 가능	허가받은 사용자만 접근 가능	허가받은 사용자만 접근 가능
식별성	익명성	식별 가능	식별 가능

● 퍼블릭 블록체인(Public Blockchain)

개방형 블록체인으로 누구나 트랜잭션을 생성할 수 있어 앞에서 설명한 공공거래 장부에 해당한다. 통상 블록체인이라 하면 퍼블릭 블록체인을 지칭한다. 퍼블릭 블록체인은 누구나 참여할 수 있고 모든 참여자의 상호 검증을 거쳐 신뢰도가 높다. 트랜잭션 내역이 모두에게 공개되어 네트워크에 참여한 모든 노드(Node)가 이를 검증하고 거래를 승인하기 때문이다. 하지만 모든 참여자의 거래 기록을 남기고 이를 공유하느라 처리 속도가 느리다는 단점이 있다.

프라이빗 블록체인(Private Blockchain)

폐쇄형 블록체인으로 퍼블릭 블록체인의 상대적 개념이다. 프라이빗 블록체인은 서비스 제공자(기업 또는 기관)의 승인을 받아야만 참여할 수 있으며 주로 기업에서 활용하여 엔터프라이즈 블록체인(Enterprise Blockchain)이라고도 한다. 여러 기업(또는 기관)이 공동으로 참여하는 컨소시엄 블록체인(Consortium Blockchain)도 넓은 의미에서 프라이빗 블록체인의 범주에 속한다.

프라이빗 블록체인은 법적 책임을 지는 기관만 트랜잭션을 생성할 수 있고, 그 안에서는 승인된 기관만 트랜잭션을 검증하고 거래를 승인한다. 승인받은 노드만 참여하고 다른 노드의 검증을 구할 필요가 없기 때문에 처리 속도가 훨씬 빠르지만, 사용자가 서비스 제공자에게 전적으로 의존해야 하기 때문에 퍼블릭 블록체인에 비하여 신뢰성에 한계가 있다. 하지만 프라이빗 블록체인에서 발생하는 시간상의 트랜잭션을 해시 함수를 만들어 퍼블릭 블록체인에 저장하는 방식인 앵커링(Anchoring)*으로 신뢰성을 극복하며, 이러한 기술적 발달이 프라이빗 블록체인의 여러 문제를 해결하고 있다. 이러한 앵커링 적용은 앞으로 프라이빗 블록체인의 진본성과 악의적 왜곡의 합의를 방지할 수 있는 가장 획기적인 신기술로 적용되고 있으며, KB국민카드 프라이빗 블록체인이 앵커링 시스템을 통해 시행되고 있다. 한국조폐공사가 추진 중인 블록체인 공공 플랫폼의 경우도 앵커링 시스템을 포함시키는 플랫폼으로 설계되어 진본성을 퍼블릭 블록체인 노드의 참여로 보증하고 있다.

잠깐만요 앵커링(Anchoring)

프라이빗 블록체인에 기록된 데이터의 해시값을 주기적으로 퍼블릭 블록체인 안에 포함시키는 것이다.

프라이빗 블록체인의 설치는 네트워크 참여 컴퓨터(Node)의 개수 조정으로 설치 비용이 감소되어 기존 서버 중심의 비용을 줄일 수 있다. 블록체인 플랫폼은 기존의 서비스 단위의 개별 서비스마다 만들어내는 단일 프로그램이 아니라 여러 가지 응용 프로그램(증명, 서류, 보험금 지급, 토큰의 생성)을 한 플랫폼에 서비스할 수 있다.

- **컨소시엄 블록체인**

프라이빗 블록체인의 확장이다. 서로 다른 프라이빗 블록체인의 결합으로 각기 다른 블록체인에서 생성한 이질적인 블록을 오더링*이라는 프로세스로 연결하여 신뢰성의 확보 및 확장성을 가진 블록체인이다.

잠깐만요 오더링

오더링은 블록 안의 트랜잭션 순서를 정하고 연결된 노드들에게 전달하는 기능을 한다. 트랜잭션의 순서는 FCFS(First-Come First-Serve) 방식에 의해 결정된다.

블록체인 합의 알고리즘

블록체인은 트랜잭션 정보를 기록한 일종의 분산 장부로서 각 노드가 각각 자신의 장부를 가지고 있고, 각 장부의 내용은 합의 알고리즘에 의해 동일하게 유지된다. 장부에 기록되는 하나의 엔트리는 트랜잭션으로 표현될 수 있으며, 장부에 기록을 원하는 사용자가 트랜잭션을 생성하여 P2P 네트워크에 전달하면 블록체인 처리 노드들이 이를 모아 블록을 생성한다. 블록이 서로 체인으로 연결되어 있기 때문에, 트랜잭션의 순서화된 기록이 가능하게 된다. 이렇게 연결된 블록체인의 인스턴스는 하나의 분산 장부를 표현하게 된다.

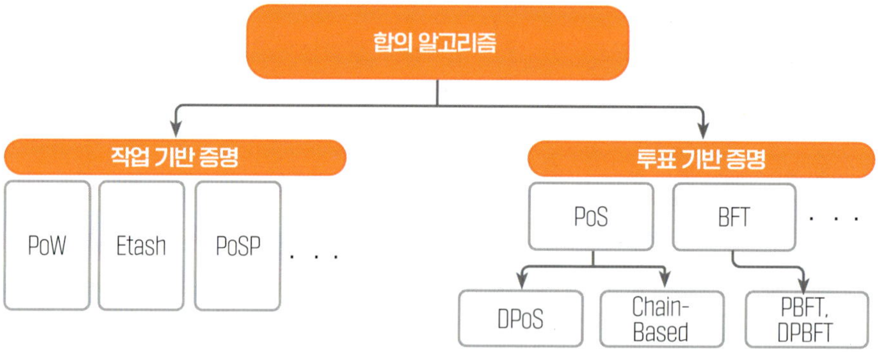

그림 5-3 블록 생성 방식에 따른 합의 알고리즘 구분

즉, 합의 알고리즘은 다수의 참여자들이 의사 결정에 참여해 통일된 결정을 내리기 위해 사용되는 알고리즘이다. 블록체인 네트워크에서는 모든 참여자들이 동일한 데이터를 복사해서 분산 저장하기 때문에 원본과 사본의 구분이 없다. 또한 통일된 의사 결정을 내려줄 중앙이 존

재하지 않는다.

블록체인 네트워크 참여자들이 가지고 있는 데이터는 모든 참여자들이 동시에 가지고 있기 때문에 블록에 기록될 데이터가 위변조되지 않은 원본이라는 것을 상호 간 합의하는 과정이 필수적이다. 만약, 악의적인 사용자가 위변조 데이터를 블록에 추가하거나 네트워크에 공유하면 블록체인 네트워크는 무너지게 된다. 따라서 이를 방지하기 위해 다수의 노드들이 데이터를 상호 검증하고 올바른 블록을 생성하는 프로세스와 알고리즘이 바로 합의(Consensus)이다.

● 작업 증명(Proof of Work, PoW)

작업 증명이란 목표값 이하의 해시를 찾는 과정을 무수히 반복함으로써 해당 작업에 참여했음을 증명하는 방식의 알고리즘이다. 채굴을 통해 작업 증명을 한다. 비트코인, 라이트코인, 비트코인캐시, 비트코인골드, 모네로, 지캐시, 시아코인, 불워, 에이치닥 등의 암호화폐에서 작업 증명 방식을 사용하고 있다.

'작업'이란 '채굴'에 이르기까지의 연산 과정을 뜻한다. 채굴자들은 컴퓨터로 복잡한 수식을 풀어 조건에 맞는 해시값을 찾는 과정을 반복한다. 이 경우 모든 노드들이 찾아낸 해시값을 검증하고 승인하는 과정을 거쳐 블록에 거래 내역을 저장한다. 따라서 거래 내역을 속이기가 힘들다는 장점이 있다. 이런 점에서 작업 증명 합의 알고리즘은 블록체인이 가지는 탈중앙화라는 본질을 가장 잘 살린 합의 방식이다. 그러나 이런 과정 때문에 거래 처리 속도가 늦어진다는 한계가 있다. 또한 채굴에 필요한 에너지 소비가 심하다는 것도 단점이다. 이 때문에 일정 조건에 따라 블록 생성에 참여하는 노드들을 제한하는 지분 증명 방식이 등장했다.

● 지분 증명(Proof of Stake, PoS)

지분 증명은 해당 암호화폐를 보유하고 있는 지분율에 비례하여 의사 결정 권한을 주는 방식이다. 주주총회에서 주식 지분율에 비례하여 의사 결정 권한을 가지는 것과 유사하다. 채굴 과정이 필요 없다. 큐텀(QTUM), 피어코인(Peercoin) 등의 암호화폐가 지분 증명 방식을 사용하고 있다. 스트라티스(Stratis)는 처음에 작업 증명 방식을 사용했으나 지분 증명 방식으로 변경했다. 이더리움도 이더리움 2.0부터 작업 증명 방식을 벗어나 지분 증명 방식을 채택할 예정이다.

지분 증명은 의사 결정 권한을 코인 보유량에 비례해 지급하는 방식이기 때문에 코인을 많이 보유하고 있는 노드일수록 블록 생성에 참여할 수 있는 기회가 더 많다. 블록 생성에 따른 보상도 코인 보유량에 비례한다. 주주총회에서 주식 지분에 비례해 더 큰 의사 결정 권한을 가지는 것과 유사하다고 보면 된다. 지분 증명 방식은 모든 노드들의 승인을 거치지 않아도 되니 작업 증명 방식보다 거래 처리 속도가 빠르다. 이는 곧 전력 소비를 줄일 수 있음을 의미한다. 이 때문에 이더리움 재단은 기존 합의 방식인 작업 증명 방식을 지분 증명 방식으로 전환하기 위한 '캐스퍼(Casper)' 프로젝트를 진행 중에 있다. 그러나 지분 증명 방식은 '평등'을 추구하는 블록체인의 본질에서 벗어나 '부익부 빈익빈'을 초래한다는 꼬리표가 따라다닌다. 많은 코인을 가지고 있을수록 더 많은 보상을 받는 구조이기 때문이다.

● 위임 지분 증명(Delegated Proof of Stake, DPoS)

위임 지분 증명은 암호화폐 소유자들이 각자의 지분율에 비례하여 투표권을 행사하여 자신의 대표자를 선정하고, 이 대표자들끼리 합의하여 의사 결정을 내리는 방식이다. 국민의 대표로 의원을 뽑아 의회를 구성하는 대의 민주주의 제도와 유사하여 '토큰 민주주의'라는 별명이 붙기도 했다. 이오스, 스팀, 리스크, 엘프, 라이즈, 아크, 비트셰어, 시프트, 보스코인 등이 위임 지분 증명 방식을 채택하고 있다.

위임 지분 증명 방식의 경우 소수의 대표 노드에게만 거래 내역 승인을 거치면 되니 처리 속도는 훨씬 빨라진다. 이더리움은 평균적으로 초당 20TPS를 처리하는 반면 이오스는 3000TPS를 처리할 수 있어 속도 면에서의 장점은 이미 검증되었다. 그러나 2018년 9월, 이오스 블록 생성을 담당하는 대표 노드 가운데 일부가 블록 생성자 자격을 유지하기 위해 서로에게 투표했다는 의혹이 제기되었다. 이에 따라 위임 지분 증명 방식에 치명적인 결함이 있다는 사실이 알려졌다. 이처럼 위임 지분 증명 방식은 일반 노드들의 투표율이 저조할 경우 소수의 대표 노드들에 의해 블록체인 생태계가 좌지우지될 수 있다는 한계가 있다.

● 비잔틴 장애 허용 알고리즘(Byzantine Fault Tolerance, BFT)

비잔틴 장애 허용 합의 알고리즘은 네트워크에 장애가 발생하더라도 전체의 1/3을 넘지 않는다면 시스템이 정상 작동하도록 허용하는 방식이다. 블록체인 네트워크가 정상 작동하기 위해서는 참여자들이 정직하게 행동할 필요가 있다. 비잔틴 장애 허용 합의 알고리즘은 악의적인 참여자가 네트워크 전체를 붕괴시키는 것을 방지하여 비잔틴 문제를 해결하기 위해 고안된 것이다.

● 프랙티컬 비잔틴 장애 허용 알고리즘(Practical Byzantine Falut Tolerance, PBFT)

프랙티컬 비잔틴 장애 허용 합의 알고리즘은 여러 노드가 참여하고 있는 네트워크에서 악의적인 공격을 방어하기 위해 고안된 알고리즘이다. 대표적으로 네오, 질리카, 하이퍼레저, R3, ITC, 텐더민트 등이 있다.

경과 시간 증명(Proof of Elapsed Time, PoET)

하이퍼레저 소투스(Hyperledger Sawtooth)에서 제안된 합의 알고리즘이다. 작업 증명 방식의 경쟁적 해싱 연산으로 낭비되는 에너지를 줄이면서 유사한 수준의 보안성을 보장하기 위해 제시됐다.

인텔은 경과 시간 증명이라는 고유의 대안적 합의 알고리즘을 내놓았다. 이 시스템은 작업 증명 방식과 유사하게 작동하지만 전기를 훨씬 적게 소모한다. 나아가 참여자들이 암호화된 퍼즐을 풀게 하는 대신, 알고리즘이 SGX(Software Guard Extension)와 같은 필요 에너지 소비량(TEE)을 사용하여 요구되는 작업 없이 블록들이 랜덤으로 당첨되는 형태를 보장한다. 경과 시간 증명 방식은 이름에서 알 수 있듯이 시간과 관련된 것으로, 필요에너지 소비량을 통해 제공되는 대기시간에 근거한다. 또한 SGX를 기반으로 블록을 생성하는 리더를 선정하는데 이때, 가능한 다수의 노드가 합의에 참여하여 공정하게 리더를 선정하도록 하며 보안 CPU 명령을 사용하여 리더를 선정함으로써 안전성과 무작위성을 보장한다. 경과 시간 증명 합의 알고리즘은 수천 개의 노드로 확장되고 SGX를 지원하는 어떠한 인텔 프로세서에도 효율적으로 운영되며, 신뢰할 수 있는 실행 환경을 활용하여 비잔틴 장군 문제에 대한 해결책을 제시하고 있다. 즉, 신뢰할 수 있는 실행 환경에서 합의에 도달하게 되므로 비잔틴 노드의 발생을 원천적으로 방지하는 알고리즘이다. 이때 신뢰할 수 있는 환경이라고 함은 인텔 SGX라는 보안 명령 코드가 보안 기능을 갖춘 메모리의 실행 영역인 엔클레이브(enclave)에서 실행되도록 하는 것을 의미한다.

권위 증명(Proof of Authority, PoA)

권위 있는 기관에서 조건에 맞는 노드를 증명해 이들 간 합의를 이루는 방식이다. 두나무 블록체인 서비스(DBS)는 권위 증명 방식을 사용한다. 권위 증명에서는 블록체인에 참여한 멤버 전원에게 네트워크 운영에 참여할 권리를 주고, 전원이 해당 권한 위임에 투표를 진행한다. 참여자들이 다른 참여자의 권한 위임에 투표함으로써 모든 멤버가 지속적으로 합의 알고리즘에 참여할 수 있다. 네트워크 관리자는 순차적이고 투명한 투표 진행으로 네트워크에 대한 권한을 바꿔주기만 하면 된다.

표 5-3 블록체인 합의 방식

체인 공개 유형	합의 방식	설명	장점	단점	사용 코인
퍼블릭 비허가형 공개형	작업 증명 (PoW)	• 높은 컴퓨팅 파워를 가진 노드가 블록을 생성하게 됨. • 각 노드의 연산 능력을 바탕으로 블록 생성 증명	검증된 방식	• 51% 공격 • 완결성 문제 • 느린 트랜잭션 • 에너지 낭비	• 비트코인 • 라인트코인
프라이빗 허가형 컨소시엄	지분 증명 (PoS)	• 지분 양에 비례해 블록 생성 권한을 부여받음. • 실제 대규모 환경에서 검증 자료 부족	• 51% 공격 문제 해결 • 빠른 트랜잭션 • 에너지 효율 좋음	검증 부족	• 퀀텀 네오 • 스트라디스 (이더리움)
	위임 지분 증명 (DPoS)	• 위임받은 상위 노드들이 블록 생성 • 네트워크 신뢰도가 상위 노드들에게 종속됨.	• 빠른 트랜잭션 • 에너지 효율 좋음.	• 검증 부족 • 탈중앙성 부족 • 보안 취약	• 스팀 • 이오스 • 아크 • 라이즈
	경과 시간 증명 (PoET)	• 하이퍼레저 쏘투스 레이크에서 제안되었으며 인텔 SGX을 기반으로 블록을 생성하는 리더를 랜덤으로 생성함. • 낭비되는 에너지를 줄이면서 작업 증명과 유사한 방식으로 작동하는 알고리즘	• PoW 방식 개선 • 에너지 낭비 적음	특정 H/W 종속됨.	쏘투스
	PBTF	1명의 프라이머리 노드가 모든 참여자에게 요청을 송신한 뒤 결과를 바탕으로 블록을 확정함.	• 완결성 문제 해결 • 빠른 트랜잭션	• 참여자에 대해 사전 확인 필요 • 참가자가 증가하면 성능 하락	페브릭
	권한 증명 (PoA)	블록의 validator라고 승인된 계정에 의해 유효성 검사가 진행됨.	일부 분산된 퍼블릭 블록 체인에서 구현	여전히 중앙 집중식 시스템의 효율적인 버전	두나무
	PAXOS	블록의 validator라고 승인된 계정에 의해 유효성 검사가 진행됨.	리더를 중심으로 합의 형성을 수행하지만 리더가 부정을 저지르는 경우엔 동기화되지 않음.	합의 형성에만 특화되어 있기 때문에 프로그램으로 구현하기 어려움.	스테이블코인
	RAFT	리더를 정한 후 시스템의 모든 상태 변화를 리더를 통해 결정함.	리더가 존재하게 되어 그 전파를 일정 수준 이상으로 유지할 수 있음.	리더 교체가 빈번하면 기존 PoW, PoS보다 성능이 저하됨.	
	Sieve	IBM에서 고안한 PBET 확장 알고리즘	각 노드의 실행 결과가 다를 가능성을 조기에 탐지	처리 절차는 PBFT보다 많음.	

5.2

암호화폐 소개

비트코인

● 비트코인 소개

비트코인은 2009년에 태어난 글로벌 전자지불 네트워크이자 이를 기반으로 통용되는 디지털 화폐의 명칭이다. 중앙 통제적인 금융기관의 개입이 전혀 없다는 것이 가장 차별화된 특징이며 수학적 알고리즘을 바탕으로 참여자 모두에 의해 관리와 운영이 이루어질 수 있도록 설계되어 있다. 사람들의 컴퓨터와 컴퓨터를 이어 직접 거래하도록 하는 'P2P(Peer-To-Peer)' 방식의 수평적 네트워크에서 거래를 포함한 모든 활동이 이루어지며, 전자적 방식으로만 거래되지만 현금을 쓸 때처럼 익명성이 보장된다는 점 또한 특징적이다.

그림 5-4 비트코인

이 시스템을 만든 이는 사토시 나카모토라는 일본식 이름을 사용하였으며 37세 남성이라고 자신을 소개했지만, 그가 정말 일본인 남성인지 혹은 서양인인지 그도 아니면 여러 사람으로 구성된 작업그룹인지 확인된 바는 없다.

비트코인은 발행될 총량이 정해져 있고 130여 년 뒤면 발행이 끝난다. 여기서는 발행 대신 '채굴(mining)'이라는 용어를 사용하는데 자신의 컴퓨팅 자원을 동원해 비트코인 네트워크의 보안과 거래 기록 관리 작업에 참여하는 사용자들이 마치 금을 캐는 것처럼 컴퓨터 알고리즘을 통해 채굴한다. 2013년 하반기 약 1,200만 비트코인(BTC)이 전 세계에 유통 중이고, 2145년까지 총 2,100만 BTC까지만 발행된다.

비트코인 거래는 이메일을 주고받는 것과 비슷하다. 이전까지는 온라인상의 자금 거래에 항상 제3자(금융기관)의 신용을 바탕으로 한 개입이 필요했다. 비트코인의 등장은 이 과정을 불필요하게 만들었다는 점에서 의미심장한 혁신이었다.

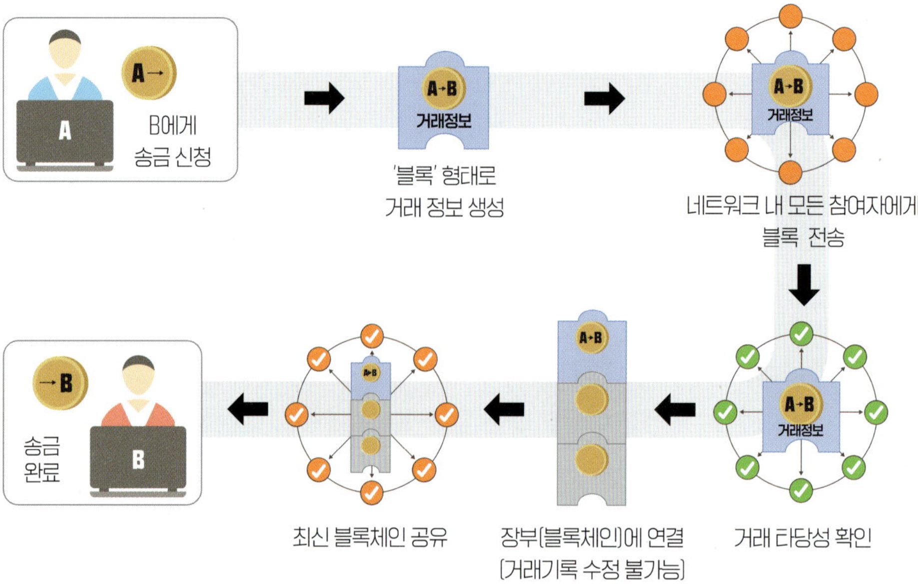

그림 5–5 비트코인의 거래 정보

예를 들어 보자. 영희가 철수에게 10만 원을 인터넷상으로 보내려면 은행이나 신용카드 회사 또는 페이팔 같은 서비스에 의존해야만 했다. 이들 중개자는 계좌 소유자의 잔고와 거래내역이 기입된 온라인상의 장부를 유지·관리하는 역할을 한다. 예컨대 영희가 철수에게 10만 원을 보내면, 금융기관은 영희의 계좌 장부에서 10만 원을 빼고 철수의 장부에 10만 원을 더하는 식으로 거래를 처리하는 것이다.

이런 과정을 거쳐야 하는 이유는 무엇일까? 중개자, 즉 공인된 장부 관리자가 없다면 디지털화된 돈의 경우 이중으로 사용될 수 있기 때문이다. 디지털 캐시는 디지털 문서와 마찬가지로 단지 컴퓨터상의 파일일 뿐이다. 이 같은 문제는 컴퓨터과학에서 이중지불 문제로 알려져 있다.

그렇다면 비트코인은 어떻게 이중지불 문제를 해결했을까? 비트코인이 택한 전략은 분산과 공개였다. P2P 네트워크를 통해 시스템의 모든 이용자들에게 장부를 공개하고 분산했다. 그리하여 비트코인 시스템상에서 발생하는 모든 거래는 하나의 공개 장부에 기록되고, 분산되어 저장되는데 이 단일 장부를 '블록체인(block chain)'이라 한다. 새로운 거래가 발생하면 그 거래에 사용된 비트코인이 예전에 사용된 적이 있었는지 검증된다. 수만 명의 자발적 검증인(채굴자) 및 이용자들로 구성된 전 지구적 규모의 P2P 네트워크가 스스로 금융기관의 역할을 하게 되는 것이다.

또한 비트코인은 독립적인 글로벌 단일 화폐 시스템이기도 하다. 비트코인 네트워크상에서 이루어지는 거래는 페이팔이나 인터넷뱅킹과 달리 달러 · 유로 등으로 표기되지 않는다. 전 세계 어디서나 비트코인(BTC)을 화폐 단위로 하며 거래가 이뤄지고 금액이 표기된다. 이 화폐의 가치는 금 또는 국가 화폐에서 비롯되는 게 아니라 사람들이 부여한 가치만큼 평가되는 것이다. 비트코인에 대한 달러의 가치는 서로 다른 국가 화폐 간 환율과 마찬가지로 수요와 공급에 의해 공개 시장에서 결정된다. 중앙은행이 임의대로 발행량을 조절하고 그에 따라 가치가 점차 낮아지는 기존 화폐와 다른 점이다.

비트코인은 정보의 기본단위인 'BIT'와 동전 'COIN'의 합성어로, 실제 화폐가 아닌 디지털 환경에서 주고받는 물리적 형태가 없는 '디지털 자산'이다. P2P 방식으로 개인 간 자유롭게 송금 등의 금융거래를 할 수 있도록 시스템이 설계되어 있으며, 지갑 파일 형태로 저장된다. 지갑은 각각의 고유 주소가 부여되고, 그 주소를 기반으로 비트코인 거래가 이루어진다.

거래가 이루어질 때마다 누구나 열람할 수 있는 공개된 장부에 거래 기록이 추가된다. 새로운 정보(거래 내역)가 추가될 때마다 블록이 하나씩 생성되고, 이 블록들이 차례로 연결되는데 그 모습이 마치 체인 같다고 하여 블록체인이라고 한다. 모든 거래는 하나의 체인으로 연결되기 때문에 하나의 거래 기록을 탈취하거나 위조하려면 연결된 모든 블록체인을 해킹해야 하므로 안전성을 보장한다.

비트코인은 중앙은행에서 통제하는 일반 화폐와 달리, 전 세계에 분산화되어 있는 수많은 컴퓨터(노드)에 의해 운영된다. 이때 고사양의 컴퓨터로 어려운 수학 문제를 풀면 그 대가로 비트코인을 보상으로 얻게 되는데, 마치 금을 캐내는 것과 같다고 하여 채굴이라고 한다.

비트코인은 총 발행량이 2,100만 BTC로 제한되어 있다. 그래서 약 4년을 주기로 채굴 보상이 절반으로 줄어드는 반감기가 존재한다. 이에 따라 일정 수량이 유통되면 채굴 보상이 절반으로 떨어지며, 비트코인의 희소성이 높아진다. 이처럼 유한한 공급량과 채굴하기 어려운 점을 들어 '디지털 금'이라고 표현하기도 한다.

우리나라 화폐 단위가 10원, 100원, 1,000원 등으로 표현되는 것처럼 비트코인도 공통 단위가 있다. 일반 화폐와는 달리 비트코인은 소수점 이하를 사용하며, 소수점 8자리까지 나누어지는데 그때마다 다른 이름으로 불린다.

표 5-4 비트코인 화폐 단위

비트코인	단위 표시법	단위 호출법	사토시 변환
1 BTC	BTC	비트코인	100,000,000 사토시
0.1 BTC	dBTC	데시 비트코인	10,000,000 사토시
0.01 BTC	cBTC	센티 비트코인	1,000,000 사토시
0.001 BTC	mBTC	밀리 비트코인	100,000 사토시
0.000001 BTC	µBTC	마이크로 비트코인	100 사토시
0.00000001 BTC	Satoshi	사토시	1 사토시

그림 5-6 비트코인 피자데이

2010년 5월 18일, 미국 플로리다주 잭슨빌에 사는 라스츨로 핸예츠라는 사람이 인터넷 '비트코인 포럼' 게시판에 "1만 비트코인을 줄 테니 라지 사이즈 피자 2판을 시켜달라."는 내용의 글을 올렸다. 이 글을 본 영국에 사는 한 사람이 4일 후 핸예츠에게 1만 비트코인을 받고, 핸예츠가 사는 동네의 피자 가게에서 피자 2판을 결제해 배달시켜 준 것으로 알려졌다. 이는 역사상 처음으로 비트코인을 이용해 실생활에서 물건을 구매한 사례로 기록되었고, 이를 기념하기 위해 매년 5월 22일을 '비트코인 피자데이'로 정해 다양한 행사를 진행하고 있다.

비트코인의 특성

탈중앙화

사토시 나카모토가 비트코인을 창시할 당시 중점을 뒀던 주요 목적 중 하나는 네트워크가 어떠한 정부나 민간기관으로부터 간섭이 없이 독립성을 갖춰야 한다는 것이었다. 이 시스템은 모든 개인, 기업, 그리고 채굴과 거래 확인에 개입하는 기계까지 포함한 모든 것들이 거대한 네트워크의 일부로 작동하도록 만들어졌다. 더구나 네트워크의 일부가 작동이 안 되는 경우에도 화폐는 계속해서 작동이 될 수 있도록 설계된 것이다.

익명성

오늘날 은행들은 신용 내역과 주소, 전화번호, 쇼핑 습관 등 고객들에 대해 모든 것을 알고 있다. 반면에 비트코인은 월렛이 개인과 연계되어 있지 않기 때문에 누가 무엇을 하는지에 대해 전혀 알 수 없다. 어떤 사람들은 단순히 남들이 자기 돈으로 뭘 하는지 아는 것을 원치 않는 반면, 어떤 이들은 사람들이 바로 이러한 익명성을 이용하여 마약 거래나 테러리즘 자금 조달 등 불법적이거나 위험한 행동을 한다고 주장한다.

투명성

비트코인의 익명성은 상대적인 개념으로서 모든 BTC 거래는 블록체인상에 기록되어 있다. 따라서 적어도 이론적으로는 자신의 월렛 주소가 남들도 볼 수 있게 공개되어 있다면, 누구든지 약간의 노력으로 내가 얼마의 BTC를 보유하고 있는지 쉽게 알 수 있다는 것이다. 그러나 개인과 연계된 특정 비트코인 주소를 추적하는 일은 거의 불가능하다. 자신의 거래 내역을 남들에게 보이길 원치 않는 사람들은 철저하게 익명성을 유지할 수 있다. 비투명성과 보안성을 중시하는 일부 월렛 서비스를 이용하는 것도 한 가지 방법이지만 그보다 더 손쉬운 방법은 다수의 월렛 서비스를 이용하고 한 월렛에 너무 많은 자금을 이동시켜 저장해놓지 않는 것이다.

신속성

비트코인 네트워크는 거의 실시간으로 결제를 처리한다. 예를 들어 한 사람이 지구 다른 쪽 끝에 있는 사람에게 송금을 할 경우 단 몇 분만에 처리가 가능하다. 그러나 은행 송금은 여전히 며칠이 걸린다.

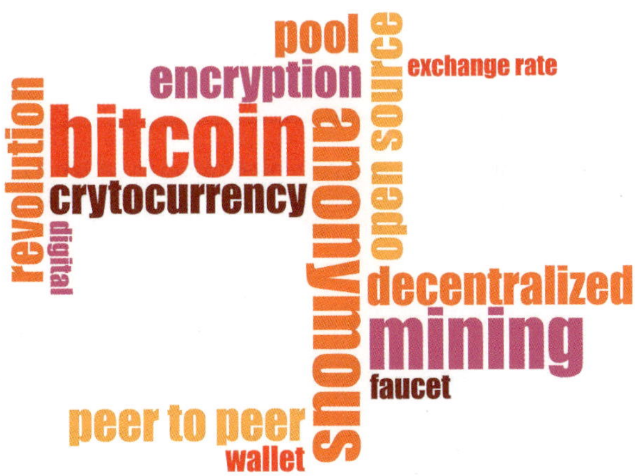

그림 5-7 비트코인의 기능

취소 불가능성

비트코인을 누군가에게 보낼 경우 수신자가 이를 반환하지 않는 한 취소하는 것은 불가능하다. 이러한 특성으로 인해, 누군가에게 송금을 했는데 상대가 받지 못했다는 것은 불가능하다.

비트코인의 장점

자유

BTC를 창시할 당시 가장 중점을 두었던 것은 사용자들의 자유를 보장하는 것이었다. 그런 자유는 무엇보다도 중앙집중적인 기관이 존재해서 거래를 통제하고 거래 수수료를 부과하며 사람들의 돈을 빼앗아가는 일을 없도록 만든다는 것이었다. 최근 몇 년 사이에 암호화폐로 물품과 서비스를 구입하는 일은 법정통화로 구입하는 것만큼이나 수월하고 합법적이 되었다. 더구나 비트코인 이외에 다른 결제 수단은 인정하지 않는 수많은 딥 웹(deep-web) 마켓의 존재를 감안하면, BTC로 물품을 구입하는 일은 전에 비해 훨씬 쉬워졌다고 말할 수 있다.

높은 휴대성

화폐의 가장 중요한 특성 중 하나는 휴대성이다. 즉 들고 다니기 편해야 한다. 비트코인은 100% 디지털 화폐이므로 액수에 상관없이 플래시 드라이브로 편리하게 들고 다닐 수 있고, 온라인 저장도 할 수 있다.

암호화폐는 단지 QR코드를 스캔하거나 온라인 월렛을 클릭하는 것만으로 돈을 주고받을 수 있는 자유를 선사한다. 그러한 거래는 단 몇 초면 가능하고 은행들처럼 엄청난 거래 수수료를 지불할 필요도 없으며, 중간 과정을 거치지 않고 개인과 개인 간의 거래를 직접 행할 수 있다. 이 모든 과정에서 반드시 필요한 것은 인터넷 연결밖에 없다.

거래수수료 결정의 자유

비트코인 네트워크의 빼놓을 수 없는 또 다른 이점은 거래 수수료를 자기 마음대로 결정하거나 아예 수수료를 지불하지 않기로 결정할 수 있다는 점이다. 거래 수수료는 해시(hash)가 성공적으로 만들어진 다음 새로운 블록이 창출된 후 채굴자에게 주어진다. 보통 발신인은 수수료 전액을 지불하지만 수신자에게서 이 수수료를 공제하면 불완전한 지불로 간주될 수 있다.

거래 수수료는 자발적인 것으로 특정 거래가 새로 형성되는 블록에 포함되도록 채굴자에게 일종의 인센티브로 주어지는 것이다. 이 인센티브는 채굴자 입장에서는 중요한 소득원이 되며 전통적인 의미의 채굴보다도 훨씬 높은 소득을 거둘 수 있게 한다. 그러나 이는 비트코인 채굴량이 한정되어 있으므로 한시적인 것에 불과하다.

따라서 암호화폐 시장은 사용자들에게 비용과 대기시간 둘 중 하나를 선택하도록 하는 것이다. 거래 수수료가 높다는 것은 프로세싱 시간이 짧다는 것이고 따라서 시간 제약이 없는 사용자들은 수수료를 절약할 수 있다.

PCI의 존재 불필요

PCI는 페이먼트 카드 업계(Payment Card Industry)의 약자로서 여기에는 선불카드, 직불카드, e퍼스(e-purse), ATM, POS 카드에 더해 관련 사업자들이 모두 포함된다. PCI에는 카드 사용자의 데이터를 저장, 프로세스, 전송하는 모든 기관들이 포괄되며 엄격한 보안 규정이 적용된다. 여기에는 비자, 마스터카드 등 모든 유명 신용카드 회사들도 포함된다.

대기업 입장에서 이렇게 통일된 규정과 규칙은 바람직한 일이지만 이는 모든 사람들의 필요를 감안해서 만들어진 것은 아니다. 비트코인을 사용하면 PCI 표준에 따라야 할 필요가 일체 없으며, 이에 따라 신용카드를 받지 않거나 신용카드 사용에 따라 사기당할 우려가 많은 시장에서 사업 확장을 하는 데 상당히 유용하게 사용될 수 있다. 이에 따라 사용자들은 낮은 수수료를 적용받고 신용카드 통용이 어려운 시장에 새로 진출하고 그와 관련된 행정 비용도 줄일 수 있다.

높은 보안성

비트코인 사용자들은 모든 거래를 하는 데 있어 안심할 수 있다. 본인이 승인하지 않는 한 내 계좌에서 누가 돈을 인출할 수 없으며, 가맹점에서 내 결제 정보를 훔쳐갈 수도 없다. BTC 사용자들은 백업 사본과 암호화 기술을 통해 자신의 자금을 보호할 수도 있다. 이들의 신분과 개인정보는 결제 시 공개해야 할 필요가 없으므로 항상 보호되고 있다고 할 수 있다.

높은 투명성과 중립성

블록체인상에서는 모든 거래 내역과 이와 관련된 정보를 누구든지 실시간으로 확인하고 파악할 수 있다. BTC 프로토콜은 암호화 처리가 되어 있어 어떤 개인이나 기관도 이를 제어(control)하거나 조작할 수 없다. 네트워크는 분산형으로 되어 있으므로 이를 누구도 완벽하게 제어할 방도가 없다. 그런 까닭에 비트코인은 언제나 중립적이고 높은 투명성을 유지하며 예측 가능하다.

위조 불가능의 특징

디지털 세계에서 위조를 하는 가장 흔한 방법은 같은 거래를 두 번 반복하는 것이다. 이를 '이중지불(double spend)'이라고 부르며 이를 방지하기 위해 비트코인 같은 암호화폐는 블록체인 기술과 BTC 알고리즘에 내재되어 있는 다양한 컨센서스 메커니즘을 활용하는 것이다.

비트코인의 단점

법적 지위상의 문제

비트코인의 법적 지위는 국가마다 크게 다르다. 일부 국가에서는 BTC의 사용과 거래가 권장되고 있는 한편 다른 국가에서는 전면 금지되어 있다.

비트코인이 범죄자들에게 어필한다는 사실에 대해 상당한 우려도 존재했다. 일부 언론은 비트코인은 불법적인 상품을 구입하는 데 사용될 수 있다는 점 때문에 존재하는 것이라고까지 주장하였다. 실제로 악명 높았던 인터넷의 암시장 실크로드(Silk Road)가 폐쇄됐을 당시 비트코인 가격이 급락했던 일도 있었다.

낮은 인지도

비트코인은 상당히 많은 국가에서 합법적으로 인정을 받고 있으나 일부 국가 정부들은 여전히 BTC에 대한 규제법조차 갖고 있지 않으며 일부 나라에서는 전면 금지를 하고 있다. 더구나 규모를 불문하고 대부분의 사업자는 비트코인에 대해 알지도 못한다. 다른 모든 화폐를 버리고 비트코인만 쓰겠다고 하는 일은 일어나지 않을 것이다.

키 분실의 경우 문제점

'키'는 비트코인 월렛에 접속하는 데 필요한 숫자와 문자를 결합한 비밀번호를 말한다. 키를 분실할 경우 월렛을 분실하는 것과 같은 효과를 낸다. 대부분의 월렛 서비스는 백업 및 회복 메커니즘을 제공하고 있지만, 사용자들은 이 메커니즘을 이용하기 위해 우선 셋업을 해야 하는 불편이 따른다.

높은 가격 변동성

비트코인 가격은 높은 가격 변동성으로 악명이 높다. BTC는 그 역사를 통틀어 몇 차례에 걸쳐 가격 폭등을 했다가 단 며칠만에 폭락을 하는 사태를 여러 차례 겪었다. 따라서 그 가치는 예측 불허이고 가격 변동이 급격하게 이뤄지므로 신중하지 못한 투자자들에게 상당한 금전적 피해를 입히기도 한다. 또한 대부분의 실험이 그렇듯 비트코인이라는 실험 역시 많은 문제점과 과제를 안고 있다. 무엇보다 급등하고 있는 가치가 문제인데 2013년만 해도 13달러에서 1,200달러까지 가격이 치솟았다. 그러다 보니 화폐적 정체성에 대한 의문만 두드러지게 되었고, 일종의 투기 수단처럼 비춰졌다.

보안 사고

비트코인 자체는 해킹으로부터 비교적 안전한 것으로 평가받고 있으나, 이용자들이 컴퓨터 보안에 소홀하거나 분실 등으로 인해 발생하는 사고는 확산에 큰 걸림돌이 되고 있다. 아울러 현금을 보관하는 은행과 같은 역할을 하는 비트코인 관련 회사들의 보안 문제 역시 불안감을 조성하는 요인이 되고 있다. 이메일이나 인터넷이 등장했을 때처럼 비트코인의 사용과 보안을 쉽게 해주는 각종 웹서비스와 응용 프로그램들이 등장해야 할 것이다.

그 밖에 비트코인이 익명성을 제공하므로 돈세탁 등 각종 범죄에 이용될 것이라는 점, 국가의 규제와 제약 때문에 힘을 잃을 것이라는 전망 등이 비관론을 형성하고 있다. 알고리즘이 중앙은행과 금융기관들의 조정보다 더 효율적이고 공정한 화폐 체계를 제공할지 관심이 집중된다.

그림 5-8 비트코인의 익명성
(출처: Vincent Diamante)

이더리움(Ethereum)

● 이더리움 소개

이더리움은 블록체인 기술을 기반으로 스마트 계약 기능을 구현하기 위한 분산 컴퓨팅 플랫폼이자 플랫폼의 자체 통화명이다. 이더리움이 제공하는 이더(Ether)는 비트코인과 마찬가지로 암호화폐의 일종으로 거래되고 있다. 이더리움의 화폐 단위는 ETH로 표시한다. 비트코인 이후에 등장한 알트코인 중 시가 총액이 가장 높은 대표적인 알트코인이다.

이더리움은 디앱(DApp)*을 배포할 수 있는 분산 응용 애플리케이션 플랫폼이며 스위스를 거점으로 하는 이더리움 재단(Ethereum Foundation)에서 개발하고 있는 오픈소스 프로젝트이다. 이더리움 이전의 블록체인 기반 기술은 전자화폐에 특화된 기능을 구현했기 때문에 암호화폐 이외의 영역에서 사용하기에는 어려움이 있었다. 반면 이더리움은 비트코인과 비슷한 전자화폐의 기능과 더불어 솔리디티(Solidity) 등의 튜링 완전성(Turing-Completeness)*을 갖춘 확장용 언어를 이용해 스마트 계약을 작성함으로써 여러 분야로 확장할 수 있게 되었다.

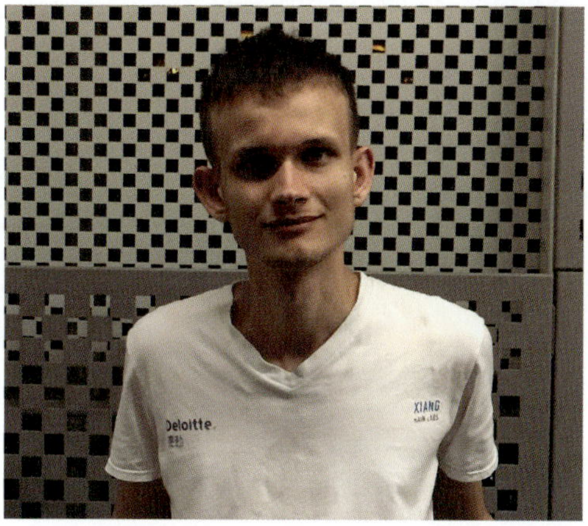

그림 5-9 이더리움 창시자 비탈릭 부테린
(출처: Vitalik Buterin)

> **잠깐만요** **디앱(DApp) / 튜링완전성(Turing-Completeness)**
>
> - **디앱**: '디앱(DApp) 또는 댑'이라고 하며, Decentralized Application의 약자로 탈중앙화된 블록체인 플랫폼을 기반으로 작동하는 어플리케이션이다.
> - **튜링완전성**: 어떤 프로그래밍 언어나 추상 기계가 튜링 기계와 동일한 계산 능력을 가진다는 의미이다. 이것은 튜링 기계로 풀 수 있는 문제, 즉 계산적인 문제를 그 프로그래밍 언어나 추상 기계로 풀 수 있다는 의미이다.

● 이더리움 원리

이더리움은 2015년 7월 30일 비탈릭 부테린(Vitalik Buterin)이 개발하였다. 비탈릭 부테린은 가상화폐인 비트코인에 사용된 핵심 기술인 블록체인에 화폐 거래 기록뿐 아니라 계약서 등의 추가 정보를 기록할 수 있다는 점에 착안하여, 전 세계 수많은 사용자들이 보유하고 있는 컴퓨팅 자원을 활용해 이더리움 가상 머신(EVM)을 만들었다. 그리고 이 플랫폼을 이용하여 SNS, 이메일, 전자투표 등 다양한 정보를 기록하는 시스템을 창안했다. 이더리움은 C++, 자바, 파이썬, GO 등 주요 프로그래밍 언어를 지원한다.

이더리움을 사물인터넷(IoT)에 적용하면 기계 간 금융 거래도 가능해진다. 예를 들어 고장난 청소 로봇이 정비 로봇에 돈을 내고 정비를 받고, 청소 로봇은 돈을 벌기 위해 정비 로봇의 집을 청소하는 것도 가능해진다.

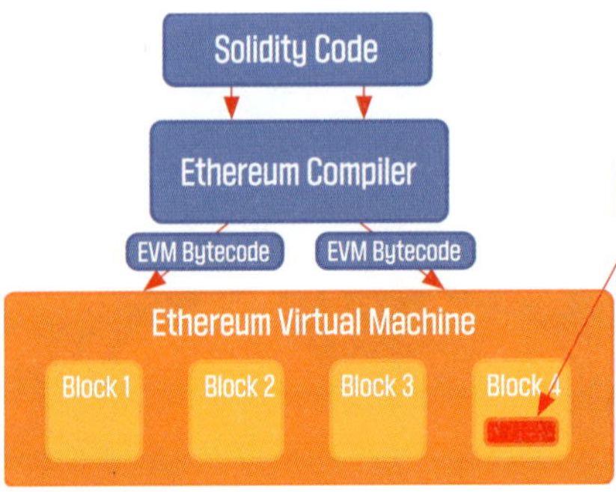

그림 5-10 이더리움 구조

비탈릭 부테린은 이더리움 가상머신(Ethereum Virtual Machine, EVM)이라는 새로운 기술을 도입했다. 이더리움은 프로그래밍이 가능한 블록체인으로서, 사용자에게 사전 정의된 일련의 작업을 제공하기보다 사용자가 원하는 복잡성을 따라 직접 작업을 만들 수 있도록 한다. 좁은 의미에서 이더리움은 디앱을 위한 플랫폼을 정의하는 일련의 프로토콜을 의미한다. 그 중심에 이더리움 가상머신이 있다. 이더리움 가상머신은 임의의 복잡한 알고리즘 코드를 실행할 수 있다. 개발자는 자바스크립트 및 파이썬과 같은 기존 언어를 모델로 한 친숙한 프로그래밍 언어를 사용하여 이더리움 가상머신 위에서 실행되는 응용 프로그램을 만들 수 있다. 즉, 이더리움은 이더리움 가상머신이라고 하는 블록체인에서 실행 환경을 구현한다. 네트워크에 참여하는 모든 노드는 블록 검증 프로토콜의 일부로 이더리움 가상머신을 실행한다. 네트워크 내 모든 노드가 이더리움 가상머신을 구동하는 것이다. 모든 노드는 이더리움 가상머신을 사용해 스마트 계약을 가리키는 모든 트랜잭션을 실행하므로 동일한 계산을 수행하며 같은 값을 저장한다. 이렇게 이더리움 가상머신(EVM)을 통해 모든 노드들의 컴퓨터에서 동일한 연산을 수행함으로 동일한 상태(state)에 합의한다.

스마트 컨트랙트(Smart Contract)

스마트 계약에 기반한 디앱은 모두 이더리움 가상머신(EVM) 환경에서 동작하며, 솔리디티라는 이더리움 고유의 프로그래밍 언어로 작성된다. 이것을 solc로 컴파일해서 생성된 이더리움 바이트 코드는 geth를 통해 블록체인에 등록된다. 블록체인에 저장된 바이트 코드는 결국 이더리움 가상머신(EVM)에서 실행된다. geth와 이더리움 가상머신은 하나의 프로세스로 동작하고, 솔리디티로 작성된 스마트 계약은 이더리움 가상머신에서 동작하기 때문에 특정 운영체제에 종속되지 않는다.

이더리움 가상머신은 앞으로 웹어셈블리(WASM) 언어 기반으로 변경될 예정이다. 이더리움 가상머신은 내부적 일관성도 있고 광범위한 명령어를 사용할 수 있는 장점이 있지만, 현실 세계에서 프로그램을 구현하려고 하면 상당히 불편하고 제약이 많다는 비판을 받고 있다. 이더리움의 핵심 개발자인 닉 존슨은 "이더리움 가상머신은 상용화보다는 순수 이론에 적합하다."고 말했다. 반면, 웹어셈블리 코드는 처음부터 대량 생산을 염두에 두고 개발되었기 때문에 프로그램 작업이 매우 효율적이며, 하드웨어 명령어를 정교하게 다룰 수 있고, 솔리디티가 아닌 다른 여러 언어를 사용하여 자유롭게 코딩할 수 있다. 웹어셈블리를 사용하면 시스템 업그레이드를 할 때마다 굳이 번거로운 하드포크를 하지 않고도 스마트 계약만으로 연산을 간단히 작성할 수 있다는 장점이 있다.

이더리움에서 스마트 계약을 처리하기 위한 가상 머신(EVM)은 모든 형태의 알고리즘을 처리할 수 있는 튜링 기계로서, 먼저 들어온 데이터를 우선적으로 처리하는 큐 구조를 가진다. EVM은 저수준의 기계어에 가까운 바이트 코드만을 실행할 수 있기 때문에 고급 프로그래밍 언어를 실행하기 위해서는 바이트 코드로 컴파일 과정을 거쳐야 한다. 이 가상 머신을 이용하기 위해서는 '가스'라는 대가를 지불해야 한다.

비탈릭 부테린은 비트코인에 사용된 핵심 기술인 블록체인에 화폐 거래 기록뿐 아니라 계약서 등의 추가 정보를 기록할 수 있다는 점에 착안하여, 스마트 계약 기능을 구현했다. 스마트 계약(smart contract)이란 블록체인 기반으로 금융 거래, 부동산 계약, 공증 등 다양한 형태의 계약을 체결하고 이행하는 것을 말한다. 블록체인 2.0이라고도 한다. 1996년 닉 재보(Nick Szabo)가 처음 제안했으나 실제 구현하지는 못하였다.

2013년 비탈릭 부테린이 비트코인의 블록체인 기술을 이용하여 대금 결제, 송금 등 금융거래뿐 아니라 모든 종류의 계약을 처리할 수 있도록 기능을 확장하면서 스마트 계약이 구현되었다. 부테린은 원래 새로운 암호화폐를 만들지 않고, 기존 비트코인의 소스 코드를 일부 수정하여 스마트 계약 기능을 구현하고자 하였다. 그러나 비트코인 커뮤니티에서 자신의 요구가 받아들여지지 않자, 비트코인을 포크하여 이더리움이라는 암호화폐를 만들고 스마트 계약 기능을 구현하였다.

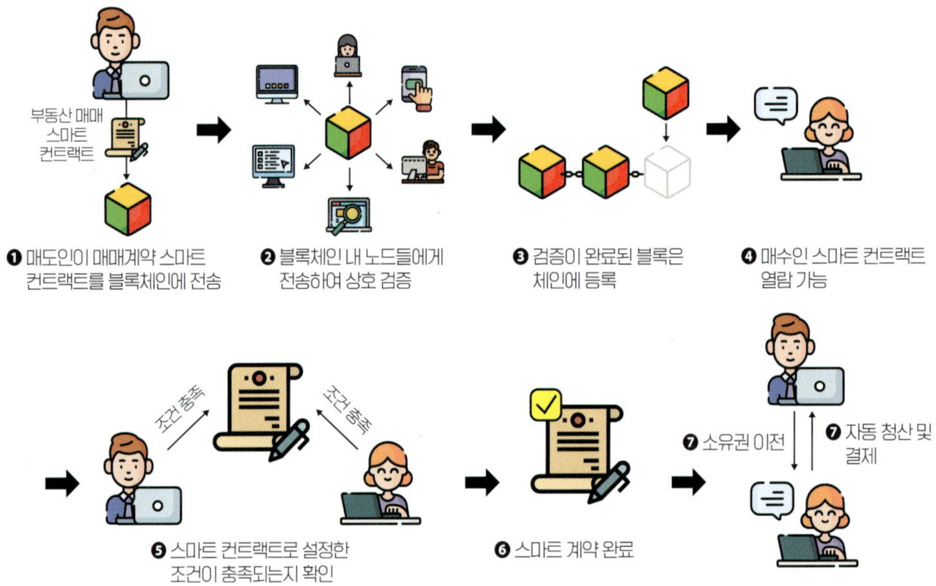

그림 5-11 스마트 컨트랙트 거래 정보

스마트 계약은 코드에 적힌 계약 조건이 만족되면 그 즉시 계약이 성사된다. 이때 계약 상대방이 믿을만한 사람인지, 중간에 신뢰를 보증할 제3자가 필요한 것은 아닌지, 계약이 안전하게 처리됐는지를 고민할 필요가 없다. 모든 과정은 자동으로 이뤄진다. 즉, 스마트 계약은 어떠한 다운타임, 검열, 사기 행위, 제3자 간섭 없이 프로그래밍된 대로 정확히 실행되는 프로그램이다. 코드로서 블록체인에 기록되기 때문에 누구도 처음에 명시된 조건을 바꿀 수 없다. 이더리움은 블록 안에 거래 기록뿐 아니라 조건문과 반복 명령어 등 실행 코드를 포함하는 것이 가능해 금융 결제뿐만 아니라 다양한 분야에서 사용할 수 있다. 그래서 비트코인과는 달리 이더리움에서는 각 비즈니스 로직에 따른 복잡하고 다양한 계약 패턴을 소화할 수 있다. 스마트 계약 기능을 사용하면, 개발자가 직접 계약 조건과 내용을 코딩할 수 있기 때문에, 원칙적으로 인간이 상상할 수 있는 모든 종류의 계약을 이더리움 플랫폼을 이용해 구현할 수 있다.

● 이더리움 디앱(DApp)

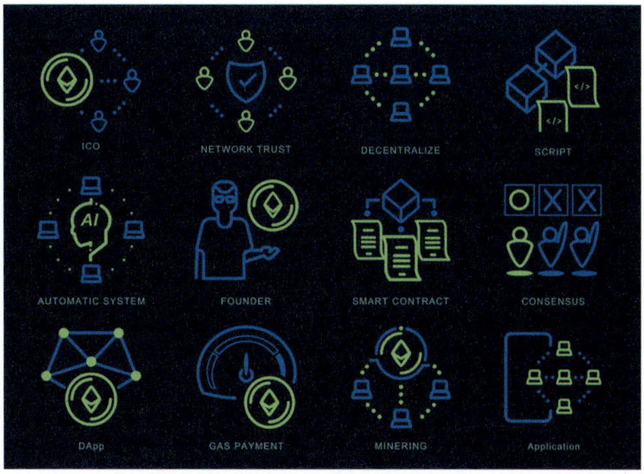

그림 5-12 탈중앙 분산 애플리케이션인 디앱(DApp)

이더리움은 다른 탈중앙 분산 애플리케이션인 디앱(DApp)을 개발하고 운영할 수 있는 플랫폼이다. 모든 암호화폐는 기본적으로 매우 유사한 방식으로 작동하기 때문에, 프로그램 소스 코드의 상당 부분이 동일하게 재사용될 수 있다. 새로운 암호화폐를 개발할 때마다 매번 반복하여 새로 프로그램 소스 코드를 작성하지 않고, 기존 암호화폐를 기반으로 몇 가지 차이점에 해당하는 부분만 새로 개발하는 것이 효율적이다. 비탈릭 부테린은 이런 특징을 고려하여, 여러 가지 암호화폐에서 공통적으로 사용할 수 있는 특징들을 모아 이더리움 플랫폼을 구성했다.

개발자는 이더리움 플랫폼 위에 다양한 분산형 애플리케이션(DApp)을 구축할 수 있다. 디앱은 익명성, 무국적성, 탈중앙화, 분산화 등 블록체인의 특성을 고스란히 가지고 있어서 국가에서 직접적으로 통제하는 것이 불가능하고, 스마트 계약을 통해 각 사물 그리고 수많은 주체들과 계약을 체결하여 자동화된 경제생활도 누릴 수 있는 등 많은 가능성을 안고 있다. 현재 무수한 소규모 블록체인 디앱이 이더리움 위에서 운영되고 있고, 그 수는 점차 늘어나고 있는 추세다. 경제뉴스 사이트인 파이낸스 매그닛(Finance Magnate)의 보도에 따르면, 2017년 기준으로 총 1,090개의 분산 앱(DApp)과 700개 이상의 암호화폐 토큰이 이더리움 플랫폼 기반으로 개발되었다고 한다. 덕분에 이더리움은 비트코인 다음 가는 블록체인으로 꼽히지만, 과거에 비해 전송 속도가 느려졌다.

ERC-20은 이더리움 내에서 만들어지는 토큰의 표준이다. 호환성 및 관리를 쉽게 하기 위해 토큰도 일정한 표준을 따른다. 표준을 따름으로써, 디앱들 간의 상호작용을 증진시키고 다른 토큰 간 통합 시 오류와 버그 가능성을 줄일 수 있다. ERC-20은 대체 가능한 암호화폐를 지원한다.

● 탈중앙화 NFT

이더는 이더리움 네트워크에서 기축통화 역할을 하는 자산이다. 또한 이더리움은 암호화폐

자체가 아닌 누구에게나 암호화폐를 보낼 수 있는 기술을 말한다. 스마트 계약 개념을 접목한 프로그래밍 언어와 가깝다. 개발자들은 이더리움을 이용해 금융, 게임 등 다양한 탈중앙화된 애플리케이션을 만들 수 있다. 탈중앙화 금융인 NFT*도 이더리움 기술을 통해 만들어진다. 이더리움을 플랫폼 삼아 디지털 금융 생태계가 만들어지는 셈이다. 이 생태계에서 기축통화로 쓰이는 것이 이더이기 때문에, NFT가 뜨면 이더 또한 오르게 된다. NFT는 2017년 이더리움 기반 블록체인 게임인 크립토키티에서 처음 등장했다. 이용자들은 고유의 일련번호가 부여된 게임 속 고양이들을 암호화폐로 사고팔았다.

잠깐만요 **NFT(Non-Fungible Token, 대체 불가능 토큰)**

NFT란 블록체인 기술을 이용해서 디지털 자산의 소유주를 증명하는 가상의 토큰(token)이다. 그림 · 영상 등의 디지털 파일을 가리키는 주소를 토큰 안에 담음으로써 그 고유한 원본성 및 소유권을 나타내는 용도로 사용된다. 즉, 일종의 가상 진품 증명서라고 할 수 있다.

NFT는 특히 3차원 가상세계인 메타버스(Metaverse) 시장의 확산과 맞물리면서 더욱 주목받고 있다. 메타버스 내에서 콘텐츠를 소비하고 게임 아이템 등을 거래할 때 NFT를 활용할 수 있을 것이란 관측 때문이다. 또한 런던 하드포크 이후 이더리움 수수료가 절감됨에 따라 이더리움 기반의 NFT나 디파이(DeFi) 서비스도 더욱 활발해질 것으로 예상된다. 이런 기대감은 이더리움 시세에도 긍정적으로 작용하고 있다. 2021년 7월 간송미술관이 훈민정음 해례본을 NFT 100개로 만들어 개당 1억 원씩 80개 이상 판매했다. 외국에서는 애플(apple) 창업자 스티브 잡스(Steve Jobs)가 직접 쓴 입사지원서가 NFT로 발행돼 2만 3,000달러(약 2,682만 원)에 팔렸다. NFT 작품이 상상을 초월하는 가격으로 거래되면서 NFT 거래에 주로 쓰이는 이더리움의 가치도 점점 올라가고 있다.

그림 5-13 대체 불가능 토큰(NFT)

금융 서비스 디파이(DeFi)

디파이*는 블록체인의 스마트 계약으로 실행되는 암호화폐 금융 서비스를 말한다. 탈중앙화된 금융 서비스로, 은행 같은 금융기관을 통하지 않고도 결제, 송금, 예금, 대출, 투자 등 금융거래를 할 수 있다. 디파이 생태계가 커지는 것도 이더리움 상승세에 한몫하고 있다. 디파이는 시중은행 금리와 비교할 수 없는 높은 수익률을 보이며 많은 투자자를 이끌고 있다. 알트코인이 이더리움 네트워크를 토대로 함에 따라 이더리움 수요도 점차 증가하고 있다.

잠깐만요 디파이(DeFi)

디파이란 탈중앙화 금융(Decentralized Finance)의 약자로서, 탈중앙화된 분산 금융 또는 분산 재정을 의미한다. 주로 암호화폐를 담보로 걸고 일정 금액을 대출받거나, 혹은 다른 담보를 제공하고 암호화폐를 대출받는 방식으로 작동한다.

수수료

가스(gas)는 이더리움 블록체인에서 이루어지는 모든 작업에 대해 코인을 보내는 사람이 지불해야 하는 수수료이다. 가스라는 이름은 이 수수료가 스마트 계약의 움직임을 주도하는 암호연료의 역할을 한다는 점에서 영감을 받아 만들었다고 한다. 자동차가 움직이려면 연료인 가스가 필요하듯이, 이더리움 네트워크가 작동하려면 수수료인 가스가 필요하다는 의미이다.

코드를 실행하는 채굴자로부터 이더로 사용할 가스가 구입된다. 가스 가격은 최소 한도보다 더 낮은 가스 가격으로 거래하려는 것을 거부할 수 있는 채굴자에 의해 결정된다. 가스를 얻으려면 계정에 이더를 추가하기만 하면 된다. 가스 유닛(gas unit)은 가장 작은 유형의 거래이다. 가스 유닛은 수행해야 하는 작업량의 측정값이지 금전적인 가치를 나타낸 값이 아니다. 이더리움은 일정 시간 동안 제한된 가스만 처리할 수 있다. 채굴자들 역시 수많은 거래 요청들을 조절해야 한다. 속도를 조절하지 않으면 과도한 사용이나 스팸 트랜잭션들로 네트워크에 과부하가 걸릴 수 있다. 따라서 채굴자들은 가스 가격(gas price)이나 가스 한도(gas limit)에 의존해 작업을 선택한다.

가스 가격은 일종의 급행 수수료와 같다. 채굴자에게 가스를 더 많이 지불하면 먼저 거래를 수행하게 할 수 있다. 만약 가스 가격을 0으로 설정한다면 거래가 계속 뒤로 밀려나게 된다. 가스 한도는 요청하는 작업량의 추측이다. 한도를 너무 낮게 설정하면 작업이 완료되지 않고 거래가 실패해 그 시점까지 사용된 이더가 손실된다. 가스 한도는 작업 중단 시점을 보장함으로써 무제한으로 이더를 사용하는 것을 방지한다. 가스는 스마트 계약의 코드가 복잡할수록,

저장 공간을 많이 사용할수록 더 많이 지불해야 한다. 따라서 가스는 네트워크의 과부하를 막으며, 이더리움 플랫폼이 계속 운영되도록 하는 인센티브 역할을 한다.

솔리디티(Solidity)

이더리움은 기존 비트코인에서 볼 수 없었던 다양한 새로운 기술을 도입했다. 비탈릭 부테린은 이더리움을 이용한 스마트 계약 기능을 구현하기 위해 솔리디티라는 프로그래밍 언어를 채택했다. 솔리디티는 이더리움 플랫폼 안에 내장돼 있는 프로그래밍 언어로서, 튜링 완전 언어이다. 특정 프로그램 언어가 '튜링 완전 언어'로 평가받는다는 것은 이 프로그램을 이용하면 어떠한 애플리케이션도 개발할 수 있고, 어떤 계산식도 풀 수 있다는 것을 의미한다. 솔리디티는 튜링 머신에 들어갈 알고리즘을 만들 수 있는 언어이다. 튜링 완전 언어인 솔리디티를 이용해 어떠한 종류의 스마트 계약도 코딩할 수 있다.

솔리디티는 2014년 8월에 개빈 우드(Gavin Wood)에 의해 처음으로 제안되었고, 이후 이더리움 프로젝트의 크리스천 라이트위스너(Christian Reitwiessner)가 이끄는 솔리디티팀에 의해 개발되었다. 솔리디티는 이더리움 가상머신(EVM)을 목표로 설계된 4가지 언어 중 하나이다. 서펜트(Serpent)와 엘엘엘(LLL) 언어가 있고, 실험용 언어인 바이퍼(Viper) 및 미사용 언어인 뮤탄(Mutan)이 있었는데, 이 중에서 솔리디티가 이더리움의 주요 언어가 되었다. 솔리디티는 이더리움과 경쟁 중인 텐더민트를 합의 알고리즘으로 사용하는 모낙스(Monax)나 하이퍼레저(Hyperledger) 등 다른 프라이빗 블록체인 플랫폼에서도 동작한다. 스위프트(SWIFT)는 개념 증명(PoC)에 솔리디티를 사용하기도 하였다.

코넬대학교의 한 연구원은 솔리디티가 부분적으로 2016년에 일어난 더 다오(The DAO) 해킹 사건에 책임이 있다고 말했다. 그는 "해킹 사건은 실제로 더 다오(The DAO) 계약 스스로의 결함이나 부당 이용이 아니며, 기술적으로 이더리움 가상머신(EVM)은 의도대로 작동을 했다. 하지만 솔리디티가 보안 허점을 나타냈는데, 이는 커뮤니티만의 실수가 아닌 언어 자체의 설계자들의 실수이다."라고 말했다.

솔리디티는 정적 타입(statically-typed)의 프로그래밍 언어로 이더리움 가상머신 위에서 작동하는 스마트 계약을 개발하기 위해 설계되었다. 솔리디티는 이더리움 가상머신에서 작동 가능한 바이트 코드로 컴파일된다. 개발자는 솔리디티를 통해서 스스로 실행되는 비즈니스 로직을 스마트 계약에 담아서 애플리케이션을 구현할 수 있다. 스마트 계약에 기록된 사항은 부인할 수 없으며 강제적으로 수행된다. 솔리디티와 같은 구체적인 스마트 계약용 언어를 사용한 스마트 계약의 작성은 프로그래밍 기술을 보유한 사람들이라면 쉽게 작성이 가능하다.

솔리디티는 개빈 우드의 설계대로 ECMA 스크립트(ECMAScript)* 문법을 기반으로 하였는데, 이는 기존 웹개발자들로 하여금 친숙하게 만든다. 하지만 솔리디티는 ECMA 스크립트와 달리

정적 입력과 지정 및 가변적인 반환 유형이 있다. 솔리디티는 임의의 계층적 매핑을 포함하는 계약을 지원하기 위한 복잡한 멤버 변수가 지원된다. 또한 계약은 상속을 지원하는데, C3 선형화 다중상속 기능을 포함한다. 하나의 계약 내에서 다중 타입의 안전한 함수가 가능하게 하는 응용 이진 인터페이스(ABI) 또한 솔리디티에 소개되었다.

잠깐만요 **ECMA 스크립트(ECMAScript)**

Ecma International이 ECMA-262 기술 규격에 따라 정의하고 있는 표준화된 스크립트 프로그래밍 언어로, 자바스크립트를 표준화하기 위해 만들어졌다. ECMA 스크립트는 웹의 클라이언트 사이드 스크립트로 많이 사용되며 Node.js를 사용한 서버 응용 프로그램 및 서비스에 사용된다.

5

블록체인

알트코인

리플(ripple)

리플은 전 세계 여러 은행들이 실시간으로 자금을 송금하기 위해 사용하는 프로토콜 겸 암호화폐이다. 리플코인(Ripple Coin)이라고도 한다. 리플의 화폐 단위는 XRP이다. 2013년 크리스 라슨(Chris Larsen)과 제드 맥케일럽(Jed McCaleb)이 C++ 언어로 공동 개발하였다. 타원곡선 디지털서명 알고리즘(ECDSA)*을 사용하며, 채굴 없이 합의에 의해 운영된다. 프라이빗 블록체인으로서 누구나 원장을 획득하고 트랜잭션을 발생시킬 수 있으나, 실제 원장에 기록하여 반영하는 검증 노드들에 의해 동작하기 때문에 제한된(Permissioned) 구조로 암호화폐를 발행한 사례에 해당한다.

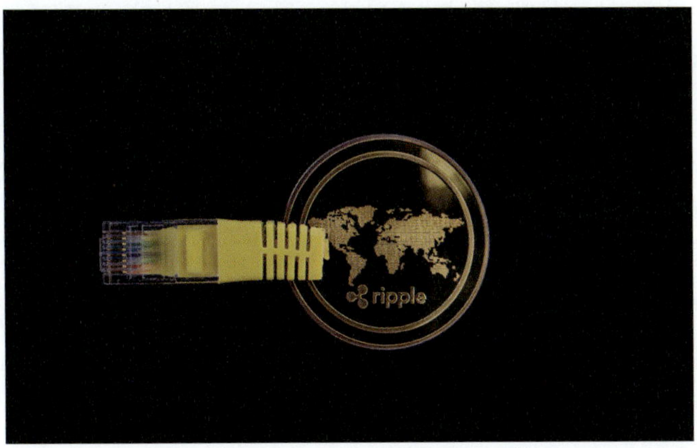

그림 5-14 암호화폐 리플

잠깐만요 타원곡선 디지털서명 알고리즘(ECDSA)

타원곡선 디지털서명 알고리즘(Elliptic Curve Digital Signature Algorithm, ECDSA)은 타원곡선 암호를 전자 서명에 접목시킨 암호 알고리즘이다. 일반적인 인증 시스템에서 보안 키의 보호가 점점 어려워짐에 따라 이를 보완하기 위해 개발한 것으로서, 이 방식에서는 발신자에 의한 서명 시 사용되는 개인 키와 수신자가 발신자의 서명을 사용하는 공개 키 한 쌍을 갖는다.

금융기관들은 리플의 글로벌 네트워크에 참여함으로써 전 세계 어느 곳으로나 고객의 송금 요청을 안정적이고 효율적으로 즉시 처리할 수 있다. 또한 리플의 디지털 자산인 XRP를 사용하여 송금 비용을 더욱 절감하고, 새로운 시장으로 쉽게 진출할 수 있다.

표 5-5 리플 개요

발행량	1,000억 개
유통량	999억 8,929만 4,935개
발행일	2012년 12월
최고가	3.37달러(2018년 1월 7일)
현 시세	0.47달러
특징	글로벌 송금 서비스 네트워크
비전	가상자산으로 힘을 싣는 비즈니스 임팩트
상장 거래소	업비트, 빗썸, 바이낸스 외 다수

리플의 지사는 샌프란시스코, 뉴욕, 런던, 시드니, 인도, 싱가포르, 룩셈부르크에 있고, 리더들은 암호 전문가, 보안 전문가, 데이터 과학자, 규정 준수 분석가, 소프트웨어 개발자, 실리콘밸리 및 월스트리트 전문가들로 구성되어 있다. 이들은 수십 년에 걸친 기술, 금융 서비스 및 규정 준수 분야에서의 경험을 바탕으로 서비스를 제공한다.

XRP 프로토콜은 무료 오픈소스로 개방되어 있어 누구든지 개발에 참여할 수 있다. XRP는 은행 간 거래 원장을 P2P 방식으로 분산 저장하기 때문에, 누구든지 XRP의 송금 기록을 열람 · 복사 · 보관할 수 있지만, 개인정보 보호를 위해 정확히 누가 누구에게 송금했는지는 알 수 없다. 한편 비트코인이나 이더리움 등 다른 암호화폐와 달리, 채굴(Mining) 방식을 사용하지 않는다. XRP는 프로토콜에 따라 총 1,000억 개가 일괄 생성되었으며, 더 이상 코인이 발행되지 않도록 설계되어 있다. 그에 따라 시간이 지나면서 XRP의 희소성이 증가하여 가격이 상승할 것으로 예상하고 있다.

리플은 2004년 라이언 푸거(Ryan Fugger)가 리플페이(RipplePay)라는 이름으로 전 세계 은행 간 실시간 송금을 위한 서비스로 처음 개발했다. 리플페이는 국제 송금용 서비스로 개발되었으며 블록체인 기반의 암호화폐와는 아무런 상관이 없었다.

2012년 라이언 푸거가 물러나고 크리스 라슨(Chris Larsen)과 제드 맥케일럽(Jed McCaleb)이 주도하여 오픈코인(OpenCoin)이라는 회사가 설립되었으며, 비트코인의 영향을 받아 블록체인 기반의 암호화폐 개념을 도입하였다. 기존의 은행 간 송금은 오랜 시간이 걸리고 수수료가 비쌌으나, 리플 프로토콜을 이용하면 실시간으로 송금이 가능하며 수수료가 거의 없는 장점이 있었다. 이를 위해 비트코인과 유사한 암호화폐인 리플(XRP, ripple)을 발행했다. 2013년 9월 26일 회사명을 오픈코인에서 리플랩스(Ripple Labs Inc.)로 변경하였으며 CEO는 크리스 라슨이 맡았다.

2013년부터 Bank of America, HSBC 등 전 세계 수십 개 은행들이 은행 간 결제에 리플을 사용하기 시작하였다. 2016년에는 일본 최대 은행인 MUFG를 비롯한 약 80% 이상의 일본 은행들이 리플 사용에 합류했다.

리플의 장점은 첫째, 은행들이 해외 송금 시 드는 비용과 시간을 줄여준다. 1년에 전 세계적으로 소요되는 해외 송금 비용은 16,000조 달러에 달한다. 이러한 즉각적이고 명확한 유용성이 많은 은행들이 관심을 갖게 한다. 둘째, 친금융기관적 블록체인이다. 블록체인의 유용성을 활용하면서도 기존 시스템과 법 제도를 적용할 수 있기 때문이다. 셋째, 다양한 나라의 각 기관별 법과 절차에 맞춘 규제 준수 시스템을 제공한다. 대표적으로 고객 신원 파악 의무와 자금 세탁 방지 의무를 제공한다. 넷째, 퍼블릭 블록체인에서는 고객의 개인정보가 노출되지 않기 때문에 규제 준수에 문제가 있지만 리플에서는 금융 당국이 돈을 보낸 각 주체에 대해 신원 파악을 할 수 있고, 비상 시에는 거래를 취소하거나 동결할 수 있는 기능도 제공한다. 따라서, 리플은 제도권에 편입될 가능성이 가장 높은 블록체인 기술 중 하나이다.

기타 알트코인

알트코인 중에서 현재 뛰어난 잠재성과 특성을 고루 갖춘 코인들을 순위별로 간략히 소개한다.

메타 마스터즈 길드(Meta Masters Guild, MEMAG)

메타 마스터즈 길드는 새로운 웹 3.0 모바일 게임 플랫폼이며, 현재 최고의 알트코인 프로젝트로 평가받고 있다. MEMAG 토큰의 총 공급량은 10억 개로 예정되어 있으며, 이 중에 35%가 사전 판매를 통해 공개되었다. 그리고 15%는 거래소 상장 및 유동성에 투입될 예정이다. 또한 이 프로젝트는 코인 스나이퍼에 의해 검증된 신뢰할 수 있는 개발팀으로 구성되어 있다.

이 프로젝트는 일반 플레이투언(play to earn)과 달리 재미에 더 초점을 맞추었으며, 유저들은 수익 창출을 위해 게임을 즐기면서 수익을 얻게 되는 구조이다.

메타 마스터즈 길드는 이름 그대로 게임 길드를 추구한다. 이는 한 개의 게임만 제공하는 것이 아니라, 다양한 제작사의 게임을 제공하는 거대한 플랫폼을 의미한다. 따라서 이용자들은 지속적으로 새로운 게임을 접할 수 있는 기회를 제공받는다. 그러나 모든 게임의 플레이투언 메커니즘은 하나로 통일된다. 우선 유저들은 게임을 진행하면서 보상으로 GEMS 토큰을 얻게 된다. 이는 앱 내에서만 사용할 수 있는 토큰이다. 유저들은 이를 MEMAG 토큰으로 교환하여 실제적인 수익으로 전환할 수 있다.

현재 준비 중인 게임은 메타카트 레이서, 레이드 NFT, 메타 마스터즈 월드이다. 현재는 게임 어라운드라는 유명 블록체인 개발사를 중심으로 게임이 개발되고 있다.

파이트아웃(FightOut)

파이트아웃은 운동한 만큼 보상을 제공하는 최고의 알트코인으로, 활동적인 라이프스타일을 선호하는 투자자들에게 최고의 무브투언(move to earn) 프로젝트이다. 사용자는 이 앱을 통해 운동을 하거나 미션을 수행하며 체력을 향상할 수 있고, 그에 따라 FGHT 토큰을 보상으로 얻게 된다. 또한 자신만의 아바타를 생성할 수 있는데, 이용자의 실제 체력이 향상되면 아바타도 함께 강해진다. 이 아바타는 메타버스에서 다른 플레이어와 경쟁하여 더 많은 토큰을 얻는 데 도움이 된다.

FGHT 토큰의 총 공급량은 100억 개이며, 그중 90%가 사전 판매를 통해 배포된다. 이 중 실제로 구매할 수 있는 양은 60%이고, 나머지 30%는 보너스 형태로 지급된다. 파이트아웃은 사용자의 목표와 체력 상태에 따라 맞춤형 트레이닝을 제공하고, 또한 올바른 운동을 위한 튜토리얼 비디오도 제공한다.

대시2트레이드(Dash 2 Trade)

대시2트레이드는 암호화폐 거래에 도움이 되는 종합 투자 도구이다. 현재 최고의 알트코인으로 꼽히는 이 플랫폼은 암호화폐 트레이더들에게 유익하고 실질적인 정보를 제공함으로써 필수적인 플랫폼이 될 것이다. 플랫폼에서 제공하는 정보로는 시장 정보, 다양한 기준의 통계, 거래소 데이터, 소셜 미디어, 암호화폐 시그널 등 다양하다. 이 내용은 대부분 무료로 접할 수 있으며, 일부 정보는 유료로 제공된다.

사용자는 플랫폼의 네이티브 토큰인 D2T을 사용하여 유료 정보에 접근할 수 있다. 이 토큰은 이더리움 기반으로 설계되었으며, 총 10억 개가 공급될 예정이다.

C+Charge(CCHG)

C+Charge는 차세대 전기차 충전소 결제 시스템이다. 이 플랫폼은 충전소 산업에 블록체인을 도입하여 충전소 업체의 비용 절감뿐 아니라 일반 전기차 소유주들에게도 쉽게 탄소배출권을 획득할 수 있게 한다. 사용자들은 C+Charge의 네이티브 토큰인 CCHG를 지불하여 전기차를 충전할 수 있고 그에 대한 보상으로 탄소배출권을 획득하게 되는데, 이는 이용자의 혜택은 물론이고 긍정적인 친환경 효과도 얻게 한다. 또한 이 모든 과정의 중심에는 C+Charge 앱이 있다. 사용자는 이 앱을 통해서 지불할 CCHG 토큰과 획득한 탄소배출권을 관리할 수 있고 이외의 다른 기능도 제공한다. 예를 들어, 전기차 운전자는 앱을 통해 주변의 충전소 위치를 확인하고 해당 충전소의 대기 시간과 사용 가능 여부, 가격 등을 원격으로 확인할 수 있다.

로보테라(RobotEra)

로보테라는 차세대 대형 메타버스로 주목받는 새로운 프로젝트이다. 플레이어는 7개의 대륙으로 구성된 거대한 가상 세계에 접속하여, 다양한 시설을 구축하고 공유할 수 있게 된다. 이 메타버스의 중심에는 TARO 토큰이 있다. 로보테라의 플레이어는 로봇 NFT를 구매하여 이 가상 세계에 진입할 수 있다. 플레이어는 7개의 대륙을 탐험하며 다양한 자원을 획득할 수 있고, 또 미션을 수행하며 보상을 받기도 한다. 또한 토지를 에어드랍으로 받거나 마켓플레이스를 통해 거래할 수 있으며, 그 위에 자신만의 건축물을 구축할 수 있다. TARO 토큰은 총 18억 개가 공급될 예정이다.

IMPT

IMPT는 현재 가장 주목받는 친환경 알트코인이다. 세계에서 가장 인지도가 높은 회사를 포함한 10,000개 이상의 기업과 제휴하여, 소비자가 쇼핑 중에 탄소 발자국을 상쇄할 수 있도록 지원하고 있다. 이 프로젝트는 일반 개인과 기업이 탄소배출권을 획득하여, 이로써 수백 개의 조사 · 검증된 환경 프로젝트를 지원하는 데 사용함으로써 기후 위기에 대항할 수 있도록 돕는다. 사용자는 탄소배출권을 판매하거나 폐기할 수 있으며, 만약 폐기할 경우 고유한 아트워크 NFT를 받을 수 있게 된다. 물론 이 NFT를 NFT 마켓플레이스에 내놓아서 수익 창출도 가능하다.

이더리움 블록체인을 기반으로 구축된 IMPT.io는 다양한 대기업과 통신사에서 다년간의 경험을 자랑하는 팀원들에 의해 운영된다. 이처럼 투명한 팀원 공개는 암호화폐 프로젝트에서 이례적인 것으로 투자자들에게 큰 신뢰를 받고 있다.

칼바리아(Calvaria)

칼바리아는 2개의 보상 토큰을 제공하는 플레이투언 NFT 카드 게임이다. 사용자는 게임 플랫폼 안에서 eRIA와 RIA 토큰을 보상받거나 다양한 용도로 사용할 수 있다. eRIA는 주로 게임 플레이를 유리하게 만드는 데 사용된다. 플레이어는 eRIA 토큰으로 NFT 카드를 구매할 수 있다. 또한 같은 능력을 지닌 카드를 여러 장 결합하고, eRIA 토큰을 사용하여 더 좋은 카드를 획득할 수도 있다. 칼바리아 게임은 미션을 수행하고 활동량이 많은 플레이어에게 eRIA 토큰을 보상으로 준다.

RIA 토큰은 이 생태계의 거버넌스 토큰 역할을 한다. 또한 게임 내 구매, 스테이킹, 투표에도 필요하다. RIA 토큰은 칼바리아 생태계가 문제없이 기능하도록 보장하며, 플랫폼의 주요 결정에 대한 투표권을 제공한다. 이것은 커뮤니티의 의사를 존중하겠다는 칼바리아 개발팀의 의도이다. 또한 RIA 토큰은 스테이킹에도 사용되어서, 보유자들에게 지속적인 패시브 인컴을 선사한다.

칼바리아는 거대한 사후세계를 세계관으로 삼은 카드 배틀 게임이다. 이 플레이투언 게임의 가장 큰 특징은 암호화폐를 보유하지 않아도 참여할 수 있다는 점이다. 덕분에 코인 지갑을 따로 구비할 필요도 없다. 이는 플레이투언 게임의 진입장벽을 낮춰서 많은 사람들을 블록체인 기술에 초대하겠다는 개발진의 의도에 따른 것이다. 덕분에 일반 플레이투언 게임에 비해 대중의 높은 참여도가 기대된다. 이 토큰의 매력은 거래세가 0%라는 것이다. 따라서 정기적으로 NFT 카드를 구매하고, 적극적인 플레이를 원하는 플레이어들은 거래세에 대한 부담없이 마음껏 거래를 체결할 수 있다.

타마도지(Tamadoge)

타마도지는 재미와 수익을 제공하는 P2E 게임 프로젝트로서 밈코인의 혁신을 일으키는 신규 알트코인으로, 타마도지 반려동물을 육성하는 게임이다. 이 타마버스의 네이티브 토큰으로 TAMA가 이용된다. 기본적으로 도지코인 같은 밈코인들은 커뮤니티에서 인기만 있지만, 타마도지는 인기는 물론이고 보유자들에게 다양한 활용 사례를 제공한다. TAMA는 타마버스에서 NFT 거래, 보상 등으로 이용된다. P2E 플랫폼의 주요 특징은 스마트 계약 기능을 사용하여 구현되는 타마도지 펫 NFT이다. 이 반려동물은 NFT 특성상 고유하며 제각각의 장점과 능력을 지니고 있다. 플레이어는 TAMA 토큰으로 반려동물을 거래할 수 있으며 두 마리 이상 보유가 가능하다.

타마도지 반려동물 육성에 대한 평가는 매달 리더보드를 통해 평가된다. 플레이어들은 도지포인트에 따라 TAMA 토큰을 보상으로 받게 된다.

배틀 인피니티(Battle Infinity)

배틀 인피니티는 타마도지처럼 스포츠 '배틀 게임'을 중심으로 전개된 최근 등장한 최고의 플레이투언 게임이다. 스포츠 선수 NFT를 모아서 자신만의 팀을 꾸린 다음, 다른 플레이어와 배틀을 즐기는 내용이다. 여기서 스포츠 선수 NFT는 실존 인물을 바탕으로 구현되며, 그들의 실제 성적도 그대로 반영된다. 플레이어는 배틀 인피티니 생태계에 내장된 NFT 마켓플레이스를 통해 선수들을 거래할 수 있다. 모든 것이 블록체인에서 호스팅되는 만큼 신속하고 투명하다.

배틀 인피니티의 전용 NFT 마켓플레이스(배틀 마켓)는 선수 NFT 외에도 사용자가 직접 디지털 아트워크를 제작해서 판매할 수 있고, 또는 게임 내 아바타를 멋지게 업그레이드할 수도 있으며, 메타버스도 있다. 사용자는 메타버스(배틀 아레나) 내의 가상 토지를 구매해서 부동산을 개발하거나, 또는 게임 내 광고판을 설치해서 수동적인 수익을 얻을 수도 있다.

IBAT은 배틀 인피니티의 토종 토큰이다. 이 토큰은 거래에 사용되고, 또는 스테이킹을 통해 수익을 얻을 수도 있다.

럭키블록(Lucky Block)

럭키블록은 새로운 패러다임의 경쟁 대회 알트코인으로 2023년에 가장 저평가된 암호화폐이며, 최고의 유틸리티 토큰 중 하나이다. 이 프로젝트는 NFT 경쟁 플랫폼으로서 사용자들은 각종 이벤트에서 제공되는 NFT를 구매하여 참여할 수 있다. 각 이벤트에서는 100만 달러 상당의 비트코인, 주택, 람보르기니 등 다양한 경품을 제공한다. 물론 스마트 계약을 통해 생성되므로, 모든 게임 과정이 공정하고 투명하다. 럭키블록의 네이티브 토큰인 LBLOCK은 2022년 초에 출시되었다. 럭키블록은 새로운 토큰 V2도 공개했다. V1은 탈중앙화 거래소에서 거래가 가능했지만, V2는 중앙 집권식 거래소에서도 상장 가능하며 거래 시 세금을 부과하지 않는다.

디파이코인(DeFi Coin)

디파이코인은 흥미로운 DeFi 거래소의 네이티브 토큰으로 투자 포트폴리오에 추가하기 좋은 알트코인이다. 디파이코인(DEFC)은 2021년 5월부터 존재했지만, 그 모태가 되는 디파이스왑 거래소의 출시와 함께 활기를 띠기 시작했다. 디파이코인은 완전히 분산된 방식으로 다른 코인과 교환이 가능하기 때문에 자연스럽게 디파이스왑과 연결된다. 또한 디파이 코인은 정적 보상 시스템이 내장되어서, DEFC 보유자들에게 정기적인 소득 흐름을 제공한다. 누군가가 DEFC를 사거나 팔 때마다 그 자리에 10%의 세금이 부과되는데, 그 회수된 금액의 절반은 DEFC 보유자들에게 보상으로 돌려주고, 나머지 절반은 디파이스왑의 유동성 풀에 놓인다. 이러한 시스템은 토큰의 장기 보유를 유도하고, 덕분에 가격 변동성의 정도가 낮아지게 된다.

샌드박스(Sandbox)

샌드박스는 최고의 메타버스 알트코인으로 거대한 메타버스를 제공하여 전 세계 플레이어들이 서로 소통과 네트워킹을 할 수 있도록 한다. 샌드박스 메타버스 내에서 사용자는 자신만의 캐릭터를 만들고 꾸밀 수 있으며, 이 캐릭터로 플레이투언 게임을 즐길 수도 있다. 플레이투언 게임은 특정 미션을 완료함으로써, 게임 내 화폐인 SAND를 얻을 수 있다. 이것은 현금으로의 환전도 가능하다. 또한 샌드박스는 풍부한 NFT의 본거지이다. 예를 들어, 샌드박스는 사용자들이 샌드 토큰을 사용하여 땅을 살 수 있게 한다. 사용자는 자신이 보유한 부동산을 건설할 수 있고, 이것은 모두 NFT로 구현된다. 이 NFT는 마켓플레이스에서 높은 값에 거래될 수 있다. 대표적인 예로, 한 사용자는 얼마 전에 샌드박스 메타버스 내의 가상 섬 100개를 420만 달러에 팔기도 했다.

코스모스(Cosmos)

코스모스는 상호 운용성을 필요로 하는 블록체인의 니즈를 채우는 프로젝트이다. 상호운용성이란 두 개 이상의 시스템이 서로 통신하여 상호작용을 수행하는 것을 의미한다. 현재 다양한 블록체인 네트워크가 등장함에 따라, 이제는 서로 다른 네트워크에서 데이터를 공유할 수 있는 기술이 암호화폐 분야에도 필요하게 된 것이다. 이러한 과제를 코스모스와 ATOM 토큰이 수행한다. 코스모스는 비트코인, 카르다노, EOS, 리플의 데이터를 수집하고 공유하는 데 필요한 기술을 제공한다. 블록체인이 이와 같은 혁신적인 기술을 사용하기 위해서는 ATOM 토큰이 필요하다. 덕분에 ATOM 토큰은 최근 몇 년 동안 가장 성능이 좋은 알트코인으로 등극하게 되었다.

솔라나(Solana)

솔라나는 이더리움의 지배력에 도전할 수 있는 최고의 알트 코인으로 종종 이더리움 킬러로 소개된다. 이것은 솔라나 블록체인이 이더리움보다 속도, 확장성, 수수료 면에서 훨씬 더 효율적이기 때문이다. 시장의 많은 투자자들은 언젠가는 솔라나가 이더리움을 제치고 압도적인 스마트 계약 플랫폼으로 부상할 것으로 예상한다. 이더리움이 초당 평균 16건의 트랜잭션을 수행하는 반면, 솔라나 블록체인은 초당 6만 5000건 이상의 트랜잭션을 처리하며 비용도 훨씬 저렴하기 때문이다. 솔라나는 작은 규모의 거래를 처리할 수도 있다. 그 규모는 1,000분의 1센트 미만으로 거래를 처리할 수 있기 때문에 현재 가장 친환경적인 암호화폐 중 하나로 꼽힌다. 이러한 성능은 솔라나의 SOL 코인을 늘 시가총액 상위 10위권 안에 머물러 있게 한다.

5.3

블록체인 동향

블록체인 기술 동향

블록체인 기술은 분산원장에 있어 네트워크의 모든 참여자가 가지고 있는 원장을 중앙기관 없이 갱신하는 과정인 합의 알고리즘을 중심으로 발전해 왔다.

블록체인은 이중지불 방지를 위해 신규 정보 발생 시 모든 참여자가 올바르게 원장을 수정하는(비잔티움 장군 문제) 알고리즘, 악의적인 공격(분산 서비스 거부 등) 및 원장 조작 방지 알고리즘 등의 수학적 이론에 근거하고 있다. 해당 이론들은 약 30년 전부터 연구되어 왔으며 실용적 비잔티움 장애 허용 알고리즘(Practical Byzantine Fault Tolerance, PBFT), 작업 증명(Proof of Work, PoW) 등은 허가·비허가형 블록체인 개발의 밑바탕이 되었다.

2008년 등장한 비트코인은 작업 증명을 기반으로 한 최초의 실용화된 블록체인으로 P2P 방식의 디지털 현금을 표방하며 현재 운영되고 있으며, 다양한 블록체인이 개발 및 서비스 중이다. 가장 최근 블록 내용의 해시값과 새로운 거래 내역 등이 새로운 블록을 생성하며, 이 블록의 해시값이 다음 블록에 추가되어 모든 거래 내역이 순차적·연쇄적으로 기록된다.

블록체인 유형

블록체인은 네트워크 참여의 사전 승인 필요 여부에 따라 허가형·비허가형 블록체인으로 구분할 수 있다.

비허가형(permissionless 또는 public) 블록체인은 블록체인(분산 원장)을 유지·관리하는 합의 과정에 누구나 참여할 수 있다. 네트워크 참여자는 합의 과정에 기여한 보상으로 암호화폐를 지급받으며, 중앙 운영주체 없이 이용자의 참여에 따라 운영된다.

허가형(permissioned) 블록체인은 합의 과정에 참여하려면 사전 승인이 필요하며, 참여자 개개인을 지정하는 프라이빗(private) 블록체인과 특정 그룹 내에서 사전 합의에 따라 쓰기 권한을 가지는 컨소시엄(consortium) 블록체인으로 분류된다. 프라이버시 및 처리 속도를 중요시하는 기업을 중심으로 개발 중이며, 고도의 보안을 필요로 하는 정부의 경우 주로 허가형 블록체인의 도입을 고려한다.

표 5-6 블록체인 유형

유형	구분	개념
비허가형	퍼블릭 블록체인	누구나 블록체인 네트워크 및 합의 방식에 참여 가능 예) 비트코인, 이더리움
허가형	프라이빗 블록체인	블록체인 네트워크 참여 시 승인을 받아야 하며, 사전에 합의 방식에 관여할 수 있는 노드가 결정됨.
	컨소시엄 블록체인	프라이빗 블록체인과 유사하나, 개인이 아닌 그룹 단위에서 사전에 허가된 그룹의 사용자만 참여 가능 예) 하이퍼레저 패브릭(Hyperledger Fabric), 코다(Corda)

비허가형 블록체인 분야

비허가형 블록체인 분야에서는 지불화폐를 넘어 다양한 산업 분야에 이용이 가능한 블록체인 플랫폼 및 서비스가 개발되고 있다.

지불화폐

경제적 가치의 이동만을 목적으로 하는 지불화폐 블록체인으로 비트코인, 라이트코인(Litecoin), 대시(Dash), 지캐시(ZCash), 모네로(Monero) 등이 있다.

플랫폼

경제적 가치 이동뿐만 아니라 블록체인상의 알고리즘(스마트 계약 등) 구현이 가능한 블록체인으로 이더리움, 네오(NEO), 퀀텀(Qtum) 등이 있다.

서비스 솔루션

기존에 온라인에서 이루어지던 다양한 서비스를 블록체인으로 구현한 블록체인들이 존재하며, 별도의 블록체인을 구현하거나 플랫폼 블록체인상의 분산 어플리케이션으로도 개발이 가능하다.

비허가형 블록체인의 문제점과 해결 방안을 위한 노력

비허가형 블록체인의 가장 큰 기술적 문제 중 하나는 이용자의 증가에 따른 스케일링(scaling) 이슈이며 처리 속도(에너지 효율), 정보보안, 거버넌스 등의 개선이 경쟁적으로 일어나고 있다.

효율성

거래 처리 속도를 높이기 위한 블록 크기 증대 및 생성 시간 단축, 합의 방식 변경 등이 시도되고 있으며, 즉각적 거래가 가능하게 하는 라이트닝 네트워크(Lightning Network) 등이 개발되어 현재 실증시험 중에 있다.

정보보안

영지식증명(zero knowledge proof) 등의 방법을 사용하여 비허가형 블록체인의 데이터 보안성(프라이버시)을 강화하는 기술이 개발 중이다.

거버넌스

특정인이 연산 능력(작업 증명) 또는 암호화폐 발행량(지분 증명)의 과반수를 가질 때 사실상 독자적인 블록 생성 권한을 획득하는 문제 등이 있어 블록체인 합의 방식의 개선에 대한 논의 중이다.

5

블록체인

블록체인 활용 분야 및 사례

● 스타트업의 블록체인 활용 사례

스타트업은 블록체인 플랫폼을 가지고 기존 시스템을 대체하여 동일한 서비스를 제공하기 위한 기반 기술을 보유 또는 개발 중이다.

금융 분야

은행, 증권 등 금융 분야에서 제공하는 증권 거래, 청산 결제, 송금 등의 금융 서비스를 블록체인을 활용하여 개발 중이다.

표 5-7 블록체인 활용 사례(금융 분야)

분야	사례 소개
증권 거래	• 블록체인 기반의 플랫폼을 제공하고, 스마트 계약 기능을 이용하여 효율성을 높이도록 시스템을 개발 중 • 관련 기업 : Kraken, BitShares, T0.com, DXMarkets, Mirror
청산 결제, 송금	• 정부의 감사, 규제 내에서 거래를 관리할 수 있도록 하며, 다양한 통화와 가상화폐를 이용할 수 있는 메커니즘, 플랫폼 개발 진행 중 • 관련 기업 : Clearmatics, SETL, Epiphyte, ABRA, Uphold, Blade
투자/대출	• 투자자와 스타트업 기업을 연결시켜 투자금을 확보하기 위한 플랫폼 제공 • 관련 기업 : Funderbeam, WeiFund, MoneyCircles, Loanbases
상품 거래소	• 블록체인 기반의 거래 플랫폼을 통해 자산과 금융 상품 거래가 가능하도록 기능을 제공하며 이용 가능한 가상화폐(Solar)를 지속적으로 추가 • 관련 기업 : Lykke, Couterparty
무역 금융	• 무역 거래 시 이용되는 문서의 위변조 방지, 처리 절차 간소화 등에 적용 • 관련 기업 : Skuchain, wave
관리(규정 등)	• 블록체인을 이용하여 금융 업무 수행 시 규정 준수 여부를 모니터링할 수 있도록 기능 제공 • 관련 기업 : IdentityMind

비금융 분야

비금융 분야의 경우 신원 관리, 공증, 소유권 증명, 투표 등과 같은 범용적으로 이용될 수 있는 기술을 개발하는 데 블록체인을 활용한다.

표 5-8 블록체인 활용 사례(비금융 분야)

분야	사례 소개
신원 관리	• 디지털 신원 정보를 블록체인에 저장하고, 신원 확인, 데이터 유효성 등 디지털화된 신원 정보 관리 기능 제공 • 관련 기업: BlockScore, Chainalysis, Elliptic, Onename
공증/소유권	• 공증, 소유권 등과 관련된 분쟁 소지가 발생되지 않도록 정보를 블록체인에 저장하고, 검증, 인증, 사기 탐지 등의 기술 개발 • 관련 기업: Block Norary, Empoweredlaw, Stampery, Verisart, Colu
전자 투표	• 전자 투표의 신뢰성 및 투표 메커니즘을 제공하여 선거 시스템에 대한 투명성을 제공 • 관련 기업: Blockchain Technologies
수송	• GPS를 이용하여 차량의 움직임으로 토큰을 생성하고 다른 이용자의 차량을 이용할 때 생성된 토큰을 활용하도록 플랫폼 제공 • 관련 기업: La'Zooz
유통	• 상품, 재고 관리 등의 전산화, 중개기관을 대체하는 거래 플랫폼 개발 • 관련 기업: pey, Gyft, Purse, Provenance
보안	• 상품의 위변조, 접근 권한, 기기 관리 등 화이트리스트 기반의 정보 관리 기능을 개발 • 관련 기업: Chronicled, Slock.it, Filament
스토리지	• 데이터를 분산하여 저장하는 기술을 개발 • 관련 기업: MaidSafe, Storj

산업별 블록체인 활용 사례

기존의 산업에서는 스타트업과 협력하여 실제 서비스를 개발하며, 상용화 전 검증 테스트를 거친 후 적용 범위를 확장시키고 있다.

금융 주도

중개기관이 필요하거나 디지털화되지 않은 서비스(SWIFT2, 장외 주식 거래 등)에 대해 절차 간소화, 자동화하는 데 주로 활용된다.

표 5-9 산업별 블록체인 활용 사례(금융 주도)

분야	사례 소개
청산 결제	• 자회사 간, 국가 간 운영되는 청산 결제 시스템을 대체하기 위한 것으로 절차 간소화, 자동화를 위해 스마트 계약 등을 활용 • 관련 기업: CommBank, Digital Asset Holdings, RBS, Mizuho

해외 송금	• 개인 간, 기업 간 해외 송금을 보다 저렴하고 빠르게 제공 • 관련 기업: Cross River Bank, CBW Bank, Fidor Bank, Westpac
증권 거래	• 주식시장에 블록체인, 스마트 계약을 적용하여 중개기관의 필요성을 없애고, 거래 시간 단축 등에 활용 • 관련 기업: Nasdaq, UBS, LHV
투자	• 투자 플랫폼을 통해 창업자에 관한 정보를 제공하고, 투자자는 투자자를 선택하여 디지털 화폐로 직접 투자할 수 있는 기능을 활용 • 관련 기업: KPCB
보험	• 고가 상품에 대한 정보를 등록 · 관리하며 상품의 움직임을 기록함으로써 보험 사기 방지와 연계 가능 • 관련 기업: Aviva
위협 관리	• 거래 내역을 분석하여 암호화 화폐 사용 시 위험 거래 탐지, 의심 거래자 경고 기능 활용 • 관련 기업: Bank of America

정부 주도

주로 금융 산업에 국한되었으나, 거래 내역의 투명성, 추적 가능성 등을 이용하여 정보를 안전하고 편리하게 보관할 수 있도록 기능을 제공함에 따라 공공서비스를 위해 블록체인을 활용한다.

표 5-10 산업별 블록체인 활용 사례(정부 주도)

분야	사례 소개
전자 투표	• 투표 진행 결과를 블록체인에 기록하여 투명성을 유지할 수 있도록 하여 정당 투표, 상원 선거 등에 활용 • 관련 국가: 덴마크, 호주
전자 화폐	• 국가별 중앙은행에서 발행 및 관리하는 공식적인 화폐로 활용 예정 • 관련 국가: 영국, 필리핀
전자 시민권	• 블록체인에 개인의 신원 정보를 저장하여 정부 기관에 의해 디지털 신원 확인이 가능하도록 기능 활용 • 관련 국가: 에스토니아
소유권 기록	• 토지의 소유권을 블록체인에 등록하여 안전하게 저장 및 관리하는 데 활용 • 관련 국가: 온두라스
기록물 관리	• 정부에서 작성, 발행한 문서 등 기록물 관리를 위해 활용 • 관련 국가: 영국(맨섬), 미국(버몬트주)

● 국내 블록체인 스타트업

표 5-11 국내 블록체인 기업

분야	기업명	사례 소개
ICT 기업	삼성전자 삼성SDS	• IoT 확대를 위해 IBM과 제휴하여 블록체인 기술 도입 • 삼성SDS는 '넥스레저'를 기반으로 계열사인 삼성카드의 디지털 신분증 및 지급 결제 서비스 등 개발 • 삼성SDS는 관세청, 해양수산부, 한국 IBM 등과 함께 해운물류 블록체인 컨소시엄 발족
	LG CNS	• 스타트업 5개사와 블록체인 기반의 플랫폼을 개발하여 전자 증권 발행 성공 • 블록체인 컨소시엄 R3와 협력하여 블록체인 사업 예정 • R3가 만든 코다(CORDA)를 국내에 적합한 모델로 만들어 기업과 금융권에 보급할 계획
	KaKao	• 카카오페이 인증에 블록체인 기술 적용 • 자회사 업비트를 통한 거래소 진출
	Line	라인 파이낸셜 설립 및 일본 가상화폐 시장 진출 발표
스타트업	코인플러그	• 블록체인 기반의 비트코인 거래소 및 전자지갑, 개인인증서 서비스 제공 • 국내 기술을 기반으로 '파이도레저'를 개발
	코빗	• 한국 최초의 비트코인 스타트업 회사로 국내 최대의 비트코인 거래소 운영 • 총 회원 수 3만 명, 가맹점 수 1,300개, 누적 총 거래량 8백억 원 규모
	스트리미	• '스트림와이어'라는 서비스를 통해 블록체인을 활용한 외환 소액 송금 서비스 제공 • 신한은행과 협력하여 비트코인 해외 송금 서비스 추진 중
	블로코	• 블록체인 개발 플랫폼 '코인스택'을 한국거래소, 롯데카드, 전북은행 등 주요 기업에 공급 • 삼성SDS와 삼성카드 블록체인 구축 사업 진행

블록체인 기반인 분산원장 기술(Distributed Ledger Technology, DLT)의 일반적인 장점은 보안성의 강화, 처리 과정의 신뢰성 증진과 감시 가능성의 확대, 비용 절감 등이다. 그러나 현재까지 소개되고 있는 분산원장 기술의 활용 사례들은 일반적인 장점들을 모두 수용하기보다는 각각 독특한 편익과 결점을 지니고 있다. 이는 아직까지 분산 원장 기술이 발전 초기 단계에 있고, 대규모의 성공적인 실험에는 한계가 있기 때문이다. 비록 방대한 이론적 해법과 소규모의 개념 증명(Proof of Concept)이 가능성을 보이고 있지만 시스템의 호환성, 법과 규제의 강제 가능성 등에서 문제를 보이고 있는 것도 사실이다. 현재 분산 원장은 기술적으로 이중지불이 방지되는 인증된 거래, 데이터의 추적과 투명한 거래, 해킹이 불가능한 생태계에 기반을 두고 활용되고 있다. 이러한 서비스의 공통적인 특징은 제3자의 중개에 의존하지 않는 비즈니스 모델로 상당한 비용 절감 효과를 발휘할 수도 있다. 블록체인을 기업에 전사적으로 도입하기 위해서는 상당한 시간 및 비용이 소요되겠지만 성공적으로 도입하는 경우 비용 절감 효과도 클 것이다. 비용 절감 효과는 크게 IT시스템과 기업 경영 측면으로 구분해 볼 수 있다. IT시스템 측면에서는 응용 기술 개발 비용, 인프라 장비 조달 비용, 중간구조 개발 비용 등의 절감을 거둘 수 있고, 기업 경영 측면에서는 회계감사 비용, 종이서류 관리 비용, 노동 비용 등의 절감을 가져올 수 있다.

5.4 연습문제

| 객관식 |

01 블록체인에 대한 설명으로 옳지 않은 것은?

① P2P(Peer to Peer) 네트워크를 통해서 관리되는 분산 데이터베이스의 한 형태이다.
② 거래 정보를 담은 장부를 중앙 서버 한 곳에 저장하는 것이다.
③ 블록체인 네트워크에 연결된 여러 컴퓨터에 저장 및 보관하는 기술이다.
④ 블록체인은 분산 원장 기술(Distributed Ledger Technology, DLT)이다.

02 블록체인의 특징이 아닌 것은?

① 보안성 ② 신속성 ③ 투명성 ④ 다양성

03 블록체인의 장점이 아닌 것은?

① 디도스 공격을 원천적으로 방어할 수 있다.
② 제3자의 거래에 의존하던 여러 과정들을 생략할 수 있어 비용을 획기적으로 절약할 수 있다.
③ 제3자가 거래 중심의 보장 및 증명 서비스의 항목들을 블록체인 시스템에 수렴할 수 있다.
④ 보안성의 강화로 데이터 왜곡이 발생하지만 해커의 공격을 원천적으로 방어할 수 있다.

04 블록체인을 적용한 서비스 지원으로 적합하지 않은 것은?

① 해외 송금 서비스 ② 채권 ③ 마일리지 ④ 지폐 발행

05 금융업의 블록체인 적용 분야로 옳지 않은 것은?

① 별도의 공인인증 기관 없이 간편하고 안전한 대체 인증 수단 제공
② 소액 결제 및 해외 송금 서비스의 보안성 제고 및 수수료 비용 절감
③ 조건에 의해 거래가 자동적으로 성립되므로 중간관리자에 의한 사기/위조 방지
④ 중개자를 이용한 비대면 P2P 대출 서비스

06 블록체인의 종류가 아닌 것은?

① 퍼블릭 블록체인 ② 프라이빗 블록체인
③ 컨소시엄 블록체인 ④ 하이브리드 블록체인

07 누구나 데이터 접근이 가능하며 익명성이 보장되는 블록체인은?

① 퍼블릭 블록체인 ② 프라이빗 블록체인
③ 컨소시엄 블록체인 ④ 하이브리드 블록체인

08 트랜잭션 내역이 모두에게 공개되어 네트워크에 참여한 모든 노드(Node)가 이를 검증하고 거래를 승인하지만 모든 참여자의 거래 기록을 남기고 이를 공유하느라 처리 속도가 느린 블록체인은?

① 퍼블릭 블록체인 ② 프라이빗 블록체인
③ 컨소시엄 블록체인 ④ 하이브리드 블록체인

09 서비스 제공자(기업 또는 기관)의 승인을 받아야만 참여할 수 있으며 주로 기업에서 활용하여 엔터프라이즈 블록체인(Enterprise Blockchain)이라고도 하는 블록체인은?

① 퍼블릭 블록체인 ② 프라이빗 블록체인
③ 컨소시엄 블록체인 ④ 하이브리드 블록체인

10 다음 암호화폐 중 작업 증명 방식이 아닌 것은?

① 라이트코인 ② 모네로 ③ 시아코인 ④ 큐텀

11 다음 암호화폐 중 지분 증명 방식이 아닌 것은?

① 피어코인 ② 스트라티스 ③ 이더리움 ④ 지캐시

12 다음 암호화폐 중 위임 지분 증명 방식이 아닌 것은?

① 에이치닥 ② 아크 ③ 스팀 ④ 이오스

13 다음 합의 알고리즘 중 네트워크에 장애가 발생하더라도 전체의 1/3을 넘지 않는다면 시스템이 정상 작동하도록 허용하는 방식의 알고리즘은?

① 작업 증명 ② 권위 증명 ③ 경과시간 증명 ④ 비잔틴 장애 허용

14 하이퍼레저 소투스(Hyperledger Sawtooth)에서 제안된 합의 알고리즘으로 작업 증명 방식의 경쟁적 해싱 연산으로 낭비되는 에너지를 줄이면서 유사한 수준의 보안성을 보장하기 위해 제시된 알고리즘은?

① 권위 증명 ② 경과시간 증명
③ 프랙티컬 비잔틴 장애 허용 ④ 비잔틴 장애 허용

15 리더를 정한 후 시스템의 모든 상태 변화를 리더를 통해 결정하는 알고리즘은?

① Sieve ② PAXOS ③ RAFT ④ PBTF

16 비트코인의 총 발행량은?

① 1,200만 ② 2,100만 ③ 1억 ④ 1,000억

17 비트코인에서 0.01BTC의 단위 표시법이 맞는 것은?

① dBTC ② cBTC ③ mBTC ④ Satoshi

18 비트코인의 특성이 아닌 것은?

① 탈중앙화 ② 익명성 ③ 투명성 ④ 비신속성

19 비트코인의 단점이 아닌 것은?

① 법적 지위상의 문제 ② 낮은 인지도
③ 높은 가격 변동성 ④ 높은 휴대성

20 이더리움 창시자는 누구인가?

① 사토시 나코모토 ② 댄 라이머 ③ 찰스 ④ 비탈릭 부테린

21 이더리움에 대한 설명으로 옳지 않은 것은?

① 블록체인 기술을 기반으로 스마트 계약 기능을 구현하기 위한 분산 컴퓨팅 플랫폼이다.
② 이더리움의 화폐 단위는 ETH로 표시한다.
③ 디앱(DApp)을 배포할 수 있는 분산 응용 애플리케이션 플랫폼이다.
④ 솔리디티(Solidity) 등의 튜링완전성(Turing-Completeness)을 갖춘 비확장용 언어를 이용한다.

22 이더리움 기반에서 컴파일된 바이트 코드를 블록체인에 등록시키는 명령어는?

① puth ② geth ③ alloc ④ push

23 스마트 컨트랙트에 대한 설명으로 옳지 않은 것은?

① 어떠한 다운타임, 검열, 사기 행위, 제3자 간섭 없이 프로그래밍된대로 정확히 실행된다.
② 코드로서 블록체인에 기록되기 때문에 개발자 외에 누구도 처음에 명시된 조건을 바꿀 수 없다.
③ 블록 안에 거래 기록뿐 아니라 조건문과 반복 명령어 등 실행 코드를 포함하는 것이 가능하다.
④ 각 비즈니스 로직에 따른 복잡하고 다양한 계약 패턴을 소화할 수 있다.

24 이더리움을 이용한 스마트 계약 기능을 구현하기 위해 사용한 언어는?

① 헤스켈 ② 솔리디티 ③ 코볼 ④ 포트란

25 전 세계 여러 은행들이 실시간으로 자금을 송금하기 위해 사용하는 프로토콜 겸 암호화폐는?

① 비트코인 ② 이더리움 ③ 리플 ④ 아이다

26 리플이 사용하는 합의 알고리즘은?

① 작업 증명 ② 지분 증명
③ PBFT ④ 타원곡선 디지털서명

27 리플에 대한 설명으로 옳지 않은 것은?

① C++ 언어로 공동 개발하였다.
② 누구든지 XRP의 송금 기록을 열람 · 복사 · 보관할 수 있다.
③ 리플의 화폐 단위는 XRP이다.
④ XRP는 프로토콜에 따라 총 600억 개가 일괄 생성되었다.

28 새로운 웹 3.0 모바일 게임 플랫폼이며 토큰의 총 공급량은 10억 개로 예정되어 있고, 이 중에 35%가 사전 판매를 통해 공개된 암호화폐는?

① C+Charge ② 대시2트레이드
③ 파이트아웃 ④ 메타 마스터즈 길드

29 현재 가장 주목받는 친환경 알트코인으로 10,000개 이상의 기업과 제휴하여, 소비자가 쇼핑 중에 탄소 발자국을 상쇄할 수 있도록 지원하는 암호화폐는?

① 로보테라 ② 칼바리아 ③ IMPT ④ C+Charge

30 최고의 메타버스 알트 코인으로 거대한 메타버스를 제공하여 전 세계 플레이어들이 서로 소통과 네트워킹할 수 있도록 한 암호화폐는?

① 샌드박스 ② 코스모스 ③ 솔라나 ④ 디파이코인

| 단답식 |

01 (　　　　)이란 블록 안의 트랜잭션 순서를 정하고 연결된 노드들에게 전달하는 기능을 한다. 트랜잭션의 순서는 FCFS(First-Come First-Serve) 방식에 의해 결정된다.

02 블록체인 합의 알고리즘 중 (   )이란 목표값 이하의 해시를 찾는 과정을 무수히 반복함으로써 해당 작업에 참여했음을 증명하는 방식의 알고리즘이다.

03 블록체인 합의 알고리즘 중 (   )은 해당 암호화폐를 보유하고 있는 지분율에 비례하여 의사결정 권한을 주는 방식이다.

04 이더리움 재단은 기존 합의 방식인 작업증명 방식을 지분 증명 방식으로 전환하기 위한 (   ) 프로젝트를 진행 중에 있다. 그러나 지분 증명 방식은 '평등'을 추구하는 블록체인의 본질에서 벗어나 '부익부 빈익빈'을 초래한다는 꼬리표가 따라다닌다. 많은 코인을 가지고 있을수록 더 많은 보상을 받는 구조이기 때문이다.

05 블록체인 합의 알고리즘 중 (   )은 암호화폐 소유자들이 각자의 지분율에 비례하여 투표권을 행사하여 자신의 대표자를 선정하고, 이 대표자들끼리 합의하여 의사결정을 내리는 방식이다.

06 (   ) 합의 알고리즘 방식은 권위 있는 기관에서 조건에 맞는 노드를 증명해 이들 간 합의를 이루는 방식이다. 두나무 블록체인 서비스(DBS)는 이 방식을 사용한다.

07 (   )란 블록체인 기술을 이용해서 디지털 자산의 소유주를 증명하는 가상의 토큰(token)이다. 그림 · 영상 등의 디지털 파일을 가리키는 주소를 토큰 안에 담음으로써 그 고유한 원본성 및 소유권을 나타내는 용도로 사용된다. 즉, 일종의 가상 진품 증명서이다.

08 (   )란 탈중앙화된 분산 금융 또는 분산 재정을 의미한다. 주로 암호화폐를 담보로 걸고 일정 금액을 대출받거나, 혹은 다른 담보를 제공하고 암호화폐를 대출받는 방식으로 작동한다.

09 (   )는 이더리움 블록체인에서 이루어지는 모든 작업에 대해 코인을 보내는 사람이 지불해야 하는 수수료이다.

| 서술식 |

01 블록체인은 네트워크 참여에 사전 승인이 필요한지 여부에 따라 허가형 · 비허가형 블록체인으로 구분할 수 있다. 각각에 대하여 서술하시오.

6 장

양자컴퓨터

학 습 목 표

1. 양자컴퓨터란 무엇이며 기술 원리를 이해한다.
2. 양자컴퓨터 국내 · 외 활용 사례에 대해서 알아본다.
3. 양자컴퓨터 미래 전망에 대해서 알아본다.

6.1 양자컴퓨터 소개

양자컴퓨터 개요

양자컴퓨터는 '미래 산업의 핵', '꿈의 컴퓨터', '차세대 방패' 등으로 불리며 신기술로 큰 관심을 받고 있다. 국내뿐만 아니라, 구글, IBM, 인텔 등 글로벌 IT 기업도 막대한 투자와 함께 개발하고 있다. 인텔의 브라이언 크르자니크(Brian Krzanich) CEO는 양자컴퓨터를 '다양한 문제를 해결하는 데 필요한 도구'로 평가하면서 지속적인 양자컴퓨터 상용화 연구 의지를 밝혔다. 마이크로소프트의 사티아 나델라(Satya Nadella) CEO도 '양자컴퓨터가 곧 미래'라고 표현하면서 양자컴퓨터 기술의 도래를 강조하고 있다. AT&T, 브리티시텔레콤(BT), NTT 등 양자컴퓨터에 주목하는 통신 기업도 빠르게 늘어나고 있다. 또한 미국 매사추세츠공대(MIT)의 과학기술 전문지 「테크놀로지리뷰(Technology Review)」는 2017년을 장식할 10대 혁신 기술 중 하나로 '실용적 양자 컴퓨터(Practical Quantum Computers)'를 선정했다. 지금으로부터 4~5년 뒤면 기존 슈퍼컴퓨터보다 수십만에서 수백만 배의 속도를 가진 컴퓨터가 생활에 스며들어 정보통신 산업뿐 아니라 화학, 제약 산업 등 모든 분야에서 상상할 수 없는 세상을 열 것이라고 내다보았다. 양자컴퓨터에 대한 미래는 비단 ICT 업계에서만 꿈꾸고 있는 것은 아니다. 세계적 자동차 부품기업인 독일의 보쉬(Bosch)는 양자 중력 센서를 초정밀 GPS로 활용해 자율주행 자동차에 적용할 계획을 밝혔다. 이처럼 전 세계 다양한 산업에서 미래 유망기술로 기대하고 있는 양자컴퓨터의 시대는 생각보다 빠르게 다가오고 있다.

그림 6-1 양자컴퓨터 시스템

최근, '양자컴퓨터(Quantum Information Communication)', '양자암호통신(Quantum Cryptography Communication)' 등을 자사 비즈니스 모델로 내세우는 국내외 기업이 빠르게 증가하고 있다. 이에 양자컴퓨터, 양자암호통신의 개념을 이해하고, 이를 기업 전략에 적용해야 할 필요성이 대두되었다. 특히 양자컴퓨터 기술은 기존 ICT의 패러다임을 바꿀 정도의 파급력을 갖고 있다. '양자(量子, Quantum)'란 물리적 성질을 이루는 불연속적인 최소 단위의 입자 또는 상태를 의미한다. 양자의 종류로는 광자(光子, Photon), 전자(電子, Electron), 원자(原子, Atom) 등이 있다. 양자컴퓨터 기술은 양자적 특성을 정보통신 분야에 적용하여 보안, 초고속 연산 등 기존 정보통신의 한계를 극복할 수 있는 차세대 정보통신 기술이다. 양자컴퓨터 기술, 양자정보 기술, 양자ICT 등 여러 용어가 혼용되고 있지만 본 교재에서는 '양자컴퓨터 기술'이라는 용어로 통일하여 사용하였다. 양자 상태는 특별한 물리학적 특성이 존재한다. 복제할 수 없는 성질(복제 불가), 두 가지 성질을 동시에 가지는 성질(중첩성), 양자 상호 간 특수한 관계(얽힘 현상), 어떤 입자의 정확한 운동량과 위치 동시 파악 불가능(불확정성) 등이 대표적이다. 이러한 양자적 특성을 활용해 보안, 연산, 계측 등 기존 정보 통신 기술에 적용하려는 것이 바로 양자컴퓨터이다.

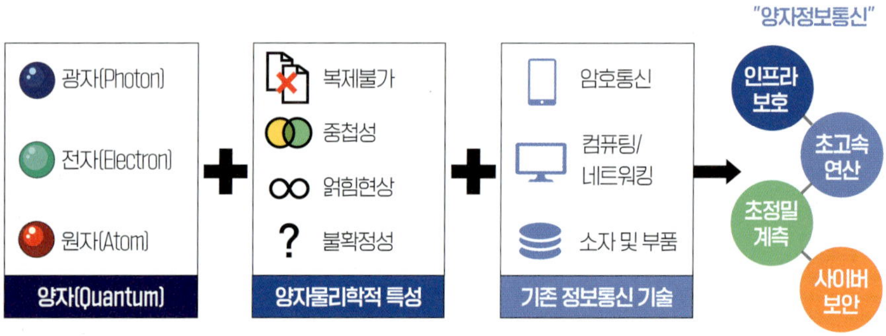

그림 6-2 양자정보통신의 개념

양자컴퓨터 기술

양자컴퓨터는 중첩(superposition), 얽힘(entanglement) 등 양자의 고유한 물리학적 특성을 이용하여, 다수의 정보를 동시 처리할 수 있는 새로운 개념의 컴퓨터이다. 양자컴퓨터는 양자적 정보 단위인 양자비트 또는 큐비트(qubit)를 정보처리의 기본 단위로 하는 양자병렬처리를 통해 고전 컴퓨터에 비해 정보처리 및 연산 속도가 지수 함수적으로 증가하여 비약적으로 빠른 속도로 문제 해결이 가능하다.

양자컴퓨터에서 중첩이란 두 개의 성질을 동시에 갖는 특징이다. 디지털이 0 혹은 1로 표현되는 데 반해 중첩은 0이면서 동시에 1인 상태이다. 얽힘은 두 개의 양자를 특별한 처리를 통해 만든 상태로, 얽힘 상태의 양자는 아무리 멀리 떨어져 있어도 한 쪽의 동작에 따라 반대쪽의 동작을 예측 가능하다. 양자비트(qubit, 이하 큐비트)를 정보처리의 기본 단위로 하는 양자 병렬 처리를 바탕으로 정보처리 및 연산 속도가 지수 함수적으로 증가한다.

표 6-1 양자컴퓨팅 기술

구분	기존 컴퓨터	양자컴퓨터
연산 개념도	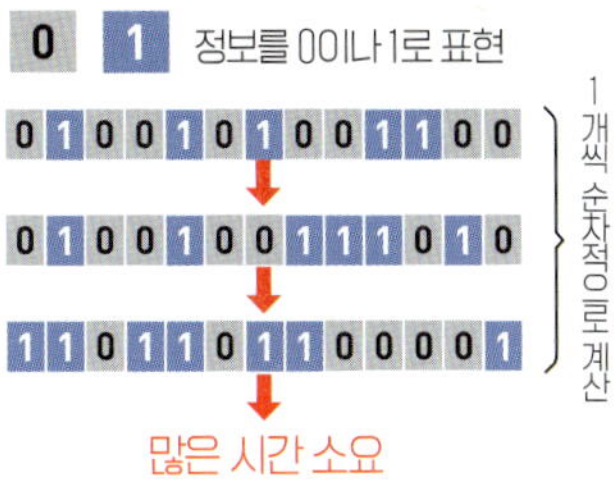	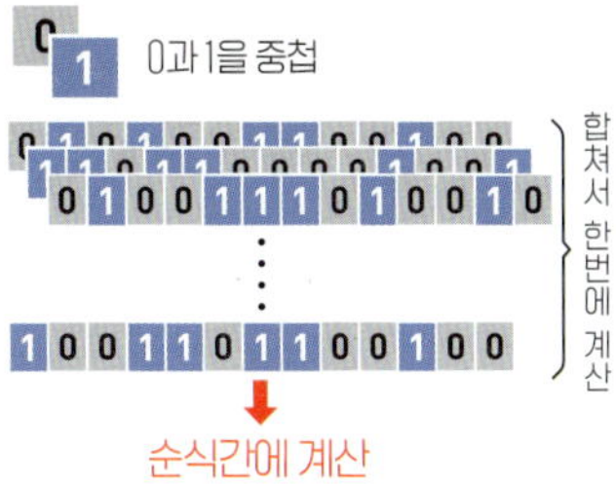
기본 단위	Bit(0 또는 1)	Qubit
연산 방법	논리 표에 의한 계산	행렬 함수에 의한 계산
외부 잡음	오류 정정이 쉬움.	오류 정정이 어려움.
n 비트의 정보량	0~2^n−1 중 1개 값만 기억	2^n의 모든 값을 기억(중첩)
연산 동작 처리량	• n bit ALU는 1번 연산 동작 • 3비트의 경우에 정보처리 8회(반복 계산) 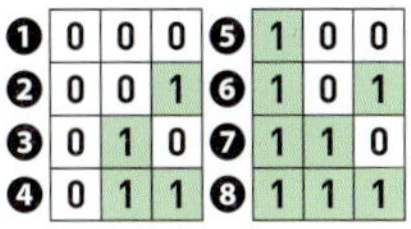	• n qubit ALU는 2^n 연산 동작 • 3 큐비트의 경우에 정보처리 1회(동시 계산) 

※ ALU(Arithmetic Logic Unit): 논리 연산 장치

양자컴퓨터의 동시적 병렬 연산 처리 능력은 기존 컴퓨터 대비 비교 불가 수준으로 월등하다. 기존 컴퓨터는 숫자 계산 시 각각 한 번에 한 개씩 계산을 수행해야 하나, 양자컴퓨터는 한 번의 프로세스로 모든 숫자에 대한 계산 수행이 가능하기 때문이다.

예를 들어, 1,000비트 숫자(300자리 정수)를 소인수분해할 때 기존 컴퓨터로 백만 년이 걸릴 계산을 양자컴퓨터는 성능에 따라 1초 ~ 하루 정도의 시간이면 가능하다. 이에 따라, 양자컴퓨팅 시대가 도래하면 기존 암호체계가 붕괴될 것이라는 우려의 목소리가 높고, 이에 대한 대응으로 양자암호기술 개발도 전개되고 있는 상황이다. 양자컴퓨터는 기존 컴퓨터 대비 월등한 연산 속도를 기반으로 기존 산업에 커다란 영향을 미칠 것으로 예상된다. 최근에는 사물인터넷, 인공지능 등의 급속한 발전과 맞물려 데이터 처리량이 급증하면서 이러한 성능을 지닌 양자컴퓨터를 활용하려는 기업도 증가하고 있다.

양자컴퓨터 활용 분야

양자컴퓨터의 활용 분야는 금융, 화학, 의료, IT뿐만 아니라 다양한 분야에서 활용될 것으로

예상된다. 아래 표는 각 분야별 양자컴퓨터 기술이 적용된 사례이다.

표 6-2 분야별 양자컴퓨터 기술 적용 사례

분야	응용 예	사례
금융	• 포트폴리오 최적화 • 리스크 관리 • 옵션 · 가격 결정	2016년 5월, D-Wave Systems와 1QBit가 Quantum for Quants 설립
화학	• 분자 설계 최적화 • 화학 반응의 양자 역학적 시뮬레이션 • 전지와 촉매의 최적화	• IonQ의 화학 시뮬레이션 SW 개발 • MS의 기초 연구 • ETH, Harvard 대학 등의 연구
의료	• 암 치료용 약물 발견/최적 복용량 산출 • 개인 맞춤형 의료의 고속화	Stanford 대학, Texas 대학에서 연구
IT	• 머신러닝을 위한 고속 클러스터링 • 이미지 인식 고속 학습	• Google/D-Wave Systems의 이미지 인식 정확도 향상 • (중) USTC, NMR 기술 이용 4 큐비트 양자 프로세서 개발
물류	비행기, 선박, 트럭 등의 물류 최적화	PLC와 Mamchester Met. 대학의 물류 알고리즘 공동 개발
제약	단백질의 3차원 구조 최적화/분석(알츠하이머병 등의 특효약 개발)	• Stanford 대학의 "Folding@home" 프로젝트 • Harvard 대학/D-Wave Systems의 단백질 분석 실험
자동차	도시 교통 서비스 최적화	• Volkswagen과 Google의 공동 개발 • Volkswagen의 주문형 이동 서비스를 위한 알고리즘 개발
항공우주	• 유체 역학적으로 최적화된 기체 설계 • 비행 제어 시스템의 버그 잡기 최적화	• NASA의 비행체 날개 설계 최적화 • Lockheed Martin과 Airbus의 제어 시스템 버그 탐색 SW 개발(6개월 → 6주)

(출처: 한국과학기술기획평가원 2019-07(통권 제265호))

금융 분야에서는 포트폴리오 최적화 및 리스크 관리에 사용된다. 화학 분야에서는 화학 반응의 양자 역학적 시뮬레이션 작업에 사용된다. 의료 분야에서는 개인 맞춤형 의료 고속화에 기여할 것이며, IT 분야에서는 이미지 인식을 통한 고속 학습에 적용된다. 물류 분야에서는 모든 물류 시스템의 최적화를 위해 활용될 것이고, 제약 분야에서는 단백질의 3차원 구조 분석에 기여할 것이다. 자동차 분야에서는 도시별 교통 서비스 최적화를 위한 자율주행 시스템에 활용될 것이며, 항공 우주 분야에서는 비행 제어 시스템의 최적화를 위해 사용될 것이다. 그 외에도 양자 컴퓨터는 산업 전반에 걸쳐 확대될 것이다.

6.2 양자컴퓨터 정책

국내 정책

해외 국가의 활발한 양자컴퓨터 정책 수립에 따라 국내에서도 활발한 움직임이 발생하고 있다. 국내의 경우 2005년 일부 기업과 대학, 정부출연 연구기관을 중심으로 양자컴퓨터 관련 기초 연구를 시작했으나, 당시 국가적인 정책 방향이 적절히 마련되지 않아 지속적인 연구 성과로 이어지지는 못한 바 있다. 2010년대 들어 2014년 국내과학기술평가원, 2016년 정보통신기술진흥센터에서 10대 미래 유망기술에 양자컴퓨터 기술을 선정하면서 정부 및 국책 연구기관에서 양자컴퓨터 기술에 대한 관심과 필요성이 지속적으로 제기되었다. 2014년 과학기술정보통신부에서는 '양자컴퓨터 중장기 추진 전략'을 마련하고 2020년 양자컴퓨터 글로벌 선도국가 진입을 비전으로 제시하며 9개 실천 과제를 추진하는 계획을 발표하면서 국내에서도 양자컴퓨터 정책이 수립되기 시작했다. 아울러 2017년 과학기술정보통신부는 양자 수요기술을 조사해 양자암호통신, 양자소자 등 총 12개 핵심 과제를 도출해 제출하였다.

2019년 국내 양자컴퓨터 기술 개발 관련 과학기술정보통신부의 예산 투자는 250억 원 수준으로 2019년 하반기까지 양자컴퓨터 진흥 종합계획을 수립하였다. 과학기술정보통신부는 향후 5년간(2019~2023) 양자컴퓨터 하드웨어 등 핵심원천기술개발과 양자컴퓨팅 신아키텍처, 양자알고리즘, 기반 소프트웨어 등에 총 445억 원의 투자 계획을 발표하였다. 그리고 양자암호통신, 양자센서, 양자컴퓨팅 기술을 개발한 국내 기업들이 소자, 부품, 장비 성능이나 안정성, 상호 호환성 등을 검증하는 개방형 양자 테스트베드도 구축할 계획이다. 아울러, 부족한 국내 양자컴퓨팅 연구 저변을 보완 및 확대하기 위해 과학과 공학 분야 연구자 간의 융합 연구를 촉진하고 글로벌 연구 생태계와의 교류 및 협력 활성화도 지원할 계획이다. 양자컴퓨터 진흥 종합계획은 산학연 전문가들로 구성되어 양자컴퓨터의 다양한 연구개발 수요를 반영하고 수요 예측에 기반을 둔 인력을 양성한다.

초기 단계에는 산업 육성을 위한 지원 인프라와 제도적 지원방안 등을 담을 예정이다.

표 6-3 양자컴퓨팅 기술개발사업 주요 내용

분야	주요 내용
핵심원천기술 개발	양자컴퓨터, 양자시뮬레이터 등 양자컴퓨팅 HW 구현에 필요한 기초적 핵심기술 확보 추진 – (양자컴퓨팅 핵심기술 개발) 2013년까지 5큐비트급, 신뢰도 90% 이상 양자컴퓨팅 시스템 실증 – (양자시뮬레이터 개발) 경제 · 사회적 파급효과가 높은 분야의 문제 해결에 특화한 양자시뮬레이터를 개발하고 효과를 실증
미래유망기술 개발	양자컴퓨팅 시스템 기술, 알고리즘 및 응용기술 등 차세대 양자컴퓨터 구현에 필요한 기반 · 응용 SW 연구 – (양자컴퓨팅 시스템기술 개발) 대규모 양자시스템에서 정보를 효율적으로 호출 · 처리 · 저장하기 위한 보조 HW · 아키텍쳐 및 기반 SW 기술 – (알고리즘 및 응용기술) 고전 시스템 대비 양자이점(quantum advantage)을 실현할 수 있는 다양한 양자알고리즘 연구 및 응용 SW 개발
연구생태계 조성	부족한 국내 양자컴퓨팅 연구 기반을 보강하기 위한 교육 · 컨퍼런스 등의 운영과 글로벌 협력체계 구축 – 양자컴퓨팅 융합포럼 구성 지원, 용어 정립 · 기술체계 등 백서 발간, 워크샵 · 세미나 · 교육프로그램 등을 통한 인력양성 지원 등

한편, 과학기술정보통신부에서는 2040년까지 양자컴퓨팅 분야 기술로드맵과 기술 개발 전략을 확립할 예정이다. 그리고 선도국과의 기술 격차가 큰 양자컴퓨팅 분야는 전문연구기관 등 전략적 투자를 통하여 핵심 인력과 전문기술을 확보할 예정이다.

국내 양자컴퓨터 기술 수준은 최고기술 보유국인 미국의 약 73%로 4년의 기술 격차를 보인다. 분야별로는 양자통신이 82.5%로 기술 격차 2.7년으로 가장 적고, 양자 소자 · 부품 및 양자센서는 72.5%로 3.2년, 양자컴퓨터는 66.3%로 5.8년의 기술 격차로 가장 열세이다.

표 6-4 양자정보기술 분야 기술 수준

대분류	소분류	기술 수준		최고기술 보유국
		상대 수준(%)	격차(년)	
양자통신	양자암호	83.3	2.0	미국
	양자네트워크 및 통신	80.0	3.0	
	양자통신 전체	82.5	2.7	
양자소자 · 부품 및 양자센서	양자정보통신 공통 소자부품	74.3	3.0	미국
	양자센서	68.3	3.5	
	양자소자부품 및 양자센서 전체	72.5	3.2	
양자컴퓨팅	큐빗 빌딩 블록 구현 기술	63.3	6.5	미국
	큐빗 인터페이스 기술	63.3	6.5	
	양자컴퓨팅 시스템 기술	73.3	4.0	
	양자컴퓨팅 활용 기술	73.3	4.0	
	양자컴퓨팅 전체	66.3	5.8	
전체(합계)		73.0	4.0	미국

(출처: 한국과학기술기획평가원 2019-07(통권 제265호))

양자컴퓨터는 부가가치가 높고 미래 핵심 기술 가운데 하나지만 기술적 · 인적 자원 및 산업 기반이 열악하여 기술 개발, 표준, 인력 양성, 기반 조성, 제도 · 규제 개선 등의 전 분야에 걸쳐서 정부 주도적 추진 계획을 수립한다.

국외 정책

미국, EU, 중국 등 주요국들은 기초과학부터 응용 기술까지 포함한 다양한 양자컴퓨터 관련 과학 기술 분야에 정책적 지원을 제공하고 있다.

● 미국

미국은 2009년 「국가양자정보과학비전」을 발표하고 정보기관 중심의 기술 개발을 추진해 왔으며, 2018년 9월에는 양자컴퓨터 부문의 기술 우위 유지를 위한 「양자정보과학 국가전략」을 발표하였다.

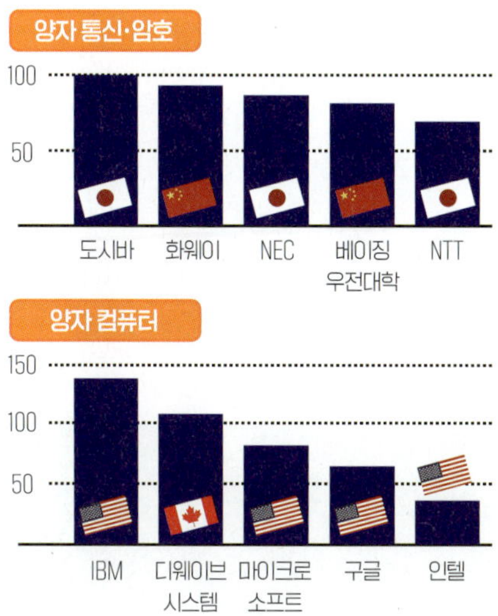

그림 6-3 중국과 미국 양자 기술 관련 특허 건수 비교[단위: 건]
(출처: 니혼게이자이신문)

2009년 「국가양자정보과학비전」 발표 이후 다양한 정보기관, 국방부, 연구소를 중심으로 양자통신, 양자컴퓨팅 기술 개발을 추진하고 있다. 특히, 중국 등의 양자정보 역량이 강화되자 트럼프 정부 때는 미국의 기술 우위 유지를 위해 2018년 9월 인력 양성, 산학연 협력, 주요 인프라 구축 등을 담은 「양자정보과학 국가전략」을 발표하였다.

「양자정보과학 국가전략」의 핵심은 정부 지원 확대를 통해 양자정보과학 분야 신기술 개발을 지원하고, 기술적 난제 해결 연구에 예산 우선순위를 두는 것이다. 연방상원은 2018년 12월, 향후 5년간 최대 12억 달러 예산을 양자컴퓨터를 포함한 양자정보과학기술에 투자하는 「국가양자주도법(National Quantum Initiative Act)」을 통과시켜 개발하고 있다.

표 6-5 미국 국가양자주도 법안 관련 주요 투자 계획

기관	주요 역할	연간 예산
양자 컨소시엄(NIST)	• 미국 양자산업 발전을 위해 필요한 척도, 표준, 사이버 보안 등을 파악 • 현재 연구 수준과 개선 부문을 평가 및 제언	8,000만 달러
범학제 양자연구 교육 센터 (NSF)	• 양자과학에 대한 기초연구 및 교육 지원금 제공 • 교과과목 개발 및 인력 개발 활동 지원금 제공	센터당 매년 1,000만 달러
국립 양자정보과학 연구 센터 (DOE)	• 양자정보과학 기초연국 수행 • 국립연구소, 대학, 연구센터 등이 협력해 센터 유치 가능 • 에너지부(DOE)와의 협력을 통해 연구 지원	센터당 매년 2,500만 달러

(출처: 한국과학기술기획평가원 2019-07(통권 제265호))

EU

EU는 「퀀텀 플래그십(Quantum Flagship) 프로그램」을 통해 2018년부터 10년간 10억 유로를 양자기술 개발에 투자할 계획이다. 2016년 처음 발표된 퀀텀 플래그십(Quantum Flagship)은 슈퍼컴퓨터를 능가하는 양자컴퓨터 개발을 목적으로 한다. 예산은 양자컴퓨터, 양자통신, 양자 시뮬레이션, 양자계측 · 센싱 등의 분야로 구분되어 배정되고 예산 절반은 EU에서, 나머지 절반은 회원국들이 분담하고 있다.

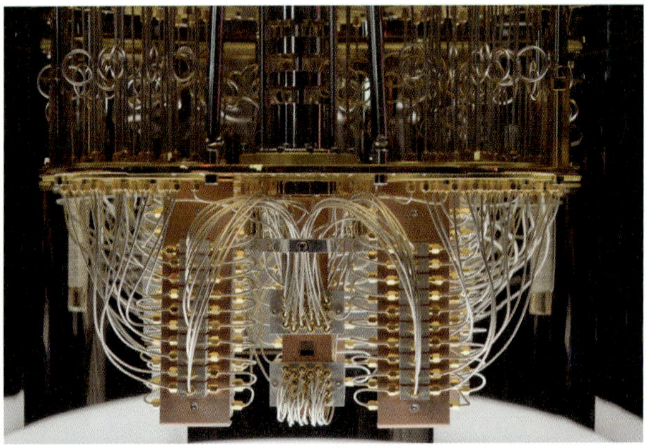

그림 6-4 퀀텀 플래그십(양자컴퓨터)

퀀텀 플래그십(Quantum Flagship)은 EU가 추진해온 「Graphene Flagship, Human Brain Flagship」등에 이은 세 번째 FET(Future and Emerging Technology) 프로그램이다.

2018년 10월 EU는 「퀀텀 플래그십(Quantum Flagship)」을 통해 추진할 20개의 기술 개발 사업을 선정했고 향후 3년간 1.32억 유로를 투자하겠다고 하였다. 20개 사업 분야와 예산 배분 비율을 살펴보면 양자계측 · 센싱 26%, 양자통신 24%, 양자기초과학 20%, 양자컴퓨터 14%, 양자시뮬레이션 13%, 지원 3% 등이다.

• 중국

중국은 국가 차원에서 양자정보기술 개발에 대규모 투자를 진행 중이지만, 양자컴퓨터 부문보다는 양자통신 부문에 집중하는 상황이다. 2006년 「국가 중장기 과학기술 발전 계획요강(2006~2020)」에서 미래 지속 가능한 혁신과 경제사회 발전을 위한 4대 중대 기초과학연구로 양자제어를 포함하고 있다. 2012년 「양자제어 연구 국가중대과학기술 프로그램 12 · 5 전문규획」에서 양자 및 나노기술에 5년간 2,900억원의 투자 계획을 밝혔으며, 지속적으로 투자하고 있다.

2016년 「13차 5개년 국가과학기술규획(2016~2020)」에서 2030년까지 국가전략을 구현하는 「6대 중대과기프로젝트」에는 양자통신과 양자컴퓨터를 포함시켰다. 양자과학기술 강국 도약을 위해 2017년부터 안이후성 허페이시에 세계 최대 규모의 양자정보과학국가연구소를 설립하였으며 2018년부터 5년간 1천억 위안(약 17조 원)을 투입하였다.

6.3 양자컴퓨터 활용 사례 및 전망

양자컴퓨터 시장 규모 및 전망

현재 양자컴퓨터 시장은 기술 개발 및 시험 테스트 장비 등 기술 개발 수요를 중심으로 형성되어 있다. 양자컴퓨터가 아직 상용화를 위한 준비단계에 있기 때문에 양자암호통신, 양자컴퓨터 등 기술 개발용 장비와 설비를 중심으로 성장해오고 있다면, 향후 국방 및 행정망, 보안시장 등을 중심으로 상용화가 이루어지고 관련 시장이 빠르게 확대될 것으로 보인다. 정보통신기술진흥센터에 따르면 글로벌 양자컴퓨터 시장 규모는 2016년 4.3조 원, 2020년 6.4조 원, 2025년 26.9조 원으로 2016년부터 2025년까지 연평균 22.5% 성장할 것으로 전망된다. 특히 최근 양자컴퓨터 분야에 적극적인 투자를 단행하고 있는 중국의 경우 2020년 양자컴퓨터 시장이 3.6조 원으로 성장하고, 관련 부가 시장도 비슷한 규모로 확대되어 거대한 시장이 형성될 것으로 전망된다. 국내 양자컴퓨터 시장도 아직까지는 도입 단계에 머물러 있으며, 2020년 이후 본격적으로 관련 시장이 형성되고 있다. 국내 양자컴퓨터 시장의 규모는 2016년 56억 원, 2020년 707억 원, 2025년 1조 4,000억 원으로 성장할 것으로 전망된다. 2016년부터 2025년까지 예상되는 연평균 성장률은 84.8%로, 양자컴퓨터 개발을 통해 둔화되고 있는 국내 ICT 산업에 전환점을 마련할 것이다.

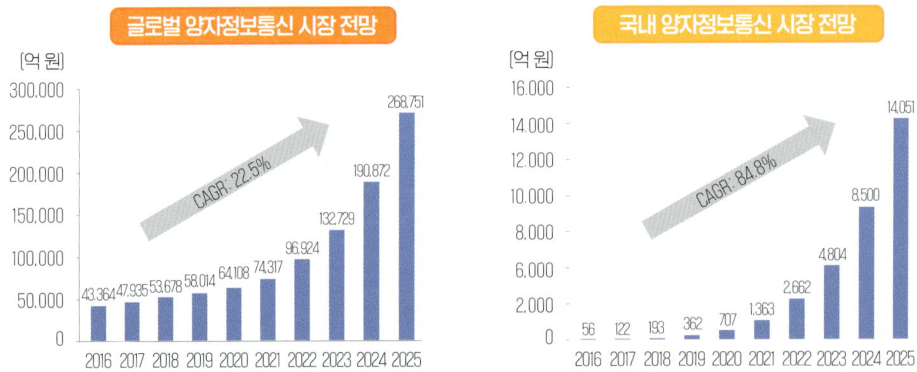

그림 6-5 국내 · 외 양자정보통신 시장 전망

양자기술의 세계 시장 규모는 연평균 25.8%의 성장세를 보이지만 세부 분야별로는 시장 증가율에서 차이가 발생한다. 세계 양자컴퓨팅 시장 규모는 2021년 기준 4.7억 달러 규모로 형성되어 있고 연평균 성장률은 33.8%를 보이고 있다. 양자통신의 세계시장은 2021년 1.4억 달러이나 양자암호통신에 대한 수요 확대로 시장 규모가 연평균 47.9%로 급격히 증가하는 추세이다.

양자센싱은 기존 센서 시장이 있기는 하지만 정밀도가 요구되는 양자센서 시장이 차별적으로 존재하여 2021년 기준 세계시장이 4.1억 달러 규모를 형성하고 있고, 시장 규모 증가율은 연평균 3.8%로 상대적으로 낮은 편이다.

표 6-6 양자기술 시장 전망

구분		시장규모 및 전망(단위 : [세계] 백만 달러, [국내] 억 원)								CAGR
		2019	2020	2021	2022	2023	2024	2025	2026	
양자통신(A)	세계	80.2	121.7	142.9	158.8	323.6	481.6	581.0	1,238.1	47.9%
	국내	42	65	93	105	219	332	408	888	54.8%
양자센싱(B)	세계	394.6	399.6	410.3	426.3	447.7	474.4	492.2	510.7	3.8%
	국내	655	728	811	915	1,025	1,154	1,306	1,485	12.4%
양자컴퓨팅(C)	세계	229.4	328.4	471.6	589.1	767.1	1,029.7	1,341.8	1,764.7	33.8%
	국내	10.2	17.4	34.9	46.8	66.5	99.7	140.4	222.3	55.3%
합계	세계	704.1	849.8	1,024.8	1,174.2	1,538.3	1,985.7	2,414.9	3,513.5	25.8%
	국내	707	810	939	1,067	1,311	1,586	1,855	2,595	20.4%

(출처: 한국과학기술정보연구원 제44호)

국외 사례

● 미국

양자컴퓨터가 스포트라이트를 받으면서, 글로벌 연구소 및 IT 기업들은 양자컴퓨터 기술을 미래 핵심 성장 동력으로 삼고 연구 개발에 매진 중이다. 국가별로는 미국이 가장 활발하게 양자컴퓨터 기술을 연구하고 있으며, 최근에는 중국이 대규모 투자를 실시하면서 기술 선도국을 추격하고 있는 양상이다.

구글의 경우 미국항공우주국(NASA)과 양자인공지능연구소 설립으로 양자컴퓨터 기반의 인공지능 기술 연구를 시작했다. 또한 캐나다의 D-Wave Systems사에서 출시한 'D-Wave 2'를 구입해 이를 기반으로 양자컴퓨터 연구를 지속하고 있다. 2016년 6월 초전도 회로 모형에서 9개 전자를 제어하는 9큐비트 규모의 양자컴퓨터를 발표하는 성과를 보였다. 구글은 특정 연산에만 적용할 수 있는 양자컴퓨터가 아닌, 원하는 연산에 모두 사용 가능한 범용 양자컴퓨터를 개발할 예정이다.

양자 연구의 역사가 오래된 IBM은 1997년 2큐비트 양자컴퓨터를 처음으로 만든 기업으로, 2016년에는 5큐비트 초전도 양자컴퓨터를 클라우드 서비스로 대중에 공개하기도 했다. IBM은 2017년 3월 개발 중인 범용 양자컴퓨터 'IBM Q'의 시스템 로드맵을 공개했으며, 2022년 11월 'IBM 퀀텀 서밋 2022'에서 433큐비트 양자 프로세서 '오스프리'와 차세대 양자 컴퓨터 'IBM 퀀텀 시스템 투'를 공개했다. 매년 열리는 IBM 퀀텀 서밋은 고객, 파트너 및 개발자로 구성된 광범위한 양자 생태계와 유용한 양자컴퓨팅을 세계에 알리기 위한 지속적인 발전 사항을 소개한다. IBM 오스프리(Osprey)는 얼마전에 공개된 IBM 이글의 127 큐비트보다 3배 이상 많은 IBM 양자프로세서 중 가장 많은 큐비트를 가진 칩셋이다. 이와 더불어 IBM에서는 콘도르(Condor)라는 1,121큐비트 프로세서를 2023년에 출시할 예정이다. IBM 퀀텀 네트워크는 200개 이상의 조직과 45만 명 이상의 사용자들이 참여하고 있으며 클라우드를 통해 세계 최대 규모의 양자컴퓨터에 대한 접근 권한을 가지고 있다.

그림 6-6 미국 IBM 양자컴퓨터

앞서 언급한 IT 기업이 양자컴퓨터 개발에 집중하고 있다면, 통신 기업은 양자암호통신 연구에 뛰어들고 있다. 미국의 대표적인 통신사 AT&T는 2017년 6월 자사 혁신 기술 연구센터 'AT&T 파운드리'를 통해 양자암호통신 연구를 진행하고 있다. 더불어 캘리포니아공과대학과 '양자기술 얼라이언스(Alliance for Quantum Technologies, AQT)'를 구성하고 '지능형 양자네트워크 기술(Intelligent Quantum Networks and Technologies, INQNET)'이라는 프로그램을 가동 중이다. ICT 기업뿐만 아니라 미국의 주요 정보 기관, 국방 기관, 국책 및 대학 연구 기관의 연구 또한 활발하다. 2005년 미국 방위고등연구계획국(DARPA)이 양자암호통신 시험망을 마련했으며 2013년부터 미국항공우주국(NASA)은 560km 거리의 양자암호통신 네트워크를 구축하였다.

2003년 MagiQ Technologies에서 양자키 분배 시스템을 상용화하는 기술을 개발했으나 안보를 이유로 수출 통제 품목으로 지정하였다.

그림 6-7 미국 MagiQ Technologies
(출처: https://c11.kr/1dreu)

표 6-7 미국 주요기업 및 기관의 양자 기술 개발 동향

기업/기관	주요 내용
Google	• 2014년 : 미국항공우주국과 공동으로 양자인공지능연구소 설립 • 2016년 6월 : 9큐비트 규모의 양자컴퓨터 발표 • 향후 원하는 연산에 모두 적용 가능한 범용 양자컴퓨터 개발이 목표
IBM	• 1997년 : 2큐비트 양자컴퓨터 개발 • 2016년 : 5큐비트 초전도 양자컴퓨터를 클라우드 서비스로 대중에 공개 • 2017년 3월 : 개발 중인 범용 양자컴퓨터 'IBM Q' 시스템 로드맵과 양자컴퓨터용 프로그래밍 언어 QASM의 개발자 키트 공개 • 2017년 10월 : 49큐비트 양자컴퓨터 시뮬레이션 성공
Microsoft	• 2006년 : 양자컴퓨터 연구소 'Station Q' 설립 • 위상학을 이용한 양자컴퓨터 개발 계획 발표 • 2017년 4월 : 반도체 기업 'Rambus'와 극저온 D램 메모리 시스템 개발 • 2017년 9월 : 양자컴퓨터 활용 언어 개발 발표
intel	• 2015년부터 대규모 양자 프로세서 개발을 목표로 연구를 시작하고, 칩패키징 최적화를 위해 네덜란드 양자컴퓨터 전문업체 'QuTech'와 협력 • 2017년 10월 : 20밀리켈빈에서 동작하는 17큐비트 초전도 칩 테스트 모델 개발 · 생산 발표 • 향후 49큐비트 양자 프로세서 개발 예정
AT&T	2017년 6월 : 자사 혁신기술 연구센터 'AT&T 파운드리'를 통한 양자암호통신 연구와 캘리포니아 공과대학과의 협력 발표
NASA	2013년부터 560km 거리의 양자암호통신 네트워크 구축 중
MagiQ Technologies	2003년 120km 거리의 양자암호통신 시스템 상용화(해당 시스템은 안보 문제로 인해 수출 통제 품목으로 지정)

(출처 : 삼정KPMG 경제연구원 Issue Monitor 제75호)

● 유럽

유럽은 양자 물리학자들이 기술적 연구 촉진을 위해 '양자 성명서(Quantum Manifesto)'를 발표할 정도로 양자컴퓨터 기술 개발에 높은 관심을 보이고 있다. 이러한 분위기 속에서 유럽 내 여러 기업과 기관은 정부의 지원에 힘입어 관련 기술 연구를 지속 중이다.

ID Quantique(이하 IDQ)는 2001년 니콜라스 등 양자 기술 부문의 전문가인 스위스 제네바대의 연구원이 설립한 기업으로, 설립 초기부터 양자난수생성기를 판매하는 등 양자암호통신 분야를 선도하고 있다. 특히 양자난수생성기에 대한 핵심 특허를 보유하고 있으며, 양자 암호키 분배, 광자 카운터 등에 대한 연구를 지속적으로 진행하고 있다.

양자컴퓨터 부문은 QuTech가 현재 네덜란드에서 가장 활발히 기술을 연구하고 있다. QuTech는 델프트기술대학의 양자컴퓨터 연구소이다. 미국의 인텔이 5,000만 달러를 투자해 함께 연구 및 개발을 진행하면서 큐비트 단위의 기기들로부터 양자컴퓨터용 주변 기기에 이르기까지 전반적인 제품군을 개발하고 있다.

표 6-8 유럽 양자컴퓨터 대표 기관

기업/기관	주요 내용
IDQ	• 스위스 기업인 IDQ는 2001년부터 양자난수생성기 공급 • 양자난수생성기에 대한 핵심 특허 보유 • 2013년 307km 구간(1kbps급) 양자암호통신 제품 생산
QuTech	• 네덜란드의 연구소인 QuTech는 2015년부터 미국의 인텔이 5,000만 달러를 투자하고 공동연구 시작 • 2015년 6월 네덜란드 정부가 양자컴퓨터 개발을 위해 1억 3,000만 유로 투자
NQIT	• 영국의 연구 허브인 NQIT는 옥스퍼드 대학을 중심으로 구성된 양자컴퓨터 연구 허브로, 2014년 설립 • 양자 상태를 저장하고 활용할 수 있는 작은 시스템을 구성했으며, 양자컴퓨터 핵심 부품 설계가 목표
ICFO	• 스페인의 연구소인 ICFO는 2002년부터 빛과 관련된 양자 연구를 수행 중 • 총 24개의 연구그룹 중 양자기술 관련 연구그룹은 5개 • 현재 고속 양자난수생성기를 개발해 양자암호화에 사용하고 있으며, 모바일 보안을 위한 양자난수생성기가 탑재된 광자 칩 개발을 계획 중

(출처: 한국 인터넷 진흥원)

일본 및 중국

일본과 중국의 여러 기관과 기업에서 양자컴퓨터 기술 개발에 발빠르게 움직이고 있다. 일본 정보통신연구기구(NICT)는 양자암호통신 기술에 집중하고 있다. NICT는 일본 양자 기술 연구의 중심 기관으로, 2010년 도쿄 양자암호통신 네트워크를 구축했다. 2012년에는 양자암호화 동영상 전송 실험을 성공시켰고, 2016년에는 무인 드론 제어용 양자암호통신 실험을 성공시키는 등 양자컴퓨터 기술을 활용한 보안 분야 연구에 중점을 두고 있는 모습이다.

정부의 강한 정책 주도로 양자컴퓨터 기술 개발에 힘을 싣고 있는 중국의 경우, 학계에서 연구가 활발히 진행되고 있다. 중국과학기술대학(USTC)의 판젠웨이(潘建偉) 교수 연구팀을 중심으로 양자컴퓨터 연구가 진행 중이다. 판젠웨이 교수 연구팀은 2016년 8월 양자통신실험 목적으로 묵자(墨子)호 위성을 발사한 데 이어, 2017년 6월 1,200km 거리에서 얽힘 상태의 양자를 전송하는 데 성공했다. 한편 알리바바, 화웨이 등 거대 ICT 기업에서도 양자컴퓨터 기술 연구에 박차를 가하고 있다.

표 6-9 일본/중국 주요 기업 및 기관의 양자 기술 개발 동향

기업/기관	주요 내용
NICT	• 2010년 도쿄 양자암호통신 네트워크(JGN2 Plus) 구축 • 2012년 양자암호화 동영상 전송 실험(45km), 2016년 무인 드론 제어용 양자암호통신 실험 성공
NTT	2015년 양자 메모리가 없는 장거리 양자암호 전송이론 개발

중국과학기술대학	• 2016년 양자암호통신 위성(묵자호) 발사 성공 • 2017년 얽힘 상태의 양자 전송 성공(1,200km)
Alibaba	• 2015년 클라우드 컴퓨팅 자회사 알리윈(Aliyun)과 중국과학원(CAS)이 양자컴퓨터연구소 설립 양해각서 체결 • 2017년 10월 향후 3년간 세계 연구개발 프로그램(DAMO)에 150억 달러를 투입해 양자컴퓨팅, 데이터 인텔리전스, 사물인터넷 등 신기술을 개발할 계획
HUAWEI	• 2015년 화웨이 중앙연구원은 양자전공 박사를 채용해 양자 기술 연구를 본격적으로 시작 • 2016년 독일 뮌헨에 양자연구소 설립

(출처: 한국과학기술한림원)

국내 사례

국내에서는 해외에 비해 양자컴퓨터 기술에 대한 대규모 투자가 이뤄지지는 않는 현황이다. 국내 양자 산업 투자 규모는 연간 172억 원으로, 세계 17위 수준에 머무르고 있다. 이와 같은 상황 속에서 최근 SK텔레콤 등 국내 이동통신사 중심으로 기술 개발에 속도가 붙기 시작했다. SK텔레콤은 양자컴퓨터 기술 연구에 국내 기업 중 가장 적극적으로 움직이고 있다.

그림 6-8 양자 물리학

SK텔레콤은 국내에서 '양자컴퓨터', '양자암호' 등의 용어가 생소하던 시점인 2011년부터 양자기술연구소 '퀀텀테크랩'을 설립하고 운영 중이다. 연구소 설립 후 양자컴퓨터에 500억 원을 투자했으며, 2013년 과학기술정보통신부와 함께 '퀀텀정보통신연구조합' 설립을 주도하는 등 국산 양자컴퓨터 기술 개발에 노력을 기울이고 있다. 양자암호 원천 기술과 상용 시스템 개발에 중점을 둔 결과, SK텔레콤이 현재까지 확보한 양자컴퓨터 기술 관련 특허는 50여 개에 달한다.

2016년에는 SK텔레콤 분당 사옥에 양자암호통신 국가시험망을 구축했다. 향후 전용 중계기를 개발해 장거리 구간 및 N:N 연동 방식으로 시험망을 확대할 예정이다. 현재 대전의 KISTI(국내과학기술정보연구원)와 함께 수도권과 대전권을 연결하는 양자암호통신 시험망을 구축하기 위해 협업 중이다. SK텔레콤은 2017년 상반기에는 예측 불가능한 암호를 지속적으로 생성하는 양자난수생성칩(QRNG)을 5×5mm 크기로 개발해 사물인터넷(IoT)과 자율주행차 등의 해킹을 높은 수준에서 차단할 수 있도록 개발하고 있다.

최근 KT와 삼성전자도 양자컴퓨터 기술에 관심을 보이고 있다. KT는 2017년 6월 국내과학기술연구원(KIST)과 공동으로 수원 국내나노기술원에 양자통신 응용연구센터를 개소했다. 기술연구에는 KIST 내 양자정보연구단도 공동으로 참여하며, 향후 양자암호통신 상용 기술 확보에 역량을 집중할 방침이다. 삼성전자는 2017년 신사업 분야와 융복합 기술 및 기초기술 분야를 중점적으로 연구하는 삼성종합기술원의 국제연구지원 과제로 양자컴퓨터를 채택했다. 더불어 2017년부터 해외 대학 연구진과 양자 기술 관련 공동 연구를 시작했으며, 연구진에 연간 최고 10만 달러를 지원하고 지식재산권을 공동 소유하는 등 파격적인 조건을 내걸었다.

국내 중소기업과 스타트업의 성과도 포착된다. 국내 광다이오드 기업인 '우리로'는 양자암호키분배장치 관련 단일광자검출기용 칩 개발에 성공했다. 특히 양자암호통신용 칩은 세계에서 두 번째로 개발돼 관련 시장에서 성장이 기대된다. 또한 양자암호 보안 관련 스타트업 '이와이엘'은 최근 초소형 양자 펄스 생성기 'Qu-Ev01'을 개발했으며, 이는 각종 사물인터넷(IoT) 기기에 부착하여 암호키를 생성해 보안성을 높일 수 있다. 이처럼 국내 기업도 양자컴퓨터 기술연구에 착수해 국내 양자 기술 개발 경쟁은 점차 가속화될 전망이다.

표 6-10 국내 주요 기업 및 기관의 양자 기술 개발 동향

기업/기관	주요 내용
SK telecom	• 2011년: 양자정보통신 기술 연구개발에 500억 원 투자 • 2016년: 분당 사옥에서 양자암호통신 국가시험망 운영 • 2017년 6월: 양자를 통한 장거리 통신이 가능한 중계장치 개발 • 2017년 7월: 칩셋 단위의 양자난수 생성기(!RNG) 시제품 발표 • 2017년(예정): 양자 얽힘과 관련한 기술 발표 예정
KT	• 2017년 6월: KIST와 한국나노기술원에 양자통신 응용연구센터 개소 • 2017년: KIST 양자정보 연구단과 공동 연구 예정
삼성전자	• 2017년: 삼성종합기술원은 국제연구지원 과제로 양자컴퓨터 선정 • 2017년: 해외 대학 연구진과 양자 기술 관련 공동 연구 시작
한국과학기술정보연구원	2017년 5월: 왕복 11km 구간인 대덕첨단과학기술 연구망에 양자암호기술을 적용
한국정보통신연구원	• 2005년: Table-top 양자암호 송수신 시스템 지연 • 2014년: 영국 옥스퍼드대학과 함께 차세대 ICT 플랫폼과 양자컴퓨터 개발 중

양자컴퓨터 활용

양자컴퓨터 기술은 통신, 국방뿐 아니라 금융, 의료 등 다양한 응용 분야에 활용이 가능하다. 아울러 양자컴퓨터는 유전자 분석과 같은 신약 개발에 활용할 수 있고, 양자 이미지 센서를 이용하면 인체에 무해한 의료 영상 확보가 가능해질 수 있는 등 기존 기술로는 불가능한 것을 구현할 수 있게 함으로써 ICT의 미래를 바꿀 수 있을 만하다. 또한 양자컴퓨터 기술은 GPS 없이 정확한 위치기반 서비스를 제공하는 등 자율주행차 시대에 필수적인 기술로 자리매김할 것이다. 이러한 파급효과로 세계 각국에서 양자컴퓨터 기술을 확보하기 위해 치열하게 경쟁 중인 가운데, 우리나라에서도 양자컴퓨터 기술의 영향력과 파급력에 대한 이해도를 높이고 있다.

국내 기업의 경우, 해외 양자컴퓨터 기술 개발 사례에서 벤치마킹 포인트를 도출해 내는 것도 필요하다. 구글은 미국항공우주국(NASA)과의 공동연구소를 설립했으며, 캐나다 벤처기업의 제품 구입을 통해 양자 시장에 진입했다. 또한 중국의 알리바바는 연구기관과의 협력을 통해 기술 연구를 진행 중이다. 국내 기업은 자체적 R&D 외의 방법 또한 고려하여, 양자 관련 기술 보유 기업 M&A(인수 · 합병), 기술 제휴 등을 통해 양자컴퓨터 기술 개발을 진행하고 있다. 더불어 국책연구기관, 대학 등과의 산학연 협력을 통해 기술 상용화를 달성하는 방안도 고려하고 있다. SK텔레콤의 경우 장기적으로 기술 연구 개발에 투자해 최근 연구 성과를 내고 있다. 후발주자로 참여하는 기업도 양자컴퓨터 기술 확보를 위한 보다 정교한 전략을 수립하고 있다.

국내 ICT 기업들은 양자컴퓨터 시장의 확대 전망에 따른 새로운 사업 기회를 놓쳐서는 안 될 것이다. 예를 들어, 광통신망 구축에 필요한 광분배기 칩과 광모듈 등을 제조하던 기업이 양자암호통신의 핵심 부품을 제조하여 포트폴리오를 다각화하는 경우가 있듯이, 양자 기술 부상에 따른 신성장 동력의 기회를 적시에 모색해야 한다.

양자컴퓨터 기술의 중요성 및 영향력에도 불구하고, 국내의 해당 기술력은 미국과 유럽, 일본, 중국 대비 뒤처져 있다. 따라서, 양자컴퓨터 산업 육성을 정책적으로 가속화하여야 한다. 특히 국내와 같이 ICT 산업에 대한 경제 의존도가 높은 국가에서는 차세대 원천 기술에 대한 연구와 투자를 선도해야 한다. 양자 기술은 진입 장벽이 높고 초기 비용이 큰 분야이므로 정부 주도의 연구개발과 선투자가 필요하다.

국내에서도 양자컴퓨터 기술이 미래 신산업으로 인식되면서 '퀀텀 포럼'과 같은 단체가 설립되는 등 기술 표준화를 위한 노력이 진행 중이다. 자국 기술이 글로벌 표준이 되면 기술이 누적됨에 따라 향후 해당 기술이 진보하면서도 지속적으로 기술적 리더로 자리매김할 가능성이 높다. 또한 표준화를 선점함으로써 표준 기술과 관련된 제품의 경제적 이익을 독점할 수 있을 뿐만 아니라, 상대국가나 기업과의 협상 관계에서 우위를 선점할 수 있다. 따라서 현재 널리 통용되고 있는 국제 표준을 검토하는 동시에 표준화가 이루어지지 않은 영역은 국내 표준화 단체가 선제적으로 인증해 표준을 선점할 필요가 있다. 이를 위해 인증 절차와 상업화를 위한 표준화를 담당하는 국내 기구가 설립되고 관련 제도가 마련되어야 한다.

양자컴퓨터 전망

시장조사기관 Homeland Security Research 2024는 세계 양자컴퓨터 시장이 100억 달러 규모를 넘어설 것으로 전망하고 있다. 양자컴퓨팅 기술이 놀라운 속도로 성능이 향상되고 있으며, 2018~2024년 동안 연평균 성장률이 24.6%에 이를 것으로 예상한다.

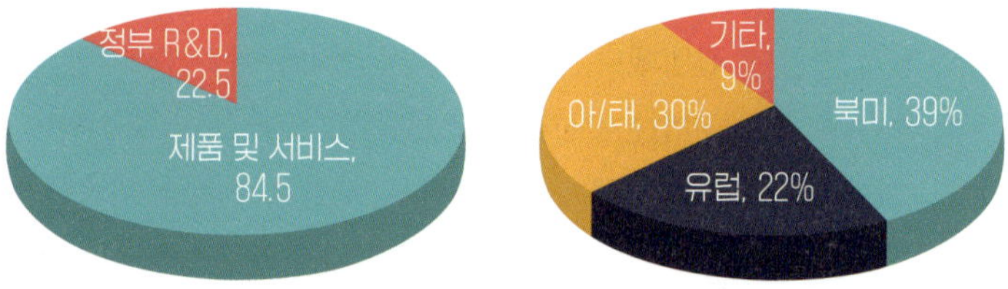

(가) 시장 규모(억 달러) (나) 지역별 비중

그림 6-9 2024년 양자컴퓨팅 시장 전망

모건 스탠리(Morgan Stanley)는 오는 2027년에는 양자컴퓨팅을 포함한 하이엔드 컴퓨팅 시장이 100억 달러 규모에 이를 것으로 전망하고 있다. 양자컴퓨팅이 모든 문제를 해결할 수는 없겠지만 기존 컴퓨터가 해결하지 못하거나 해결에 어려움을 겪고 있는 문제를 해결할 것으로 예상한다. 이는 하이엔드 컴퓨팅 시장에서의 새로운 시장 창출로 이어져 2017년 50억 달러 수준의 하이엔드 컴퓨팅 시장이 2027년에는 100억 달러 규모에 이를 것으로 본다.

표 6-11 주요국 양자컴퓨터 관련 기술개발 동향

구분	주요 내용
캐나다	• 정부가 대학과 연합하여 IQST(Institute for Quantum Science and Technology), IQC(Institute for Quantum Computing)와 같은 양자정보 분야 연구소를 설립하여 연구 진행 • 연간 예산은 약 300~500만 달러 수준
유럽	• 2005년~2009년 SCALA, QAP, EuroSQIP 등의 프로젝트 완료 • 2010년부터 AQUTE, Q-ESSENCE, SOLID 등의 프로젝트 진행 • 2016년 5월 'Quantum Manifesto' 프로젝트 발표
네덜란드	양자컴퓨터 연구기관 QuTech 연구소에 10년간 1억 3,500만 유로 자금 지원
영국	2012년 12월 공학 · 물리과학 연구위원회가 5년간 2억 7,000만 파운드 투입

호주	• ARC(Australian Research Council)에서 Center of Excellence 프로그램을 통해 장기적인 연구 지원 • 광자와 반도체 기반 양자컴퓨터에 주력
중국	• 중점과학연구분야 중 하나로 양자컴퓨터를 선정하고 로드맵 공개 • 2018년부터 5년간 1,000억 위안 투입
싱가포르	• 정부 주도로 싱가포르 국립대학교에 CQT(Center for Quantum Technologies) 설립 및 지원 • 연구소 연간 예산은 약 2,500~3,000만 달러

양자컴퓨팅 개발 주요 기업

양자컴퓨팅 혁명의 기대가 높아지는 가운데 많은 기업들이 양자컴퓨터 개발 사업에 뛰어들며, 주도권 확보를 위한 기술 경쟁이 본격화되고 있다. IBM, Google, Microsoft, Intel IT 등 미국의 거대 기업들이 기술 개발을 주도하는 가운데 일본, 유럽, 중국의 주요 기업들도 각축전에 참여하고 있다. 국내에서는 2017년 IBM, SKT, 삼성전자가 참여하고 있다.

6

양자컴퓨터

표 6-12 양자컴퓨터 개발 주요 기업(공적기관 제외)

구분	개발	테스트 도입/검토
미국	IBM, Google, intel, Micosoft, HP, AT&T, Raytheon, accenture, QDTIBooz / Allen / Hamilton	LOCKHEED MARTIN, Honeywell, GM, BOEING, NORTHROP GRUMMAN, Goldman Sachs
유럽	Atos, NOKIA, KPN	AIRBUS, Volkswagen
중국	Alibaba Group, HUAWEI, Baidu	
일본	NEC, TOSHIBA, HITACHI, MITSUBISHI ELECTRIC, NTT, FUJITSU	DENSO, TOYOTA TSUSHO, HONDA, JSR, RECRUIT, NAGASE, CANON, Materials Magic

IBM

IBM은 양자컴퓨터 기술 개발에 가장 앞서 있는 기업 중 하나로 양자컴퓨터 개발이 가시권에 들었음을 시사한 이후 큐비트 수를 늘린 양자 프로세서를 지속적으로 공개하고 있다. 2017년에 세계 기관과 공동연구를 통해 기술 상용화를 앞당기고 양자컴퓨팅 분야에서 최고가 되는 것을 목표로 하고 있으며, 참여 기업들도 양자컴퓨터를 이용해 각각 종사하고 있는 산업 분야에 경쟁력을 확보하고 있다.

표 6-13 IBM의 양자컴퓨터 개발 추이

구분	내 용
1985~2012	• 양자 컴퓨터의 가능성에 대한 개발 시작 • 1997년 2큐비트 양자컴퓨터 발표(최초의 양자컴퓨터)
2012. 2	양자컴퓨터 실용화 가능성 시사
2016. 5	클라우드 상에서 양자 프로세서(5큐비트)에 접속, 프로그래밍과 다양한 테스트를 진행할 수 있는 'Quantum Experience' 공개

2016. 6	9큐비트 양자 프로세서 시연
2017. 3	세계 최초로 범용 양자컴퓨터 상용화 계획 발표
2017. 5	클라우드, 상용 프로토타입 17큐비트 양자컴퓨터 프로세서 공개
2017. 12	8개 글로벌 기업 및 4개 대학/연구소 등 12곳과 협업해 20큐비트 양자컴퓨터 기술 개발

Google

구글은 IBM에 비해 출발은 늦었지만 파격적인 투자를 통해 업계 선두권으로 도약하고 있다. 2009년 D-Wave 시스템으로 양자컴퓨터 연구를 시작하여 기술을 습득한 이후 2014년 UCSB(University of California, Santa Barbara) John Martinis 박사를 영입하여 차별화된 연구개발을 전개하고 있다. John Martinis 박사 영입은 양자컴퓨터 분야 후발주자에서 여러 경쟁자를 따라잡는 분기점으로 작용하였다.

Google의 양자컴퓨터 개발 방식은 아날로그 방식에 독자적으로 개발한 디지털 기술을 통합한 하이브리드 방식으로, 아날로그 방식인 '단열 양자컴퓨터(Adiabatic Quantum Computer)' 기술을 디지털 기술로 보완한 것이다.

Google은 여러 업종의 많은 기업이 양자컴퓨터를 사용할 수 있도록 양자컴퓨터를 자사 클라우드 플랫폼을 통해 제공할 예정이며, 이는 양자 컴퓨터를 인공지능 다음의 기축 기술로 자리매김하도록 하였다.

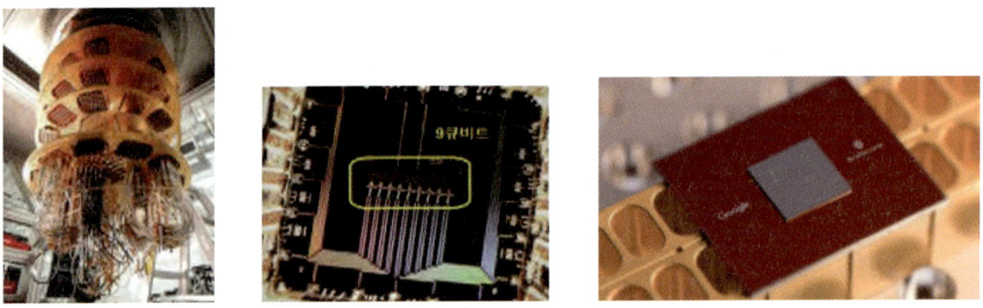

(가) 양자 컴퓨터 (나) 9큐비트 양자 프로세서 (다) 72큐비트 양자 프로세서

그림 6-10 구글의 양자컴퓨터 및 양자 프로세서

표 6-14 구글의 양자컴퓨터 개발 추이

구분	내 용
2009	양자 인공지능 부문을 통해 양자컴퓨터 연구 진행
2013	NASA와 공동으로 양자 인공지능 연구소 설립
2014.6	아날로그 방식을 사용하지만 디지털로 제어 가능한 양자 칩을 개발하며 양자컴퓨터의 하이브리드 방식을 제창

2015.5	9큐비트로 구성된 양자 프로세서 발표
2018.3	미국 LA 컨벤션 센터에서 'Bristlecone'이라 명명한 72큐비트 양자 프로세서 공개

Microsoft(MS)

양자컴퓨터가 곧 미래라는(Satya Narayana Nadella, CEO) 인식 아래 HW는 물론 특히 SW 개발에 주력하고 있다. 2005년 세계적인 수학자 마이클 프리드먼을 영입 후 'Station Q'를 설립하여 범용 양자컴퓨터 개발을 본격화하였다. 개발 방식은 위상양자컴퓨터(Topological Quantum Computer) 방식으로 오류에 대한 내성이 높은 구조를 특징으로 한다.

표 6-15 MS의 양자컴퓨터 개발 추이

구분	내 용
2015	범용 양자컴퓨터 개발을 목표로 연구를 위한 'Station Q' 개설
2011	양자컴퓨터 SW 개발 부문인 'Quantum Architectures and Computation Group(AuArC)' 개설
2016	HW와 SW 제작을 목표로 저명 대학교수 등 연구인력 대거 영입
2017	개발자 전용 위상 큐비트와 운영시스템 공개
2017. 12	양자컴퓨터 특화 언어인 '큐샵(Q#)'이 포함된 퀀텀 개발 키트를 베타로 공개

6.4 연습문제

| 객관식 |

01 다음 중 양자의 종류가 <u>아닌</u> 것은?

① 광자 ② 전자 ③ 원자 ④ 분자

02 양자 상태의 물리학적 특성이 <u>아닌</u> 것은?

① 복제할 수 없는 성질(복제 불가)

② 두 가지 성질을 동시에 가지는 성질(중첩성)

③ 양자 상호 간 특수한 관계(얽힘 현상)

④ 어떤 입자의 정확한 운동량과 위치를 동시에 파악하는 것이 가능(확정성)

03 양자 컴퓨터에 대한 설명으로 옳지 <u>않은</u> 것은?

① 연산 방법은 행렬 함수에 의한 계산을 한다.

② 외부 잡음에 대한 오류 정정이 어렵다.

③ 기본 단위는 비트이다.

④ 정보량은 2n의 모든 값을 기억한다.

04 1997년 2큐비트 양자컴퓨터를 처음으로 만든 기업은?

① 구글 ② 인텔 ③ IBM ④ MS

05 1,121큐비트 프로세서를 출시할 IBM 양자컴퓨터는?

① 이글 ② 오스프리 ③ 콘도르 ④ 큐

06 2016년에는 무인 드론 제어용 양자암호통신 실험을 성공시키는 등 양자컴퓨터 기술을 활용한 보안 분야 연구에 중점을 두고 있는 나라는?

① 중국 ② 미국 ③ 일본 ④ 네덜란드

07 2016년 양자암호통신 위성을 발사한 나라는?

① 중국 ② 미국 ③ 일본 ④ 네덜란드

08 2005년 세계적인 수학자 마이클 프리드먼을 영입 후 'Station Q'를 설립하여 범용 양자컴퓨터 개발을 본격화한 기업은?

① 구글 ② 인텔 ③ IBM ④ MS

09 아날로그 방식에 독자적으로 개발한 디지털 기술을 통합한 하이브리드 방식으로 아날로그 방식인 '단열 양자컴퓨터(Adiabatic Quantum Computer)' 기술을 디지털 기술로 보완한 기업은?

① 구글 ② 인텔 ③ IBM ④ MS

| 단답식 |

01 물리적 성질을 이루는 불연속적인 최소 단위의 입자 또는 상태를 무엇이라 하는가? ( )

02 양자컴퓨터는 양자적 정보 단위인 ( )를 정보처리의 기본 단위로 하는 양자병렬 처리를 통해 고전 컴퓨터에 비해 정보 처리 및 연산 속도가 지수 함수적으로 증가하여 비약적으로 빠른 속도로 문제 해결이 가능하다.

| 서술식 |

01 양자 컴퓨터란 무엇인가?

7 장

사물인터넷

학 습 목 표

1. 사물인터넷 개념을 이해하고 원리를 학습한다.
2. 사물인터넷을 활용한 구체적인 사례를 알아본다.
3. 사물인터넷을 응용한 산업 동향을 파악한다.

7.1 사물인터넷(Internet of Things, IoT) 소개

사물인터넷(IoT)의 정의

사물인터넷은 인터넷에 연결되어 서로 통신하고 데이터를 교환할 수 있는 물리적 물체, 장치 및 시스템의 네트워크를 의미한다. 이러한 장치와 시스템은 일반적으로 센서, 소프트웨어 및 연결을 갖추고 있어 실시간으로 정보를 수집하고 공유할 수 있다. IoT 기술은 홈 오토메이션과 스마트 시티에서 산업 오토메이션과 헬스케어에 이르기까지 광범위한 산업과 활용 사례에 적용될 수 있다. IoT의 목표는 조직과 개인이 다양한 소스에서 데이터를 수집하고 분석할 수 있도록 하고, 해당 데이터를 사용하여 효율성, 생산성 및 의사 결정을 개선하는 것이다. IoT를 적용하면 하나의 장치와 시스템을 더 효율적이고 생산적이며 자율적으로 만드는 것이다. IoT는 다양한 소스로부터 데이터를 수집하고 분석함으로써 조직이 운영을 최적화하고 낭비를 줄이며 의사 결정을 개선하는 데 도움이 될 수 있다. 또한 건강, 홈 오토메이션 및 기타 애플리케이션에 대한 더 나은 모니터링을 가능하게 함으로써 개인의 삶의 질을 향상시킬 수 있다.

사물인터넷을 통한 우리 생활의 변화

IoT를 통한 우리 생활의 변화에 대한 분야는 다음과 같다.

- **홈 자동화**: IoT 장치는 우리가 어디서든 조명, 온도 및 보안 시스템을 제어할 수 있게 함으로써 우리의 가정을 더 똑똑하고 효율적으로 만들 수 있다.
- **의료**: IoT 장치는 우리의 건강을 모니터링하고, 약물 스케줄을 추적하고, 의사에게 실시간 피드백을 제공하여, 건강 결과와 질병 관리를 개선할 수 있다.
- **운송**: IoT 센서와 시스템은 차량을 더 안전하고 효율적으로 만들어 운전자가 더욱 편안하게 운전할 수 있으며, 차량 간의 통신을 통해 교통정체를 피하고 연료를 절약하는 동시에 사고와 혼잡을 줄일 수 있다.
- **농업**: IoT 장치는 토양 수분, 날씨 조건 및 식물 건강을 모니터링하여 농부들이 농작물 수확량을 최적화하는 데 도움을 줄 수 있으며, 이는 보다 지속 가능하고 효율적인 농업으

로 이어질 수 있다.

- **산업**: IoT 센서 및 자동화는 공장 및 기타 산업 환경의 효율성과 안전성을 향상시켜 생산성을 높이고 비용을 절감할 수 있다.

이렇듯 IoT는 가정, 도시 및 직장을 더 스마트하고 효율적으로 만들어 여러 면에서 삶의 질을 향상시킬 수 있는 잠재력을 가지고 있다.

사물인터넷의 개발 역사

IoT의 개발 역사는 연구자들이 다양한 장치와 시스템을 인터넷에 연결하는 아이디어를 탐구하기 시작한 1990년대 초로 거슬러 올라갈 수 있다. 그러나 이 개념은 무선 기술과 임베디드 시스템의 발전으로 실현 가능성이 높아졌던 2000년대 초반까지 큰 주목을 받지 못했다. 일반적인 IoT의 개발 역사는 다음과 같다.

- **1991년**: Xerox PARC의 Mark Weiser는 컴퓨터가 우리의 일상생활에 완벽하게 통합되는 세상을 상상하는 '유비쿼터스 컴퓨팅'의 개념을 소개하였다.
- **1999년**: 영국의 기술자 케빈 애쉬튼은 프록터 & 갬블에 제출한 프레젠테이션에서 '사물인터넷'이라는 용어를 만들었다.
- **2003년**: IoT 장치를 위한 저전력, 데이터 전송률이 낮은 무선 네트워크를 제공하는 지그비 무선 프로토콜의 첫 번째 버전이 출시되었다.
- **2008년**: 'Industry 4.0'이라는 용어는 IoT 장치와 시스템을 제조 및 기타 산업 프로세스에 통합하는 것을 포함하는 4차 산업 혁명을 설명하기 위해 만들어졌다.

그림 7-1 케빈 애쉬튼
(출처: https://bit.ly/44PSPzZ, Larry D. Moore)

- **2010년**: 구글은 교통을 위한 IoT 기술의 잠재력을 보여주는 자율주행 자동차 프로젝트를 시작하였다.
- **2014년**: 세계의 연결된 장치의 수가 처음으로 사람의 수를 능가하며, 약 84억 개의 장치를 연결하였다.
- **2016년**: 미라이 봇넷* 공격으로 인해 IoT 기기의 보안 위험에 대한 중요성이 증대되었고, 사이버 보안 문제에 대한 관심이 높아졌다.

잠깐만요 미라이 봇넷

미라이 봇넷 사건은 2016년 10월 발생한 대규모 사이버 공격으로, 역사상 가장 큰 분산서비스거부(DDoS) 공격 중 하나로 꼽힌다. 공격은 공장 기본 로그인 자격 증명을 여전히 사용하는 라우터, 카메라, 디지털 비디오 레코더를 포함한 사물인터넷(IoT) 장치를 대상으로 했다.

그림 7-2 미라이 봇넷
(출처: https://bit.ly/42EvrUj)

미라이 봇넷은 IoT 기기의 취약점을 악용해 감염된 기기의 네트워크를 만들 수 있었던 해커 집단에 의해 만들어졌다. 일단 감염되면, 이 장치들은 원격으로 제어되고 도메인 네임 서비스(DNS) 제공자에 대한 대규모 DDoS 공격에 사용되어 트위터, 넷플릭스, 레딧을 포함한 인기 웹사이트에 광범위한 혼란을 야기했다.

미라이 봇넷 공격은 IoT 기기 중 상당수가 적절한 보안 프로토콜이 부족하고 최신 보안 패치로 업데이트되지 않으면 쉽게 손상될 수 있기 때문에 IoT 기기의 보안에 대한 우려가 제기되었다. 이는 더 강력한 암호, 정기적인 소프트웨어 업데이트 및 더 강력한 보안 기능을 포함하여 IoT 장치에 대한 더 나은 보안 조치가 필요해진 사건이었다. 이로써 미라이 봇넷 공격 이후 IoT 기기에 대한 보안 표준 및 프로토콜 개선 노력은 공공 및 민간 부문 모두에서 강화되고 있다.

7.2

비즈니스 패러다임의 변화

IoT가 변화시키는 비즈니스 환경

IoT는 비즈니스 운영 방식을 근본적으로 바꾸고 가치를 창출하여 전통적인 비즈니스 패러다임의 전환으로 이어질 수 있는 잠재력을 가지고 있다. 혁신과 성장을 위한 새로운 기회를 창출하는 동시에 이 기술의 잠재력을 완전히 실현하기 위해 해결해야 할 개인 정보 보호, 보안 및 데이터 관리 등의 과제가 남아있으나, 기업이 데이터 중심 · 고객 중심적이며 효율성을 발휘할 수 있는 기능을 제공함으로써 비즈니스 패러다임을 주도하고 있다.

● IoT가 비즈니스 환경을 변화시키는 방법

데이터 중심 의사 결정

IoT 장치는 방대한 양의 데이터를 생성하며, 이를 분석하고 정보에 입각한 비즈니스 결정을 내리는 데 사용할 수 있다. 이를 통해 기업은 운영을 최적화하고, 고객 환경을 개선하며, 새로운 수익원을 파악할 수 있다.

실시간 모니터링 및 제어

IoT 장치는 기업이 실시간으로 운영 및 장비를 모니터링할 수 있도록 해서 나중에 발생하는 모든 문제나 기회에 신속하게 대응할 수 있도록 한다. 이는 효율성 향상, 다운타임 감소 및 고객 만족도 향상으로 이어질 수 있다.

개인 설정

IoT 장치는 고객의 행동과 선호도에 대한 데이터를 수집하여 기업이 보다 개인화된 제품과 서비스를 제공할 수 있도록 한다. 이는 고객 충성도를 높이고 수익을 높일 수 있다.

자산 추적 및 관리

IoT 장치를 사용하여 재고, 장비, 차량 등의 자산을 실시간으로 추적하고 관리할 수 있다. 이는 보다 효율적인 자산 활용, 비용 절감 및 공급망 관리 개선으로 이어질 수 있다.

새로운 비즈니스 모델

IoT는 고객이 제품을 완전히 소유하는 것이 아니라 사용 비용을 지불하는 서비스로서의 제품과 같은 새로운 비즈니스 모델을 가능하게 한다. 이것이 더 지속 가능하고 수익성 있는 사업으로 이어지게 된다.

냉장고를 무료로 제공하는 유통 기업

IoT를 사용하여 냉장고를 무료로 제공하는 유통 회사는 이 기술을 활용하여 냉장고의 에너지 소비와 성능을 추적할 뿐 아니라 이 데이터를 사용하여 운영을 최적화하고 고객에게 더 나은 서비스를 제공할 수 있다. 예를 들어, 회사는 IoT 센서와 스마트 미터를 사용하여 냉장고의 에너지 소비를 실시간으로 추적할 수 있다. 이 데이터를 분석하여 에너지 사용의 패턴이나 이상 징후를 파악하고 회사가 에너지 효율을 최적화하며 비용을 절감하는 방법을 식별하는 데 도움이 될 수 있다. 또한 IoT 센서를 사용하여 냉장고 내부의 온도와 습도 수준을 모니터링하고 가전제품에 문제가 있으면 고객에게 알릴 수 있다. 이것은 음식의 부패를 방지하고 고객 만족도를 높이는 데 도움이 될 수도 있다. 더욱이 회사는 IoT 센서를 사용하여 냉장고의 위치를 추적하고 그들의 유지 관리 요구를 모니터링할 수 있다. 이것은 냉장고의 성능이 적절하게 유지되고 서비스되는 것을 보장하며, 고장이나 오작동의 위험을 줄이는 데 도움이 될 수 있다.

시장조사기관 가트너의 부사장 짐 툴리는 2015년 9월 1일 서울 삼성동 인터콘티넨탈호텔에서 열렸던 '가트너 로컬 브리핑 : 가트너 테크놀로지–IoT' 행사에서 2020년까지 250억 대의 사물인터넷 기기가 보급될 것이라고 말했다. 이는 시장경제가 더 이상 장치를 기반으로 하는 하드웨어가 아니라 소프트웨어 및 서비스에 의해 수익이 창출되는 구조로 변경됨을 시사하는 것이다.

특히 스마트 폰, 컴퓨터뿐만 아니라 여러 가지 가정의 백색가전들까지 사용의 교체 주기가 길어지게 되고, 주기적으로 수익을 내야 하는 기업의 입장에서는 장치에 기반한 수익보다는 사용에 따른 과금, 즉 소프트웨어나 서비스를 팔아야 주기적인 이익을 창출할 수 있다는 이야기이다. 이와 유사한 사례로 프린터를 들 수 있다. 프린터는 초기 구입 비용은 적지만, 잉크 또는 토너 등 정기적으로 교체되어야 하는 소모품의 비용이 들게 되며 이것이 기업의 입장에서는 주기적인 수익원이 된다. 따라서 기업은 프린터는 저가에 공급하고 소모품으로 이익을 가지는 구조를 택하게 된다. 즉 기업이 냉장고를 무료로 제공하되, 사물인터넷 기기를 통해 수집한 냉장고 사용 정보를 기반으로 사용자들이 냉장고를 주로 여닫는 시간, 음식물의 수량, 사용 및 저장 기간 등의 정보를 유통업체들의 마케팅 정보로 활용한다는 것이다. 짐 툴리 부사장은 냉장고만을 판매하는 수익보다 정보와 서비스를 판매하는 수익이 최대 5배 이상 커질 것으로 전망하였다. 이러한 흐름은 제조 판매 방식에서 서비스 판매 방식으로의 변화를 예고하는 것이다.

예방 중심의 의료 산업

사물인터넷(IoT)은 예방 중심의 의료 솔루션 개발을 가능하게 함으로써 의료 산업에 혁명을 일으킬 수 있는 잠재력을 가지고 있다. 웨어러블 및 스마트 센서와 같은 IoT 장치는 환자의 건강 및 행동에 대한 데이터를 실시간으로 수집할 수 있으며, 이를 통해 잠재적인 건강 문제가 심각해지기 전에 식별할 수 있다. 예를 들어 웨어러블 기기는 심박수 및 혈압과 같은 환자의 활력 징후를 모니터링하고, 이상이 있으면 의료 제공자에게 경고할 수 있다. 스마트 센서는 또한 환자 건강에 영향을 미칠 수 있는 대기질이나 온도와 같은 환경적 요인을 모니터링하는 데 사용될 수 있다. 이러한 예로는 다음과 같은 것들이 있다.

- **액소리햅 기기**: 무릎 등 신체에 붙여두면 자동으로 근육을 강화해주는 기능을 한다. 이는 고령으로 인한 근감소증을 가지는 사용자들의 역학 정보를 통해 근골격계 신체 데이터를 분석한 뒤 맞춤형 전기 자극을 줌으로써 근력 강화에 효과를 준다.
- **옴니씨엔에스의 옴니핏 마인드케어**(https://www.omnicns.com/omnifit): 스마트 헬스케어 솔루션으로, 뇌파와 맥파를 동시에 측정할 수 있어 1분 측정으로 두뇌와 신체 건강을 한 번에 알 수 있다. 이를 통해 집중도, 두뇌 활동 정도, 스트레스 정도, 심장 건강도, 신체 스트레스, 누적 피로도, 자율신경 건강도 등의 확인이 가능하다.

이와 같이 IoT 장치가 수집한 데이터는 고급 분석 및 기계 학습 알고리즘을 사용하여 분석되어 의료 의사 결정에 정보를 제공할 수 있는 패턴과 통찰력을 식별할 수 있다. 이를 통해 의료 제공자는 고유한 건강 프로필 및 위험 요소를 기반으로 개별 환자에 대한 맞춤형 예방 계획을 개발할 수 있다. IoT가 가능한 예방 중심의 의료 솔루션은 환자 결과를 개선하는 것 외에도 더 비싼 치료와 입원의 필요성을 줄여 의료 비용을 줄이는 데도 도움이 될 수 있다. 잠재적인 건강 문제를 조기에 파악함으로써 의료 제공자가 개입하여 보다 효과적이고 효율적인 치료를 제공할 수 있다.

데이터 기반 의학(Data-driven medicine)

데이터와 분석을 사용하여 개별 환자에 맞게 치료를 조정하는 의료 접근법이다. 이 접근법은 개인화된 치료 계획을 개발하기 위해 환자의 고유한 유전자 구성, 라이프스타일 요소, 의료 기록 등을 사용한다. 데이터 중심 의학의 핵심 구성 요소 중 하나는 사물인터넷, 인공지능(AI), 머신러닝(ML) 등 첨단 기술을 활용해 대량의 환자 데이터를 분석하고 의료 의사결정에 정보를 제공할 수 있는 패턴과 통찰력을 파악하는 것이다. 예를 들어, 사물인터넷을 통해 환자의 신체 정보를 파악하고, AI와 ML은 유전자 데이터를 분석하여 특정 질병이나 상태와 관련된 특정 돌연변이 등을 식별하는 데 사용될 수 있다.

데이터 기반 의학의 또 다른 중요한 측면은 전자 건강 기록(EHR) 및 기타 디지털 도구를 사용하여 환자 데이터를 체계적이고 표준화된 방식으로 수집하고 저장하는 것이다. 이를 통해 의료 제공자는 환자 데이터에 더 쉽게 액세스하고 분석할 수 있으며 치료 옵션에 대한 정보에 입각한 의사 결정을 내릴 수 있다.

가격에서 맞춤 배송 경쟁으로 변화하는 물류 산업

그림 7-3 헝가리 고속도로 네트워크와 데이터 포인트를 나타내는 지능형 물류 시스템의 화면(출처: https://bit.ly/42JupWX)

스마트 물류 시스템은 사물인터넷(IoT) 등 첨단 기술을 활용해 효율성, 신뢰성, 안전성 등을 향상시키는 물류 시스템이다.

IoT는 인터넷을 통한 장치와 시스템의 상호 연결을 의미하며, 이를 통해 데이터를 교환하고 서로 통신할 수 있다. 또한 실시간 모니터링 및 제어, 수요 대응, 그리드 복원력 향상 등을 통해 물류 시스템의 효율성, 신뢰성, 안전성을 향상시킬 수 있다. 스마트 물류 시스템의 맥락에서 IoT 기술은 센서, 미터, 스위치, 변압기 등 시스템의 다양한 구성 요소를 모니터링하고 제어하는 데 사용될 수 있다. 이러한 장치에는 전력 품질, 전압, 전류, 온도와 같은 요소에 대한 데이터를 수집하는 센서가 장착될 수 있다. 그런 다음 고급 분석 도구를 사용하여 이 데이터를 실시간으로 분석하여 시스템의 잠재적인 문제나 비효율성을 식별할 수 있다. IoT가 유통 시스템을 개선할 수 있는 방법의 한 예는 수요 대응을 통한 것이다. 수요 대응은 공급이나 가격의 변화에 따라 전기 사용량을 조정하는 과정이다. 스마트 서모스탯, 스마트 가전, 전기차 등 IoT가 가능한 기기는 수요가 많거나 가격이 높은 시기에 자동으로 전기 사용량을 조정할 수 있도록 물류 시스템과 통신할 수 있다. 이를 통해 전력 수급의 균형을 유지하여 고가의 피크 발전소의 필요성을 줄이고 시스템의 전반적인 효율성을 개선할 수 있다. 스마트 물류 시스템의 또 다른 이점은 향상된 그리드 복원력이다. 이 시스템은 IoT 지원 센서와 분석 도구를 사용하여 잠재적인 고장이나 정전을 식별하고 전력 경로를 신속하게 변경하여 고객에게 미치는 영향을 최소화할 수 있다. 또한 이 시스템은 결함이 있는 장비를 자동으로 격리하여 추가적인 손상을 방지하고 작업자와 대중의 안전을 보장할 수 있다.

IoT와 제조 산업

제조업은 IoT를 통해 원격으로 모니터링하고 제어할 수 있는 연결된 시스템에 다양한 장치와 기계를 통합하여 효율성, 생산성 및 비용 절감 효과를 높일 수 있다. 예를 들어 IoT 센서를 생산 장비에 배치하여 성능을 모니터링하고 다운타임이나 비용이 많이 드는 수리를 유발하기 전에 잠재적인 문제를 감지할 수 있다. 이를 통해 제조업체는 운영을 최적화하고 낭비를 줄이며 전체 장비 효율성을 개선할 수 있다.

IoT는 또한 제조 공정의 실시간 모니터링을 제공하여 품질 관리를 개선할 수 있다. 센서는 원재료와 완제품의 품질뿐만 아니라 그것들이 생산된 조건을 추적하고 측정하는 데 사용된다. 이를 통해 제조업체는 결함을 식별하고 제품이 공장을 떠나기 전에 수정 조치를 취하게 된다. 또한 IoT는 재고 수준을 추적하고 배송을 모니터링하며 물류 운영을 최적화하여 공급망 관리를 개선하는 데 사용된다. 제조업체는 IoT 데이터를 사용하여 자재 주문 시기, 주문량 및 저장 위치에 대해 더 나은 결정을 내릴 수 있다.

제조산업에서의 IoT 구분

소비자 IoT(Consumer IoT, CIoT)

CIoT는 개인이 개인적으로 사용하기 위해 인터넷에 연결된 장치와 서비스를 사용하는 것을 말한다. 이러한 장치는 일반적으로 사용하기 쉽고 경제적으로 설계되며 작업을 자동화하고 환경을 모니터링하며 개인의 편의성과 엔터테인먼트를 향상시키는 데 사용할 수 있다. 소비자 IoT 장치의 몇 가지 예로는 스마트 서모스탯, 스마트 조명 시스템, 스마트 스피커, 가정용 보안 시스템 및 웨어러블 피트니스 추적기가 있다. 이러한 장치는 일반적으로 인터넷에 연결되며 스마트 폰 앱 또는 음성 명령을 사용하여 제어할 수 있다. 소비자 IoT의 주요 이점 중 하나는 개인이 시간을 절약하고 일상생활을 단순화하는 데 도움이 될 수 있다는 것이다. 예를 들어, 스마트 서모스탯은 사람의 일정과 선호도에 따라 온도를 조절하도록 프로그래밍할 수 있고, 스마트 조명 시스템은 에너지를 절약하기 위해 자동으로 조명을 켜고 끄도록 프로그래밍할 수 있다. 소비자 IoT의 또 다른 장점은 개인의 편의성과 엔터테인먼트를 향상시킬 수 있다는 것이다. 예를 들어, 스마트 스피커는 음악을 재생하고, 미리 알림을 설정하며, 질문에 대답하는 데 사용될 수 있고, 스마트 TV는 인터넷에서 비디오 콘텐츠를 스트리밍하는 데 사용될 수 있다. 그러나 소비자 IoT와 관련된 잠재적 위험도 있다. 예를 들어, 이러한 장치는 해킹 및 개인 정보 침해에 취약할 수 있으며, 이로 인해 개인 데이터가 노출되고 보안이 손상될 수 있다. 그런 만큼 소비자들이 강력한 비밀번호를 사용하고 소프트웨어를 최신 상태로 유지하는 등 기기 보안을 위한 조치를 취하는 것이 중요하다.

산업용 IoT(Industrial IoT, IIoT)

IIoT는 산업 환경에서 인터넷에 연결된 장치와 센서를 사용하여 데이터를 수집 및 교환하고 물리적 프로세스를 모니터링 및 제어하며 운영을 최적화하는 것을 의미한다. IIoT 기술은 제조 공장, 정유 공장 및 발전소와 같은 산업 환경에서 효율성을 높이고 비용을 절감하며 안전성을 향상시키도록 설계되었다. IIoT 장치는 가혹한 환경에서 작동하고 많은 사용을 견뎌야 하기 때문에 일반적으로 소비자 IoT 장치보다 더 견고하고 내구성이 강하다. 또한 기존 산업 시스템에 통합되어 원활하게 작동할 수 있도록 확장 가능하고 상호 운용 가능하도록 설계되었다. IIoT의 주요 이점 중 하나는 산업 환경에서 효율성과 생산성을 높이는 데 도움이 될 수 있다는 것이다. IIoT는 작업을 자동화하고 프로세스를 최적화하며 낭비를 줄임으로써 운영을 간소화하고 비용을 절감하는 데 도움이 될 수 있다. 또한 산업 공정에 대한 실시간 모니터링을 제공하고 잠재적 위험에 대해 근로자에게 경고함으로써 안전성을 향상시킬 수 있다. 그러나 IIoT와 관련된 잠재적 위험도 있다. 예를 들어, IIoT 장치는 사이버 공격에 취약할 수 있으며, 이는 데이터 보안을 손상시키고 운영을 방해할 수 있다. 이와 같이 산업 조직은 암호화 사용, 액세스 제어 구현 및 소프트웨어 정기 업데이트와 같은 IIoT 장치 및 네트워크를 보호하기 위한 조치를 취하는 것이 중요하다.

제조산업에서의 IoT 적용 사례

예측 유지보수

IoT 센서는 다운타임이나 비용이 많이 드는 수리를 유발하기 전에 성능을 모니터링하고 잠재적인 문제를 감지하기 위해 제조 장비에 탑재된다. 이를 통해 제조업체는 유지 관리 일정을 최적화하고 유지 관리 비용을 절감하며 장비 다운타임을 최소화하게 된다.

품질 관리

IoT 센서는 원재료와 완제품의 품질뿐만 아니라 그것들이 생산된 조건을 추적하고 측정하는 데 사용된다. 이를 통해 제조업체는 결함을 식별하고 제품이 공장 바닥을 떠나기 전에 수정 조치를 취하게 된다.

재고 관리

IoT 센서를 사용하여 재고 수준을 추적하고, 배송을 모니터링하며, 물류 운영을 최적화한다. 제조업체는 IoT 데이터를 사용하여 자재 주문 시기, 주문량 및 저장 위치에 대해 더 나은 결정을 내릴 수 있다.

에너지 효율

IoT 센서는 제조 과정에서 에너지 소비를 모니터링하고, 에너지가 낭비되는 영역을 식별하며, 에너지 사용을 최적화하는 데 사용된다. 이를 통해 제조업체는 에너지 비용을 절감하고 지속 가능성을 개선할 수 있다.

공급망 관리

IoT는 재고 수준을 추적하고, 배송을 모니터링하며, 물류 운영을 최적화함으로써 공급망 관리를 개선하는 데 사용된다. 이를 통해 제조업체는 리드 타임을 단축하고, 납품 신뢰성을 개선하며, 공급망을 최적화할 수 있다.

자산 추적

IoT 센서를 사용하여 원자재, 완제품, 장비 등 제조 자산의 위치와 상태를 추적할 수 있다. 이를 통해 제조업체는 자산 활용도를 최적화하고, 도난 또는 분실 위험을 줄이며, 운영에 대한 전반적인 가시성을 개선할 수 있다.

7.3

사물인터넷의 특징

기술적인 특징

IoT 기술은 IoT 장치의 연결성, 감지, 인텔리전스, 상호 운용성, 보안, 이동성 및 확장성을 활용하여 새로운 효율성을 창출하고 운영을 최적화하며 새로운 통찰력과 기회를 창출할 수 있게 한다. IoT의 기술적인 특징은 다음과 같이 설명할 수 있다.

그림 7-4 사물인터넷
(출처: https://bit.ly/3McMkjp)

- **연결**: 인터넷 또는 다른 네트워크에 연결되어 데이터를 교환하고 다른 장치 및 시스템과 통신할 수 있다.
- **감지**: 온도, 습도, 움직임 등 물리적 특성을 감지하고 측정할 수 있는 센서가 장착되어 있다.
- **인텔리전스**: 데이터를 처리하고 분석하며, 그 데이터를 기반으로 의사 결정을 내릴 수 있다. 그들은 통찰력을 얻고 성능을 최적화하기 위해 인공지능, 기계 학습 또는 다른 기술을 사용할 수 있다.
- **상호 운용성**: 표준화되고 호환되는 방식으로 함께 작동하고 데이터를 교환하도록 설계되었다. 이를 통해 다른 장치 및 시스템과의 원활한 통합이 가능하며, 교차 기능 데이터 분석이 가능하다.
- **보안**: 사이버 공격, 데이터 침해 및 기타 보안 위협에 취약할 수 있다. 따라서 암호화, 액세스 제어 및 기타 중요한 데이터 보호 조치를 사용하여 보안을 염두에 두고 설계해야 한다.
- **이동성**: 이동이 가능하여 다른 위치에서 작동할 수 있다. 이러한 이동성을 통해 자산 추적, 원격 모니터링 및 예측 유지보수와 같은 새로운 사례를 사용할 수 있다.
- **확장성**: 다양한 사용 사례 및 애플리케이션의 요구를 충족하기 위해 확장하거나 축소할 수 있다. 시스템 요구 사항에 따라 대규모 또는 소규모로 배포할 수 있다.

시장의 특징

현대의 시장 특성은 다양한 기회와 과제로 인해 복잡하고 빠르게 진화하고 있다는 것이다. IoT가 계속 성장하고 성숙해짐에 따라 조직이 이러한 시장 특성을 따라가고 변화하는 시장 상황에 적응하는 것이 중요해졌다. IoT Analytics에 의하면, 전체 기업 IoT 지출은 2022년 21.5% 증가한 201억 달러를 기록했으며, 2027년 483억 달러를 예측하였다.

IoT의 시장 특성은 다음과 같다.

- **빠른 성장**: IoT 시장은 점점 더 많은 수의 장치와 애플리케이션이 개발되고 배치되면서 빠른 성장을 경험하고 있다. 이러한 성장은 기술의 발전, 비용 감소, 연결된 장치와 서비스에 대한 수요 증가에 의해 주도되고 있다.
- **다양한 애플리케이션**: IoT는 소비자 장치에서 산업 시스템에 이르기까지 광범위한 산업 및 사용 사례에 적용되고 있다. 이러한 다양성은 혁신과 성장을 위한 새로운 기회를 창출하고 있으며, 새로운 비즈니스 모델과 수익 흐름을 가능하게 하고 있다.
- **상호 연결**: IoT 장치가 상호 연결되어 데이터와 관계의 복잡한 웹을 만든다. 이러한 상호 연결은 새로운 수준의 자동화, 효율성 및 최적화를 가능하게 하지만 보안, 개인 정보 보호 및 데이터 거버넌스와 관련된 새로운 문제를 야기하고 있다.
- **데이터 중심**: IoT는 방대한 양의 데이터를 생성하며, 이를 분석하여 통찰력을 얻고 성능을 향상시키는 데 사용할 수 있다. 이러한 데이터 중심 접근 방식을 통해 조직은 운영을 최적화하고 비용을 절감하며 새로운 제품 및 서비스를 개발할 수 있다.
- **협업**: IoT는 장치 제조업체, 네트워크 운영자, 소프트웨어 개발자 및 데이터 분석가를 포함한 다양한 이해 관계자 간의 협업을 필요로 한다. 이러한 협업은 상호 운용 가능하고 안전한 시스템을 구축하며 혁신과 성장을 촉진하기 위해 필수적이다.
- **보안 및 개인 정보 보호 문제**: IoT 장치는 사이버 공격, 데이터 침해 및 기타 보안 위협에 취약할 수 있다. 따라서 보안 및 개인 정보 보호에 대한 우려가 커지고 있으며, 새로운 보안 조치 및 표준의 필요성이 대두되고 있다.
- **표준 및 규정**: IoT 시장은 빠르게 진화하고 있으며, 상호 운용성, 보안 및 개인 정보 보호를 보장하기 위한 표준과 규정에 대한 필요성이 증가하고 있다. 이러한 산업 컨소시엄, 표준 기관 및 규제 기관이 IoT의 미래를 형성할 새로운 기회를 창출하고 있다.

7.4

사물인터넷의 주요 기술

사물인터넷 기기

IoT 기기는 인터넷에 연결된 물리적 객체로 다른 기기 및 시스템과 데이터를 교환할 수 있다. 이러한 장치에는 일반적으로 환경의 변화를 감지하고 대응할 수 있는 센서 및 액추에이터가 있으며 소프트웨어 또는 기타 도구를 사용하여 원격으로 제어할 수 있다. IoT 장치는 단순한 센서와 스마트 온도 조절기에서부터 복잡한 산업 시스템과 자율주행 차량에 이르기까지 다양하다.

IoT 장치의 예

- 스마트 스피커, 온도 조절기 및 보안 카메라와 같은 스마트 홈 장치
- 피트니스 트래커 및 스마트 워치와 같은 웨어러블 장치
- 제조 및 물류에 사용되는 산업용 센서 및 시스템
- 자동차 및 트럭과 같은 연결된 차량
- 스마트 흡입기 및 원격 환자 모니터링 시스템과 같은 의료 기기
- 가로등, 폐기물 관리 시스템 등 스마트 도시 인프라

IoT 장치의 응용 분야

스마트 홈 기기

스마트 홈 기기는 조명, 난방, 보안 시스템을 제어하는 데 사용될 수 있으며, 핸즈프리 제어를 위해 아마존 알렉사나 구글 어시스턴트와 같은 음성 비서와 통합될 수 있다.

웨어러블 기기

웨어러블 기기는 활동 수준, 심박수 및 기타 건강 지표를 추적하여 활동을 유지하고 건강을 모니터링할 수 있도록 도와준다.

센서

산업용 센서와 시스템을 사용하여 제조 공정을 최적화하고 재고를 추적하며 장비 성능을 모니터링할 수 있다.

차량

연결된 차량은 교통 상황, 날씨 및 도로 위험에 대한 실시간 데이터를 제공하여 더 안전하고 효율적인 여행을 가능하게 한다.

의료기기

의료기기는 만성 상태를 모니터링 및 관리하고 환자에게 원격 진료 및 지원을 제공하는 데 사용할 수 있다.

스마트 시티 인프라

스마트 시티 인프라는 에너지 사용을 최적화하며, 폐기물을 줄이고, 공공 안전과 삶의 질을 향상시키는 데 사용될 수 있다.

사물인터넷 네트워크

IoT 네트워크는 기기, 센서, 시스템을 인터넷에 연결하여 데이터를 교환하고 서로 통신할 수 있는 네트워크의 일종이다. 일반적으로 IoT 네트워크는 광범위한 IoT 생태계의 중요한 구성 요소로서 장치, 시스템 및 사용자 간의 데이터 및 정보의 원활한 흐름을 가능하게 하고, 새로운 수준의 자동화 · 최적화를 이룰 수 있다. IoT 네트워크는 단순한 홈 자동화 시스템에서부터 복잡한 산업 시스템 및 스마트 시티 인프라에 이르기까지 광범위한 애플리케이션을 설계할 수 있다. 이 때 고려해야 할 사항은 장치 유형과 수, 필요한 연결 및 대역폭, 보안 및 개인 정보 요구 사항, 분석 및 통합 요구 사항 등이다.

IoT 네트워크의 구성 요소

센서 또는 장치

산업용 센서 또는 웨어러블 기기와 같이 네트워크에 연결된 물리적 물체들을 말하며, 환경의 변화를 감지하고 대응할 수 있는 센서 또는 액추에이터와 이를 원격에서 제어하는 소프트웨어 또는 기타 도구들을 사용하게 된다.

연결

IoT 장치는 일반적으로 Wi-Fi, Bluetooth 또는 셀룰러(모바일) 네트워크와 같은 무선 기술을 사용하여 다른 장치 및 시스템과 통신하기 위한 연결이 필요하다. 또한 일반적으로 IoT 네트워킹 표준인 LoRa가 있으며, WAN, 시그폭스 및 NB-IoT는 서로 다른 설정에서 IoT 장치에 저전력으로 장거리 통신 연결을 제공한다.

클라우드 기반 서비스

IoT는 방대한 양의 데이터를 생성하며, 고급 분석 도구와 기계 학습 알고리즘을 사용하여 클라우드에서 분석하고 처리할 수 있다. 즉 클라우드 기반 서비스는 IoT 장치 관리 및 모니터링, 업데이트 및 패치 배포, 다른 시스템과의 통합을 위한 중앙 집중식 플랫폼을 제공한다.

IoT와 웨어러블 디바이스

웨어러블 디바이스의 정의

웨어러블 기기는 일반적으로 손목, 머리 또는 옷에 착용하는 기술적인 장치의 한 종류이다. 이러한 장치는 사용자에게 피트니스 및 건강 데이터 추적, 수면 패턴 모니터링, 알림 송수신, 전화 걸기 및 기타 연결된 장치 제어와 같은 기능을 실행한다.

그림 7-5 구글 글래스
(출처: https://bit.ly/2SlBvvt, Dan Leveille)

웨어러블 기기의 종류로는 스마트 워치, 피트니스 트래커, 스마트 안경, 스마트 의류 등이 있다. 많은 웨어러블 기기들은 블루투스나 와이파이를 통해 스마트 폰이나 다른 기기들과 연결되어 사용자들의 건강 및 활동 데이터 등을 제공하고 관리할 수 있도록 도와준다.

웨어러블 디바이스의 사용 예시

표피 피부 기술(Epidermal skin technology)은 일시적인 문신이나 붕대처럼 피부에 착용할 수 있는 얇고 유연한 전자기기를 사용하는 것을 말한다. 이는 심박수, 체온, 수분 수준과 같은 착용자 건강의 다양한 측면을 측정할 수 있다.

표피 피부 기술로 사용하는 웨어러블 기기는 아주 얇고 통기성이 있는 접착 필름과 같이 구성되어 있으며, 피부에 착용하는 부분은 얇고 유연한 전자 회로로 구성된다. 접착 필름은 피부에 부착되며 신체 활동 중에도 떨어지지 않도록 되어 있다. 이 장치의 전자 회로는 심장의 전기적 활동이나 피부 전도도의 변화와 같은 다양한 생리적 신호를 감지할 수 있다. 이 생체 데이터는 스마트 폰이나 다른 장치로 전송되며, 사용자의 건강을 체크하거나 분석할 수 있다.

표피 피부 기술은 기존 웨어러블 기기인 스마트 워치나 피트니스 트래커와 같은 장치들보다 훨씬 더 편안하고 주변 상황으로부터 덜 방해가 된다. 피부와 직접 접촉하여 착용자의 생리 데이터를 직접적으로 보내기 때문에 더욱 정확하게 확인이 가능하다.

건강 모니터링(Health monitoring)

웨어러블 기기를 사용하는 건강 모니터링은 개인의 건강과 관련한 다양한 측면을 확인하는 기술이다. 일반적으로 손목이나 피부에 패치의 형태로 착용하여 심박수, 활동 수준, 수면 패턴 등과 같은 다양한 건강 지표에 대한 데이터를 수집하도록 설계되었다. 이러한 기기는 가속도계, 자이로스코프, 심박수 모니터 및 GPS 센서를 포함한 다양한 센서를 사용하여 데이터를 수집 후 스마트 폰과 같은 개인의 단말기에 전송되어 사용자가 자신의 건강 상태를 확인할 수 있도록 한다.

건강 모니터링 웨어러블 기기는 사용의 편의성으로 인해 점점 더 인기를 끌고 있다. 개인이 손목에 장치를 착용하거나 패치를 부착함으로써, 의사나 의료 전문가를 방문할 필요 없이 하루종일 자신의 건강과 체력 목표를 추적할 수 있다. 건강 모니터링 웨어러블 기기의 일반적인 예로는 피트니스 추적기, 스마트 워치 및 심박수 모니터 등이 있다. 이러한 장치는 사용자의 활동 수준, 수면 품질, 심박수 변동성 등을 포함하여 건강에 대한 풍부한 정보를 제공할 수 있다. 주요 건강 지표를 실시간으로 추적함으로써 사용자는 식단, 운동 패턴 및 전반적인 생활 방식에 대해 더 많은 정보를 얻을 수 있고 이 정보를 기반으로 생활 패턴의 변화 등에 대해 결정을 내리고 행동할 수 있어서 나중에는 더 나은 건강 결과로 이어지게 할 수 있다.

엔터테인먼트 및 게임(Entertainment and gaming)

웨어러블 기기를 사용하는 엔터테인먼트 및 게임은 사용자의 오락 및 게임의 즐거움을 위해 여러 가지 기능을 제공한다. 일반적으로 손목이나 머리에 장착하는 디스플레이와 같이 신체에 착용되며 사용자가 보다 몰입적이고 상호작용적인 경험을 할 수 있도록 한다. 예를 들어, 가상현실 헤드셋은 사용자의 동작을 체크하여 3D 환경으로 헤드셋 안의 이미지를 나타냄으로써 게임에 몰입할 수 있게 한다.

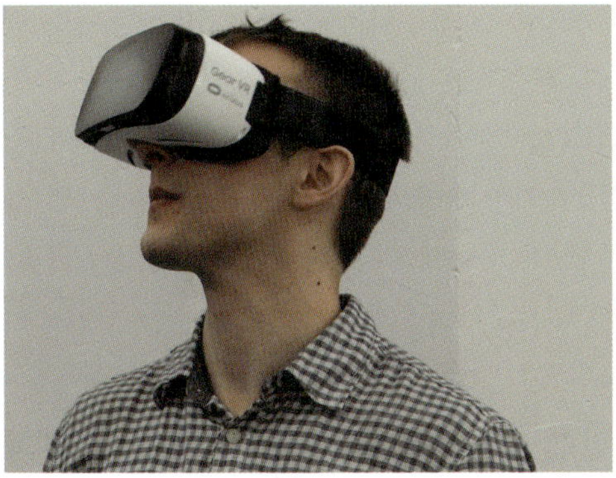

그림 7-6 가상현실 헤드셋 '기어 VR'

그림 7-7 스마트 워치

게임 플레이 중에도 스마트 워치와 같은 웨어러블 기기는 심박수 및 움직임과 같은 동작을 확인하고 모니터링하는 데 사용될 수 있다. 또한 스마트 워치에서 직접 게임도 즐길 수 있다.

웨어러블 기기는 소셜 게임도 이용할 수 있다. 예를 들어 사용자가 위치에 상관없이 원격으로 친구나 다른 사용자와 게임을 할 수 있게 해준다. 웨어러블 기기는 상호작용적인 경험을 풍부하게 제공함으로써 사용자가 소비하는 콘텐츠와 더 친밀해지고, 편리하게 이용할 수 있도록 하여 게임에 대한 몰입도를 높일 수 있게 한다.

패션 및 스마트 의류

웨어러블 기기를 사용하는 패션 및 스마트 의류는 사용자의 환경과 상호 작용할 수 있는 새로운 형태의 기술이다. 스마트 의류는 일반적으로 센서 또는 기타 전자 부품을 의류 및 액세서리에 통합하여 체온, 심박수, 움직임과 같은 다양한 상태 데이터를 수집 및 분석할 수 있는 기본 정보를 제공한다. 이 외에도 다양한 목적으로도 사용될 수 있는데 예를 들어, LED 조명이 내장된 의류는 안전 목적으로 사용할 수 있다. 어두운 곳에서 달리기 선수나 자전거를 타는 사람에게 입고 있는 의류에서 조명을 비춰줄 수 있다. 예를 들어 코오롱스포츠의 라이프텍은 의류에 조난 구조용 버클, 윈드터빈, 라이프 캠, 고무코팅 지퍼, 야간을 위한 반사 필름, 장갑 등을 내장하였다.

패션 산업에서도 웨어러블 기기의 기술은 패션과 스마트 의류가 새롭고 혁신적인 디자인을 만들어내는 데 활용되고 있다. 디자이너들은 전통적인 의류 재료로는 불가능하고 복잡한 모양을 3D 프린팅 기술을 사용하여 만들어낼 수 있다.

Military

군인들은 상황 인식, 신체 모니터링, 현장 정보 등 다양한 목적으로 웨어러블 기기를 활용할 수 있다. 이 장치는 극한의 온도, 높은 습도나 가혹한 환경 등을 견딜 수 있도록 설계된다. 군대에서 사용되는 웨어러블 기기 중 일반적인 유형으로 스마트 워치를 들 수 있다. 스마트 워치는 알림을 표시하고, 위치와 움직임을 추적하며, 다른 팀원들과 의사소통하는 데 사용된다. 군사용 스마트 워치는 암호화된 통신 기능과 고급 GPS 시스템과 같은 추가 기능도 가지게 된다. 다른 웨어러블 기기로는 헬멧에 장착된 디스플레이와 증강 현실 안경을 들 수 있다. 이 장치들은 군인들에게 지도, 목표물, 임무 목표를 포함한 주변에 대한 실시간 정보를 제공한다. 이를 통해 주변 상황을 인식할 수 있으며, 임무 수행을 위한 다양한 지원 정보를 지도부와 커뮤니케이션할 수 있다.

상황 인식 외에도 군인의 웨어러블 기기는 현장의 활력 징후 및 기타 건강 지표를 모니터링하는 데 사용될 수 있다. 예를 들어, 군인들은 심장 박동수, 호흡, 기타 생체 정보를 체크하는 가슴끈이나 손목 밴드를 착용할 수 있다. 이 데이터를 무선으로 중앙 위치로 전송하여 의료진이 병사의 활동 상황과 건강 정보를 실시간으로 모니터링할 수 있게 된다.

Smart jewelry

스마트 주얼리는 기술과 패션을 결합해 스타일리시하고 기능적인 액세서리를 만드는 웨어러블 기기의 일종이다. 일반적으로 센서나 기타 전자 장치들을 이용하여 신체 활동, 스트레스 수준 및 수면 품질과 같은 다양한 사용자 데이터를 수집할 수 있다. 또한 반지, 목걸이, 팔찌, 귀걸이 등의 형태를 취할 수 있으며, 건강 모니터링뿐만 아니라 모바일 결제나 다른 기기의 원격 제어와 같은 목적으로도 사용될 수 있다. 예를 들어, 근거리 무선 통신 칩이 내장된 스마트 링은 신용카드나 현금 없이도 매장에서 결제할 수 있다.

스마트 주얼리는 스마트 가전제품이나 음악 플레이어와 같은 다른 장치를 제어하는 데도 사용될 수 있다. 스마트 주얼리의 제품 중 링리는 애플리케이션을 이용하여 스마트 폰과 연결되며, 사용자의 걷기, 칼로리, 운동 거리 등의 데이터를 제공하고 전화, 메시지, 페이스북 등의 SNS 알림 기능을 제공해 준다.

스마트 주얼리는 스타일을 희생하지 않고 일상생활에 기술을 접목하고자 하는 패션에 민감한 소비자들 사이에서 인기가 높다.

IoT와 웨어러블 디바이스의 연결

웨어러블 기기를 IoT에 연결하는 것은 웨어러블 기기를 스마트 폰, 스마트 가전과 같은 장치나 네트워크를 이용하는 기기 또는 시스템에 연결하는 것이다. 웨어러블 기기를 IoT에 연결하는 단계는 다음과 같다.

1. **웨어러블 기기 식별**: 웨어러블 기기의 제조업체와 모델을 결정하고 IoT 프로토콜 및 시스템과 호환되는지 확인한다.

2. **스마트 폰에 연결**: 많은 웨어러블 기기는 블루투스 또는 다른 무선 프로토콜을 통해 스마트 폰과 페어링할 수 있다.

3. **스마트 폰을 인터넷에 연결**: 스마트 폰이 Wi-Fi 또는 셀룰러 데이터를 통해 인터넷에 연결되었는지 확인할 수 있다.

4. **IoT 앱 다운로드**: 많은 IoT 시스템에는 사용자가 스마트 폰에서 연결된 장치에 액세스하고 제어할 수 있는 전용 앱이 있다.

5. **다른 장치 및 시스템과의 통합**: IoT 앱을 사용하여 웨어러블 장치를 네트워크의 다른 장치 및 시스템과 통합한다. 예를 들어, 피트니스 트래커*를 스마트 체중계와 통합하여 체중과 체지방 비율을 모니터링할 수 있다.

잠깐만요 **피트니스 트래커**

손목에 착용하는 웨어러블 디바이스이다. 스마트 폰으로 스마트 밴드 사용, 스마트 폰 제어가 가능하다. 주된 목적은 신체 단련 및 운동 중의 몸 상태 확인이며, 평상시에는 거리 보행이나 달리기, 칼로리 소모량, 심박 수와 같은 생체 관련 지표를 모니터링한다. 보통 장기간의 데이터 조사를 위해 컴퓨터나 스마트 폰에 동기화되어 있다. 이러한 기능은 스마트 밴드를 착용하고 운동을 할 때 보다 많은 운동 효과를 얻을 수 있게 하고, 체중 감소를 원할 경우에도 보다 많은 체중 감소를 할 수 있게 도와준다.

그림 7-8 피트니스 밴드

6. **데이터 수집 및 분석**: 웨어러블 기기가 IoT에 연결되면 데이터를 수집하고 네트워크의 다른 장치 및 시스템으로 전송할 수 있다. 이 데이터를 분석하여 건강 상태를 알 수 있고 몸에 맞는 피트니스를 결정할 수 있다.

지능형 사물인터넷(Artificial Intellgence of Things)

지능형 사물인터넷의 정의

인공지능(AIoT) 기술은 인공지능(AI)이 사물인터넷(IoT) 기기 또는 네트워크와 통합되는 것을 말한다. AIoT는 AI의 힘을 이용하여 사물인터넷 기기가 생성하는 방대한 양의 데이터를 처리 및 분석하고 IoT 기기의 활용성을 극대화하는 것이다. AI와 IoT의 통합은 기기가 데이터에서 학습하고 변화하는 조건에 실시간으로 적응할 수 있도록 하는 것이다. 이를 통해 IoT 장치가 보다 지능적이고 응답성이 높아지게 되어 효율적인 운영이 가능해진다. 예를 들어, AIoT는 장비 고장을 예측하고, 에너지 소비를 최적화하며, 공급망 관리를 개선하는 데 사용될 수 있다. 또한 의료, 운송 및 제조업과 같은 산업에도 중요한 영향을 미친다. 의료 분야에서 AIoT는 환자의 건강을 실시간으로 모니터링할 수 있고, 잠재적인 건강 문제에 대해 의료 전문가에게 시스템이 알려줄 수 있다. 교통에서 AIoT는 사고를 예측하고 예방함으로써 경로를 최적화하고 안전성을 향상시키는 데 사용될 수 있으며, 제조에서는 생산 공정을 최적화하고 품질 관리를 개선하는 데 사용될 수 있다.

지능형 사물인터넷 개발 역사

2000년대 초반, 연구자들이 인공지능(AI) 기술과 사물인터넷(IoT)을 통합하는 인공지능 사물인터넷(AIoT)의 개발에 대한 연구를 시작하였다. 이때 IoT 기기는 주로 데이터 수집 및 모니터링에 사용되었고, AI 기술은 데이터 분석 및 의사 결정에 사용되었기에 각자의 역할이 달랐다. 이후 몇 년 동안은 머신러닝을 비롯한 AI 기술의 발전은 방대한 양의 데이터를 분석하고 해석할 수 있는 수준에 이르렀고, 더욱 정교한 AI 알고리즘의 개발이 이루어졌다. 이러한 움직임은 인공지능을 사물인터넷 기기와 통합할 수 있는 새로운 도전을 시작할 수 있는 바탕이 되었다.

2010년대 초, 네스트와 같은 회사들이 스마트 온도 조절기와 스마트 폰(또는 통신 기기)을 연결하여 원격으로 사용 및 제어할 수 있는 '스마트 홈'의 개념이 등장했다. 이로 인하여 실생활에서 장치들이 더 밀접하게 상호 연결되고 데이터와 정보를 교환할 수 있는 기술이 구상되면서 AIoT의 발전에 중요한 변화를 나타냈다.

그림 7-9 스마트 홈

이후 에지 컴퓨팅과 클라우드 컴퓨팅 기술의 발전은 AIoT 장치의 기술과 기능 개발을 더욱 촉진시켰다. 에지 컴퓨팅은 장치에서 로컬로 데이터를 처리하여 대기 시간을 줄이고 응답 시간을 늘릴 수 있으며, 클라우드 컴퓨팅은 데이터를 원격으로 저장 및 분석할 수 있어 보다 광범위한 처리 기능과 통찰력을 제공했기 때문이다.

지능형 사물인터넷 관련 기술

사물인터넷(IoT)

AIoT는 데이터를 수집하고 전송하기 위해 IoT 장치에 의존한다. IoT 장치는 센서, 액추에이터 및 인터넷에 연결하고 다른 장치 및 시스템과 데이터를 교환할 수 있는 장치들을 포함한다.

인공지능(AI)

인공지능 기술은 IoT 기기에서 생성되는 방대한 양의 데이터를 분석하고 해석하는 데 사용된다. 이러한 예로는 기계 학습, 딥러닝 및 자연어 처리 등을 들 수 있다.

클라우드 컴퓨팅

클라우드 컴퓨팅 기술은 데이터를 원격으로 저장 및 처리할 수 있게 하여 보다 광범위한 처리 기능과 통찰력을 제공한다. 또한 여러 장치와 시스템의 통합을 가능하게 하며 AIoT 애플리케이션의 기능을 더욱 확대하여 적용시킬 수 있다.

에지 컴퓨팅

에지 컴퓨팅 기술은 장치에서 데이터를 처리함으로써 처리에 대한 대기 시간을 줄이고 응답 시간을 늘릴 수 있도록 할 수 있다. 에지 컴퓨팅은 자율주행 차량 및 산업 자동화와 같이 실시간 처리가 필요한 애플리케이션에서 주요하게 사용될 수 있다.

로봇 공학

AIoT를 이용한 로봇 기술은 주변 기기 또는 로봇의 장착 장치들과 더욱 밀접하게 통합되어 로봇의 장치들이 더 자율적이고 지능적이 될 수 있도록 한다.

증강 현실(AR) 및 가상현실(VR)

AR 및 VR 기술은 몰입형 경험을 제공하며, AIoT 장치와 사용자 상호 작용을 향상시키는 데 사용될 수 있다.

지능형 사물인터넷 기술 구현 방식

AIoT 기술 구현은 일반적으로 다음과 같은 단계를 수행한다.

1. **사용 사례 정의**: AIoT 기술 구현의 시작은 활용 사례를 정의하는 것부터 시작한다. 해결하려는 비즈니스 문제를 식별하고 AIoT가 문제를 해결하는 데 어떻게 작용하여야 하는지를 결정한다.
2. **데이터 수집**: IoT 기기에서 데이터를 수집하고 처리한다. 이때 데이터 수집을 위해 센서 및 기타 장치를 설치할 수 있으며 또는 기존 IoT 시스템과 통합할 수도 있다.
3. **데이터 분석**: 머신러닝, 딥러닝 등 AI 기술을 활용해 수집된 데이터를 분석하고 해석한다. 이때 예측 모델을 구축하고, 패턴과 추세를 식별하고, 통찰력을 생성하는 활동이 포함된다.
4. **알고리즘 개발**: AIoT 기기가 분석된 데이터를 기반으로 의사 결정을 내릴 수 있는 알고리즘을 개발한다. 규칙 기반 시스템, 의사 결정 트리 또는 기계 학습 알고리즘 개발이 여기에 해당한다.
5. **시스템 구현**: 하드웨어 및 소프트웨어 구성 요소를 포함한 AIoT 시스템을 구현한다. 기존 시스템과의 통합, 새로운 인터페이스 개발 또는 맞춤형 애플리케이션 구축 등이 이에 해당한다.
6. **테스트 및 세분화**: AIoT 시스템이 예상대로 작동하는지 테스트한다. 피드백 및 데이터 분석을 기반으로 시스템을 세분화하고, 원하는 결과를 나타내는지 시스템을 지속적으로 모니터링하고 최적화한다.
7. **확장 및 유지보수**: AIoT 시스템이 구현되면 조직의 요구에 맞게 시스템을 확장한다. 새로운 장치를 추가하거나, 다른 시스템과 통합하거나, 시스템 범위를 확장하는 작업이 여기에 해당한다.

지능형 사물인터넷 플랫폼

AIoT에 사용할 수 있는 플랫폼은 AIoT 애플리케이션 구축, 배포 및 관리하는 데 필요한 도구와 인프라를 제공한다.

마이크로소프트 애저 IoT(Azure IoT)

IoT 및 AI 애플리케이션을 구축하고 관리하기 위한 일련의 도구 및 서비스를 제공하는 클라우드 기반 플랫폼이다. 장치 관리, 데이터 분석, 기계 학습을 위한 서비스뿐만 아니라 애저 함수와 같은 마이크로소프트 서비스와의 통합을 포함한다.

IBM 왓슨 IoT

IoT와 AI 기술을 결합하여 조직이 IoT 데이터를 연결, 관리 및 분석할 수 있는 플랫폼이다. 데이터 시각화, 예측 분석 및 자연어 처리를 위한 서비스뿐만 아니라 왓슨 스튜디오, IBM 클라우드와 같은 IBM 서비스와의 통합도 포함한다.

아마존 웹 서비스 IoT

IoT 및 AI 애플리케이션을 구축하고 관리하기 위한 다양한 도구와 서비스를 제공하는 클라우드 기반 플랫폼이다. 기기 관리, 데이터 분석, 머신러닝 서비스는 물론 람다, S3 등과 같은 아마존 웹 서비스(AWS)와의 통합을 포함한다.

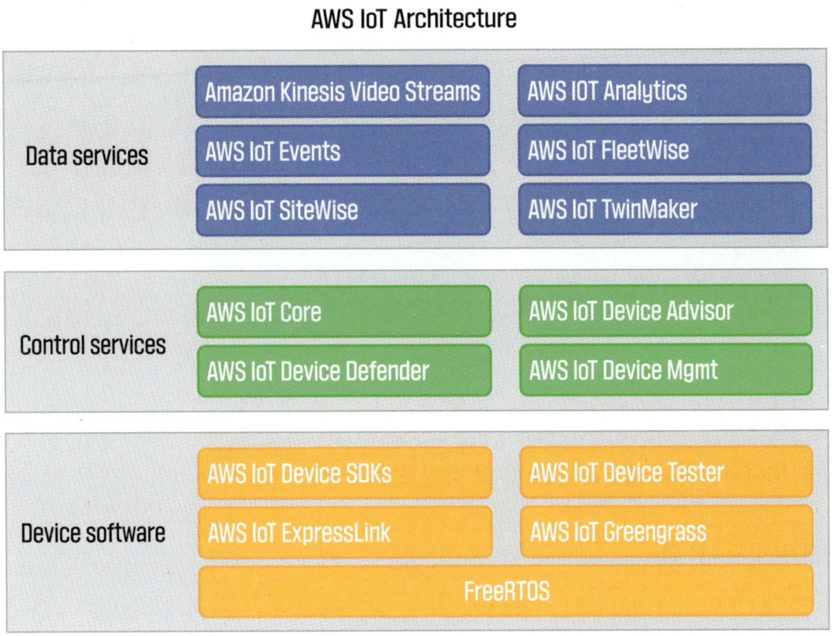

그림 7-10 아마존 웹 서비스 IoT 구조

구글 클라우드 IoT

IoT 및 AI 애플리케이션을 구축하고 관리하기 위한 일련의 도구 및 서비스를 제공하는 플랫폼이다. 장치 관리, 데이터 분석, 기계 학습을 위한 서비스뿐만 아니라 클라우드 기능, 빅 쿼리와 같은 구글 클라우드 서비스와의 통합을 포함한다.

그림 7-11 구글 클라우드
(출처: https://bit.ly/44JU6bY)

PTC ThingWorx

IoT 및 AI 애플리케이션을 구축하고 관리하기 위한 일련의 도구 및 서비스를 제공하는 플랫폼이다. 디바이스 관리, 데이터 분석, 머신러닝을 위한 서비스는 물론 뷰포리아, 케프웨어 등 다른 PTC 서비스와의 통합을 포함한다.

지능형 사물인터넷에서의 보안 기술

암호화

일반적으로 장치, 네트워크 및 클라우드 서버 간에 전송 중인 데이터를 보호하는 데 사용된다. 인증되지 않은 접근을 막기 위해 데이터를 비밀 코드로 변환하는 과정이며, 센서 데이터, 사용자 데이터 및 네트워크 트래픽과 같은 데이터를 보호하기 위해 AIoT에서 사용된다.

인증 및 액세스 제어

인증은 사용자 또는 장치의 신원을 확인하는 프로세스이며, 액세스 제어는 특정 리소스 또는 장치에 대한 액세스를 제한하는 데 사용된다. 이는 AIoT에서 인증된 사용자 또는 장치만 데이터 및 리소스에 액세스할 수 있도록 보장하는 데 사용된다.

방화벽

방화벽은 네트워크 또는 장치에 대한 인증되지 않은 접근을 차단하는 데 사용되며, 네트워크 트래픽을 모니터링하고 제어하여 해킹 및 악성 프로그램과 같은 악의적인 활동을 방지한다.

침입 탐지 및 방지 시스템

침입 탐지 및 방지 시스템(IDPS)은 네트워크 또는 장치에 대한 무단 액세스를 탐지하고 방지하는 데 사용되며, 보안 위협을 실시간으로 식별하고 대응할 수 있도록 한다.

보안 부팅

보안 부팅은 신뢰할 수 있는 펌웨어 및 소프트웨어에서만 장치가 부팅되도록 하는 프로세스이다. 이는 장치의 부팅 프로세스를 대상으로 하는 공격을 방지하는 데 사용된다.

물리적 보안

잠금, 액세스 카드 및 감시 카메라와 같은 장치를 사용하여 데이터 센터 및 기타 리소스에 무단으로 접근하는 행위로부터 보호하는 데 사용된다.

오픈 사물인터넷

오픈 IoT(또는 개방형 IoT)는 사물인터넷(IoT) 시스템을 구축하기 위해 오픈 소스 소프트웨어와 하드웨어 구성 요소를 사용하는 것을 말한다. 오픈 IoT는 개방형 협업의 원칙을 기반으로 하며, IoT 커뮤니티 전반에서 지식과 자원의 공유를 권장한다. 또한 오픈 IoT는 재사용 가능하고 표준화된 구성 요소에 대한 액세스를 제공함으로써 IoT 개발의 비용과 복잡성을 줄이는 것을 목표로 한다. 개발자는 오픈 소스 소프트웨어와 하드웨어를 사용하여 기존 라이브러리, 도구 및 플랫폼을 활용함으로써 새로운 IoT 시스템을 구축하거나 기존 시스템을 사용자 정의할 수 있다.

오픈 IoT의 장점

- **비용 절감**: 기존 오픈 소스 구성요소와 커뮤니티를 활용해 IoT 시스템 개발 비용을 절감한다.
- **협업**: 서로 다른 조직과 커뮤니티 간의 협업을 권장하여 지식과 자원의 공유로 이어질 수 있다.
- **유연성**: 개발자가 기존 구성 요소를 자신의 요구에 맞게 사용자 정의하고 수정할 수 있도록 함으로써 IoT 개발의 유연성을 제공한다.
- **상호 운용성**: 서로 다른 IoT 장치와 시스템 간의 상호 운용성과 호환성을 촉진하여 이들이 더 쉽게 협력할 수 있도록 한다.

Open IoT Platform(오픈 IoT 플랫폼)

개요

오픈 IoT 플랫폼은 오픈 표준 및 오픈 소스 기술을 사용하여 사물인터넷(IoT) 애플리케이션 및 장치를 개발하고 관리하기 위한 프레임워크를 제공하는 소프트웨어 플랫폼이다. 이러한 플랫폼은 일반적으로 기기 관리, 데이터 관리, 분석 및 애플리케이션 개발을 포함하여 IoT 개발을 단순화하고 가속화하기 위한 다양한 서비스와 도구를 제공한다.

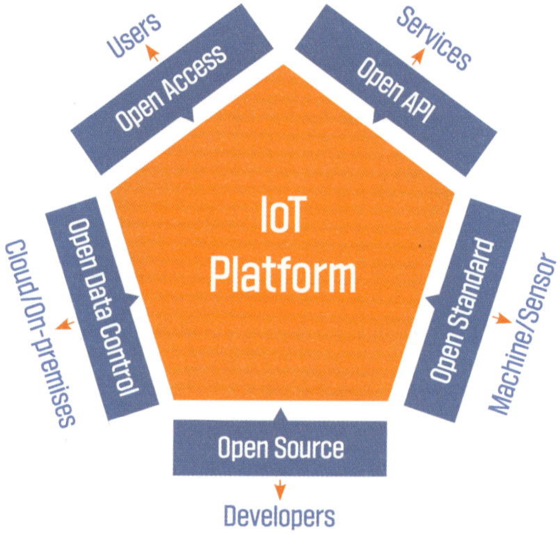

그림 7-12 오픈 IoT 플랫폼

오픈 IoT 플랫폼의 주요 기능

- **장치 관리**: 장치 등록, 프로비저닝* 및 모니터링을 포함하여 IoT 장치를 관리하기 위한 도구를 제공한다.

> **잠깐만요** **프로비저닝(provisioning)**
>
> 사용자의 요구에 맞게 시스템 자원을 할당, 배치, 배포해 두었다가 필요할 때 시스템을 즉시 사용할 수 있는 상태로 미리 준비해 두는 것이다.

- **데이터 관리**: 실시간 데이터 스트림 및 과거 데이터를 포함하여 IoT 데이터를 수집, 저장 및 분석하기 위한 도구를 제공한다.
- **분석**: 예측 분석 및 이상 탐지를 위한 기계 학습 알고리즘을 포함하여 IoT 데이터를 분석하기 위한 도구를 제공한다.
- **애플리케이션 개발**: API, SDK 및 개발 프레임워크를 포함한 IoT 애플리케이션 개발을 위한 도구를 제공한다.

- **보안**: 인증, 액세스 제어 및 암호화를 포함하여 IoT 장치와 데이터를 보호하기 위한 도구를 제공한다.

오픈 IoT 플랫폼의 예

오픈 IoT 플랫폼은 사내, 클라우드 또는 하이브리드 환경에 배포할 수 있다.

- **Eclipse IoT**: IoT 애플리케이션 및 서비스를 구축하기 위한 모듈식 및 확장 가능한 구성 요소 세트를 제공하는 오픈 소스 IoT 플랫폼이다.
- **게시판**: IoT 애플리케이션을 위한 장치 관리, 데이터 수집 및 분석 기능을 제공하는 오픈 소스 IoT 플랫폼이다.

아두이노(Arduino)

아두이노(Arduino)는 사용하기 쉬운 하드웨어와 소프트웨어를 기반으로 하는 오픈 소스 전자 플랫폼이다. 아두이노 보드는 입력을 감지하고 계산을 수행하며 조명, 모터, 센서와 같은 출력을 제어할 수 있는 마이크로컨트롤러를 기반으로 한다. 따라서 취미 활동가부터 전문가까지 누구나 전자 프로젝트를 만들고 쉽게 제어할 수 있도록 설계되었다.

아두이노 플랫폼은 하드웨어와 소프트웨어로 나뉜다. 하드웨어는 크기, 모양, 기능이 다른 다양한 보드로 구성되어 있지만 모두 마이크로컨트롤러, 입출력 핀, 프로그래밍 및 전원을 위한 USB 포트를 포함하며, 일부는 아두이노 보드에 내장 센서, 무선 연결 및 기타 고급 기능을 포함하기도 한다.

그림 7-13 아두이노 우노

아두이노의 소프트웨어는 컴퓨터에서 실행되는 통합 개발 환경(IDE)을 제공해 준다. 프로그래밍 언어는 C++를 기반으로 하였으며 초보자도 쉽게 배우고 사용할 수 있도록 설계되었다. IDE에는 코드 강조, 자동 코드 완성, 디버깅 및 테스트를 위한 직렬 모니터와 같은 기능들이 포함되어 있다.

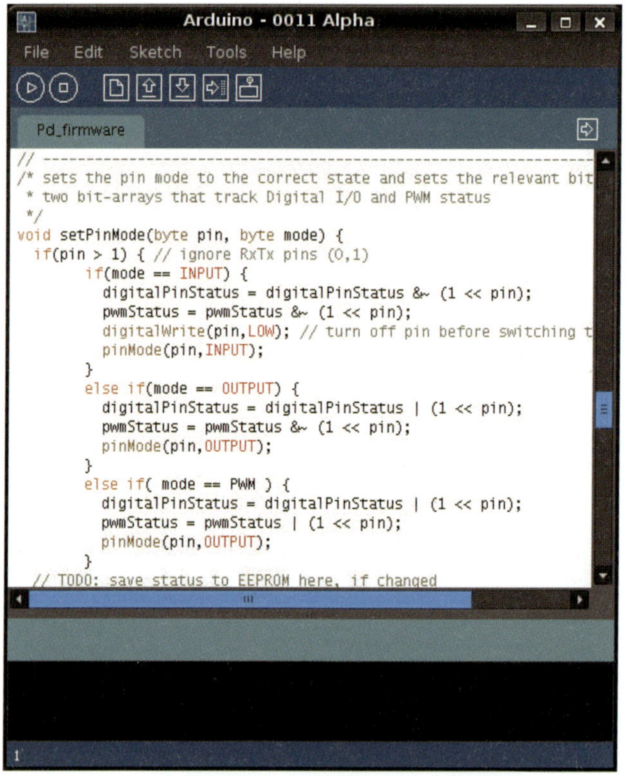

그림 7-14. 아두이노 통합 개발 환경(IDE)의 화면

(출처: https://bit.ly/42EHEs7)

아두이노는 저렴한 가격, 사용 편의성, 오픈 소스 특성으로 인해 제조업체와 DIY 커뮤니티에서 인기를 끌고 있다. 단순한 LED 조명에서부터 복잡한 로봇 공학 및 자동화 시스템에 이르기까지 광범위한 프로젝트에 적용되고 있으며, 전자 회로를 기반으로 장치를 제어하는 교육에서 기초과정으로 활용되고 있다.

7.5 사물인터넷 전망

많은 전문가, 개발자, 학자들은 사물인터넷(IoT)이 인간 생활에 직접적이고 아주 밀접하게 적용되고 있고, 생활의 변화를 이끌어주는 기반 기술이 되고 있기 때문에 지속적인 발전과 응용이 이루어질 것으로 예견하고 있다. 또한 이미 의료, 운송, 제조 및 농업을 포함한 광범위한 산업에 적용되고 있으며, 효율성 향상과 비용 절감, 사람들의 삶의 질 향상 등의 이유로 새로운 제품들이 끊임없이 개발되고 적용 및 응용되고 있다.

그러나 IoT 산업이 직면한 주요 과제 중 하나는 이러한 장치에 의해 수집되고 전송되는 데이터의 보안과 개인 정보 보호를 보장하는 것이다. 연결된 장치의 수가 계속 증가함에 따라 사이버 공격 및 데이터 침해 위험도 같이 증가하기 때문이다. 그럼에도 불구하고 에지 컴퓨팅, 인공지능, 블록체인 기술 등의 분야에서 지속적인 혁신과 개발이 이루어지고 있어서 IoT에 대한 전망은 매우 긍정적이다.

7.6 연습문제

| 객관식 |

01 사물인터넷이라는 용어를 처음 공식적으로 제시한 사람은?

① 마크 와이저 ② 스티븐 테일런 ③ 케빈 애쉬튼 ④ 앨빈 토플러

02 산업용 IoT의 주요 이점이 아닌 것은?

① 사이버 공격에 강하다.
② 산업 환경에서 효율성과 생산성을 향상시킨다.
③ 운영 감소화 및 비용 절감 효과가 있다.
④ 공정에 대한 실시간 모니터링을 제공한다.

03 아마존 웹 서비스 IoT 구조에 포함되지 않는 것은?

① Data services ② Control services
③ Application services ④ Device software

04 네트워크 또는 장치에 대한 인증되지 않은 접근을 차단하는 데 사용되며, 네트워크 트래픽을 모니터링하고 제어하여 해킹 및 악성 프로그램과 같은 악의적인 활동을 방지하는 AIoT 보안 기술은?

① 침입 탐지 및 방지 시스템 ② 방화벽
③ 물리적 보안 ④ 보안 부팅

| 단답식 |

01 (　　　　)은 인터넷에 연결되어 서로 통신하고 데이터를 교환할 수 있는 물리적 물체, 장치 및 시스템의 네트워크를 의미한다. 이러한 장치와 시스템은 일반적으로 센서, 소프트웨어 및 연결을 갖추고 있어 실시간으로 정보를 수집하고 공유할 수 있다.

02 (　　　　) 사건은 2016년 10월 발생한 대규모 사이버 공격으로, 역사상 가장 큰 분산 서비스 거부(DDoS) 공격 중 하나로 꼽힌다. 공격은 공장 기본 로그인 자격 증명을 여전히 사용하는 라우터, 카메라, 디지털 비디오 레코더를 포함한 사물인터넷(IoT) 장치를 대상으로 하였다.

03 (　　　　)는 개인이 개인적으로 사용하기 위해 인터넷에 연결된 장치와 서비스를 사용하는 것을 말한다. 이러한 장치는 일반적으로 사용하기 쉽고 경제적으로 설계되며, 작업을 자동화하고 환경을 모니터링하며, 개인의 편의성과 엔터테인먼트를 향상시키는 데 사용할 수 있다.

04 (　　　　　　)는 산업 환경에서 인터넷에 연결된 장치와 센서를 사용하여 데이터를 수집 및 교환하고 물리적 프로세스를 모니터링 및 제어하며 운영을 최적화하는 것을 의미한다. 이러한 기술은 제조 공장, 정유 공장 및 발전소와 같은 산업 환경에서 효율성을 높이고 비용을 절감하며 안전성을 향상시키도록 설계되었다.

05 (　　　　　)는 일반적으로 손목, 머리 또는 옷에 착용하는 기술적인 장치의 한 종류이다. 이러한 장치는 사용자에게 피트니스 및 건강 데이터 추적, 수면 패턴 모니터링, 알림 송수신, 전화 걸기 및 기타 연결된 장치 제어와 같은 기능을 실행한다.

06 웨어러블 디바이스의 (　　　　　　　)은 일시적인 문신이나 붕대처럼 피부에 착용할 수 있는 얇고 유연한 전자기기를 사용하는 것을 말한다. 이는 심박수, 체온, 수분 수준과 같은 착용자 건강의 다양한 측면을 측정할 수 있다.

07 (　　　　　　　)는 손목에 착용하는 웨어러블 디바이스이다. 스마트 폰으로 스마트 밴드를 사용할 수 있고, 스마트 폰을 제어할 수 있으며, 주된 목적은 신체 단련 및 운동 중의 몸 상태를 확인하는 것이다.

08 (　　　　　　　　)은 AI의 힘을 이용하여 사물인터넷 기기가 생성하는 방대한 양의 데이터를 처리 및 분석하고 IoT 기기의 활용성을 극대화하는 것으로서, 기기가 데이터에서 학습하고 변화하는 조건에 실시간으로 적응할 수 있도록 하는 것이다. 이를 통해 IoT 장치가 보다 지능적이고 응답성이 높아지게 되어 효율적인 운영이 가능해진다.

09 AIoT 보안 기술 요소에서 (　　　　)은 신뢰할 수 있는 펌웨어 및 소프트웨어에서만 장치가 부팅되도록 하는 프로세스이다. 이는 장치의 부팅 프로세스를 대상으로 하는 공격을 방지하는 데 사용된다.

10 (　　　　　)는 사물인터넷(IoT) 시스템을 구축하기 위해 오픈 소스 소프트웨어와 하드웨어 구성 요소를 사용하는 것으로서 개방형 협업의 원칙을 기반으로 하며, IoT 커뮤니티 전반에서 지식과 자원의 공유를 권장한다. 또한 재사용 가능하고 표준화된 구성 요소에 대한 액세스를 제공함으로써 IoT 개발의 비용과 복잡성을 줄이는 것을 목표로 한다.

| 서술식 |

01 IoT 네트워크의 세 가지 구성 요소를 간략히 설명하시오.

8 장

자율주행

학 습 목 표

1. 자율주행 기술 소개와 단계별 활용 사례를 알아본다.
2. 자율주행 자동차 원리와 문제점에 대해서 알아본다.
3. 미래 자동차 향후 전망에 대해서 알아본다.

8.1 자율주행 소개

자율주행차란 운전자 또는 승객의 조작 없이 자동차 스스로 운행이 가능한 자동차를 말한다. 즉, 자율주행차는 자동차 스스로 사람의 인지, 판단, 제어 기능을 대체하여 운전하며, 스스로 환경을 인식하고 경로와 움직임을 결정하여 이동하는 차로서 인공지능, 빅데이터, 고성능 처리소프트웨어(SW), 하드웨어(HW) 플랫폼, 센서 시스템 등의 ICT 첨단 기술의 집약체이다.

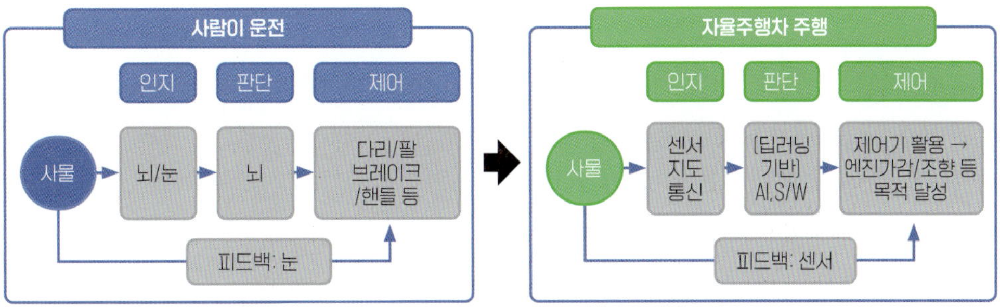

그림 8-1 기존 운전자 차량과 자율주행차의 운행 방식 비교

자율주행차는 4차 산업혁명의 핵심 분야로서 자동차 산업을 중심으로 통신, 교통, 물류, 스마트 시티 등 다양한 산업에 변혁을 주도할 전망이며, 완성차뿐만 아니라 자율주행차 핵심 부품 기술의 확보 여부가 부품업체의 향후 경쟁력을 좌우할 것으로 전망된다. 자율주행차는 기존의 자동차 산업을 중심으로 반도체 및 서비스 플랫폼, 인공지능, 스마트 모빌리티, 인프라 등 타 산업 융합을 통해 글로벌 성장 동력 및 고부가가치 일자리 창출이 기대되며, 신산업으로 확장될 것이다.

자율주행차의 등장은 운전자의 노령화 등으로 인한 사고 위험성 증대와 운전 편의에 대한 소비자들의 요구 증대에 따라 주목받기 시작하였다. 최근 차량 구매자들의 상당수는 자율주행 기술이 적용된 사양을 선택하고 있다.

2018년 기준 우리나라 65세 이상 고령 인구는 738만 1천 명으로 2030년에는 1,295만 5천 명까지 지속적으로 증가할 전망이다. 자율주행은 운전자의 과실로 발생하는 교통사고를 줄여 운전자와 보행자의 안전을 높이고, 교통 정체를 완화시키는 역할 등을 수행한다.

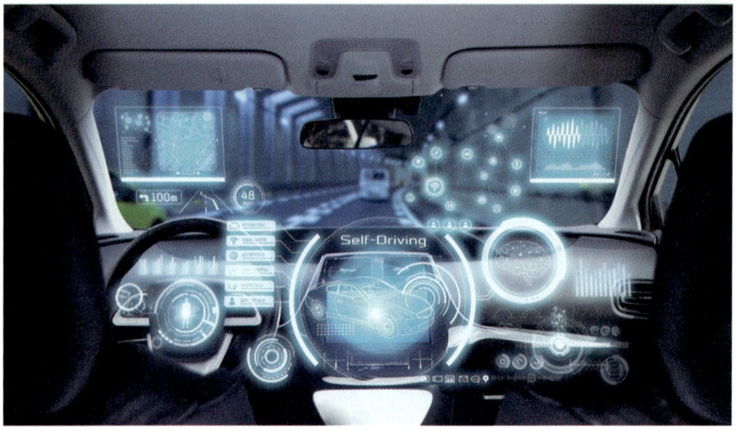

그림 8-2 자율주행차 구성 요소

자율주행차는 운전자의 개입 여부, 자동화 수준에 따라 6단계로 구분되며 Level 3 이상은 일부 또는 완전자율주행 기능이 실행된다. Level 3, 4는 고해상도 지도, C-ITS* 등의 인프라를 활용하여 운용 방법을 설정 및 제한하고 자율주행의 안정성을 확보한 운행설계영역(Operational Design Domain, ODD)에서 자율주행이 가능하다.

잠깐만요 C-ITS

C-ITS(Cooperative-Intelligent Transport Systems): 차량과 교통 인프라 간 양방향 통신과 협업으로 급정거, 낙하물 등 주변의 교통상황을 실시간 공유하여 사고를 사전에 예방하는 교통체계이다.

표 8-1 자율주행 6단계

레벨	Level 0	Level 1	Level 2	Level 3	Level 4	Level 5
정의	무 자율주행 (No Automation)	운전자 지원 (Driver Assistance)	부분자율주행 (Partial Automation)	조건부자율주행 (Conditional Automation)	고도자율주행 (High Automation)	완전자율주행 (Full Automation)
자동화 기능	없음(경고 등).	조향 또는 속도	조향 및 속도	조향 및 속도	조향 및 속도	조향 및 속도
운전자 주시	항시	항시	항시	시스템 요청 시	자율주행 구간 내 불필요	전 구간 불필요
자율주행 구간	-	특정 구간	특정 구간	특정 구간	특정 구간	전 구간
양산 현황	완성차	완성차	완성차	완성차	없음.	없음.

자율주행 기술을 고도화하기 위해서는 도로 시설물, 노변 센서, 교통 센터, 통신 등의 인프라 지원이 필수적이다. 자율주행은 Level 0~5로 구분된다. 현재 고속도로 구간에서 동작되는 Level 3까지 자율주행 차량이 양산되고 있으며, 고속도로 구간의 Level 3 자율주행은 공사 등의 돌발상황에서는 동작하지 않는다. 따라서 돌발상황(위치, 폐쇄차로 등)을 정확히 감지해 전달하는 인프라가 필요하다.

도심지로 자율주행이 확대될 경우에도 신호등(위치, 상태, 잔여 시간 등) 정보 등 자율주행에 필수적인 정보가 인프라를 통해 제공되어야 한다. 그러므로 도심지 등을 포함한 구간에서 운전자의 주시가 불필요한 Level 4 수준의 자율주행을 상용화하기 위해서는 자율주행을 지원하는 인프라가 필수적이다.

최근 우리나라는 세계 최초로 Level 3 자율주행차 안전기준 6가지를 발표하여 2020년 7월부터 국내에서 Level 3 차량의 출시 · 판매가 가능해졌다. 자율주행차가 6가지 안전기준을 지키지 않으면 제조사 책임으로 귀속된다.

표 8-2 국내 부분자율주행시스템(level 3) 안전 기준

기준	세부 내용
운전 가능 확인 후 작동	운전자 착석 여부 등을 감지하여 운전 가능 여부가 확인되었을 경우 작동
자율주행 시 안전 확보	안전하게 운전이 가능하도록 최대 속도 및 속도에 따른 앞 차량과의 최소 안전거리 제시
상황별 운전 전환 요구	예정된 경우 15초 전 운전 전환 경고 발생시키고, 예상되지 않은 상황에서는 즉시 운전 전환 경고 발생
긴급한 상황의 경우	운전 전환 요구에 대응할 수 있는 시간이 충분하지 않은 경우, 시스템이 비상 운행 기준에 따라 대응
운전자 대응이 필요한 상황에서 반응이 없는 경우	운전 전환 요구에도 불구하고 10초 이내에 운전자의 대응이 없으면 안전을 위해 위험 최소화 운행 시행
시스템 고장 대비	시스템 이중화 등을 고려하여 설계

8.2 자율주행 기술

자율주행 관련 기술은 차량의 인지, 판단, 제어 기술 뿐만 아니라 자율주행을 지원하는 인프라에 적용되는 기술을 포함한다. 자율주행차의 시스템은 인지, 판단, 제어의 3단계를 거쳐 동작하며, 이를 지원하는 인프라에는 자율주행차의 성능을 향상시키고 차량에 필요한 정보를 감지 · 분석 · 관리하여 차량에 송신하는 기술이 적용된다.

혁신성장동력 시행계획('19.5)에서는 자율주행차 기술을 주행 환경 인식, 판단 및 차량 제어, 통신/보안, 자율주행 지원 인프라 등으로 분류하며, 자율주행 지원 인프라는 첨단교통 운영 시스템과 첨단교통 시설물로 분류한다.

인식 기술에는 360도 주변 상황을 빠짐없이 인지하기 위한 센서 개발이 필수적이며, 다양한 포맷의 수집 데이터를 잘 조합하는 센서 퓨전 기술과 이를 분석하고 판단하는 고성능 컴퓨터와 소프트웨어가 필요하다. 또한 자동차에 탑재된 장비 외에도 정확한 상황 판단을 위해 주변의 자동차, 신호 체계, 기타 날씨 등 온라인 정보와 통신 가능한 V2X* 기술, 인식률을 높이기 위한 정밀 3D 지도, 위치 인식 기술도 발전되어야 한다.

잠깐만요 V2X 기술

차량이 유 · 무선망을 통해 다른 차량 및 도로 등 인프라가 구축된 사물과 정보를 교환하는 것을 말한다.

자율주행차의 인지 기술에는 차량의 주변 상황 인식을 위해 필요한 센서(레이더, 라이더, 카메라, 나이트비전 등)의 설계 및 제작과 신호처리 알고리즘 구축 등의 기술이 필요하다. 센서 기술 이외에 고정밀 GPS 기술, 실시간 지역 정밀지도 구축 및 이를 위한 데이터베이스 등 인프라 설비 구축 등도 위치 정밀 측정을 위한 인지 기술이다.

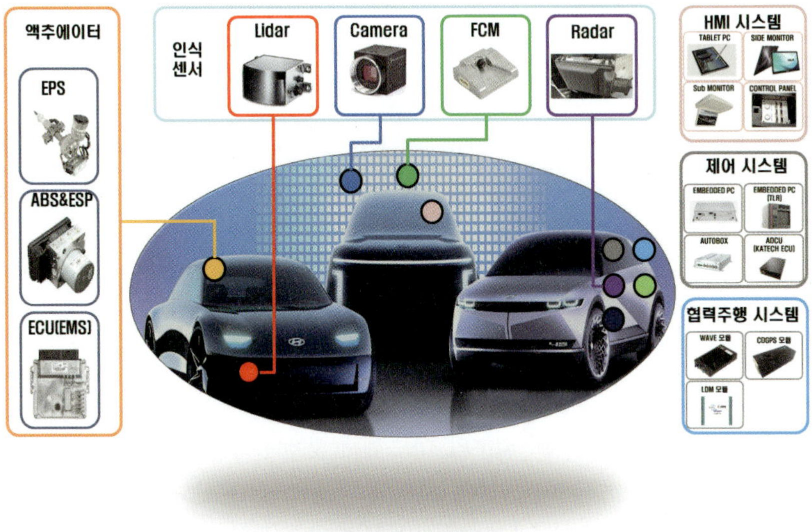

그림 8-3 자율주행차 인식 센서 및 인프라
(출처: 산업통상자원부, "자율주행 레벨 4+ 상용화 앞당긴다!"('20년))

자율주행차의 판단 기술은 인공지능, 차량용 소프트웨어 관련 기술로서, 인지 · 판단 · 제어 등 모든 자율주행 단계에 관여하는 자율주행의 핵심 기술이다. 기존에는 고가의 특화된 센서들을 사용하여 규칙 기반 방식(Rule-Based)으로 소프트웨어 알고리즘을 사용하였으나 이미지 인식 분야 등에서는 범용적인 센서에 인공지능(AI) 기술을 적용한 방식이 자리매김하였다. 이외에도 경로 최적화, 상황 판단, 충돌 예측, 돌발 상황 대응 등에도 인공지능 기술이 활용되었다. 현재 자율주행에 필요한 인지, 판단, 제어 등 단계를 기능별로 구분하여 소프트웨어를 운용하고 있으나 전체 과정을 인공지능으로 한 번에 구현하는 엔드투엔드(End to End) 방식도 연구개발 중이다.

표 8-3 자율주행 기술 분류 및 정의

구분	기술분류	정의 및 요소기술
차량	인지	• 차량, 보행자, 운전자, 도로, 장애물 등의 데이터를 수집하여 주행 환경을 인지하는 기술 • 센서: GPS, 정밀지도, 라이더, 레이더, 카메라, V2X
	판단	• 주행 환경에 따른 주행 상황을 인식하고 최적의 주행 조건을 결정하는 기술 • 주행 경로 탐색, 차량/보행자 충돌 방지, 장애물 회피, 시스템 오류
	제어	• 차량 주행 및 움직임과 관련된 구동계 등을 제어하는 기술 • 종방향, 횡방향 제어
인프라	노변 센서	도로 내외의 물체와 환경을 감지하는 기술

인프라	교통 센서	차량과 도로시설물, 노변 센서 등으로 수집된 데이터를 종합적으로 분석하고 관리하는 기술
	도로시설물	• 자율주행차량의 인지성능 향상과 사고위험 감소 등을 위해서 도로시설물에 적용되는 기술 • 스마트 톨게이트, 스마트 신호등, 발광 차선 등의 자율주행 지원 도로 시설물
	통신	자율주행에 필요한 데이터를 차량-차량 간 또는 차량-인프라 간에 송수신 하는 기술
	기타	• 상기 기술 분류에 포함되지 않는 인프라성 연구 • 기획/전략 연구, 인력 양성, 법.제도/정책 연구, 보험 등

자율주행차의 제어 기술은 판단에 따라 차량에 장착된 각종 제동, 조향, 가속 등 차량의 엑츄에이터(Actuator, 구동장치)를 적절하게 제어하는 기술이다. 기존 내연기관 차량의 자율주행도 가능하지만 전기차 등 모터 기반의 전자식 엑츄에이터가 정밀 제어에 보다 유리하다.

자율주행차의 네트워크는 차량 내 · 외부의 각종 센서 및 교통 인프라와 차량 간, 차량-사람, 차량-인프라 통신을 가능하게 하는 V2X(Vehicle to Everything) 통신 기술이다. 차량의 센서에만 의지(Stand-alone Type)하지 않고 V2X 등 협력 통신 기술을 활용하여 교통인프라, 관제센터와 연결되어 교통 환경 정보를 파악(Connected Type)하므로 주행 안전성이 높아진다.

자율주행 단계가 높아질수록 도로 인프라(신호등, 가드레일, 가로등, 버스 정류소 등)와 차량 간 통신을 지원하는 표준, 이들 간의 연동과 통합 정보 제어를 위한 시스템 구축 등 스마트 시티와 같은 도시 인프라가 병행되어야 한다.

그 외에도 탑승자 정보 제공, 운전 제어권 양도 관리 등 사람과 자동차의 상호작용을 위한 HVI(Human Vehicle Interface)* 기술, 사용자 정보 및 편의 제공 등의 서비스 기술이 있다.

잠깐만요 **HVI(Human Vehicle Interface)**

운전자가 보다 효율적인 방법으로 자동차와 소통(interaction)할 수 있도록 지원하는 시스템이다.

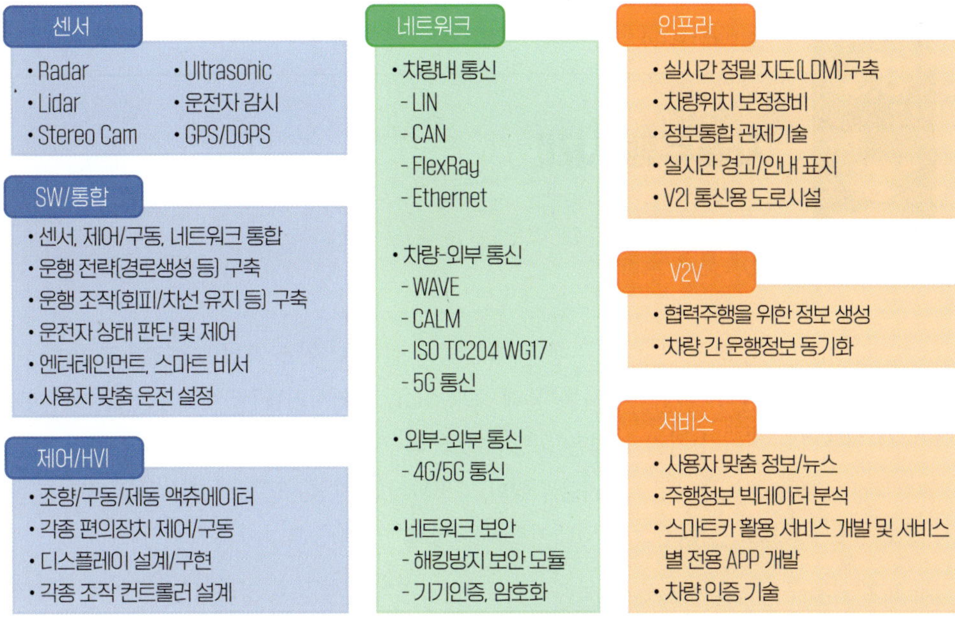

그림 8-4 자율주행차 핵심기술 요소

(출처: 산업통상자원부, "자율주행 레벨 4+ 상용화 앞당긴다!"('20년))

자율주행 중 센서, 차량 내 · 외부 통신 오류, SW 오류 등으로 인한 돌발상황 발생 시 중복 안전 시스템, 사전 시스템 진단, 사고 후 대처 기술, 통신 보안 기술 등을 통해 자율주행 안전을 강화하고 있다. 자율주행 기능의 안전성 확보를 위해 기술 표준화, 도시 인프라 차원의 지능형 교통 시스템, 관련 법규 제정 등 제도 인프라 정비도 병행되고 있다.

표 8-4 자율주행 안전, 보안 기술

안전, 보안 이슈	정의 및 요소기술
센서, V2X 통신 오류, SW 오류 등으로 인한 돌발 상황 발생	기계결함 등 사고원인 분석을 위한 Data Recorder 등 의무 장착, 중복 시스템 설계, System Safety 모니터링, 운전 제어권 양도 관리
차량 내부 시스템, 불법 접근, 위장 ECU 등	보안 규격 강화, 시스템 부팅 또는 업데이트 실행 시 실행되는 SW가 제조사가 허가한 SW인지 확인
차량 내부 네트워크 증가로 인한 통신 보안 위험	차량 통신규격인 CAN, Ethernet 진화에 맞춰 네트워크 모니터링, 사이버 공격 대응 통신 보안기술 개발
차량 외부, 통신 방해, 오작동 유발 등 V2X 통신 위험	국제표준을 준용하여 통신을 위한 암호, 서명 등 규격 통신보안 표준 제정, ITS 단말의 신뢰보증등급 기준 제정

(출처: 자율주행차 국내 · 외 개발 현황(2020), KDB미래전략연구소 산업기술리서치센터)

8.3 자율주행 사례

글로벌 ICT 업체들이 상황 판단 및 주행 전략 수립을 위한 AI 기술 개발에 매진하고 있다. 구글의 자율주행차는 300여 개의 센서를 통해 초당 1GB의 데이터를 생성하며 이를 처리하기 위한 AI 컴퓨터의 데이터 처리 능력은 초당 120조 회 연산을 실행하고 있다. 즉, 일반 PC의 2,300배에 달하는 성능을 가진다. 자율주행이 고도화되면 차량, 도로 시설물 등의 정확한 위치 정보가 요구되므로, 실시간으로 업데이트되는 정밀지도의 중요성이 부각되고 있다.

미국 ICT 업체(구글, 애플, 우버 등)는 독자적으로 지도 서비스 부문을 강화하고 있으며, 일본의 경우 정부가 민간 기업들과 협력해 HD맵* 실용화를 추진 중에 있다. 유럽에서는 HERE사가 약 4,300km의 도로 DB를 구축했으며, 196개 국에 50개 언어로 차량용 지도 서비스를 지원하고 있다.

잠깐만요 HD맵

자율주행을 위해 센티미터(cm) 수준의 정밀도를 갖춘 3D 입체 지도이다.

차량용 5G 통신 등장에 따라 기존보다 5~20배 빠른 속도로 차량 밀집 구간에서도 지연이나 단절 없이 안전한 데이터 송수신이 가능하다. 자동차용 5G 통신 표준개발을 위한 협의체를 통해 사업 분야를 초월한 협력이 진행되고 있다. 퀄컴과 자동차 회사인 BMW, 다임러, 포드 통신사인 에릭손, 화웨이, 노키아 등으로 구성된 5GAA(5G Automotive Association)는 커넥티드카 통신 솔루션 개발을 위해 출범하였다. 레이더, 카메라, 라이다 등 환경 센서 중심의 자율주행차(Autonomous Vehicle, AV)에서 외부 연결성을 기반으로 하는 커넥티드 기술이 접목된 초연결이 가능함으로 인해 자율주행차(Connected Automated Vehicle, CAV)로 진화되고 있다.

환경 센서 기반 자율주행의 경우 인식 성능(인식률, 인식 범위)의 한계가 존재하여, 커넥티드 기술 융합을 통해 주변 차량 및 인프라 융합을 통해 자율주행 기술의 한계를 극복하였다.

그림 8-5 커넥티드 기술 융합 자율주행 자동차

최근 글로벌 시장에서 자율주행차는 '융합신기술(AICBM)'*을 접목하여 기능 및 성능에서 고도화를 진행하고 있다. 세계적 수준의 자동차 AICBM 산업에서는 초연결-자율주행차로의 패러다임으로 전환되고 있다.

> **잠깐만요** **융합신기술(AICBM)**
>
> 4차 산업혁명의 핵심 신기술 인공지능(Artificial Intelligence), 사물인터넷(Internet of Things), 클라우드(Cloud), 빅데이터(Big Data), 모바일(Mobile)을 뜻한다.

자동차와 AICBM 기술의 융합으로 자동차는 단순한 이동 수단에서 이동 중 공간과 시간의 가치를 재생산하는 새로운 신산업으로 변모 중이다. 즉, 커넥티드 기술 융합으로 운전 편의성 향상과, 탑승자에게 다양한 커넥티드 서비스를 제공하는 모빌리티 서비스 기술로 발전하고 있다.

본격적인 자율주행차 시장 확대 추세에 따라 다양한 유관 산업들이 수평적으로 연계된 네트워크형 산업 구조와 새로운 형태의 융합 신산업 및 서비스 모델에 대한 관심이 높아지고 있다. 완성차 중심의 수직 생태계가 개방형 수평 생태계로 재편 중에 있으며, 핵심 기술을 보유한 부품업체는 완성차 회사와의 관계에서 주도권을 확보하고 있다. 현재 모빌아이(영상센서 점유율 세계 1위), 엔비디아(인공지능 기반 GPU) 등은 확실한 강자로 자리매김하고 있다.

자율주행 서비스용으로 다양한 차량 플랫폼 기술도 개발되고 있다. 셔틀버스 같은 경우에는 저속으로 주행하는 Level 4가 자율주행으로 진행되고 있다.

국내에서는 현재 서울 청계천을 순환하는 셔틀버스가 있다. 서울시는 2022년 11월 24일 청계광장에서 '청계천 자율주행버스 운행 선포식'을 열고 본격적인 운행을 시작하였다. 시민 누구나 25일부터 청계천 자율주행버스를 무료로 탑승할 수 있다. 청계천 자율주행버스의 천정은 대형 전면창(파노라마 루프)을 통해 시원하게 청계천 조망이 가능하도록 하였으며, 전면 유리창은 탑승객의 허리 위치로부터 높고 넓게 설치돼 있어 버스 안에서도 시원한 전망을 즐길 수 있다. 또한 좌석별로 USB 포트와 미니 모니터, 대형 화면을 차량 내부에 설치해 승객 편의성을 크게 높였다. 안전한 탑승을 위해 안전벨트 자동 인식, 승객 끼임 자동 방지 등의 기능도 제공된다. 청계천 자율주행버스는 총 3대가 20분 간격으로 운행된다.

국내 자율주행차 기술 개발은 완성차 업체인 현대기아차 등을 중심으로 선제적 신기술을 적용하고 있으며, 국내 통신사 및 IT 기업들도 적극적으로 참여하고 있다. 최근 우리나라는 세계 최초로 Level 3 자율주행차 안전기준 6가지를 발표하여 2020년 7월부터 국내에서 Level 3 차량의 출시 · 판매가 진행되고 있다.

현대자동차의 경우 고속도로 구간의 Level 2 자율주행 시스템을 2016년도에 양산하였으며, 2020년 이후 Level 3 자율주행 시스템을 양산할 예정이다. 2018년에는 서울-평창 고속도로 190km 구간에서 자사 수소 차량과 내연기관 차량으로 Level 4 자율주행을 성공적으로 시연하였다.

LG전자는 HERE 회사와 2017년도에 '차세대 커넥티드카 솔루션'을 공동 개발하는 파트너십 계약을 체결하였고, NXP와는 2018년도에 '차세대 ADAS 통합 솔루션'을 공동 개발하는 업무 협약을 체결하였다.

삼성전자는 자율주행 기술의 가속화로 차량에 사용하는 반도체에 요구되는 안전 등급의 중요성이 부각됨에 따라 차량용 반도체 ISO 26262 인증을 취득하였다.

SKT는 2016년 인텔과 자율주행 기술 · 서비스 공동 개발을 위한 MOU를 체결하였고, 2019년 서울시와 '자율주행 시대를 위한 정밀도로지도 기술 개발 및 실증 협약'을 체결하였다.

네이버랩스는 딥러닝과 비전 기술로 도로 정보를 자동 추출해 지도를 제작할 수 있는 자동화 알고리즘과 시시각각 변하는 도로 정보를 반영할 수 있는 크라우드 소스 매핑(crowd-sourcemapping) 방식의 HD맵 업데이트 솔루션 '어크로스(ACROSS)'를 연구 중이다.

8.4 자율주행 산업 동향

국내 동향

정부는 세계 최초로 Level 3 자율주행차 안전기준 6가지를 발표하여 2020년 7월부터 국내에서 Level 3 차량의 출시 및 판매가 가능하도록 하였다. 자율주행차가 동 6가지 안전기준을 지키지 않으면 제조사 책임으로 귀속된다. 현대차가 2019년 미국 앱티브(Aptiv)와 5조 원 규모의 합작회사를 설립하고 2022년까지 Level 4 이상 자율주행차를 개발하여 2024년까지 상용화를 계획하고 있다.

표 8-5 센서 분야 주요 한국 기업

분류	칩	모듈	시스템
카메라	세코닉스(렌즈)	넥스트칩(보쉬와 협력)	LG이노텍, 엠씨넥스
레이더	–	만도	LG이노텍, 현대모비스
라이다	–	만도, 정상라이다 등	–

(출처: 산업별 글로벌 시장 진출 전략 보고서(2019), KOTRA)

자율주행을 관장하는 임베디드 S/W(OS, 미들웨어, 알고리즘) 분야는 글로벌 시장으로 진출하는데 많은 애로점이 있다. 국내에서는 현대기아차, 네이버랩스, 서울대 지능형 자동차 IT연구센터 등이 자율주행 알고리즘 개발 및 테스트를 통해 데이터를 수집 중에 있다.

자율주행의 배터리 관리 시스템은 전기자동차의 운행 가능 거리를 결정짓는 핵심 기술로 해외 대비 기술 격차가 커서 추격하기 쉽지 않다. 배터리 관리 시스템은 해외에도 소수의 엔지니어만 개발 역량을 갖고 있어 국내 독자적인 기술 개발에 한계가 있다.

표 8-6 국내 주요 자율주행 기업

업체명	기업 규모	주력 품목
소네트	스타트업	자율주행 제어기기
모빌테크	스타트업	라이다 기반 3D 매핑

라이드플럭스	스타트업	자율주행 S/W
카비	스타트업	카메라 기반 운전 보조
토르드라이브	스타트업	자율주행 알고리즘
㈜마스오토	스타트업	트럭용 자율주행 S/W
에스오에스랩	스타트업	라이다 및 인식 기술
스프링클라우드	스타트업	자율주행 알고리즘 S/W
다비오	스타트업	자율주행 로봇용 지도
프로센스	스타트업	차량 센서 융합 플랫폼
스트라드비젼	스타트업	카메라 영상인식 기술
투비원솔루션즈	중소기업	텔레매틱스 솔루션
언맨드솔루션	중소기업	자율주행차 제작
넥스트칩	중소기업	ADAS 통합칩
피엘케이테크놀러지	중소기업	자율주행 카메라
엔지스테크	중소기업	V2X S/W 개발
성우모바일	중소기업	자율주행 솔루션

국외 동향

중국의 자율주행차 시장은 가장 빠른 속도로 성장할 전망이다. 2035년 중국의 자율주행차는 총 570만 대가 판매될 것으로 예측되어, 자율주행차가 가장 많이 판매될 국가로 예상된다. 2030년에는 전체 주행 자동차 중 자율주행차 비중이 13%로 증가할 전망이며, 2040년에는 66%까지 치솟을 것으로 예상된다.

표 8-7 중국 자동차 유형별 이용 비율 전망

	2018	2019	2020	2030	2040
자율주행 개인 승용차	0	2	11	2	11
자율주행 모빌리티 서비스	0	11	55	11	55
일반 개인 승용차	90	65	29	65	29
일반 모빌리티 서비스	10	23	5	23	5

(출처: 글로벌 자율주행차 시장보고서(2019), 정보통신산업진흥원)

최근 아마존(Amazon) 등의 물류 운송 업체들은 자율주행차 도입을 검토하고 있으며, 우버

(Uber)나 그랩(Grab) 등의 차량 호출 서비스도 자율주행차 시범 운행을 주도하고 있다. 우버는 2016년 8월 자율주행 트럭을 개발한 스타트업 오토(Otto)를 인수하였으며, 미국 콜로라도 주에서 자율주행 트럭으로 120마일 구간을 2시간 만에 운행하여 세계 최초 상업용 자율주행 배송에 성공하였다.

모빌리티 서비스의 자율주행 기술 도입 추진 현황은 로봇 택시, 자율주행 셔틀버스 분야에서 활발히 진행되고 있다. 웨이모(Waymo)는 애리조나 주에서 자율주행 택시 상용 서비스를 시작했으며, 캘리포니아에서도 시범 서비스를 운영 중이다. 테슬라(Tesla)도 로봇 택시를 운영할 계획이라고 밝혔으며, 중국의 차량 호출 서비스 디디추싱(Didi Chuxing)도 상하이에서 로봇 택시 시험 운행을 진행 중이다. 뉴욕시는 브루클린 내 공업 단지에서 첫 상업용 자율주행 셔틀버스 운행을 시작하였으며, 텍사스 주 브라이언 시내에서 원격으로 조정 가능한 자율주행 셔틀버스를 운행하였다.

자동차 및 기술 업체들은 자율주행차에 대한 안전성을 확보하고, 기술 개발의 속도를 내기 위하여 상호 협력을 통해 자율주행차 관련 안전규범을 확보하였다. GM과 포드, 토요타 등의 기업은 '자율주행차 안전 컨소시엄'을 설립하여 운전자 개입이 없는 4, 5단계 자율주행차의 시험, 개발 및 배치를 위한 안전 체계를 만드는 작업을 진행할 예정이다. 인텔(Intel)은 자동차 업체 10개 사와 협력하여 자율주행차 실용화에 필수적인 안전지침인 '자율주행용 안전제일(Safety First Automated Driving)' 프레임워크를 배포하여 실제 생산 시 어떠한 안전 기준에 따라 실행해야 하는지에 대한 기준을 제시하였다.

표 8-8 인텔 자율주행차 안전지침

No.	안전지침
1	안전주행
2	운영설계도매인
3	운전자 제어권 이양
4	보안
5	사용자 책임
6	차량 제어권 이양
7	운전자와 차량 시스템 간 상호의존성
8	안전 평가
9	데이터 기록
10	피동안전계통 시스템
11	교통 및 안전 계층에서의 움직임
12	안전장치

자율주행차 선도기업은 엔비디아(Nvidia), 웨이모(Waymo), 바이두 등으로 주요 자동차 제조기업들 및 자율주행 시스템 개발 업체들과 협력하여 자율주행차 시장을 선도하고 있다.

엔비디아(Nvidia)는 GPU 개발 업체로, GPU는 동시다발적으로 발생하는 정보를 한꺼번에 처리할 수 있기 때문에 레이더와 라이더, 카메라, 센서 등이 동시에 처리해야 하는 자율주행차에 있어서 매우 중요한 요소이다. 2019년 엔비디아는 자율주행 인식과 AI 기술 등이 탑재된 자율주행 솔루션인 '엔비디아 드라이브 오토파일럿'을 공개하였다. 향후 자동차 제조업체들은 해당 솔루션을 활용해, 성능과 안전 측면에서 기존의 ADAS 제품보다 한층 발전된 정교한 자동운전 기능 및 지능형 조종석 지원, 시각화 기능 등을 지원할 것이다.

구글(Google)의 모회사 알파벳(Alphabet)의 자율주행 부문 웨이모(Waymo)는 2018년 12월, 애리조나 주 피닉스 지역에서 자율주행 택시 상용 서비스 '웨이모원(WaymoOne)'을 출시하였다. 이는 자율주행 차량을 애플리케이션을 통해 호출하여 이용할 수 있는 서비스이다. 또한 2019년 7월에는 캘리포니아 주에서 자율주행 택시 허가를 받아 자율주행 택시 시범 서비스를 제공하고 있다.

바이두(Baidu)는 2017년 인공지능 자율주행차 플랫폼 아폴로(Apollo)를 처음으로 발표한 이후 2019년 현재까지 꾸준히 발전하고 있다. 2017년 최초로 아폴로 1.0 버전을 출시하였으며, 2018년에는 Level 4 수준의 자율주행을 지원하는 아폴로 3.0을 출시하였다. 2019년 초에는 복잡한 도시에서 자율주행이 가능한 수준으로 기능을 끌어올린 아폴로 3.5를 출시하였다.

오로라이노베이션(Aurora Innovation)은 구글과 테슬라(Tesla), 우버(Uber) 출신의 엔지니어가 창업한 기업으로 자율주행 분야 소프트웨어 솔루션 개발과 각종 센서 및 제어기를 비롯한 시스템 솔루션 분야에서 독보적인 기술을 보유하고 있다. 2018년에는 현대자동차와 협력 관계를 구축하고 지속적으로 Level 4 수준의 자율주행차를 개발하고 있다. 또한 피아트-크라이슬러와도 협력하여 상업용 자율주행 트럭을 개발할 계획이다.

투심플(TuSimple)은 자율주행 트럭 제조기업으로, 2019년 6월 우편물을 수송할 수 있는 자율주행 트럭의 시험 주행을 마쳤다.

포니닷에이아이(Pony.ai)는 2016년에 설립된 자율주행 솔루션 제공 기업으로, 전 세계에 안전하고 신뢰할 수 있는 시스템을 공급하고 있다. 포니닷에이아이는 다양한 도로 환경과 날씨, 교통 상황 등에서 지속적인 테스트를 통해 시스템 안정성을 확보하였다. 아울러 Level 4, 5 수준의 자율주행 트럭 개발에도 박차를 가하고 있으며 현재 공공도로에서 테스트를 진행하고 있다.

KPMG의 자율주행차 준비 지수* 보고서에 따르면, 네덜란드가 27.73점을 받으면서 1위를 차지하였다. 네덜란드는 기반 시설 부문에서 1위, 소비자 수용성 부문에서 2위, 정책 및 입법 부문 3위, 기술 및 혁신 부문 4위를 기록하며 모든 부문에서 고루 높은 점수를 받았다. 싱가포르가 26.08로 2위를 기록했고, 미국과 스웨덴이 각각 24.75점과 24.73점으로 4, 5위를 기록하였다. 한국은 20.71점으로 10위를 기록하였다.

잠깐만요 KPMG의 자율주행차 준비지수

KPMG은 2018년부터 자체 개발한 AVRI(Autonomous Vehicles Readiness Index, 자율주행 자동차 도입 준비 지수)를 통해 전 세계 각국의 자율주행 자동차 및 인프라 도입 수준을 평가하기 위한 기준을 제시하고, 지표별 준비도를 정량적으로 평가하여 글로벌 순위를 산정한다.

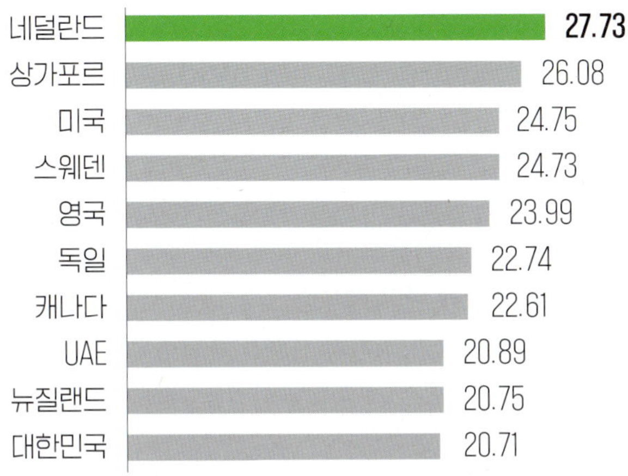

그림 8-6 국가별 자율주행차 준비 지수

표 8-9 자율주행 개발 동향

업체명	주요 내용
Google Waymo	• 아리조나주에서 1년간 자율주행 택시 서비스 1,500회 진행 • Waymo는 1천만 마일 주행과 100억 번의 시뮬레이션 진행
GM Cruise	운전대와 가속 제동 페달이 없는 레벨 4 자율주행차 개발 중
ZOOX	• Google, GM에 이어 3번째로 우수한 자율주행차를 개발 중 • Robo-Taxi 서비스를 시작할 계획중
Tesla	지속적으로 Autopilot의 자동주행 기능을 개선 중으로 자동 차선 변경, 자동 주차, 스마트 호출 기능 등이 부가된 상태
Ford	• Argo AI를 통해 자율주행차 개발 중 • 2021년 텍사스, 마이애미, 워싱턴 DC에서 자율주행차 운행
Volkswagen	ECU를 줄이고 자동차 소프트웨어에 집중화
Uber	Toyota, Denso, Softbank Vision Fund는 우버에 자율 주행 개발을 위해 10억 달러 투자

Mercedes-Benz	레벨 4의 Robo-Taxi 사업보다 자율주행 트럭 기술에 집중
Honda	2020년 최초로 레벨 3의 자율주행차 혼다 레전드를 출시
현대기아차	• 2019년 레벨 4 자율주행차 개발을 위해 Aptiv와 합작회사 설립 • 2025년까지 자율주행 기술 등 개발을 위해 41조 원 투자
Intel Mobileye	Mobileye REM 시스템으로 유럽과 미국의 고정밀 지도 Update 중

4차 산업혁명 시대에 접어들면서 공유경제와 온디맨드 경제를 확산시키는 기술적 · 문화적 기반이 마련되었고, 이로써 전 세계적으로 차량의 소유에서 공유로 패러다임이 전환되고 있다. 자율주행 패러다임의 확산으로 인해 다양한 고객 중심 서비스가 출시되고 있다. 크라우드 소싱 물류, 마이데이터 서비스, 스마트 결제 서비스, 통합 모빌리티 서비스 등 고객의 새로운 니즈를 충족하는 융합 서비스가 탄생하고 있다. 글로벌 차량 공유 비즈니스 시장 규모는 2025년 2,000억 달러를 기록한 이후 2050년 4조 달러를 초과할 것으로 전망된다.

더불어 자율주행차에 새롭게 부상하는 공유 경제의 개념이 접목되면서, 차량 공유 플랫폼이 모빌리티의 새로운 패러다임으로 부상하고 있다. 차량 공유 플랫폼은 차량을 여러 사람이 필요한 시간에 맞춰 나눠 쓰거나, 스마트 폰으로 호출해 택시처럼 이용하거나, 목적지가 비슷한 사람을 찾아 한 대에 여러 명이 함께 타고 이동하는 등 공유 경제 시대의 대표적인 플랫폼으로 자리 잡고 있다. 이는 기존의 모빌리티 가치 사슬을 통합하고, 전통적인 자동차 산업을 혁신하고 있으며, 플랫폼 기업을 중심으로 자율주행 산업의 생태계가 재편될 것으로 전망되도록 한다.

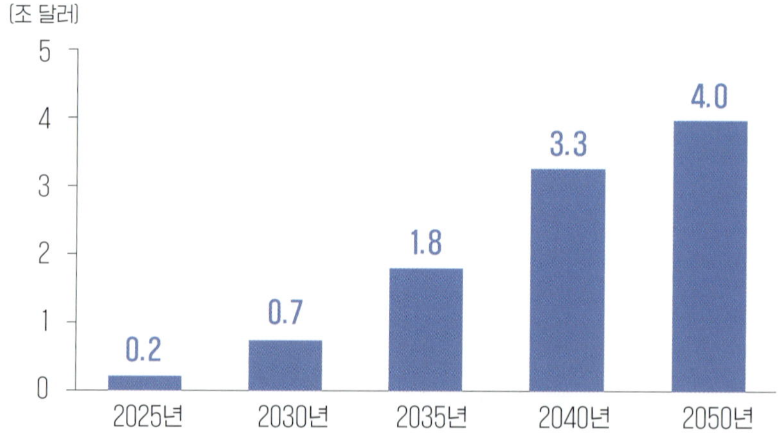

그림 8-7 차량 공유 비즈니스 시장 규모 전망

자율주행 주요 이슈

차량 내 · 외부 네트워크 증가로 보안상 위협과 시스템 오류로 인한 안전 문제가 대두되고 있다. 센서, 차량 내외부 통신 오류, SW 오류 등으로 인한 돌발상황 발생에 대처하는 중복 안전 시스템, 사전 진단 시스템, 사고 후 대처 기술, 통신 보안 기술 등이 개발 중이다. 자율주행 기능 안전성 확보를 위한 기술 표준화, 도시 인프라 차원의 지능형 교통 시스템, 관련 법규 제정 등 제도 인프라 정비도 병행되고 있다.

긴급한 주행 상황에서 자율주행차의 선택이 윤리적 딜레마를 야기할 수 있으므로 인공지능 운용 방식에 대한 사회적 합의가 필요하다. 예를 들어 어떤 자율주행 경로에서도 탑승자나 보행자에게 피해를 입히게 되는 경우 인공지능이 내리는 선택에 대한 윤리적 문제가 발생할 수 있다. 특정 상황에서 자동차 탑승자를 희생시키도록 프로그래밍된 자율주행차를 소비자들이 과연 구매할 것인지 등은 관련 산업에도 영향이 큰 이슈이다.

그림 8-8 자율주행 인공지능의 윤리적 딜레마 사례
(출처: MIT Technology Review)

Level 3까지는 긴급상황에서 사람이 개입하지만, Level 4부터 시스템이 모든 운행을 담당하므로 Level 4로 넘어가는 시점에서 윤리적, 사회적, 문화적, 경제적 측면에서의 인공지능 기계의 동작에 대한 논의가 필요하다.

자율주행 선두 기업

현재 자율주행 시장은 하드웨어부터 소프트웨어까지 내재화에 성공한 테슬라(Tesla), 자율주행 솔루션을 제공하는 nVIDIA와 파트너 업체 등의 구도로 형성되어 있다. Level 3의 기술 개발이 본격적으로 이루어지기 이전 모빌아이(Mobileye)는 ADAS 시장 점유율 60~70%를 차지하고 있었다. 모빌아이(Mobileye)의 REM 시스템*은 차량의 위치와 주변 지형의 위치를 삼각함수 형태로 연결하고, 이를 바탕으로 산출된 차량 및 물체와의 거리를 이용해서 Map을 구축한다. 해당 Map을 이용하여 정확하고 안전한 주행을 지원했고, 이에 대부분의 글로벌 완성차 업체들은 모빌아이(Mobileye)와 ADAS 기술에 있어 협력함과 동시에 Level 3 이상의 자율주행 또한 모빌아이(Mobileye)와 기술 협력을 이어갔다.

잠깐만요 REM 시스템

4세대 시스템 온 칩이 장착된 소비자 차량을 활용하여 데이터를 크라우드 소싱하고, ADAS 및 자율주행 시스템에서 지원하는 데 사용할 수 있는 고화질 지도를 구축한 시스템이다.

그러나 ADAS 기능이 주로 작동되는 고속도로와 다르게, Level 3 자율주행 차량이 다녀야 하는 국도 및 일반 시내는 차량 및 지형 지물이 더 많고, 발생하는 돌발상황 또한 다양하다. 이는 곧 차량이 처리해야 하는 데이터가 복잡해지고 증가하는 것을 의미한다. ADAS를 지원하던 동사 시스템온칩(SoC)의 연산 능력은 증가하는 데이터를 처리하기에는 부족했고, 데이터의 처리 및 학습을 위해 필요한 AI 소프트웨어 또한 부재했다. 이에 완성차 업체들은 자율주행에 필요한 하드웨어와 소프트웨어를 자체 개발하거나, nVIDIA와 협력하기 시작했다. 대표적으로 nVIDIA는 Xavier, Orin과 같은 차량용 시스템온칩(SoC)을 완성차 업체에게 공급하였다. 또한 주행을 위한 차량용 Map, 시뮬레이션 플랫폼, 그리고 데이터 학습이 이루어지는 데이터센터 플랫폼까지 제공하였다. 즉 자율주행 차량을 구성하는 하드웨어, 그리고 자율주행 차량의 데이터를 처리 및 전송할 수 있는 소프트웨어를 모두 구축하고 있다.

그림 8-9 nVIDIA xavier

자율주행은 결국 실제 주행 데이터, 해당 데이터를 학습할 수 있는 소프트웨어 및 하드웨어의 경쟁력에 따라 기술 수준이 나뉘게 된다. 현재 테슬라(Tesla)의 자율주행이 가장 앞선다고 평가받는 이유도 자체 개발을 통한 기술력으로, 이와 같은 경쟁력을 갖추고 있기 때문이다. 마찬가지로 nVIDIA는 직접 차량을 만들지 않음에도 불구하고, 소프트웨어와 하드웨어를 포함하는 자율주행 솔루션을 제공하며 테슬라(Tesla)의 유력한 경쟁자로 평가받고 있다. 주행 데이터는 짧은 시간에 수집되지 않고, 하드웨어 또한 상당한 수준의 반도체 기술력을 요구한다. 그렇기 때문에 경쟁업체들이 단기간에 테슬라(Tesla)와 nVIDIA의 자율주행 기술력을 따라잡기에는 어렵다고 판단된다.

● 테슬라

테슬라(Tesla)는 오토파일럿(Autopilot), 완전자율주행(FSD:Full Self Driving)과 같은 자율주행 시스템을 고객들에게 제공하고 있다. 오토파일럿은 테슬라(Tesla)의 ADAS* 시스템으로서 Level 2 수준의 자율주행이라고 할 수 있다. 앞 차와의 간격을 측정해 속도를 제어해주는 트래픽 어웨이 크루즈, 차선 유지 기능인 오토 스티어를 대표적으로 제공한다. 반면 FSD(Full Self Driving)는 Level 2.5+ ~ Level 3의 자율주행 시스템을 제공한다. 교차로에서 비보호 좌회전을 하거나 신호등을 인식하여 출발 및 제동을 하는 등 높은 수준의 자율주행 시스템이 현재 FSD를 구독한 전 세계 테슬라(Tesla)의 차량에 구현되고 있다.

그림 8-10 테슬라 자동차

잠깐만요 **ADAS**

다양한 주행 환경에서 유용하게 사용되고 있는 첨단 운전자 보조 시스템이다.

테슬라는 2022년 6월에 FSD 베타 V.10.13을 배포했다. V.10.13의 경우 어려웠던 좌회전 기능을 향상시키고 기하학적 정확도에 초점을 맞췄으며, 훨씬 먼 지점까지 예측이 가능하도록 업그레이드되었다. 또한 베타 프로그램에 참여하는 데 필요한 안전 점수를 93점으로 낮추어 베타테스터 풀을 확장시켰으며, 향후 91점까지 낮추어 더 많은 테스터들을 모집할 전망이다.

아직까지 Level 3의 기술 수준이 상용화가 이루어지지 않은 대부분의 완성차 업체와 달리, 테슬라(Tesla)의 자율주행 시스템이 앞서고 있는 이유는 정확한 인지와 판단이 이루어지기 때문이다. 카메라만을 이용한 인지는 고가의 라이다를 사용하지 않아 비용을 절약할 수 있지만, 3차원 공간에 대한 정보는 상대적으로 부족하다. 이를 해결하기 위해 테슬라(Tesla)는 앞서 살펴본 것처럼 AI를 활용하고 있다. 지난 2021년 9월, 테슬라(Tesla) AI Day에서 라이다의 제거를 발표함과 동시에 Vision AI 기술을 선보였다. 자율주행 차량이 도로를 주행할 때 가장 중요한 것은 다른 차량 및 보행자의 인식이다. 카메라로는 2차원 이미지로 차량과 보행자가 존재한다는 사실은 알 수 있지만, 이들이 얼마나 가까이 있는지는 정확하게 알 수 없다. 테슬라(Tesla)는 대표적으로 NeRF*를 활용하여 3차원 정보를 얻는다. 예를 들어 고속도로 특정 지점의 2차원 이미지를 3차원으로 구현하기 위해, 먼저 해당 지점을 지나간 테슬라(Tesla) 차량들이 보내온 여러 장의 2차원 이미지를 조합하고, 사전에 학습된 유사한 데이터를 기반으로 3차원 공간을 예측 및 구현하는 방식이다. 이 외에도 사람의 신경망을 모방하여 데이터 처리 속도를 높인 하드라넷(HydraNet)*, 시간 및 공간 정보를 저장하는 Feature Quote는 테슬라(Tesla)의 카메라 비전을 가능하게 한다.

잠깐만요 **NeRF / 하드라넷(HydraNet)**

- **NeRF** : 2차원 이미지를 3차원 이미지로 구현하여 해당 물체의 3차원 정보를 얻을 수 있는 대표적인 AI 기술이다.
- **하드라넷** : 몸통 하나에 머리가 여럿 달린 고대 그리스 신화의 히드라처럼, 핵심이 되는 백본(Backbone) 위에 48개의 작은 신경망들이 올라가는 형태이다.

테슬라(Tesla)는 지난 2021년 AI Day에서 비전 인식 AI 기술뿐 아니라 휴머노이드 로봇, 옵티머스의 청사진을 공개한 데 이어서 2022년 AI Day2에서 2족 보행이 가능한 옵티머스의 프로토 타입을 공개했다. 또한 프리몬트 공장에서 파지 및 간단한 작업을 수행하는 모습을 선보였다. 일론 머스크는 자동차의 대량 생산을 가능하게 했던 기술을 그대로 접목할 것이라고 언급했으며, 로봇의 가격은 $20,000 정도이다. 이는 곧 차량 생산량 증가로 이어질 것이며 실제 주행 데이터 수집에 따른 AI 학습량 증가를 가져온다.

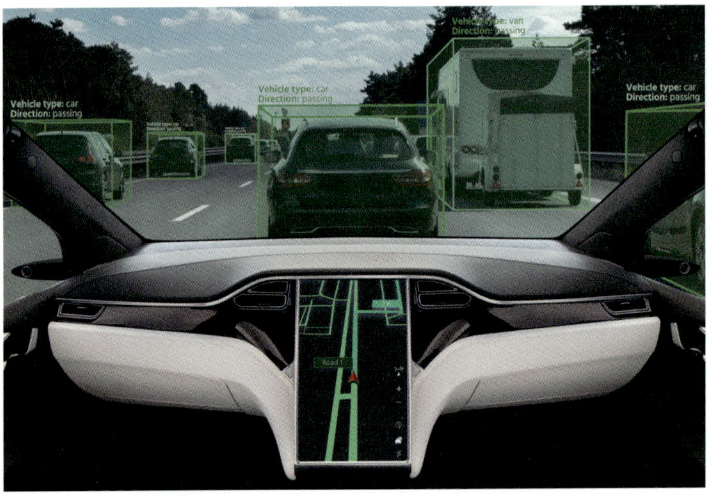

그림 8-11 카메라 이미지로 재구성하는 3차원 객체 인식

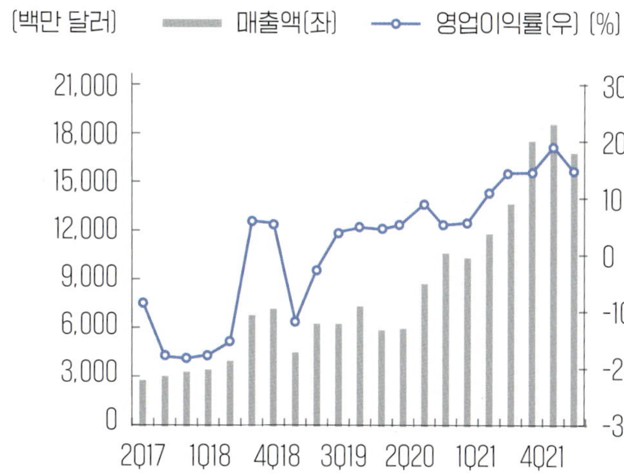

그림 8-12 Tesla 매출액 및 영업이익률 분기별 추이

엔비디아(nVIDIA)

엔비디아(nVIDIA)는 자율주행 차량을 직접 만들지 않는다. 다수의 완성차 업체에 Orin*이라는 엣지 컴퓨터를 제공하거나 자율주행에서 인지를 담당하는 센서 통합 플랫폼을 구축하는 등 자율주행 솔루션 업체의 모습에 가깝다. 데이터센터 매출은 2분기 연속 게이밍 사업부 매출을 넘어섰고 Automotive 사업부 매출은 전사 매출 3% 이상을 차지했다.

> **잠깐만요 Orin**
>
> 가상 로봇을 정의하고 이 가상 로봇에 대해 로봇 메이커로부터 제공된 실제 로봇과의 정보 인터페이스를 규정한다. 이들 규정에 따른 기술(記述)로써 로봇 정보를 이용하는 애플리케이션 프로그램은 Orin을 경유하여 로봇 내부 정보를 액세스(access)한다.

Orin은 전작 차량용 시스템온칩(SoC), 제이비어(Xavier) 대비 8배 성능이 향상된 275 TOPS(초당 275조)의 연산이 가능하다. 또한 자율주행의 인지와 판단을 위해 필요한 하드웨어 통합 플랫폼을 제공한다. 하이페이온(Hyperion) 8은 인지를 담당하는 12개의 카메라, 9개의 레이더, 12개의 울트라소닉(Ultrasonic) 및 1개의 라이다로 구성되는 센서 하드웨어와 Orin을 기반으로 하는 제슨(Jetson) AGX Orin 컴퓨팅 아키텍처를 함께 제공한다.

AI는 단순히 카메라로 찍은 사진을 3차원 데이터로 변환하는 것뿐 아니라 데이터를 선별하는 라벨링, 학습된 데이터를 다시 차량에 전송하는 OTA, 이를 바탕으로 내리는 주행 판단 등 자율주행의 모든 과정에 필요하다. 이러한 AI 기술은 누적된 데이터, 그리고 충분한 학습 시간을 필요로 하는데 자율주행 경쟁에 있어 후발주자들이 가장 어려움을 겪는 부분이다.

엔비디아는 테슬라(Tesla)의 데이터 엔진과 유사한 AI 프레임웍(Framework)을 고객사들에게 제공한다. 또한 주행 데이터 Set, 주행 시뮬레이션 개방형 플랫폼 옴니버스(Omniverse), 정기적인 업데이트 툴킷(ToolKit) 등을 공급하며 많은 완성차 업체들의 대안이 되고 있다.

엔비디아(nVIDIA)는 하드웨어와 소프트웨어를 포함한 자율주행 종합 AI 솔루션을 제공한다. 또 다른 특징은 이러한 AI 솔루션을 고객의 요구에 따라 전체를 제공할 수도 있고 필요한 부분만 개별적으로 제공이 가능하다는 점이다. 현재 현대자동차와 시스템온칩(SoC) 및 자율주행칩 개발에 있어 협력하고 있지만 소프트웨어, 주행 알고리즘 등은 현대자동차가 독자적으로 개발하고 있는 상황이다. 반면 Mercedes-Benz의 경우 자율주행에 필요한 하드웨어뿐만 아니라, OS까지도 엔비디아(nVIDIA) 의 Orin을 기반으로 개발할 예정이다. 더 나아가 엔비디아(nVIDIA)의 CEO 잰슨 황은 "향후 Mercedes-Benz가 필요로 하는 데이터 센터부터 자율주행 차량에까지 이르는 자동차용 컴퓨터 시스템을 End-to-End로 향후 20년간 공급한다."고 언급할 정도로 End-to-End 자율주행 솔루션 업체의 위치를 공고히 하고 있다.

현재 누적 자율주행 데이터는 테슬라(Tesla)가 압도적인 우위를 점하고 있는 상황이다. 또한 300만 대에 달하는 테슬라(Tesla)의 차량 대비 Orin을 탑재한 실제 주행 차량의 수는 턱없이 작다. 그러나 대부분의 글로벌 완성차 업체가 Orin을 탑재하겠다고 발표한 만큼 Level 3 자율주행 차량의 양산이 본격적으로 시작되는 2023년을 기점으로 데이터의 격차를 점차 좁혀나갈 것이다.

지난 8월, 엔비디아(nVIDIA)가 미 증권거래위원회(SEC)에 제출한 보고서에 따르면 앞으로 홍콩을 포함한 중국에 특정 반도체 품목을 수출하기 위해서는 별도의 라이선스를 취득해야 함을 발표했다. 해당 품목에는 A100, H100이 해당되고 더 나아가 이에 준하는 성능을 가진 시스템에도 적용된다. 이는 AI 칩이 활용되는 군사 분야에 대한 미 정부의 견제 조치로 판단된다.

A100 및 H100은 데이터 센터를 구성하는 최소 단위인 GPU다. 최근 AI 모델의 매개변수, 즉 연산 가능한 데이터 규모가 커지면서, 이를 연산하기 위한 하이퍼스케일(Hyperscale) 데이터 센터가 등장했다. 이는 AI가 필요한 모든 곳에 사용된다. 문장을 다양한 언어로 번역해주는 자연어 AI 및 로봇의 학습에 모두 사용된다. 무엇보다 자율주행 차량이 수집한 데이터의 학습에 사용되고 있는 상황이다. 중국 Hyperscale 데이터 센터 시장에서 동사의 GPU 시장 점유율은 95%에 달할 것으로 추정된다.

구글 웨이모

웨이모의 자율주행 시스템은 HD맵을 미리 구축한 다음 이를 기반으로 차량의 위치를 인식한다. 즉 지도가 구축되지 않은 지역에서는 운행이 어렵고 실시간 운행 데이터도 확보해야 한다. 이를 보완할 수 있는 로컬 모빌리티 플랫폼과의 연계는 훌륭한 옵션이다. 최근 화제가 된 카카오 모빌리티 지분 투자(565억 원, 1.69%)가 대표적이다. 가령 서울이라는 제한된 지역 내에서 카카오와 연계해 HD맵을 구축한다면 자율주행 서비스 상용화를 앞당길 수 있다. 실제로 현재 미국 내에서 무인 자율주행 택시가 운행되고 있는 애리조나 커버 지역은 1,554㎢로 서울(605㎢)의 2배 이상이다. 복잡성의 차이로 인한 난이도를 제외한다면 충분히 해볼 만하다. 알파벳은 일찍부터 모빌리티 플랫폼에 대한 투자를 지속해 왔다. 우버와 리프트에 Google Ventures와 Capital G를 통해 투자했으며, 2018년 모빌리티 스타트업 라임에 3억 달러를 투자했다. 2019년에는 인도네시아 차량 공유 업체인 고젝의 시리즈 F 펀딩에 참여했다. 지분 투자 외에도 자체적으로 보유한 Waze, Google map 등 추가적인 가용 자원도 풍부하다.

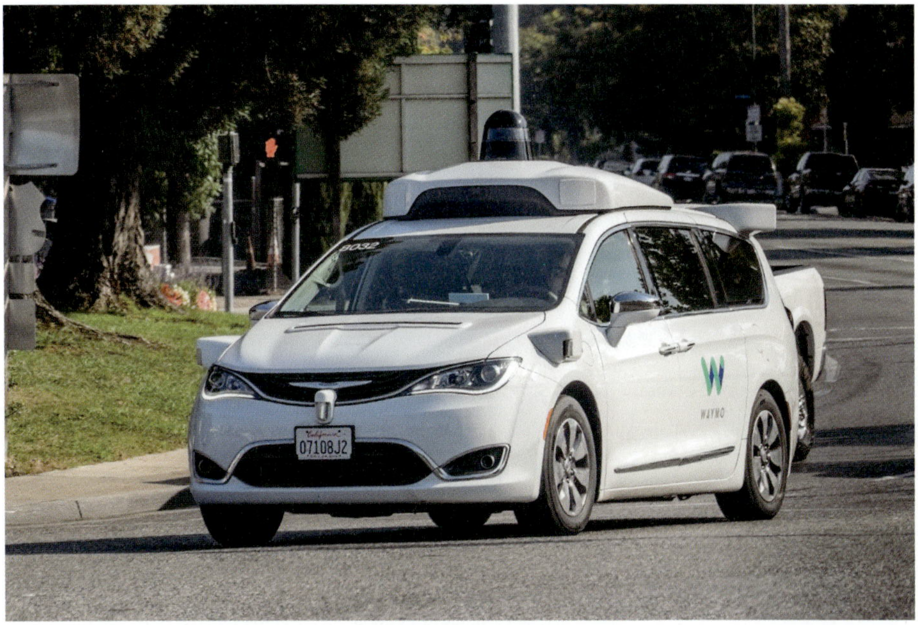

그림 8-13 구글 웨이모

웨이모는 2017년부터 본격적으로 상용차의 테스트를 진행하고 있다. 현재는 애리조나, 캘리포니아, 뉴멕시코, 텍사스에서 주행 테스트를 진행 중이다. 선단의 규모나 누적 주행 거리에 대해서는 공개되지 않았지만 정기적으로 산업 내 관계자들을 초대해 기술에 대한 리뷰를 진행하며 완성도를 높이고 있다.

파트너십 또한 진행 중이다. 2020년 10월 다임러의 트럭 디비전과 Freightliner Cascadia 트럭에 5세대 웨이모 자율주행 시스템(Level 4) 도입을 위한 협약을 체결했다. 다임러는 테슬라

세미와 같이 전기 트럭을 선택한 직접적인 경쟁자다. FSD에 대한 대항마가 필요하다는 점에서 웨이모와의 협업은 현실적인 대안이다.

양산 시기는 미정이지만 다임러가 미국 Class 8 트럭 시장의 39%(Freightliner+Western Star)를 점유하고 있는 만큼 성공할 경우 유의미한 생태계 확장이 가능할 것으로 보인다.

그 밖에도 자사 자율주행 트럭이 투입된 구글 데이터 센터 화물 운송 파일럿 프로그램, UPS 전기차 1만 대에 대한 자율주행 배송 테스트 프로젝트, 자동차 소매 업체 부품 배송 서비스 등을 테스트하며 다양한 실전 프로젝트를 통한 노하우 획득에 주력하고 있다.

특히 운송 사업의 경우 막강한 물류 인프라를 앞세운 아마존과의 전자상거래 전쟁에 대비한 포석이라는 점이 중요하다. 월마트, UPS 등 아마존 물류 수직 계열화의 피해가 우려되는 업체들을 간접적으로 지원하며 생태계를 확장하고 있다.

자율주행 상용화의 벽이 예상보다 높았던 것은 사실이다. 그러나 이는 웨이모에 국한된 일이 아니다. 많은 완성차 업체들이 자체적인 기술 개발 노력과 파트너십을 병행하며 최종 목적지인 Level 5를 향한 경주를 지속하고 있다. 스마트 폰 시장에서도 삼성, MS 등 많은 제조사들이 독자 OS 개발을 추진했으나 결국 실패로 돌아갔다.

최근에는 볼보가 새로 합류했다. 일각에서는 테슬라가 딥러닝과 실질 자율주행 데이터를 활용해 이미 웨이모와의 전쟁에서 승리했다는 섣부른 결론을 내리기도 한다. 하지만 아직 가야 할 길이 멀다. 결국 완전자율주행을 추구하는 업체는 최종적으로 법적 허들에 직면하게 된다. ADAS로는 결코 넘을 수 없는 벽이다. 최근 웨이모가 자율주행(self-driving)이란 용어를 버리고 완전자동주행(Fully Autonomous driving)을 선언한 것도 테슬라를 비롯한 대부분의 자율주행 기술이 고성능의 ADAS에 불과하다는 선 긋기로 보인다. 결국 결승선은 정말로 운전대에서 완전히 손을 뗄 수 있느냐에 달려있다. 제한적인 지역에서나마 유일하게 웨이모만 경험해본 영역이다. 향후 숨 가쁘게 전개될 자율주행 패권의 지형도 변화에 지속적인 관심이 필요한 시기다. 여전히 웨이모는 선두에서 달리고 있다.

8.5

미래자동차 전망

미래자동차의 정의

미래자동차란 친환경 전기차와 수소차, 정보통신 기술(ICT)과 인공지능(AI)에 기반한 자율주행차를 포괄하는 자동차 개념이다. 산업적으로는 우버 · 디디추싱 · 그랩 등 스마트 폰 · O2O 플랫폼 기반의 공유 이동수단 서비스 산업까지 확장되고 있다. 2030년 미래자동차 시장은 전기 · 수소차, 자율주행차, 이동서비스 산업이 주도할 것으로 전망되며, 정부는 미래자동차 산업을 8대 혁신 성장 선도과제의 하나로 삼고 있다.

친환경 · 지능화 · 서비스화 트렌드가 견인하고 있는 자동차 산업은 전기차와 자율주행 2 · 3단계를 중심으로 발전하고 있다. 전기차와 자율주행차 시장은 자동차 제조뿐만 아니라 각종 인프라, 서비스 등이 복합적으로 연계된 생태계다. 생태계를 구성하는 주요 기업군은 전통적인 완성차 제조사, 신생 완성차 제조사, 빅테크, 차량용 반도체 · OS 기업, 배터리 제조사로 분류된다. 이들은 M&A, 지분 인수, 벤처캐피털 펀딩 참여 등 다양한 투자 방식을 통해 전기차와 자율주행 생태계를 선점하고 있다.

미래자동차 성능

미래자동차 시장을 견인하는 3가지 동력은 친환경화, 지능화, 서비스화 트렌드를 꼽을 수 있다.

그림 8-14 미래형 자동차

친환경화 트렌드로 인해 100년 동안 승승장구하던 내연기관차의 지위는 흔들리고 있다. 탄소중립을 천명한 주요 국가들이 2030년을 기점으로 내연기관차 판매 금지를 선언하는 가운데,

완성차 업계도 전기차 시대에 빠르게 대응하고 있기 때문이다. 노르웨이와 네덜란드는 2025년부터 신규 내연기관차 판매를 금지하고, 미국은 2030년부터 미국 시장 내 신규 차량 중 전기차 판매 비율을 50%에 맞추기로 하는 등 완성차 브랜드는 전기차로의 비즈니스 전환을 빠르게 꾀하고 있다.

지능화 트렌드는 자동차가 더 이상 운송 수단으로만의 가치를 지니는 것이 아니라 이동을 담보하는 공간으로서의 가치를 지니게 되었으며, 이로 인해 진행 외에도 인포테인먼트, 인프라, 자동차와 자동차 또는 자동차와 사람 간 커넥티비티가 중요한 기능으로 떠오르게 되었다. 이러한 다양한 기능을 안전하게 수행하려면 자동차는 운영체제가 필요하며 이를 위해 완성차 제조사와 IT 기업 간 협업이 매우 활발해졌다.

서비스화 트렌드는 스마트 폰 및 O2O 플랫폼을 기반으로 확산되었다. 승차 공유, 마이크로 모빌리티, 라스트마일 딜리버리 등을 비롯한 각종 모빌리티 서비스들이 이미 사람들의 일상 속 깊이 들어와 있다. 예를 들어, 지하철역에서 특정 목적지까지 이동하는 과정에서 전동 킥보드를 타고 이동하는 모습이나 온라인 플랫폼을 통해 음식을 주문하고 배달받는 모습, 중고차를 온라인 플랫폼을 통해 구매하는 현상은 더 이상 낯설지 않은 실정이다.

전기자동차

그림 8-15 전기 자동차

2020년, 2021년을 중심으로 친환경차, 자율주행 시장 전망을 점검한 결과, 친환경차 중에서는 전기차를 중심으로 시장이 조성되고 있다. 이제 전기차의 완성차 제조사와 부품사는 기존 내연기관차 중심 비즈니스 구조에서 탈피하고 전기차의 고비용 구조를 변화시켜야 한다. 또한 소비자가 전기차를 편리하게 사용하기 위해서 충전 인프라를 확충하고 전기차 애프터마켓도 조성해야 한다. 자율주행 부문에서 완성차 제조사, 부품사는 자율주행 기술의 고도화를 달성해야 할 뿐만 아니라 자율주행 차량을 제조하는 데 있어서 꼭 필요한 차량용 반도체의 수급 불안정성을 해소하고 각종 차량용 소프트웨어 분야에서 경쟁력을 가져야 한다. 예를 들어 북미 완성차 제조사인 GM, 포드, 스텔란티스는 전기차 배터리 역량 제고 및 수급 불안정성 해소를 위해 국내 배터리사인 LG 에너지솔루션, SK 온, 삼성 SDI와 각각 협업하고 있다. 한편 자율주행 서비스 상용화를 조속히 시행하기 위해 제네럴모터스(GM)는 혼다, 마이크로소프트(MS)와 함께 투자하여 크루즈의 자율주행 서비스를 고도화하고 있고, 현대자동차는 자동차 업계에서 중요성이 높아지고 있는 커넥티비티 분야에서 엔비디아와 협업하여 커넥티드 카 운영 체제 개발에 힘쓰는 중이다.

전기차 · 자율주행 생태계는 과거의 완성차 제조 산업과 자동차 부품 산업과 같이 부품과 완성차 제조, 소비가 분절된 형태로 구성되는 것이 아니라, 각 단계가 유기적으로 연결되고 확대되는 형태다. 또한 자동차라는 수단이 더 이상 기계의 영역에만 속하는 것이 아니라 이동의 경험을 제공해주는 공간으로 인식되고 있기 때문에 기업들은 기존에 가지고 있지 않았던 새로운 역량들을 지속적으로 내재화할 필요가 있다. 그런데 이러한 새로운 역량들은 단기간에 하나의 기업이 개발하여 내재화하는 것은 불가능하다. 따라서 새로운 경쟁력을 단시간 내 확보하기 위해, 기업들은 투자에 집중하고 있다.

그림 8-16 미래형 전기 자동차(혼다)

전기차 시대에 대응하기 위한 비즈니스 전환을 위한 투자를 구체적으로 살펴보면, 전기차 시대에 대응하기 위하여 완성차 제조사들은 전기차 제조 경쟁력을 확보하여 전기차 시장 점유율을 높이기 위해 노력하고 있다.

GM과 혼다는 전기차 합작 법인을 신설하여 2027년부터 중저가 전기차(3만 달러 이하로 책정 예정)를 수백만 대 수준으로 생산하기로 했다. 보급형 수준의 전기차를 생산함으로써 전기차 시장에서 빠르게 시장 점유율을 높여가고자 하는 전략이다. 또한 르노 그룹은 전기차의 차량 효율을 개선하기 위해 전기차 모터 스타트업인 '와이랏'의 지분 21%를 인수했다. 르노 그룹은 와이랏과 함께 축류 전기 모터를 대량 생산하여 하이브리드 또는 플러그인 하이브리드 차량에 우선 적용 후 순수 전기차로 확대할 예정이다.

전기자동차 배터리

전기차 시대를 주도하기 위해서는 배터리 역량 내재화 또는 공고한 파트너십을 구축하는 것이 필수다. 폭스바겐과 BMW는 2016년에 설립된 스웨덴의 배터리 업체인 노스볼트에 투자했다. 노스볼트는 2022년 5월 기준, 폭스바겐, 볼보자동차, BMW 등에서 약 500억 달러 이상의 배터리를 수주하며 전기차 배터리 시장에서 두각을 나타내고 있다. 한편, GM은 2019년 LG에너지솔루션과 함께 전기차 배터리 합작법인인 얼티엄셀즈를 설립했으며, 현재 얼티엄셀즈의 1~3 공장을 건설 중에 있다. 1~3 공장의 배터리 생산 능력은 총 120GWh 이상이다.

배터리 생산 역량을 확보하는 것뿐만 아니라 차세대 배터리 분야에서도 투자가 활발하다. 현

8

자율주행

대자동차는 2018년 미국의 전고체 배터리 개발사인 솔리드파워에 300만 달러를 투자하여 6.25%의 지분을 최초로 확보했다. 2021년에 추가 투자를 진행했고, 2021년 12월 기준 2.54%의 지분을 보유하고 있다. 전고체 배터리는 기존 리튬이온 배터리와 달리 고체 전해질을 사용하여 에너지 밀도가 높고 충전 시간이 짧아 차세대 배터리로 각광받고 있다. 또한 현대자동차 · 지리자동차 · GM · 혼다 · SAIC(상하이자동차) 등은 미국의 배터리 업체인 솔리드에너지시스템(SES)에 투자했다.

그림 8-17 전기 자동차 배터리 구조

그림 8-18 전고체 배터리 구조

SES는 전기차 배터리 음극재에 흑연 대신 메탈을 적용하여 리튬메탈 배터리를 개발하고 있으며 2025년부터 양산할 계획이다. 리튬메탈 배터리는 리튬이온 배터리보다 에너지 밀도가 10배 이상 높기 때문에 전기차 주행 거리를 30% 이상 늘릴 수 있다는 점에서 차세대 배터리로 주목받고 있다.

전기차 배터리 생산 역량 확보 및 성능 고도화 외에도 전통적인 완성차 제조사는 전기차 시대에 필요한 인프라를 확충하면서 전기차 생태계 전반에 걸쳐 영향력을 높이고 있다. 현대자동차 · BMW · 메르세데스 벤츠 · 폭스바겐 · 포드는 독일의 전기차 급속 충전 회사인 '아이오니티(IONITY)'에 투자했다. 아이오니티의 급속 충전기는 기존 급속 충전기 대비 충전 속도가 7배가량 빠르며 2021년 하반기 기준 유럽 전역에 충전소 377곳을 두고 있는데 추가로 약 40여 곳을 건설 중에 있다. 일본에서도 토요타, 닛산, 미쯔비시, 혼다가 공동 출자하여 전기차 충전 서비스 사업을 위한 회사인 '이모빌리티 파워(e-Mobility Power)'를 설립했다. 이모빌리티 파워는 일본 전역에 약 21,700여 개의 충전 네트워크를 확충할 예정이다.

차세대 자율주행 현황

자율주행 분야 투자 역시 완성차 제조사들의 움직임이 활발하다. 현대자동차는 2020년 앱티브와 함께 총 40억 달러를 투자해 자율주행 전문 업체인 모셔널(Motional)을 설립했다. 현대자동차는 모셔널과 공동 개발한 아이오닉 5 기반의 무인 자율주행 차량을 활용하여 자율주행 시대를 선도하겠다는 계획이다. 모셔널은 2021년 4월 아이오닉 5를 차세대 로봇 택시 차량 플랫폼으로 선정, 2023년에 차량 공유 업체인 리프트(Lyft)에 완전 무인 자율주행이 가능한 차량을 공급, 로봇 택시 서비스를 운영할 예정이다.

그림 8-19 차세대 자율주행 자동차

GM은 자율주행 사업 자회사인 크루즈를 통해 자율주행 서비스 상용화를 추진 중이며, 혼다 역시 크루즈에 투자했다. 크루즈는 2022년 2월 차량 안전 확보 등의 조건을 기반으로 미국 캘리포니아주 규제 당국으로부터 자율주행 승객 서비스를 허가받았다.

BMW와 토요타가 투자한 메이 모빌리티(May Mobility)는 자율주행 상용차 서비스를 제공하고 있다. 미국 디트로이트, 콜롬비아, 프로비던스 등 일부 도시에서 25인승 자율주행 셔틀서비스를 운영하고 있다. 특히 롱아일랜드주 프로비던스 지역의 경우, 오전 6시 30분부터 오후 6시 30분까지 12곳의 정류장을 대상으로 자율주행 셔틀 버스를 운행하고 있다.

한편, 자율주행 인프라 구축 프로젝트도 이루어지고 있다. 포드는 구글의 모회사인 알파벳과 함께 투자한 사이드워크 인프라스트럭처 파트너스가 만든 자회사인 카브뉴를 통해 자율주행

도로 구축 프로젝트에 참여하고 있다. 자율주행 기반 최종 소비자와 접점을 갖는 이동 서비스와 인프라 외에도 자율주행 센서와 소프트웨어에도 많은 투자가 이루어지고 있다. 현대자동차는 이스라엘의 라이다 개발 업체인 옵시스 테크놀로지에 투자했을 뿐만 아니라 미국의 레이더 전문 개발 업체인 메타웨이브에도 투자했다.

2017년 1월부터 2022년 5월까지 빅테크의 투자 데이터 분석 결과, 38%의 투자가 자율주행 기술 확보에 집중되는 것으로 나타났다. 또한 빅테크는 완성차 업계와 협업을 통해 전기차 제조 및 개발에도 나서면서 전기차 시대에 대응하고 있기 때문에 전기차 개발 및 제조를 위한 투자 비중도 25%를 차지하는 것으로 도출되었다. 한편, 미래 자동차는 '스마트 모빌리티 디바이스'로 발전하고 있기 때문에 차량용 소프트웨어가 중요하게 부각되고 있으며, 이 시장을 공략하기 위하여 빅테크는 자율주행 기술 확보, 전기차 전환에 대한 대응에 이어 차량용 소프트웨어 역량 확보를 위한 투자도 활발히 진행 중이다.

차량용 반도체는 자동차에 장착된 각종 시스템을 제어하는 데 상용된다. 차량이 전장화되고 자율주행 플랫폼 등이 탑재되면서 자동차에는 수많은 반도체가 필요한 상황이다. 2020년 MCU 시장 점유율을 기준으로 보았을 때 이러한 차량용 반도체를 만드는 기업에는 르네사스, NXP, 이피니언, 텍사스인스트루먼트, 마이크로칩, ST마이크로일렉트로닉스 등이 있다. 또한 반도체 산업의 공룡인 삼성전자, 퀄컴과 인텔도 차량용 반도체 시장의 주요 기업이다. 그래픽 반도체 분야의 대표적인 기업인 엔비디아 역시 자율주행 전용 반도체 개발 분야에 완성차 업계와 협업하고 있다.

완성차 제조사 · 부품사 · 빅테크를 비롯한 6대 기업군은 전기차와 자율주행 생태계를 선점하기 위한 발걸음을 재촉하고 있다. 전통적 완성차 제조사 · 신생 완성차 제조사 · 빅테크 · 차량용 반도체 및 OS 기업군은 모두 자율주행 단계 고도화를 위한 기술 역량 확보를 위한 투자를 가장 우선순위로 두고 있다.

또한 내연기관차 시대가 저물고 전기차 시대가 본격화됨에 따라 전기차 생태계를 선점하기 위한 다각적인 노력이 진행되고 있다. 전통적인 완성차 제조사들은 기존의 내연기관차 중심의 사업 구조를 전기차 중심으로 전환하는 작업을 가속화하고 있으며, 전기차 시장에 특화되어 있는 신생 완성차 제조사 역시 차량의 다양성 확보와 가격 경쟁력 달성을 위해 지속적으로 투자하고 있다.

배터리 제조사 역시 전기차 시장에서 주요 투자 기업으로 부각되고 있는데 전기차 원가 경쟁력 달성을 위해 배터리 원가 절감이 필수적이며 이를 위한 차세대 배터리 개발 등에 역량을 모으고 있기 때문이다. 전기차 제조 역량 이외에도 완성차 업계를 중심으로 전기차 충전 인프라 구축을 향한 투자가 나타나고 있으며 배터리 교환 서비스 등 전기차 이용 대중화를 위한 다양한 주체들의 노력도 주목할 만하다.

8.6 연습문제

| 객관식 |

01 자율주행차에 대한 설명으로 옳지 않은 것은?

① 운전자 또는 승객의 조작 없이 자동차 스스로 운행이 가능한 자동차이다.

② 자동차의 인지 및 제어 기능과 사람의 판단 기능을 활용하여 운전하는 자동차이다.

③ 스스로 환경을 인식하고 경로와 움직임을 결정하여 이동하는 자동차이다.

④ 운전자가 차량을 조작하지 않아도 차량의 장애물 감지 센서, 중앙제어 장치와 같은 첨단 시스템 기술을 통해 상황을 인지하여 스스로 목적지까지 가는 자동차이다.

02 자율주행차에서 차선 이탈, 보행자 추돌 위험 감지 기능을 담당하는 것은?

① ADAS ② 라이다 ③ V2X ④ 레이더

03 자율주행차의 자동화 수준에서 일부 또는 완전자율주행에 해당하는 단계는?

① Level 0 ② Level 1 ③ Level 2 ④ Level 3

04 자율주행차의 자동화 수준에서 조건부 자율주행에 해당하는 단계는?

① Level 0 ② evel L1 ③ Level 2 ④ Level 3

05 자율주행차의 인지 기술이 아닌 것은?

① 센서 ② 고정밀 GPS ③ 실시간 정밀지도 ④ 인공지능

06 자율주행차의 V2X는 어느 기술에 적용되는가?

① 인지 ② 제어 ③ 판단 ④ 상황

07 자율주행차의 융합신기술(AICBM)에 해당하지 않는 것은?

① 인공지능 ② 사물인터넷 ③ 클라우드 ④ 블록체인

08 2016년 8월 자율주행 트럭을 개발한 스타트업 오토(Otto)를 인수하였으며 미국 콜로라도 주에서 자율주행 트럭으로 120마일 구간을 2시간 만에 운행하여 세계 최초 상업용 자율주행 배송에 성공한 기업은?

① 그랩 ② 우버 ③ 웨이모 ④ 아마존

09 주요 자동차 제조기업 및 자율주행 시스템 개발 업체와 협력하여 자율주행차 시장을 선도하고 있는 기업이 아닌 것은?

① 알리바바 ② 엔비디아 ③ 웨이모 ④ 바이두

10 자율주행 차량을 애플리케이션을 통해 호출로 이용할 수 있는 서비스를 개발하였고, 2019년에는 캘리포니아 주에서 자율주행 택시 허가를 받아 자율주행 택시 시범 서비스를 제공하고 있는 기업은?

① 웨이모 ② 우버 ③ 엔비디아 ④ 아마존

11 자율주행차의 운전 기준에서 시스템이 모든 운행을 담당하므로 윤리적, 사회적, 문화적, 경제적 측면에서 인공지능 기계의 동작에 대한 논의가 필요한 단계는?

① Level 1 ② Level 2 ③ Level 3 ④ Level 4

12 오토파일럿(Autopilot), 완전자율주행(Full Self Driving, FSD)과 같은 자율주행 시스템을 고객들에게 제공하고 있는 기업은?

① 웨이모 ② 우버 ③ 바이두 ④ 테슬라

13 2차원 이미지를 3차원 이미지로 구현하여 해당 물체의 3차원 정보를 얻을 수 있는 대표적인 AI 기술은?

① FSD ② NeRF ③ HydraNet ④ ADAS

14 엔비디아 기업에 대한 설명으로 잘못된 것은?

① 하드웨어와 소프트웨어를 포함한 자율주행 종합 AI 솔루션을 제공한다

② 현대자동차와 시스템온칩(SoC) 및 자율주행칩 개발에 있어 협력하고 있다

③ Mercedes-Benz의 경우 자율주행에 필요한 하드웨어뿐만 아니라, OS까지도 엔비디아(nVIDIA)의 Orin을 기반으로 개발할 예정이다.

④ 비전 인식 AI 기술뿐 아니라 휴머노이드 로봇, 옵티머스의 청사진을 공개하였다.

15 HD맵을 미리 구축한 다음 이를 기반으로 차량의 위치를 인식하는 자율주행 시스템 기업은?

① 테슬라 ② 우버 ③ 바이두 ④ 웨이모

16 미래 자동차 시장을 견인하는 3가지 동력이 아닌 것은?

① 친환경화 ② 지능화 ③ 자동화 ④ 서비스화

| 단답식 |

01 차량과 교통 인프라 간 양방향 통신과 협업으로 급정거, 낙하물 등 주변의 교통상황을 실시간 공유하여 사고를 사전에 예방하는 교통체계를 무엇이라 하는가? (　　　)

02 자율주행을 위해 센티미터(cm) 수준의 정밀도를 갖춘 3D 입체 지도를 무엇이라 하는가? (　　　)

03 국내 최초 자율주행차 중에서 Level 4단계로 운행되는 저속 셔틀버스는? (　　　　　　)

| 서술식 |

01 자율주행차의 운전 기준 6단계를 기술하시오.

9 장

로봇 공학

학 습 목 표

1. 로봇 기술을 소개하고 원리를 이해한다.
2. 휴먼 로봇 사례를 알아보고 원리를 학습한다.
3. Advanced 로봇의 국내 · 외 사례를 알아본다.

9.1 로봇 공학의 소개

로봇의 정의

'로봇(robot)'이라는 단어는 '노동' 또는 '일'을 의미하는 체코어 '로보타(robota)'에서 유래되었다. 이 용어는 체코의 작가 카렐 차페크(Karel Čapek)가 1920년에 쓴 희곡 「로섬의 보편적 로봇(R.U.R. : Rossum's Universal Robots)」에서 처음 사용되었다. 이 연극은 '로봇'으로 불리는 인공적인 존재가 창조되어 인간과 같은 임무를 수행하는 미래 사회를 보여주었다. 차페크는 이러한 인공적인 존재를 묘사하기 위해 '로봇'이라는 용어를 만들었고, 이 용어는 빠르게 유행하여 전 세계로 퍼져나갔다.

일반적으로 로봇은 자율적으로 또는 인간이 제어하여 작업을 수행하도록 설계된 프로그램으로 작동되는 인공 기계를 말한다. 그 구성은 기계 본체, 센서, 액추에이터, 전원 및 소프트웨어 프로그램을 실행하는 컴퓨터 프로세서를 포함한 여러 요소를 포함한다. 기계 본체는 로봇에게 구조와 이동성을 제공하고, 센서는 로봇이 환경을 인식하고 상호 작용할 수 있도록 도와준다. 액추에이터는 로봇이 물체를 움직이고 조작할 수 있게 하고, 전원은 로봇이 작업을 수행하는 데 필요한 에너지를 제공한다.

로봇은 '인간과 유사한 형태를 가지고 걷기도 하고 말도 하는 기계 장치', '어떤 작업이나 조작을 자동적으로 하는 기계 장치', '남의 지시대로 움직이는 사람을 비유적으로 이르는 말'로 정의된다.

일부 로봇은 인간의 제어에서 벗어나 독립적으로 작동하고 프로그래밍 및 센서 입력에 따라 스스로 결정을 내린다는 것을 의미하기도 한다.

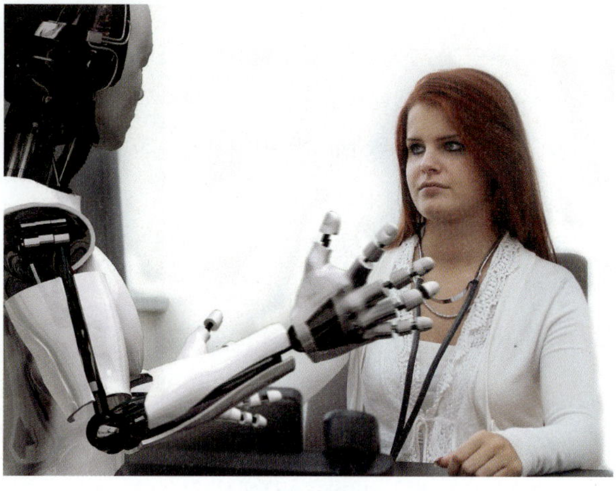

그림 9-1 로봇

9 로봇 공학

로봇 개발의 역사

그림 9-2 탈로스

임무를 수행하기 위해 만들어진 인공의 존재는 고대에서부터 있었다. 그리스 신화에는 크레타섬을 지키는 거대한 청동 거인 오토마톤인 탈로스가 있었으며, 그의 임무는 해적과 침략자들로부터 크레타섬을 지키는 것이었다.

최초의 현대적인 로봇은 공장에서 특정 작업을 수행할 수 있는 자동화된 기계의 출현과 함께 산업 혁명 동안에 개발되었다. 이 초기 기계들은 현대적인 의미에서 '로봇'으로 여겨지지 않았지만, 더 발전된 자동화 시스템의 개발을 위한 기반을 마련했다. 로봇 개발의 발전사는 아래와 같다.

- 1921년 체코의 극작가 카렐 차페크가 R.U.R.(Rossum's Universal Robots)에서 '로봇'이라는 용어를 처음 사용하였다.
- 1959년 조지 데볼과 조셉 엥겔버거에 의해 개발된 유니메이트가 최초의 산업용 로봇이다. 이는 용접, 페인트칠, 조립과 같은 다양한 작업을 수행할 수 있는 유압으로 작동되는 큰 로봇 팔이었다. 유니메이트는 1961년 뉴저지에 있는 제너럴 모터스 공장에 처음 설치되었으며, 차체 용접 작업에 사용되었다. 이것이 산업 현장에서 로봇에 의한 생산 작업을 수행한 최초의 사례였다. 이를 계기로 유니메이트는 빠르게 성공을 거두었고, 곧 다른 제조업체들도 이 기술을 채택하기 시작했다. 유니메이트는 자기 테이프에 저장된 컴퓨터 프로그램으로 제어되어 광범위한 작업을 수행하기도 했다. 물체의 위치와 방향을 감지할 수 있는 센서도 탑재되어 복잡한 작업을 고도의 정밀도로 수행할 수 있었다.

그림 9-3 유니메이트(Unimate)

- 1974년 신시내티 Milacron사에서 최초의 산업용 로봇 전용 컨트롤러 T3(The Tomorrow Tool)가 개발되었다.

• 1979년 일본의 야마나시 대학교에서 SCARA(Selective Compliance Assembly Robot Arm) 로봇이 개발되었다. 이 로봇의 특징은 하나의 관절과 두 개의 링크로 구성되어 팔이 제한적 영역에서 접고 펼 수 있는 작업이 가능하였다.

그림 9-4 SCARA

• 1997년 일본의 혼다에서 최초로 계단을 오르는 인간형 보행 로봇 P2(아시모의 전신)를 발표하였다.

그림 9-5 아시모

• 1999년 일본 소니에서 최초의 애완 로봇 AIBO(Artificial Intelligence Robot)를 출시하였다. 1999년 발매 당시의 가격은 25만 엔이었고, 계속 개량되어 4세대 제품까지 출시하였으나 전체 판매량은 약 100만 대 정도여서 상업적으로 성공하지는 못했다.

그림 9-6 AIBO(1999)

9

로봇 공학

- 2003년 미국 NASA에서 이동 로봇 '스피릿'을 개발하여 화성에서 탐사 활동을 하도록 했다.

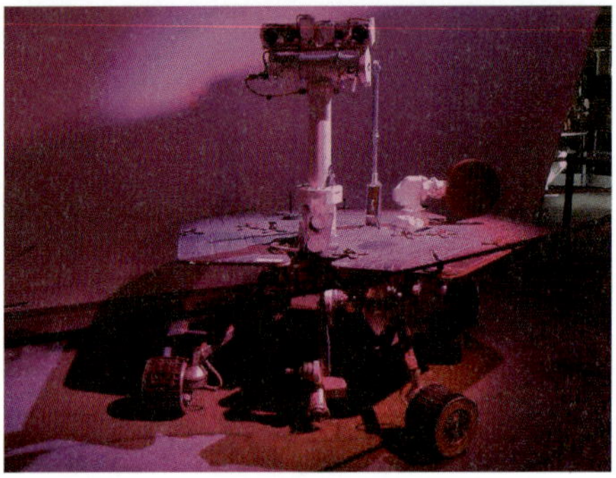

그림 9-7 스피릿
(출처: https://bit.ly/3Mbw9lx, Christo)

- 2006년 미국 보스톤 다이내믹스사가 견마 로봇 빅 독을 개발하였다. 전장 0.91m, 전고 0.76m, 자체 중량 110kg이며, 150kg의 중량을 운반 가능하고, 이동 속도는 시속 6.4km까지 낼 수 있다. 35도 경사에서도 보행이 가능하고 연료 재공급 없이 24시간 안에 32km를 행군할 수 있었다.

그림 9-8 빅 독
(출처: https://bit.ly/3LNdqwl, Swadim)

로봇의 분류

국제로봇협회(International Federation of Robot, IFR)에서는 로봇을 크게 서비스 로봇(Service Robot)과 제조업용 로봇(Industrial Robot)의 두 가지로 분류한다.

표 9-1 로봇의 분류

분류	제조업용 로봇	서비스용 로봇	
		개인 서비스용	전문 서비스용
정의	제조 현장에서 제품 생산에서 출하까지 공정 내 작업을 수행하기 위한 로봇	인간의 생활범주에서 제반서비스를 제공하는 인간 공생형 대인지원 로봇	불특정 다수를 위한 서비스 제공 및 전문화된 작업을 수행하는 로봇
활용 분야	이적재, 용접, 조립, 분해, 가공, 공정	가사, 생활지원, 여가지원, 교육	빌딩서비스, 의료복지, 사회인프라, 농 · 축 · 수산, 광업, 건설, 군 사, 우주, 해양, 원자력

(출처: 엄위섭, 김연규, 이주희, 최기혁, 심은섭, 지능형 로봇의 발전 동향, 항공우주산업기술동향 11권1호(2013) pp. 150~160)

• 산업용 로봇

산업용 로봇은 산업 환경에서 반복적이고 위험한 작업을 수행하도록 설계된 프로그램에 의해 작동하는 기계를 뜻하며, 주로 인간 작업자가 수행하기 어렵거나 불가능한 작업을 수행하는 자동화 기술이다.

그림 9–9 산업용 로봇
(출처: https://bit.ly/42kyls4)

일반적으로 산업용 로봇은 컴퓨터와 소프트웨어로 구성된 제어 시스템, 전원 공급 시스템 및 로봇이 환경과 상호 작용할 수 있도록 하는 다양한 센서와 액추에이터가 포함된다. 산업용 로봇은 휴식 없이 지속적으로 작업할 수 있는 능력, 높은 정밀도와 정확도, 위험하거나 불쾌한 환경에서 작업할 수 있는 능력 등 인간 작업자에 비해 엄청난 효율성과 편리성을 가지고 있다. 또한 고속으로 작동하도록 프로그래밍할 수 있으므로 제조업체의 생산성을 높이고 비용을 절감할 수 있다.

• 서비스 로봇

서비스 로봇(service robot)은 인간을 보조하고 상호 작용하도록 설계된 로봇의 일종으로 의료, 소매, 교육 및 엔터테인먼트와 같은 다양한 분야에서 사용된다. 이는 주로 제조 및 생산 환경에서 사용되는 산업용 로봇과 달리 인간과 근접하게 작업하고 안전하며 친근감 있게 상호작용할 수 있도록 설계된다. 서비스용 로봇은 개인 서비스용과 전문 서비스용으로 나뉜다.

개인 서비스 로봇은 개인이 일상생활에서 청소, 요리, 친목, 건강관리 등 다양한 업무를 수행할 수 있도록 설계되었으며, 주로 개별 가정이나 개인 용도로 사용된다. 또한 일반적으로 다른 유형의 서비스 로봇에 비해 작고 콤팩트하며, 사용자 친화적인 인터페이스와 조작이 용이

한 직관적인 제어 기능을 갖춘 경우가 많다. 예로는 로봇 청소기, 로봇 잔디 깎는 기계, 스케줄링 · 미리 알림 · 건강관리 등의 작업을 관리할 수 있는 로봇 개인 비서 등이 있다. 특히, 개인 의료 서비스 로봇은 노인 또는 장애인의 활동을 보조해주거나, 부상 또는 질병으로부터 치료를 받는 사람들에게 필요한 도움을 주는 일을 수행한다.

그림 9-10 서비스 로봇

전문 서비스 로봇은 특정 분야에서 전문적인 지원과 기능을 제공하도록 설계된 로봇이며, 일반적으로 의료, 제조, 군사, 과학, 물류, 우주 등과 같은 산업에서 사용된다. 이를 위하여 일반적으로 고도의 정밀도와 정확도를 요구하는 복잡한 작업을 수행할 수 있도록 고급 센서, 복잡한 소프트웨어 및 알고리즘 등을 갖추고 있다.

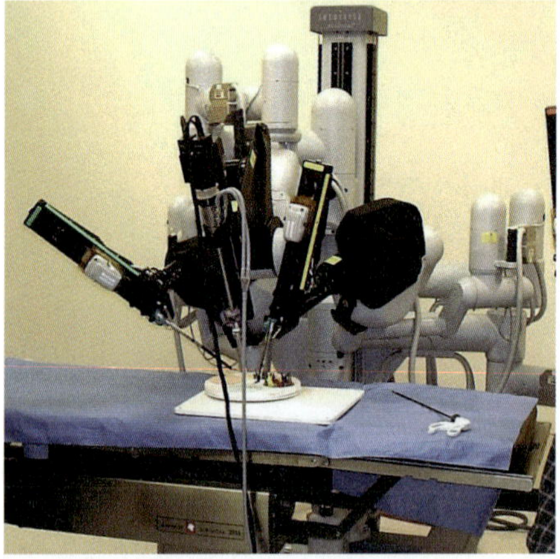

그림 9-11 다빈치 의료 로봇
(출처: https://bit.ly/2HLYvk2, Nimur)

적용 예로는 헬스케어에 사용되는 수술 로봇, 제조에 사용되는 검사 로봇, 창고 및 물류 센터에 사용되는 물류 로봇 등이 있다. 이러한 로봇은 일반적으로 수술 절차 수행, 복잡한 기계 검사 또는 복잡한 환경 탐색과 같은 높은 수준의 전문 지식 또는 기술 지식이 필요한 작업을 수행하도록 설계된다. 전문가 서비스 로봇의 장점 중 하나는 높은 정확도와 일관성으로 작업을 수행할 수 있어 다양한 산업에서 효율성을 높이고 오류를 줄일 수 있다는 점이다.

로봇 기술

로봇 기술은 로봇의 설계, 개발, 적용을 다루는 공학과 컴퓨터 과학의 종합 분야이다. 로봇 기술은 최근 몇 년 동안 빠르게 발전했으며, 로봇은 점점 더 정교해지고 다양해지고 있다.

로봇은 센서, 액추에이터, 컨트롤러 및 전원 등을 포함한 여러 요소들로 구성된다. 센서는 로봇에게 환경에 대한 정보를 제공하는 반면, 액추에이터는 로봇이 움직이고 주변과 상호 작용할 수 있도록 해준다. 컨트롤러는 센서 데이터를 해석하고 로봇의 동작을 지시하는 역할을 수행한다. 또한 로봇 기술은 로봇이 자율적으로 또는 최소한의 인간 개입으로 작동할 수 있도록 하는 소프트웨어와 알고리즘의 개발을 포함한다. 머신러닝과 인공지능(AI)은 로봇이 변화하는 상황을 학습하고 적응할 수 있도록 하고 있으며, 로봇 기술에서 점점 더 중요한 역할을 하고 있다.

로봇의 응용 분야

로봇은 제조 및 건설에서부터 의료 및 엔터테인먼트에 이르기까지 매우 다양한 분야에서 사용되고 있으며, 일반적인 적용 분야의 예는 다음과 같다.

- **제조**: 로봇은 조립, 용접, 도장 및 재료 취급과 같은 반복 작업을 자동화하기 위해 제조에 널리 사용된다. 산업용 로봇은 일반적으로 이 분야에 해당한다.
- **건강 관리**: 로봇은 수술, 재활, 환자 치료를 포함한 다양한 작업을 통한 건강 관리에 사용된다. 수술 로봇, 재활 로봇, 텔레프레즌스* 로봇 등의 의료용 로봇이 활용되고 있다.

> **잠깐만요** **텔레프레즌스**
>
> 사람이 먼 곳에 있어서 현재의 위치에 존재하지 않고도 가까이 있는 것처럼 느낄 수 있게 해주는 기술을 말한다. 이를 위해 오디오, 비디오 및 기타 통신 기술을 사용한다. 이 기술의 몇 가지 예는 다음과 같다.
>
> - **화상 회의**: 사람들이 비디오와 오디오 연결을 통해 먼 거리에서 서로 통신할 수 있게 해주는 텔레프레즌스 기술의 가장 일반적인 형태이다.
> - **가상현실**: 헤드셋이나 다른 장치를 사용하여 3차원 환경을 시뮬레이션함으로써 몰입감 있는 경험을 만들어 낸다. 가상현실은 원격 협업 및 훈련과 같은 애플리케이션에서 원격 존재에 사용될 수 있다.
> - **원격 작동**: 사용자는 원격 위치에서 로봇 또는 다른 장치를 원격으로 제어할 수 있으며, 원격 조작은 원격 탐색 및 검사와 같은 응용 프로그램에서 사용할 수 있다.

- **농업**: 로봇이 재배, 수확, 농작물 모니터링과 같은 작업을 자동화하기 위해 사용된다. 농업용 로봇에는 드론, 자율주행 트랙터, 로봇 수확기 등도 포함된다.

• **물류 및 운송**: 로봇이 창고 자동화, 배송, 자율주행차 등의 업무를 위한 물류 및 운송에 사용된다. 사용 예로는 무인 운반차(Automatic Guided Vehicle, AGV), 드론, 자율주행 트럭 등이 있다.

그림 9-12 무인 운반차(AGV)

• **교육과 오락**: 로봇이 교육과 오락에서 교육, 인터랙티브 디스플레이*, 놀이공원 놀이기구와 같은 업무에 사용된다. 이 분야에는 휴머노이드 로봇과 엔터테인먼트 로봇 등이 사용된다.

> **잠깐만요** **대화형 디스플레이(interactive display)**
>
> 사용자가 화면에 표시되는 콘텐츠와 상호 작용할 수 있도록 하는 디스플레이 기술이며, 터치스크린, 제스처 인식, 음성 명령, 가상현실에 이르기까지 다양한 형태를 취할 수 있다.

• **우주탐사**: 로봇이 우주정거장의 탐사, 연구, 유지보수와 같은 임무를 위한 우주탐사에 사용된다.

• **군사 및 국방**: 로봇이 정찰, 폭탄 폐기, 수색 및 구조 작업과 같은 임무를 위해 사용되며, 무인 항공기(UAV), 폭탄 처리 로봇, 감시 로봇 등이 있다.

9.2 자율 이동 로봇 (Autonomous Mobile Robot, AMR)

자율 이동 로봇(AMR)의 정의

자율 이동 로봇(Autonomous Mobile Robot, AMR)은 외부 제어나 안내 없이 이동 및 작업을 수행할 수 있는 로봇이다. 센서, 카메라, 로봇이 자신의 주변 환경을 인식하고 그 정보를 바탕으로 결정을 내릴 수 있게 해주는 기술을 갖추고 있다.

자율 이동 로봇의 사용 예

자율 이동 로봇은 제조, 물류, 의료 등 다양한 산업에서 사용되는데, 다음은 몇 가지 예이다.

- **자재 처리**: 자율 이동 로봇을 사용하여 공장 또는 창고 내의 서로 다른 위치 간에 자재, 부품 및 제품을 운송할 수 있다. 제작자에 의해 설정된 특정 경로를 따르고 도중에 장애물을 피하도록 프로그래밍된다.
- **재고 관리**: 자율 이동 로봇을 사용하여 재고 확인 및 재입고 작업을 수행할 수 있다. 이를 위하여 스스로 창고나 소매점의 통로를 탐색하고 보충해야 할 품목을 식별할 수 있다.
- **검사 및 유지보수**: 자율 이동 로봇을 사용하여 접근이 어렵거나 위험한 지역에서 검사 및 유지보수 작업을 수행할 수 있으며, 문제를 감지하고 진단하기 위해 일반적으로 카메라와 센서를 장착한다.
- **환자 치료**: 자율 이동 로봇은 의료 환경에서 환자에게 의약품, 식사 또는 기타 물품을 전달하는 데 사용된다. 또한 의료 장비를 운반하고 환자 모니터링을 지원하는 데도 사용된다.

자율 이동 로봇 기술의 역사

자율 이동 로봇(AMR)의 역사는 최초의 산업용 로봇이 개발된 1970년대 초부터 시작이라 할 수 있다. 이 초기 로봇들은 용접, 도장, 재료 취급과 같은 공장 환경에서 특정 작업을 수행하였다.

1980년대에 연구원들은 자율적으로 움직일 수 있는 로봇에 대한 아이디어를 내기 시작했다. 자율 이동 로봇의 초기 예 중 하나는 1984년 스탠포드 대학의 연구원들에 의해 개발된 스탠포드 카트이다. 스탠포드 카트는 방을 통과하고 장애물을 피할 수 있는 센서와 카메라를 갖추고 있었다.

1990~2000년대, 이 시기에는 로봇이 스스로 주변 환경의 지도를 만들고 자율적으로 탐색할 수 있도록 하는 동시에 자신의 위치를 파악 및 매핑(SLAM)하는 알고리즘 개발이 주요 관심사였다.

2010년대 초, 키바 시스템즈(나중에 아마존에 인수됨)와 에이톤(Aethon)과 같은 회사들이 주도하여 최초의 상용 자율 이동 로봇을 등장시켰다. 이 로봇들은 창고와 병원에서 자재 처리와 운송과 같은 작업을 수행하도록 설계되었다.

최근 몇 년 동안, 여러 새로운 애플리케이션과 산업이 등장하면서 자율 이동 로봇의 사용은 계속해서 확장되고 있으며, 소매점과 유통 센터에서 병원과 건설 현장에 이르기까지 광범위한 환경에서 사용되고 있다.

바퀴형 이동 로봇

바퀴형 이동 로봇은 바퀴로 움직이는 로봇으로 산업 자동화에서 서비스 로봇 및 모바일 플랫폼에 이르기까지 광범위한 분야에서 응용되고 있다. 바퀴형 이동 로봇에는 다음과 같은 유형의 휠 구성을 사용하고 있다.

- **디퍼렌셜 드라이브**(Differential drive): 가장 단순하고 일반적인 유형의 휠 구성 중 하나로 로봇의 반대쪽에 배치된 두 개의 휠로 구성되며, 로봇은 각 휠의 속도를 변경하여 회전할 수 있다.
- **전방향 드라이브**(Omnidirectional drive): 로봇이 스스로 회전할 필요 없이 어떤 방향으로든 움직일 수 있도록 해주는 이동 시스템이다. 기본 아이디어는 로봇이 회전할 필요 없이 어떤 방향으로도 움직일 수 있도록 특정 패턴으로 배열된 여러 개의 휠 또는 롤러를 사용하는 것이다. 전방향 드라이브 시스템에는 메카넘 휠(Mecanum wheel), 홀로노믹 휠(Holonomic wheels), 옴니 휠(Omni wheels) 등 여러 가지 유형이 있다. 메카넘 휠(Mecanum wheel)은 휠의 주축에 대해 비스듬히 배열된 일련의 작은 롤러

그림 9-13 상업용 산업 전방향 드라이브
(출처: https://bit.ly/3NWGdRz, Rotcaster)

를 사용한다. 휠이 회전할 때 롤러를 사용하면 로봇이 앞뒤 또는 옆으로 롤링하여 모든 방향으로 이동할 수 있다. 홀로노믹 휠은 특정 패턴으로 배열된 세 개 이상의 휠을 사용한다. 각 휠은 독립적으로 회전할 수 있으므로 로봇이 회전할 필요 없이 어떤 방향으로도 이동할 수 있다. 옴니 휠은 메카넘 휠과 유사하지만 휠 둘레에 배열된 여러 개의 롤러를 사용한다. 휠이 회전할 때 롤러를 사용하면 로봇이 앞뒤 또는 옆으로 롤링하여 모든 방향으로 이동할 수 있다.

바퀴형 이동 로봇은 자신의 환경을 인지하고 그 정보를 바탕으로 의사결정을 할 수 있는 카메라, LIDAR 및 초음파 센서 등과 같은 광범위한 센서와 기술을 장착하고 있다. 산업 응용 분야에서 바퀴형 이동 로봇은 재료 취급, 조립 및 검사와 같은 작업에서 일반적으로 사용되는데 이는 특정 경로를 따르거나 인간 운영자와 협력하여 작업하도록 프로그래밍되기 때문이다. 서비스 분야에서는 청소, 보안, 배송 등의 작업에 많이 사용된다.

위치 추정 및 지도 이용

위치 추정에 사용되는 기술

위치 추정은 로봇이 주어진 환경 내에서 위치를 결정하는 기술이다. 로봇 위치 추정에 사용되는 기술은 일반적으로 다음과 같다.

- **주행 거리 측정**: 시작점에 대한 위치와 방향을 추정하기 위해 인코더 또는 가속도계와 같은 로봇의 자체 모션 센서를 사용한다.
- **관성 항법**: 관성 측정 장치(Inertial Measurement Unit, IMU)를 사용하여 로봇의 가속도와 각속도를 측정한다. 그 후 측정값은 시간이 지남에 따라 통합되어 로봇의 위치와 방향을 추정하게 된다.
- GPS(Global Positioning System): GPS는 야외 위치 추정을 위해 일반적으로 사용되는 기술이며, 지구 표면에서 로봇의 위치를 결정하기 위해 위성 신호를 사용한다.
- **시각 주행 기록계**: 카메라를 사용하여 로봇이 움직일 때 환경의 시각적 특징을 추적하는 것을 포함한다. 연속적인 카메라 프레임을 비교함으로써 로봇은 움직임과 위치를 추정할 수 있다.
- **동시 위치 추정 및 매핑**(Simultaneous Localization and Mapping, SLAM): 센서 데이터를 사용하여 환경의 지도를 동시에 구성하고 해당 지도 내에서 로봇의 위치를 추정한다.

위치 추정 알고리즘

위치 추정 알고리즘은 로봇이 환경 내에서 위치를 추정할 수 있게 해주는 방법으로서 여러 유형이 있으며, 각각 고유한 접근 방식과 강점을 가지고 있다.

- **칼만 필터**(Kalman filter): 로봇의 움직임과 센서 측정 모델을 사용하여 로봇의 위치를 추정하는 통계 알고리즘이다. 이는 재귀 알고리즘을 사용하여 예측 측정값과 실제 측정값의 차이를 최소화하여 로봇의 위치를 추정한다.
- **입자 필터**(Particle filter): 입자 집합을 사용하여 로봇의 가능한 위치를 나타낸다. 그 후 로봇의 센서 측정값을 기반으로 입자를 업데이트하여 각 입자의 센서 판독값과 얼마나 잘 일치하는지에 따라 확률을 할당한다. 확률이 가장 높은 입자는 로봇의 추정 위치를 나타낸다.
- **확장 칼만 필터**(Extended Kalman filter): 로봇 모션 모델이 비선형일 때 사용되는 방법이며, 이는 칼만 필터를 적용할 수 있는 선형 모델을 사용하여 비선형 모델을 근사화하는 방법이다.
- **몬테카를로 위치 추정**(Monte Carlo localization): 입자 필터 알고리즘의 변형이다. 로봇의 가능한 위치를 나타내는 많은 수의 입자가 생성되는데 이 알고리즘은 로봇의 센서 판독값을 기반으로 입자를 업데이트하고 확률에 따라 입자를 다시 샘플링한다.
- **그래프 기반 방법**(Graph-based methods): 환경과 로봇의 가능한 위치를 나타내기 위해 그래프를 사용한다. 그 후 다익스트라(Dijkstra) 알고리즘 또는 A* 검색과 같은 그래프 검색 알고리즘을 사용하여 로봇의 예상 위치를 찾게 된다.

지도 이용

지도를 사용하는 것은 로봇이 환경 내에서 스스로를 탐색하는 일반적인 방법이며, 기본 아이디어는 환경의 지도를 만들고 로봇의 움직임을 계획하고 실행하는 데 사용하는 것이다. 로봇 내비게이션에 지도를 사용하는 프로세스에는 다음과 같은 단계가 있다.

1. **지도 작성**: 로봇은 먼저 라이다, 카메라 또는 음파 탐지기와 같은 센서를 사용하여 환경 지도를 만든다. 이 프로세스에는 센서 데이터를 수집하고 이를 처리하여 주변 환경의 2D 또는 3D 지도를 만드는 작업이 수행된다.
2. **현지화**: 지도가 생성되면 로봇은 지도를 사용하여 환경 내 위치를 추정한다. 이는 칼만 필터, 입자 필터 또는 몬테카를로 위치 추정과 같은 알고리즘을 사용한다.
3. **경로 계획**: 환경 내에서 위치를 조정한 후 로봇은 현재 위치에서 원하는 위치까지의 경로

를 계획할 수 있다. 이것은 장애물을 피하고 시간과 에너지 측면에서 효율적인 길을 찾는 것을 포함한다.

4. **탐색**: 경로가 계획되면 로봇은 센서와 바퀴와 같은 구동기(actuators)를 사용하여 환경을 탐색할 수 있다. 또한 로봇은 새로운 센서 데이터 또는 환경의 변화에 따라 위치를 업데이트하고 경로를 재조정한다.

러닝 로봇

러닝 로봇은 사람이나 동물이 달리는 방식과 유사하게 달리기나 조깅 동작으로 움직이도록 설계된 로봇이다. 이러한 형태의 로봇 기술은 아직 개발 초기 단계에 있지만, 최근 몇 년 동안 상당한 진전이 있었다. 예를 들어 미국 오레곤 주립대 연구진이 만든 이족보행 로봇 '캐시'를 들 수 있는데, 상반신은 없으며 높이는 1m 내외로 100m를 24.73초에 주파할 수 있었다.

러닝 로봇을 만드는 방법

- **다리 이동**: 동물들이 움직이는 방법과 유사하게 로봇의 다리를 움직이도록 구성한다. 이족보행 로봇이 개발되고 있으나 일반적으로 여러 개의 다리를 가지고 있으며, 각 다리는 넓은 범위의 움직임을 허용하는 여러 관절로 구성되어 있다.
- **하이브리드 이동**: 하이브리드 이동은 바퀴나 트랙과 같은 형태의 이동과 다리가 달린 이동을 결합한 형태이다. 이 방식은 특정 환경에서 향상된 안정성과 효율성을 제공할 수 있다.
- **생물학적 영감을 받은 디자인(Bio-inspired design)**: 생물학적 영감을 받은 디자인은 동물들이 달리는 방식에서 영감을 얻어 달리는 로봇을 디자인하는 데 사용하는 것을 말한다. 이 방식은 효율성이 높고 다양한 환경에 적응할 수 있는 로봇으로 응용될 수 있다.

러닝 로봇의 응용 분야

러닝 로봇의 응용 분야는 다음과 같다.

- **검색 및 구조**: 어려운 지형을 빠르게 탐색하기 위해 수색과 구조 임무에 사용된다.
- **농업**: 농작물을 빠르고 효율적으로 수확하기 위해 농업에 사용된다.
- **군사**: 빠르고 민첩한 정찰 또는 운송을 제공하기 위한 군사 목적에 사용된다.
- **엔터테인먼트**: 테마파크나 영화와 같은 엔터테인먼트 애플리케이션에 사용되어 실제와 같은 매력적인 경험을 만들 수 있다.

로봇 운영체제(Robot Operating System, ROS)

로봇 운영체제(ROS)는 로봇 응용 프로그램을 개발하기 위한 오픈 소스 소프트웨어 프레임워크를 말하며, 복잡한 로봇 소프트웨어를 만드는 과정을 단순화하기 위한 도구, 라이브러리 및 규칙 모음을 제공한다.

로봇 운영체제(ROS)의 개발 역사

2003년, 스탠포드 대학의 한 연구자 그룹은 로봇 소프트웨어의 개발을 단순화하기 위해 고안된 스위치야드(Switchyard)라고 불리는 소프트웨어 프레임워크에 대한 연구를 시작했다. 그러나 후에 스위치야드는 동일한 연구 그룹에 의해 개발된 플레이어라는 새로운 소프트웨어 프레임워크로 대체되었다. 플레이어는 로봇이 센서 및 액추에이터와 통신할 수 있는 표준 인터페이스를 제공했고, 로봇 커뮤니티에서 빠르게 인기를 얻었으나, 플레이어는 여러 로봇에 대한 지원이 부족하고 확장성이 제한되는 등의 한계가 있었다.

이러한 한계에 대응하여, 실리콘 밸리의 로봇 연구소인 윌로우 차고(Willow Garage)의 연구원들은 2007년에 ROS라고 불리는 새로운 소프트웨어 프레임워크에 대한 연구를 시작했다. ROS는 플레이어의 한계를 해결하면서 플레이어의 성공을 기반으로 설계되었다. ROS는 개발자들이 시스템에 새로운 기능을 쉽게 추가할 수 있도록 하는 모듈형 아키텍처로 개발되었다. 또한 로봇 시스템의 다른 구성 요소 간의 효율적인 통신을 위한 메시징 시스템과 광범위한 로봇 응용 프로그램을 위한 많은 패키지 모음을 제공했다. ROS는 2009년 오픈 소스 소프트웨어 프로젝트로 출시되었으며 로봇 커뮤니티에서 빠르게 인기를 얻었다. 이후 로봇 소프트웨어 개발을 위한 사실상의 표준이 되었으며, 산업 자동화에서 연구 및 교육에 이르기까지 광범위한 로봇 응용 분야에 사용되었다.

이후 ROS는 현재 오픈 로보틱스 조직에 의해 유지되고 있으며, 새로운 릴리스가 나올 때마다 계속 진화하며 개선되고 있다. ROS의 기술 역사는 오픈 소스 개발, 협업 및 혁신으로 특징지어졌으며, 이는 ROS를 세계에서 가장 널리 사용되는 로봇 소프트웨어 프레임워크 중 하나로 만드는 데 도움이 되었다.

로봇 운영체제(ROS)의 주요 기능

- **메시징 시스템**: ROS는 메시징 시스템을 사용하여 다양한 소프트웨어 모듈이 서로 통신할 수 있도록 한다. 이 메시징 시스템은 로봇 시스템의 다른 구성 요소 간에 효율적이고 유연한 통신을 가능하게 한다.

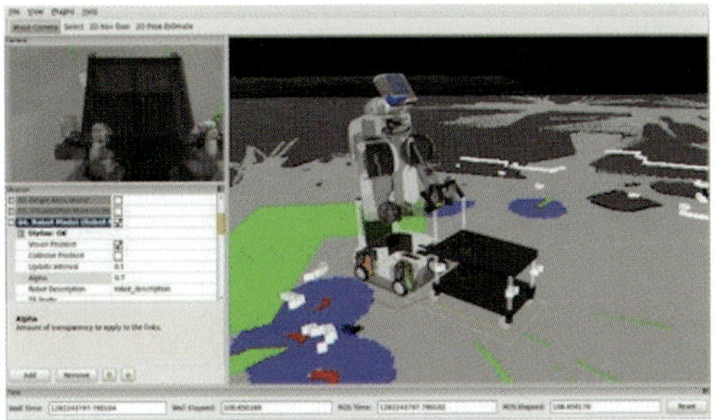

그림 9-14 로봇 운영체제
(출처: https://bit.ly/44PVhGX)

- **패키지 라이브러리**: 센서, 액추에이터, 내비게이션, 매핑 및 인식을 포함한 광범위한 로봇 응용 프로그램을 위한 광범위한 패키지 모음을 제공한다.
- **시각화 및 디버깅을 위한 도구**: 사용자가 센서 데이터와 로봇 모션을 시각화할 수 있는 RViz(ROS Visualization Tool)와 사용자가 ROS 메시지를 기록하고 재생할 수 있는 로즈백을 포함하여 로봇 응용 프로그램을 시각화하고 디버깅하기 위한 여러 도구를 제공한다.
- **다른 소프트웨어 프레임워크와의 통합**: ROS를 MATLAB 및 Python과 같은 다른 소프트웨어 프레임워크와 통합하여 다른 소프트웨어 도구와 쉽게 통합할 수 있다.

9.3

지능형 로봇

지능형 로봇의 소개

지능형 로봇은 인공지능(AI)과 머신러닝(ML) 알고리즘을 사용해 의사결정을 내리고 환경에 적응하는 등 자율적으로 또는 최소한의 인간 개입으로 작업을 수행할 수 있는 기계를 말한다. 이 로봇은 주변을 감지하고 의미 있는 방식으로 상호 작용할 수 있도록 해주는 센서, 카메라 등의 관련 장치를 갖추고 있다. 이러한 장치들로부터 입력되는 데이터를 분석하고 독립적으로 또는 인간 운영자의 입력을 통해 해당 정보를 기반으로 결정을 내릴 수 있다. 또한 이 로봇은 시간이 지남에 따라 성능과 의사 결정 능력을 향상시키면서 그들의 경험을 축적시키고 학습할 수 있는 능력을 가진다. 일반적으로 지능형 로봇은 제조 및 조립 라인 작업에서부터 수색 및 구조 작업, 우주 탐사에 이르기까지 광범위한 작업에 투입된다. 또한 심해나 원자력에 의한 사고 현장 등 인간이 안전하게 작동하기에 너무 위험하거나 어려운 환경에서도 작업을 수행할 수 있으며, 휴식 없이 24시간 작업할 수 있어 생산성과 효율성을 높일 수 있다.

지능형 로봇의 분류

지능형 로봇에는 다음과 같이 다양한 유형이 있다.

- **산업용 로봇**: 제조와 조립 라인 작업에 사용되는 로봇들로서 주로 용접, 도장, 조립과 같은 작업을 높은 정밀도와 속도로 수행한다.
- **서비스 로봇**: 청소, 요리, 의료 서비스 제공과 같은 일반적으로 인간이 수행하는 작업을 수행한다. 로봇 진공청소기, 수술 로봇, 텔레프레젠스 로봇 등이 대표적이다.
- **군용 로봇**: 폭탄 처리 로봇과 감시와 정찰에 사용되는 무인 항공기(UAV)와 같은 군사 응용에 사용되는 로봇들이다.
- **농업용 로봇**: 농업에 사용되는 로봇들로서, 높은 정밀도와 효율성으로 농작물을 심고, 수확하고, 돌보는 것과 같은 작업을 수행한다.

- **자율주행 차량**: 인공지능과 기계 학습을 사용하여 도로와 고속도로를 안전하고 효율적으로 탐색하는 자율주행 자동차, 트럭 및 기타 차량들을 말한다.
- **휴머노이드 로봇**: 인간처럼 보이고 행동하도록 설계된 로봇들이며 사회적 상호작용, 오락, 고객 서비스와 같은 업무를 수행한다.
- **탐사 로봇**: 우주 탐험, 심해 탐험, 인간이 가기 어렵거나 불가능한 다른 환경에서 작업을 수행하는 로봇들이다. 이러한 사례는 미국 몬터레이베이 수족관 연구소팀이 개발한 심해 탐사 로봇 '벤틱Ⅱ'를 예시로 들 수 있다. 이것은 수심 4,000m의 심해 해저를 다니며 바다 수온과 산소 농도, 해저 퇴적물들을 장기간 모니터링하는데, 한 번 바다에 들어가면 1년간 스스로 작업을 수행할 수 있다.

지능형 로봇 구동기

로봇 구동기는 전기적 또는 기계적 신호를 물리적 움직임으로 변환하는 역할을 하기 때문에 지능형 로봇의 필수 구성 요소가 되며, 다음과 같다.

- **전기 모터**: 이들은 소형이고 효율적이며 높은 토크와 속도를 낼 수 있기 때문에 지능형 로봇에 사용되는 가장 일반적인 유형이라 할 수 있으며 DC 모터, 스테퍼 모터 및 서보 모터가 있다.
- **공압 액추에이터**: 압축 공기를 사용하여 운동을 발생시키며, 제조 시의 픽 앤드 플레이스 로봇*과 같이 높은 힘이나 속도를 필요로 하는 로봇에 종종 사용된다.

잠깐만요 **픽 앤드 플레이스 로봇**

제조 및 조립 라인 작업에 사용되는 산업용 로봇의 한 종류이다. 이 로봇들은 높은 정밀도와 속도로 한 장소에서 물체를 집어 다른 장소에 배치하는 작업을 수행한다.

- **유압 액추에이터**: 가압된 유체를 사용하여 운동을 발생시키며, 용접이나 가공에 사용되는 산업용 로봇과 같이 높은 힘이나 정밀성이 요구되는 중장비용 로봇에 자주 사용된다.
- **형상 기억 합금**: 전기적 또는 열 자극에 반응하여 모양을 바꿀 수 있는 물질들이며, 일반적으로 작동기가 너무 크고 무겁거나, 작고 가벼운 로봇에 사용된다.
- **압전 액추에이터**: 전기 신호가 인가될 때 움직임을 생성하기 위해 압전 결정을 할 때 작동한다. 일반적으로 미세 조립이나 의료 용도에 사용되는 것과 같은 작고 정밀한 로봇에 사용된다.

9.4

휴머노이드 로봇

휴머노이드 로봇 소개

휴머노이드 로봇은 인간과 유사한 모습을 하고 인간이 하는 작업을 대신 수행하도록 설계된 로봇이다. '휴머노이드'라는 용어는 '인간'을 의미하는 그리스어 '호모'와 '형태' 또는 '모양'을 의미하는 '에이도스'에서 유래했다. 특정한 작업을 위해 설계된 다른 유형의 로봇과 달리, 휴머노이드 로봇은 걷기, 말하기, 물체 잡기 등과 같이 인간과 상호 작용하는 작업뿐만 아니라 인간의 것과 유사한 광범위한 작업을 수행하도록 설계되었다. 그래서 휴머노이드 로봇은 머리, 몸통, 팔, 다리를 가진 사람과 유사한 신체 구조를 가지고 있으며, 물체를 잡을 수 있는 손가락이 있는 손과, 감정을 표현하거나 인간과 의사소통을 할 수 있는 특징을 가진 얼굴을 가질 수 있다.

휴머노이드 로봇의 개발은 인간에게 너무 위험하거나 어려운 작업을 수행할 수 있는 기계를 만들거나 돌봄, 오락, 교육 등의 작업에서 인간에게 도움을 주고자 하는 욕구에 의해 추진되었다. 그에 따라 재난 대응을 돕고, 호텔과 병원에서 접수원 역할을 하며, 노인들에게 동반자 역할을 제공하는 등 다양한 응용 분야에 사용되어 왔다.

2003년 한국생산기술연구원이 개발한 세계 최초의 여성형 휴머노이드 에버(EveR)는 구약성서에 나오는 인류 최초의 여성인 이브(Eve)와 로봇의 'R'을 합쳐서 만든 이름이며, 키 165cm의 모델 체형으로 바퀴를 이용하여 움직인다. 또한 이 모델은 얼굴 부분에 30개의 모터와 혀를 가지고 있어서 다양한 얼굴 표정을 지을 수 있고, 한국어와 영어로 대화가 가능하다.

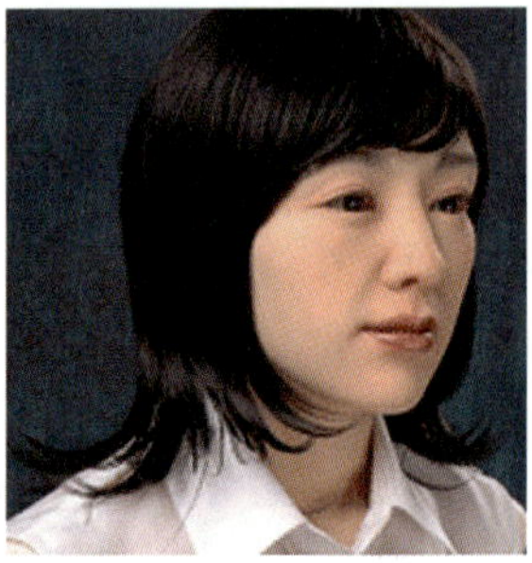

그림 9-15 에버(EveR)-2 모델
(출처: 한국생산기술연구원)

휴머노이드 로봇 역사

최초의 휴머노이드 로봇은 1927년 웨스팅하우스 전기 회사의 엔지니어 앨버트 W. 히바드가 만들었다. Electro라는 이름의 이 로봇은 키가 7피트가 넘었고 걷고, 말하고, 팔과 머리를 움직일 수 있었으며, 1939년 뉴욕에서 열린 세계 박람회에 전시되는 등 대중의 관심을 받은 최초의 로봇 중 하나였다.

1970~1980년대에 로봇 기술에 상당한 발전이 있었고, 여러 연구 기관과 회사들이 휴머노이드 로봇을 개발하기 시작했다. 가장 주목할 만한 초기 휴머노이드 로봇 중 하나는 1973년 일본의 와세다 대학에 의해 개발된 WABOT-1이다. WABOT-1은 걷고, 팔을 움직이고, 심지어 손으로 물체를 잡을 수도 있었다.

그림 9-16 Electro robot

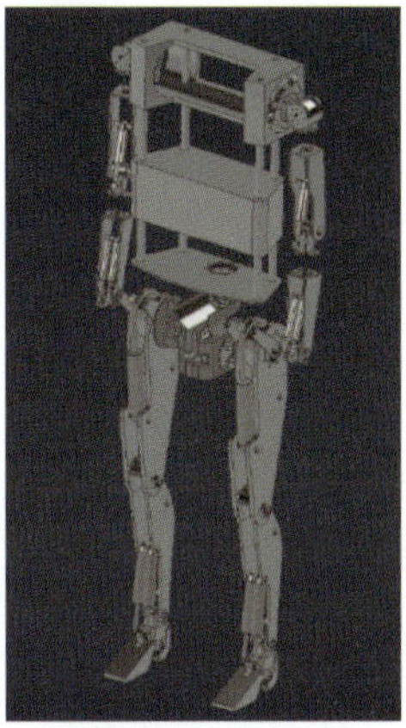

그림 9-17 WABOT-1

(출처: https://bit.ly/44GsdBD, PRATYUSH AGRWAL)

1990년대에 P1, P2, P3를 포함한 일련의 휴머노이드 로봇들이 혼다 자동차에 의해 개발되었다. 이 로봇들은 두 다리로 걸을 수 있도록 설계되었고, 이는 두 발로 걷는 운동 분야를 발전시키는 데 도움을 주었다.

그림 9-18 P1 by Honda

(출처: https://bit.ly/3nESvUg, Morio)

그림 9-19 P2 by Honda

(출처: https://bit.ly/3LJdL32, Morio)

그림 9-20 P3 by Honda

(출처: https://bit.ly/3HYj9Oz, Morio)

2000~2010년대에 인공지능, 머신러닝, 로봇 공학의 발전은 점점 더 정교한 휴머노이드 로봇의 개발로 이어졌다. 혼다가 개발한 아시모(ASIMO)는 달리기와 점프, 공공장소에서 음료를 따르고 가이드 역할을 하는 등 다양한 작업을 할 수 있었다.

그림 9-21 아시모(ASIMO) by Honda
(출처: https://bit.ly/2Ncbcl5, Vanillase)

한국의 휴머노이드 로봇 개발 역사

- **2005년**: 한국과학기술연구원은 최초의 휴머노이드 로봇인 마루를 소개했다. 이 로봇은 키가 1.3m에 달했으며 걷기, 물체 잡기, 음성 명령에 반응하는 등 다양한 작업을 수행할 수 있었다.
- **2004년**: 카이스트의 한 연구팀은 휴보 시리즈의 휴머노이드 로봇을 개발하기 시작했는데 이 로봇들은 매우 유연하고 다재다능하도록 설계되었고, 다양한 연구 프로젝트와 대회에 출품되었다.
- **2007년**: 한국산업기술연구원(KITECH)은 EveR 시리즈의 휴머노이드 로봇을 개발했는데 의료와 교육에 사용될 수 있도록 설계되었으며, 첨단 센서와 인공지능 기능을 갖추고 있었다.
- **2009년**: KIST는 마루-Z라고 불리는 새로운 버전의 마루 로봇을 소개했다. 이 로봇은 이전 로봇보다 향상된 보행과 잡기 능력으로 더 발전하도록 설계되었다. 특히 이 로봇은 가정에서 가사 작업을 돕기 위해 고속으로 삼차원 물체를 인식하고 시각을 기반으로 제어할 수 있는 기술을 탑재하고 있었다.
- **2011년**: 카이스트는 세계에서 가장 진보된 휴머노이드 로봇으로 설계된 알버트 휴보 로봇을 공개했다. 이 로봇은 걷고, 뛰고, 점프를 하는 등 다양하고 복잡한 작업뿐만 아니라

찡그리거나 웃고 화를 내는 표정도 나타낼 수 있었다.

- **2015년**: 카이스트는 DRC-HUBO 로봇을 개발했는데, 이 로봇은 DARPA 로보틱스 챌린지에 참가하기 위해 고안되었다. 이 로봇은 민첩성과 복원력이 뛰어나고, 차량 운전과 문 열기 등의 작업을 수행할 수 있도록 설계됐다.

그림 9-22 휴보
(출처: https://bit.ly/3pu2X1h, Dayofid)

9

로봇 공학

휴머노이드 로봇의 이동 방식

휴머노이드 로봇의 이동 방식은 로봇의 디자인과 능력에 따라 달라질 수 있다. 휴머노이드 로봇이 움직이는 일반적인 방법은 다음과 같다.

- **이족 보행**: 많은 휴머노이드 로봇들은 인간과 마찬가지로 두 다리로 걷도록 설계되었다. 이것은 종종 로봇이 걷는 동안 균형을 유지할 수 있도록 하는 센서, 액추에이터 및 제어 알고리즘의 조합을 통해 달성된다.
- **바퀴 달린 이동**: 몇몇 휴머노이드 로봇들은 전통적인 로봇들처럼 바퀴로 움직이도록 설계되었다. 이 기능은 로봇이 신속하게 이동하거나 거친 지형을 통과해야 하는 상황에서 유용할 수 있다.
- **크롤링**: 어떤 휴머노이드 로봇들은 동물처럼 네 발 또는 그 이상의 발로 움직인다. 이 기능은 로봇이 좁은 공간이나 거친 지형을 탐색해야 하는 상황에서 유용할 수 있다.
- **비행**: 이 형태의 로봇들은 날개나 로터를 사용하여 비행하도록 설계되었다. 이는 로봇이 먼 거리를 탐색해야 하는 상황이나 지상 로봇이 접근할 수 없는 영역에서 유용할 수 있다.

9.5 마이크로·나노 로봇

마이크로 · 나노 로봇의 소개

마이크로 로봇과 나노 로봇은 크기가 수 마이크로미터에서 수 밀리미터에 이르는 매우 작은 로봇의 한 종류이다. 이 로봇들은 일반적으로 너무 작아서 육안으로 볼 수 없으며 관찰하고 조작하기 위해 현미경이나 전자 현미경과 같은 특수한 장비가 필요하다. 마이크로 및 나노 로봇에 대한 개요는 다음과 같다.

- **설계**: 마이크로 및 나노 로봇은 일반적으로 마이크로 전기 기계 시스템(micro-electromechanical systems, MEMS)* 또는 나노리소그래피*와 같은 고급 제작 기술을 사용하여 설계된다. 이러한 기술을 통해 로봇의 크기와 모양은 물론 재료 특성을 정밀하게 제어할 수 있다.

> **잠깐만요 MEMS/나노리소그래피**
>
> - **MEMS(micro-electromechanical systems)**: 전기 부품과 기계 부품을 매우 작은 규모로 결합하는 소형화된 기술의 한 종류이다. MEMS 장치는 일반적으로 사람 머리카락의 너비에 해당하는 1~100마이크로미터의 크기 범위를 갖는다. MEMS 장치는 미세한 규모로 재료와 구조를 정밀하게 제어할 수 있는 미세 제작 기술을 사용하여 만들어진다. 이러한 장치들은 일반적으로 실리콘으로 만들어지지만 금속, 세라믹, 폴리머와 같은 다른 재료들도 사용될 수 있다. MEMS 장치는 센서, 액추에이터 및 마이크로프로세서를 포함한 다양한 구성 요소를 포함한다. 이러한 구성 요소는 일반적으로 단일 장치에 통합되어 전체 시스템을 생성한다. MEMS 장치는 자동차 시스템, 가전제품, 바이오메디컬 장치 등을 포함한 광범위한 응용 분야에서 사용될 수 있다.
> - **나노리소그래피(Nanolithography)**: 일반적으로 나노미터 범위에서 매우 작은 규모의 구조물을 제작하는 데 사용되는 리소그래피의 한 유형이다. 이 기술은 나노스케일 수준의 표면에 패턴이나 구조를 만드는 데 사용되며 마이크로프로세서, 마이크로전기기계시스템(MEMS), 나노 로봇과 같은 마이크로 및 나노기기의 생산에 필수적이다.

- **액추에이터**: 일반적으로 압전 물질, 형상 기억 합금 및 자기장을 포함하여 다양한 다른 액추에이터를 사용하여 모션을 생성한다. 이 액추에이터들은 로봇이 움직이고, 물체를 잡고, 환경을 조작할 수 있게 해준다.

- **센서**: 마이크로 및 나노 로봇은 환경을 감지하고 반응하기 위해 다양한 센서를 통합할 수 있다. 이러한 센서들은 온도 센서, 압력 센서, 화학 센서와 같은 것들을 포함할 수 있다.
- **전력**: 마이크로 및 나노 로봇은 일반적으로 작동하는 데 매우 적은 전력을 필요로 하며 배터리 또는 빛과 같은 소스에 의해 전력을 공급받을 수 있다.
- **응용 프로그램**: 마이크로 및 나노 로봇은 표적 약물 전달, 마이크로 수술, 환경 모니터링 및 제조를 포함하여 광범위한 잠재적 응용 분야를 가지고 있다.

마이크로 · 나노 로봇의 개발 역사

마이크로와 나노 로봇의 역사는 비교적 최근이며 마이크로 전자공학과 나노 기술의 발전에 그 뿌리를 두고 있다. '마이크로 로봇'이란 일반적으로 마이크로미터(10^{-6}m) 이하의 크기를 가진 로봇을 말하며, '나노로봇'은 나노미터(10^{-9}m) 이하의 크기를 가진 로봇을 말한다.

1970년대에 마이크로일렉트로닉스의 발전은 기계적, 전자적 구성 요소가 통합된 마이크로 스케일 장치인 MEMS(microelectromechanical systems)의 생성을 가능하게 했다. MEMS는 마이크로 로봇에 통합될 수 있는 소형 센서와 액추에이터의 개발을 가능하게 했다.

1980년대에, 연구원들은 약물 전달과 최소 침습 수술과 같은 의학적 응용을 위해 마이크로 로봇을 사용하는 가능성을 탐구하기 시작했다. 초기 마이크로 로봇의 예시 중 하나는 1985년 도쿄 대학의 타치야 히로시에 의해 개발된 '밀리로봇'이었다. 밀리로봇은 회전하는 자기장을 이용해 움직일 수 있는 두 다리를 가진 1mm 길이의 로봇이었다.

1990년대에 나노 기술 분야가 등장하기 시작하면서 연구자들은 나노 스케일에서 물질의 특성과 행동을 탐구했다. 스캐닝 터널링 현미경(STM)과 원자력 현미경(AFM)과 같은 새로운 도구와 기술의 개발은 연구자들이 개별 원자와 분자를 조작하고 연구할 수 있게 했다.

2000년, 최초의 나노 로봇이 캘리포니아 대학교 버클리의 연구원들에 의해 개발되었다. '나노워커'라고 불리는 이 로봇은 파도와 같은 움직임을 이용하여 움직일 수 있는 탄소 나노튜브로 만들어진 0.12 마이크론 길이의 장치였다.

그 이후, 의료 및 생물학적 응용, 환경 모니터링, 산업 자동화를 포함한 광범위한 응용을 위해 마이크로 및 나노 로봇들이 계속해서 개발되어 왔다.

9

로봇 공학

마이크로 · 나노 로봇의 적용 및 응용 사례

● 나노봇을 이용한 뇌 속 약물 전달

치료용으로 제작된 나노 로봇이 사람 인체에 들어가 주변 상황을 스캔하고 질병 등의 상황을 감지한 후, 병원체에 감염됐거나 병이 난 부위로 이동하여 처방된 약물을 투여하거나 치료를 감행한다. 과학자들은 지난 20여 년 동안 이러한 시나리오를 실현하고자 연구해 왔고, 최근 마침내 의료용 나노 로봇을 현실화할 수 있는 수준에 차츰 도달하고 있다.

2021년 5월 「메디컬 라이프사이언스」지에 나노 크기의 뇌질환을 표적으로 한 약물 운반체로 사용할 수 있는 나노 물질을 개발했다는 연구 결과가 발표됐다. 이 물질은 죽어가는 세포에서 분비되는 세포사멸체(AB)를 활용한 것으로, 그 안에 있는 천연 생물활성지질과 풍부한 단백질을 활용해 매우 기능적인 운반용 나노 물질을 만들 수 있다고 한다. 특히 혈액에서 뇌 조직으로 물질의 이행을 제한하는 혈액 · 뇌장벽(blood-brain barrier)은 뇌질환 치료를 어렵게 하는데 이 나노머신을 통해 뇌 속으로 효율적인 약물 전달이 가능하다.

● 암세포만 골라 공격하는 '다기능 나노 로봇'

2019년 한국마이크로의료로봇연구원 연구부장 연구팀은 고형암을 진단하는 동시에 치료도 가능한 다기능성 의료용 나노 로봇을 개발하였다. 이 로봇은 약물을 가지고 환자의 몸속 곳곳을 돌아다니다 암을 향해 직접 움직이며 암을 진단하고 치료용 약물을 몸속 환부에 내뿜는다. 이러한 과정은 실시간으로 모니터링도 가능해서 치료의 효율을 높이는 효과도 있었다.

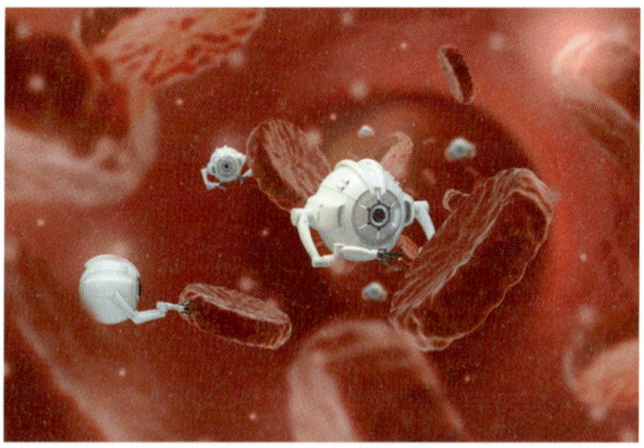

그림 9-23 나노 로봇

● 나노 헬리콥터

미국 캘리포니아대(UCLA) 교수 시절 카를로 몬테마그노 교수가 주도한 프로젝트이다. 이 프로젝트는 감시 및 환경 모니터링과 같은 다양한 용도로 사용될 수 있는 소형 자율 헬리콥터를 만드는 것을 목표로 했다. 헬리콥터 자체는 로터 직경이 겨우 3.9센티미터(1.5 인치)이고 무게가 겨우 2.5그램인 믿을 수 없을 정도로 작게 설계되었으며, 작은 전기 모터에 의해 구동되고 마이크로컨트롤러에 의해 제어되었다. 나노 헬리콥터를 설계하는 데 있어 핵심 과제 중 하나는 야외 환경에서 비행할 수 있는 안정적인 플랫폼을 만드는 것이었다. 이 문제를 해결하기 위해, 몬테마그노와 그의 팀은 자이로스코프와 가속도계를 사용하여 헬리콥터의 비행을 안정화시키는 독특한 제어 시스템을 개발했다. 나노 헬기에는 카메라와 마이크 등 다양한 센서도 장착돼 데이터를 수집하여 기지국으로 다시 전송할 수 있었으며, 다른 나노 헬리콥터와도 교신이 가능해 복잡한 임무를 함께 수행할 수 있었다. 나노 헬리콥터는 상용화되지는 않았지만, 다양한 응용 분야에서 소형 항공기의 잠재력을 보여주었다. 오늘날, 마이크로 및 나노 항공기의 개발은 미래에 대한 흥미로운 가능성과 함께 계속해서 활발한 연구 분야이다.

PillCam

필캠은 이스라엘에 기반을 둔 의료 기술 회사인 기븐 이미징(Given Imaging)에 의해 개발된 의료 기기이며, 환자가 섭취하는 작은 캡슐 형태로 되어 있고, 이것이 소화기관을 통과할 때의 이미지와 영상을 포착할 수 있도록 카메라와 다른 센서가 장착되어 있다. 일반적으로 전통적인 내시경 시술을 위해 사용하거나 검출하기 어려운 소장의 상태를 식별하고 진단하는 등의 목적으로 사용된다. 또한 필캠은 소화기관에서 특정한 의학적 치료나 수술의 진행을 감시하는 데도 유용하며, 소화관에 협착이나 기타 장애물이 있는 환자처럼 기존 내시경 시술이 불가능한 경우에도 유용하다.

필캠은 2001년 처음 소개된 이후 전 세계 수백만 명의 환자들이 사용해왔다. 기븐 이미징사는 수년에 걸쳐 계속해서 장치를 개발하고 개선해 왔으며 새로운 버전은 고해상도 카메라, 긴 배터리 수명 및 향상된 기능들을 계속해서 제공해왔다.

Spermbots

독일의 한 연구팀이 남성 불임의 문제를 해결하기 위하여 정자가 더 잘 이동할 수 있도록 도와줄 수 있는 작은 로봇 슈트, 스펌봇을 개발했다. 이 '스펌봇'은 하나의 정자의 꼬리를 완전히 감싸 난자를 향해 가는 과정을 도와주는 역할을 수행한다. 비록 실험에서는 황소 정자를 사용했지만, 스펌봇들은 과학자들에 의해 통제되는 자기장의 도움으로 작동된다는 것을 확인하였다. 일단 정자가 목표인 난자에 도달하면, 금속 케이스는 스스로 분리하기 위해 방향을 반대로 바꾸어 정자가 정상적으로 난자에 진입할 수 있게 한다. 이 작은 로봇들은 길이가 50미크론, 지름이 5~8미크론이고 철과 티타늄 나노 입자로 만들어졌다.

9.6 연습문제

| 객관식 |

01 로봇이라는 용어를 처음 공식적으로 제시한 사람은?

① 카렐 차페크 ② 조지 데볼 ③ 조셉 엥겔버거 ④ 아시모

02 최초의 산업용 로봇은?

① 유니메이트 ② 아시모 ③ AIBO ④ 스피릿

03 1979년 일본의 야마나시 대학교에서 개발되었으며, 하나의 관절과 두 개의 링크로 구성되어 팔이 제한적 영역에서 접고 펼 수 있는 작업이 가능하였던 로봇은?

① SCARA ② T3 ③ AIBO ④ 스피릿

04 1997년 일본의 혼다에서 최초로 개발한 계단을 오르는 인간형 보행 로봇은?

① SCARA ② T3 ③ AIBO ④ P2

05 2003년 미국 NASA에서 개발하였으며 화성에서 탐사 활동이 목적인 이동 로봇은?

① SCARA ② T3 ③ P2 ④ 스피릿

06 인천대학교와 한양대학교가 자율주행 핵심 알고리즘을 개발하고, 만도가 전용 로봇 플랫폼을 개발한 국내 최초 도심지 자율주행 기반 순찰 로봇은?

① 빅 독 ② 골리 ③ 유니메이트 ④ 스피릿

07 2003년 한국생산기술연구원이 개발한 세계 최초의 여성형 휴머노이드 로봇은?

① 빅 독 ② 에버 ③ 골리 ④ 스피릿

08 세계 최초의 휴머노이드 로봇을 개발한 사람은?

① 카렐 차페크 ② 조지 데볼 ③ 앨버트 W. 히바드 ④ 조셉 엥겔버거

| 단답식 |

01 (　　　　　　)은 외부 제어나 안내 없이 이동 및 작업을 수행할 수 있는 로봇이다. 센서, 카메라, 로봇이 자신의 주변 환경을 인식하고 그 정보를 바탕으로 결정을 내릴 수 있게 해주는 기술을 갖추고 있다.

02 (　　　　)은 사람이나 동물이 달리는 방식과 유사하게 달리기나 조깅 동작으로 움직이도록 설계된 로봇이다. 대표적인 예로 미국 오래곤 주립대 연구진이 만든 이족보행 로봇 '캐시'를 들 수 있는데, 상반신은 없으며 높이는 1m 내외로 100m를 24.73초에 주파할 수 있다.

03 (　　　)은 이스라엘에 기반을 둔 의료 기술 회사인 기븐 이미징(Given Imaging)에 의해 개발된 의료 기기이다. 환자가 섭취하는 작은 캡슐 형태로 되어 있고, 이것이 소화기관을 통과할 때의 이미지와 영상을 포착할 수 있도록 카메라와 다른 센서가 장착되어 있다.

| 서술식 |

01 마이크로 · 나노 로봇의 적용 및 응용 사례를 2가지 이상 드시오.

10장

3D & 4D 프린팅

학습목표

1. 3D & 4D 프린팅 기술 원리를 소개한다.
2. 3D & 4D 활용의 국내 · 외 사례를 알아본다.
3. 3D & 4D 미래 전망에 대해서 학습한다.

10.1 3D 모델링

3D 모델링 기본 개념

3D 모델링은 특수한 컴퓨터 소프트웨어를 사용하여 물리적인 물체나 장면을 3차원으로 표현하는 과정을 말한다. 이 프로세스는 어떤 각도에서든지 조작하고 볼 수 있는 디지털 모델을 만드는 것을 포함하며, 이를 통해 물체나 장면에 보다 몰입할 수 있고 사실적으로 표현하는 것에 목적을 둔다. 3D 모델링은 건축, 엔지니어링, 제품 디자인, 비디오 게임 개발을 포함한 다양한 산업에서 사용되고 있으며 애니메이션, 특수 효과, 가상현실 경험을 만드는 데도 사용되고 있다.

● 와이어프레임(Wireframe) 방식

와이어프레임 모델링은 선과 기본 모양만 사용하여 물체나 장면을 시각적으로 표현하는 기술이다. 이 기법을 이용하면 예술가가 세부적인 것에 얽매이지 않고 객체의 전체적인 모양과 구조를 빠르게 차단할 수 있기 때문에 더 상세한 3D 모델링을 시작할 수 있다. 와이어프레임 모델링은 단순한 모델을 빠르고 효율적으로 만드는 데 유용한 기술이 될 수 있지만, 몇 가지 한계가 있다. 선과 기본 모양만 사용하여 복잡한 모양을 만드는 것은 어려울 수 있으며, 모델의 결과물은 막혔거나 각진 것처럼 보일 수 있기 때문에 상세하고 사실적인 모델의 경우 세분화 모델링, 랜더링 및 조각과 같은 추가적인 기술이 필요할 수 있다.

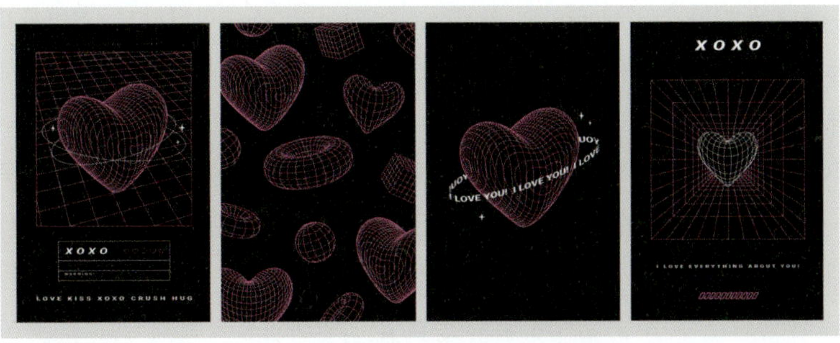

그림 10-1 와이어프레임(Wireframe) 방식

와이어프레임 모델링 방식으로는 일반적으로 가장자리를 정의한 다음 연결하여 표면을 만들어 객체의 기본 구조를 만드는 에지 모델링, 단순한 상자나 다른 기본 모양으로 시작한 다음 원하는 형태를 만들기 위해 정점을 조작하는 상자 모델링, 객체의 형상을 정의하는 2D 곡선을 만든 다음 3D 형상을 만들기 위해 밀어내거나 높이는 스플라인 모델링을 들 수 있다.

폴리곤(Polygon) 방식

폴리곤 모델링(Polygon modeling)은 3D 모델링에서 널리 사용되는 기법으로, 일련의 정점을 모서리와 면으로 연결하여 3D 객체를 만든다. 이 면들은 일반적으로 3개 이상의 면으로 구성되어 있으며, 4개의 면 또는 사분면이 가장 일반적이다. 폴리곤 모델링은 상호 연결된 폴리곤의 메쉬를 구성하여 3D 모양을 만들기 때문에 메쉬 모델링이라고도 한다.

그림 10-2 폴리곤 모델링

다각형 모델링 프로세스는 입방체, 구 또는 원통과 같은 기본 모양을 만드는 것으로 시작하며, 원하는 형태를 만들기 위해 모양의 꼭짓점을 움직이고, 스케일링하고, 회전시킴으로써 모델링을 완성한다. 폴리곤 모델링은 단순한 기하학적 모양에서 매우 상세한 유기 모델에 이르기까지 광범위한 3D 객체를 만드는 데 사용되며, 영화 및 비디오 게임 개발, 제품 디자인, 건축 등 다양한 산업에서 널리 사용되고 있다. 폴리곤 모델링의 장점 중 하나는 3D 모델의 모양과 구조를 정밀하게 제어할 수 있다는 것이다. 예술가들은 개별 꼭짓점과 다각형을 조작하여 원하는 형태를 만들 수 있으며, 그 결과 높은 유연성과 정밀도를 얻을 수 있다. 단점으로는 모델에 사용되는 폴리곤의 수가 증가하게 되면 작업이 어려워지고 렌더링을 위한 시간이 많이 소요된다.

서페이스(Surface) 방식

서페이스 모델링은 곡선 또는 표면을 사용하여 원하는 표면을 만들어 3D 객체를 구성하는 기법이다. 이때 객체의 표면은 다각형의 그물망으로 구성되지 않고 수학적으로 정의된다.

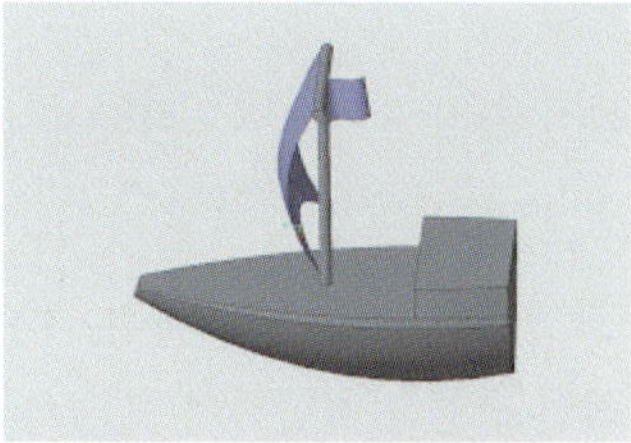

그림 10-3 서페이스(Surface) 모델링
(출처: https://bit.ly/3NTOmbr, Huels035)

일반적으로 표면 모델링에는 NURBS(Non-Uniform Rational B-Splines) 모델링과 세분화 표면 모델링(Subdivision Surface modeling)의 두 가지 방식이 있다.

NURBS 모델링은 곡선을 정의한 다음 원하는 형태를 만들기 위해 조작함으로써 복잡한 3D 표면을 만드는 것을 포함한다. NURBS 곡선은 제어점에 의해 정의되며, 이를 이동하여 곡선의 모양을 조정한다. 이러한 곡선을 사용하여 지표면을 작성한 후 이를 결합하여 완전한 3D 모델을 작성한다. NURBS 모델링은 자동차 디자인 및 제품 디자인과 같은 산업에서 널리 사용된다.

세분화 표면 모델링은 낮은 폴리곤 메시를 사용하여 3D 모델을 생성한 다음 메시에 평활 알고리즘을 적용하여 보다 부드러운 표면을 생성하는 작업이다. 즉 메쉬를 더 작은 섹션으로 나눈 다음 인접한 정점의 위치를 기반으로 각 정점의 평균 위치를 계산하는 것이다. 이 과정을 여러 번 반복하면 표면이 매끄럽게 구부러진다. 이 모델링은 영화와 비디오 게임 산업에서 주로 사용된다. 세분화 표면 모델링의 주요 장점 중 하나는 상대적으로 낮은 폴리곤 수로 고품질의 매끄러운 표면을 생성할 수 있다는 것이다. 이를 통해 컴퓨터 리소스를 보다 효율적으로 사용하여 작업하고 렌더링하기 쉬운 모델을 만들 수 있다. 그러나 표면 모델링은 다른 모델링 기술보다 더 복잡할 수 있으므로 복잡한 표면을 만들기 위해 전문 소프트웨어와 높은 수준의 기술이 필요하다.

솔리드(Solid) 방식

솔리드 모델링은 정의된 경계와 일정한 볼륨을 가진 완전하고 닫힌 3D 객체를 만드는 기술이다. 솔리드 모델링에서 3D 객체는 큐브, 실린더 및 구와 같은 솔리드 형상 등으로 구성되어 최종 객체를 생성한다. 솔리드 모델링을 통해 생성된 객체는 일정한 부피를 가지며 경계가 잘 정의된 연속적인 표면으로 구성된다. 솔리드 모델링은 물리적 정확성과 잘 정의된 경계가 필요한 제품 설계, 건축 및 엔지니어링과 같은 산업에서 널리 사용된다. 즉 단순한 기하학적 모양에서부터 복잡한 곡선과 표면을 가진 매우 상세한 모델에 이르기까지 다양한 복잡성을 가지는 객체를 만드는 데 사용된다.

일반적으로 솔리드 모델링은 구성적 솔리드 지오메트리(Constructive Solid Geometry, CSG)와 경계 표현(Boundary Representation, B-Rep) 기술을 사용한다.

구성적 솔리드 지오메트리(CSG) 모델링은 합집합, 교차점, 차이와 같은 부울 연산을 사용하여 정육면체, 원통, 구와 같은 원시적인 모양을 결합하여 3D 모델을 생성한다. 이 과정을 반복하여 점점 더 복잡한 객체를 생성하게 된다.

경계 표현(B-Rep) 모델링은 면, 모서리 및 정점을 포함한 경계 표면을 정의하여 3D 모델을 생성한다. 이 기술을 통해 디자이너는 곡면과 불규칙한 모양과 같이 더 복잡한 모양과 특징을 가진 물체를 만들 수 있다.

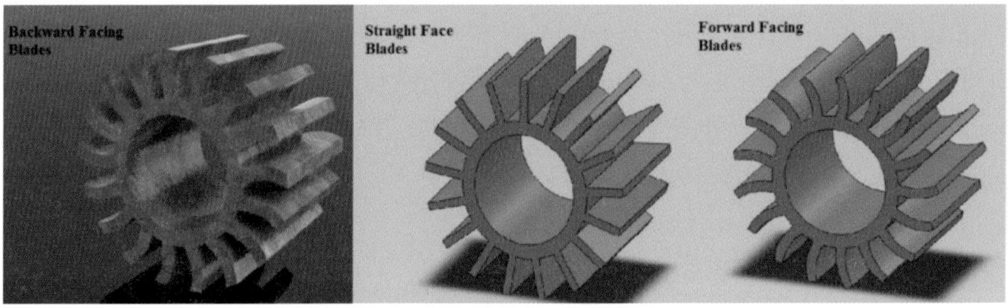

그림 10-4 다른 형태의 블레이드를 나타내는 솔리드 모델링
(출처: https://bit.ly/41iuT5q, Quarks1318)

10.2 3D 프린팅

3D 프린팅의 개념

3D 프린팅은 디지털 3D 모델에서 물리적 물체를 만드는 과정으로, 연속적인 계층의 물질을 뿌리면서 3차원 물체를 만들어내는 제조 기술이다. Additive Manufacturing이라고도 한다. 즉, 3D 프린팅은 플라스틱, 금속, 도자기 등의 재료를 사용하여 물리적 대상물을 층층이 만들어내는 작업이다. 이를 위해서 3D 인쇄 과정은 인쇄할 물체의 디지털 3D 모델에서 시작된다. 이 모델은 컴퓨터 보조 설계(CAD) 소프트웨어와 같은 다양한 소프트웨어 프로그램을 사용하여 만들 수 있다. 그런 다음 3D 모델을 얇은 단면 층으로 잘라 3D 프린터로 보낸다. 그 후 3D 프린터는 디지털 파일을 읽고 객체를 층별로 인쇄하기 시작하는데, 물체가 완성될 때까지 재료를 층층이 추가함으로써 원하는 물체를 만들게 된다. 3D 프린팅에 사용되는 재료는 프린터와 원하는 최종 제품에 따라 달라질 수 있다. 일반적인 재료로는 플라스틱, 금속, 도자기 등이 있다. 3D 프린팅은 신속한 시제품 제작, 교체 부품 제작, 의료 이식을 위한 장기 인쇄 등 많은 응용 분야를 가지고 있다. 3D 프린팅의 주요 장점 중 하나는 전통적인 제조 방법으로는 달성하기 어렵거나 불가능한 복잡한 모양과 기하학적 구조를 만들 수 있다는 것이다. 또한 고가의 툴링이나 금형 없이도 소량의 객체를 생산할 수 있다.

3D 프린팅의 역사

3D 프린팅의 개발 역사는 다음과 같다.

1984년 척 헐(Chuck Hull)이 발명한 입체 석판은 디지털 디자인으로부터 물리적 모델을 만드는 과정으로 특허를 출원하였다. 이것은 최초의 3D 프린팅 기술이었고 액체 포토 폴리머 수지의 층을 굳히기 위해 레이저를 사용하였다.

1990년대에는 선택적 레이저 소결(Selective Laser Sintering, SLS) 및 FDM(Fused Deposition Modeling)을 포함한 다른 3D 인쇄 기술이 개발되었다. SLS는 레이저를 사용하여 플라스틱 또는 금속과 같은 분말 재료의 층을 고체 물체로 소결하는 작업을 수행하는 반면 FDM은 용융된 플라스틱 층을 압출하여 물체를 구축하는 작업을 수행한다.

2000년대 초반, 저가의 데스크톱 3D 프린터의 개발로 3D 인쇄 기술은 대중들에게 더 쉽게 접근할 수 있게 되었다. 이러한 프린터를 통해 애호가와 중소기업은 자신만의 3D 모델과 프로토타입을 만들 수 있었다. 이후 3D 프린팅 기술은 빠르게 발전했다. 의료용 생체 적합성 재료와 산업용 금속 분말을 포함한 새로운 재료가 개발되었고, 디지털 디자인에서 물리적 물체를 만들기 위해 다양한 방법을 사용하는 잉크젯 3D 인쇄 및 연속 액체 인터페이스 생산(Continuous Liquid Interface Production, CLIP)과 같은 새로운 인쇄 기술도 개발되면서 3D 프린팅의 활용도가 증가되었다.

3D 스캐닝

3D 스캐닝은 다양한 기술을 사용하여 물체의 3차원 기하학적 형상을 포착하는 과정을 나타낸다. 즉 물체의 모양, 크기, 표면 질감을 기록하기 위해 장치나 소프트웨어를 사용하고, 그것의 디지털 3D 모델을 만드는 작업을 수행한다. 3D 스캐닝에는 레이저 스캐닝, 구조화된 광 스캐닝, 사진 측량을 포함한 여러 기술이 사용된다. 레이저 스캐닝은 레이저를 사용하여 물체를 스캔하고 레이저와 물체 표면 사이의 거리를 측정하는 것을 포함하는 반면, 구조화된 빛 스캐닝은 물체의 모양을 포착하기 위해 투영된 패턴을 사용한다. 사진 측량은 다른 각도에서 물체의 여러 사진을 찍고 소프트웨어를 사용하여 이미지를 기반으로 3D 모델을 만드는 작업을 수행한다. 디지털 3D 모델은 객체의 복제품을 제작하고, 그 구조와 형상을 분석하여 디지털 디자인이나 가상 환경에 접목시키는 등 다양한 용도로 활용될 수 있으며, 3D 스캐닝은 제조, 건축, 엔터테인먼트 등 다양한 산업 분야에서 활용되고 있다.

3D 스캐닝의 장점

- **정확하고 상세한 측정**: 3D 스캐닝은 물체의 모양, 크기 및 표면 질감에 대한 매우 정확하고 상세한 측정을 제공한다. 이 기능은 교체 부품을 만들거나 기존 제품을 리버스 엔지니어링(역공학 또는 재설계)할 때 특히 유용하다.
- **시간 및 비용 절감**: 3D 스캐닝은 물체를 측정하고 재현하는 기존 방법에 비해 시간과 리소스를 절약할 수 있다. 수동 측정이 필요 없고 수동 방식보다 훨씬 빠른 물체의 디지털 3D 모델을 생성할 수 있다.
- **사용자 지정 및 개인화**: 3D 스캐닝을 통해 사람의 고유한 체형 또는 기타 신체적 특성을 기반으로 사용자 지정 및 개인화된 제품을 만들 수 있다. 이는 헬스케어 또는 패션과 같은 산업에서 유용하다.

- **품질 관리**: 3D 스캐닝을 품질 관리 목적으로 사용하여 제조된 제품이 설계 사양을 충족하고 원래 설계에서 결함이나 편차가 없는지 확인할 수 있다.
- **보존 및 복원**: 3D 스캐닝을 사용하여 역사적 유물과 문화유산을 보존 및 복원할 수 있다. 디지털 3D 모델은 복제본을 만들거나 복원 작업을 지원하는 데 사용될 수 있다.
- **시각화 및 시뮬레이션**: 3D 스캐닝은 실제 물체의 디지털 모델을 만드는 데 사용될 수 있으며, 이는 시각화 및 시뮬레이션 목적으로 사용될 수 있다. 예를 들어, 건물이나 풍경의 3D 스캔을 사용하여 게임 또는 교육 목적의 가상 환경을 만들 수 있다.
- **문서 및 보관**: 3D 스캔을 사용하여 나중에 참조할 수 있도록 객체 및 구조를 문서화하고 보관할 수 있다. 이는 정확하고 상세한 문서화가 중요한 건축 및 엔지니어링과 같은 산업에서 특히 유용하다.

3D 스캐닝의 단점

- **비용**: 3D 스캐닝 장비는 고가이다. 이로 인해 일부 기업이나 개인이 쉽게 사용하기 어렵다.
- **복잡성**: 3D 스캐닝 기술은 복잡할 수 있으며, 효과적으로 사용하려면 전문 지식과 교육이 필요하다.
- **정확도 제한**: 3D 스캐닝 기술은 매우 정확한 측정을 제공할 수 있지만, 그 정확성에는 한계가 있다. 일부 재료 또는 표면은 3D 스캔에 적합하지 않을 수 있으며 조명 및 온도와 같은 환경적 요인이 정확도에 영향을 미칠 수 있다.
- **데이터 처리 요구 사항**: 3D 스캐닝은 대량의 데이터를 생성할 수 있으며, 이를 처리하려면 상당한 처리 능력과 많은 저장 용량이 필요할 수 있다. 이는 3D 기술을 사용하는 데 전반적인 비용을 증가시키는 원인이 된다.
- **제한된 해상도**: 일부 3D 스캐닝 기술은 결과적인 3D 모델의 해상도 측면에서 한계가 있다. 이로 인해 최종 제품에서 캡처할 수 있는 세부 정보 수준이 제한될 수 있다.
- **스캔 시간**: 3D 스캔을 완료하는 데 필요한 시간은 스캔 중인 개체의 복잡성과 크기에 따라 달라질 수 있다. 크기가 크거나 복잡한 개체는 여러 번 검색해야 할 수 있으므로 전체적으로 필요한 시간이 늘어날 수 있다.

3D 스캐너(3D Scanner)

3D 스캐너의 정의

3D 스캐너는 물체의 물리적 형태와 치수를 포착하고 디지털 3D 모델을 만드는 장치이다. 이 기술은 레이저, 구조화된 빛 또는 사진 측량과 같은 다양한 방법을 사용하여 물체의 형상을 캡처한다. 즉 3D 스캐너는 물체에 빛이나 레이저를 방출한 다음 카메라나 센서로 그 빛의 반사를 포착하는데, 반사의 왜곡과 패턴을 분석하여 물체의 모양과 질감을 3D 모델로 만든다. 3D 스캐너는 제조, 엔지니어링, 건축 및 엔터테인먼트를 포함한 광범위한 산업에서 사용된다. 프로토타이핑, 검사, 리버스 엔지니어링(역공학, 재설계)을 위한 물리적 객체의 디지털 모델을 만드는 데 사용할 수 있으며, 영화와 비디오 게임에서 3D 애니메이션과 시각 효과를 만드는 데도 사용할 수 있다.

3D 스캐너의 종류

레이저 기반 3D 스캐너(Laser-based 3D scanners)

레이저 기반 3D 스캐너는 가장 일반적으로 사용되는 3D 스캐너 유형 중 하나이다. 이는 레이저를 사용하여 스캐너와 물체 사이의 거리를 측정하여 매우 정확한 3D 모델을 만든다. 레이저 기반의 3D 스캐너는 매우 정확하며 미세한 디테일과 복잡한 모양을 포착할 수 있다. 그러나 장비가 일반적으로 고가이고, 다른 종류의 3D 스캐너보다 물체를 스캔하는 데 더 많은 시간이 필요할 수 있다. 엔지니어링, 건축 및 제조와 같은 산업에서 부품, 구성 요소 및 구조의 상세한 3D 모델을 만드는 데 많이 사용된다.

레이저 기반 3D 스캐너의 작동 방식은 다음과 같다.

1. **레이저 광선을 방출**: 스캐너는 물체를 향해 레이저 빔을 방출한다. 레이저 빔은 스캐너의 설계에 따라 단일 라인 또는 여러 라인이 될 수 있다.
2. **레이저 빛을 반사**: 레이저 광선은 물체의 표면에서 스캐너로 반사된다. 빛이 물체로 이동하고 스캐너로 돌아오는 데 걸리는 시간은 스캐너의 센서에 의해 측정된다.
3. **거리 계산**: 스캐너는 비행 시간 측정을 사용하여 스캐너와 물체 표면 사이의 거리를 계산한다. 이 과정은 여러 번 반복되며, 레이저 빔은 물체 표면의 다른 지점으로 향한다.
4. **점 구름 만들기**: 스캐너는 개체 표면의 여러 지점에서 거리 측정을 수집하고 이 정보를 사용하여 점 구름을 만든다. 점 구름은 물체의 표면을 나타내는 공간의 3D 점의 집합이다.
5. **3D 모델 만들기**: 포인트 클라우드*는 스캐너의 소프트웨어에 의해 처리되어 3D 모델을

생성한다. 이 소프트웨어는 알고리즘을 사용하여 점 구름을 분석하고 물체의 모양을 정확하게 나타내는 표면 모델을 만드는 작업을 수행한다.

> **잠깐만요 포인트 클라우드(Point Cloud)**
>
> 3차원 공간상에 퍼져 있는 여러 포인트(Point)의 집합(set Cloud)를 의미한다.

구조화된 빛 3D 스캐너(Structured light 3D scanners)

구조화된 빛 3D 스캐너는 투영된 빛의 패턴을 사용하여 물체의 모양과 형상을 캡처한다. 이 스캐너는 물체에 일련의 빛 패턴을 투사하고 그 패턴들이 물체의 표면과 상호작용하면서 어떻게 변형되는지 분석함으로써 작동한다.

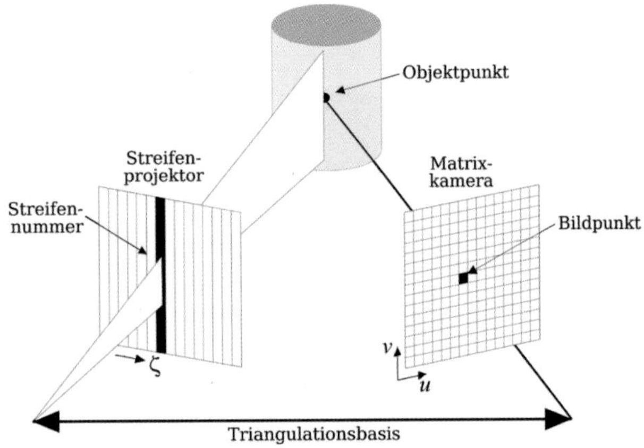

그림 10-5 구조화된 빛 3D 스캐너

(출처: https://bit.ly/42oZvDx, Dr. Georg Wiora)

구조화된 라이트 3D 스캐너는 빠르고 정확하여 복잡한 기하학적 구조나 미세한 세부 정보를 가진 물체를 스캔하는 데 이상적이다. 제품 디자인, 품질 관리 및 엔터테인먼트와 같은 산업에서 제품, 프로토타입 및 캐릭터의 3D 모델을 만드는 데 일반적으로 사용된다. 또한 물체 표면의 색과 질감을 포착할 수도 있어 물체의 사실적인 시각화를 만드는 데 유용하다.

구조화된 조명 3D 스캐너의 작동 방식은 다음과 같다.

1. **빛의 패턴 투영**: 스캐너는 물체의 표면에 빛의 패턴을 투사한다. 패턴은 수평 또는 수직 선의 집합, 점의 격자 또는 다른 패턴일 수 있다.
2. **변형된 패턴 캡처**: 카메라 또는 센서는 물체 표면에 투영된 패턴의 이미지를 캡처한다. 개체 표면의 모양으로 인해 패턴이 왜곡된 것으로 나타낸다.
3. **왜곡 분석**: 스캐너의 소프트웨어는 왜곡된 패턴을 분석하고 물체 표면의 모양을 계산한다. 소프트웨어는 투영된 패턴과 캡처된 이미지를 비교하여 물체 표면의 각 점의 3D 좌표를 결정한다.

4. **3D 모델 만들기**: 스캐너의 소프트웨어는 3D 좌표 데이터를 처리하여 객체의 3D 모델을 만든다. 이 모델은 다른 소프트웨어 애플리케이션으로 내보내거나 3D 인쇄 또는 제조에 사용할 수 있다.

Time-Of-Flight(TOF) 3D 스캐너

TOF 3D 스캐너는 적외선을 사용하여 스캐너와 물체 표면 사이의 거리를 측정한다. 이러한 스캐너는 짧은 펄스의 빛을 방출하고 빛이 스캐너에 반사되는 데 걸리는 시간을 측정하게 된다. TOF 3D 스캐너는 빠르고 물체 표면의 정확한 3D 데이터를 캡처할 수 있어서 높은 정확도와 실시간 측정이 필요한 로봇, 자율주행차, 산업 자동화 등에서 흔히 사용된다. 그러나 TOF 3D 스캐너는 주변 빛에 민감할 수 있으며 밝은 환경에서는 제대로 작동하지 않을 수 있다.

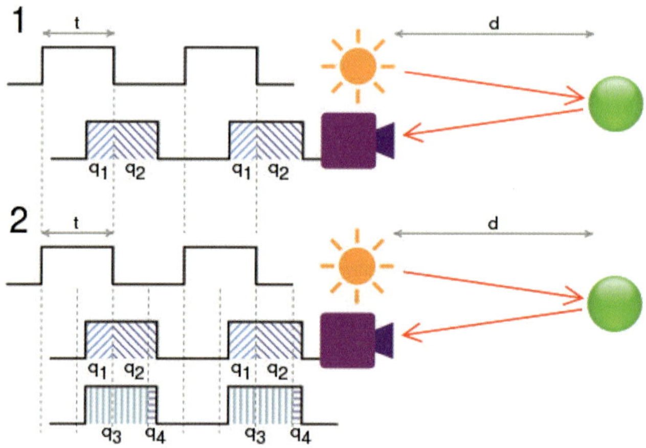

그림 10-6 Time-Of-Flight(TOF) 3D 스캐너
(출처: https://bit.ly/41mFNXR, cmglee)

TOF 3D 스캐너의 작동 방법은 다음과 같다.

1. **빛의 펄스 방출**: 스캐너는 물체를 향해 적외선 펄스를 방출한다.
2. **반사광**: 빛은 물체 표면에서 스캐너로 반사된다. 스캐너는 빛이 스캐너에서 물체로 이동하고 돌아오는 데 걸리는 시간을 측정한다.
3. **거리 계산**: 스캐너와 물체 표면 사이의 거리를 계산한다.
4. **점 구름 만들기**: 개체 표면의 여러 지점에서 거리를 측정하여 점 구름을 만든다.
5. **3D 모델 만들기**: 포인트 클라우드를 통해 3D 모델을 생성한다.

사진 측량 기반의 3D 스캐너(Photogrammetry-based 3D scanners)

사진 측량 기반의 3D 스캐너는 사진을 사용하여 물체의 3D 모델을 만든다. 이 스캐너는 다른 각도에서 물체의 여러 사진을 찍은 다음 소프트웨어를 사용하여 사진을 분석하고 물체의 3D 형상을 계산한다. 사진 측량 기반의 3D 스캐너는 상대적으로 저렴하며 복잡한 물체의 고품질 3D 모델을 만들 수 있다. 건축, 고고학, 문화유산 보존과 같은 산업에서 건물, 기념물, 공예품의 3D 모델을 만드는 데 일반적으로 사용된다. 그러나 사진 측량 기반 3D 스캐너는 조명 조건에 민감할 수 있으며 정확한 결과를 얻으려면 신중한 설정과 보정이 필요할 수 있다.

사진 측량 기반 3D 스캐너의 작동 방식은 다음과 같다.

1. **사진 캡처**: 스캐너는 다른 각도에서 물체의 여러 사진을 캡처한다. 소프트웨어가 사진을 비교하고 물체의 3D 형상을 계산할 수 있도록 사진이 겹쳐야 한다.
2. **사진 분석**: 스캐너의 소프트웨어는 사진을 분석하고 각 사진에서 모서리 또는 가장자리와 같은 공통된 특징을 식별한다. 그 후 소프트웨어는 이러한 기능을 여러 사진에 걸쳐 일치시켜 3D 포인트 클라우드를 만든다.
3. **점 구름 만들기**: 스캐너의 소프트웨어는 3D 포인트 클라우드를 사용하여 물체 표면의 촘촘한 메쉬를 만든다. 망사는 객체의 기하학적 구조에 가까운 삼각형으로 구성된다.
4. **3D 모델 만들기**: 스캐너의 소프트웨어는 물체의 부드러운 3D 모델을 만들기 위해 메쉬를 추가로 처리할 수 있다. 이 소프트웨어는 또한 모델을 원본 사진과 텍스처 매핑하여 사실적으로 보이는 모델을 만들 수 있다.

접촉 기반 3D 스캐너(Contact-based 3D scanners)

접촉 기반 3D 스캐너는 물체의 모양과 형상을 포착하기 위해 물체의 표면에 물리적으로 접촉하는 방식을 사용한다. 이러한 스캐너는 터치 프로브, 좌표 측정기(CMM), 백색광 스캐닝 등 다양한 기술을 사용하여 물체 표면의 모양을 측정한다. 접촉 기반 3D 스캐너는 매우 정확하며 물체의 모양과 기하학적 형상을 매우 정밀하게 포착할 수 있다. 제조, 엔지니어링 및 품질 관리와 같은 산업에서 부품, 프로토타입 및 어셈블리의 치수를 측정하는 데 일반적으로 사용된다. 그러나 접촉 기반 3D 스캐너는 속도가 느리고 물체 표면과의 물리적 접촉이 필요해 섬세하거나 부드러운 물체에 문제가 될 수 있다.

접촉 기반 3D 스캐너의 작동 방식은 다음과 같다.

1. **개체 표면 터치**: 스캐너의 프로브는 표면 위로 이동하거나 물체를 움직이는 로봇 팔에 부착하여 물체의 표면에 물리적으로 닿는다.
2. **지표면 형상 측정**: 스캐너는 프로브 또는 로봇 암이 표면 위로 이동할 때의 위치를 기록하

여 물체의 표면 형상을 측정한다. 스캐너는 물체 표면의 여러 지점에서 프로브 또는 로봇 암의 위치를 기록한다.

3. **점 구름 만들기**: 3D 포인트 세트인 포인트 클라우드를 만든다.
4. **3D 모델 만들기**: 포인트 클라우드로부터 객체의 3D 모델을 생성한다.

3D 프린터

3D 프린터는 재료의 층을 한 번에 한 층씩 추가하여 물리적 물체를 만드는 적층 제조 기술이다. 이 공정은 전통적인 제조 방법에서와 같이 재료를 빼는 대신에 재료를 첨가하기 때문에 '첨가 제조'라고도 한다.

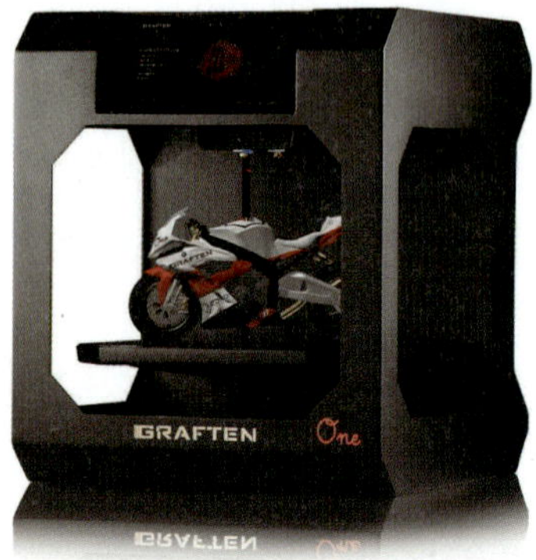

그림 10-7 3D 프린터

3D 프린터의 작동 방식

3D 프린터에는 다양한 종류가 있으며, 각각의 장점과 한계를 가지고 있다. 가장 일반적인 유형의 3D 프린터에는 FDM(Fused Deposition Modeling), SLA(Stereolithography), SLS(Selective Laser Sintering), BJ(Binder Jetting) 등이 있다.

3D 프린터의 작동 방식은 다음과 같다.

1. **3D 모델 만들기**: 3D 인쇄의 첫 번째 단계는 인쇄하려는 객체의 3D 모델을 만든다. 이 작업은 3D 모델링 소프트웨어를 사용하거나 3D 스캐너를 사용하여 기존 객체의 디지털 복사본을 만들 수 있다.
2. **모델 준비 중**: 3D 모델이 생성되면 인쇄를 위해 준비한다. 여기에는 모델을 얇은 레이어로 분할하고 3D 프린터가 각 레이어를 만드는 데 사용할 기계 코드를 생성하는 작업을 수행한다.
3. **프린터 로드 중**: 3D 프린터에는 객체를 만드는 데 사용될 재료가 로드된다. 이 재료는 프린터 유형에 따라 필라멘트, 분말 또는 액체 형태일 수 있다.
4. **개체 인쇄**: 3D 프린터는 이전 단계에서 생성된 기계 코드에 따라 객체를 층별로 인쇄하기 시작한다. 재료는 물체가 완성될 때까지 각각의 층을 만들기 위해 증착, 용융 또는 경화된다.
5. **후처리**: 물체를 인쇄한 후에는 지지 구조물을 제거하거나 표면을 매끄럽게 하거나 마무리 작업을 추가하기 위해 후처리가 필요할 수 있다.

3D 프린터의 유형

FDM(Fused Deposition Modeling) printing

FDM은 열가소성 필라멘트를 재료로 사용하여 물체를 층별로 생성하는 3D 프린팅 기술이다. 가장 일반적이고 경제적인 3D 프린팅 기술 중 하나이며 시제품 제작, 제품 개발 및 엔지니어링과 같은 산업에서 널리 사용되고 있다. FDM 프린팅은 튼튼하고 내구성이 뛰어난 부품을 생산하는 것으로 유명하며 ABS, PLA, PETG, 나일론 등 다양한 재료로 프린팅할 수 있다. 이 기술은 또한 비교적 사용하기 쉽고 전문적인 지식이나 장비를 필요로 하지 않는다. 그러나 사용되는 특정 프린터 및 재료에 따라 정확도, 해상도 및 표면 마감 측면에서 몇 가지 제한이 있을 수 있다.

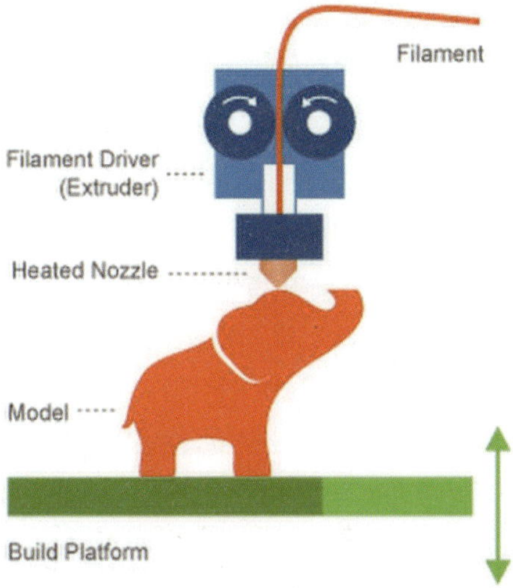

그림 10-8 FDM(Fused Deposition Modeling) 방식
(출처: https://bit.ly/3Me2R6P, Kholoudabdolqader)

FDM의 작동 방식은 다음과 같다.

1. **모델 준비 중**: FDM 인쇄의 첫 번째 단계는 3D 모델링 소프트웨어를 사용하거나 기존 객체를 스캔하여 인쇄할 객체의 3D 모델을 만든다.
2. **모델 슬라이싱**: 3D 모델이 생성되면 전문 소프트웨어를 사용하여 얇은 층으로 잘라진다(슬라이스). 소프트웨어는 FDM 프린터가 객체의 각 레이어를 만드는 데 사용할 기계 코드를 생성한다.
3. **프린터 로드 중**: FDM 프린터에는 열가소성 필라멘트 스풀이 장착되어 있다. 필라멘트는 노즐을 통해 프린터로 공급되며, 노즐은 특정 온도로 가열된다.
4. **개체 인쇄**: FDM 프린터가 개체를 한 겹씩 인쇄하기 시작한다. 노즐은 이전 단계에서 생성된 기계 코드에 따라 열가소성 필라멘트를 녹여 특정 패턴으로 인쇄 베드에 증착한다. 물질은 침전되는 즉시 냉각되고 고체화되어 고체층을 형성한다.
5. **후처리**: 물체를 인쇄한 후에는 지지 구조물을 제거하거나 표면을 매끄럽게 하거나 마무리 작업을 추가하기 위해 후처리가 필요할 수 있다.

SLA(Setero Lithography Appartus) printing

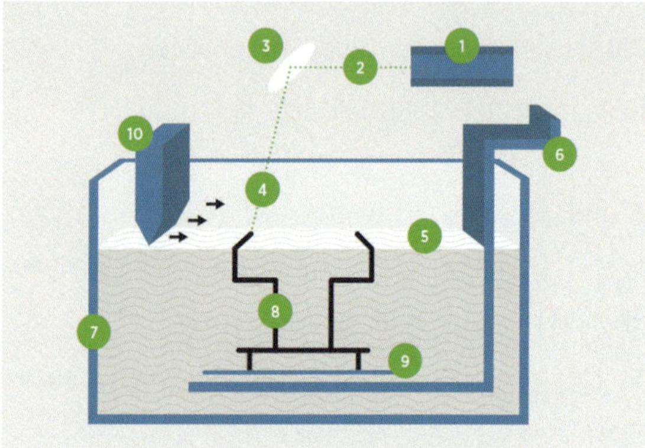

그림 10-9 SLA(Setero Lithography Appartus) 방식
(출처: https://bit.ly/3Mdre4r, protolabs)

SLA 방식은 레이저를 사용하여 액체 수지를 고체 물체로 층층이 경화시키는 3D 프린팅 기술이다. 표면 마감이 매끄러운 매우 상세하고 정밀한 부품을 생산할 수 있는 것으로 알려져 있어 시제품 제작, 제품 개발 및 소규모 배치 제조에 널리 사용된다. 또한 높은 수준의 정확성을 줄 수 있어, 다른 3D 인쇄 기술로는 제작이 어렵거나 불가능한 복잡한 기하학적 구조의 부품을 생산할 수 있다. 그러나 SLA 프린터는 일반적으로 다른 유형의 3D 프린터보다 더 비싸고 재료도 고가이다.

SLA의 작동 방식은 다음과 같다.

1. **모델 준비 중**: SLA 인쇄의 첫 번째 단계는 3D 모델링 소프트웨어를 사용하거나 기존 객체를 스캔하여 인쇄할 객체의 3D 모델을 만든다.
2. **수지 준비**: 3D 모델이 생성되면 액체 수지가 준비한다. 수지는 일반적으로 빛에 반응하는 감광성 고분자이다.
3. **개체 인쇄**: SLA 프린터는 레이저를 사용하여 수지를 선택적으로 고체 층으로 경화시킨다. 레이저가 수지 표면에 있는 물체의 모양을 추적할 수 있도록 거울을 조정한다. 레이저가 수지에 닿으면, 그것은 그것을 고체 층으로 경화시켜 물체를 층층이 쌓는다. 각 레이어가 치료된 후 빌드 플랫폼이 아래로 이동하여 다음 레이어를 위한 공간을 만든다.
4. **후처리**: 일단 물체가 인쇄되면, 경화되지 않은 수지를 제거하기 위해 프린터에서 빼서 용매로 세척한다. 지지 구조물을 제거하거나 마무리 작업을 추가하기 위해 추가적인 후처리가 필요할 수 있다.

SLS(Selective Laser Sintering) printing

SLS는 고출력 레이저를 사용하여 분말 재료(일반적으로 플라스틱, 금속 또는 세라믹)를 선택적으로 녹여 층별로 고체 물체로 만드는 3D 프린팅 기술이다. SLS는 높은 정밀도와 정확도로 견고하고 내구성이 뛰어난 부품을 생산하는 데 적합하여 최종 사용 부품, 기능성 시제품 및 복잡한 기하학적 구조를 제조하는 데 널리 사용된다. 또한 나일론, 폴리카보네이트, 금속분말 등 다양한 소재로 프린팅이 가능하다. 그러나 SLS 프린터에 사용되는 분말 재료는 매우 고가이고,

프린터 또한 고가이다.

그림 10-10 SLS(Selective Laser Sintering) 방식
(출처: https://bit.ly/3O5kzuq, Formlabs Inc.)

SLS의 작동 방식은 다음과 같다.

1. **모델 준비 중**: SLS 인쇄의 첫 번째 단계는 3D 모델링 소프트웨어를 사용하거나 기존 객체를 스캔하여 인쇄하려는 객체의 3D 모델을 만든다.
2. **분말 준비 중**: 3D 모델이 생성되면 분말 재료(일반적으로 플라스틱, 금속 또는 세라믹)가 SLS 프린터의 빌드 플랫폼 전체에 분산된다.

3. **개체 인쇄**: SLS 프린터는 고출력 레이저를 사용하여 분말 입자를 원하는 모양으로 층별로 선택적으로 녹이고 융합한다. 레이저가 파우더 베드의 표면에 있는 물체의 모양을 추적할 수 있도록 거울을 조정한다. 레이저가 분말에 부딪히면, 입자들을 함께 융합하여 고체 층을 형성하면서 물체를 층층이 쌓는다. 각 레이어가 소결된 후 빌드 플랫폼이 아래로 이동하여 다음 레이어를 위한 공간을 만든다.
4. **후처리**: 물체가 인쇄되면 프린터에서 빼서 여분의 가루를 제거하거나 표면을 매끄럽게 하는 등의 마무리 작업을 위한 후처리가 필요할 수 있다.

BJ(Binder Jetting) printing

BJ는 액체 결합제를 사용하여 분말 재료(일반적으로 금속, 모래 또는 세라믹)의 층을 선택적으로 결합하여 층별로 고체 물체를 만드는 3D 프린팅 기술이다. 이 방식은 금속, 세라믹 등 다양한 소재로 인쇄가 가능할뿐만 아니라 빠르고 비교적 저렴한 비용으로 큰 부품을 제작하거나 빠르게 제품을 배치하여야 할 때 사용된다. 그러나 BJ 방식을 사용하여 제조된 부품은 다른 유형의 3D 인쇄 기술을 사용하여 제조된 부품만큼 강하거나 정밀하지 않을 수 있다.

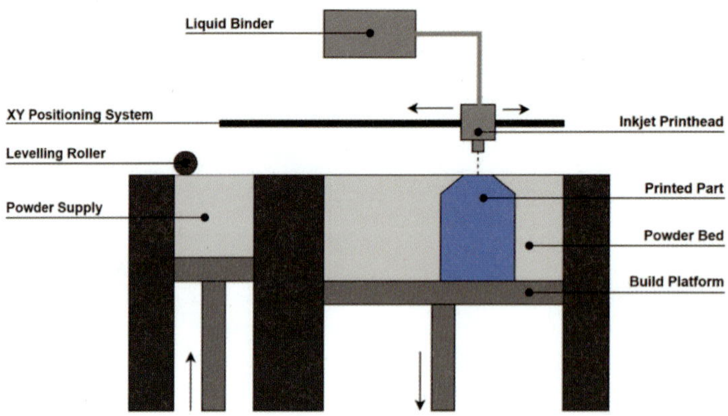

그림 10-11 BJ(Binder Jetting) 방식
(출처: https://bit.ly/3nMgMHM, FM1418)

BJ(Binder Jetting)의 작동 방식은 다음과 같다.

1. **모델 준비 중**: 바인더 분사 인쇄의 첫 번째 단계는 3D 모델링 소프트웨어를 사용하거나 기존 객체를 스캔하여 인쇄할 객체의 3D 모델을 만드는 것이다.
2. **분말 준비 중**: 3D 모델이 생성되면 분말 재료(일반적으로 금속, 모래 또는 세라믹)가 Binder Jetting 프린터의 빌드 플랫폼에 분산된다.

3. **개체 인쇄**: 바인더 제트 프린터는 액체 결합제, 전형적으로 수성 접착제를 사용하여 대상물의 원하는 형상의 분말 입자를 층별로 선택적으로 결합시킨다. 상기 결착제는 각 층에서 물체의 형상을 따라 프린트 헤드를 이용하여 파우더 베드의 표면에 분사된다. 그런 다음 객체가 완료될 때까지 층들이 서로 겹쳐 쌓인다.

4. **후처리**: 일단 물체가 인쇄되면 프린터에서 빼서, 여분의 분말과 모든 지지 구조물을 제거한다. 물체의 강도를 향상시키기 위해 소결 또는 경화하기 위해 후처리가 필요할 수 있다.

Powder Bed Fusion printing

파우더 베드 퓨전 프린팅은 레이저나 전자 빔과 같은 고출력 에너지원을 사용하여 플라스틱, 금속 또는 세라믹과 같은 분말 재료의 입자를 층별로 고체 물체로 만들어내는 작업을 수행한다. 파우더 베드 퓨전 기술에는 SLS(Selective Laser Sintering), BJ(Binder Jetting) 및 EBM(Electron Beam Melting)을 비롯한 여러 유형의 기술이 사용된다.

그림 10-12 Powder Bed Fusion 3D printer
(출처: https://bit.ly/44GPZ0l, AlexMadinger)

Polyjet 3D printing

PolyJet 3D 프린팅은 분사 공정을 사용하여 부품을 층별로 제작하는데, 액체 포토폴리머 물질의 작은 방울들을 빌드 트레이에 분사하고 그것들을 자외선으로 경화시키는 작업을 수행한다. 원하는 부품이 만들어질 때까지 이 프로세스를 반복한다. PolyJet 3D 프린팅은 높은 디테일, 정확도, 표면 마감으로 부품을 생산하는 데 탁월한 것으로 알려져 있다. 또한 고무 재질의 재료와 투명 재료를 포함하여 다양한 색상과 재료로 인쇄할 수 있다. 그러나 PolyJet 인쇄는 다른 유형의 3D 인쇄보다 더 고가이며, 이것으로 생산된 부품은 FDM(Fused Deposition Modeling) 또는 SLS(Selective Laser Sinter)와 같은 다른 기술로 생산된 부품보다 강도가 높지 않을 수 있다.

그림 10-13 Polyjet 3D 프린터
(출처: https://bit.ly/41p4Edu)

PolyJet 3D 프린팅은 다음과 같은 단계로 수행된다.

1. **디지털 디자인 만들기**: 먼저, 인쇄할 객체는 CAD(Computer-Aided Design)소프트웨어를 사용하여 3D 디지털 모델로 생성된다.
2. **프린터 설정**: PolyJet 3D 프린터는 포토폴리머 수지와 서포트 재료를 포함한 적절한 재료로 설정된다.
3. **개체 인쇄**: 광중합체 수지를 얇은 층으로 빌드 트레이에 분사하여 증착된 각 층을 경화시킨다.
4. **후처리**: 인쇄가 완료되면 부품을 프린터에서 제거하고 다듬는 후처리 과정을 진행한다.

DLP(Digital Light Processing)

DLP 3D 프린팅은 액체 포토폴리머 수지의 통과 디지털 라이트 프로젝터를 이용해 수지를 층층이 경화시켜 고체 물체를 만드는 작업을 수행한다. 이는 높은 해상도와 디테일로 부품을 제작할 수 있는 것으로 알려져 있어 치과, 보석 제작 등 고정밀이 요구되는 분야에 적용하기에 적합하다. 또한 다양한 재료와 색상으로 인쇄할 수 있다. 그러나 DLP 인쇄는 다른 유형의 3D 인쇄보다 고가이며 생산된 부품은 강도가 높지 않을 수 있다.

그림 10-14 DLP(Digital Light Processing) 3D 프린팅

DLP 3D 프린팅은 다음과 같은 단계로 수행된다.

1. **디지털 디자인 만들기**: 인쇄할 객체는 CAD(Computer-Aided Design) 소프트웨어를 사용하여 3D 디지털 모델로 생성한다.
2. **프린터 설정**: 포토폴리머 수지와 디지털 라이트 프로젝터를 포함한 적절한 재료를 설정한다.
3. **개체 인쇄**: 프린터는 물체의 각 층의 디지털 이미지를 용기의 액체 수지 표면에 투영한다. 빛은 수지를 응고시켜 원하는 모양으로 경화시킨다. 이 프로세스는 전체 개체가 완료될 때까지 각 계층에 대해 반복 수행한다.

4. **후처리**: 인쇄가 완료되면 부품을 통에서 꺼내어 여분의 수지를 제거한다. 그 후 UV 광선을 사용하여 완전히 경화되도록 추가로 작업을 수행한다.

DED(Direct Energy Depositio)

그림 10-15 DED(Direct Energy Deposition) 3D 프린팅

DED 3D 프린팅은 레이저나 전자빔과 같은 집속 에너지원을 사용하여 재료를 층층이 녹여 증착하는 적층 제조 기술이다. 이 프로세스는 복잡한 3D 모양을 만들거나 기존 부품을 수리 또는 수정하거나 기존 구조물에 재료를 추가하는 데 사용된다. 인쇄에 사용되는 재료는 일반적으로 와이어 또는 분말 형태이며, 물질이 기판 위에 퇴적될 때 물질을 녹여 고체 물체를 만든다. 이 공정은 항공우주 및 국방과 같은 산업을 위한 크고 고강도 부품을 만드는 데 종종 사용된다. DED 프린팅은 일반적으로 빛이나 열에 의해 경화되거나 경화된 액체 또는 반고체 재료를 사용하는 FDM(Fused Deposition Modeling) 또는 SLA(Stereolithography)와 같은 다른 3D 프린팅 공정과 다르다. 또한 DED 프린팅은 재료를 더 빨리 증착할 수 있기 때문에 다른 3D 프린팅 방법보다 더 빠르다.

LOM(Laminated Object manufacturing)

LOM은 종이, 플라스틱 또는 기타 재료를 인쇄 매체로 사용하는 3D 인쇄 기술이며, 재료의 층을 원하는 모양으로 자른 다음 그것들을 함께 접합하여 3D 물체를 만든다. LOM 3D 프린팅에서 프린터는 먼저 종이나 플라스틱과 같은 재료의 층을 선택한 다음 레이저나 다른 절단 도구를 사용하여 재료에서 물체의 모양을 잘라낸다. 그 후 절단층을 접착제나 열을 이용하여 이전의 층에 접착시키고, 이 과정을 반복하여 최종적인 3차원 물체를 만든다. LOM 인쇄의 한 가지 장점은 종이, 플라스틱, 나무, 심지어 금속을 포함한 광범위한 재료를 사용할 수 있다는 것이다. 또한 큰 물체를 빠르고 높은 정확도로 생산할 수 있어 대규모 모델이 필요한 건축 모델이나 기타 응용 분야에 활용하기 적합하다. 그러나 LOM 인쇄는 다른 3D 인쇄 방식에 비해 제한된 해상도와 표면 마감뿐만 아니라 강도와 내구성 등의 한계가 있다. 또한 LOM은 과도한 컷아웃의 형태로 상당한 양의 폐기물을 생산할 수 있다. 일반적으로, LOM은 다목적이고 비용 효율적인 3D 프린팅 기술로 대형 모델을 빠르고 정확하게 제작하는 데 적합하지만 고강도, 내구성 또는 미세한 디테일이 필요한 애플리케이션에는 적합하지 않을 수 있다.

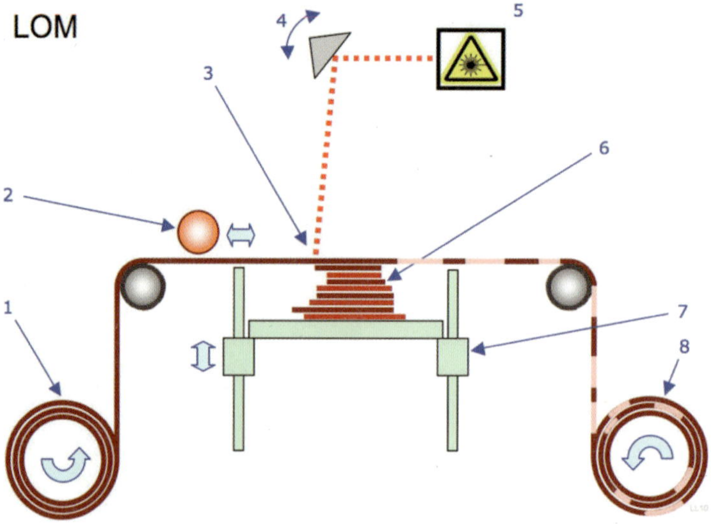

그림 10-16 LOM(Laminated Object Manufacturing)
(출처: https://bit.ly/3nO0s9C, LaurensvanLishout)

Housing 3D printing

하우징 3D 프린터는 다양한 건축 재료를 사용하여 벽과 기초와 같은 건물 구조물을 인쇄하기 위해 특별히 설계된 3D 프린터이며, 대규모이고 높은 정확도와 정밀도로 구조물을 인쇄할 수 있다. 하우징 3D 인쇄 프로세스는 건물 구조의 디지털 3D 모델을 생성하고, 이 모델은 프린터의 소프트웨어에 로드된 후 콘크리트, 시멘트 또는 점토와 같은 다양한 건축 재료를 사용하여 구조물을 층별로 인쇄한다. 장점은 벽돌을 쌓거나 콘크리트를 붓는 것과 같은 전통적인 건설 방법과 관련된 시간과 비용을 크게 줄일 수 있으며, 높은 수준의 설계 유연성을 제공하여 건축가와 건설업자가 고려하는 복잡하고 고유한 건물 모양도 만들 수 있다. 그러나 하우징 3D 프린팅은 인쇄할 수 있는 구조물의 크기에 제한이 있으며, 인쇄 과정은 높은 습도나 극단적인 온도와 같은 기상 조건에 의해 영향을 받을 수 있다. 또한, 고려해야 할 규제 및 안전에 대한 사항도 충분히 유의하여야 한다.

그림 10-17 Housing 3D printing
(출처: https://bit.ly/3MeYs3F, Alfredo Milano)

Nano 3D printing

나노 3D 프린터는 나노 크기의 인쇄 기술을 사용하여 높은 정밀도와 정확도로 매우 작은 물체를 만드는 3D 프린터이며, 나노미터, 즉 10억 분의 1미터 크기의 물체를 생산할 수 있다. 나노 3D 프린팅 기술은 일반적으로 나노 스케일에서 재료를 영상화하고 조작할 수 있는 현미경의 일종인 주사 프로브 현미경(Scanning Probe Microscope, SPM)을 사용하는데, 이는 작은 프로브를 사용하여 표면을 스캔하고 필요에 따라 재료를 증착하거나 제거한다. 나노 3D 프린팅 기술의 한 예는 Dip-Pen Nanolithography라고 하는데, 표면에서 물질을 증착하거나 제거하기 위해 나노 크기의 팁으로 만들어진 작은 '펜'을 사용한다. 이 기술은 10나노미터만큼 작은 형상 크기의 패턴을 만드는 데 사용될 수 있다.

나노 3D 프린팅 기술의 또 다른 예는 Two-Photon Lithography라고 하는데, 이것은 매우 작은 구조를 만들기 위해서 액체 수지를 선택적으로 경화시키기는 레이저를 사용한다. 이 기술은 수십 나노미터 정도의 형상 크기를 가진 구조물을 만드는 데 사용될 수 있다.

나노 3D 프린팅은 나노 전자 공학, 나노 광전자학, 나노 의학과 같은 분야에서 광범위한 잠재적 응용 분야를 가지고 있다. 예를 들어, 소형 전자 장치를 만들거나 나노 크기의 약물 전달 시스템을 제작하는 데 사용될 수 있다.

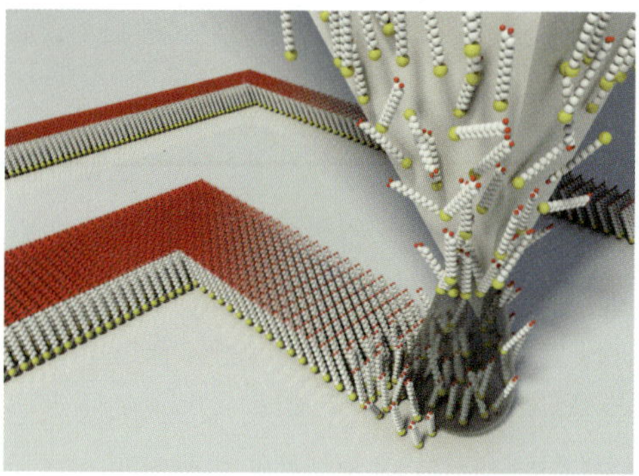

그림 10-18 Dip-Pen Nanolithography
(출처: https://bit.ly/3VOSr0C, Paul Stiles)

그림 10-19 나노 3D 프린팅
(출처: https://bit.ly/3O5mNKi, ZEISS Microscopy)

프린팅에 응용 가능한 전자 장치(3D Printed electronics)

● 웨어러블 호흡 모듈(Wearable respiratory module)

웨어러블 호흡 모듈은 유해한 입자를 걸러내고 깨끗한 공기를 공급함으로써 사람들이 더 쉽게 호흡할 수 있도록 고안된 3D 프린팅 장치이다. 이러한 유형의 모듈은 마스크처럼 얼굴에 착용하거나 헬멧 또는 의류와 같은 웨어러블 기기에 통합될 수 있다. 웨어러블 호흡 모듈은 일반적으로 여과 시스템, 공기 펌프 또는 팬, 배터리 또는 전원을 포함한 몇 가지 주요 구성 요소로 구성된다. 여과 시스템은 먼지, 꽃가루, 연기 등 공기 중 유해한 입자를 포집해 제거하는 동시에 깨끗한 공기가 통과할 수 있도록 설계되고, 공기 펌프나 선풍기는 착용자에게 깨끗한 공기를 전달하여 그들이 더 쉽고 편안하게 숨을 쉴 수 있도록 도와준다.

웨어러블 호흡 모듈을 만들기 위해 3D 프린팅을 사용하는 것의 이점은 착용자의 특정 요구와 선호도에 맞는 맞춤형 개인화된 장치를 만들 수 있다는 것이다. 또한 3D 프린팅의 유연성 덕분에 유연한 플라스틱, 실리콘, 심지어 금속과 같은 다양한 재료를 사용하여 일상적인 마모를 견딜 수 있는 내구성과 편안한 장치를 만들 수 있다. 웨어러블 호흡 모듈의 적용 분야는 호흡기 질환이 있는 사람들이 더 쉽게 호흡할 수 있도록 돕는 의료 환경이나 유해한 먼지나 연기에 노출되지 않도록 근로자를 보호할 수 있는 산업 또는 건설 환경과 같이 다양하다.

● 3D 곡면 센서(3D curved Sensor)

3D 곡면 센서는 3차원으로 곡선 처리된 이미지 센서의 일종으로, 보다 자연스럽고 몰입감 있는 경험을 제공한다. 2차원 평면에서 이미지를 캡처하는 기존 평면 이미지 센서와 달리 3D 곡면 센서는 사람의 눈이 세상을 보는 방식과 더 밀접하게 일치하는 이미지를 캡처할 수 있다. 3D 센서의 곡률은 이미징 애플리케이션에서 많은 이점을 제공한다. 예를 들어, 특히 프레임의 가장자리에서 왜곡을 줄이고 이미지 품질을 향상시키는 데 도움이 될 수 있다. 또한 곡선 형태는 보다 효율적인 광 채집을 가능하게 하여 저조도 성능을 향상시키고 영상의 노이즈를 줄일 수 있다. 3D 곡면 센서의 핵심 응용 프로그램 중 하나는 가상현실(VR) 및 증강 현실(AR) 장치에 있으며, 여기서 사용자에게 보다 몰입적이고 현실적인 경험을 만드는 데 도움이 될 수 있다. 3D 곡면 센서는 눈의 자연적인 곡률과 더 가깝게 정렬된 이미지를 캡처함으로써 이미지가 픽셀 그리드로 구성된 것처럼 보이는 VR 및 AR 장치에서 발생할 수 있는 '스크린 도어 효과'를 줄일 수 있다. 3D 곡면 센서는 일반적으로 웨이퍼 레벨 패키징이라고 불리는 공정을 사용하여 생성되는데, 이 공정은 곡면 유리 렌즈를 센서의 표면에 직접 접합하는 것이다.

3D 투명 전극(3D Transparent electrode)

3D 투명 전극은 투명하면서도 입체적으로 설계된 전극의 일종으로, 터치스크린, 태양 전지, 플렉서블 전자제품과 같은 광범위한 응용 분야에서 사용될 수 있다. 종래의 평판형 투명 전극은 디스플레이와 같은 응용 분야에서 일반적으로 사용되지만, 낮은 전도성 및 기계적 강성에 의해 제한되었다. 그러나 3D 투명 전극은 전극의 표면적을 증가시킴으로써 이러한 한계를 일부 극복할 수 있으며, 이는 전도성 및 기계적 유연성을 향상시킬 수 있다. 이는 인듐 주석 산화물(ITO) 또는 그래핀과 같은 투명한 전도성 물질로 코팅된 나노와이어, 나노튜브 또는 기타 마이크로스케일 구조와 같은 3차원 구조의 사용을 통해 달성된다. 3D 투명 전극의 주요 장점 중 하나는 효율성과 가시성이 중요한 태양 전지 및 디스플레이와 같은 응용 분야에서 특히 중요한 더 많은 빛을 통과시킬 수 있는 능력이다. 증가된 표면적은 전도성을 향상시켜, 전기 전도에 더 효율적이고 터치스크린 및 다른 전자 장치에서 더 빠른 응답 시간을 가능하게 한다.

3D 프린팅된 멀티센서 모듈(3D Printed Multisensor module)

3D 프린팅된 멀티센서 모듈은 여러 센서를 하나의 콤팩트 유닛으로 통합하는 전자 모듈이며, 이러한 모듈은 단일 장치에서 다양한 감지 기능을 제공하도록 설계되어 환경 모니터링, 산업 감지 및 로봇 공학과 같은 광범위한 응용 분야에서 유용하다.

3D 프린팅된 멀티센서 모듈에 통합된 센서는 애플리케이션과 사용자의 특정 요구에 따라 달라질 수 있다. 이 모듈에 포함될 수 있는 센서로는 온도 센서, 습도 센서, 압력 센서, 가스 센서 및 모션 센서 등이 있다. 모듈은 단일 장치에 여러 센서를 결합하여 모니터링되는 환경 또는 시스템에 대한 보다 포괄적이고 정확한 그림을 제공할 수 있다. 멀티센서 모듈 제작을 위한 3D 프린팅의 장점은 기존 제조 기술을 사용하여 달성하기 어렵거나 불가능할 수 있는 복잡한 기하학적 구조와 복잡한 디자인을 제작할 수 있다는 것이다. 이러한 유연성은 사용자에게 특정 애플리케이션이나 환경에 적용할 수 있는 편의성을 제공할 수 있다. 따라서 의료, 농업, 운송 및 제조와 같은 광범위한 산업 분야에서 사용될 수 있다. 예를 들어, 농업에서 농작물의 건강을 모니터링하거나, 산업 환경에서 유해 가스를 감지하거나, 의료 환경에서 환자의 생명 징후를 모니터링하는 데 사용할 수 있다.

10.3

4D 프린팅

4D 프린팅의 개념

4D 프린팅은 3D 프린팅에 시간의 차원을 추가하는 적층 제조 기술이다. 정적인 3차원 물체를 만드는 전통적인 3D 인쇄와 달리, 4D 인쇄는 열, 빛 또는 습기와 같은 외부 자극에 반응하여 시간이 지남에 따라 모양, 특성 또는 기능을 변경할 수 있는 물체를 만드는 것을 포함한다. 4D 프린팅 공정은 일반적으로 스마트 재료를 사용하여 프린팅할 수 있는 특수 3D 프린터를 사용한다. 4D 프린팅의 적용 예시로는 환자의 해부학적 구조에 맞게 모양을 바꿀 수 있는 의료용 임플란트, 가구나 장난감 자체 조립, 변화하는 환경 조건에 적응할 수 있는 인프라 구성품 등 다양한 분야에 활용될 수 있다.

다음 그림은 4D에 대한 개념을 나타낸다.

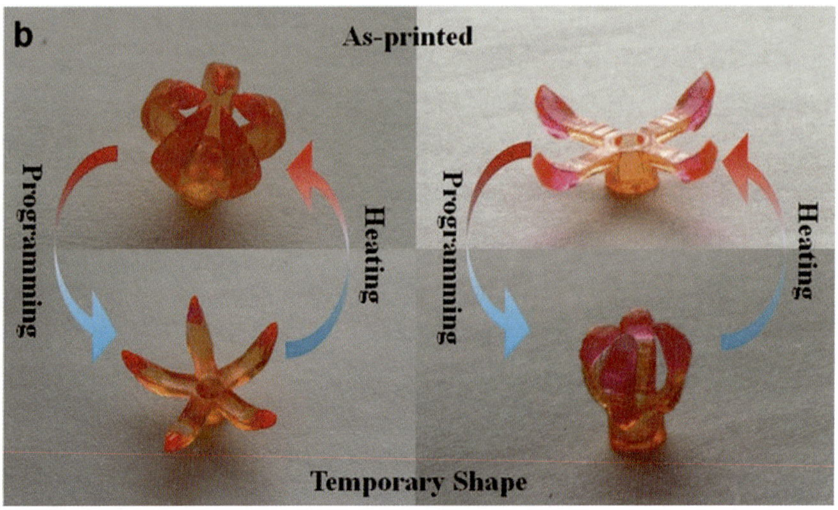

그림 10-20 4D 프린팅

(출처: https://bit.ly/3Be51gl, Qi Ge/Amir Hosein Sakhaei/Howon Lee/Conner K. Dunn/Nicholas X. Fang & Martin L. Dunn)

4D 프린팅 기술의 소재

● 형상 기억 재료

형상 기억 재료는 4D 프린팅 기술에 사용되는 스마트 재료의 일종으로 열, 빛 또는 습기와 같은 외부 자극에 반응하여 형태를 바꿀 수 있다. 이 물질들은 특정한 모양이나 구성을 '기억'하는 능력을 가지고 있으며, 외부 자극에 의해 활성화되면 그 모양으로 돌아갈 수 있다. 형상 기억 합금, 형상 기억 폴리머, 형상 기억 세라믹 등과 같이 4D 프린팅에 사용할 수 있는 형상 기억 소재는 여러 종류가 있다. 형상 기억 합금은 열에 노출되면 가역적인 형상 변형을 겪을 수 있는 금속으로 변화가 가능하다. 반면에, 형상 기억 폴리머는 열이나 빛에 노출되었을 때 가교 구조에 가역적인 변화를 겪을 수 있는 고분자로서 형상 변화도 가능하다. 형상 기억 세라믹은 열이나 다른 자극에 노출될 때 결정구조를 변화시킬 수 있는 물질로 형상과 기계적 특성을 변화시킬 수 있다.

그림 10-21 메모리폼
(출처: https://bit.ly/3MdYrwl, Johan)

형상 기억 재료로 4D 프린팅하는 과정은 외부 자극에 노출될 때 특정 형상 또는 구성을 채택하도록 프로그래밍된 재료를 사용하여 구조 또는 물체를 인쇄한다. 일단 인쇄되면, 물체를 적절한 자극에 노출시킴으로써 물체의 모양을 바꾸도록 트리거될 수 있다. 이는 직접 접촉을 통해 또는 레이저 또는 다른 외부 에너지원을 사용하는 것과 같은 원격 활성화를 통해 수행될 수 있다. 형상 기억 재료는 항공 우주, 의학 및 로봇 공학과 같은 분야에서 사용될 수 있다. 예를 들어 형상 기억 합금은 항공기의 적응형 구성 요소를 생성하는 데 사용될 수 있는 반면 형상 기억 폴리머는 자가 접이식 의료기기 또는 약물 전달 시스템을 생성하는 데 사용될 수 있다.

• 하이드로겔

하이드로겔(hydrogel)은 물이나 다른 유체와 같은 외부 자극에 반응하여 모양을 바꾸거나 확장할 수 있는 4D 프린팅 기술에 사용되는 스마트 재료의 한 종류이다. 하이드로겔은 많은 양의 물을 흡수하고 유지할 수 있는 친수성 중합체의 연결 구조로 구성된다.

물이나 다른 액체에 노출될 때, 하이드로겔은 부풀어 오르고 형태를 바꿀 수 있으며, 자극에 반응하여 작동하거나 움직일 수 있다. 하이드로겔은 생체 적합성이 있고 자연 조직의 특성을 모방할 수 있기 때문에 약물 전달 및 조직 공학과 같은 생물 의학 응용 분야에서 일반적으로 사용된다. 4D 프린팅에서 하이드로겔의 사용은 정확한 모양과 치수를 가진 복잡한 구조로 인쇄될 수 있으며, 특정 자극에 반응하여 모양이나 특성을 변경하도록 프로그래밍 할 수 있다.

하이드로겔로 4D 프린팅하는 과정은 특정 자극에 반응하도록 프로그래밍된 하이드로겔 재료를 사용하여 구조물이나 물체를 프린팅하는 것이다. 일단 인쇄되면, 물체를 적절한 자극에 노출시킴으로써 물체의 모양이나 특성을 바꾸도록 트리거될 수 있다. 이는 물 또는 다른 유체와 직접 접촉하거나 빛 또는 온도 변화를 사용하는 것과 같이 원격으로 활성화할 수 있다. 하이드로겔은 의학, 로봇 공학 및 연성 소재와 같은 분야에서 사용될 수 있다. 예를 들어 하이드로겔은 자체 조립 구조물을 만들거나 반응성 소프트 로봇을 만드는 데 사용될 수 있다. 또는 자연 조직의 특성을 모방하는 발판을 만들기 위해 조직 공학에 사용되거나 특정 자극에 반응하여 약물을 방출하기 위한 약물 전달 방법으로 사용될 수 있다.

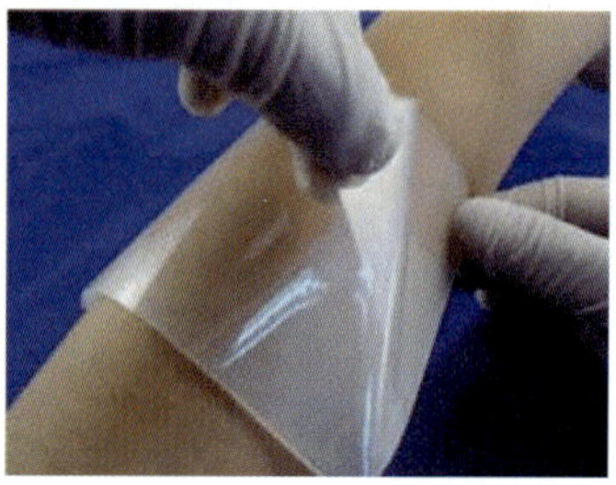

그림 10-22 하이드로겔

(출처: https://bit.ly/42FbH2Q, qeeken1)

• 자기 조립 재료(Self-assembling materials)

자기 조립 재료란 외부의 지도나 개입 없이도 특정한 구조나 패턴으로 스스로를 조직화할 수 있는 능력을 가진 재료를 말한다. 이러한 자기 조립 과정은 분자나 나노 입자와 같은 물질의 개별 구성 요소 간의 상호 작용을 통해 발생한다. 자가 조립은 생물학적 막의 형성에서부터 결정의 생성에 이르기까지 모든 것에서 일어나는 자연의 기본적인 과정이라고 할 수 있다. 과학자들과 기술자들은 이 자연적인 과정을 이용하여 독특한 특성과 기능을 가진 새로운 물질을 만드는 것을 목표로 수십 년 동안 자기 조립 물질을 연구해 왔다.

자기 조립 재료 연구의 가장 유망한 분야 중 하나는 나노 기술 분야이다. 나노 크기(일반적으로 1~100나노미터 크기)의 입자인 나노 입자는 높은 표면적 대 부피비, 양자 구속 효과 등 크기가 작아 독특한 특성을 갖는다. 자체 조립 기술을 사용함으로써, 연구자들은 전통적인 하향식 접근법을 사용하여 달성하기 어렵거나 불가능한 복잡한 나노 구조를 만들 수 있다. 또한 블록 공중합체, 계면활성제, DNA 기반 물질 등 다양한 종류의 자체 조립 물질도 있다. 블록 공중합체는 화학적으로 함께 결합된 2개 이상의 상이한 중합체 사슬로 구성된다. 이러한 고분자들이 용매에 용해되어 건조될 때, 구체, 실린더 또는 라멜라와 같은 다양한 구조로 자가 조립될 수 있다. 계면활성제는 소수성* 영역과 친수성* 영역을 모두 갖는 분자이다.

잠깐만요 **소수성(疏水性), 친수성(親水性)**

소수성은 물을 튕겨내려는 성질, 친수성은 물을 끌어당겨 결합하려는 성질이다.

계면활성제가 액체에 첨가되면, 미셀, 소포 또는 이중층과 같은 다양한 구조로 자가 조립될 수 있다. DNA 기반 물질은 염기쌍을 통해 서로를 보완하고 특정 구조를 형성하도록 설계된 DNA 가닥으로 구성된다. 이 물질들은 약물 전달, 감지 또는 나노 전자 공학 분야에 적용된다.

활성 물질(Active materials)

활성 물질은 외부의 자극에 반응하여 그 형태, 성질 또는 행동을 능동적으로 변화시킬 수 있는 물질의 한 종류이다. 고정된 성질을 가지며 예측 가능한 방식으로 행동하는 수동적인 물질과 달리, 활성 물질은 환경의 변화에 적응하고 대응하는 능력을 가지고 있다.

활성 물질은 다양한 종류가 있으며, 각각 고유한 특성과 잠재적인 용도를 가지고 있다. 이러한 예는 다음과 같다.

- **형상 기억 합금**(Shape-memory alloys): 열이나 자기장과 같은 특정한 자극을 받으면 원래의 모양을 '기억'할 수 있는 능력을 가지고 있다. 형상 기억 합금은 자가 팽창 스텐트 또는 기타 의료기기를 만드는 데 사용될 수 있는 의학 분야에 적용될 수 있다.
- **전기 활성 고분자**(Electroactive polymers): 전기장에 반응하여 모양이나 크기를 바꿀 수 있다. 전기 활성 고분자는 근육의 움직임을 모방하는 부드럽고 유연한 작동기를 만드는 데 사용될 수 있는 로봇 공학에 적용된다.

- **스마트 유체**(Smart fluids): 자기장이나 전기장과 같은 외부 자극에 반응하여 점도, 표면 장력 또는 다른 특성으로 변화시킬 수 있다. 스마트 유체는 특정 자극에 반응하여 약물의 방출을 제어하거나 약물 전달에 적용된다.
- **자가 치유 재료**(Self-healing materials): 외부의 개입 없이도 구조물의 손상이나 균열을 복구할 수 있다. 자가 치유 재료는 건설 산업에서 사용될 수 있는 잠재적인 응용 분야가 있으며, 여기서 더 오래 지속되는 재료를 만들 수 있다.
- **광활 물질**(Photoactive materials): 빛에 반응하여 그들의 특성이나 행동을 변화시킬 수 있다. 광활성 물질은 광민성 스위치나 다른 장치를 만드는 데 사용될 수 있는 광자학 분야에서 잠재적인 응용이 있다.

4D 프린팅 응용 사례

키네메틱스 드레스(Kinematics Dress)

키네매틱스 드레스(Kinematics Dress)는 MIT 미디어 랩의 Neri Oxman과 그녀의 팀이 디자인한 독특한 드레스로, 4D 프린팅 기술을 사용하여 시간이 지남에 따라 모양과 형태를 바꿀 수 있는 역동적인 대화형 드레스이다. 이 옷은 2,000개 이상의 부품으로 구성되었으며, 3,316개의 힌지(hinge)로 상호 연결된 2,279개의 삼각형 패널로 구성되었다. 4D 프린팅은 온도, 습기 또는 빛과 같은 외부 자극에 반응하여 시간이 지남에 따라 모양이나 특성을 변화시킬 수 있는 인쇄 재료를 포함하는 적층 제조 방식의 일종이다. 이를 통해 설계자는 자신을 다른 모양이나 형태로 변형하거나 환경의 변화에 대응할 수 있는 객체를 만들 수 있다.

키네매틱스 드레스의 경우, 4D 프린팅 기술을 사용하여 드레스의 연동, 관절 요소를 만들고, 착용자의 움직임에 따라 구부리고 접을 수 있는 재료를 사용하여 인쇄하였다. 이것은 착용자의 움직임에 따라 드레스가 모양과 형태를 변화시켜 독특하고 역동적인 효과를 만들 수 있다는 것을 의미한다. 또한 4D 프린팅 기술은 센서와 다른 전자 부품을 드레스에 통합하여 환경의 변화와 착용자의 움직임에 실시간으로 대응할 수 있도록 하였다. 이것은 착용자와 드레스 사이에 피드백 루프를 만들어 드레스가 착용자의 행동과 주변 환경에 반응하여 적응하고 변화하도록 할 수 있었다.

BMW Vision Next 100

BMW는 브레이크 캘리퍼와 다른 부품들과 같은 그들의 차량의 일부 부품들을 만들기 위해 3D 프린팅 기술을 사용해왔다. 3D 프린팅은 전통적인 제조 기술을 사용하여 생산하기 어렵거나 불가능한 복잡한 모양과 구조를 만들 수 있게 해주며, 폐기물을 줄이고 생산 공정의 효율성을 향상시킬 수 있었다.

Vision Next 100에는 4D 프린팅 기술이 통합되어 있지 않지만, 4D 프린팅에 대한 부품의 제조 및 활용에 대한 중요성을 강조하고 있어서 모빌리티의 미래에 대한 BMW의 비전과 혁신 및 첨단 기술에 대한 회사의 의지를 담고 있었다.

4D 프린팅 깁스

한국과학기술원(KASIT)에서 형상 기억 소재를 이용하여 사람의 팔과 같은 부위의 깁스를 할 때 유연하게 작용할 수 있도록 4D 프린트를 이용해 개발한 것이다. 이는 원통 모양으로, 팔에 착용 후 헤어드라이어로 열을 가하면 팔의 형태에 맞게 크기와 모양이 줄어 환자에게 맞춤형 깁스를 제공할 수 있다. 깁스를 풀러야 할 경우 헤어드라이어로 다시 열을 가하면, 형상 기억 소재와 같이 처음의 형태를 기억하여 원 상태로 돌아간다.

4D 프린팅 슈즈

맞춤형 신발을 만들기 위해 발을 3D 스캔한 후 4D 프린팅 공정을 통해 발 모양에 적응할 수 있는 밑창을 만들 수 있어 보다 개인화된 편안한 착용감을 제공할 수 있다. 밑창을 만드는 데 사용되는 4D 인쇄 재료는 일반적으로 온도 및 압력 변화에 대응하기 위해 특별히 제조된 수지를 사용하는데, 이는 신발 밑창이 시간이 지남에 따라 모양을 바꾸고 착용자의 발에 적응할 수 있게 해준다. 4D 프린팅 신발은 기존 신발에 비해 더욱 개인화된 착용감, 향상된 편안함, 착용자의 시간에 따른 발 변화에 적응할 수 있는 이점을 제공한다.

10.4 연습문제

| 객관식 |

01 와이어 프레임의 3가지 모델링 방식이 아닌 것은?

① 폴리곤 모델링 ② 에지 모델링 ③ 상자 모델링 ④ 스플라인 모델링

02 곡선 또는 표면을 사용하여 원하는 표면을 만들어 3D 객체를 구성하는 기법으로, 객체의 표면이 다각형의 그물망으로 구성되지 않고 수학적으로 정의되는 방식은?

① 서페이스 ② 폴리곤 ③ 와이어 프레임 ④ 솔리드

03 이 방식은 물리적 정확성과 잘 정의된 경계가 필요한 제품 설계, 건축 및 엔지니어링과 같은 산업에서 널리 사용된다. 즉, 단순한 기하학적 모양에서부터 복잡한 곡선과 표면을 가진 매우 상세한 모델에 이르기까지 다양한 복잡성을 가지는 객체를 만드는 데 사용되는 방식은?

① 서페이스 ② 폴리곤 ③ 와이어 프레임 ④ 솔리드

04 3D 스캐닝의 장점이 아닌 것은?

① 정확하고 상세한 측정 ② 시간 및 비용 절감
③ 사용자 지정 및 개인화 ④ 제한된 해상도

05 3D 스캐너 방식 중 적외선을 사용하여 스캐너와 물체 표면 사이의 거리를 측정하며, 짧은 펄스의 빛을 방출하고 빛이 스캐너에 반사되는 데 걸리는 시간을 측정하는 스캐너는?

① Structured light ② Laser-based
③ Photogrammetry-based ④ Time-of-flight

06 3D 프린터의 작동 방식이 아닌 것은?

① FDM ② SSL ③ SLA ④ BJ

07 열가소성 필라멘트를 재료로 사용하여 물체를 층별로 생성하는 3D 프린팅 기술은?

① FDM ② SLS ③ SLA ④ BJ

08 표면 마감이 매끄러운 매우 상세하고 정밀한 부품을 생산할 수 있는 것으로 알려져 있어 시제품 제작, 제품 개발 및 소규모 배치 제조에 널리 사용되는 3D 프린팅 기술은?

① FDM ② SLS ③ SLA ④ BJ

09 높은 정밀도와 정확도로 견고하고 내구성이 뛰어난 부품을 생산하는 데 적합하여 최종 사용 부품, 기능성 시제품 및 복잡한 기하학적 구조를 제조하는 데 널리 사용되는 3D 프린팅 기술은?

① FDM　　② SLS　　③ SLA　　④ BJ

10 액체 결합제를 사용하여 분말 재료(일반적으로 금속, 모래 또는 세라믹)의 층을 선택적으로 결합하여 층별로 고체 물체를 만드는 3D 프린팅 기술은?

① FDM　　② SLS　　③ SLA　　④ BJ

| 단답식 |

01 (　　　)은 특수한 컴퓨터 소프트웨어를 사용하여 물리적인 물체나 장면을 3차원으로 표현하는 과정을 말한다. 이 프로세스는 어떤 각도에서든지 조작하고 볼 수 있는 디지털 모델을 만드는 것을 포함하며, 이를 통해 물체나 장면에 보다 몰입할 수 있고 사실적으로 표현하는 것에 목적을 둔다.

02 (　　　　　　)은 선과 기본 모양만 사용하여 물체나 장면을 시각적으로 표현하는 기술이다. 이 기법을 이용하면 예술가가 세부적인 것에 얽매이지 않고 객체의 전체적인 모양과 구조를 빠르게 차단할 수 있기 때문에 더 상세한 3D 모델링을 시작할 수가 있다.

03 (　　　　　)은 3D 모델링에서 널리 사용되는 기법으로, 일련의 정점을 모서리와 면으로 연결하여 3D 객체를 만든다. 이 면들은 일반적으로 3개 이상의 면으로 구성되어 있으며, 4개의 면 또는 사분면이 가장 일반적이다. 메쉬 모델링이라고도 한다.

04 (　　　　　)은 정의된 경계와 일정한 볼륨을 가진 완전하고 닫힌 3D 객체를 만드는 기술이다. 이러한 모델링에서 3D 객체는 큐브, 실린더 및 구와 같은 솔리드 형상 등으로 구성되어 최종 객체를 생성한다. 이러한 모델링을 통해 생성된 객체는 일정한 부피를 가지며 경계가 잘 정의된 연속적인 표면으로 구성되게 된다.

05 (　　　)는 물체의 물리적 형태와 치수를 포착하고 디지털 3D 모델을 만드는 장치이다. 이 기술은 레이저, 구조화된 빛 또는 사진 측량과 같은 다양한 방법을 사용하여 물체의 형상을 캡처한다.

06 (　　　　　　)는 물체의 모양과 형상을 포착하기 위해 물체의 표면에 물리적으로 접촉하는 방식을 사용한다. 이러한 스캐너는 터치 프로브, 좌표 측정기(CMM), 백색광 스캐닝 등 다양한 기술을 사용하여 물체 표면의 모양을 측정한다.

07 (   ) 프린팅은 레이저나 전자 빔과 같은 고출력 에너지원을 사용하여 플라스틱, 금속 또는 세라믹과 같은 분말 재료의 입자를 층별로 고체 물체로 만들어내는 작업을 수행한다.

08 (   )은 분사 공정을 사용하여 부품을 층별로 제작하는데, 액체 포토폴리머 물질의 작은 방울들을 빌드 트레이에 분사하고 그것들을 자외선으로 경화시키는 작업을 수행한다.

09 (   ) 3D 프린팅은 액체 포토폴리머 수지의 통과 디지털 라이트 프로젝터를 이용해 수지를 층층이 경화시켜 고체 물체를 만드는 작업을 수행한다. 이는 높은 해상도와 디테일로 부품을 제작할 수 있는 것으로 알려져 있어 치과, 보석 제작 등 고정밀이 요구되는 분야에 적용하기에 적합하다.

10 (   ) 3D 프린팅은 레이저나 전자 빔과 같은 집속 에너지원을 사용하여 재료를 층층이 녹여 증착하는 적층 제조 기술이다. 이 프로세스는 복잡한 3D 모양을 만들거나 기존 부품을 수리 또는 수정하거나 기존 구조물에 재료를 추가하는 데 사용된다.

11 (   )은 종이, 플라스틱 또는 기타 재료를 인쇄 매체로 사용하는 3D 인쇄 기술이며, 재료의 층을 원하는 모양으로 자른 다음 그것들을 함께 접합하여 3D 물체를 만든다.

12 (   )은 여러 센서를 하나의 콤팩트 유닛으로 통합하는 전자 모듈이며, 이러한 모듈은 단일 장치에서 다양한 감지 기능을 제공하도록 설계되어 환경 모니터링, 산업 감지 및 로봇공학과 같은 광범위한 응용 분야에서 유용하다.

13 (   )은 물이나 다른 유체와 같은 외부 자극에 반응하여 모양을 바꾸거나 확장할 수 있는 4D 프린팅 기술에 사용되는 스마트 재료의 한 종류이다. 이것은 많은 양의 물을 흡수하고 유지할 수 있는 친수성 중합체의 연결 구조로 구성된다.

14 (   )은 외부의 자극에 반응하여 그 형태, 성질 또는 행동을 능동적으로 변화시킬 수 있는 물질의 한 종류이다. 고정된 성질을 가지며 예측 가능한 방식으로 행동하는 수동적인 물질과 달리, 이는 환경의 변화에 적응하고 대응하는 능력을 가지고 있다.

| 서술식 |

01 3D 프린터의 작동 방식 4가지를 간략히 설명하시오.

11장

메타버스

학습목표

1. 메타버스를 이해하고 각 플랫폼 사례를 알아본다.
2. AR & VR & MR & XR에 대한 원리를 이해하고 사례를 알아본다.
3. 메타버스 활용 사례 및 국내 · 외 전망에 대해서 알아본다.

11.1

메타버스

메타버스 개요

1990년대 인터넷이 주도한 정보 혁명이 인류에게 온라인이라는 새로운 가상공간을 열어주었다면, 디지털 사회로 상징되는 밀레니엄 시대에는 누구나 스마트 폰을 통해 이들 세계에 접속할 수 있게 되었다. 이제 우리는 온라인 가상세계의 시공간적 확장을 넘어 현실과 융합되고 있는 대전환의 흐름에 있다. 바로 '메타버스(Metaverse)'의 세계이다.

그림 11-1 메타버스(AR & VR 확장)

메타버스의 개념적 정의는 아직 학계에서 뚜렷하게 정립되지 않은 상태이다. 다만, '초월'을 뜻하는 'meta'와 우주를 뜻하는 'universe'의 합성어로서 인터넷 공간과 물리적 공간이 공존하는 '집합적 가상 공존 세계(virtual shared space)'를 의미한다. 닐 스티븐슨(Neal Stephenson)의 SF소설 'Snow Crash(1992)'에 처음 등장한 메타버스는 '나'를 상징하는 아바타 캐릭터를 통해 실생활의 다양한 활동들이 이루어지는 인터넷 기반의 3D 가상 세계로 묘사되기도 한다. 메타버스는 COVID-19가 초래한 비대면 패러다임으로의 전환 과정으로 현실 세계에서 불가능한 다양한 사회 · 경제 · 문화적 활동을 실현하는 공간으로 변모하고 있다. 최근 메타버스는 시공간의 제약을 뛰어넘는 확장성과 현실 세계와 유사한 실재감을 기반으로 미래의 중심 소비층인 'Z세대'에 성공적으로 공감되고 있다.

급속한 디지털 전환과 코로나19의 충격은 일상에서 온라인 가상공간이 차지하는 비중을 광범위하게 확장시켰다. 한국콘텐츠진흥원의 최근 조사에 따르면 가상현실(VR) 게임을 경험한 이용자의 26.6%가 코로나19 이후 게임 이용 시간이 증가했다고 응답했으며, 특히 VR 게임 콘텐츠 구입 경험이 있는 응답자의 45.7%는 이전보다 콘텐츠 구입에 더 많은 비용을 지불한다고 답했다. 그러나 주목할 점은 최근의 변화가 단순히 시간과 소비의 양적 증가에 그치지 않는다는 점이다. 가상 공간 내 활동 범위와 성격에 대한 질적 변화의 흐름도 감지되고 있기 때문이다.

그림 11-2 가상현실

게임과 엔터테인먼트에 치중되어 있던 VR 서비스는 친교 활동과 교육, 비즈니스의 영역으로 확장되는 중이다. 그 결과, 현실과 가상이 분리된 패러다임에서 매우 제한적 영역에서만 구현되었던 가상 세계는 새로운 전기를 맞고 있다. 오감을 접목시켜 한층 진화된 상호 작용이 가능하게 되었으며, 가상의 경험들이 현실과 긴밀히 연결되고 사용자 또한 두 세계의 공존을 익숙해하는 이른바 '혼합 세계'가 펼쳐지고 있다. 더 나아가 가상의 공간이 실제 현실로 착각할 만큼 정교해지고, 일상의 활동 대부분이 구현됨으로써 굳이 두 세계의 영역을 구분할 필요가 없게 되는 '대체 세계'까지 바라볼 수 있게 되었다. 양자가 융합되고 현실과 가상의 경계가 허물어지는 이 같은 진화는 '확장 가상 세계'로서 메타버스의 시대가 본격화되고 있음을 의미한다. 이를 말해주듯, 오로지 현실 세계에서만 가능할 것으로 생각되던 다양한 활동 가치들이 메타버스 가상 세계에서 새롭게 구현되고 있다. 미국의 힙합가수 트래비스 스콧(Travis Scott)은 코로나19로 불가능해진 콘서트를 온라인 액션 게임 포트나이트에서 온라인 형태로 개최하였다. 이 날 45분의 공연을 통해 그가 올린 수익은 약 2000만 달러에 달한 것으로 추정된다. 또한, BTS가 신곡 다이너마이트 안무를 최초 공개한 방식도 음악방송이나 유튜브가 아닌 포트나이트 게임 속의 아바타를 통해서였다. 샌드박스 롤플레잉 게임 로블록스 안에는 게임 속에서 또 다른 게임과 이이템을 개발하고 있는 인력이 200만 명에 달하며, 40만 명은 아예 전업으로 종사하고 있다.

그림 11-3 메타버스

2007년 미국의 기술연구단체(ASF)는 메타버스 로드맵을 통해 메타버스를 가상세계, 거울세계, 증강현실, 라이프로깅 등 4가지 요소로 구분한다. 이후에 메타버스는 기술 발달과 새로운 서비스의 출현, 시대적 환경 변화에 따라 계속 진화하고 있다. 오늘날 메타버스는 현실과 가상의 경계가 허물어지면서 현실세계와 가상세계의 경제 · 사회 · 문화 활동이 상호 연결되는 개념으로 활용된다.

초창기 메타버스는 PC, 스마트 폰 기반으로 게임, 놀이, 소통 등 일상과 사회활동 중심의 서비스가 전개되었다. 이후에는 몰입감이 극대화된 XR 기반 메타버스가 제조 · 훈련 등 전문영역에 특화되어 먼저 활용되다가 차츰 일상과 업무 영역에까지 확산되었다. XR 디바이스 보급은 아직 초기 단계이나 향후 XR 시장이 크게 성장하게 되면 혁신적인 XR 디바이스와 차세대 폼팩터가 출현할 것이다. 그리고 XR 디바이스의 무게, 화질, 어지럼증 유발 등의 멀미현상* 문제가 개선되면서 높은 수준의 몰입감을 제공하는 메타버스 서비스가 확산될 것이다.

잠깐만요 **멀미현상**

가상현실을 경험할 때 발생하는 멀미와 유사한 증상으로 눈의 피로, 방향 감각 상실, 메스꺼움 등을 동반한다.

메타버스 구성 요소

메타버스는 활용 목적에 따라 사회관계 형성(SNS), 디지털 자산 거래(Market), 원격협업 지원(Assistant) 유형으로 구분된다. 각각의 메타버스 유형은 초기에는 독립적으로 발전하다가 이후 여러 유형이 상호 융합되어 통합된 형태로 발전하고 있다.

표 11-1 메타버스의 주요 유형

유 형	주요 기능	사 례
사회관계 형성	SNS · 게임에 집단놀이, 문화활동 등 접목	로블록스, 제페토
디지털 자산 거래	가상 부동산이나 가상 상품 등을 직거래	디센트럴랜드, 어스2
원격협업 지원	원격 의사소통 및 다중협업 지원	MS 메시, nVIDIA 옴니버스

메타버스의 구성 요소로는 실재감, 아바타, 개인 공간, 순간이동, 상호 운용성, 프라이버시, 가상재화, 자연스러운 조작 환경, 정체성, 친구, 몰입감, 손쉬운 경험 전환, 다양성, 모든 장소, 경제, 시민성 등이 있다.

표 11-2 메타버스 구성 요소와 의미

구성 요소	의미
실재감(Presence)	실제 현장에 있는 듯한 느낌
아바타(Avatars)	메타버스에서 자신을 표현하는 수단
개인공간(Home Space)	사진, 영상, 디지털 상품을 보관하는 개인공간
순간이동(Teleporting)	언제든 원할 때 다양한 가상세계로 이동 가능
상호 운용성(Interoperability)	자신의 아바타와 디지털 아이템을 다양한 앱과 경험에 적용 가능
프라이버시/안전(Privacy & Safety)	개인정보보호와 안전은 첫 단계부터 메타버스에 내재
가상재화(Virtual Goods)	사진, 영상, 예술, 음악, 영화, 책, 게임 등 가상 상품
자연스러운 조작 환경(Natural Interface)	자연스럽게 디바이스와 상호작용하는 익숙한 사용 환경
정체성(Identity)	다양한 형태의 아바타로 표현하는 나
친구(Friends)	상호작용할 수 있는 사용자들
몰입감(Immersive)	현실과 구분하기 어려울 정도로 실감있는 경험
손쉬운 경험 전환(Low Friction)	쉽게 즐길 수 있고 빠르게 전환할 수 있는 경험
다양성(Variety)	사용자들의 흥미를 유발하는 방대한 경험
모든 장소(Anywhere)	나라, 문화와 무관하게 어디에서든 제한없는 접속
경제(Economy)	창작, 노동에 대한 대가를 지불하는 경제 시스템
시민성(Civility)	안전하고 성숙한 시민의식

메타버스 플랫폼

메타버스는 과거 ICT 생태계가 PC에서 스마트 폰 중심으로 전환되었듯이 새로운 패러다임 변화를 불러올 플랫폼으로 부상하였다. 인터넷이 웹 1.0, 웹 2.0에 이어 가상융합공간으로 확장하는 웹 3.0으로 발전하면서 차세대 인터넷으로서 메타버스가 주목받고 있다. 웹 1.0에서는 일방향으로 정보 전달 및 활용이 되었고 웹 2.0에서는 양방향으로 참여와 소통이 가능하였다. 반면, 웹 3.0에서는 가상융합공간* 및 탈중앙화가 지원되고 있다.

잠깐만요 **가상융합공간**

현실과 가상(디지털) 세계를 연결하는 인터페이스로서, 현실과 가상의 공존을 함께 하는 공간이다.

표 11-3 메타버스 플랫폼 분류

유 형	종 류	내 용
사회관계 형성	로블록스	• 메타버스의 대명사, 게임을 하나의 '사회'로 인식 • 로블록스 스튜디오 이용자가 콘텐츠를 제작하고 수익 창출
	제페토	• 아바타와 놀이 중심의 사회관계 형성 • 자신의 아바타를 꾸미고 가상공간에서 다른 이용자와 함께 놀이 등 사회관계활동에 참여
	마인크래프트	• 자유롭게 세상을 창조, 다른 이용자와 함께 활동 • 이용자가 흙/돌/나무 등을 배치하고 건물/물건을 제작하여 공간 구성
	포트나이트	• 플레이어 간 소통을 위해 제공된 게임 내 가상공간 • 가상공간 '파티로얄'에서 휴식 · 소통하며, 단체 문화 활동, 공연 관람 등 활성화
디지털 자산 거래	디센트럴랜드	• 블록체인 기반 가상토지 및 건물 건축 · 거래 • 아바타를 통해 공간 체험, 가상 광고판을 통한 광고, 가상쇼핑몰 내 쇼핑, 커뮤니티 생성 가능
	어스2	• 디지털 트윈 지구에서 가상부동산 거래 • 현실 세계를 재현하여 경제적 가치 창출 욕구를 반영한 투자 활동
	더샌드박스	• 이용자가 소유한 가상부동산과 창작 상품 거래 • 손쉽게 3D 아이템을 창작하는 복스에딧, 아이템을 거래하는 마켓플레이스, 게임메이커 제공
원격협업 지원	메시	• 혼합현실 환경에서 원격 협업 지원 • 홀로렌즈2를 활용해 혼합현실에서 협업공간을 제공하고 3D 콘텐츠 시각화, 상호작용 등 지원
	옴니버스	• 산업 분야 실시간 원격협업 및 시뮬레이션 지원 • 산업 디지털 트윈 구축 지원

메타버스 플랫폼은 크게 세 분류로 나누어 개발되고 있다. 사회관계 형성 및 집단 활동, 디지털 자산 및 상품 거래, 원격 협업 및 소통 지원 등이다. 사회관계 형성 및 집단 활동에서는 놀이, 모임 등을 통해 여가활동과 사회관계가 형성된다. 디지털 자산 및 상품 거래에서는 가상공간, 가상건물, 가상상품 등을 거래한다. 원격 협업 및 소통 지원에서는 현실을 가상화하여 원격으로 의사소통을 하거나 업무를 지원한다.

표 11-4 메타버스 4가지 유형

	증강현실 (Augmented Reality)	라이프로깅 (Life-logging)	거울세계 (Mirror Worlds)	가상세계 (Virtual Worlds)
정의	현실공간에 가상의 2D 또는 3D 물체가 겹쳐져 상호작용하는 환경	사물과 사람에 대한 일상적인 경험과 정보를 캡쳐, 저장, 전송하는 기술	실제 세계를 그대로 투영한 정보가 확장된 가상세계	디지털 데이터로 구축한 가상세계
구현 가치 (니즈)	현실세계와 판타지, 편의성을 결합한 몰입 콘텐츠 제공	방대한 현실세계의 경험과 정보를 언데든지 확인가능하며 타자와 공유 가능	외부 정보를 가상공간에 통합, 확장합으로써 활용성 극대화	다양한 개인들의 활동이 가능한 현실에 없는 새로운 가상공간을 제공
핵심 기술	• 비정형 데이터 가공 • 3D 프린팅 • 5G 네트워크	• 온라인 플랫폼 • 유비쿼터스센서 • 5G 네트워크	• 블록체인 기술 • GIS 시스템 • 데이터 저장, 3D 기술	그래픽 기술, 5G 네트워크, 인공지능, 블록체인 기술
서비스 사례	• 포켓몬 Go • 운전석 앞의 HUD • SNOW앱 • 코카콜라 프로젝트 • 방탈출 게임 • 3D아바타를 통한 SNS 활동 • 에어버스, BMW의 증강현실 스마트 팩토리	• S-health, Apple • 나이키+러닝 • 차량 블랙박스 • SNS(인스타그램, 유튜브, 페북 등) 매체의 블로그, Vlog, 피드 등	• 구글 Earth, 네이버, 카카오 지도 • 에어비앤비 • 미네로바스쿨 • Zoom 회의실 • 폴드잇 디지털 실험실 • 배달의민족 • 직방, 다방 등	• 포트나이트 • 마인크래프트 • 로블록스 • 동물의 숲 • 제페토 • 버버리 B서프 • 시뮬레이션 플랫폼
주요 대표 기업	• 나이앤틱 • 잉그레스 • 마이크로소프트 • 아마존 • 페이스북	• 나이키 • 삼성, 애플 • 페이스북, 트위터 • 마이크로소프트 • 아마존	• 구글, 네이버, 카카오 • 에어비앤비 • 마이크로소프트 • 아마존 • 페이스북	• Epic games • X-box game studio • 네이버Z • 닌텐도 • 앤씨소프트 • 마이크로소프트 • 페이스북
부작용 (도전 요소)	• 현실이 중첩된 증강현실 공간 속의 혼란 • 증강현실 속 캐릭터 등에 대한 소유권	• 초상권 및 재산권 침해 • 내부기밀 유출 및 겸업금지 위반 등	• 정보 조작의 문제 • 거대 플랫폼 락인 효과로 불공정 거래	• 현실세계의 회피 • 도덕적, 윤리적 문제를 일으킬 무질서 우려

메타버스는 네 가지 유형으로 분류된다. 메타버스는 가상으로 강화된 물리적 현실과 물리적으로 영속적인 가상공간의 결합으로, 두 개 중 하나의 경험 또는 두 개의 융합으로 설명할 수 있다. 메타버스는 기존의 온라인 커뮤니티(SNS 등)보다 더 풍부한 커뮤니케이션 방식과 환경이 결합된 형태라고 할 수 있다.

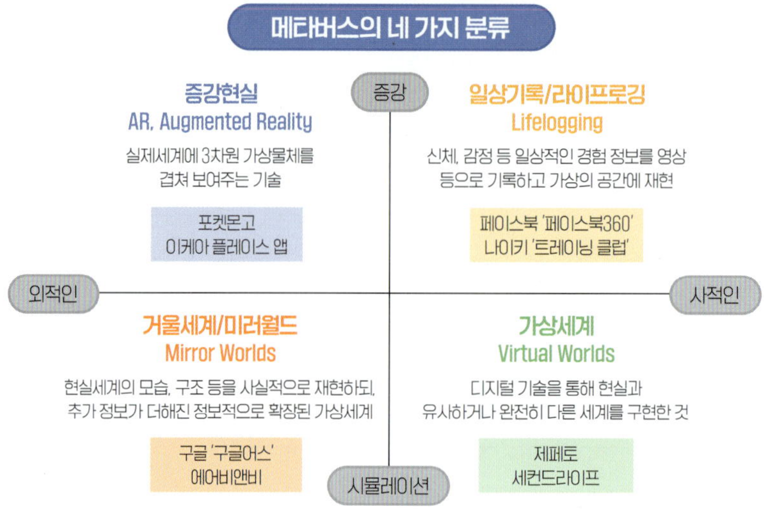

그림 11-4 메타버스 분류

미국의 비영리 기술단체인 ASF(Acceleration Studies Foundation)*는 메타버스를 생태계와 다양한 기술의 결합에 따라 탄생한 개념으로 정의하며, 기술과 목적에 따라서 증강현실(Augmented Reality), 라이프로깅(Lifelogging), 거울세계(Mirror Worlds), 가상세계(Virtual Worlds)의 네 가지 세계관으로 구분하였다.

> **잠깐만요 ASF(Acceleration Studies Foundation)**
>
> 2007년 미국의 기술 연구단체 ASF(Acceleration Studies Foundation)는 「메타버스 로드맵」을 통해 현실 세계와 가상세계가 융합되는 현상으로 보고, 이전의 가상세계에서 좀 더 진보된 개념으로 메타버스를 정의하였다.

증강현실은 가상 정보를 추가하여 강화된 실제 현실 세계를 실시간 · 직간접적으로 보는 것이 가능한 환경이다. 가장 흔하게 사용하는 것이 QR코드이다. QR코드를 통해서 제품이나 서비스를 사용자가 쉽게 사용할 수 있도록 시연 동영상(가상 정보)을 현실 세계에 오버레이하여 증강현실과 증강 가상현실 사이를 경험하게 한다. 이 외에도 현실 세계를 스마트 폰으로 비추면 캐릭터가 보이며 이를 잡는 게임인 포켓몬 GO도 증강현실에 해당한다. 두 예시 모두 사람이 주로 시각 감각뿐만 아니라 오디오, 촉각 및 기타 형태의 피드백을 통해 대화식으로 경험하고 탐색할 수 있는 인공 세계에 대한 경험이라고 할 수 있다.

그림 11-5 포켓몬

라이프로깅은 이상적인 나를 디지털 공간에 복제하여 보여주는 공간이다. 라이프로깅이 사용자를 대신하는 아바타를 사용하는 것이 아닌 사용자 자신을 드러내는 곳으로 라이프로깅 세계관에서 대표적인 유형이다. 소셜 미디어는 인스타그램, 페이스북 등을 이야기하며 사용자들은 모두 한 개의 계정을 가지고 있다. 각 사용자는 자신을 표현할 수 있는 사진이나 글 등을 통해 커뮤니티를 형성하게 된다.

그림 11-6 라이프 로깅

거울세계는 현실의 공간을 디지털 공간에 복사하는 세계이다. 온라인에서 보여지는 플레이어를 인지할 수 있는 물리적 세계라고 할 수 있다. 거울 세계는 과거에 기록된 데이터뿐만 아니라 과거의 데이터를 기반으로 예측한 미래에 대해 시뮬레이션되어 있다. 거울세계의 대표적인 예시로는 구글맵과 에어비앤비가 있다. 구글맵은 전 세계 지도를, 에어비앤비는 전 세계에 숙박이 가능한 공간을 언제 어디서나 볼 수 있다.

그림 11-7 거울 세계

가상세계는 다양한 구성 요소들이 실시간으로 상호작용하고 사물, 환경에 반응할 수 있는 환경을 이야기한다. 사용자들은 매 순간 마주하는 상황과 공유된 환경에서 행동할 수 있으며 플랫폼에서는 사용자의 움직임을 추적하고 주변 환경을 제공하는 디지털 공간이다. 그 예시로 암호화폐를 기반으로 하는 플랫폼인 디센트럴랜드(Decentraland)가 있다. 디센트럴랜드는 실제 부동산에서 확인할 수 있는 토지를 디지털 환경에서 거래할 수 있는 플랫폼이며, 플랫폼에서 사용자를 표현할 수 있는 캐릭터가 존재한다.

그림 11-8 가상 세계

이러한 메타버스의 네 가지 세계관 특징을 비교하면 증강현실은 위치기반 기술과 온라인 네트워크가 탑재된 전자기기를 통해 더 많은 정보를 획득하는 세계라고 할 수 있다. 다시 말해서, 기존의 현실과 디지털 환경과의 유연성이 중요하다. 라이프로깅은 사용자의 개인적인 생각이나 상황을 많은 사람에게 쉽게 공유할 수 있는 세계로, 플랫폼 내 사용자 크기가 중요하다. 거울세계는 현실의 데이터를 거울삼아 다른 데이터를 덧입혀 사용자와 상호작용하는 공간이 특징이라 할 수 있다. 가상세계는 오프라인에서 경험할 수 있는 환경과 유사한 경험을 할 수 있으며, 앞서 설명한 세계관에 비해서도 다양한 경험을 할 수 있다.

11.2 AR & VR & MR & XR 소개

AR(Augmented Reality)

증강현실(AR)은 사용자가 현실에서 느끼는 오감에 컴퓨터가 만든 정보를 추가하는 기술이다. 가상현실은 컴퓨터 안에 현실을 구축하는 것이지만, 증강현실은 현실 세계에 가상의 정보를 덧씌우는 것이다. 메타버스가 유행하면서 가상현실과 증강현실을 아울러서 '혼합현실', '증강가상(Augmented Virtuality)'이라는 새로운 개념을 사용하기도 한다.

그림 11-9 증강 현실(가상 자동차)

초창기에는 가상현실과 마찬가지로 공상과학 영화와 소설에서 발전된 미래를 묘사할 때 쓰이는 소재였다. 주로 안경을 쓰고 무언가를 바라보면 바라보는 대상의 정보가 떠오르는 모습으로 묘사되었다.

「마이너리티 리포트」 영화판에서 나오는 컴퓨터 인터페이스가 이것의 일종이며, 「전뇌 코일」의 전뇌 공간과 「동쪽의 에덴」에도 등장한 바 있다. 또한 영화 「아이언맨」에서 조준 장면, 비행경로 설정 장면 등이 이것이다. 어떻게 보면 마니아들에게 가장 유명한 증강현실은 스카우터라 할 수 있겠다. 요즘 친구들을 위해 좀 더 익숙한 예시를 들면, 「솔저: 76」의 궁극기인 전술 조준경이 바로 증강현실이다. 증강현실 기술을 가장 적극적으로 받아들이는 분야는 군사 분야이다. 대표적으로 군용기 조종석에 장착되는 HUD*가 있으며, 근래에는 아예 신형 조종사 헬멧을 구성하는 HMD로까지 발전했다.

잠깐만요 **HUD(Heads-up display)**

헤드업 디스플레이(HUD)는 인간이 머리를 든 채로 앞쪽을 바라볼 때 정보가 직접 시야에 들어오도록 비춰주는 디스플레이 장치이다.

민간에도 이미 상용화되었고, 2010년 들어서부터 국내 대도시에서 실제로 사용되고 있다. 예를 들면, 스마트 폰 앱을 이용한 증강현실이 있다. 스마트 폰에서 증강현실 앱인 OVJET 프로그램을 구동하면 카메라가 켜지고, 그대로 들고 거리를 비추면 GPS나 네트워크에서 받은 정보를 바탕으로 눈에 보이는 풍경 위에 겹쳐 시야에 보이는 가게, 인근 가게 이름과 거리, 전화번호 등 간략 정보가 아이콘으로 뜬다.

증강현실이 현실의 시각적 정보를 처리하는 것이 필수이기 때문에 증강현실 기술을 개발하려면 영상/이미지 처리 기술이 필요하다. 이를 위해 많이 사용하는 기술이 OpenCV이다. OpenCV는 일종의 라이브러리로서 주요 PC 및 스마트 폰 운영체제를 지원하고 다양한 언어 인터페이스를 지원한다. 포토샵의 필터처럼 영상/이미지 처리를 위한 다양한 기능을 제공해 주며 이를 실시간으로 처리하는 데 중점을 두었기 때문에 증강현실 기술 구현에 적합하다. 증강현실의 문제점은 현실을 인지해 가상환경을 뿌려준다는 특징으로 인해 엄청난 개수의 센서를 사용하는데, 이 때문에 주변 환경을 촬영하면서 의도치 않게 타인을 허락 없이 찍을 수 있다는 점이다. 실제로 구글 글래스 등의 HMD형 제품은 불법 촬영과 연루되었다고 주장하는 사람도 있었다. 구글 지도의 경우도 촬영용 차량이 온갖 곤란한 상황을 찍어 그대로 업로드하여 문제가 된 적이 있다.

증강현실 기술을 이용한 제품에는 러브 플러스, 마리오 카트 라이브: 홈 서킷, 배틀카드히어로, 아이돌 마스터 신데렐라 걸즈 스타라이트 스테이지, 포켓몬 GO, 몬타워즈 GO, 뽀로로 GO, 산해경 GO, 무도리 GO, 아이엔젤, 넥스트(드라마 '알함브라 궁전의 추억'에 나오는 게임), 일곱 개의 대죄: GRAND CROSS, Five Nights at Freddy's AR: Special Delivery, Minecraft Earth, AR GUN, 쥬라기 월드: 얼라이브, Landlord, Ingress 등이 있다.

VR(Virtual Reality)

그림 11-10 가상현실

'현실'이란 '실제로 사물이 존재하거나 현상이 펼쳐지는 실제하는(것처럼 보이는) 세계'를 의미한다. 그런데 '가상'은 '실재하지 않으나 거짓으로 지은 것'을 뜻한다. 이를 종합하면 '실재하지 않으나 거짓으로 지은 실재하는 세계', 중간의 수식어를 빼면 '실존하지 않으나 실존하는 세계'가 된다. 이를 고려해 일각에서는 '가상세계'라고 쓰기도 한다. 그러나 '가상현실'이 '가상으로 만들어 실제로 보고 듣고 느낄 수 있게 한 세계'라는 점을 생각해 보자. 비록 그 실체는 꾸며낸 세계이지만 한편으로는 분명히 눈에 보이고 소리도 들리며, 기술이 발전하면 감각으로 느낄 수도 있을 것이다. 이는 사용자의 착각이 아니라 정말로 감각을 통해 느껴지는 것이므로 '실재하는 세계(현실)'이다.

가상현실의 기본 개념은 '실제와 유사하지만 실제가 아닌 인공 환경'을 의미한다. 따라서 넓은 의미로 보면 플라이트 시뮬레이터 등의 각종 시뮬레이션, 세컨드 라이프 등의 게임과 같은 시각매체 역시 가상현실에 포함될 수 있다. 하지만 일반적으로 가상현실이라 말하면 단순히 가상의 공간을 구현하는 것을 넘어서서 사용자의 오감에 직접적으로 작용하여 실제에 근접한 공간적 · 시간적인 체험을 가능케 하는 기술을 의미한다. 하위 개념으로는 '모의 현실(Simulated Reality)'이 있는데, 가상현실을 현실에 최대한 가깝게 구현한 시뮬레이션이다. 가상현실은 '현실'과 '가상'의 구별이 가능하지만, 모의 현실은 시뮬레이션이 너무나도 사실적이라 구별이 불가능하다는 차이점이 있다. 물리학에선 현실을 100% 완벽하게 재현하는 건 불가능하지만 사람을 속일 수 있는 정도의 시뮬레이션은 충분히 가능하다고 한다.

가상현실이라는 개념의 등장은 19세기로 거슬러 올라간다. 1852년에 개발되었으며 오늘날 3D 디스플레이 기술의 근원이 되는 스트레오스코피 기술이 그것이다. 한편 문학 쪽에서는 올더스 헉슬리가 1932년 발표한 SF 디스토피아 소설「멋진 신세계」에서도 촉감 영화라고 하는 가상현실에 가까운 개념이 짧게나마 등장한다. 하지만 단순히 시각적 몰입감에서 그치지 않고 오감을 자극하는 가상현실에 대한 상세한 개념이 등장한 시점을 따지자면, 미국의 SF 작가 스탠리 G. 와인바움이 1935년에 서술한「피그말리온 안경(Pygmalion's Spectacles)」을 최초로 볼 수 있다. 해당 작품에는 홀로그램 기술과 촉각, 후각의 가상현실화에 대한 직접적 묘사가 포함되어 있다. 1950년 레이 브래드버리가 발표한 단편 소설「벨트」에서는 사람이 원하는 현실을 투영시켜주는 가상현실이 등장하며, 이후 스타트렉에서도 이런 개념을 계승하여 가상현실을 만들어내는 방인 홀로그램실이 등장하기도 했다.

세계 최초의 '가상현실 기술'의 원천은 1968년 미국 유타 대학의 이반 서덜랜드가 헤드 마운트 디스플레이(HMD)를 연구하면서 시작되었다. 본격적으로 가상현실 기술이 발전 및 사용되기 시작한 것은 1년 뒤인 1969년 미국항공우주국(NASA)에서 아폴로 계획을 진행하면서 승무원들을 훈련시킬 컴퓨터 상호작용 반응 시스템을 구축하면서부터다. 하지만 정작 '가상현실(Virtual Reality)'이라는 단어가 대중화된 것은 매우 늦은 1985년이었다.

그림 11–11 가상현실(미래 도시)

1980년대 말~1990년대 말에 가상현실 기술에 대한 대중의 관심은 극도로 고조되었다. 1989년에는 가상현실에 대해 다룬 SF 걸작 「공각기동대」의 등장을 시작으로, 1990년대에는 「매트릭스」, 「토탈 리콜」 등 대중문화에서 가상현실을 소재로 한 작품들이 계속해서 등장하게 된다. 흔히 생각하는 'HMD, 촉각 장갑, 후각 시뮬레이터를 이용하여 즐기는 가상현실'이라는 이미지 역시 바로 이 때에 확립된 것이다. 가상현실에 대한 기술적 · 사회적 이미지는 사실상 이 시기에 정립되었다.

가상현실은 상당히 넓은 범주를 아우르는 개념이며 MMORPG 게임이나 제페도(ZEPETO)와 같은 아바타 기반 소셜네트워크 서비스도 가상현실의 일종으로 간주할 수 있다. 하지만 2010년 이후 가상현실이라고 하면 일반적으로 HMD를 출력 장치로 사용하는 체감형 디지털 컨텐츠를 의미한다. 따라서 가상현실 기술의 발전은 HMD 성능의 발전과 궤를 같이 한다.

버추얼 보이(닌텐도에서 발매된 3D 게임기)로 대표되는 초기 HMD 기기의 실패 이후 10여 년간 세간의 관심에서 잊혀졌던 HMD VR 기술은 오큘러스사가 설립되면서 다시 주목받기 시작했다. 오큘러스의 게이밍 HMD 기기가 킥스타터에서 폭발적인 호응을 얻자 IT 업계의 관심을 끌었고, 2014년에 실리콘밸리의 대표 기업 중 하나인 메타(당시 페이스북)가 오큘러스를 인수하면서 VR이 차세대 IT 플랫폼이 될 거라는 기대감이 퍼져나갔다. 이에 따라 밸브 코퍼레이션, 삼성전자, 마이크로소프트, 소니, 구글 등 내로라하는 IT 기업들이 VR 시장에 진출했고, 기어 VR, 오큘러스 리프트, 플레이스테이션 VR 등의 소비자용 VR 기기들이 출시되면서 본격적으로 VR 시장이 현실로 다가오기 시작했다.

그림 11-12 가상현실(레이싱 및 운전)

2019년 메타는 새로운 VR 기기인 오큘러스 퀘스트를 출시하였다. 스냅드래곤 835 프로세서와 안드로이드 운영체제를 탑재해 단독으로 구동되는 이 제품은 기존 VR의 단점인 거추장스러운 케이블과 게이밍 PC 필수라는 문제를 제거하고 상대적으로 저렴한 가격인 399달러를 내세워 시장에서 좋은 반응을 이끌어내는 데 성공했다. 2020년 메타는 성능은 올리고 가격은 더욱 낮춘 오큘러스 퀘스트2를 선보였고, 이 제품은 출시 1년 만에 천만 대가 넘게 팔리면서 VR 역사상 최대 히트작으로 등극했다.

이에 VR의 이점을 제대로 살려 정착된 장르가 하나 있는데, 바로 레이싱/운전 장르이다. 운전게임 특성상, 가만히 앉아서 운전대와 페달을 밟는 게임이다 보니 HMD를 사용하기 용이할 뿐더러, 1인칭 모드로 플레이할 시 시야각이 좁다는 문제를 VR로 완전하게 해결이 가능하다.

현재 VR 게임 시장은 PC 시장에 비하면 그 통계를 굳이 구하는 게 무의미할 만큼 적은 점유율을 기록한다. 이는 VR 기기를 구매하기에는 콘텐츠에 비해 필요 이상으로 많은 돈이 들어가기 때문이다. 더욱이 PC VR의 경우 VR 게임은 초당 90프레임을 찍어야 멀미가 나지 않기 때문에 고사양 PC를 필요로 하는 점도 소비자에겐 더 큰 부담이다.

이에 페이스북의 창립자 마크 저커버그는 고사양 PC를 요구하고 가격이 비싸다는 두 고질적인 문제들을 해결하기 위하여 SNS 사업으로 벌어들인 자본을 VR 기기와 콘텐츠 개발에 쏟아부으며 VR 대중화를 위한 개발 지원을 아끼지 않고 있다. 저커버그의 사업 확장의 새로운 플랜이 바로 VR 산업인 것이다.

가상현실 구현에 필요한 세 가지 요소는 3차원 공간성, 실시간 상호작용, 그리고 몰입성이다. 각 요소 구현을 위해서는 컴퓨터 그래픽 기술, 네트워크 통신 기술, 그리고 HMD 등 오감을 자극하는 다수의 입출력 장치들이 필요하며, 이러한 것들을 위한 기술 개발에 의해 VR이 확립되고 발전할 수 있다. 네트워크 통신 기술이 사실상 현재의 기술력만으로도 가상현실 구현에 어려움이 없음을 고려할 때에, 실질적으로 가상현실 구현을 위해 발전이 필요한 기술은 컴퓨터 그래픽 기술과 입출력 장치 기술이라고 볼 수 있다.

MR(Mixed Reality)

VR과 AR은 일장일단이 있다. VR은 몰입감은 높지만 현실과 괴리된다. AR은 현실 위에 가상 정보를 덧입히지만 보고 체험할 수 있는 화면 크기가 한정돼 있어 상대적으로 몰입감이 떨어진다. 이런 VR과 AR의 한계를 넘어 두 기술의 장점을 합친 것이 MR(Mixed Reality)이다. MR은 현실세계와 가상세계를 융합하는 기술이다.

그림 11-13 혼합현실

혼합현실은 메인프레임, PC 및 스마트 폰을 뒤잇는 컴퓨팅의 새로운 물결이다. 혼합현실은 소비자와 비즈니스에서 일반화되고 있다. 이를 통해 우리가 살고 있는 공간에서, 친구들과 함께 데이터를 통해 직관적인 상호 작업을 제공함으로써 화면을 사용하는 환경에서 벗어나게 된다. 전 세계 수억 명의 온라인 탐험가는 휴대용 디바이스를 통해 혼합현실을 경험했다. 모바일 AR은 현재 소셜 미디어에서 가장 일반화된 혼합현실 솔루션을 제공한다. 사람들은 인스타그램에서 사용하는 AR 필터가 혼합현실 환경이라는 점을 아직 모를 수 있다. Windows Mixed Reality는 사람의 놀라운 홀로그램 표현, 충실도가 높은 홀로그램 3D 모델 및 주변의 실제 세계를 사용하여 이러한 모든 사용자 환경을 다음 수준으로 안내한다.

혼합현실은 실제 세계와 디지털 세계가 혼합되어 자연스러우면서 직관적인 3D 인간, 컴퓨터 및 환경 상호 작용을 넓힌다. 이러한 새로운 현실은 컴퓨터 비전, 그래픽 처리, 표시 기술, 입력 시스템 및 클라우드 컴퓨팅의 발전을 기반으로 한다. '혼합현실'이라는 용어는 Paul Milgram 및 Fumio Kishino의 1994년 논문「혼합현실 시각적 표시의 분류」에서 소개되었다.

세 가지 필수 요소를 조합하면 진정한 혼합현실 환경을 만들 수 있다.

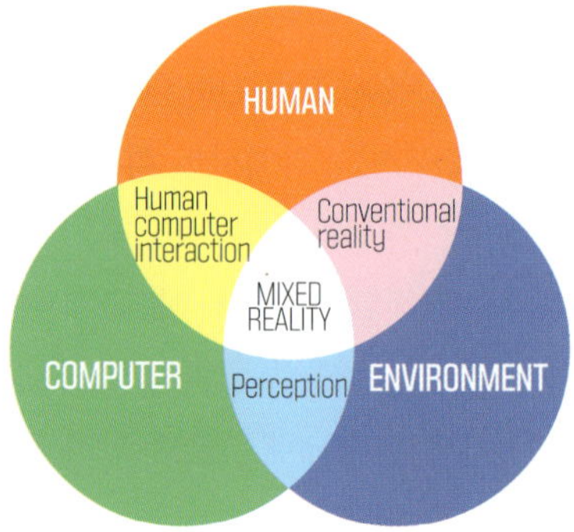

그림 11-14 혼합현실 구성 요소

우리가 실제 세계를 통해 이동하면 이동은 디지털 현실에 매핑된다. 물리적 경계는 제조 시설에서 게임 또는 작업 기반 지침과 같은 혼합현실 환경에 영향을 준다. 환경적 입력과 인식을 통해 환경은 실제 현실과 디지털 현실 사이에서 혼합되기 시작한다. 혼합현실은 실제 세계와 디지털 세계를 혼합한 것이다. 이러한 두 가지 현실은 가상 연속체라고 하는 스펙트럼의 극단을 표시한다. 이러한 현실의 스펙트럼을 혼합현실 스펙트럼이라고 한다. 스펙트럼의 한쪽 끝에는 인간이 존재하는 실제 현실이 있고, 스펙트럼의 반대쪽 끝에는 해당 디지털 현실이 있다.

혼합현실은 게임 외에도 다양한 용도로 사용된다. 아티스트와 디자이너, 광고주는 수 년에 걸쳐 3D를 사용하여 새로운 방식으로 스토리를 전달하고 사람들의 참여를 유도하고 있다. 이제는 혼합현실을 사용하여 3D 작품을 현실 세계의 실제 환경으로 가져올 수도 있다.

그림 11-15 혼합현실

혼합현실에서는 실제 개체와 가상 개체가 실시간으로 상호 작용하여 가상과 현실을 넘나드는 경험을 제공한다. 혼합현실에서는 실제 환경을 계속 볼 수 있도록 투명한 렌즈나 카메라가 있는 헤드셋이 필요하다.

VR은 실제 환경을 완전히 차단한다. 반면, AR과 MR은 실제 환경이 경험에 포함될 수 있으며, 이 경우 실제 환경은 디지털 요소와 함께 증강되거나 혼합된다.

VR, AR, MR을 경험하기 위해서는 모두 디바이스가 필요하다. VR의 경우 실제 환경을 완전히 차단하는 헤드셋을 착용해야 하고, AR은 스마트 폰과 같은 디바이스가 필요하다. MR의 경우 Microsoft HoloLens, HTC Vive, Magic Leap과 같은 안경 또는 헤드셋을 사용하여 현실 세계의 환경을 볼 수 있다.

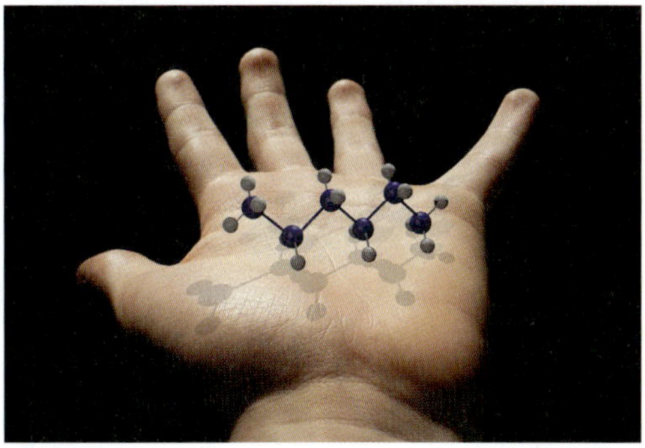

그림 11-16 혼합현실(손바닥 위의 분자구조)

오큘러스(Oculus)와 같은 VR 헤드셋이 대중의 관심을 끌면서 다양한 VR 게임과 영화 애플리케이션이 등장하고 있다. VR 게임은 블록버스터 영화, 다양한 역사적 배경(예: 중세 유럽, 금주법 시대의 시카고), 아케이드 게임 등에서 영감을 받아 여러 영역에서 활용되고 있다. 코로나19 팬데믹으로 인해 전 세계적으로 극장 영화 상영이 어려워진 상황에서 VR은 많은 영화 감독에게 새로운 가능성을 열어주었다. 드라마틱한 작품 제작은 물론, 관객이 영화 속 캐릭터가 되거나 엔딩을 직접 선택하게 할 수 있다.

가장 최신 기술에 속하는 MR은 아직 초기 단계이지만, 앞으로 큰 발전을 이룰 것으로 기대된다. Magic Leap 헤드셋을 사용하는 앵그리 버드 FPS는 실제 공간에 돼지를 겹쳐 놓는 공간 게임이다.

의료 업계에서는 외과의사 수련생이 가상현실에서 숙련된 의사의 눈을 통해 수술 과정을 볼 수 있으며, 스크립트 시나리오로 예상치 못한 상황에 대비하고 대응 방식을 연습할 수 있다. 또한 MR은 MR 기반의 X-ray 시야로 의사가 수술 중 환자의 피부 아래 혈관과 뼈를 볼 수 있게 하는 등 유용한 의료 경험을 제공한다.

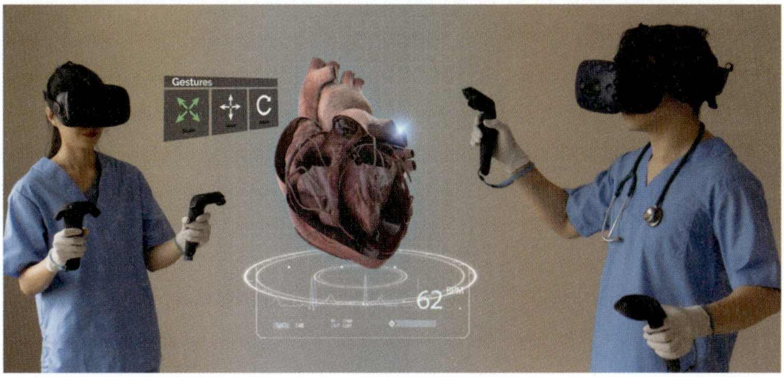

그림 11-17 혼합현실(의료 수술)

XR(eXtended Reality)

확장현실은 수십 년 동안 현대 생활에 스며들어 왔다. 1990년대 초의 가상현실(Virtual Reality, VR) 아케이드 게임에서부터 스냅 AR(Snap AR)에서 사용할 수 있는 수백만 개의 증강현실(Augmented Reality, AR) 렌즈에 이르기까지, XR의 진화는 힘을 얻고 있다. 시장 조사 업체 스태티스타(Statista)에 따르면, 2021년 약 40조 6000억 원(310억 달러)으로 예측되는 글로벌 XR 시장의 규모는 2024년 약 393조 원(3000억 달러)까지 증가할 것으로 예상된다.

그림 11-18 확장현실(현실 박물관 + 가상 박물관)

XR에 대해 이렇게 관심이 커지는 것은, 부분적으로 마크 저커버그가 최근 페이스북의 이름을 메타(Meta)로 변경하며 사람들이 가상 공유 장소에서 만나 일하고, 운동하고, 공연하고, 사교할 수 있는 인터넷의 3D 진화 형태인 메타버스(metaverse)에 대한 자사의 계획을 공개한 데 힘입었다고 할 수 있다.

엔터테인먼트 및 게임 분야에서 이미 자리 잡은 XR의 활용은 새로운 산업으로 빠르게 확장되고 있다. 자동차 회사는 디자인 생성에 XR을 사용하는데, 디자이너들이 새로운 차량 라인의 3D 콘셉트를 생성한 다음 함께 설계를 검토한다. 미국 메이오 클리닉(Mayo Clinic)과 같은 의료 기관에서는 이 기술을 적용하여 수술 전에 인터랙티브 방식으로 계획을 수립하고, 심장 수술을 지원하며 외과팀을 교육한다. 건설 회사는 골조 작업 및 배선 설치의 속도와 품질을 개선하기 위해 설치 직원에게 AR 글래스를 제공하며, 영화 제작 스튜디오는 XR을 이용하여 디즈니의 「만달로리안(The Mandalorian)」에서와 같이 환상적이면서도 실제와 같은 3차원적인 세계를 만들고 있다.

확장현실(XR)은 다양한 몰입형 및 인터랙티브 기술 영역을 아우르는 포괄적인 용어로 증강현실(AR), 혼합현실(MR), 가상현실(VR)을 망라한다. 모바일 장치, VR 헤드셋과 안경 및 기타 기술을 통해 XR에 접근할 수 있다.

길베인 빌딩 컴퍼니(Gilbane Building Company), 맥킨스트리 컨스트럭션(McKinstry Construction), 겐슬러(Gensler)와 같은 회사는 3D 지능형 모델의 단면을 실제 현장에 오버레이하여, 비용이 많이 드는 결정을 내리기 전에 예상 시나리오를 테스트하는 데 XR을 사용한다. 이케아의 잠재적인 구매자가 AR 앱을 사용하여 디지털로 렌더링된 3D 가구를 자신의 거실에 배치하여 크기가 적절하고 장식과 일치하는지 확인할 수 있는 것처럼, 기업들은 타사 앱을 사용하여 설계 계획이 실제 현장에 적합한지 확인할 수 있다.

고품질 XR에 대한 접근성이 점점 높아지고 있다. 전 세계 소비자들은 몰입형 게임에서 원격 학습, 가상 교육에 이르기까지 XR을 경험하기 위해 AIO*를 구매하고 있다. 대기업들은 워크플로우와 설계 프로세스에 XR을 추가하고 있다. XR은 디지털 트윈을 포함해 설계 구현을 획기적으로 개선한다.

잠깐만요 **AIO(Asynchronous I/O)**

한 프로세스가 몇 개의 IO 작업을 하는 것을 일단 세우거나(block) 다른 것이 끝날 때까지 기다리기(wait) 없이 허용하는 것이다.

XR 기술이 발전함에 따라 또 다른 기술이 사용자를 인공지능(AI)이라는 새로운 시대로 이끌고 있다. AI는 VR로 설계자를 지원하는 가상 비서에서부터 DIY 프로젝트를 통해 개인을 안내할 수 있는 지능형 AR 오버레이에 이르기까지 XR 부문에서 중요한 역할을 할 것이다. 예를 들어, 헤드셋을 착용하고 자연스러운 말과 몸짓을 통해 콘텐츠에 무엇을 해야 하는지 알려줄 수 있다고 상상해 보자. 핸즈프리, 음성 기반 가상 에이전트의 도움으로, 비전문가도 놀라운 디자인을 만들고 매우 복잡한 프로젝트를 완료하며 강력한 애플리케이션의 기능을 활용할 수 있다.

엔비디아 옴니버스(NVIDIA Omniverse)와 같은 플랫폼은 이미 사용자가 3D 시뮬레이션과 가상 세계를 구현하는 방식을 변화시키고 있다. Omniverse를 통해 전 세계의 사용자는 디지털 트윈 시뮬레이션을 개발하고 운영할 수 있다. 이 플랫폼은 사용자에게 2D 모니터나 선호하는 XR 경험을 통해 물리적으로 정확하고 완전하게 레이 트레이싱된 가상 세계로 이동할 수 있는 유연성을 제공함으로써 방대한 가상 세계의 몰입형 경험을 가능하게 한다.

XR 산업은 하드웨어, 소프트웨어, 콘텐츠 및 애플리케이션의 4가지 가치 사슬로 구성되며, 각 사슬은 여러 하위 사슬을 포함한다. 전체 산업 사슬에는 수많은 연결고리가 있고, 각 연결고리는 서로 얽혀 있다. XR 산업의 전반적인 성장을 위해서는 각 산업 사슬 연결고리와 생태계의 공동 성장을 필요로 한다.

11.3 메타버스 활용 사례 및 전망

메타버스는 엔터테인먼트 분야뿐만 아니라 정치, 경제, 문화 등 우리 생활 전반에 영향을 미치는 차세대 플랫폼으로 예상되고 있다. 특히, 페이스북은 최근 메타버스 전문가를 최고 기술 책임자(CTO)로 임명하였다. 주커버그는 발표문을 통해 "Metaverse를 구축하기 위한 보다 폭넓은 노력의 일환"이라며 페이스북의 메타버스 사업에 더욱 힘을 싣는 행보를 보였다.

메타버스 국외 사례

현재 미국 및 중국의 메타버스 발전 속도가 가장 빠르게 진행되고 있다.

그림 11-19 메타(페이스북)

미국은 글로벌 IT 기업들의 메타버스 생태계로의 비즈니스 확장을 보이고 있으며, 대표적인 기업으로 '메타(페이스북)', '마이크로소프트(MS)', '구글' 등이 있다. 메타의 경우 VR 기기 업체인 '오큘러스(Occulus)'사의 인수와 자사 개발한 가상 세계의 커뮤니티 '호라이즌(Horizon)' 개발 등 IT 기업이 메타버스 기업으로 확장하여, 기존에 가지고 있던 빅데이터 및 딥러닝 기술을 활용하고 있다. MS는 자사가 보유한 안정적이고 보완성 높은 윈도우 체계와 클라우드 컴퓨팅 시스템 '애져(Azure)' 그리고 데이터 혁신 기술을 메타버스 구축에도 활용할 것으로 보이며,

VR 게임업체 '모장(Mojang)'과 VR 소셜 플랫폼 '알트스페이스'의 인수 등으로 빠르게 확장하고 있다.

중국은 글로벌 IT 기업들의 메타버스 생태계로의 비즈니스 확장을 보이고 있으며, 대표적인 기업으로는 '알리바바', '텐센트', '바이두' 등이 있다. 빅테크 기업 알리바바는 2021년 12월에 자회사 '위안징성성(元境生生)'의 설립 계획을 밝혔으며, 'XR 실험실'을 마련하는 등 메타버스 플랫폼으로의 확장이 예상된다. 텐센트는 자회사 '티미 스튜디오(TiMi Studios)'에서 메타버스 전담팀을 설립하고, 미국의 로블록스 사의 중국 사업권도 획득하는 등 메타버스 사업 확장을 준비하고 있다. 메타버스의 플랫폼은 현재 준비 중이므로 '도입기'로 볼 수 있으나, 기존의 빅테크가 가진 데이터 기반 혁신 기술 역량을 고려한다면 데이터 기반의 혁신 정도는 넓게 퍼져 있을 것으로 판단된다. 또한, 중국 내의 메타버스 관련 상표 출원 총량이 2021년 11월 기준 6,400건에 달하고, 상표 출원을 신청한 회사의 수는 2021년 9월에 130여 개, 10월 400여 개, 11월에 960여 개 회사인 점을 감안하면 생태계 진화의 속도가 빠를 것으로 예상된다.

지난해 4월, 미국 힙합 가수 트레비스 스캇은 온라인 배틀 게임 포트나이트를 통해 라이브 콘서트를 개최하였다. 라이브 콘서트를 보기 위해 동시 접속자 1,230만 명이 접속했고 게임 내 굿즈 판매로 콘서트 수익은 2,000만 달러에 달했다. 또, 방탄소년단은 포트나이트를 통해 다이너마이트(Dynamite) 안무 버전 뮤직비디오를 최초 공개하기도 하였다.

현대차는 로블록스 내 '현대 모빌리티 어드벤처'라는 테마파크를 구축하였다. 게임 유저들은 현대차 차량을 새롭게 도색하고 디자인하거나 시승해볼 수 있다. 넷플릭스 드라마 '오징어게임' 속 놀이들은 로블록스에서 게임 콘텐츠로 재생산되고 있다.

'동물의 숲' 유저들은 꿈번지 코드를 활용해 블랙핑크의 데뷔 5주년 기념 '블랙핑크 섬'을 오픈하였다. 섬에는 블랙핑크 뮤직비디오 세트장, 의상, 댄스 연습실 등 블랙핑크가 실제 작업을 했던 공간을 재현해 두었다.

정치에서도 MZ 세대를 사로잡기 위해 메타버스(Metaverse)를 활용하고 있다. 바이든 대통령은 선거 활동에 동물의 숲을 활용하여 '바이든 섬'을 만들어서 꿈번지 코드를 공개하고, 바이든 진영의 로고를 '동물의 숲' 게임 내 간판, 티셔츠 아이템에 반영할 수 있도록 4종류의 디자인도 공개하였다.

메타버스 국내 사례

메타버스(Metaverse)는 사물인터넷, 클라우드, 5G, 콘텐츠 등 4차 산업혁명 기술과 융합해 더욱 새로운 경제 생태계를 만들어내고 있다. 이제 해외뿐만 아니라 국내 기업들도 메타버스 시장의 주도권 확보를 위해 사업 확장에 속도를 내고 있다. 국내 기업들의 '메타버스 사례'는 크게 2가지로 나눌 수 있다.

기존 메타버스 플랫폼을 활용하는 케이스로는 국내에서 가장 대표적인 메타버스 플랫폼인 '제페토'가 있다. 제페토 외에도 해외 메타버스 플랫폼인 '로블록스', '모여봐요 동물의 숲'과 같이 이미 구축되어 있는 플랫폼을 활용해 기업의 제품과 서비스를 홍보할 수 있다.

BGF 리테일은 올해 8월 제페토 내 맵인 한강 공원에 'CU 제페토 한강공원점'을 개점하였다. 점포 내부에는 실제 CU 인기 상품을 실제 편의점과 같은 형태로 진열해두었고, 편의점 위 루프탑에서는 커피를 마실 수 있도록 하였다. 구찌는 제페토 내에서 패션 아이템을 출시하였다. 구찌 본사가 있는 이탈리아 피렌체를 배경으로 '구찌 빌라'를 구축해, 구찌 상품을 착용해보고 구매할 수 있도록 하였다. 미래에셋증권은 제페토를 통해 대학생 서포터즈 발대식을 진행하고 있으며, '미래에셋증권 제페토 월드' 내 제페토 지점을 개설해 계좌 개설이나 상품 교육 등의 업무를 진행할 예정이다.

메타버스 전망

딜로이트는 메타버스가 걸음마 단계, 초기 단계, 성숙 단계, 최종 단계 등 4가지 발전 단계를 거친다고 보고 있다. 현재 업계에서는 다양한 디지털 및 지능적 개념이 등장하고 있으며, 이는 메타버스의 초기 단계로 간주할 수 있다. 관련된 기술이 점차 고도화되고 메타버스 개념이 강화되며, 향후 5~10년간 우리는 초기 단계의 메타버스로 진입이 예상된다.

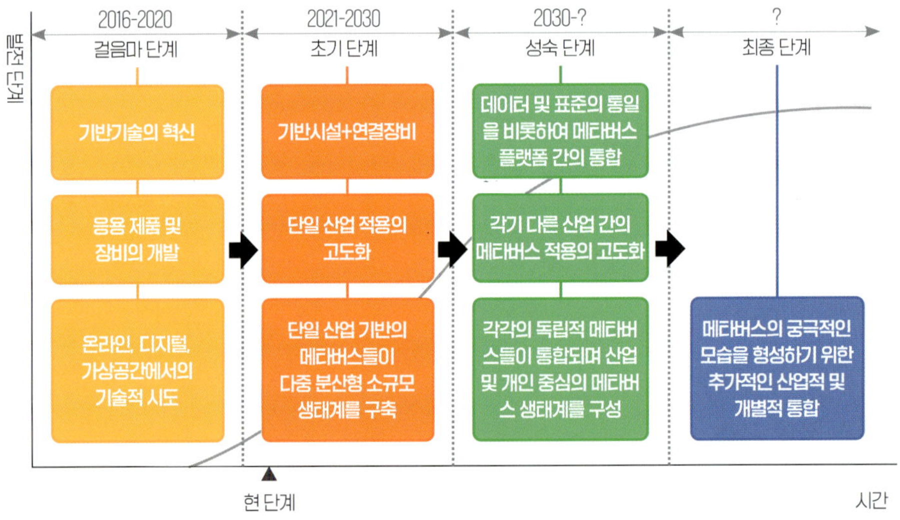

그림 11-20 메타버스 발전 단계
(출처: 딜로이트 리서치 & 분석)

메타버스 발전 단계

메타버스 걸음마 단계는 2016년부터 2020년까지로, 메타버스 개념이 부각되지는 않았지만 다양한 산업군에서 디지털화 또는 가상화를 위한 기술적 시도를 수행하였다. 소비자용 메타버스에서는 메타버스 적용이 대개 2D 매체를 통해 가상의 경험을 촉진시키는 형태로 이뤄졌다. 예를 들면, 미국 뉴욕의 건강 기술 기업 펠로톤(Peloton)은 증강현실(AR) 기술을 사이클링과 연계하여 스크린을 통해 사용자에게 피트니스 강의를 제공하였다.

메타버스 초기 단계는 2021년부터 2030년까지이며, 이 단계에서는 더욱 많은 온라인, 디지털 및 가상 세계에서의 메타버스 적용이 다양한 산업에서 구현될 것이다. 이는 각각의 독립적이며 소규모, 다중 분산형 메타버스를 구축하게 할 것이다. 기술적 진보 방향, 메타버스 플랫폼 설비 구축 그리고 XR 기기와 같은 핵심적인 메타버스 연결 기기 등이 이번 단계에서 결정되고 개발될 것이다. 메타버스의 적용은 특정 인기 산업에 집중될 것으로 예상된다.

산업용 메타버스에서는 전체 산업 가치 사슬에 확대될 수 있는 기반 기술 적용에 초점이 맞춰질 것으로 예상된다. 소비자용 메타버스에서는 다양한 독립적인 가상 공간이 더욱 확대될 것이다. 현실 세계와 가상 세계를 연결하는 하드웨어 기기들이 지속적으로 개발되어 최적화되고 있다. 가상 공간에서의 경험이 점차 개선되며 더욱 폭넓은 실재감을 제공하고 있으며, 가상 소셜 시스템이 점진적으로 구축되고 있다.

메타버스 성숙 단계는 2031년부터 시작된다. 다양한 산업군 각각의 독립적인 메타버스가 점진적으로 고유하고 단일화된 데이터 표준을 구성하며 메타버스 간 통합이 이뤄진다. 이번 단계에서 우리는 플랫폼 및 산업 생태계 간 연결과 통합이 이뤄질 것이라고 분석한다. 이러한 통합을 이루는 데 통일된 데이터 표준, 결제 시스템, 그리고 신분 인증이 핵심적인 역할을 할 것이다. 산업용 메타버스에서는 유사한 산업의 독립적인 메타버스들이 점차 데이터를 공유하며 산업 표준이 다업종 간의 상호작용 및 통합으로 향할 것으로 예상된다. 소비자용 메타버스에서는 각각의 독립적인 메타버스 아이피(IP)에서의 경험은 더 이상 분리되지 않을 것이다. 개개인의 가상 생활에서의 다양한 환경과 요소들은 포괄적인 가상 세계를 구축하기 위해서 연결될 것이다. 이에 따라 다양한 플랫폼의 가상 자산과 정보가 배포되고 공유될 것이다.

메타버스 미래

XR 장치는 새로운 세상을 구축할 것이다. 직장에서는 HMD를 착용함으로써 모든 업무가 가상 공간에서 이뤄지며 당신은 더 이상 물리적인 사무 공간을 필요로 하지 않을 것이다. 가상 세계에서 우리는 매우 현실성을 느끼고 최고 수준의 심지어 개개인의 취향에 맞춰진 업무 공간을 갖게 될 것이다. 모든 회의는 온라인으로 이뤄지며, 직장까지의 출퇴근에 소요되는 시간도 함께 사라지게 될 것이다. 당신은 단지 회의 초대장만 보내면 되며, 이후에 고객 또는 직장 동료들과 마주보는 형태의 몰입감 있는 회의를 경험하게 될 것이다.

학교에서 우리는 새로운 방식으로 학습을 하게 될 것이다. 온라인 교육 자원은 모든 학생들이 최상의 교육 자원을 누릴 수 있게 할 것이다. 그리고 교습법은 가상의 공간에서 다양하게 변모할 것이다. 예를 들면, 학생들은 AR 글래스를 통해 화학실험에서의 화학 반응을 가까이서 관찰할 수 있을 것이고, 외국어를 배우기 위해 해당 모국어 사용자와 '마주보며' 대화할 수 있을 것이다. 그리고 글을 통해 설명되었던 세계가 디지털 기술을 통해서 재구축되는 경험을 하게 될 것이다. 이처럼 교육은 더 매력적이고, 효율적이며, 상호 작용적으로 개인화될 수 있을 것이다.

그림 11-21 메타버스 온라인 교육

일상생활에서의 VR은 우리가 여가시간을 보내는 방법을 바꿀 것이다. 사회적 교류 장소가 가상의 세계 속에서 구축되어 사람들이 친구들과 언제 어디서든 파티를 열거나, 깊은 대화를 하고, 게임을 즐기거나, 멀리 떨어진 친척과 영화를 보는 등의 활동이 가능해질 것이다. 미래에는 XR이 모든 정보를 통합하며, 기존의 TV, 게임콘솔, 컴퓨터, 전자책 및 다른 기기에서 각각 정보를 얻을 필요가 없을 것이다. XR을 통해 구축된 세계에서는, 우리는 우리가 원하는 것이 무엇이든지 쉽게 접근할 수 있어서 별도의 고가 기기를 구매하고 교체할 비용도 필요 없게 될 것이다. 예를 들어 거실에 설치할 값비싼 물리적 TV 장치 대신 가상 대화면 TV를 이용하기 위한 소프트웨어 사용료만 지불하면 된다.

의료 분야에서 XR은 보다 광범위하게 적용되어, 미래의 수술은 AR 기기 및 기술에 크게 의존할 것이다. 가상의 이미지와 실제 수술 환경이 결합되어 실시간 진단 및 치료에 있어서 최상의 해결책을 제공하며, 진단에 소요되는 시간을 크게 줄이고 치료의 효과를 극대화할 것이다. 미래에는 AR 홀로그램이 의사 간의 소통을 더욱 효율적이게 하거나 의료 자원을 효과적으로 복제하여 의료 훈련에도 주도적인 역할을 할 것으로 기대된다.

그림 11-22 메타버스 의료 분야

게임 분야에서의 XR은 이용자가 게임 속에서 미션을 수행하는 것 외에 다양한 활동들이 가능하도록 구현하고 있으며, 이용자들이 참여를 통해 경제적 이윤까지 창출할 수 있어 '게임 개발자', '가상 의류 디자이너' 등과 같은 일자리도 창출하고 있다. 메타버스의 대표 사례로 손꼽히는 미국 로블록스(Roblox) 게임사는 2020년 4분기 기준 일간 이용자 수가 3,713만 명에 동시 사용자 수는 570만 명을 기록하였다. 해당 게임의 큰 특징은 이용자가 직접 게임을 제작해서 공급할 수 있으며, 현실 세계에서 할 수 있는 다양한 경험을 게임 속에서 할 수 있다는 것이다. 예를 들면 애완동물 입양 후 기르기, 스쿠버 다이빙, 박물관 방문 등을 게임을 통해 체험할 수 있다. 게임 속에서는 '로벅스'라는 화폐를 사용하고 실제로 환전도 가능해 현재 700만 명의 개발자들이 존재하며, 많은 개발자들이 로블록스 게임을 더 풍부하게 만들고 있다.

11.4 연습문제

| 객관식 |

01 메타버스에 대한 설명으로 옳지 않은 것은?

① '초월'을 뜻하는 'meta'와 우주를 뜻하는 'universe'의 합성어이다.

② 인터넷 공간과 물리적 공간이 공존하는 '집합적 가상공존세계(virtual shared space)'를 의미한다.

③ 닐 스티븐슨(Neal Stephenson)의 SF소설 '메타버스의 시대'에 처음 등장하였다.

④ 현실 세계와 같은 사회적 · 경제적 활동이 통용되는 3차원 가상공간이다.

02 메타버스는 활용 목적에 따라 3가지 유형으로 분류된다. 해당하지 않는 것은?

① 사회관계 형성

② 디지털 자산 거래

③ 원격 협업 지원

④ 웹 2.0 확대 지원

03 메타버스의 구성 요소가 아닌 것은?

① 실재감 ② 개인 공간 ③ 상호 운용성 ④ 사회성

04 메타버스의 구성 요소에서 자신의 아바타와 디지털 아이템을 다양한 앱과 경험에 적용 가능한 요소는?

① 상호 운용성 ② 순간이동 ③ 자연스러운 조작 환경 ④ 몰입감

05 메타버스의 구성 요소에서 현실과 구분하기 어려울 정도로 실감 있는 경험 요소는?

① 실재감 ② 몰입감 ③ 아바타 ④ 정체성

06 메타버스 유형 중 사회관계 형성 및 집단 활동 사례가 아닌 것은?

① 더샌드박스 ② 로블록스 ③ 마인크래프트 ④ 제페토

07 메타버스 유형 중 원격협업 및 소통 지원 사례는?

① 디센트럴랜드 ② 어스2 ③ 옴니버스 ④ 포트나이트

08 메타버스의 특성 중 실제 세계를 그대로 투영한 정보가 확장된 가상세계를 무엇이라 하는가?

① 증강현실 ② 라이프로깅 ③ 거울세계 ④ 가상세계

09 메타버스의 특성 중 사물과 사람에 대한 일상적인 경험과 정보를 캡처, 저장, 전송하는 기술을 무엇이라 하는가?

① 증강현실 ② 라이프로깅 ③ 거울세계 ④ 가상세계

10 증강현실을 이용한 대표적인 사례로 옳은 것은?

① 에어비앤비 ② 디센트럴랜드 ③ 페이스북 ④ QR코드

11 가상세계를 이용한 대표적인 사례로 옳은 것은?

① 에어비앤비 ② 디센트럴랜드 ③ 페이스북 ④ QR코드

12 PC용 VR 게임은 초당 몇 프레임을 찍어야 멀미 현상이 발생하지 않는가?

① 15 ② 30 ③ 60 ④ 90

13 혼합현실 환경에 필요한 3가지 필수 요소가 아닌 것은?

① 인간 ② 환경 ③ 컴퓨터 ④ 네트워크

14 확장현실을 구성하기 위한 4가지 가치 사슬이 아닌 것은?

① 환경 ② 하드웨어 ③ 소프트웨어 ④ 애플리케이션

15 메타버스를 개발하는 미국의 대표적 기업이 아닌 것은?

① 인텔 ② 메타 ③ 마이크로소프트 ④ 구글

16 메타버스를 개발하는 중국의 대표적 기업이 아닌 것은?

① 알리바바 ② 바이두 ③ 텐센트 ④ 마오타이

17 메타버스의 발전 단계 중 "다양한 산업군 각각의 독립적인 메타버스가 점진적으로 데이터를 고유하고 단일화된 표준을 구성하며 메타버스 간 통합이 이뤄진다"는 어느 단계에 해당하는가?

① 걸음마 단계 ② 초기 단계 ③ 성숙 단계 ④ 최종 단계

| 단답식 |

01 현실과 가상(디지털) 세계를 연결하는 인터페이스로서, 현실과 가상의 공존을 함께 하는 공간을 무엇이라 하는가? (　　　　)

02 (　　　　)이란 사용자가 현실에서 느끼는 오감에 컴퓨터가 만든 정보를 추가하는 기술이다.

03 인간이 머리를 든 채로 앞쪽을 바라볼 때 정보가 직접 시야에 들어오도록 비춰주는 디스플레이 장치를 무엇이라 하는가? (　　　　)

04 VR은 몰입감은 높지만 현실과 괴리된다. AR은 현실 위에 가상 정보를 덧입히지만 보고 체험할 수 있는 화면 크기가 한정돼 있어 상대적으로 몰입감이 떨어진다. 이런 VR과 AR의 한계를 넘어 두 기술의 장점을 합친 것이 (　　　　)이다.

| 서술식 |

01 모의 현실이란 무엇인가?

1 2 장

스마트 시대

학 습 목 표

1. 스마트 디바이스 원리와 기술을 이해한다.
2. 스마트 캠퍼스, 헬스에 대해서 학습한다.
3. 스마트 팩토리 및 스마트 홈에 대해서 이해한다.

12.1

스마트 시티

개요

스마트 시티 기술은 디지털과 사물인터넷(IoT) 기기를 활용해 도시 환경의 효율성, 지속가능성, 생활성을 높이는 것을 말한다. 이러한 기술은 센서, 카메라, 모바일 장치와 같은 다양한 소스의 데이터를 수집하고 분석하여 시민들의 삶의 질을 향상시키고 도시를 더욱 지속 가능하게 만드는 데 사용된다.

스마트 시티 기술의 예는 다음과 같다.

- **스마트 교통**: 교통 혼잡을 줄이고 대중교통을 개선하며 주차를 최적화하기 위한 실시간 교통 모니터링, 지능형 교통 시스템, 스마트 주차 시스템 등의 기술을 말한다.
- **스마트 에너지**: 에너지 소비와 탄소 배출을 줄이기 위한 스마트 그리드, 에너지 효율적인 건물, 재생 가능한 에너지원과 같은 기술을 말한다.
- **스마트 폐기물 관리**: 폐기물 수집 효율을 높이고 폐기물을 줄이기 위한 스마트 빈, 폐기물 추적 시스템 등의 기술을 말한다.
- **스마트 물 관리**: 물 절약과 관리를 개선하기 위한 스마트 관개 시스템, 수질 모니터링 등의 기술을 말한다.
- **스마트한 공공 안전**: 감시 카메라, 총성 감지 시스템, 국민 안전 및 긴급 대응 시간을 개선하기 위한 긴급 대응 시스템 등의 기술을 말한다.
- **현명한 시민 참여**: 시민의 참여와 도시 의사 결정 참여를 촉진하기 위한 모바일 앱 및 소셜 미디어 플랫폼과 같은 기술을 말한다.

그림 12-1 스마트 시티

스마트 시티의 구상

● 중국의 넷 시티(Net City)

'넷 시티'는 첨단 디지털 기술의 활용을 통해 완벽하게 연결된 도시 환경의 비전을 일컫는 용어다. 네트워크 도시에서는 모든 물리적 객체와 시스템이 단일 네트워크로 통합되어 도시 경관 전반에 걸쳐 정보와 서비스의 원활한 흐름을 가능하게 할 수 있다. 넷 시티의 개념은 일상의 사물과 장치를 인터넷에 연결하여 '스마트'하게 만들고 서로 통신할 수 있도록 하는 것을 포함하는 '사물인터넷(IoT)'의 개념에 기초한다. 인터넷 도시에서, IoT 기술은 신호등과 대중교통 시스템에서 에너지 그리드와 폐기물 관리 시스템에 이르기까지 모든 것을 연결하는 데 사용된다.

중국 정부는 고도로 연결되고 효율적인 도시 환경인 '넷 시티'를 조성하기 위해 첨단 디지털 인프라와 IoT 기술 개발에 많은 투자를 해왔다. 중국의 '넷 시티' 비전은 5G 네트워크, 빅데이터, 클라우드 컴퓨팅, IoT 기기 등 다양한 디지털 기술을 통합해 고도로 연결되고 효율적인 도시 생태계를 만드는 것이다. 여기에는 공공의 안전과 보안을 개선하기 위해 얼굴 인식 카메라와 같은 첨단 감시 시스템의 배치가 포함된다. 선전과 항저우와 같은 몇몇 중국 도시들은 이미 첨단 디지털 기술과 스마트 시티 이니셔티브를 구현하는 데 상당한 진전을 이루었다. 특히 선전은 실시간 데이터를 활용해 교통 흐름을 최적화하는 지능형 교통 관리 시스템을 구현했는데, 중국 IT 기업인 텐센트는 선전시에 132.6ha(헥타르)에 총 57억 달러를 투자하여 친환경 첨단 신도시 건설을 추진하였다. 항저우는 시민들이 휴대전화를 통해 다양한 공공서비스에 접근할 수 있는 종합 디지털 거버넌스 플랫폼을 개발했다. 그러나 전문가들은 '넷 시티' 미래를 향한 중국 정부의 추진에 대해 데이터 프라이버시와 보안을 경고하고 있다. 비평가들은 IoT 장치와 감시 시스템에 의한 광범위한 개인 데이터 수집이 시민들을 감시하고 통제하는 데 사용될 수 있다고 주장하여 개인의 권리와 자유의 보호에 대한 의문을 제기한다.

토요타의 우븐 시티(Woven City)

우븐 시티는 일본 자동차 제조업체인 토요타에 의해 시작된 야심찬 스마트 시티 프로젝트이다. 이 프로젝트는 새로운 이동성, 스마트 홈 및 기타 첨단 기술을 테스트하고 개발하기 위한 생활 실험실 역할을 하는 것으로 완전히 연결되고 지속 가능하며 배출이 없는 도시를 만드는 것을 목표로 한다.

우븐 시티는 일본 후지산의 밑부분에 있는 175에이커의 부지에 건설될 계획이다. 수소 연료전지로 구동되고 첨단 AI와 로봇 기술이 탑재된 주거, 상업, 산업 공간이 혼합된 미래형 도시로 설계된다. 우븐 시티 프로젝트는 도요타와 협력사들이 도시 생활의 도전에 대한 혁신적인 해결책을 모색할 수 있도록 새로운 기술과 도시 계획 개념을 위한 실제 시험장 역할을 하기 위한 것이다. 또한 이 도시는 외부 연구원과 기업에도 개방되어 광범위한 분야에 걸쳐 협업과 혁신의 기회를 만들 수 있을 것으로 기대된다.

미국의 Telosa

'텔로사'는 '제트 닷컴'의 창업자이자 월마트의 임원이었던 억만장자 기업가 마크 로어(Marc Lore)가 고안한 스마트 시티 프로젝트이다. 제안된 도시는 2050년까지 미국 남서부에 5만 명이 거주하는 지속 가능하고 공평한 지역 사회를 만드는 평등주의 유토피아의 건설이 목적이다. '텔로사'는 '최고의 목적'을 의미하는 고대 그리스 단어에서 이름을 따온 것으로서 시민들에게 교육, 의료, 교통에 대한 동등한 기회를 제공한다.

이 도시는 녹색 공간과 환경 지속 가능성에 중점을 두고 걷기, 자전거 타기 또는 자율주행차 이용을 장려하는 방식으로 건설될 계획이다. 풍력과 태양열 발전과 같은 재생 가능한 에너지원으로 설계하고, 에너지 신뢰성과 독립성을 보장하기 위해 마이크로 그리드로 전력을 공급받는다. 또한 '텔로사'는 교통, 의료, 교육 및 기타 공공 서비스를 개선하기 위한 첨단 기술 인프라를 갖춘 완전히 연결된 스마트 시티가 될 계획이다. 그리고 경제 발전 측면에서 지속 가능한 산업을 중심으로 기업과 기업인을 유치하기 위해 도시가 조성된다. 이에 따라 수백만 개의 새로운 일자리를 창출하고 재생에너지, 의료, 기술을 포함한 다양한 분야에서 혁신과 성장의 기회를 제공할 것으로 기대된다.

● 한국의 K-시티

K-시티는 2017년 한국 정부가 출범한 스마트 시티 테스트베드 네트워크이며, 스마트 시티 신기술 및 솔루션 개발과 테스트를 촉진하고 산 · 관 · 학이 협업할 수 있는 플랫폼을 만드는 것이 목표이다.

그림 12-2 K-시티 협력 프로그램
(출처: 국토교통부 보도자료, 2019. 01. 30.)

K-city는 4개의 테스트베드 도시로 구성되어 있다. 세종, 부산, 대구, 판교의 각 테스트베드는 특정 초점 영역을 가지고 있으며 새로운 스마트 시티 솔루션을 테스트하기 위한 첨단 기술 인프라와 시설을 갖추고 있다. 예를 들어, 세종은 스마트 교통과 이동성 솔루션에, 부산은 스마트 에너지에, 대구는 스마트 헬스케어에, 판교는 스마트 빌딩과 주택에 초점을 맞추고 있다. K-시티는 스마트 시티 솔루션을 개발하고 테스트하는 기업과 단체를 위한 다양한 지원 서비스도 포함하고 있다. 이들 서비스에는 자금 지원, 멘토링, K-city Innovation Center 접속 등이 있으며, K-city Innovation Center는 테스트 시설과 연구 개발 지원을 제공한다. K-시티의 궁극적인 목표는 전 세계 다른 도시에서 규모를 확장하고 복제할 수 있는 새로운 스마트 시티 솔루션 개발을 위한 플랫폼을 만드는 것이다. 이를 위해 국토교통부에서는 정기적인 협력 프로그램 과제들을 모집 및 지원하고 있다.

● 미국의 DOT 스마트 시티 챌린지

DOT 스마트 시티 챌린지는 미국 교통부(DOT)가 혁신적인 교통 기술과 아이디어를 홍보하기 위해 마련한 대회다. 이 과제의 목표는 교통 안전을 개선하고, 이동성을 높이고, 혼잡을 줄이며, 환경에 미치는 영향을 줄이는 것이다. DOT 스마트 챌린지는 개인, 기업, 대학 및 기타 기관이 혁신적인 교통 솔루션에 대한 아이디어를 받으며, 이 과제는 안전, 이동성, 인프라, 화물, 배출 및 인력의 6가지 핵심 영역에 초점을 맞추고 있다. DOT 스마트 챌린지에 제출된 제안서는 타당성, 영향 및 확장성을 기준으로 전문가 패널에 의해 평가되며, 제안이 채택되면 그들의 솔루션을 더욱 개발하고 현실 세계에 구현하기 위해 자금, 기술 지원 및 기타 자원을 받는다. 즉 DOT 스마트 시티 챌린지는 교통의 혁신과 기술을 육성하고 보다 안전하고 효율적이며 지속 가능한 교통 시스템을 만들기 위한 미국 정부의 노력이라 할 수 있다.

스마트 시티를 구성하기 위한 기술

스마트 시티 개발을 위해서는 보다 효율적이고 지속 가능하며 살기 좋은 도시 환경을 만들기 위한 다양한 기술 솔루션과 인프라의 통합이 필요하다. 다음은 스마트 시티 개발에 일반적으로 사용되는 기술이다.

- **사물인터넷**(IoT) **센서**: 이 센서들은 교통 패턴, 대기질, 에너지 사용과 같은 것들에 대한 데이터를 수집하기 위해 도시 전역에 배치될 수 있다. 이 데이터는 도시 서비스를 최적화하고 거주자의 삶의 질을 향상시키는 데 사용될 수 있다.
- **스마트 그리드**: 에너지 그리드는 첨단 기술을 사용하여 도시 전체의 에너지 분배와 소비를 관리함으로써 폐기물을 줄이고 비용을 절감한다.
- **지능형 교통 시스템**(ITS): 교통 흐름을 개선하고, 혼잡을 줄이고, 도로의 안전성을 높이기 위해 이 기술을 사용한다.
- **빅데이터 분석**: 고급 데이터 분석 도구를 사용하여 IoT 센서와 같은 다양한 소스에서 수집된 데이터를 분석함으로써 도시 계획자가 정보에 입각한 결정을 내리고 서비스를 최적화할 수 있다.
- **클라우드 컴퓨팅**: 클라우드 컴퓨팅은 도시 전역의 다양한 소스에서 수집된 대량의 데이터를 저장하고 처리하는 데 사용될 수 있어 접근과 분석이 용이하다.
- **인공지능**(AI): 인공지능은 데이터를 분석하고 추세를 예측하는 데 사용될 수 있으며, 도시 계획자들이 정보에 입각한 결정을 내리고 도시 서비스를 개선하는 데 도움이 된다.
- **재생 가능 에너지원**: 태양열, 풍력, 지열과 같은 재생 가능한 에너지원을 구현하면 도시의 탄소 발자국을 줄이고 에너지 효율을 개선하는 데 도움이 될 수 있다.

12.2 스마트 캠퍼스

개요

스마트 캠퍼스는 최신 디지털 기술과 데이터 분석을 사용하여 학업 및 행정 과정을 개선하는 것을 목표로 기술적으로 발전된 교육 기관이다. 센서, 스마트 강의실, 에너지 효율적인 건물 및 학생, 교직원에게 실시간 정보를 제공하고 전반적인 경험을 향상시키는 자동화 시스템과 같은 다양한 연결 장치 및 시스템을 포함할 수 있다. 스마트 캠퍼스의 요소들은 다음과 같다.

- **학습 및 교육**: 대화형 디스플레이, 프로젝터 및 기타 디지털 도구가 장착된 스마트 교실은 학습 경험을 향상시키고 학생 참여도를 향상시킬 수 있다. 또한 개인화된 학습 플랫폼, 디지털 교과서 및 학습 관리 시스템은 학생들이 강의 자료에 접근하고, 진행 상황을 추적하며, 교수들과 소통하는 것을 도울 수 있다.
- **안전 및 보안**: 연결된 보안 시스템은 캠퍼스를 실시간으로 모니터링하고, 잠재적인 보안 위협을 식별하며, 위험을 완화하기 위해 사전에 위협으로부터 예방할 수 있다.
- **에너지 관리**: 첨단 공기조화기술(Heating, Ventilation, and Air Conditioning, HVAC) 시스템, 점유 센서 및 기타 에너지에 대한 효율적인 기술을 갖춘 스마트 빌딩은 에너지 소비와 비용을 줄일 수 있다.
- **교통**: 스마트 캠퍼스 교통 시스템은 버스 노선을 최적화하고, 혼잡을 줄이며, 대중교통에 대한 접근성을 향상시킬 수 있다.
- **캠퍼스 서비스**: 모바일 애플리케이션과 챗봇은 식사, 주차, 도서관 자원 등 캠퍼스 서비스에 대한 정보를 실시간으로 제공할 수 있다.

스마트 캠퍼스 구축 요소

스마트 캠퍼스 솔루션을 적용하기 위해 교육 기관은 보다 연결되고 효율적이며 지속 가능한 캠퍼스 환경을 가능하게 할 수 있는 기술과 인프라에 투자하여야 한다. 이를 위하여 다음과 같은 주요 요구 사항이 있다.

- **빠르고 안정적인 인터넷 연결**: 스마트 캠퍼스 내의 다양한 장치와 시스템 간의 원활한 연결과 통신을 보장하기 위해 고속 인터넷 연결에 의존한다.
- **IoT 센서 및 장치**: IoT 센서 및 장치는 점유, 온도 및 에너지 사용을 포함하여 캠퍼스 생활의 다양한 측면을 모니터링하는 데 사용된다.
- **클라우드 컴퓨팅 및 데이터 분석**: 스마트 캠퍼스에는 건물 또는 강의실 내의 IoT 센서 및 장치에서 수집된 대량의 데이터를 저장하고 처리하기 위한 강력한 컴퓨팅 인프라가 필요하다. 클라우드 컴퓨팅 및 데이터 분석 도구를 사용하여 이 데이터를 분석하고 최적화 영역을 식별할 수 있다.
- **스마트 빌딩 기술**: 스마트 빌딩 기술은 캠퍼스 내의 강의실 환경 조건에 따라 조명, 난방 및 냉방을 자동으로 조정함으로써 에너지 소비와 비용을 줄이는 데 도움이 될 수 있다.
- **학습 관리 시스템 및 디지털 플랫폼**: 학습 관리 시스템 및 기타 디지털 플랫폼은 강의 자료, 대화형 학습 도구 및 기타 리소스에 대한 액세스를 제공함으로써 학업 프로세스를 간소화하고 학생 참여도를 향상시키는 데 도움이 될 수 있다.
- **모바일 애플리케이션 및 챗봇**: 모바일 애플리케이션과 챗봇은 학생과 교직원에게 실시간 정보와 지원을 제공할 수 있어 캠퍼스 서비스와 리소스에 보다 쉽게 접근할 수 있다.
- **사이버 보안 및 데이터 개인 정보 보호**: 스마트 캠퍼스 솔루션을 구현할 때 사이버 보안 및 데이터 개인 정보 보호는 매우 중요한 고려 사항이다. 교육 기관은 민감한 데이터를 보호하고 무단 액세스를 방지하기 위해 강력한 보안 조치를 마련해야 한다.

각 대학의 스마트 캠퍼스

한양대

한양대 서울 캠퍼스는 IoT 오픈 플랫폼 '오아시스(Open-source Architecture of Semantic IoT Service-platform, OASIS)'를 운영하면서 학생 편의 증진과 안전 확보에 맞춘 서비스를 지원하였다. 특히 스마트 도서관은 학생들이 좌석 현황을 모니터링하고 예약 관리할 수 있게 하였으며, 도서관 내 소음을 감지하여 관리자에게 알려줌으로써 정숙성을 유지하고 면학 분위기를 높일 수 있도록 하였다. 스마트 휴게실에서는 방문자와 쿠폰을 확인하고, 휴대폰 충전기 등의 이탈을 감지하는 도난 방지 서비스를 제공하였다.

스마트 주차는 학내의 주차 지역에서 빈자리를 실시간으로 확인할 수 있도록 하여 사용자의 주차 위치 또는 빈 주차 위치를 파악할 수 있도록 하였다. 또한 스마트 제설은 학내의 기상 · 노면 상태를 감지해 모니터링하고 자동 또는 원격으로 제설제를 살포할 수 있도록 하였다.

연세대 스마트 캠퍼스 챌린지

연세대는 2021년 국토교통부의 스마트 캠퍼스 챌린지 사업에 '지역사회를 위한 공유 퍼스널 모빌리티 솔루션(PM)'이 선정되었다. 이에 따라 지역사회 모빌리티를 친환경 · 초소형 공유 교통 중심으로 재편하고자 퍼스널 모빌리티 안전 인프라 솔루션, 실시간 위치 기반 주행 안전성 향상 서비스 솔루션, Geo-fencing 기반 PM 주차 솔루션, PM 연계형 지역사회 활성화 솔루션, 안전한 PM 문화를 위한 학생-지역사회 주도형 리빙랩 솔루션의 5가지의 세부적인 솔루션을 제시하였다. 이를 통해 연세대는 안전한 PM 문화 정착, 지역의 이동성 및 접근성 향상, 지역 상권 활성화를 기대하고 있다.

부산대 스마트 캠퍼스

부산대는 LG 유플러스와 함께 5G 스마트 캠퍼스를 조성한다. 이는 5년간 5G · 클라우드 연계 서비스 제공, 메타버스 기반 캠퍼스 라이브 환경 구축, 사물인터넷(IoT) 기반 스마트 안전케어 시스템 구축과 같은 사업을 진행함으로써 스마트 캠퍼스를 조성하는 것이다. 이를 위하여 LG 유플러스는 스마트 폰 · 노트북 등의 기기로 자유로이 교내 시스템에 접속할 수 있도록 하는 클라우드 시스템을 제공하고, 원격 수업을 위한 고화질 스트리밍과 실시간 학습 집중도 확인 서비스를 지원하며, 메타버스를 이용한 캠퍼스 환경을 구축해서 학생들이 비대면으로 편의시설을 이용할 수 있도록 한다는 계획이다.

12.3

스마트 헬스

소개

그림 12-3 스마트 헬스
(출처: https://bit.ly/44PiY24, NEC Corporation of America)

스마트 헬스 기술은 데이터와 기술을 활용하여 의료 서비스를 보다 개인화, 효율적, 효과적으로 개선함으로써 의료 결과를 개선하는 데 사용되는 다양한 디지털 도구와 장치를 말한다. 건강 상태를 모니터링하고, 의료 서비스를 제공하고, 환자 결과를 개선하도록 설계된 다양한 기술들이 포함된다. 스마트 의료 기술은 환자 결과를 개선하고 비용을 절감하며 의료 서비스에 대한 접근성을 높임으로써 의료에 혁명을 일으킬 수 있는 요소들을 가지고 있다.

스마트 헬스 기술의 예

- **웨어러블 기기**: 피트니스 추적기 및 스마트 워치와 같은 웨어러블 장치는 활력징후를 모니터링하고 신체 활동을 추적하며 환자와 의료 제공자에게 실시간 피드백을 제공할 수 있다.
- **원격 의료**: 원격 의료 기술을 통해 의료 제공자는 화상 회의 및 기타 디지털 도구를 사용하여 원격으로 의료 서비스를 제공할 수 있다.
- **전자 건강 기록**(Electronic Health Records, EHR): EHR은 환자의 의료 기록에 대한 디지털 기록을 제공하여 의료 제공자가 다양한 의료 환경에서 환자 데이터에 액세스하고 공유할 수 있도록 한다.
- **맞춤형 의료**: 개인화된 의료는 유전자 정보와 기타 데이터를 사용하여 개별 환자에 맞게

치료를 맞춤화함으로써 의료의 효과와 효율성을 향상시킨다.

- **디지털 치료**: 디지털 치료는 환자가 당뇨병이나 고혈압과 같은 만성 질환을 관리하는 데 도움이 되는 앱과 같이 치료를 제공하기 위해 기술을 사용하는 소프트웨어 기반 치료이다.
- **인공지능**(AI): 인공지능은 많은 양의 의료 데이터를 분석하여 패턴을 식별하고 진단 정확도, 치료 계획 및 결과를 개선하는 데 사용될 수 있다.
- **로봇 공학**: 로봇 공학 기술은 정밀도를 향상시키고 합병증의 위험을 줄이기 위해 수술에 사용될 수 있다.

스마트 헬스의 응용

원격 의료(Telemedicine)

원격 의료는 진료를 위해 의사와 환자 간의 상담을 제공하는 기술이다. 반면 스마트 헬스는 인공지능(AI), 사물인터넷(IoT), 빅데이터 분석 등 첨단 기술을 활용해 헬스케어 서비스 제공과 결과를 개선하는 것을 말한다. 이 두 개념을 결합하면 스마트 헬스를 활용한 원격 의료를 통해 의사가 스마트 폰, 웨어러블, 센서 등 다양한 스마트 기기를 이용해 원격으로 환자를 모니터링하고 진단할 수 있게 된다. 즉, 의사는 환자의 위치에 상관없이 환자에게 개인화된 진료를 실시간으로 제공할 수 있으며, 기존 의료 제공 방법에 비해 편리할뿐 아니라 저렴한 비용으로 진료가 가능하다.

그림 12-4 원격 의료
(출처: https://bit.ly/44PiY24, NEC Corporation of America)

예를 들어 스마트 헬스를 이용한 원격 의료로, 환자들은 스마트 폰 이나 웨어러블 기기를 사용하여 심박수, 혈압, 혈당 수치와 같은 활력징후를 추적할 수 있다. 이 데이터는 의사에게 전송되고 환자의 건강 상태를 실시간으로 모니터링하여 필요한 경우 진료를 진행할 수 있다. 또한 환자와 의사 간 가상 상담이 가능하여 화상회의를 통해 환자들이 가정에서 편안하게 의료 자문과 치료를 받을 수 있어 불필요한 병원 방문의 필요성을 줄일 수 있다.

원격 모니터링(Remote monitoring)

원격 모니터링이란 혈압, 심박수, 혈당, 산소 포화도 등 환자의 건강 상태와 활력징후를 멀리서 확인하는 기술이다. 이를 통해 환자가 진료소나 병원을 방문할 필요 없이 의료 기관이 환자의 건강 상태를 추적하고, 잠재적인 건강 문제나 상태 변화를 실시간으로 감지할 수 있게 된다. 원격 모니터링은 환자와 의사 모두에게 많은 이점을 제공한다. 환자의 경우, 의료 서비스에 대한 접근성을 개선하고, 병원 방문의 필요성을 줄이며, 환자가 자신의 건강 상태를 더 잘 관리할 수 있도록 돕는다. 의사의 경우, 직접 진료가 필요한 환자에게 집중할 수 있도록 함으로써 환자의 치료 효과를 높일 수 있다.

원격 모니터링의 형태로는 환자가 몸에 착용하는 기기로부터 환자의 상태를 모니터링하고 신체 활동 및 수면 패턴에 대한 데이터를 수집할 수 있는 '웨어러블 기기', 혈압 모니터나 혈당 모니터와 같이 환자가 집에서 건강 상태를 모니터링하기 위해 사용하는 '가정 내 모니터링 장치', 의사와의 가상 상담을 통해 환자들이 자신의 건강 문제에 대해 논의하고 자신의 집에서 편안하게 의사의 조언을 받는 '원격 건강 방문' 등이 있다.

그림 12-5 원격 모니터링
(출처: https://shutr.bz/41qClpQ)

전자 건강 기록(Electronic Health Records, EHR)

전자 건강 기록(EHR)은 환자의 건강 및 의료 기록에 대한 정보가 포함된 환자 의료 기록의 디지털 버전으로 환자 인구 통계, 의료 이력, 의약품 목록, 검사 결과, 진단 이미지 및 기타 관련 정보와 같은 정보를 포함한다. EHR은 환자 관리를 개선하고 의료 제공의 효율성을 향상시키는 도구이며, 기술이 발전함에 따라 예측 분석 및 인공지능과 같은 기능이 통합되면서 그 활용성을 더욱 높여가고 있다.

EHR 사용의 이점

- **개선된 환자 관리**: EHR은 의사에게 환자의 건강 상태에 대한 최신의 포괄적인 정보를 제공하여 치료의 질을 개선하고 의료 오류의 위험을 줄일 수 있다.
- **효율성 향상**: EHR은 종이 기록의 필요성을 줄이고, 관리 작업을 간소화하며, 의료 제공 업체 간의 의사소통을 촉진함으로써 효율성을 향상시킬 수 있다.
- **강화된 환자 안전**: EHR은 의사에게 잠재적인 약물 상호 작용, 알레르기 및 기타 안전 문제에 대한 경고 및 알림을 제공하여 의료 오류를 방지하는 데 도움이 된다.

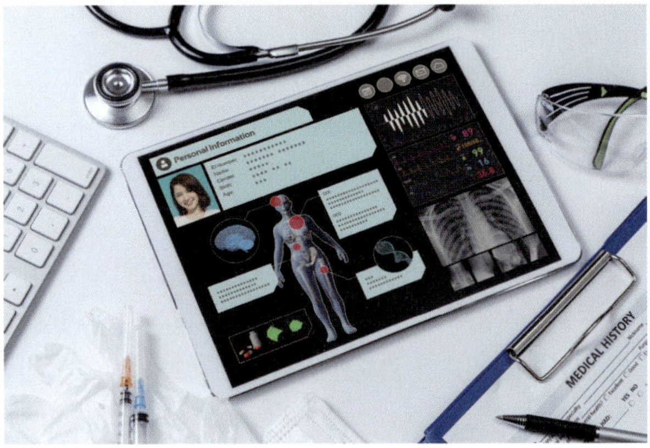

그림 12-6 전자 건강 기록(Electronic Health Records, EHR)

디지털 치료법(Digital therapeutics, DTX)

디지털 치료법(DTX)은 의학적 상태, 질병 예방 및 관리, 치료를 위하여 건강 정보를 기반으로 치료를 수행하는 방법이다. 이를 위하여 모바일 애플리케이션, 소프트웨어 프로그램, 웨어러블 등의 디지털 장치 기술을 사용하여 치료를 수행할 수 있다. 다만 DTX는 질병 및 의료 상태의 진단, 관리 및 예방에 초점을 맞춘다는 점에서 일반적인 건강 및 웰빙 앱과 다르다고 할 수 있다.

DTX는 다음과 같은 다양한 형태를 가질 수 있다.

- 정신 건강 상태에 대한 인지 행동 치료(Cognitive behavioral therapy, CBT) 앱
- 약물 준수 알림을 제공하는 모바일 애플리케이션
- 생리학적 매개변수를 추적하고 모니터링하는 웨어러블
- 통증 관리를 위한 가상현실 치료

• 당뇨병이나 비만과 같은 상태를 관리하기 위한 개인화된 영양 계획을 제공하는 디지털 프로그램

그림 12-7 디지털 치료법(Digital therapeutics, DTX)

DTX는 환자에게 지속적인 치료를 위한 접근성, 편리성, 유연성이 높은 옵션을 제공하기 때문에 만성 질환 관리 분야에서 특히 유용하다. 또한, 치료의 효과와 효율성을 높여 의사의 부담을 줄일 수 있고, 보다 개인화된 진료가 필요한 복잡한 사례와 환자에게 집중할 수 있게 한다.

의료용 로봇

의료용 로봇은 의료 상태의 진단, 치료 및 관리를 지원하도록 설계된 로봇이며, 수술에 사용되는 크고 복잡한 로봇에서부터 표적 치료나 모니터링에 사용되는 더 작고 전문화된 로봇에 이르기까지 다양한 형태를 취할 수 있다. 의료용 로봇의 몇 가지 예는 다음과 같다.

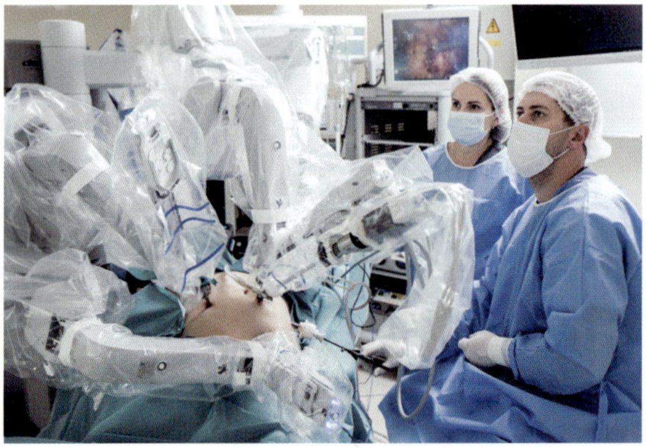

그림 12-8 수술용 로봇

- **수술용 로봇**: 의료진들의 수술을 돕거나 진행하는 로봇들이며, 일반적으로 의사들에 의해 통제되고, 컴퓨터 인터페이스를 사용하여 조작한다. 수술 로봇의 예로는 최소 침습 수술*에 사용되는 다빈치 수술 시스템과 관절 대체 수술에 사용되는 MAKO 수술 시스템이 있다.

잠깐만요 **최소 침습 수술**

수술 시 절개하는 부위를 줄여 인체에 상처를 최소한으로 남기는 수술 방법이다. 복강경 수술과 로봇 수술이 이에 해당한다.

- **재활 로봇**: 물리치료와 재활을 돕기 위해 고안된 로봇들로서, 이동하기 어려운 환자들에게 근력을 회복할 수 있도록 도와준다. 그 예로, 척추 부상이나 뇌졸중 환자의 보행 훈련에 사용되는 로코마트, 상지 재활 환자를 돕는 데 사용되는 햅틱 마스터 등이 있다.
- **원격 존재 로봇**: 환자와 의사 간의 원격 통신이 가능하도록 카메라와 비디오 화면을 갖춘 로봇들이다. 원격 존재 로봇의 예로는 소아과에서 아이들을 의사와 연결하기 위해 사용되는 VGo와 가상 회진을 수행하기 위해 병원 환경에서 사용되는 RP-VITA가 있다.
- **약국 로봇**: 약국에서 의약품 조제와 재고 관리를 자동화하기 위해 사용되는 로봇들이다. 이 로봇들을 사용함으로써 약물 관리의 효율성을 향상시키는 데 도움이 될 수 있다. 그 예로, 소매 및 병원 약국에서 사용되는 ScriptPro와 통신 판매 및 중앙 충전재 약국에서 사용되는 Parata Max가 있다.
- **로봇 외골격**: 척추 부상이나 뇌졸중과 같은 운동 장애가 있는 환자들을 돕기 위해 고안된 웨어러블 로봇들이며, 환자들이 걷거나 똑바로 서도록 도울 수 있고 지지와 안정성을 제공할 수 있다. 그 예로, 척수 손상 재활에 사용되는 ReWalk와 뇌졸중 재활에 사용되는 EksoGT가 있다.

12.4 스마트 팩토리

소개

스마트 팩토리는 인공지능, 사물인터넷(IoT), 클라우드 컴퓨팅과 같은 첨단 기술을 사용하여 제조 공정을 최적화하고 생산성, 품질 및 효율성을 향상시키는 고도로 자동화되고 디지털화된 공장이다. 스마트 팩토리에서는 기계, 시스템 및 프로세스가 상호 연결되어 원활한 통신 및 데이터 교환이 가능하다. 이러한 연결을 통해 제조 작업을 실시간으로 모니터링하고 제어할 수 있으므로 변화하는 시장 요구사항에 대한 유연성, 민첩성 및 대응성이 향상된다. 스마트 팩토리는 인공지능, 머신러닝, 사물인터넷(IoT) 등 첨단 기술을 활용해 생산 공정을 최적화하고 효율성을 높인다. 예를 들어, 예측 유지보수 알고리즘은 잠재적인 문제가 고장(다운) 타임이나 품질 문제를 야기하기 전에 이를 관리자가 미리 알 수 있도록 도와준다.

그림 12-9 스마트 팩토리

스마트 팩토리의 주요 기능

자동화

스마트 팩토리는 고급 로봇 공학 및 자동화 기술을 사용하여 생산 프로세스를 최적화하고 사람의 개입을 최소화한다. 여기에는 자동 조립 라인, 자율 이동 로봇 및 자동 자재 처리 시스템 등이 포함된다.

데이터 분석

스마트 팩토리는 센서, 기계 및 생산 라인을 포함한 다양한 소스로부터 데이터를 수집하고 분석한다. 이 데이터는 제조 프로세스를 최적화하고, 비효율성을 식별 및 해결하며, 제품 품질을 개선하는 데 사용된다.

연결성

스마트 팩토리는 기계와 시스템이 실시간으로 서로 통신한다. 이러한 연결을 통해 제조 작업을 원격으로 모니터링하고 제어할 수 있을 뿐만 아니라 공급망 전체에서 데이터를 공유할 수 있다.

스마트 팩토리에 응용되는 기술

스마트 팩토리 구성을 위해 사용되는 기술은 다음과 같다.

산업 사물인터넷(IIoT)

IIoT는 공장, 창고 및 공급망 관리 시스템과 같은 산업 환경에서 사용되는 물리적 장치, 센서, 장비가 인터넷에 연결되어 데이터를 교환할 수 있는 네트워크를 의미한다. IIoT 기술을 통해 산업 조직은 생산 장비, 기계, 또는 센서 등을 포함하여 광범위한 소스로부터 방대한 양의 데이터를 수집할 수 있다. 이 데이터를 분석하고 사용하면 생산 프로세스를 최적화하고 고장 시간을 줄이며 제품 품질을 개선할 수 있게 된다. IIoT 기술에는 다음과 같은 구성이 있다.

- **센서 및 장치**: 온도, 습도, 압력 및 진동과 같은 환경으로부터 데이터를 수집하는 물리적 구성 요소들이다.
- **연결 기술**: Wi-Fi, Bluetooth 및 모바일 통신과 같은 통신을 이용하여 센서 및 장치들을

인터넷에 연결하는 네트워크 및 프로토콜이다.

- **클라우드 플랫폼 및 데이터 분석 툴**: IIoT 장치에서 수집된 데이터를 저장, 처리 및 분석하는 데 사용되는 소프트웨어 플랫폼과 도구들을 말한다.

로봇 및 자동화

로봇 공학과 자동화는 스마트 팩토리의 필수 구성 요소이다. 로봇은 제조 및 산업 환경에서 다양한 작업을 수행하도록 프로그래밍된 기계이며, 자동화는 인간이 이전에 수행했던 작업을 기계가 대신 수행하기 위해 사용되는 기술을 말한다. 스마트 팩토리에서는 로봇과 자동화가 협력해 효율성을 높이고 생산 공정의 오류를 줄인다. 로봇은 조립부터 포장, 배송까지 생산 과정의 다양한 단계에서 사용될 수 있다. 반복 작업이 많은 일일수록 높은 정밀도와 속도로 수행할 수 있어 사람이 할 수 있는 실수와 위험을 줄이고 제품 품질을 향상시킬 수 있다. 예를 들어 로봇은 부품을 조립하고, 부품을 함께 용접하고, 완제품에 대한 품질 관리 점검을 수행하는 데 사용될 수 있다. 스마트 팩토리에는 로봇 외에도 컨베이어 시스템, 로봇 암 등의 자동화 기술이 일반적으로 사용되고 있다. 이러한 시스템은 자재와 제품을 공장 주변으로 이동하도록 프로그래밍할 수 있으므로 수작업이 줄어들고 생산 공정이 빨라지게 한다.

인공지능(AI) 및 기계 학습(ML)

인공지능(AI)과 머신러닝(ML)은 스마트 공장에서 제조 공정을 최적화하고 생산성을 향상시키기 위해 적용 및 응용 분야가 증가하고 있다. 스마트 팩토리에서 AI와 ML은 센서, 생산 장비, 공급망 시스템을 포함한 다양한 소스의 데이터를 분석하는 데 사용될 수 있다. 예를 들어, 인공지능을 사용하여 기계가 고장날 가능성이 높은 시기를 예측할 수 있으므로 유지보수 팀이 고장이 발생하기 전에 예방 정비를 수행할 수 있다. 또한 ML은 품질 관리 프로세스를 개선하는 데 사용될 수 있다. 제품 결함에 대한 데이터를 분석함으로써 머신러닝 알고리즘은 인간 운영자가 볼 수 없는 패턴을 식별할 수 있고 이 정보를 사용하여 생산 공정을 개선하고 결함 발생을 줄일 수 있다.

증강현실(AR)

스마트 공장에서 AR의 주요 용도 중 하나는 훈련과 교육이라고 할 수 있다. AR은 작업자가 안전하고 통제된 환경에서 장비 사용 및 작업 수행 방법을 배울 수 있는 몰입형 훈련 경험을 만드는 데 사용될 수 있다. 예를 들어, AR은 복잡한 기계와 프로세스의 시뮬레이션을 만드는 데 사용될 수 있으며, 이를 통해 작업자는 장비 손상이나 부상 위험 없이 자신의 기술을 연습하고 다듬을 수 있다. 또한 AR은 스마트 공장에서 근로자 안전을 개선하는 데 사용될 수 있다. 이는 디지털 정보를 물리적 환경에 중첩함으로써 근로자에게 위험 지역, 비상 출구 및 안전 절차와 같은 주변 환경에 대한 실시간 정보를 제공할 수 있다. 그리고 작업자에게 작업을 안전하고 효율적으로 수행하는 방법에 대한 지침을 제공하는 데 사용될 수 있다.

클라우드 컴퓨팅

클라우드 컴퓨팅은 데이터 관리를 개선하고, 공장에서의 생산 데이터에 대한 원격 액세스가 가능하며, 인프라 비용을 줄일 수 있기 때문에 스마트 팩토리에서의 활용도가 점차 증가하고 있다. 즉 클라우드 컴퓨팅은 제조업체가 데이터에 액세스 및 관리하고, 생산 프로세스를 최적화하며, 협업 및 커뮤니케이션을 개선할 수 있다. 스마트 팩토리에서 클라우드 컴퓨팅의 사용 예시는 다음과 같다.

- **데이터 관리**: 스마트 팩토리는 센서, 생산 장비, 공급망 시스템 등 다양한 소스에서 대량의 데이터를 생성한다. 클라우드 컴퓨팅은 이 데이터를 저장하고 관리하는 데 사용될 수 있으며, 제조업체는 인터넷 연결로 언제 어디서나 데이터에 액세스하고 분석할 수 있다.
- **원격 액세스**: 클라우드 컴퓨팅은 생산 데이터에 대한 원격 액세스를 가능하게 하는 데 사용될 수 있으며, 작업자가 인터넷 연결을 통해 어디서든 생산 프로세스를 모니터링하고 제어할 수 있다. 이를 통해 효율성을 개선하고 특히 업무 시간이 아닌 시간에 현장 직원의 투입 필요성을 줄일 수 있다.
- **장비 상태 모니터링 및 유지보수**: 클라우드 컴퓨팅을 사용하여 공장 안의 장비들에 대한 상태를 모니터링할 수 있어서 원격 유지보수가 가능하다.
- **공급망 관리**: 클라우드 컴퓨팅을 사용하면 제조업체는 재고 수준을 추적하고 출하량을 모니터링하며 공급업체를 관리할 수 있다.
- **협업 작업**: 클라우드 컴퓨팅을 사용하면 근로자, 공급업체 및 고객 간의 협업이 가능하다. 이는 특히 이해관계자가 서로 다른 위치에 분산되어 있는 글로벌 공급망에서 의사소통과 조정을 개선할 수 있다.

12.5

스마트 홈과 스마트 가전

스마트 홈 소개

스마트 홈(smart home) 또는 스마트 하우스(smart house)는 거주자가 가정 내의 다양한 기기와 시스템을 원격으로 제어하고 모니터링할 수 있는 첨단 기술과 자동화 시스템을 갖춘 주거지를 말한다. 스마트 홈은 하드웨어, 소프트웨어 및 통신 기술의 조합을 사용하여 입주자에게 더 큰 편의성, 편안함, 에너지 효율성 및 보안을 제공한다.

그림 12-10 스마트 홈

스마트 홈의 일반적인 기능은 다음과 같다.

- **홈 자동화**: 거주자가 조명, HVAC(Heating, Ventilating, and Air Conditioning), 보안 시스템 및 엔터테인먼트 시스템과 같은 가정 내의 다양한 시스템과 장치를 제어할 수 있는 자동화 시스템을 갖추고 있다.
- **음성 제어**: 음성 인식을 통해 가정 내의 다양한 시스템과 장치를 제어할 수 있다.
- **원격 접속**: 모바일 앱이나 웹 인터페이스를 통해 원격으로 제어 · 모니터링이 가능해 주민들이 어디서든 다양한 시스템과 기기의 상태를 확인하고 설정을 조정할 수 있다.
- **에너지 효율**: 센서와 자동화 시스템을 사용하여 에너지 사용을 최적화하고 에너지 낭비를 줄임으로써 공공요금을 낮추고 환경 풋프린트*를 줄여준다.

> **잠깐만요 환경 풋프린트**
>
> 인간의 활동이 환경에 미치는 영향을 의미한다. 그 방법으로는 인간이 소비하는 천연자원의 양과 운송, 에너지 사용, 음식 생산, 폐기물 처리와 같은 인간 활동의 결과로 생성되는 오염과 폐기물의 양을 측정하는 것이다.
>
> 환경 풋프린트는 다음과 같은 여러 가지 방법으로 측정할 수 있다.
>
> - **탄소 배출량**: 인간 활동으로 인해 대기로 방출되는 온실 가스, 주로 이산화탄소의 양을 측정한다.
> - **물 풋프린트**: 농업, 제조업(공장), 에너지 생산 및 소비, 가정에서 사용하는 물과 같이 오염된 물의 양을 측정한다.
> - **생태 발자국**: 인간이 삼림 벌채, 서식지 파괴, 생물 등과 같은 자연 생태계에 미치는 영향을 측정한다.

- **보안**: 스마트 잠금 장치, 카메라 및 모션 센서와 같은 보안 시스템을 사용하여 침입자나 기타 잠재적인 위협으로부터 보다 강력한 보호를 제공한다.

스마트 가전 소개

스마트 가전은 인터넷에 연결된 기기 즉, 스마트 폰, 태블릿 또는 음성 비서 등을 통해 가전을 원격으로 제어할 수 있다. 이러한 작업은 가정에 있는 가전제품을 원격으로 사용할 수 있으므로 생활을 더욱 쉽고 편리하게 만들어 준다.

그림 12-11 스마트 가전

스마트 홈 및 스마트 가전의 활용

스마트 서모스탯

스마트 서모스탯은 가정의 온도를 조절하는 데 사용할 수 있는 스마트 가전제품의 한 종류이다. 효율적인 에너지 관리를 위해 설계되었고 사용자의 선호와 습관에 따라 자동으로 온도를 조절함으로써 에너지 요금을 절약하도록 도와준다. 스마트 서모스탯은 인터넷에 연결되어 있으며 스마트 폰 앱이나 스마트 스피커를 사용하여 원격으로 제어한다. 집을 비울 때도 온도를 조절할 수 있고, 필요할 때만 난방이나 냉방을 할 수 있어 사용자에게 많은 편리성을 제공한다. 일반적인 스마트 서모스탯의 기능은 다음과 같다.

- **학습 능력**: 시간이 지남에 따라 사용자의 습관과 선호도를 학습하고 그에 따라 온도를 조절할 수 있다. 즉, 온도를 변경할 때마다 온도 조절기를 수동으로 조정할 필요가 없다.
- **에너지 절약 기능**: 스케줄링, 점유 감지 및 지오펜싱과 같은 다양한 에너지 절약 기능을 제공한다. 스케줄링을 사용하면 특정 시간에 온도 조절기를 켜고 끄도록 설정할 수 있으며, 점유 감지 기능은 집에 있을 때를 감지하고 그에 따라 온도를 조정할 수 있다. 지오펜싱은 사용자가 집에서 출발하거나 도착하는 시간을 감지하여 온도 조절기가 온도를 자동으로 조절한다.
- **다른 스마트 홈 장치와의 통합**: 스마트 서모스탯은 스마트 스피커, 스마트 잠금 장치 등의 가정 내 장치들과 통합될 수 있다. 즉, 음성 명령을 사용하여 온도 조절기를 제어하거나 보안 설정에 따라 온도를 자동으로 조정할 수 있다.
- **에너지 사용 보고서**: 스마트 서모스탯은 에너지 사용에 대한 자세한 내역을 제공한다. 이로써 시간 경과에 따른 에너지 소비량을 확인할 수 있어, 사용자가 에너지를 절약하는 방안이나 계획을 세울 수 있다.

스마트 조명

스마트 조명은 가정에서 사용자가 조명을 원격으로 제어할 수 있는 스마트 가전의 한 종류이다. 에너지 비용을 절약할 수 있을 뿐만 아니라 기분이나 필요에 따라 다양한 조명 장면을 만들 수도 있다. 스마트 조명의 기능은 다음과 같다.

그림 12-12 스마트 조명

- **원격 액세스**: 스마트 폰 앱 또는 스마트 스피커를 사용하여 스마트 조명을 원격으로 제어할 수 있다. 사용자가 집을 비울 때에도 원격으로 조명을 켜거나 끌 수 있고, 밝기를 조정하거나 조명의 색을 변경할 수 있다.
- **음성 컨트롤**: 스마트 스피커를 통해 음성 명령을 사용하여 스마트 조명을 제어할 수 있다. 사용자가 직접 스위치를 누르지 않고도 음성만으로 조명을 켜거나 끌 수 있고, 색이

나 밝기를 변경할 수 있다.

- **스케줄링**: 스마트 조명은 특정 시간에 켜지거나 꺼질 수 있도록 설정할 수 있다. 즉, 특정 시간에 불이 켜지도록 하거나 잠자리에 드는 시간을 설정하여 자동으로 꺼지도록 할 수 있다.
- **에너지 절약 기능**: 조명의 밝기를 조절하거나, 사용하지 않을 때는 끄는 기능으로 인해 불필요한 에너지 소비를 줄일 수 있다.
- **색상 옵션**: 스마트 조명은 다양한 색상 옵션과 밝기 수준을 제공하여 필요에 따라 다양한 분위기나 설정을 만들 수 있다.

스마트 잠금

스마트 잠금 장치는 집에 키 없는 환경을 제공할 수 있다. 기존의 잠금장치보다 안전하고 편리하도록 설계됐으며, 스마트 폰 앱이나 스마트 스피커를 이용해 원격으로 제어할 수 있다. 스마트 잠금을 사용하면 원격으로 도어를 잠그거나 잠금 해제할 수 있을 뿐만 아니라 가정을 방문하는 손님에게도 액세스 권한을 부여할 수 있다. 또한 특정 시간이나 가족 구성원의 도착 및 출발과 같은 시간에 자동으로 잠금 및 잠금 해제되도록 프로그래밍할 수 있다.

그림 12-13 스마트 잠금 장치

스마트 잠금 장치의 기능은 다음과 같다.

- **키리스 엔트리**: 스마트 잠금 기능을 통해 물리적 키 없이도 집에 들어갈 수 있다. 대신 스마트 폰 앱, 키패드 또는 음성을 사용하여 문 잠금을 해제할 수 있다.
- **원격 액세스**: 스마트 폰 앱 또는 스마트 스피커를 사용하여 스마트 잠금을 원격으로 제어할 수 있다. 이것은 사용자가 집을 떠나 있을 때에도 문을 잠그거나 열 수 있는 기능이다.
- **게스트 액세스**: 스마트 잠금을 사용하여 방문 손님, 친척에 대한 임시 액세스 코드를 만들 수 있다.
- **보안 기능**: 스마트 잠금 장치는 기존 잠금 장치보다 안전하도록 설계되었다. 이는 2단계 인증, 변조 경보 및 자동 잠금과 같은 기능을 제공한다.

- **다른 스마트 홈 장치와의 통합**: 스마트 잠금 장치는 보안 카메라 또는 스마트 서모스탯과 같은 장치와 통합될 수 있다. 즉 사용자가 집을 나갈 때 자동으로 문을 잠글 수도 있고 자물쇠의 닫힘 상태에 따라 집의 온도를 조절할 수도 있다.

스마트 냉장고

스마트 냉장고는 모바일 장치나 컴퓨터를 통해 원격으로 냉장고를 제어하고 모니터링할 수 있는 기능을 제공한다. 이 냉장고들은 단순히 음식을 냉동, 냉장하고 보관하는 것뿐만 아니라 인터넷에 연결되어 원격으로 냉장고 안의 상태 확인, 음식물 관리 등의 기능을 사용자에게 제공할 수 있다.

그림 12-14 스마트 냉장고

스마트 냉장고의 일반적인 특징은 다음과 같다.

- **온도 및 습도 조절**: 음식을 더 오래 신선하게 유지하기 위해 냉장고 내부의 온도와 습도를 자동으로 조절할 수 있다.
- **재고 관리**: 냉장고 안의 음식 품목을 추적할 수 있고 이용 가능한 재료를 기반으로 적절한 레시피를 사용자에게 제안할 수 있다.
- **음성 제어**: 사용자가 자신의 목소리로 냉장고를 제어할 수 있도록 아마존 알렉사나 구글 어시스턴트와 같은 음성 비서가 내장되어 있다.
- **에너지 효율**: 에너지 사용량을 모니터링하고 냉각 시스템을 조정하여 에너지를 절약할 수 있다.
- **원격 접근**: 모바일 앱을 통해 원격으로 제어 및 모니터링이 가능해 어디서든 냉장고 내용물을 확인하고 설정을 조정할 수 있다.

스마트 TV

스마트 TV는 인터넷에 연결되어 온라인 콘텐츠를 스트리밍할 수 있는 고급 기능을 갖춘 텔레비전이다. 이 TV들은 와이파이나 이더넷 포트가 내장되어 있어 인터넷에 연결하고 광범위한 온라인 서비스와 애플리케이션에 액세스할 수 있다.

그림 12-15 스마트 TV

스마트 TV의 일반적인 기능은 다음과 같다.

- **스트리밍 기능**: Netflix, Hulu, Amazon Prime Video와 같은 인기 있는 스트리밍 서비스에 액세스할 수 있어, 외부 스트리밍 장치 없이도 좋아하는 영화와 TV 쇼를 볼 수 있다.
- **웹 검색**: 사용자가 TV에서 직접 인터넷을 검색하고 웹 사이트에 액세스할 수 있는 웹 브라우저가 제공된다.
- **음성 제어**: 음성 인식 기능이 내장되어 있어 사용자가 음성으로 TV를 제어할 수 있다.
- **화면 미러링**: 스마트 폰 및 태블릿과 같은 호환되는 장치의 화면을 미러링하여 사용자가 모바일 장치의 콘텐츠를 TV 화면에 직접 나타낼 수 있다.
- **게임**: 다운로드 가능한 앱을 통해 사용자가 게임을 다운로드하여 즐길 수 있다.

● 스마트 식기세척기

스마트 식기세척기는 모바일 기기나 컴퓨터를 통해 원격으로 제어하고 모니터링할 수 있는 고급 기능과 연결 옵션을 갖춘 식기세척기로서, 설거지를 더 효율적이고 편리하게 하기 위해 고안되었다. 스마트 식기세척기는 편리함, 효율성, 그리고 접시를 더 쉽고 더 효율적으로 청소할 수 있는

그림 12-16 스마트 식기세척기

고급 기능을 제공한다.

스마트 식기세척기의 일반적인 특징은 다음과 같다.

- **Wi-Fi 연결**: Wi-Fi를 통해 인터넷에 연결할 수 있으며, 모바일 앱을 사용하여 원격으로 제어하고 모니터링할 수 있다.
- **음성 제어**: 음성 인식 기능을 통해 제어할 수 있다.
- **에너지 효율**: 에너지 사용량을 모니터링하고 청소 주기를 조정하여 에너지를 절약할 수 있다.
- **센서 기술**: 식기에 묻은 먼지와 때의 정도를 감지하고 그에 따라 청소 주기를 알려주는 센서가 장착되어 있다.
- **앱 통합**: 스마트 스피커와 같은 다른 스마트 홈 기기와 통합하여 원활한 연결 환경을 만들 수 있다.

● 지능형 주차 시스템

스마트 홈의 지능형 주차 시스템은 첨단 기술과 자동화를 활용해 주민들이 보다 쉽고 편리하게 주차할 수 있도록 한 주차 시스템이다. 거주자들이 센서, 카메라, 자동화 시스템의 도움을 받아 자신이 주차한 자리의 위치 정보를 집에서도 확인할 수 있도록 기능을 제공하거나, 집 주변 또는 아파트 내의 주차 공간에서 빈 주차 공간을 차량 내의 인포테인먼트 또는 운전자의 스마트 폰에 알려줌으로써 불필요하게 주차 공간을 찾아 다니지 않도록 편의성을 제공한다.

스마트 홈의 지능형 주차 시스템에 대한 일반적인 특징은 다음과 같다.

- **센서**: 자동차의 주차 위치, 주차가 가능한 빈 주차 공간을 감지할 수 있는 센서가 장착되어 있다.
- **카메라**: 주차 구역의 실시간 촬영 및 녹화된 비디오 파일을 제공한다.
- **모바일 앱 통합**: 모바일 앱을 통해 원격으로 주민들의 차량 상태를 모니터링할 수 있어서 주민들이 차량 상태를 확인하고 주차 설정을 조정하며, 차량을 주차하거나 검색했을 때 알림을 받을 수 있다.

12.6

스마트 그리드

소개

스마트 그리드(smart grid)는 전력 공급 시스템의 효율성, 신뢰성 및 지속 가능성을 향상시키기 위해 디지털 기술과 첨단 통신 시스템을 사용하는 첨단 전력 시스템이다. 정보 및 통신 기술을 전력 그리드에 통합하여 시스템의 모니터링, 제어 및 최적화를 이루고, 유틸리티, 소비자 및 환경에 많은 이점을 제공한다. 이로써 전력 회사가 전기 공급을 보다 효율적으로 관리하고 소비자의 전기 비용을 절감하며 재생에너지 자원의 통합을 지원할 수 있다. 또한, 스마트 그리드는 화석 연료에 대한 의존도를 줄이고 전력 공급 시스템의 효율성을 향상시킴으로써 온실 가스 배출을 줄이고 기후 변화의 영향을 완화하는 데 도움이 될 수 있다.

그림 12-17 스마트 그리드

스마트 그리드 이용의 장점은 다음과 같다.

- **재생 가능 에너지 통합**: 태양광 및 풍력과 같은 재생 가능 에너지원을 전기 공급 시스템에 통합 설계하여 보다 지속 가능하고 탄력적인 에너지 시스템을 가능하게 한다.
- **에너지 저장**: 배터리 또는 플라이휠과 같은 에너지 저장 시스템을 포함할 수 있으며, 이

는 수요가 적은 시간 동안 과잉 에너지를 저장하고 수요가 많은 시간 동안 방출하여 효율적인 에너지 소비 관리가 가능하다.

- **배전 자동화**: 전기의 배전을 자동화하여 정전의 가능성을 줄이고 전기 공급의 신뢰성을 향상시킬 수 있다.
- **수요 대응**: 수요 대응 프로그램을 가능하게 하여 소비자가 전기 가격이나 공급의 변화에 대응하여 에너지 사용량을 조정할 수 있어, 피크 시간대에 전반적인 에너지 수요를 분산시킬 수 있다.

스마트 그리드 기술

AMI(Advanced Metering Infrastructure)

AMI는 스마트 그리드에 사용되는 핵심 기술로, 개별 고객 또는 가정의 에너지 사용에 대한 세부 정보를 수집할 수 있다. AMI 시스템은 스마트 미터와 같은 첨단 계측 기술을 사용하여 실시간으로 에너지 소비를 측정하고 전력회사 또는 에너지 서비스 제공업체에 데이터를 전송한다. 일반적으로 AMI 시스템은 양방향 통신 시스템을 사용하여 실시간 데이터 전송이 가능하며, 전력회사가 에너지 수급을 보다 효과적으로 모니터링하고 관리할 수 있게 한다. 즉, 전력회사는 AMI 시스템의 데이터를 사용하여 에너지 사용과 수요의 패턴을 식별하고 그에 따라 에너지 공급을 조정하여 그리드의 성능을 최적화할 수 있다.

그림 12-18 AMI(Advanced Metering Infrastructure)

또한 AMI 시스템은 수요가 최대로 몰리는 기간에 전력회사가 소비자들에게 에너지 소비를 줄일 수 있도록 전력 상황에 대한 알림을 통해 동기를 부여하여 전력망에 대한 부담을 줄이고 신뢰성을 향상시킬 수 있도록 한다. AMI 시스템은 또한 고객에게 에너지 사용 및 비용에 대한 자세한 정보를 제공함으로써 보다 효율적인 에너지 사용을 장려하여 전체 에너지 소비 및 탄소 배출량을 줄이는 데 도움을 준다.

DR(Demand Response)

DR은 전기 소비자가 전기 가격이나 공급의 변화에 대응하여 에너지 사용량을 조정할 수 있도록 하는 스마트 그리드 기술의 핵심 구성 요소이다. DR 프로그램은 수요가 많은 기간 동안 고객이 에너지 소비를 줄이도록 장려하여 에너지 공급과 수요의 균형을 맞추어 정전을 방지하도록 한다. 일반적으로, 수요가 몰리는 피크 기간 동안 에너지 소비를 줄이는 고객에게 제공되는 재정적 인센티브 또는 리베이트가 포함된다. 전력회사나 에너지 서비스 제공업체는 고객이 에너지 사용을 줄이도록 유도하기 위해 자동화된 시스템이나 직접 문자와 같은 알림을 통해 실시간으로 고객과 통신한다.

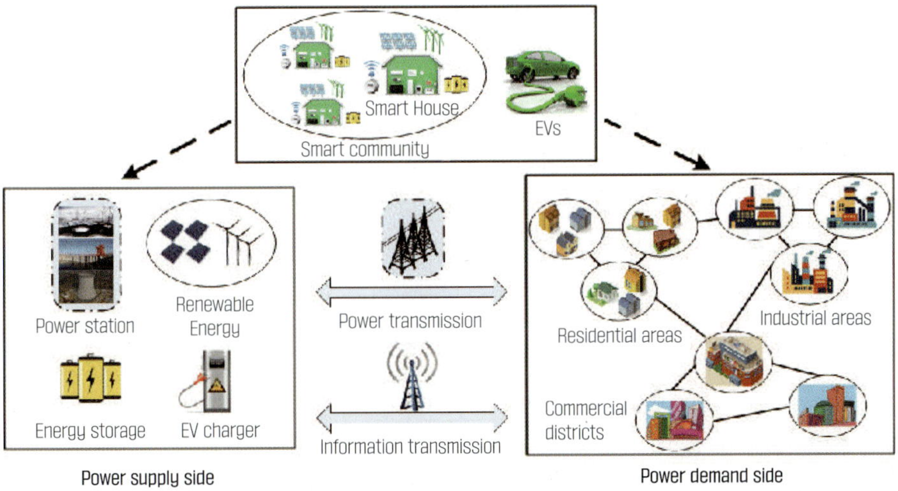

그림 12-19 Demand Response in smart grid
(출처: Ke Zhang., et all, "Incentive-Driven Energy Trading in the Smart Grid", IEEE Access 4:1-1, 2016, DOI:10.1109/ACCESS.2016.2543841)

DR 프로그램 구현 방식

- **사용 시간 가격**: 고객들은 하루 중 시간대에 따라 다른 전기 요금을 부과받는데, 에너지 사용량 감소를 장려하기 위해 피크 시간대에 더 높은 가격이 책정될 수 있다.
- **중요 피크 가격**: 고객은 수요가 가장 많은 중요한 피크 기간 동안 에너지 사용을 줄일 수 있는 재정적 인센티브를 제공받는다.
- **자동화된 DR**: 자동화된 시스템은 온도 또는 조명과 같은 사전 설정된 매개 변수를 기반으로 에너지 사용량을 조정하여 피크 기간 동안 에너지 소비를 줄일 수 있다.

DR 프로그램 사용의 이점

- **그리드 신뢰성 향상**: 피크 기간 동안 수요를 줄임으로써 그리드 과부하를 방지하여 정전을 방지할 수 있다.
- **에너지 효율성 향상**: 보다 효율적인 에너지 사용을 장려하여 전체 에너지 소비 및 탄소 배출량을 줄일 수 있다.
- **비용 절감**: 피크 기간 동안 값비싼 추가 요금을 부과함으로써 고객이 전기 사용에 대해 조심하도록 할 수 있다.

분배 자동화 시스템(Distribution Automation System)

분배 자동화 시스템은 전력망의 실시간 모니터링 및 관리가 가능하도록 하는 기술이다. 배전 시스템은 송전망에서 개별 고객에게 전기를 전달하는 역할을 담당하며, 신뢰할 수 있고 효율적인 전력 공급을 보장하는 것이 중요하다. 따라서 분배 자동화 시스템은 스위치, 변압기 및 센서와 같은 장치를 포함한 분배 네트워크를 모니터링하고 관리하기 위해 첨단 감지, 통신 및 제어 기술을 사용한다. 이러한 시스템을 통해 전력회사는 유통망의 결함이나 중단을 신속하게 감지하고 대응할 수 있어 시스템 신뢰성을 향상시키고 운영 중단 시간을 단축할 수 있다.

분배 자동화 시스템에는 다음과 같은 구성 요소가 있다.

- **고급 센서**: 배전망을 모니터링하는 데 사용되며 전압, 전류 및 온도와 같은 요인에 대한 실시간 데이터를 제공한다. 이 데이터는 네트워크의 결함을 감지하고 진단하는 데 사용된다.
- **통신망**: 센서, 제어기 및 기타 장치를 포함한 서로 다른 구성 요소들 간에 실시간 데이터 교환을 가능하게 한다.
- **자동화 컨트롤러**: 센서 및 기타 소스의 실시간 데이터에 대응하여 스위치 및 변압기와 같은 분배 네트워크 장치의 작동을 관리하는 역할을 한다.
- **고급 분석**: 인공지능, 머신러닝 등 첨단 분석 기술을 활용해 유통 자동화 시스템이 수집한 데이터를 분석하여 전력회사가 동향을 파악하고 시스템 성능을 최적화할 수 있도록 돕는다.

재생에너지 통합(Renewable Energy Integration)

스마트 그리드에서의 재생에너지 통합은 스마트 그리드 기술을 이용하여 재생에너지원을 기존 전력망 시스템과 통합하는 과정을 의미한다. 스마트 그리드는 센서, 자동화, 통신 등 첨단 기술을 활용해 전력 배분을 보다 효율적, 안정적, 지속 가능하게 관리하도록 설계됐다. 풍력,

태양열, 수력 및 지열과 같은 재생 가능한 에너지원을 스마트 그리드에 통합하면 전력 공급의 유연성과 신뢰성이 향상될 뿐만 아니라 보다 효율적이고 지속 가능한 에너지 관리가 가능해진다. 또한 스마트 그리드는 실시간으로 에너지 공급과 수요의 균형을 동적으로 조정하고 그에 따라 다양한 에너지원의 출력을 조정할 수 있기 때문에 재생에너지원의 간헐성에서 발생하는 문제를 완화하는 데 도움이 될 수 있다.

그림 12-20 재생에너지 통합

스마트 그리드는 다음과 같은 방법으로 재생에너지 통합을 촉진할 수 있다.

- **모니터링 및 제어**: 에너지 수요와 공급을 실시간으로 모니터링하고 그에 따라 재생에너지원의 에너지 출력을 조정할 수 있다. 이는 에너지가 효율적으로 분배되고 에너지 공급과 수요 사이에 균형이 유지되도록 하는 데 도움이 된다.
- **에너지 저장**: 배터리 및 양수식 수력 저장과 같은 에너지 저장 시스템의 통합을 촉진할 수 있다. 따라서 수요가 적은 기간 동안 재생 가능한 에너지원에서 생성된 초과 에너지를 저장하고, 수요가 많은 기간 동안 방출하는 데 도움이 될 수 있다.
- **수요 대응**: 소비자들에게 재정적 인센티브를 제공함으로써 피크 기간 동안 에너지 소비를 줄이도록 장려할 수 있다. 이는 수요가 많은 기간 동안 그리드에 대한 부담을 줄여서 재생 가능한 에너지원이 더 많은 에너지 수요를 충족시킬 수 있도록 한다.

에너지 저장(Energy Storage)

스마트 그리드의 에너지 저장은 수요가 적은 기간에 재생에너지원에서 발생하는 잉여 에너지를 저장했다가 수요가 많은 기간에 방출하는 과정을 말한다. 이는 에너지 공급과 수요의 균형을 유지하는 것이며, 재생 가능한 에너지원이 보다 효율적이고 효과적으로 사용되도록 하는 것이다. 스마트 그리드의 에너지 저장 시스템은 가정 및 기업용 배터리와 같은 소규모 시스템에서부터 펌프식 수력 저장 및 압축 공기 에너지 저장과 같은 대규모 시스템에 이르기까지 다양하다. 이러한 시스템은 효율적이고 동적인 에너지 관리를 가능하도록 스마트 그리드 기술과 통합된다. 또한 에너지 수요와 공급을 실시간으로 모니터링하고 그에 따라 재생 가능한 에너지원과 저장 시스템의 에너지 출력을 조정함으로써 에너지 저장 시스템의 사용을 최적화할 수 있다.

그림 12-21 에너지 저장

스마트 그리드의 에너지 저장의 이점은 다음과 같다.

- **에너지 비용 절감**: 전력망의 최대 수요를 감소시켜 소비자의 에너지 비용을 낮출 수 있다.
- **그리드 안정성 및 신뢰성 향상**: 정전 시 백업 전력을 제공하고 수요가 많은 기간 동안 그리드를 안정화하는 데 도움이 될 수 있다.
- **재생 가능 에너지원의 통합 증가**: 재생 가능 에너지원의 간헐성과 관련된 문제를 완화하여 이러한 에너지원을 그리드에 더 잘 통합할 수 있도록 지원할 수 있다.
- **온실 가스 배출 감소**: 재생 가능 에너지원의 보다 효율적이고 효과적인 사용을 가능하게 함으로써 에너지 부문의 온실가스 배출을 줄이는 데 도움이 될 수 있다.

마이크로 그리드(Microgrids)

마이크로 그리드는 독립적 또는 더 큰 전력망과 함께 작동할 수 있는 소규모의 분산형 전력 시스템이다. 태양열, 풍력, 지열과 같은 재생 가능한 에너지원을 포함하여 다양한 소스로부터 전기를 생성하고 분배할 수 있다. 스마트 그리드의 맥락에서 마이크로 그리드는 전체 에너지 시스템의 중요한 구성요소가 될 수 있다. 스마트 그리드 기술과 통합하여 원격 또는 정전이 발생하기 쉬운 지역에서 더욱 효율적이고 안정적인 전원 공급을 제공할 수 있다. 마이크로 그리드는 더 큰 그리드와 독립적으로 작동하여 정전 시 백업 전력을 제공하거나 더 큰 그리드와 상호 연결하여 에너지 공급과 수요의 균형을 맞출 수 있다.

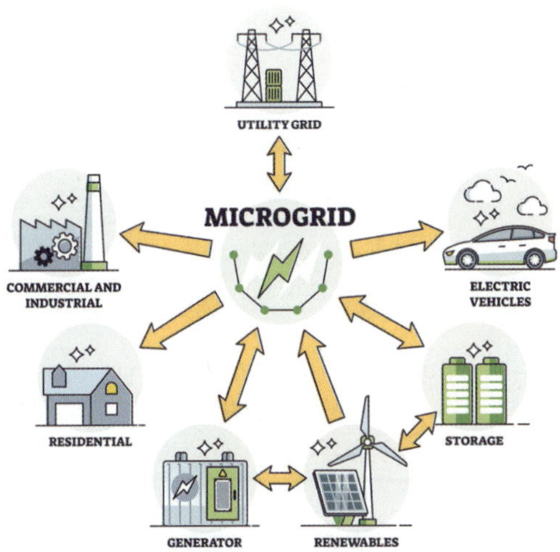

그림 12-22 마이크로 그리드

스마트 그리드에서 마이크로 그리드의 이점은 다음과 같다.

- **안정성 및 복원력 향상**: 더 큰 그리드와 독립적으로 작동하여 운영 중단 또는 비상사태 시 백업 전력을 제공할 수 있다. 이는 전체 전력 시스템의 신뢰성과 복원력을 높이는 데 도움이 된다.
- **효율성 향상**: 국소적으로 전기를 생성 및 분배할 수 있어 장거리 전송 및 분배의 필요성을 줄일 수 있다. 이는 전체 전력 시스템의 효율을 향상시키는 데 도움이 될 수 있다.
- **재생 가능 에너지원의 통합**: 태양열과 풍력과 같은 재생 가능한 에너지원으로부터 전기를 생산할 수 있으며, 이를 통해 이러한 에너지원을 전체 에너지 시스템에 더 잘 통합할 수 있다.
- **온실가스 배출 감소**: 재생 가능 에너지원의 더 큰 통합을 가능하게 함으로써 에너지 부문의 온실가스 배출을 줄이는 데 도움이 될 수 있다.

전기 자동차(EV)

전기 자동차(EV)는 전기로 작동하고 에너지를 저장하기 위해 배터리나 연료 전지를 사용하는 차량이다. 스마트 그리드의 맥락에서, EV는 에너지 공급과 수요의 균형을 유지하는 데 도움이 될 수 있는 분산 에너지 자원(DER) 역할을 함으로써 전체 에너지 시스템에서 중요한 역할을 할 수 있다. 스마트 그리드 기술은 에너지 수요와 공급을 기반으로 EV 배터리의 충전과 방전을 실시간으로 관리하여 전기 자동차의 통합을 최적화할 수 있다. 이는 에너지가 효율적이고 지속 가능하게 분배되도록 하는 데 도움이 될 수 있다. 예를 들어, EV 충전은 지연되거나 수요가 적은 기간으로 전환될 수 있으며, EV 배터리는 수요가 많은 기간 동안 그리드에 에너지를 제공하는 데 사용될 수 있다.

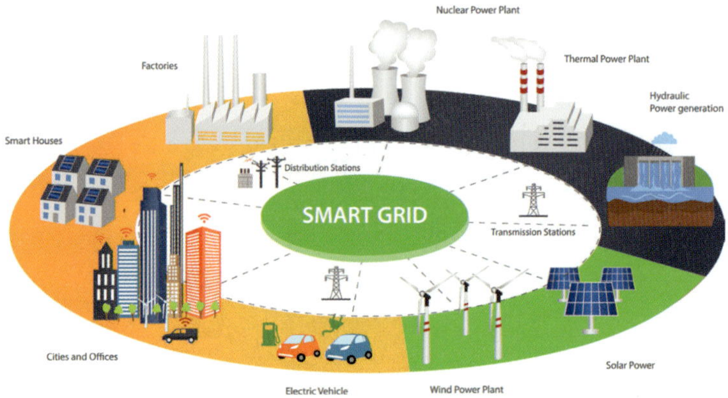

그림 12-23 전기 자동차

스마트 그리드에서 전기 차량의 이점 중 일부는 다음과 같다.

- **재생 가능 에너지원과의 통합**: 전기 자동차는 태양열 및 풍력과 같은 재생 가능한 에너지원을 사용하여 충전할 수 있으며, 이러한 에너지원을 전체 에너지 시스템으로 통합할 수 있다.
- **로드 밸런싱**: 전기 자동차는 수요가 적은 기간 동안 충전하고 수요가 많은 기간 동안 방전함으로써 에너지 수요의 균형을 맞춘다. 이는 피크 기간 동안 그리드에 가해지는 부담을 줄일 수 있게 된다.
- **에너지 저장**: 전기 자동차는 이동식 에너지 저장 장치의 역할을 할 수 있으며, 재생 가능한 에너지원에 의해 생성된 잉여 에너지를 저장 및 나중에 사용할 수 있게 한다.
- **온실가스 배출량 감소**: 전기 자동차는 전기로 운행함으로써 전 세계 온실가스 배출량을 줄이는 데 도움을 줄 수 있다.

12.7 스마트 팜

소개

스마트 팜은 농업 생산을 최적화하고 효율성을 높이기 위해 첨단 기술과 데이터 분석을 사용하는 기술을 말한다. 스마트 팜 기술은 토양 수분 수준을 모니터링하는 센서에서부터 파종, 수확 등의 작업을 수행할 수 있는 자율 트랙터까지 다양하며, 스마트 그리드 기술과 통합되어 농업 생산을 더욱 최적화할 수 있다. 예를 들어, 태양광과 풍력과 같은 재생 가능한 에너지원을 스마트 팜 기술에 전력을 공급하여 화석 연료에 대한 의존도를 줄이고 에너지 비용을 절감할 수 있다.

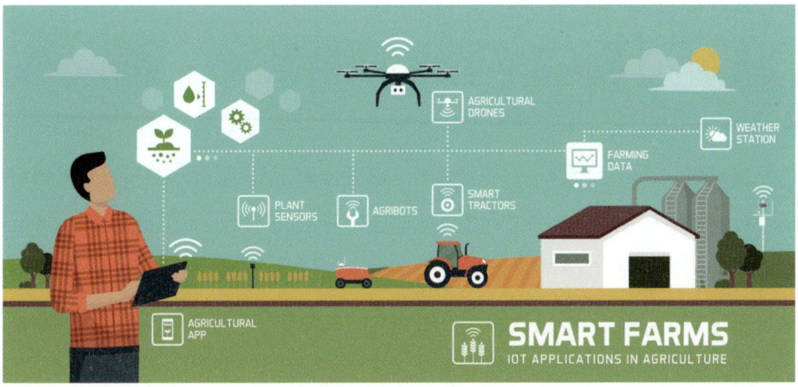

그림 12-24 스마트 팜

스마트 팜 기술의 이점 중 일부는 다음과 같다.

- **효율성 향상**: 농부들이 물, 비료, 살충제와 같은 자원의 사용을 최적화하여 폐기물을 줄이고 효율성을 높이는 데 도움을 줄 수 있다.
- **작물 수확량 향상**: 토양 수분 수준, 영양 수준 및 기타 요인에 대한 실시간 데이터를 제공함으로써 농부들이 농작물 관리에 대해 더 많은 정보에 입각한 결정을 내릴 수 있도록 도와준다. 이로써 농작물 수확량을 향상시킬 수 있다.

- **환경에 미치는 영향 감소**: 살충제와 다른 해로운 화학물질의 사용을 줄이는 동시에 물과 다른 자원의 사용을 최적화하여 환경에 미치는 영향을 줄일 수 있다.
- **수익성 향상**: 효율성과 농작물 수확량을 개선함으로써 농부들이 수익성을 높이고 운영비를 절감하도록 도울 수 있다.

스마트 팜 기술의 적용

스마트 팜 기술은 농장의 구체적인 필요와 목표에 따라 다양하게 적용될 수 있다. 다음은 스마트 팜 기술이 어떻게 사용되고 있는지에 대한 예이다.

- **정밀 관개**(Precision irrigation): 스마트 관개 시스템은 센서를 사용하여 토양 수분 수준과 기상 조건을 모니터링함으로써 농부들이 필요한 장소와 시간에만 물을 공급할 수 있도록 한다. 이로 인해 물 낭비를 줄이고 농부들이 수도 요금을 절약할 수 있다.
- **농작물 모니터링**: 카메라와 센서가 장착된 드론은 농작물 성장과 건강을 모니터링하는 데 사용될 수 있으며, 농부들이 영양 부족, 해충 침입, 질병 발생과 같은 문제를 빠르게 식별할 수 있도록 한다. 또한 이러한 문제가 확산되어 농장에 피해를 초래하기 전에 농부들이 조치를 취할 수 있도록 도울 수 있다.
- **자동 수확**: 자율 수확기는 딸기, 상추 등 작물을 수작업보다 더 정밀하고 효율적으로 수확할 수 있어서, 전체적으로 인건비를 절감하고 생산성을 높일 수 있다.
- **가축 모니터링**: 스마트 칼라를 사용하여 가축의 건강 및 활동 수준을 모니터링할 수 있으며 온도, 심박수 및 활동 수준과 같은 요인에 대한 실시간 데이터를 농부들에게 제공한다. 이는 농부들이 건강 문제를 조기에 파악하고 적절한 관리를 할 수 있도록 도와준다.
- **작물 모델링**: 데이터 분석 도구를 사용하여 날씨 조건, 토양 품질 및 영양 수준과 같은 요인을 기반으로 작물 성장 및 수확량을 예측하는 모델을 만들 수 있다. 이것은 농부들이 농작물 관리와 수확 계획에 대해 더 많은 정보에 입각한 결정을 내리는 데 도움을 줄 수 있다.
- **에너지 관리**: 태양광과 풍력과 같은 재생 가능한 에너지원을 스마트 팜 기술에 전력을 공급하여 에너지 비용을 절감하고 지속 가능성을 높일 수 있다.

스마트 팜 기술을 활용하는 기업들

Blue River 기술

블루 리버 테크놀로지는 컴퓨터 비전과 기계학습을 활용해 농업의 효율성과 지속가능성을 높이는 기업이다. 이 회사의 대표 제품은 카메라와 알고리즘을 활용해 농작물 밭의 잡초를 식별하고 제초제를 정밀하게 뿌리는 'See & Spray 시스템'이다.

See & Spray 시스템은 카메라와 센서가 장착된 트랙터 장착 분무기로 구성된다. 트랙터가 들판을 지나갈 때, 카메라는 농작물과 줄 사이에서 자라는 잡초의 이미지를 포착하게 되며, 개별 식물을 식별하고 작물인지 잡초인지 판단할 수 있는 기계 학습 알고리즘에 의해 이러한 이미지가 실시간으로 분석된다. 이후 농작물이 손상되지 않도록 정확한 양의 제초제를 잡초에 직접 분사하는데, 이 작업은 농부들이 제초제의 사용을 줄이고 경비를 절약할 수 있게 해준다. 블루 리버 테크놀로지는 2011년에 설립되었고 2017년에 존 디어에 의해 인수되었다. 이후 컴퓨터 비전을 활용해 농작물 질병을 파악하고 드론을 활용해 농작물 건강과 생육에 대한 데이터를 수집하는 등 정밀 농업 신기술과 응용 분야를 지속적으로 개발해왔다.

John Deere의 Precision Ag

John Deere의 Precision Ag는 농업 생산성과 지속 가능성을 향상시키기 위해 데이터 분석, GPS 기술, 센서를 사용하는 기술 및 도구 모음이다. 이 시스템은 농작물 성장에 영향을 미칠 수 있는 토양 조건, 날씨 패턴 및 기타 요인에 대한 데이터를 수집하여 작물 재배, 비료 및 기타 작물 관리 방법에 대한 처리 방안을 제시한다.

그림 12-25 Precision Ag

John Deere의 Precision Ag 시스템의 주요 구성 요소는 다음과 같다.

- **John Deere 운영 센터**: 운영 센터는 농부들이 농장에서 데이터를 수집, 저장 및 관리할 수 있는 클라우드 기반 플랫폼이다. 이 데이터는 재배 및 수확 일정, 농작물 수확량 및 토양 품질에 대한 정보를 포함한다.
- **GPS 유도 장비**: John Deere의 정밀 농업 장비는 GPS 기술을 사용하여 트랙터, 플랜터 및 기타 장비들의 위치를 정확하게 안내한다.
- **데이터 분석 도구**: John Deere의 데이터 분석 도구를 통해 농부가 농작물에 대한 데이터를 분석함으로써 재배, 비료 및 기타 작물 관리에 대한 처리를 효율적으로 수행할 수 있다. 이로써 자원의 사용을 최적화하고 수확량을 늘리는 데 도움이 될 수 있다.
- **가변 속도 기술**: John Deere의 가변 속도 기술은 농부들이 토양 조건과 같은 요인들에 따라 비료와 씨앗을 어떤 시간에 어떻게 주어야 하는지 알 수 있게 한다.

플렌티(plenty)

플렌티는 인공 조명과 기후 조절 시스템을 활용해 실내에서 농작물을 겹겹이 재배하는 기술인 수직 농법을 전문으로 하는 기업이다. 주력 사업은 신선하고 영양이 풍부한 농산물을 일 년 내내 소비자들에게 제공하며 농업의 환경적 영향을 줄이는 것이다. 플렌티의 수직 재배 시스템은 센서와 기계 학습 알고리즘을 활용하여 빛, 온도, 습도 등의 요인을 실시간으로 조절해 작물별로 생육 조건을 최적화하도록 설계됐다. 이 회사의 실내 농장은 LED 조명과 수경 시스템을 사용하여 토양이나 살충제 없이 잎이 무성한 채소와 허브와 같은 작물을 재배한다.

플렌티의 수직 농업 시스템의 주요 특징은 다음과 같다.

- **고밀도 재배**: 플렌티의 농장은 최대 20단 높이의 수직 스택에서 재배되는 작물로 공간 사용을 극대화하도록 설계되었다. 이것은 회사가 비교적 작은 지역에서 많은 양의 음식을 생산할 수 있게 해준다.
- **기후 조절**: 농장들은 센서와 기계 학습 알고리즘을 사용하여 온도, 습도 및 기타 환경 요인을 실시간으로 조정하여 각 작물의 생육 조건을 최적화한다.
- **LED 조명**: 이 회사의 농장은 에너지 사용에 효율적인 LED 조명을 이용하여 각 작물이 자라고 성숙하는 데 필요한 정확한 스펙트럼을 제공한다.
- **물 효율성**: 플렌티의 수경 재배 시스템은 전통적인 농업에 필요한 물의 일부만을 사용하며, 시스템을 통해 물이 재순환되고 필요에 따라 영양분이 추가된다.
- **로컬 프로덕션**: 플렌티는 실내에서 작물을 재배함으로써 날씨나 계절에 상관없이 연중

신선한 농산물을 소비자에게 제공할 수 있다. 이는 장거리 운송의 필요성을 줄여 탄소 발자국이 더 낮은 신선한 농산물을 생산할 수 있게 한다.

Farmobile

Farmobile은 농부들이 그들의 운영에 대해 더 많은 정보에 입각한 결정을 내릴 수 있도록 돕기 위해 데이터 수집 및 분석 도구를 제공하는 회사이다. 이 회사의 주력 제품인 패시브 업링크 커넥션(Farmobile PUC)은 플러그 앤 플레이 장치로 대부분의 트랙터에 쉽게 설치할 수 있으며, 엔진 RPM, 연료 소비량, 구현 깊이, GPS 위치 및 기타 환경 조건과 같은 요소에 대한 데이터를 수집한다. 이 데이터는 클라우드로 전송되고, 여기서 기계 학습 알고리즘을 사용하여 분석함으로써 농작물 성능, 토양 건강 및 농장 생산성에 영향을 미칠 수 있는 기타 요인에 대한 내용들을 농부들에게 제공한다.

Farmobile의 데이터 수집 및 분석 도구는 농부들이 자원 사용을 최적화하고 폐기물을 줄이며 수확량을 늘릴 수 있도록 지원한다. 예를 들어, Farmobile PUC가 수집한 데이터는 토양의 종류와 비옥도의 변화를 보여주는 현장 지도를 만드는 데 사용될 수 있으며, 농부들은 그에 따라 재배 전략을 조정할 수 있다.

Smartbow

Smartbow는 가축을 위한 첨단 모니터링 시스템을 개발하고 생산하는 기업이다. 이 회사의 주력 제품은 Smartbow 시스템으로, 농부들이 동물의 건강과 복지를 모니터링하고 관리할 수 있도록 설계된 다양한 센서와 데이터 분석 도구로 구성되어 있다. 스마트보우 시스템은 소에 부착된 귀 태그뿐만 아니라 동물들을 사육하는 축사 등에 배치된 동작 센서와 가속도계 등 다양한 센서로 구성된다. 이 센서는 동물들의 체온, 활동 수준, 먹이 패턴과 같은 데이터를 수집한 다음, 동물의 건강과 행동 패턴 등을 기계 학습 알고리즘을 사용하여 분석한다.

Smartbow 시스템은 농부들이 동물들의 건강 문제를 조기에 발견하거나, 문제가 생기기 전에 사전에 예방할 수 있도록 도와준다. 예를 들어, 이 시스템은 질병이나 부상을 나타낼 수 있는 동물의 먹이나 활동 패턴의 변화를 감지할 수 있다. 또한 농부들이 어떤 동물이 임신할 가능성이 높은지를 확인할 수 있고, 산란 시기도 예측할 수 있다.

Smartbow 시스템의 주요 이점은 가축에 대한 실시간 모니터링이 가능하다는 것이다. 이것은 농부들이 동물들의 건강에 영향을 미칠 수 있는 온도나 습도의 변화와 같은 문제들에 신속하게 대응할 수 있게 해준다. 또한 각 동물이 얼마나 사료를 소비하는지에 대한 데이터를 제공함으로써 농부들이 자원의 사용을 최적화할 수 있도록 도와준다.

12.8 연습문제

| 객관식 |

01 한국의 K-시티는 4개의 테스트베드 도시로 구성되어 있다. 해당 도시가 아닌 것은?

① 대전 ② 세종 ③ 부산 ④ 대구

02 스마트 시티를 구성하기 위한 기술이 아닌 것은?

① 3D 프린팅 ② 사물인터넷 센서 ③ 빅데이터 분석 ④ 클라우드 컴퓨팅

03 IoT 오픈 플랫폼 '오아시스(OASIS; Open-source Architecture of Semantic IoT Service-platform)'를 운영하면서 학생 편의 증진과 안전 확보에 맞춘 서비스를 지원하는 스마트 캠퍼스는?

① 연세대 ② 부산대 ③ 서울 사이버대 ④ 한양대

04 스마트 그리드 이용의 장점이 아닌 것은?

① 재생 가능 에너지 통합 ② 에너지 저장

③ 배전 자동화 ④ 공급 대응

| 단답식 |

01 (   )는 일본 자동차 제조업체인 도요타에 의해 시작된 야심찬 스마트 시티 프로젝트이다. 이 프로젝트는 새로운 이동성, 스마트 홈 및 기타 첨단 기술을 테스트하고 개발하기 위한 생활 실험실 역할을 하는 것으로, 완전히 연결되고 지속 가능하며 배출이 없는 도시를 만드는 것을 목표로 한다.

02 (   )는 '제트 닷컴'의 창업자이자 월마트의 임원이었던 억만장자 기업가 마크 로어(Marc Lore)가 고안한 스마트 시티 프로젝트이다. 제안된 도시는 2050년까지 미국 남서부에 5만 명이 거주하는 지속 가능하고 공평한 지역사회를 만드는 평등주의 유토피아의 건설이 목적이다.

03 (   )이란 혈압, 심박수, 혈당, 산소 포화도 등 환자의 건강 상태와 활력징후를 멀리서 확인하는 기술이다. 이를 통해 의료 기관은 환자가 진료소나 병원을 방문할 필요 없이 환자의 건강 상태를 추적하고, 잠재적인 건강 문제나 상태 변화를 실시간으로 감지할 수 있게 된다.

04 (　　　　　)은 의학적 상태, 질병 예방 및 관리, 치료를 위하여 건강 정보를 기반으로 치료를 수행하는 방법이다. 이를 위하여 모바일 애플리케이션, 소프트웨어 프로그램, 웨어러블 등의 디지털 장치 기술을 사용하여 치료를 수행할 수 있다.

05 (　　　　　)는 인공지능, 사물인터넷(IoT), 클라우드 컴퓨팅과 같은 첨단 기술을 사용하여 제조 공정을 최적화하고 생산성, 품질 및 효율성을 향상시키는 고도로 자동화되고 디지털화된 공장이다.

06 (　　　　) 또는 스마트 하우스(smart house)는 거주자가 가정 내의 다양한 기기와 시스템을 원격으로 제어하고 모니터링할 수 있는 첨단 기술과 자동화 시스템을 갖춘 주거지를 말한다. 하드웨어, 소프트웨어 및 통신 기술의 조합을 사용하여 입주자에게 더 큰 편의성, 편안함, 에너지 효율성 및 보안을 제공한다.

07 (　　　　　)은 가정의 온도를 조절하는 데 사용할 수 있는 스마트 가전제품의 한 종류이다. 효율적인 에너지 관리를 위해 설계되었고 사용자의 선호와 습관에 따라 자동으로 온도를 조절함으로써 에너지 요금을 절약하도록 도와준다.

08 (　　　　　)는 전력 공급 시스템의 효율성, 신뢰성 및 지속 가능성을 향상시키기 위해 디지털 기술과 첨단 통신 시스템을 사용하는 첨단 전력 시스템이다. 정보 및 통신 기술을 전력 그리드에 통합하여 시스템의 모니터링, 제어 및 최적화를 이루고, 유틸리티, 소비자 및 환경에 많은 이점을 제공한다.

09 (　　　　　　　　)는 스마트 그리드에 사용되는 핵심 기술로, 개별 고객 또는 가정의 에너지 사용에 대한 세부 정보를 수집할 수 있다. 이 시스템은 스마트 미터와 같은 첨단 계측 기술을 사용하여 실시간으로 에너지 소비를 측정하고 전력회사 또는 에너지 서비스 제공업체에 데이터를 전송한다.

10 (　　　　　)는 독립적 또는 더 큰 전력망과 함께 작동할 수 있는 소규모의 분산형 전력 시스템이다. 태양열, 풍력, 지열과 같은 재생 가능한 에너지원을 포함하여 다양한 소스로부터 전기를 생성하고 분배할 수 있다.

11 (　　　　)은 농업 생산을 최적화하고 효율성을 높이기 위해 첨단 기술과 데이터 분석을 사용하는 기술을 말한다. 이러한 기술은 토양 수분 수준을 모니터링하는 센서에서부터 파종, 수확 등의 작업을 수행할 수 있는 자율 트랙터까지 다양하며, 스마트 그리드 기술과 통합되어 농업 생산을 더욱 최적화할 수 있다.

12 (　　　　) 테크놀로지는 컴퓨터 비전과 기계 학습을 활용해 농업의 효율성과 지속가능성을 높이는 기업이다. 이 회사의 대표 제품은 카메라와 알고리즘을 활용해 농작물 밭의 잡초를 식별하고 제초제를 정밀하게 뿌리는 'See & Spray 시스템'이다.

13 (　　　)는 인공 조명과 기후 조절 시스템을 활용해 실내에서 농작물을 겹겹이 재배하는 기술인 수직 농법을 전문으로 하는 기업이다. 이 회사의 주력 사업은 신선하고 영양이 풍부한 농산물을 일 년 내내 소비자들에게 제공하며 농업의 환경적 영향을 줄이는 것이다. 이러한 수직 재배 시스템은 센서와 기계 학습 알고리즘을 활용하여 빛, 온도, 습도 등의 요인을 실시간으로 조절해 작물별로 생육 조건을 최적화하도록 설계됐다.

14 (　　　　)는 가축을 위한 첨단 모니터링 시스템을 개발하고 생산하는 기업이다. 농부들이 동물의 건강과 복지를 모니터링하고 관리할 수 있도록 설계된 다양한 센서와 데이터 분석 도구로 구성되어 있다. 소에 부착된 귀 태그뿐만 아니라 동물들을 사육하는 축사 등에 배치된 동작 센서와 가속도계 등 다양한 센서로 구성된다.

| 서술식 |

01 환경 풋프린트에 대하여 간략히 설명하시오.

13 장

드론

학 습 목 표

1. 드론의 기술 원리를 이해하고 학습한다.
2. 드론 구성 요소와 배터리 기술에 대해서 학습한다.
3. 드론 국내 · 외 사례 및 전망에 대해서 구체적으로 알아본다.

13.1 드론 소개

드론이란

드론은 일반적으로 무인 항공기(Unmanned Aerial Vehicle, UAV)를 의미하며, 이는 조종사(pilot)가 없는 항공기를 말한다. 이 외에도 무인 항공기 시스템(Unmanned Aircraft System, UAS), 원격 조정 항공기(Remotely Piloted Aircraft, RPA), 원격 조정 항공기 시스템(Remotely Piloted Aircraft System, RPAS) 및 자율 무인 항공기(Autonomous Aircraft) 등 다양한 이름으로 불린다.

드론은 공군기나 미사일 연습 사격 표적용으로 개발되었으며, 일반인들에게는 무인 항공기 전체를 의미하는 것으로 사용된다. 무인 항공기의 시장은 2015년 251억 달러 규모에서 2020년에는 673억 달러, 2025년에는 1,537억 달러 등 연평균 20% 이상의 성장이 예상된다. 정부도 선제적으로 관련 기술을 개발하고 육성하기 위해 무인 항공기 미래 선도 핵심 기술 개발 사업을 추진하고 있다.

드론의 핵심 개념은 '무인'과 '항공기'로 구분된다. 항공안전법과 시행규칙에서는 드론을 '초경량 비행 장치 중에서 사람이 탑승하지 아니하는 것'으로, '연료의 중량을 제외한 자체 중량이 150kg 이하인 무인 비행기, 무인 헬리콥터 또는 무인 멀티콥터 등의 무인 동력 비행 장치를 말한다'고 규정하고 있다.

그림 13-1 제초재 분사 드론

드론은 스마트 시티의 출현과 도시의 발달에 따라 우리의 생각과 삶의 방식을 새로운 방식으로 변경할 뿐만 아니라 기존의 교통체계나 산업구조의 방향까지도 변화시킬 것이다.

드론은 전 세계 기업들의 기술 개발 대상으로 주목받고 있으며, 우리나라 정부도 드론 산업을 육성하기 위하여 적극적인 노력을 하고 있다. 이미 군사적 목적에서 벗어나 농업 부분, 공공 부분, 물류와 배송, 건설, 소방/안전/방재 분야, 환경 계측과 조사, 방송 분야, 정보 통신 분야 및 우주 탐사까지 그 범위가 넓어지고 있다. 이와 함께 미래 도시에 이용될 드론의 다중 · 복합 서비스의 활용에 대한 논의와 연구가 진행되고 있으며, 해외에서는 정부용 · 민간용 · 상업용 드론이 운영 중에 있다. 국내에서는 지방자치단체, 공공기관과 일부 민간회사에서 연구 개발과 함께 공공용 · 상업용 드론을 시범적으로 도입 및 운영하고 있다.

드론의 역사

우선 드론의 발전 과정을 과학기술 발전에 따른 3단계(태생기, 발전기, 확장기)로 구분한다.

● 드론 1기(태생기: 1900~1950)

드론에 대한 초기 연구는 미국 과학자 니콜라 테슬라(Nikola Tesla)에 의해 시작되었다. 무인기를 정찰용 · 전투용으로 활용하는 것과 항공 기술 개발의 미비와 대공포에 의한 조종사의 피해를 최소화할 수 있다는 판단하에 제1차 세계대전 기간 중에 미국을 중심으로 무인 항공기에 대한 연구가 활발히 진행되었으나 성공률이 낮아 실전에서는 사용되지 않았다.

그림 13-2 퀸비(Queen Bee)
(출처: 국방홍보원)

1930년대쯤 제2차 세계대전을 거치면서 다시 무인 항공기가 중요 전투기로 떠오르고, 영국에서 최초의 왕복 재사용 무인 항공기인 '퀸비(Queen Bee)'가 개발되어 대공포 훈련 목적으로 사용되었다. 퀸비는 최대 17,000피트까지 비행하며 최대 시속은 100에서 300마일로 주행할 수 있었고, 1947년까지 총 380대가 실전에 사용되었다. 세계 최초로 왕복 비행이 가능하고 재사용을 할 수 있는 드론이라는 평가와 오늘날 '드론(Drone)'이라는 용어로 널리 사용되는 무인 비행기의 원조라고 할수 있다. 영국 해군의 원거리 조정 무인 항공기를 띄우고 대공포 훈련을 목격한 미국 해군 제독 윌리엄 스탠리(William Standley)는 쓸모없게 된 유인 비행기를 표적기로 개조하여 사용하면서 무인 항공기 여왕벌(Queen Bee)에 대비되는 수벌의 의미를 지닌 '드론(Drone)'이라는 명칭을 붙여 표적기로 사용했다.

● 드론 2기(발전기 : 1951～2000)

1950년대에 발생한 한국전쟁과 1960년대의 베트남 전쟁에서도 드론이 유입되었으나 크게 주목받지는 못하였다. 그러나 드론의 형태가 고정익* 형태로 변화되고 발전하면서 미사일 공격과 감시 임무에 사용되었다.

잠깐만요 고정익(Fixed Wing)

고정익 드론은 전통적인 항공기의 형태로 고정된 날개가 부착돼 있는 것을 말한다. 우리가 취미로 만들어 날리는 종이비행기도 고정익의 형태라고 볼 수 있다. 고정익 드론의 경우 항공기와 유사하고 단순한 구조를 갖고 있다.

베트남전에서는 적진 감시용으로 감시 무인기의 효시라고 할 수 있는 'Firebee'가 사용되었고 레이더 흡수 기능을 추가한 'AQM-34 Ryan Firebee'는 1964년부터 11년 동안 1,000대 이상의 무인 항공기가 34,000회 가량 동남아시아를 날아다니며 감시 임무를 수행했다. 무인 항공기가 군사적 목적으로 효용성을 확신시켜준 것은 1991년 발생한 중동의 걸프전(Gulf War)으로, 이 전쟁을 통하여 미국은 여러 무인 항공기들을 사용하였으며 많은 활약을 펼치게 되었다.

그림 13-3 Firebee

● 드론 3기(확장기 : 2000년 이후)

2000년대 이후의 군사용 무인 항공기는 첨단기술로 중무장되어 군사적인 목적 이외에도 다목적 기능으로 여러 부분에 활용되었다. 특히 우주의 영역까지 그 활용도가 넓어졌다. 2000년대 초반 미국에서 발생한 9 · 11 테러 이후 미국의 대테러 전략을 통해 드론의 효율성이 입증받았으며, 현재 군수용 중심으로 급성장하고 있다.

그림 13-4 글로벌 호크

미군이 사용하는 글로벌 호크(Global Hawk)는 첨단 영상레이더와 전자광학 · 적외선 감시 장비 등을 보유하여 날씨와 시간에 관계없이 정보를 수집할 수 있으며, 비상 시 임무 부여가 가능하고 임무 설정 시 모든 부분이 자동으로 운영된다. 2000년대 중반부터는 전쟁에 드론을 활용하여 테러리스트와 적군의 정찰병을 공격하는 임무를 수행하거나 아프가니스탄, 파키스탄과 중동 지역에서 활동하고 있는 국제 테러단체인 알카에다의 조직원을 표적 사살하기 위해 사용되었다. 제작 비용은 기존 전투기보다 저렴하고, 비대칭 전쟁에서의 유용성과 함께 접근하기 어려운 지형에서도 사용 가능하며 주간뿐만 아니라 야간 시간에도 이용할 수 있다. 많은 군사 전문가들이 무인 체계가 미래 전력의 핵으로 부상되는 것을 예상하며, 이스라엘과 미국을 선두로 세계 각국에서 고성능 무인 항공기의 개발에 연구와 투자를 하고 있다. 현재 드론은 정찰용 무인기, 공격용 무인기 및 무인 수상 함정 · 잠수함 등 다양한 군사 분야에 사용되고 있다.

표 13-1 드론 발달 과정

드론 구분	드론 1기	드론 2기	드론 3기
	태생기	발달기	확장기
	1900～1950	1950～2000	2000～현재
연관 전쟁	세계 제1, 2차 대전	한국 전쟁, 베트남 전쟁, 걸프전	대테러 전쟁

주요 개발국	미국, 영국, 독일	미국, 이스라엘, 일본	미국, 영국, 이스라엘, 프랑스, 중국, 러시아, 독일
사용 용도	군사용	군사용, 상업용	군사용, 상업용, 민간용
대표 모델	1) 1910년대 Sperry Aerial Torpedo, Bug(미국)	1) 1950/60년대 Firebee, D-21 AQM-34 Ryan Firebee(미국)	1) 2000년도부터 RQ-4 Global Hawk(미국), Taranis(영국)
		2) 1970년대 Firebee 1241(이스라엘) Ryan SPA 147(미국)	2) 2014. 6. 15.~구글 Project Loon Solara 50(통신 분야)
	2) 1930년대 Queen Bee(영국) Radioplanes(미국)	3) 1980년대 Scout, Pioneer(이스라엘)	3) 2017. 3. 27. 아마존의 Prime Air(배송)
	3) 1940년대 V-1(독일) PB4Y-1&BQ-7(미국)	4) 1990년대 Firebird 2001(이스라엘) DArkStar Predator, Global Hawk(미국)	4) 2018. 2. 27.~2018 MWC 중국 화웨이(이항 184)

우리나라 육군은 2018년도에 드론과 로봇을 활용한 '드론봇(드론+로봇) 전투단'을 만들고 이를 운영할 '드론봇 전사'도 양성하고 있다.

아군의 피해를 줄이면서 단기간 내에 전쟁을 승리로 끝낸다는 목표로, 공격용 '벌떼 드론'을 운용해 적군의 대규모 병력과 차량을 무력화하고 원거리 표적을 타격하는 방안도 연구 중에 있다.

그림 13-5 국내 드론봇(드론+로봇) 전투단
(출처: 대한민국 육군)

드론 작동 원리

드론이 비행하기 위해서는 양력(Lift: 위로 들어 올리는 힘), 추력(Thrust: 앞으로 밀어내는 힘), 항력(Drag: 공기가 뒤로 끄는 힘), 중력(Weight: 지구가 당기는 힘)의 4가지 힘이 필요하다.

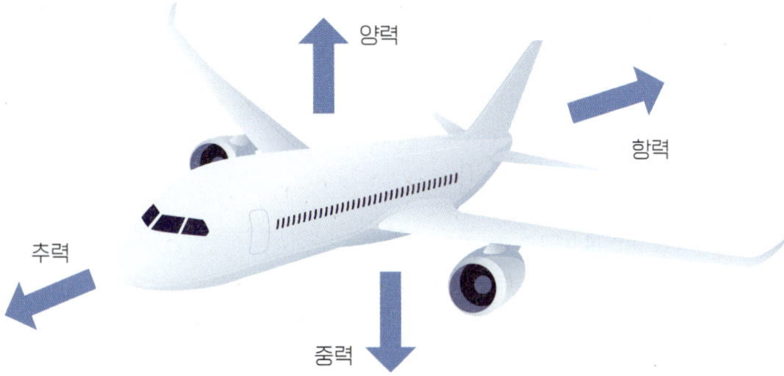

그림 13-6 드론 작동 원리

영화에서 헬리콥터의 테일 로터가 고장이 나면 빙글빙글 회전하면서 추락하는 장면을 볼 수 있는데, 이 때 헬리콥터는 메인로터의 회전 방향과 반대 방향으로 회전하면서 추락한다. 헬리콥터의 메인로터가 회전하면서 발생하는 힘에 대한 반작용이 기체에 반력으로 작용하기 때문이다. 멀티콥터는 헬리콥터와 구조가 다르지만 이 원리가 그대로 적용된다. 로터가 회전을 하게 되면 작용과 반작용의 법칙에 따라 회전 반대 방향으로 토크가 발생하게 되기 때문에, 이 때 발생하는 토크를 상쇄하기 위해서 모든 로터가 동일한 방향으로 회전하지 않고 짝을 지어 서로 반대 방향으로 회전하도록 설계되어 있다.

드론이 상승할 때는 모든 로터가 동일한 회전수를 가지게 되고 로터의 회전수가 높아지면 상승하고 로터의 회전수가 낮아지면 드론의 자중에 의해 하강하게 된다. 로터의 회전수는 일반적으로 PWM(Pulse Width Modulation) 방식으로 제어되고, 로터의 회전수 차이에 따라 전·후진(PITCH 이동), 좌·우 이동(ROLL 이동) 및 제자리 회전(YAW 이동)이 이루어진다.

드론의 분류

드론의 분류는 무게, 체공 시간 및 거리, 운용 고도 등에 따른 일반적인 분류와 원격 조종 형태, 공역* 및 지역, 에너지, 공역 분리성, 비행체 형태, 용도 등에 따라 분류되지만 아직까지 국제적으로 공식 인정되어 통용되고 있는 분류 기준은 없다.

잠깐만요 **공역**

항공기, 초경량 비행장치 등의 안전한 활동을 보장하기 위하여 지표면 또는 해수면으로부터 일정 높이의 특정 범위로 정해진 공간을 말한다.

우리가 가장 일반적으로 사용하고 있는 형태별 분류는 로터의 방향에 따라 고정익, 회전익, 틸트로터(고정익+회전익)로 구분되며 회전익은 로터의 개수에 따라 헬리콥터와 멀티콥터로 구분한다.

표 13-2 회전익과 고정익 드론 장단점 비교

구분	장점	단점
회전익 비행체	• 이착륙에 많은 공간을 차지하지 않음. • 감시나 관찰을 위한 호버링 가능 • 수직비행 가능에 따른 건물이 많은 도시 지역과 해안 수직암반에서도 사용 용이 • 물체에 근접시켜서 근접 촬영이나 비행 가능 • 다양하고 중량감 있는 탑재체 장착 가능	• 고정익에 비해 보다 복잡하고 많은 부품들이 조립되어 완성품으로 작동 • 짧은 배터리 수명과 무게 • 고정익에 비해 보다 좁은 지역을 촬영하는 데 적합 • 추락할 경우 고정익보다 손상 규모가 큼. • 인사사고로 이어질 수 있는 기체구조와 무게, 재질
고정익 비행체	• 회전익보다 더 넓은 지역 촬영 가능 • 회전익보다 긴 비행 시간 가능 • 추락으로 인한 손상 규모가 작음.	• 회전익에 비해 보다 넓은 이착륙 공간 필요 • 관찰이나 감시를 위한 용도로 호버링 불가 • 다양한 탑재체의 장착이 다소 어려움. • 대상물에 대한 자유로운 각도 조절이 어려움. • 수직면에 대한 사진 촬영 어려움. • 사진 중복 촬영 시 바람의 영향 받음.

고정익은 일반적인 비행기와 같이 고정 날개 형태인 시스템으로서 연료 소모가 상대적으로 적어 장기체공이 가능하나, 활주로나 넓은 개활지가 필요하다. 정지비행이 불가하여 저고도에서의 표적을 지속적으로 추적하기가 어려우며, 이착륙 시 바람의 영향을 많이 받는다. 이와 반대로 회전익은 비행체가 헬리콥터형인 시스템으로서 수직 이착륙이 가능하여 좁은 공간에서의 이착륙이 가능하고, 공중에서 정지비행이 가능하며, 상대적으로 급격한 선회가 가능하다. 그러나 연료 효율이 낮아 장기체공이 제한됨으로써 상대적으로 단거리 임무 및 기상의 변화가 많은 지역에 적용되고 있다.

틸트로터 드론은 고정익 드론과 회전익 드론의 장점은 살리고 단점은 보완한 드론으로, tilt rotor 드론이나 tilt wing 드론으로 분류된다. 이착륙 비행 과정과 순항비행 과정에서 로터나 날개를 기울여 각기 다른 모드로 비행하는 형태를 말한다.

13.2 드론 기술

드론 장비

드론에 장착되는 장비는 고정익 및 회전익에 관계없이 동일하다. 회전익의 경우 프로펠러와 모터, 모터 컨트롤러, GPS(Global Positioning System), 비행 제어 장치(Attitude Heading Referance System, AHRS 또는 Internal Navigation System, INS), 비행 정보 표시 장치, 비행 컨트롤 장치, 비디오 송수신 장치, 각종 센서 등이 있으며 안전장치로서 낙하산, Radio Tracker 등이 장착된다.

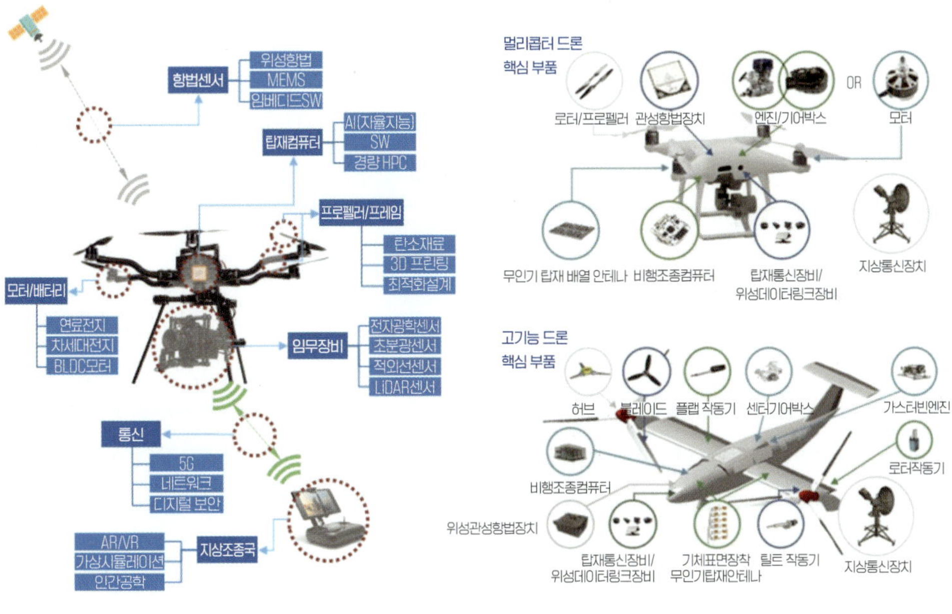

그림 13-7 드론 구성 요소
(출처: 해양수산부)

IMU 드론이 임무를 수행하기 위해서는 먼저 드론의 자세에 관한 정보를 IMU(Inertial Measurement Unit)를 이용하여 측정한다. 3축 IMU는 움직이는 물체의 이동관성을 측정할 수 있는 가속도계, 회전관성을 측정할 수 있는 자이로, 방위각을 측정할 수 있는 지자계로 구성된다. AHRS(Attitude Heading Referance System) 또는 INS(Internal Navigation System)는 IMU로 측정된 데이터를 시계열적으로 적분하여 속도를 구하고 속도를 다시 적분함으로써 거리를 구하여 드론의 현재 위치를 계산할 수 있다. 이 값들을 이용하여 현재 드론의 위치 및 이동한 거리를 알 수 있다.

앞에서 언급했듯이 현재 드론의 위치를 계산하기 위해서는 두 번의 적분을 거치게 되는데, 이때 적분상수로 인해 발생된 오차는 계속 누적되기 때문에 정확한 위치를 파악하는 데 문제가 발생한다. 따라서 일반적으로 오차를 줄이기 위해 AHRS(INS)와 GPS를 세트로 이용하고 있다.

GPS(Global Positioning System)

GPS는 적분으로 발생된 누적 오차를 줄이고 현재 위치를 정확하게 측정하기 위해 이용된다. 미국 국방성의 주도로 개발한 시스템으로, 6개의 원 궤도에 24개의 위성을 배치해 삼각 측량법에 따라 3개의 위성으로부터 수신된 거리와 시간 정보를 이용하여 위치를 계산하고 나머지 1개의 위성 데이터를 이용하여 오차를 수정한다. 일반적인 GPS의 위치 오차는 100m, 기지국과 이동 수신기(Rover)를 이용한 DGPS(Differential GPS) 시스템을 사용하면 1~10m, RTK-GPS(Real Time Kinematic DGPS) 시스템을 이용하면 1~10mm의 정확도를 가진다. 또한 GPS의 수신 주기(Hz)는 AHRS 또는 INS의 누적 오차에 영향을 주기 때문에 수신 주기가 빠를수록 오차가 줄어든다. 최근에는 러시아(GLONASS: 24개 위성) 및 EU(GALILEO: 4개 위성) 등 다양한 위성 위치 시스템을 이용할 수 있어 수신 불량 지역 및 측정 오차가 줄어들고 있다.

고정익에 탑재되는 센서는 일반적으로 전용 센서로 구성되어 있다는 것이 단점이지만 최근 RGB 또는 NIR(Near InfraRed)뿐만 아니라 RE(Red-edge), 열화상(Thermal) 센서가 개발되어 다양한 범위에서 대상체의 영상을 취득할 수 있다. 최근 개발된 RE, multiSPEC 4C 및 Thermal 센서의 경우 작업 시간의 단축, 대상물의 다양한 정보를 추출하는 것이 가능하리라 판단된다. 회전익은 고정익과 달리 다양한 센서를 탑재할 수 있는 것이 특징이다. 고정익에 비해 중량 제한이 적어서 기존의 RGB, NIR(Near InfraRed) 카메라뿐만 아니라 다중분광(Multispectral) 카메라, 초분광(Hyperspectral) 카메라, 열화상(Thermal) 카메라 등과 같은 다양한 센서를 탑재할 수 있기 때문에, 이러한 센서를 이용한 연구들이 많이 진행되고 있다. 반면 중량이 있는 센서를 탑재하면 로터의 소요 동력이 증가하여 비행 시간이 짧아지는 단점이 있다.

무선 통신 및 비디오 송수신 장치

드론의 시스템은 무인기, 지상 통제 장비, 비디오 송수신 장치, 데이터 링크로 구성되며, 데이터 링크는 지상 무선국과 무인기 간의 무선 데이터 링크와 위성을 통한 데이터 링크로 구분할 수 있다. 드론의 데이터 링크는 지상 제어 및 비임무용(Control and Non-Payload Communication, CNPC) 데이터 링크와 임무용 링크로 구분할 수 있다. 임무용 데이터 링크는 임무 수행과 관련된 데이터를 전달하기 위한 링크로서 일반적으로 CNPC 데이터 링크보다 광대역이다. 국내의 경우, 드론 제어 전용 주파수의 국내 할당과 표준화된 통신 기술 및 장비가 부재한 상태이다. 현재 드론의 제어를 위해서는 기존의 항공 이동 업무용으로 분배된 주파수를 이용하는 상황이다. WRC-12에서 분배된 신규 무인기 지상 제어 전용 C 대역 주파수를 국내에서도 용도 지정하였으나, 세부 주파수 이용 기준이 없기 때문에 KARI(Korean Aerospace Research Institute) 및 KAI(Korea Aerospace Industries) 등은 민간 차원의 실험 무선국 주파수로 이용 중이다. 이에 따라 새로운 드론의 개발 때마다 표준화된 장비 없이 임의로 제어용 상용 통신 장비를 도입하여 운용하는 상황이다. 따라서, 드론의 안전 운항을 위한 제어 전용 주파수에서의 표준화된 통신 기술 및 시스템 구축 필요성이 대두되고 있으며, 통상적으로 데이터 링크, 컨트롤러의 주파수는 2.4Ghz, 비디오 송수신 장치의 주파수는 5.8Ghz를 사용하고 있다.

소프트웨어 드론에 이용되는 소프트웨어 종류에는 무인기를 세팅할 수 있는 세팅 소프트웨어와 촬영을 할 수 있는 촬영 소프트웨어, 그리고 촬영된 영상을 처리할 수 있는 영상 처리 소프트웨어가 있다. 드론 세팅용 소프트웨어는 비행 컨트롤에 필요한 IMU 캘리브레이션, GPS 설정, 모터의 RPM, 프로펠러 방향 등을 세팅할 수 있다. 설정된 세팅 값은 데이터 링크를 통해 드론에 전달되고 주어진 세팅 값에 따라서 비행 제어를 하고 정확한 위치와 고도를 유지할 수 있게 된다. 드론의 자동 비행 소프트웨어는 해당 기체 정보를 입력하고, 데이터 링크를 이용하여 드론과 연결하게 된다. 소프트웨어 실행 시 비행 경로 설정, 이착륙 위치를 간단하게 설정할 수 있으며, 비행 중 배터리 잔량 및 풍속, 위치, 상태 등의 실시간 모니터링이 가능하다.

13.3

드론 사례 및 전망

드론 사례

드론(무인 항공기)은 초기 방위산업 분야에서 주로 활용되어왔으나 ICT, 센서, 제어 및 통신 기술 등의 발전으로 민간 분야에서 급격한 성장세를 이루고 있다. 최근, 드론 관련 기술의 성숙과 개인 소비자의 관심 증가에 따라 다양한 목적으로 이용하기 위한 소형 드론의 판매가 급속히 증가하고 있다.

민간 분야에서 무인기 활용이 기대되는 곳은 택배용 드론, 화물용 무인 항공기, 정밀 농업 등이며 보급도 꾸준히 증가하고 있다. 국제무인시스템협회(Association for Unmanned Vehicle Systems International, AUVSI)는 농업에서 드론의 역할이 증가할 것으로 예측했으며 실제로 드론의 상업적 이용 조사에서 농업 분야는 부동산, 항공 조사, 항공 촬영 다음으로 선호도가 높은 것으로 나타났다. 최근 국내에서는 농림축산식품부, 기획재정부, 국토교통부, 산업통상자원부, 과학기술정보통신부, 해양수산부 등 관계 부처가 협업체계를 구축하여 무인기 기술 개발 및 제도화 방안 마련을 위한 R&D 사업을 본격 추진 중이다.

그림 13-8 병충해 대응 팜드론

드론 전망

세계 드론 시장은 2020년 기준 225억 달러이며, 연평균 13.8% 성장하여 2025년에는 428억 달러에 이를 것으로 전망된다. 상업용 드론 시장은 H/W, 소프트웨어, 활용 시장으로 나뉘며, 시장 규모는 활용(79%) > H/W(16%) > 소프트웨어(5%) 순으로 예상된다. 중국 DJI는 군용 드론을 제외한 전 세계 H/W 시장의 70%를 점유하고 있으며, 샤오미는 기존 제품을 모방하여 상대적으로 저렴한 가격으로 경쟁하고 있다.

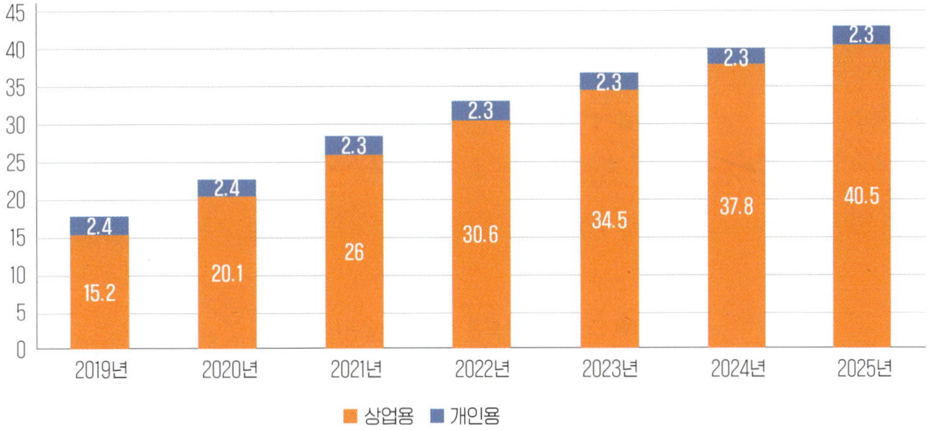

그림 13-9 세계 드론 시장 규모(단위: 십 억$)

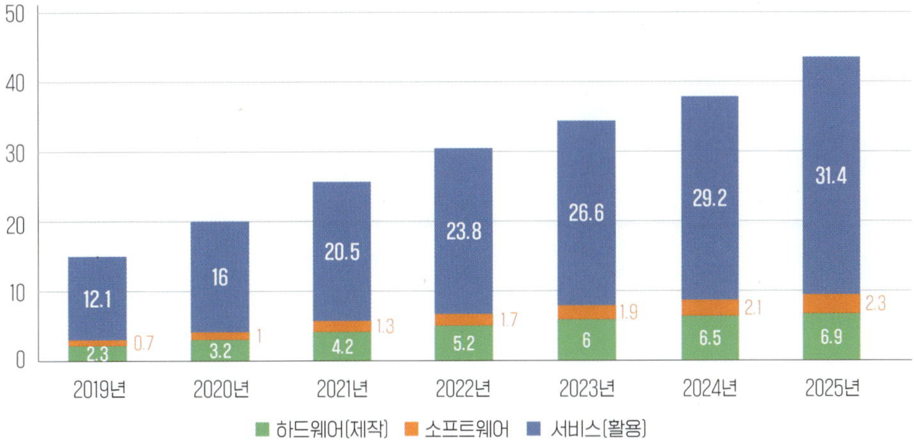

그림 13-10 부문별 상업용 드론 시장 규모(단위: 십 억$)

국내 드론 시장은 2016년 704억 원에서 2020년 4,945억 원으로 크게 성장하였으며, 연평균 13% 성장하여 2024년에는 8천억 원까지 성장할 것으로 전망된다. 드론 활용 산업(3,645억 원)이 제작 산업(1,300억 원)의 약 2.5배 규모이다. 더 나아가 2025년에는 1조 원(2020년 0.5조 원)으로 그 규모가 확대될 것으로 예상되며, 세계 7위권 드론 강국(2020년 10위)으로 도약할 것이다.

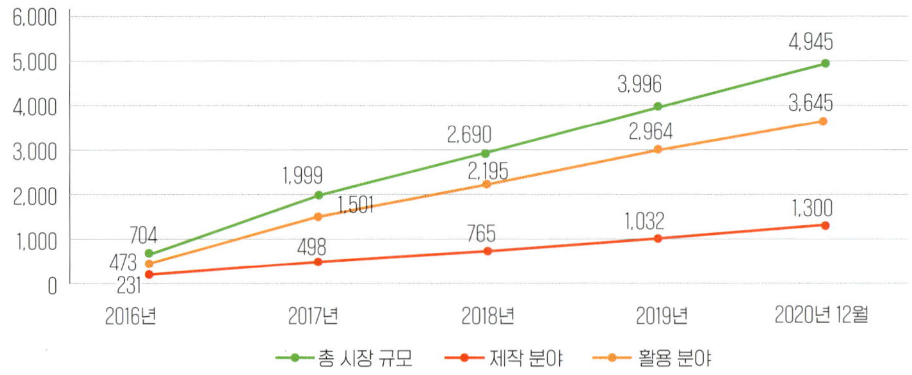

그림 13-11 국내 드론 시장 규모(단위: 억 원)

그림 13-12 국내 드론 시장 전망

드론은 일반적인 군사용, 취미용 시장뿐만 아니라 국토 조사, 수송, 농업, 임업, 재난 및 방재 등 각 산업 분야에서 다양한 활용이 가능하다. 세계경제포럼은 4차 산업혁명을 견인할 대표적인 첨단 시스템으로 드론의 발전 가능성을 주목하고 있다.

그림 13-13 드론의 다양한 활용 분야

(출처: 해양수산부)

드론은 자동화를 통해 안전성을 개선하고, 비용을 절감하며, 효율성을 높여 경제적 이익을 창출함으로써 새로운 비즈니스와 기회를 제공할 것이다. 드론은 다양한 잠재적 활용 가능성이 있으나 주로 물품을 운송하는 상업 운송용 드론과 승객 운송에 활용되는 여객용 드론으로 분류된다.

우선 상업 운송용 드론(cargo drone)에는 비교적 짧은 거리에 소포, 의료, 물품 등을 운반하는 소형 드론과 장거리에 걸쳐 무거운 중량 화물을 운반하는 대형 드론 등이 있다. 반면 여객용 드론(passenger drone)은 교통이 혼잡한 도시 지역의 운송 또는 지상 교통으로 접근하기 어렵거나, 기존의 항공 형태를 이용할 때 필요한 공항이 부족한 지역과 도시를 연결하는 데 사용된다.

드론 기술이 비약적으로 발전하여 활용도가 높아질 경우 그 경제적 영향은 매우 클 것으로 전망된다. 드론은 육상 교통수단이 필요로 하는 도로 및 철도, 항공기 운용에 필요한 공항 등 교통시설 구축에 관계없이 더 빠르고 저렴한 항공 운송을 가능하게 한다. 드론은 산업의 생산성을 높이고 새로운 제조 및 기술 개발 흐름을 조성하여 경제 전반에 걸쳐 새로운 일자리를 창출한다. 또한 토지 및 부동산 자산 가치에도 영향을 줄 것이며, 긍정적인 영향뿐만 아니라 동시에 부정적인 영향도 초래할 수 있다. 일반적으로 상품의 원활한 이동을 촉진하여 토지 및 자산 가치를 높일 것으로 예상되나 안전, 소음, 프라이버시 문제 등을 유발할 경우 역효과도 우려된다.

13.4 국내·외 드론 활용

군사용 드론 활용

● 개요

군사용 드론은 현재 드론 시장에서 점유율이 90%를 상회한다. 민간 분야에서 드론 산업은 상대적으로 늦게 시작하였다. 드론의 임무 장비에 따라 군수용 드론과 민수용 드론을 겸용할 수 있어 기술적 측면에서는 경계가 모호할 수 있다.

군사용 드론의 활용 분야는 표적용, 정찰용, 전자전용, 공격용, 기만용 등으로 매우 다양하다.

- **1930년대**: 대공포 사격훈련을 위한 표적 드론(target drone)
- **1970년대**: 정찰용 드론 등장
- **1980년대**: 관성항법장치(Inertial Navigation System), GPS 수신기, 정밀유도탄 등이 장착된 공격용 드론 등장
- **2000년대**: 실전에 투입하여 인명 살상 등 전력 입증
- **2000년대 이후**: 고고도 체공형, 중·단거리형, 전술형, 회전익형, 초소형, 그리고 유인항공기 개수형으로 다양함.

표 13-3 군사용 드론의 종류와 용도

종류	용도	대표기종
고고도 체공형	전략/전역 정찰, 감시용	RQ-1A Predator RQ-4A Golbal Hawk
	고공 대기 관측, 통신중계	Perseus B, Helios
중·단거리형	전술 정찰, 목표 지시	RQ-2 Pioneer RQ-5A Hunter
	표적용	BQM-74 Chuckar BQM-34 Firebee
	전파 방해, 기만형	Dragon, MALD
전술형	폭격 및 대지 공격	X-45A, X-47A Pegasus

회전익형	정찰 및 관측용	CL-327 RQ-8A Fire Scout
초소형	시가전 정찰용	Micro Star, Black Widow
유인항공기 개수형	표적용	QF-4B/B/C/E/G/S UF-104J

군사용 드론 활용 사례

정찰용

감시 및 정찰을 주 임무로 하며 공격 표적 확인, 표적의 위치 정보 제공 및 폭격 피해 평가 등의 임무를 수행한다. 대부분의 드론은 정찰용으로, EO/IR 및 SAR 등으로 영상 정보를 제공하며, 대부분 전자광학(EO)/적외선(IR)과 MTI(Moving Target Indication)* 기능을 보유한다. 3D SAR(Synthetic Aperture Radar)*, LADER(Laser Radar)의 3차원 화상 센서로 은폐, 위장된 표적을 탐지 가능한 FOPEN (Foliage Penetration)* 레이더 등을 탑재하고 있다.

잠깐만요 **MTI / SAR / FOPEN**

- **MTI**: 데이터로부터 변화를 감지하여 이동한 물체를 찾는 기술이다.
- **SAR**: 한글로는 합성개구레이더 또는 영상레이더로 정의된다.
- **FOPEN**: 관엽투과레이더라 한다. 즉, 저주파 합성개구레이더로서 저주파 레이더를 이용해서 지형을 파악하는 레이더이다.

표 13-4 정찰용 드론 활용 사례

구분	Predator	Global Hawk	Hermes 1500	Crecerelle
제작사	General Atomics(미)	Northrop Grumman(미)	Silver Arrow (이스라엘)	SAGEM(프랑스)
최대 이륙 중량	1,020kg	11,612kg	1,650kg	145kg
최대 상승 고도	7,620m	19,810m	10,060m	4,000m
최대 속도	217km/h	635km/h	240km/h	240km/h
최대 체공 시간	40시간	36시간	26시간	5시간
탑재 센서	EO/IR, SAR	EO/IR, SAR	EO/IR, SAR	TV/FLIR
운용 국가	미 공군/해군, 이탈리아	미 공군/해군, 호주	이스라엘	프랑스 육군

표적용

대공포, 지대공 유도탄, 함대공 및 공대공 사격 훈련용 무기체계이다. 대부분 소형 드론은 사격 표적용, 대형 무인기는 표적 견인용으로 운용된다.

표 13-5 표적용 드론 활용 사례

구분	MQM-107D	BQM-34D	QF-4
제작사	BAE	Northrop Grumman	BAE
최대 이륙 중량	662kg	1,542kg	28,030kg
최대 상승 고도	12,200m	18,300m	16,575m
최대 속도	1,015km/h	1,112km/h	M2.2
최대 체공 시간	2시간 15분	1시간 15분	–
운용 국가	미국, 한국, 이집트, 요르단, 스웨덴, 대만	미국, 이스라엘, 이탈리아, 일본	미 공군/해군

전자전용

평시 전자 및 통신 정보(ELINT, COMINT) 수집과 전시적 방공레이더 전자 방해, 지휘 통제 체계 통신 방해 등의 임무를 수행한다. 그러나 전자전 전용의 드론으로 개발하지 않으며 정찰용 드론에 탑재 장비를 교체하여 전자전 임무를 수행한다. 통신 재머*를 탑재한 Crecerelle(프랑스), 레이더 재머를 탑재한 Sperwer LE(프랑스) 및 전자정보(ELINT) 수집 장비를 탑재한 Euro Hawk(독일) 등이 있다.

잠깐만요 통신 재머

재밍을 이용하여 통신 영역을 제한하는 무선 통신 시스템이다.

기만용

1회용으로 운용하는 소모성 무기체계로 적 방공망에 대한 전술적 기만작전을 수행하여 공격편대군의 임무 수행 성공과 생존성을 증대시키는 역할을 수행한다. 일종의 순항유도 미사일 형태로 기체에 탑재된 레이더파 증폭기를 이용하여 적의 방공망에 허상이 탐지되도록 하여 적 방공망을 교란한다. 적의 지대공, 공대공 공격을 유도하여 대공무기 소진과 노출된 적의 방공망 공격을 가능하게 하는 역할을 수행한다.

표 13-6 기만용 드론 활용 사례

구분	Samson	TALD(Tactical Air Launched Decoy)	ITALD(Improved TALD)	MALD(Miniature Air Launched Decoy)
제작사	IMI (Israel Military Industries)	IMI (Israel Military Industries)	IMI (Israel Military Industries)	Northrop Grumman
중량	182kg	182kg	173kg	45kg
최대 발사 속도	M0.825	M0.95	M0.9	M0.85
항속 거리	70km	126km	296km	463km
동력	무동력 활강	무동력 활강	터보제트엔진	초소형 터보제트엔진
운용 국가	이스라엘, 미국	이스라엘, 미국	이스라엘, 미국	미국

공격용

공격용 무인기는 1회용으로 운용하는 소모성 무기체계로 적 방공망 체계(레이더, 대공포), 지휘소, 탱크 및 군수 시설을 무력화하는 임무를 수행한다. 수동형 레이더 탐색기를 장착, 적 레이더에서 방사되는 전파를 감지하여 적 방공망 레이더를 향해 돌진하여 레이더 안테나를 파괴한다. Harpy 개량형인 Harop은 탐색기를 EO/IIR(Image IR)로 교체하고 데이터 링크와 보조날개를 장착하여 원거리 다양한 표적 공격이 가능하며, MTI(Moving Target Indication) 기능을 보유한 MMW(Mille Meter Wave) 레이더 탐색기를 탑재한 Taifun은 고정된 표적 및 이동 중인 표적 공격이 가능하다.

표 13-7 공격용 드론 활용 사례

구분	Harpy	Taifun
제작사	IAI(Israel Aircraft Industries)	Rheinmetall Defence Electronics(독일)
최대 이륙 중량	120kg	160kg
최대 상승 고도	3,000m	4,000m
최대 속도	250km/h	200km/h
최대 체공 시간	2시간	4시간
운용 국가	이스라엘, 한국, 중국, 인도, 스페인, 튀르키예(터키)	독일

전투용

대공제압(Suppression of Enemy Air Defense, SEAD) 및 종심표적 공격(Deep Strike) 임무를 수행한다. 미 공군의 X-45, 미 해군의 X-47 등이 대표적인 전투용 드론이며 JDAM(Joint Direct

Attack Munition), SDB(Small Diameter Bomb) 등의 무장 및 MALD(Miniature Air Launched Decoy)를 장착하였다.

표 13-8 전투용 드론 활용 사례

구분	X-45C	X-47B
제작사	Boeing	Northrop Grumman
최대 이륙 중량	16,556kg	2,678kg
최대 상승 고도	13,715m	–
최대 속도	M0.85	–
최대 탑재 중량	2,041kg	2,041kg
엔진 추력	7,000lbs	3,190lbs
전력화 시기	2008년	2015년
운용 국가	미 공군(개발 중)	미 해군(개발 중)

민수용 드론 활용

● 물류 및 배송 분야

물품 배송

세계 최대 온라인 쇼핑몰인 미국의 아마존닷컴이 '드론' 배송 서비스인 '아마존 프라임 에어(Amazon Prime Air)' 계획을 발표하고, 이를 위해 로봇 기업 키바시스템즈(Kiva Systems)를 인수하였다. 키바시스템즈 로봇은 자동으로 상품을 분류하고 운반하는 일을 한다. 아마존은 2014년 블랙프라이데이에 미국 전역 10곳의 서비스 센터에 1만 4000여 대의 키바 로봇을 긴급 투입하였다.

중국 최대 전자상거래 업체 알리바바 그룹의 대표적인 인터넷 쇼핑몰 자회사 '타오바오'도 드론을 이용한 택배 서비스 계획을 발표하였다.

영국 연구기관 윈터그린 연구소는 물류 로봇 시장에 대해 2020년까지 연평균 10.1%의 성장률과 313억 달러 규모의 매출을 전망하였다.

그림 12-14 물류 배송 드론

국내에서도 드론을 이용한 물류 배송을 추진 중이다. CJ 대한통운을 비롯한 국내 물류 전문 기업도 드론과 물류 로봇 등에 관심을 표명했으며, 정부 주도 물류 로봇 개발에 한미약품과 CJ 대한통운이 참여 의사를 밝혔다.

정부 문서 배송

드론은 정부 문서 배송에도 적용될 예정이다. 아랍에미리트(UAE)가 세계 최초로 정부 행정 서비스에 드론을 투입하였다. 2014년 2월, UAE는 흰색 바탕에 국기가 새겨지고 날개가 4개 달린 드론을 공개하였는데, 이 드론은 일반 판매용과 외관이 유사하나 지문과 안구 인식 시스템이 탑재된 것이 특징이다. UAE 정부는 두바이에서 시험 비행을 실시한 후 여권과 운전면허증 등 신분증을 주로 배송할 예정이다.

앰뷸런스 및 약 배송

미국에서 의약품을 배달하는 '약국 드론'이 나올 전망이다. 드론이 물건을 싣고 집 앞에 도착하면 고객의 전화벨이 울리고, 전화기를 들고 나가서 배달된 물건을 내려달라고 요청하면 상공에서 드론이 물건을 내려놓고 돌아간다.

독일의 택배업체 DHL은 드론으로 육지에서 12km 떨어진 섬까지 의약품을 배송한 사례가 있다. 정부 허가를 받고, 조종자 시야에서 벗어나 드론이 소포를 배달한 첫 사례이다.

위급 상황, 접근이 어려운 곳에서 의료 장비를 실은 앰뷸런스 드론은 환자의 생존율을 최고 80%까지 높이는 것으로 분석되었다.

그림 13-15 앰뷸런스 및 약 배송 드론

교과서 배송

호주의 신흥기업인 Zookal은 교과서를 빌려주는 회사로 드론을 이용하였다. Zookal은 호주의 대학생에게 교과서를 판매하거나 임대를 시작하였는데, 시드니 대학에서 드론으로 교과서를 배달하는 파일럿 프로그램을 시작하였다. 총 6대의 드론으로 2kg까지의 책을 시드니의 3km권 내까지 배달하였다.

음식 서빙

영국 런던의 한 초밥 전문점 '요 스시'(YO!Sushi)에서 드론을 서빙에 활용하고 있다. 비행접시 형태의 드론은 '아이패드'로 조종이 가능하며, 비행접시 '아이트레이(iTray)'는 사람 서빙보다 6배 가량 빠르다. 싱가포르에서도 드론을 음식 서빙에 활용하였는데, 요리와 음료수는 물론 메뉴 주문과 결제가 가능한 드론을 개발하였다.

● 인터넷, 영화 및 방송 분야

무선인터넷 중계

세계적인 IT 기업들이 전 인류를 인터넷으로 연결하는 것을 추진 중이다.

구글과 페이스북은 아프리카 벽지나 히말라야 산간과 같은 오지에 기구나 드론을 띄워 인터넷 연결을 추진 중이다. 페이스북은 약 1만 1,000여 대의 드론을 띄운다는 계획이며, 주파수 중계 장비를 탑재한 드론을 지상 20km 고도에 띄워 중계기로 활용하고자 한다. 지상의 기지국에서 데이터를 주파수에 실어 공중으로 보내면 드론이 이를 수신한다. 드론끼리 데이터를 주고받다가, 인터넷망이 구축되지 않은 지역 상공의 드론이 지상의 기지국이나 이용자 단말기로 데이터를 보내 주는 방식이다.

타이탄 에어로스페이스는 드론 날개의 태양광 패널로 에너지를 얻고, 지상 20km의 성층권에서 인터넷 드론 설치를 추진하고 있다.

기상 관측 및 통신

우리나라의 항공우주연구원은 20km 상공에서 2주 이상 체공하는 드론 개발을 추진 중으로, 기상 관측과 통신 임무를 수행하는 드론이 등장할 것으로 기대된다. 항공우주연구원이 만든 드론은 10km 상공까지 올라가 25시간 비행하는 기록을 세웠다. 이는 전기 동력 드론으로는 영국에 이어 세계 2번째이다.

미국의 구글이나 페이스북에서도 거의 같은 수준의 드론 개발을 추진 중이다.

어군 탐지

우리나라는 2016년, '원양 어군 탐지용 틸트로터 개발'에 착수하였다. 실제 조업 현장에서의 사용은 2023년에 가능하며, 사업비는 총 2,573억 원이 투입될 예정이다. 이에 따라 2023년에 원양어선들이 물고기 떼를 찾기 위해 틸트로터 드론을 사용할 예정이다. 틸트로터는 헬기처럼 수직 이착륙이 가능하고, 프로펠러 방향을 바꿔가며 고속으로 비행할 수 있는 드론이다. 최고 속도는 시속 250km, 체공 시간은 6시간, 운용 반경은 200km이며 우리나라가 세계에서 2번째로 원천기술을 확보하였다.

방송용 드론

미연방항공청(FAA)은 할리우드 영화 제작사인 아스트래우스 에어리얼, 에어리얼 몹, 픽터비전, 헬리비디오, 스냅롭 미디어, RC프로 프로덕션컨설팅 등 6개사에 드론 사용을 승인하였다.

국내에서도 인천 영종대교에서 발생한 105중 추돌사고 현장이나 유독 물질, 폭발 현장 등 기자가 접근할 수 없는 취재 현장에 드론이 투입되었다.

인도에서는 영화 'The Girl with the Indian Emerald' 촬영에 드론이 사용되었다.

그림 13-16 방송용 카메라 드론

드론 저널리즘

'드론프레스'는 드론으로 촬영한 영상과 사진 콘텐츠를 언론에 배포하는 국내 통신사이다. 오승환 드론프레스 대표는 이 같은 통신사의 전국 지사를 설립하고, 현재 몇몇 매체와 콘텐츠 제공 협약을 진행 중이다. 다음(Daum)이나 카카오의 뉴스 펀딩 서비스에 콘텐츠 제공자로 참여도 하였다.

송유관 점검

미국 연방항공청(FAA)이 드론을 상업적 용도로 사용할 수 있도록 2014년 6월 최초로 승인한 사례는 송유관 점검용이다.

FAA는 에어로바이런먼트와 브리티시페트롤리움(BP) 회사에 가스관, 도로, 장비 감시용으로 드론을 육지에서 사용할 수 있도록 승인하였다. BP는 가스 석유 회사이며, 에어로바이런먼트는 드론 제작 업체로, 양사는 알래스카 상공에서 드론 퓨마를 사용해 업무를 수행하였다.

전력 설비 점검

한국전력은 배전 선로 유지 드론을 활용하고 있다. 접근이 힘든 지역의 배전 선로 유지 점검용 드론이 본격 활용되었으며, 2014년 9월에 서울 공릉동 인재개발원에서 배전 설비의 '무인항공진단장비 시연회'를 진행하였다.

결혼식 생중계

2014년 5월, 국내 세계 최초로 'LTE 생중계 결혼식'이 진행되었다. 수도권에 비해 거리가 멀고 교통편이 불편한 곳에서 예식을 올리는 탓에 불가피하게 참석하지 못하는 지인들이 마음에 걸렸던 신랑은 뉴스에서 접한 LG 유플러스의 LTE 드론을 통하여 못 오는 지인들이 스마트폰으로 현장을 볼 수 있도록 제안하였고, LG 유플러스는 드론 두 대와 생중계 서비스를 무상 지원하였다.

스포츠 촬영

드론이 선수를 따라다니며 모든 동작을 촬영한다.

● 재해 예방 및 수색 분야

재난 탐지

스위스 로잔공과대학(Swiss Federal Institute of Technology)에서 지진이나 산사태 등 재난이 발생했을 때 사용할 수 있는 실종자 수색용 드론을 개발하였다. 이는 실종자가 보유한 스마트폰에서 나오는 와이파이 신호를 감지해 수색하는 것으로, 와이파이 신호가 강하면 실종자 위치를 찾는 데 문제가 없지만 신호가 약할 경우 구조대원에게 수색할 장소 주변의 3D 영상을 제공해야 한다. 적외선 센서가 장착된 드론은 수색 및 구조 임무에 유용하게 활용된다.

캐나다의 산악지대에 고립된 자동차 사고 피해자의 위치를 적외선 열 감지 센서가 장착된 드론으로 빠른 시간 안에 찾아낸 사례가 있으며, 국내 국립산림과학원은 산림 재해 및 소나무

병충해 감지용 드론을 도입하였다.

스모그 제거용 드론

중국은 화학물질을 분사하는 '스모그 제거용' 드론을 개발 · 공개하였다. 낙하산에 본체가 달려있는 모습의 드론은 도시 위를 날아다니며 화학물질을 흩뿌리는데, 이 물질이 스모그 안에 입자들과 반응하여 오염물질을 얼려 지상으로 떨어뜨린다. 이 드론은 700kg의 스모그 제거용 화학물질을 탑재하고 반경 5km 지역을 살포 가능하다.

홍수 감지용

브라질 상 파울루 연방 대학이 홍수 관찰용 '드론'을 개발하였다. 상 파울루에서 발생한 홍수의 피해 상황을 관찰하고 도시의 교통 상황을 감시하는 역할을 수행하게 되며, 재해나 사고 발생 상황 감시, 치안 관리에도 활용된다. 3G · 4G, 또는 와이파이를 이용한 통신 기능이 탑재돼 드론과 경찰이 실시간으로 정보 공유가 가능하다.

방사선 모니터링

2014년, '일본 항공본부'는 '일본 원자력 연구 개발 기구(JAEA)'와 공동 연구하고 있는 방사선 모니터링 드론 시스템을 후쿠시마현서 시현하였다.

소방 전용 드론

국내에서 소방 전용 드론이 활발하게 활용되고 있다. 소방용 드론은 군사용으로 개발된 것으로, 초고층 빌딩이나 위험한 화재 현장 등 소방관이 접근하기 힘든 곳에 투입되어 발화 지점을 찾고 진화에 나서는 용도로 많이 쓰이고 있다. 2015년 초 발생한 의정부 화재 사고 이후 서울시도 드론 · 소방 로봇 등 최첨단 장비를 확충할 계획이다.

화산 근접 촬영

영국 일간지 테일리메일은 오세아니아 섬나라 바누아투 탄나에 위치한 화산의 폭발 장면을 근접 촬영한 영상을 공개하였다. 공개된 화산 근접 촬영 영상은 하늘로 치솟는 화산재와 잿빛 화산 구름, 펄펄 끓는 마그마 등이다.

농업 분야

국제 무인기 협회(AUVSI)는 드론 활용이 가장 유망할 분야로 농업 분야를 선정하였다. 드론은 방제 작업, 비료 살포, 농경지 · 농작물 모니터링을 실행할 수 있고, 이는 농촌의 인력난을 해결할 수 있는 미래 농업의 대안이 될 수 있다. 즉, 고령화와 이농 등 국내 농촌의 인력 문제 해결 가능성이 높다고 예상된다.

교통 상황 안내 분야

프랑스 르노는 드론을 장착한 콘셉트카 '크위드(Kwid)'를 선보였다. 이 드론은 '플라잉 컴패니언(Flying Companion)'이라 명명하였는데, 소형 헬리콥터(전장 3.6m, 전폭 1.9m) 크기로 차량 천장에 숨어 있다 필요시 나와서 공중으로 날아오른다. 조종 및 제어는 차량 내에서 대시보드 역할을 하는 태블릿 PC로 하며, 핵심 기능은 주변 정찰과 사진 · 동영상 촬영이다. 교통 체증 상황을 파악하고 주의해야 할 상황이 생길 경우 운전자에게 자동으로 보고하고, '셀카'도 찍어 운전 경로를 실시간으로 공유할 수 있다.

치안 및 보안

- **도시 치안용**: 브라질의 공군과 경찰은 월드컵 안전대책의 하나로 드론을 투입하였다. 브라질 공군은 2014년 3월 말에 이스라엘 엘비트 시스템스(ES) 사가 제작한 '헤르메스(Hermes)900' 무인기를 구매하였다. '헤르메스900'은 9천m 상공에서 30시간 동안 쉬지 않고 비행할 수 있으며, 10대의 고해상도 감시 카메라를 장착하고 있다.
- **무인 경비**: 미국의 '카오틱 문 스튜디오'가 개발한 무인 경비 드론 '큐피드(CUPID)'는 스마트 앱으로 구동되며, 우범 지대나 위험 지역 탐사가 가능하다. 내재된 카메라로 인물 정보, 환경 정보, 공간 정보 등을 식별할 수 있다. 만약 집에 도둑이 들었다면, 소유자는 드론을 통해 경고 메시지를 전달하고, 말을 듣지 않을 경우 스턴 건을 활용해 도둑을 기절시켜 억류한 뒤 앱을 통해 경찰 연락망으로 신고하면 된다. 범죄 용의자를 추적하는 용도로 활용할 수 있으며 추적 모습은 라이브 비디오 형태로 스마트 폰, 노트북, 데스크톱에 실시간 전송된다.
- **시험 부정행위 감시**: 벨기에의 한 학교는 드론을 시험 감독관으로 활용하며 드론이 시험 보는 학생들 사이를 날아다니며 부정행위를 감시하였다.
- **밀렵꾼 감시용 드론**: 샌프란시스코의 스타트업 에어웨어(Airware)는 케냐의 자연보호 단체로, 케냐의 코뿔소 보호 지역을 정찰할 수 있는 드론을 성공리에 개발하였다.

부동산 촬영

부동산 회사에서 매매할 집을 드론을 활용하여 촬영한다.

미국 보험 회사들은 FAA의 허가 하에 드론을 이용해 사람이 접근하기 힘든 홍수, 지진, 돌풍 등으로 파괴된 보험 시설물들에 대한 피해 조사를 한다.

이 밖에 고고학적 지형 관찰에 드론을 활용하기도 한다.

기상 관측

NASA의 호크 드론은 폭풍이나 허리케인 등 기상 관측에 이용되었다.

스파이 드론

- **모기처럼 작은 스파이 드론**: 원거리 원격 제어를 할 수 있고 카메라와 마이크까지 장착하고 있다. 모기 드론은 머리 부분에 바늘을 갖추고 있어 사람에게 달라붙어 DNA 샘플을 채취하거나 인체에 마이크로 RFID 추적 장치를 주입하는 것이 가능하다.
- **나비처럼 아름다운 '플라잉 드론'**: 아름다운 나비를 닮은 모습으로 적외선 카메라와 GPS 등을 내장하였다. 좁은 공간에서 좀 더 세밀한 움직임이 필요한 시스템에 더 효율적이며, 실제 나비와 비슷한 비행 능력을 갖추고 있고 작은 전원 장치를 탑재하였다.

그림 13-17 나비 드론

미래 드론 활용 전망

「미래와의 대화(Communicating with the Future)」의 작가 토마스 프레이(Thomas Frey)는 드론을 활용하는 아이디어를 24개 분야에 192가지를 제시하였다.

1) 조기 경보 시스템(Early Warning Systems)

(1) 지진 경보 네트워크

(2) 허리케인 모니터링 드론떼

(3) 토네이도 경보 시스템

(4) 우박 방지 장치와 음향 대포

(5) 눈사태 방지 장치와 음향 대포

(6) 임박한 홍수 경보 시스템

(7) 지진, 해일 예측 시스템

(8) 산불 방지

2) 긴급 서비스(Emergency Services)

(9) 미아(잃어버린 아이) 드론 – 사냥개처럼 아이의 냄새를 추적

(10) 열센서 드론 – 눈사태 속에서 인명 구조

(11) 적외선 센서 드론 – 초기 산불 감지

(12) 곤충 살상 드론 – 곤충 떼로부터 보호하는 곤충 죽이는 드론

(13) 밀렵 드론 – 위험에 처한 동물 보호

(14) 멸종 위기 동물 드론 – 멸종 위기종이 위험에 빠졌을 때 신호를 보냄.

(15) 사고 감시 드론 – 도시에서 문제(교통사고 등) 발생 감시

(16) 잃어버린 애완동물 찾아주는 드론

3) 뉴스 레포팅(News Reporting)

(17) 사고/사건 모니터링 – 납치, 성추행, 보행자 건강 문제 등 발생 시 모니터링

(18) 시간 경과 날씨 드론 – 다양한 각도에서 큰 그림을 캡처

(19) 시위자 카메라 – 사람들이 모이는 곳마다 드론으로 모니터링

(20) 길거리 인터뷰 드론 – 길거리에서 일반적인 사람들의 질문에 대답

(21) 실시간 통계 드론 – 교통 상황, 브랜드 선호도, 공기의 질, 사람들의 성향까지 모든 것을 기록

(22) 빠른 커멘트/인터뷰 드론

(23) 라커룸 드론 – 경기의 승리/패배 이후에 선수와 신속한 인터뷰

(24) 사진 드론 – 공간 내의 가장 완벽한 각도에서 사진을 촬영

4) 배달(Delivery)

(25) 사서함 드론 – 우편물 상자가 채워지면 드론이 직접 우편물 배달

(26) 의료 처방 전달 – 24시간, 언제, 어디서나

(27) 식료품 배달

(28) 우편물, 포장 배달

(29) 예측 가능한 배달 – 시스템의 부품 결함을 예상하고 미리 주문

(30) 반송 서비스

(31) 농장 직구매 – 신선한 토마토, 수박, 체리, 포도 등을 직구매

(32) 연회 향연 드론 – 연회에서 드론의 비행은 호화로운 향연을 공연

5) 사업 활동 모니터링(Business Activity Monitoring)

(33) 건설 모니터링 – 빌딩 건축을 실시간으로 모니터링

(34) 위상 측량 – 신속한 측량 서비스로 개발 프로젝트를 가속화

(35) 인스턴트 환경 영향 평가

(36) 전원 약화 모니터링 드론 – 문제 악화, 위험의 징후를 확인

(37) 빌딩의 열 감지 – 건물의 열손실을 발견

(38) 파손되기 쉬운 제품 배송

(39) 해적 감시 드론

(40) 지질 측량

6) 게임 드론(Gaming Drones)

(41) 3차원 체스 드론

(42) 가상현실 게임 드론

(43) 보물찾기 드론

(44) 드론 마상 게임

(45) 몬스터와 겨루는 드론

(46) 드론 레이싱

(47) 드론 장애물 코스

(48) 드론 사냥 시즌

7) 스포츠 드론(Sporting Drones)

(49) 운동 선수의 경기력 향상을 도와주는 드론

(50) 공간 카메라 드론

(51) 개인 트레이너 드론

(52) 인스탄트 랜딩 패드 드론

(53) 마라톤 레이서 드론

(54) 달리는 사람의 신진대사 추적 드론

(55) 안장 드론 라이더

(56) 야외 볼링 드론

8) 오락용 드론(Entertainment Drones)

(57) 코메디 드론

(58) 마술사 드론

(59) 콘서트 드론 떼

(60) 드론 서커스

(61) 공연 예술 드론 떼

(62) 메가 사진 묶음 대회 - 드론이 수천 이미지를 동시에 촬영

(63) 장난꾸러기 드론

(64) 불꽃놀이 드론

9) 마케팅(Marketing)

(65) 스팟 광고 드론

(66) 잠재의식 광고 드론

(67) 멀티미디어 포메이션 드론

(68) 배너는 드론

(69) 식품 및 제품 샘플러 드론

(70) 눈길을 끄는 드론

(71) 섬광등 드론

(72) 신선한 빵 드론

10) 농장과 농업(Farming and Agriculture)

(73) 인공 벌 드론– 꽃가루받이 드론

(74) 씨뿌리는 드론

(75) 곤충 모니터링 드론

(76) 비료 모니터링 드론

(77) 질병 모니터링 드론

(78) 새 쫓는 드론

(79) 곡물 분무기 드론

(80) 곡물 수확 드론

11) 목장 드론(Ranching Drones)

(81) 소 모니터 드론

(82) 말 추적 드론

(83) 돼지 모니터 드론

(84) 꿀벌 감시 드론

(85) 양 추적 드론

(86) 닭 모니터 드론

(87) 칠면조 추적 드론

(88) 오리 및 거위 모니터 드론

12) 경찰 드론(Police Drones)

(89) 약물 냄새 추적 드론

(90) 정치 부패 추적 드론

(91) 빠른 속도의 추적 드론

(92) 가정 폭력 모니터 드론

(93) 아동 학대 모니터 드론

(94) 이웃 시계 카메라 드론

(95) 발목 팔찌 교체 드론

(96) 인스턴트 법정 드론

13) 스마트 홈 드론(Smart Home Drones)

(97) 에어브러쉬 드론

(98) 먼지 제거 드론

(99) 잔디 관리 드론

(100) 낙엽 모으는 갈퀴 드론

(101) 집 도둑 잡는 드론

(102) 3D 프린터 드론

(103) 비서 역할을 하는 드론

(104) 기저귀(냅킨) 교체 드론

14) 부동산(Real Estate)

(105) 부동산 사진 드론

(106) 공중 수분 수확 드론

(107) 건물 검사 드론

(108) 배터리 교체 드론

(109) 쓰레기 배출 드론

(110) 하수 제거 드론

(111) 보험 조절 드론

(112) 인스턴트 리스팅 드론

15) 도서관(Library Drones)

(113) 도구 빌려주는 도서관 드론

(114) 비상 장비 대여 도서관 드론

(115) 애완동물 대출 도서관 드론

(116) 24시간 북, 오디오북, 비디오, 아트워크, 정보 자료 배달 드론

(117) 기술 대여 도서관 드론

(118) 전문가 대출 도서관 드론

(119) 빅 브라더 대출 드론

(120) 드론 대출 도서관

16) 군대와 스파이 활용(Military and Spy Uses)

(121) 미사일 발사 드론

(122) 폭탄 투하 드론

(123) 기만 비행 드론

(124) 통신 교란 드론

(125) 전장 의료 공급 드론

(126) 눈에 보이지 않는 스파이 드론

(127) 열 추적 총알 드론

(128) 태양광 전원의 고도 와이파이 드론

17) 헬스케어 드론(Healthcare Drones)

(129) 의료 용품 배달 드론

(130) 공기 오염 측정 드론

(131) 신체 균형 모니터링 드론

(132) 공중 건강 모니터 드론

(133) 물리적 이동 분석 드론

(134) 스킨 케어 모니터 드론

(135) 경비 드론

(136) 감염증 감시 드론

18) 교육 드론(Educational Drones)

(137) 역사 참조 자료 제공 드론

(138) 실시간 관점을 파악하는 드론

(139) 기하학적 모양과 패턴을 제공하는 드론

(140) 질문과 답변하는 드론

(141) 다큐멘터리 드론

(142) 언어 파트너 드론

(143) 기본 수학 드론

(144) 시험 준비 드론

19) 과학과 발견(Science & Discovery)

(145) 고고학 탐구에 활용되는 드론

(146) 고래 추적 드론

(147) 조류 이동 감시 드론

(148) 산림 건강 모니터링 드론

(149) 해류 감시 드론

(150) 극 오로라 관찰 드론

(151) 태양 플레어 모니터링 드론

(152) 지구 소음 모니터링 드론

20) 여행 드론(Travel Drones)

(153) 출퇴근하는 드론

(154) 택시 – 리무진 드론

(155) 바 호핑 드론

(156) 관광 명소 드론

(157) 시티 투어 드론

(158) 긴급 구조 드론

(159) 운송 드론

(160) 야간 여행 드론

21) 로봇 팔 드론(Robotic Arm Drones)

(161) 유해 물질 처리 드론

(162) 위험물 운반 화학 드론

(163) 위험에 처한 동물 구출 드론

(164) 체스 두는 드론

(165) 팔 레슬링 드론

(166) 어려운 환경 드론으로 스팟 용접

(167) 어려운 환경 드론으로 기계 수리

(168) 쓰레기 제거 드론

22) 현실 왜곡 필드(Reality Distortion Fields)

(169) 냄새 제거 드론

(170) 사운드 및 잡음 제거 드론

(171) 가시광선 제거 드론

(172) 물체 크기 확대 드론

(173) 물체 크기 축소 드론

(174) 색상 변경 드론

(175) 열 대포 쏘는 드론

(176) 소리나 사람의 목소리를 들려주는 드론

23) 뛰어난 드론(Novelty drones)

(177) 개인 잠망경 드론

(178) 식물 커뮤니케이터 드론

(179) 프리스비 터보 비행체 드론

(180) 그늘을 만들어 주는 드론

(181) 모기 쫓아주는 드론

(182) 데이트해 주는 드론

(183) 필터링해 주는 드론

(184) 엘리베이터 드론

24) 먼 미래의 개념(Far Out Concepts)

(185) 대형 플라잉 드론 리조트(호텔, 수영장 등)

(186) 인공 지렁이 드론

(187) 사생활을 도와주는 드론

(188) 의류 색상을 선택하여 주는 드론

(189) 보호막을 형성해 주는 드론

(190) 혼연일체 드론

(191) 원격 감시 드론

(192) 슈퍼맨 드론

13.5 연습문제

| 객관식 |

01 드론에 대한 설명으로 옳지 않은 것은?

① 드론은 일반적으로 무인 항공기(Unmanned Aerial Vehicle, UAV)를 의미하며, 이것은 조종사(pilot)가 없는 항공기를 말한다.

② 드론은 처음에 공군기나 미사일 연습 사격 표적용으로 개발되었다.

③ 드론은 이미 군사적 목적에서 벗어나 농업 부분, 공공 부분, 물류와 배송, 건설, 소방/안전/방재 분야, 환경 계측과 조사, 방송 분야, 정보 통신 분야 및 우주 탐사까지 그 범위가 넓어지고 있다.

④ 영국에서 최초의 왕복 재사용 무인 항공기인 '파이어비(Firebee)'가 개발되었다.

02 드론 발달 과정에서 드론 2기에 해당하는 대표적인 모델은?

① Queen Bee ② Pioneer ③ Global Hawk ④ Prime Air

03 드론이 비행하기 위해서 필요한 4가지 힘의 요소가 아닌 것은?

① 추력 ② 항력 ③ 음력 ④ 양력

04 드론의 틸트로터형에 대한 설명으로 옳은 것은?

① 비행 능력이 우수하고 조정 및 운용이 복잡하다.

② 고정익에 비해 비행 효율, 속도, 거리 등이 불리하다.

③ 주로 항공 촬영, 소방 등에 사용된다.

④ 구조가 단순하며 고효율 비행이 가능하다.

05 회전익 비행체의 장점으로 옳지 않은 것은?

① 이착륙에 많은 공간을 차지하지 않는다.

② 고정익보다 더 넓은 지역을 촬영 가능하다.

③ 감시나 관찰을 위한 호버링이 가능하다.

④ 다양하고 중량감 있는 탑재체를 장착 가능하다.

06 RTK-GPS(Real Time Kinematic DGPS) 시스템을 이용하면 정확도는?

① 100m 이내 ② 10m 이내 ③ 10㎝ 이내 ④ 1㎝ 이내

07 군사용 드론의 활용 분야가 아닌 것은?

① 표적용　② 정찰용　③ 수비용　④ 기만용

08 데이터로부터 변화를 감지하여 이동한 물체를 찾는 기술을 무엇이라 하는가?

① MTI　② SAR　③ FOPEN　④ EO

09 저주파 레이더를 이용해서 지형을 파악하는 레이더는 무엇인가?

① JAMER　② SAR　③ FOPEN　④ EO

10 다음 중 공격용 드론이 아닌 것은?

① Harpy　② Harop　③ Taifun　④ QF−4

| 서술식 |

01 드론은 크게 세 가지 분류로 나뉜다. 각각에 대하여 자세히 설명하시오.

	고정익형	회전익형		틸트로터(혼합)형
		단일로터	멀티로터	
형태				
특징				

라

마

바

사

아

자

차

카

타

파

하